suhrkamp taschenbuch
wissenschaft 2339

Georg Lukács war einer der großen Intellektuellen des 20. Jahrhunderts und gilt weithin als der bedeutendste Philosoph in der Geschichte des Marxismus. Der vorliegende Band erschließt anhand einer Auswahl seiner Schriften, darunter auch viele weniger bekannte Texte, seine theoretischen Stationen: von den frühen ästhetischen Versuchen über die für den westlichen Marxismus bedeutsame Praxisphilosophie der mittleren Periode bis hin zur noch zu entdeckenden Ontologie des Spätwerks. Auf diesem Weg entsteht das Bild eines engagierten Denkers, dessen Radikalität, systematische Fassungskraft und Mut zur Selbstkorrektur noch heute beeindrucken.

Rüdiger Dannemann ist Vorsitzender der Internationalen Georg-Lukács-Gesellschaft sowie Herausgeber des *Lukács-Jahrbuchs* (seit 2012) und der *Georg Lukács Werkauswahl in Einzelbänden*.

Axel Honneth ist Jack C. Weinstein Professor for the Humanities am Institut für Philosophie der Columbia University in New York. Letzte Veröffentlichungen im Suhrkamp Verlag: *Anerkennung. Eine europäische Ideengeschichte* (2018); *Die Armut unserer Freiheit. Aufsätze 2012-2019* (stw 2313).

Georg Lukács

Ästhetik, Marxismus, Ontologie

Ausgewählte Texte

Herausgegeben und
mit einer Einleitung von
Rüdiger Dannemann
und Axel Honneth

Suhrkamp

Klimaneutral
Druckprodukt
ClimatePartner.com/14438-2110-1001

2. Auflage 2023

Erste Auflage 2021
suhrkamp taschenbuch wissenschaft 2339

Umschlag nach Entwürfen
von Willy Fleckhaus und Rolf Staudt
Druck und Bindung: C. H. Beck, Nördlingen
Printed in Germany
ISBN 978-3-518-29939-5

www.suhrkamp.de

Inhalt

Der Polemiker – Die mittlere Phase

Der Ontologe – Das Spätwerk

Rüdiger Dannemann, Axel Honneth

Einleitung

Vor fünfzig Jahren starb Georg Lukács 86-jährig in Budapest. Sein Werk,[1] voller Höhen und Tiefen und ein Zeugnis der zerklüfteten Geschichte des 20. Jahrhunderts, hatte in der Geistesgeschichte diesseits und jenseits der ideologischen Lager tiefe Spuren hinterlassen; aber mit dem Tod des Philosophen drohte seine theoretische Hinterlassenschaft nun dem Vergessen anheimzufallen, zumal die neuen Machthaber in Ungarn schon bald damit begannen, systematisch jede Erinnerung an ihn auszulöschen. Der vorliegende Band will dazu beitragen, dieser Gefahr entgegenzuwirken; in Form einer Präsentation nicht von Ausschnitten aus Hauptwerken des Autors, sondern vorrangig von weniger bekannten, aber symptomatischen Texten aus seiner Feder soll hier ein Überblick über seine intellektuelle Entwicklung geboten werden. In der folgenden Einleitung wollen die Herausgeber im ersten Teil, verfasst von Axel Honneth, zunächst die Wirkungsgeschichte von Lukács außerhalb des Marxismus kurz umreißen (I), um im zweiten Teil dann, verfasst von Rüdiger Dannemann, die Bedeutung seines Werkes für die Geschichte des Marxismus im zurückliegenden Jahrhundert knapp darzustellen (II). Den Abschluss der Einleitung werden Erläuterungen zur Textauswahl und zur Edition der Texte bilden (III).

I.

Georg Lukács war beinah sein Leben lang stets beides zugleich, einerseits ein entschiedener Marxist und Parteigänger des Kommunismus, andererseits ein Philosoph mit Anspruch auf unabhängige Geltung seines Denkens und Schaffens. In der ersten Rolle wandte er sich in seinen Schriften und Reden an die Mitglieder einer politischen Bewegung, die er für welthistorisch hielt, in der zweiten Rolle aber wollte er mit seinen Texten und Büchern all diejenigen

1 Für die *Lukács-Werkausgabe* (Neuwied und Berlin: Luchterhand 1962-1986, seit 2005 in Bielefeld bei Aisthesis) verwenden wir die Sigle »GLW«. Alle Bände bis auf Bd. 1, 3 und 18 sind bei Luchterhand erschienen.

überzeugen, die, wie Hegel es formuliert hat, Partei nur für die Vernunft ergreifen.[2] Nicht, dass sich in seinem Werk beide Schichten feinsäuberlich voneinander trennen ließen; er spricht nicht mit der verstellten Stimme eines geläuterten Mannes des reinen Geistes, wenn er sein Wort an die philosophische Öffentlichkeit richtet, und verrät doch auch nicht seine philosophische Herkunft und Orientierung, sobald er sich in praktisch-politischer Absicht wieder seinen Mitstreitern zuwendet. Diese Gratwanderung zwischen philosophischer Argumentation und politischem Eingriff, zwischen Parteinahme für die Vernunft einerseits und für die kommunistische Bewegung anderseits, ist Lukács, wie Maurice Merleau-Ponty schon vor 65 Jahren gezeigt hat,[3] nur selten wirklich gelungen; aber wo er den riskanten Drahtseilakt dann tatsächlich einmal zu Stande brachte, da hat er mit seinen Veröffentlichungen schlagartig auch die Diskussionslandschaft in den entsprechenden Feldern grundsätzlich verändert. Georg Lukács gehört zu den ganz wenigen Denkern, die als Marxisten zugleich Philosophiegeschichte geschrieben haben; ohne sein Wirken wäre die Geistesgeschichte des 20. Jahrhunderts um einige ihrer bedeutendsten Werke ärmer.

Das erste der Bücher allerdings, mit dem Lukács die ausgetretenen Pfade der damaligen Geisteswissenschaften gründlich umgepflügt und wahrlich Neues hervorgebracht hat, wurde von ihm verfasst, noch bevor er sich in das »Abenteuer der Dialektik« (Merleau-Ponty) stürzte. Nicht zu Unrecht gelten die Schriften aus der frühen, vormarxistischen Phase seines Schaffens heute als Glanzstücke einer ästhetischen Kulturkritik, für die er selber später den kritisch gemeinten Begriff des »romantischen Antikapitalismus« geprägt hat;[4] sie kreisen in häufig nahezu existentialistischer Weise um das Thema, welche künstlerischen Stilmittel geeignet sein

2 G.W.F. Hegel, *Enzyklopädie der philosophischen Wissenschaften. Dritter Teil: Die Philosophie des Geistes*, Frankfurt/M. 1970 (Theorie-Werkausgabe, Bd. 10), S. 349. In Parallele zur »objektiven« »Parteilichkeit des Richters für das Recht« spricht Hegel hier dem Sinn nach von der objektiven Parteilichkeit der Philosophie für die Vernunft.

3 Maurice Merleau-Ponty, *Die Abenteuer der Dialektik*, Frankfurt/M. 1968, Kap. II.

4 Georg Lukács, »Vorwort« (1962), in: ders., *Theorie des Romans*, Darmstadt und Neuwied 1971, S. 13. Vgl. dazu Robert Sayre und Michael Löwy, »Die (antikapitalistische) Romantik in der *Theorie des Romans*«, in: *Lukács-Jahrbuch 2016*, Bielefeld 2016, S. 145-162, die gegen Lukács' schroffe Selbstkritik den wertvollen Gehalt des durchaus revolutionären Romantik-Konzepts herausarbeiten.

könnten, die Menschheit aus der kulturellen Krise der Gegenwart herauszuführen.[5] Vage blieb freilich auch bei Lukács zunächst, wie häufig in den zeitdiagnostischen Texten des beginnenden Jahrhunderts, was unter einer solchen Krise eigentlich genauer verstanden werden sollte; gemeint waren eher kollektiv empfundene denn empirisch beobachtbare Tendenzen des Gemeinschaftsverlusts und der Vereinsamung, die man gewöhnlich mit Prozessen der rapiden Industrialisierung, Verstädterung und kapitalistischen Beschleunigung in einen kausalen Zusammenhang brachte. Vom Gros dieser damals üblichen Kulturkritik hoben sich jedoch die Schriften des jungen Lukács schon durch ihre Abstraktionshöhe und Subtilität, methodische Differenziertheit und geschichtliche Spannweite deutlich ab; statt sich in betulichen Betrachtungen über die Misere der Zeit zu ergehen, wollte er der wahrgenommenen Krise dadurch auf den Grund gehen, dass er sie auf einen tieferliegenden, allen Prozessen der menschlichen Vergemeinschaftung innewohnenden Widerstreit zurückführte: Für das, was in der Gegenwart in Gefahr stand, aufgelöst, pulverisiert und atomisiert zu werden, während es von Haus aus doch nach stimmiger Artikulation in der sozialen Gemeinschaft strebte, wählte er den Begriff des »Lebens«, für das aber, was diesem Leben einen sinngebenden Halt verleihen und seinem Zerfall daher entgegenwirken, es aber leicht auch ersticken konnte, zog er den Begriff der »Form« heran.[6] In der Spannung zwischen diesen beiden der Kulturphilosophie Georg Simmels entlehnten Begriffen[7] bewegen sich alle Schriften, die Lukács in seiner Frühphase verfasst hat; in immer neuen, zumeist essayistisch verfassten Anläufen versucht er, das geschichtlich wechselnde Ver-

5 Vgl. zu dieser ersten Phase die Aufsätze in: Agnes Heller u.a., *Die Seele und das Leben. Studien zum frühen Lukács*, Frankfurt/M. 1977; Axel Honneth, »Eine Welt der Zerrissenheit. Zur untergründigen Aktualität von Lukács' Frühwerk«, in: ders, *Die zerrissene Welt des Sozialen. Sozialphilosophische Aufsätze*, Frankfurt/M. 1999, S. 9-24; Rüdiger Dannemann, »Das Moment des Utopischen beim frühen Lukács«, in: ders., Maud Meyzaud, Philipp Weber (Hg.), *Hundert Jahre »transzendentale Obdachlosigkeit«. Georg Lukács' »Theorie des Romans« neu gelesen*, Bielefeld 2018, S. 167-191.

6 Vgl. in diesem Band z.B. »Ästhetische Kultur«, S. 116-131.

7 Vgl. Rüdiger Dannemann, *Das Prinzip Verdinglichung. Studie zur Philosophie Georg Lukács'*, Frankfurt/M. 1987, S. 61-82. Vgl. auch den kurzen, aber enorm prägnanten Aufsatz von Lukács über Simmel: »Georg Simmel«, in diesem Band S. 165-170.

hältnis von »Form« und »Leben« an verschiedenen Kunstgattungen und Existenzweisen zu studieren, um dadurch eine Antwort auf die Frage nach ihrem angemessenen Verhältnis in der Gegenwart zu finden. Aber so geistesgeschichtlich reichhaltig, theoretisch originell und stilistisch raffiniert auch die meisten dieser ersten Studien waren – immerhin gehören dazu die bedeutende Essaysammlung *Die Seele und die Formen* und die aus der Dissertation hervorgegangene Schrift *Entwicklungsgeschichte des modernen Dramas* –,[8] der Knoten platzt erst mit der Arbeit an seiner Abhandlung *Die Theorie des Romans*. Mit dieser Studie, die im Jahr 1916 zunächst in Zeitschriftenformat erscheint, hat der junge Autor eine der bedeutendsten und wirkmächtigsten Beiträge zur Literaturtheorie im 20. Jahrhundert verfasst; vor der Wende zum Strukturalismus gab es kaum einen Vertreter des Faches, der sich nicht von den darin entwickelten Überlegungen irgendwie hat beeinflussen lassen.

Schon in ihrer theoretischen Anlage muss die Studie beim Erscheinen großes Erstaunen ausgelöst haben, weil sie im Gegensatz zur damals vorherrschenden Stimmungslage den Weg zurück von Kants Philosophie der Kunst zu derjenigen Hegels verfolgt. Hatte Lukács sich wenige Jahre zuvor in seinen ersten Entwürfen zur Grundlegung einer Ästhetik noch am Neukantianismus orientiert, indem er sich fragte, was die Bedingungen der Möglichkeit von Kunst seien,[9] so wechselt er mit der Arbeit an der *Theorie des Romans* seinen philosophischen Bezugsrahmen grundsätzlich; mit Hegel wird jetzt behauptet, dass die verschiedenen Kunstgattungen ihre Form jeweils in Abhängigkeit von den sittlichen Gegebenheiten einer Epoche ändern müssen, weil sie ansonsten nicht mehr deren »Geist« und metaphysische Substanz sinnlich adäquat zum Ausdruck bringen können. Auf der Basis dieser geschichtsphilosophischen Grundierung seiner Ästhetik, in der unverkennbar die Spannung zwischen »Leben« und »Form« in der veränderten Gestalt der Hegelschen Terminologie beibehalten ist, untersucht Lukács in seiner Studie nun die Entwicklungsgeschichte der die Moderne prägenden Gattung der Erzählkunst: Im Ausgang von der Epoche der Dichtungen Homers, in der die gesellschaftliche

8 Georg Lukács, *Die Seele und die Formen*, GLW, Bd. 1/1, S. 195-366; ders., *Entwicklungsgeschichte des modernen Dramas*, GLW, Bd. 15.

9 Georg Lukács, *Heidelberger Philosophie der Kunst* (1912-1914), GLW, Bd. 16; ders., *Heidelberger Ästhetik* (1916-1918), GLW, Bd. 17.

Ordnung noch eine sittliche »Totalität« gebildet haben soll, weil sich das Individuum in den institutionellen Gebilden zu Hause hat fühlen können und seinem Leben daher einen sozial vermittelten Sinn zu geben vermochte, verfolgt er das Schicksal der erzählenden Literatur über die Tragödien der sich auflösenden Kultur Griechenlands und die Versgedichte des Mittelalter bis hin zum modernen Roman, der ihm als angemessene Ausdrucksform einer inzwischen »obdachlos« gewordenen Gesellschaft gilt. Der Anfangs- und der Endpunkt des dargestellten Prozesses, die griechische Hochkultur und die kapitalistische Moderne, sollen mithin eine geschichtliche Wegstrecke markieren, die Lukács im Unterschied zu Hegel am Maßstab des Grades der sozialen Vergemeinschaftung als zivilisatorischen Zerfall oder Niedergang charakterisiert; aber wiederum mit Hegel hält er fest, dass die einzelnen Epochen in dieser Verfallsgeschichte, weil ihre sittliche Verhältnisse so unterschiedlich sind, auch ganz verschiedener Mittel der literarischen Vergegenwärtigung und Selbstverständigung bedürfen. Schon mit dieser geschichtsphilosophischen Rahmung der Literurgeschichte hatte Lukács komplettes Neuland betreten; nie zuvor war der Versuch unternommen worden, den Wandel der literarischen Erzählformen als Ausfluss eines gerichteten Prozesses der allmählichen Auflösung des moralischen Zusammenhalts von Gesellschaften zu schildern. Als besonders ergiebig und geradezu revolutionär erwies sich die damit eingeschlagene Strategie aber erst dort, wo Lukács daranging, den Roman als die Erzählform zu analysieren, die der Moderne mit ihrer Tendenz, gewachsene Lebenswelten zu zerstören und die Individuen zu isolieren, vollkommen angemessen sein sollte; hier unterscheidet er mit einem Mut zur Generalisierung, wie man ihn später kaum mehr finden wird, fünf Grundtypen des modernen Romans anhand der narrativen Techniken, die jeweils verwendet werden, um das Problem einer Veranschaulichung der sozialen Entwurzelung und Vereinsamung des Subjekts zu lösen. Mit diesem Vorschlag, den Roman in seinen verschiedenartigen Erzählweisen als die ästhetische Reflexionsform einer spezifisch modernen Erfahrung zu begreifen, ist die *Theorie des Romans* zum Vorbild und zur Anregungsquelle für nahezu alle folgenden Generationen von Literaturwissenschaftlerinnen und Literaturwissenschaftlern geworden;[10]

10 Das räumt sogar Adorno in seinem ansonsten extrem kritischen Essay über Lukács ein: Theodor W. Adorno, »Erpresste Versöhnung. Zu Georg Lukács:

und selbst dort, wo sich die Spuren der Herkunft und der gedanklichen Abhängigkeit inzwischen verwischt haben mögen, wird man wohl sagen müssen, dass sich die ganze Idee, Erzählformen und Gesellschaftsformationen in einen ganz engen Zusammenhang zu bringen, dem Buch eines erst dreißigjährigen, seinen Weg noch tastend suchenden Intellektuellen aus Ungarn verdankt.

Nur fünf, sechs Jahre später und aus diesem jungen Intellektuellen war ein ganz anderer geworden; die Aufsatzsammlung *Geschichte und Klassenbewußtsein* aber, an deren Beiträgen er nun schon bald zu arbeiten begann, sollte schon kurz nach ihrem Erscheinen das zuvor veröffentlichte Buch sowohl an wirkungsgeschichtlicher Bedeutung als auch an philosophischem Gewicht noch weit übertreffen. In der Zwischenzeit hatte sich Lukács von den lebensphilosophischen Ansichten, die für seine Frühschriften von so großem Einfluss gewesen waren, allmählich gelöst und sich verstärkt mit der von Hegel zu Marx verlaufenden Traditionslinie auseinandergesetzt; hinzu kam, dass der Anlass und der Verlauf des Ersten Weltkriegs in ihm mittlerweile starke Zweifel an seinen bisherigen, politisch eher moderaten Orientierungen genährt hatten.[11] Mit dem Entschluss, der Kommunistischen Partei Ungarns beizutreten, quittierte Lukács im Jahr 1918 diese Phase der theoretischen und politischen Unentschiedenheit; von nun an war er der Überzeugung, dass nur eine proletarische Revolution die ökonomisch-sozialen Gegebenheiten würde überwinden können, die er zuvor noch weitgehend allein mit den Kategorien der zeitgenössischen Kulturkritik beschrieben hatte.[12] Dieser Gesinnungswandel muss

›Wider den mißverstandenen Realismus‹«, in: ders., *Gesammelte Schriften*, Bd. 11, Frankfurt/M. 1974, S. 251-280, hier: S. 251; auf derselben Seite spricht Adorno auch von der »offenbar unverwüstlichen Denkkraft« des sich seit den 1920er Jahren der »kommunistischen Doktrin« beugenden Lukács. Das Fortwirken der Literaturtheorie des jungen Lukács belegt am deutlichsten das Werk Peter Szondis; dessen *Theorie des modernen Dramas* (Frankfurt/M. 1956) verdankt sich in seiner Komposition und in seiner untersuchungsleitenden These sowohl der *Theorie des Romans* als auch dem Einleitungskapitel der *Entwicklungsgeschichte des modernen Dramas*: Hans-Christian Riechers, *Peter Szondi. Eine intellektuelle Biographie*, Frankfurt/M. 2020, Kap. 2.

11 Siehe dazu »Die deutsche Intelligenz und der Krieg«, in diesem Band S. 193-199.

12 Wie moralisch, ja existentiell ernst Lukács diesen Schritt genommen hat, beweist auf sehr eindrucksvolle Weise sein Aufsatz: »Der Bolschewismus als moralisches Problem«, in diesem Band S. 203-208.

auf Lukács wie eine Befreiung gewirkt haben, denn seine Schriften verlieren jetzt schnell ihren suchend-experimentellen Charakter, ihre Sprache ist nicht mehr von existentialistischem Pathos getragen und ihr stilistisches Mittel nicht länger das des Essays; damit beginnt die lange, bis an sein Lebensende reichende Phase, in der Lukács vor das Problem gestellt sein wird, seine politische Parteilichkeit mit den Objektivitätsansprüchen des theoretischen Argumentierens in Einklang bringen zu müssen.

Einen deutlichen Niederschlag hat diese Schwierigkeit bereits in der erwähnten Aufsatzsammlung gefunden, mit deren Veröffentlichung Lukács im Jahr 1923 seine Konversion zum Kommunismus oder, wie er es selbst später genannt hat, seinen »Übergang aus einer Klasse in die ihr spezifisch feindliche«[13] vor den Augen der philosophischen Welt endgültig besiegelte. Zwar war er bereits kurz nach dem Ende des Weltkriegs, kaum hatte er die sozialen Lager gewechselt, in einer Reihe von Vorträgen und Aufsätzen als kommunistischer Intellektueller aufgetreten, aber darin hatte er sich primär an die Anhänger der eigenen Bewegung gewandt, um neben politisch-strategischen Themen auch Fragen der ethischen Haltung und moralischen Verantwortung im proletarischen Klassenkampf zu behandeln.[14] Erst mit jener Aufsatzsammlung, der er den Titel *Geschichte und Klassenbewußtsein* verlieh, schien er wieder ein Publikum ansprechen zu wollen, das nicht auf die Prinzipien der kommunistischen Bewegung eingeschworen war, sondern ein allgemeines Interesse an philosophischen Fragen der Gegenwart

13 Georg Lukács, »Vorwort« (1967), in: GLW, Bd. 2, S. 11-41, hier: S. 12.

14 Georg Lukács, »Taktik und Ethik« (1919), in: GLW, Bd. 2, S. 43-78. Vgl. im vorliegenden Band: »Taktik und Ethik«, S. 209-218. Dieser Aufsatz macht im Übrigen deutlich, auf welch hohem Niveau Lukács damals die Frage nach der Rechtfertigbarkeit des Einsatzes für die Ziele des kommunistischen Klassenkampfes aus der Perspektive des moralisch mit sich ringenden Subjekts zu beantworten versucht hat. Auch wenn man seiner Lösung heute gewiss nicht mehr zustimmen kann, wird man eingestehen müssen, dass die Auseinandersetzung mit dem Problem einer revolutionären Moral eine solche gedankliche Höhe nach Lukács nicht mehr erreicht hat; zudem wird deutlich, warum Max Weber in seinem berühmten, 1919 gehaltenen Vortrag »Politik als Beruf« (in: *Studienausgabe der Max Weber-Gesamtausgabe,* Band I/17, S. 35-88) Lukács wohl als einen zentralen Adressaten seiner skeptischen Ausführungen zur Moralisierung der Politik hat verstehen wollen – und dass sich in den ethischen Überlegungen von Lukács umgekehrt viele Bestimmungen und Gedankengänge Webers wiederfinden.

besaß; und die schier unmögliche Aufgabe, vor die Lukács mithin gestellt war, bestand darin, einer solchen Leserschaft zu demonstrieren, dass der Marxismus die richtige Antwort auf Fragen enthielt, die jedes Gesellschaftsmitglied in der einen oder anderen Weise umtreiben mussten.

Von den neun Aufsätzen, die der Band *Geschichte und Klassenbewußtsein* insgesamt beinhaltete, war allerdings nur ein einziger, der weitaus längste, dazu angetan, eine philosophisch interessierte Öffentlichkeit davon zu überzeugen, dass die marxistische Theorie die angemessene Lösung für ein Problem von umfassender Bedeutung bereithielt. Dieser Aufsatz trug den Titel »Die Verdinglichung und das Bewußtsein des Proletariats« und gab damit schon in seiner Überschrift zu erkennen, dass hier zwei sehr unterschiedliche Thematiken in einem einzigen Zuge behandelt werden sollten:[15] »Verdinglichung« war ein Begriff, der, wenn auch dem Geiste der Marxschen Philosophie entsprungen, in der zeitgenössischen Kulturkritik längst eine soziale Erfahrung von allgemeiner Tragweite bezeichnete, das »Bewußtsein des Proletariats« hingegen verwies auf eine Aufgabe und Problematik, mit der sich allein die Arbeiterbewegung konfrontiert sah, musste sie sich doch der revolutionären Bereitschaft ihres Adressaten immer wieder aufs Neue versichern. In seinem Aufsatz musste Lukács mithin den Versuch unternehmen, der »Verdinglichung« als Inbegriff einer gesellschaftlich diffusen Stimmung des drohenden Persönlichkeitsverlusts und der wachsenden Weltentfremdung eine Deutung zu geben, die es plausibel erschienen ließ, dass nur die Arbeiterklasse über das Wissen und die Macht verfügte, die Ursachen für die als verdinglichend erfahrenen Phänomene und Tendenzen aufzuheben – und wie immer man sich heute zu dem Kraftakt stellen mag, mit dem der Autor die Verklammerung dieser beiden Themen damals zustande gebracht hat, außer Zweifel dürfte stehen, dass das Ergebnis seiner Bemühungen in einem Aufsatz mündete, der bald ein Schlüsseltext der europäischen Philosophie des 20. Jahrhunderts werden sollte.

15 Georg Lukács, »Die Verdinglichung und das Bewußtsein des Proletariats«, in: GLW, Bd. 2, S. 257-397. Dieser klassisch gewordene Text erschien 2015 in einer neuen Ausgabe, wobei die von Lukács selbst während seiner Arbeit am neuen Vorwort 1967 vorgenommenen Korrekturen (z. T. sinnentstellender) Druckfehler berücksichtigt wurden (Georg Lukács, *Die Verdinglichung und das Bewußtsein des Proletariats*, Bielefeld 2015).

Angesichts dieses Textes von einem Aufsatz zu sprechen, ist freilich leicht irreführend; berücksichtigt man den Umfang und die Anlage, so handelt es sich dabei eher um eine selbstständige Abhandlung, der die Aufgabe zufiel, den wesentlich kürzeren, politisch-revolutionstheoretischen Beiträgen des Bandes ein philosophisches Fundament zu geben. Schon der Grundriss des derart aus dem Rahmen fallenden Textes gibt zu erkennen, dass Lukács mit ihm Großes im Sinn hat; in drei Kapiteln sollen nacheinander das Phänomen der »Verdinglichung« auf die Verhaltenszwänge des kapitalistischen Wirtschaftssystems zurückgeführt, die »Antinomien des bürgerlichen Denkens« als Ausfluss eines solchen Verhaltenssystems interpretiert und schließlich die proletarische Revolution als einziger Ausweg aus der zuvor dargestellten Lage skizziert werden. Will man sich erklären, warum diese kompliziert angelegte, in Teilen auch verstiegene und höchst spekulative Abhandlung so wirkmächtig geworden ist und inzwischen einen geradezu legendären Ruf genießt, so reicht es nicht hin, auf deren enorme Bedeutung für die Entstehung des sogenannten »westlichen Marxismus« zu verweisen; zwar ist es gewiss richtig, dass kaum eine Zeile Adornos und nur wenige Texte Benjamins oder anderer Vertreter der kritischen Theorie ohne Kenntnis des Verdinglichungsaufsatzes von Lukács auch nur denkbar wären,[16] aber das genügt nicht, um dessen Wirkung auf andere, dem Marxismus ferner stehende Strömungen der jüngeren Philosophie und Geisteswissenschaften zu verstehen. Diesem bis heute lebendigen Kern des Textes nähert man sich wohl am ehesten, wenn man betrachtet, mit welch ungeheurem Geschick und welch enormer Umsicht hier im ersten Kapitel verschiedenste Verhaltens- und Denkweisen der Epoche auf den einen Nenner der »Verdinglichung« gebracht werden, um für dieses »falsche« Weltverhältnis dann mit suggestiver Kraft die Zwänge des kapitalistischen Warentauschs verantwortlich zu machen. Was den ersten Teil dieses zweigliedrigen Arguments anbelangt, so verfährt Lukács darin in einem geradezu Hegelschen Sinn totalisierend: Disparate, entweder beobachtbare oder hermeneutisch zugängliche Erscheinungen des politischen, sozialen und kulturellen Lebens der

16 Angesichts der enormen Wirkung, die der Verdinglichungsaufsatz auf das gesamte Werk Adornos ausgeübt haben dürfte, haftet der Tatsache, dass dieser dem Text nur einen einzigen Satz in seinem Lukács-Essay (»Erpresste Versöhnung«) gewidmet hat (ebd., S. 251), etwas leicht Ungerechtes an.

Zeit werden als Facetten ein und desselben Verhaltensform gedeutet, deren Grundzug es sein soll, Gegebenheiten gleich welcher Art stets nach dem Muster quantitativ messbarer und beliebig manipulierbarer Dinge zu behandeln.[17] Der zweite Teil des Gedankengangs – in seiner Darstellung schlägt Lukács allerdings den genau umgekehrten Weg ein – besteht in der monokausalen These, dass dieses verdinglichende Weltverhältnis durch eine soziale Ausbreitung des berechnenden Verhaltens verursacht worden sei, das der Austausch von Waren auf dem kapitalistischen Arbeits- und Gütermarktes verlange: In der Ware, jenem »vertrackten Ding« voll »theologischer Macken«, wie Marx gesagt hatte,[18] sollte Lukács zufolge der Keim zu all der Verdinglichung von Natur, Mensch und Seelenleben mithin stecken.[19] In der Summe hatte Lukács damit eine verführerisch einfache, aber zugleich beeindruckend stimmige und subtile Pathogenese der kapitalistischen Lebensform geliefert: Alles, was daran als entfremdend, unpersönlich, abstrakt und kühl-berechnend empfunden wurde, musste sich im Lichte seiner Verdinglichungsthese auf die eine Ursache der ökonomischen Verhältnisse des Kapitalismus zurückführen lassen.

Auf dieses erste, bereits sehr umfangreiche Kapitel folgt in der Abhandlung ein noch längeres Kapitel, in dem Lukács den sehr ehrgeizigen Versuch unternimmt, einen internen Zusammenhang zwischen dem zuvor analysierten Phänomen der Verdinglichung und einer Widersprüchlichkeit in aller modernen Philosophie auszumachen; wollte man ein berühmtes Bild von Wittgenstein verwenden, so ließe sich sagen, dass er hier die »Aporien des modernen Denkens« mit dem begrifflichen »Käfig« erklären möchte, in dem dieses gefangen ist, solange es einem bloß beobachtenden und damit verdinglichenden Verhältnis zur Welt verpflichtet bleibt. Das Kapitel ist weitaus interessanter und gehaltreicher, als es seine geringe Berücksichtigung in der Sekundärliteratur vermuten lässt; zumeist wird es bei der Interpretation einfach übergangen, weil es als zu abwegig, zu undurchsichtig oder schlicht als zu anmaßend gilt. Dabei ist es gar nicht so schwer, in der Argumentation von Lukács den Punkt zu erkennen, an dem sie sich mit heutigen Versuchen einer Kritik der neuzeitlichen Philosophie eng berührt; behauptet

17 Lukács, »Die Verdinglichung und das Bewußtsein des Proletariats«, S. 267-286.

18 Karl Marx, *Das Kapital*, Bd. 1, Berlin 1971 (MEW), S. 85.

19 Lukács, »Die Verdinglichung und das Bewußtsein des Proletariats«, S. 257-267.

wird nämlich, dass im modernen Denken so lange ein unerkennbarer, unverfügbarer oder irrationaler Rest in jeglicher Wirklichkeit vorausgesetzt werden muss, wie diese als etwas fix Gegebenes, als etwas nicht durch rationale Tätigkeit stets Veränderbares wahrgenommen wird. Gewiss, im Unterschied zu Autoren wie Dewey oder John McDowell, die den »Mythos des Gegebenen« in ähnlicher Weise kritisiert haben,[20] scheint Lukács sagen zu wollen, dass es nicht der begrifflich-intellektuellen, sondern der arbeitenden, materiell-umwälzenden, ja revolutionären Tätigkeit bedarf, um den Schein des Dinglichen zu durchstoßen; und wie das letzte Kapitel der Abhandlung dann deutlich machen wird, musste er diesen Bezug auf die gesellschaftliche Arbeit als Hebel der Überwindung aller Verdinglichung deswegen herstellen, weil am Ende das Proletariat, also die arbeitende Klasse, zum kollektiven Subjekt nicht nur der menschlichen Geschichte, sondern jeglicher Konstitution der Wirklichkeit erkoren werden sollte. Zieht man aber von Lukacs' Argumentation in diesem Kapitel die geschichtsphilosophisch überdrehte, messianische Schlussfolgerung ab, nach der die Arbeiterklasse zugleich das Subjekt und das Objekt aller Realität ist, so bleibt ein durchaus tragfähiger und philosophiehistorisch ungemein ergiebiger Grundgedanke stehen; an dem philosophischen Diskurs, der sich nach Kant an der Frage entzündet, wie die problematische Prämisse eines unerkennbaren »Ding an sich« aufzuheben sei, wird mit beeindruckender Kenntnis und Gründlichkeit vorgeführt, dass dieses Problem nicht zu lösen ist, solange das Verhältnis des Subjekts zu seiner Umwelt nach dem Muster der bloß passiven Beobachtung gefasst wird.[21]

20 John Dewey, *Die Suche nach Gewißheit. Eine Untersuchung zum Verhältnis von Erkenntnis und Handeln*, übersetzt von Martin Suhr, Frankfurt/M. 1998; John MacDowell, *Geist und Welt*, übersetzt von Thomas Blume, Holm Bräuer und Gregory Klass, Frankfurt/M. 2001.

21 Mit der philosophischen Problemlage, die er damit aufrollte, war Lukács schon durch seine genaueste Kenntnis der Diskussionen und Verzweigungen im Neukantianismus und Neohegelianismus der damaligen Zeit bestens vertraut. Vgl. etwa den profunden Nachruf auf »Emil Lask« in diesem Band, S. 171-192. Dieser Nachruf zeigt im Übrigen, wie stark das im mittleren Abschnitt des Verdinglichungsaufsatzes behandelte »Irrationalitätsproblem« in die frühe Bildungsgeschichte von Lukács zurückreicht. Zum eminenten Einfluss von Emil Lask auf Lukács vgl. etwa: Konstantinos Kavoulakos, *Ästhetizistische Kulturkritik und ethische Utopie. Georg Lukács' neukantianisches Frühwerk*, Berlin 2014, 147-176).

Im letzten Kapitel seiner Abhandlung bringt Lukács dann seine bereits kurz angerissene Antwort auf die Frage vor, wie das soziale Verhältnis der Verdinglichung endgültig zu überwinden sei; seine Ausführungen dazu laufen auf die Behauptung hinaus, dass nur vom Standpunkt der arbeitenden Klasse aus die Wirklichkeit in ihrer Gänze als Produkt der naturumwandelnden Tätigkeit der menschlichen Gattung zu durchschauen sei. In seiner Argumentation fällt diesem Gedanken natürlich die Aufgabe zu, die Notwendigkeit einer proletarischen Revolution geschichtsphilosophisch zu untermauern: Wenn das verdinglichende Verhalten mitsamt all seinen kulturellen Folgeerscheinungen letztlich durch die kapitalistische Warenproduktion bedingt sei, so führt Lukács aus, dann würde nur die augenblickshafte, revolutionäre Beseitigung der ökonomischen Gegebenheiten dem Spuk des falschen Weltverhältnisses ein für alle Mal ein Ende bereiten können. Es war klar, dass sich an dieser Lösung die Geister endgültig scheiden mussten: diejenigen, die trotz abweichender politischer Überzeugungen dem Gedankengang bis zum Punkt der Kritik an der neuzeitlichen Philosophie hatten folgen können, mussten hier ihr Einverständnis aufkündigen, während diejenigen, die dem kommunistischen Lager angehörten, darin den bislang gelungensten Beweis für die revolutionäre Rolle des Proletariats erblicken konnten.

Über die Jahrzehnte hinweg hat sich an dieser Gabelung der Rezeption des Verdinglichungsaufsatzes eigentlich auch nichts Wesentliches mehr geändert, mit der Einschränkung allerdings, dass der Kreis der Befürworter seiner geschichtsphilosophischen Schlussfolgerungen mit dem Zerfall der kommunistischen Bewegung zwangsläufig immer schmaler wurde. Zugleich wuchs mit dem zeitlichen Abstand aber auch die Erkenntnis, dass Lukács mit seiner Analyse nicht nur atmosphärisch einen Nerv getroffen, sondern auch sachlich ein sehr tiefsitzendes Problem berührt hatte; tatsächlich war er der Erste gewesen, der mit seiner Kritik an der Verdinglichung deutlich gemacht hatte, dass das Festhalten an der Zuschauerperspektive eine Sackgasse für die zeitgenössische Philosophie darstellen musste; sein Beharren darauf, vom Paradigma der Beobachtung auf das der praktischen Tätigkeit umzuschalten und damit der Praxis einen Vorrang vor der unbeteiligten Wahrnehmung einzuräumen, hatte die Tür zu einem Einstellungswandel in der Philosophie aufgestoßen, dem nur kurze Zeit später Heidegger mit seiner Daseinsanalyse folgen sollte.[22] Heute überrascht es daher nicht mehr, wenn Lukács' Abhandlung zur Verdinglichung trotz ihrer Neigung, da und dort seiner Parteilichkeit für den Kommunismus in der Argumentation einen zu großen Spielraum einzuräumen, in einem Atemzug mit anderen großen Werken der Philosophie des 20. Jahrhunderts genannt wird, die einer Abwendung vom Paradigma des isolierten, seiner Lebenswelt enthobenen Bewusstseinssubjekts den Weg bereitet haben; innerhalb des Marxismus hat diese Schrift ohnehin, auch wenn sich Lukács später von ihr nachdrücklich distanzierte,[23] zu einer praxisphilosophischen Neuorientierung geführt und damit eine Abkehr vom damals noch grassierenden Szientismus bewirkt.

Nach der Veröffentlichung von *Geschichte und Klassenbewußtsein* wurde es um den Philosophen und Geisteswissenschaftler Georg Lukács außerhalb der Arbeiterbewegung und ihrer Parteien zunächst einmal längere Zeit still. Der Vierzigjährige, inzwischen durch Thomas Mann in der Figur des Naphta höchst zweischneidig als einer der Protagonisten des *Zauberbergs* verewigt, zog sich für viele Jahre in den kommunistischen Widerstand zurück, für den er zunächst von Wien und Berlin aus, während des Nationalsozialismus dann von Moskau aus tätig ist. Auch an diesen Orten agierte er weiterhin, wie schon in den Jahren der ungarischen Räterepublik, in der doppelten Rolle einerseits des Parteistrategen und Organisators, andererseits des linken Intellektuellen und Philosophen, aber seine Schriften wandten sich jetzt entschiedener als zuvor primär an ein Publikum von Gleichgesinnten – Polemik und Parteinahme statt parteiübergreifende Argumentation waren nun zur Leitlinie seines theoretischen Schaffens geworden.[24] Zwar ver-

22 Das hat als Erster Lucien Goldmann gesehen: ders., *Lukács und Heidegger. Nachgelassene Fragmente*, eingerichtet und eingeleitet von Youssef Ishaghpour, Neuwied und Darmstadt 1975. Goldmann hat noch eine Reihe von weiteren Studien zu Lukács verfasst, die sehr lesenswert sind; enthalten sind sie in: Lucien Goldmann, *Dialektische Untersuchungen*, Neuwied und Berlin 1966.

23 Georg Lukács, »Vorwort« (1967). Vgl. auch: Georg Lukács, »Mein Weg zu Marx«, in: ders., *Schriften zur Ideologie und Politik*, ausgewählt und eingeleitet von Peter Ludz, Neuwied und Berlin 1967, S. 323-329.

24 Damit soll der theoretische Ertrag einiger dieser Beiträge keinesfalls geschmälert werden; es ist erstaunlich, wie es Lukács in dieser Phase seines Schaffens gelingt, in den ausschließlich der kommunistischen Selbstverständigung dienenden Texten Gedanken von höchster Subtilität und Originalität unterzubringen. Ein

danken sich auch dieser Phase seines Werkes noch heute lesenswerte Studien und Monographien vor allem zum literarischen Realismus und zur Grundlegung einer marxistischen Ästhetik, doch keine davon sollte dieselbe durchschlagende, ja umstürzlerische Wirkung besitzen wie *Die Theorie des Romans* oder *Geschichte und Klassenbewußtsein*; in ihrem Duktus und in ihrer Sprache, im Stil und in den Prämissen blieben Lukács' Veröffentlichungen aus dem zweiten Viertel des Jahrhunderts zu sehr dem Vokabular des dialektischen Materialismus verhaftet, als dass sie ein größeres internationales Publikum hätten erreichen können. Eine Ausnahme von dieser Regel gibt es jedoch, zwar auch sie der parteioffiziellen Doktrin verpflichtet, aber doch so reich an neuartigen Einsichten, dass auch sie zu einem allgemeinen Einstellungswandel innerhalb der Geisteswissenschaften führen musste; dabei handelt es sich um das Buch *Der junge Hegel*, das Lukács noch in seinem Moskauer Exil geschrieben hat, aber aufgrund des einsetzenden Weltkriegs erst 1948 veröffentlichen konnte.[25]

Der intellektuelle Wandel, den *Der junge Hegel* alsbald in Gang setzte, betraf das Bild des Deutschen Idealisten in der damaligen Philosophie und in den ihr benachbarten Disziplinen. Schon lange vor seiner Zeit in Moskau muss in Lukács der Gedanke herangereift sein, sich einmal ausführlicher mit der philosophischen Entwicklung des jungen Hegel auseinanderzusetzen; bereits in einer 1922 veröffentlichten Rezension des Buches von Wilhelm Dilthey über *Die Jugendgeschichte Hegels* beklagte er, dass es der Studie neben vielen Verdiensten an Aufmerksamkeit für die konkret-historischen Umstände mangele, unter denen Hegel sich noch vor der *Phänomenologie des Geistes* eigenständig einen Weg zu seiner dialektischen Methode gebahnt habe.[26] Als wolle er diesen Mangel wettmachen,

gutes Beispiel dafür liefert: »Alte Kultur und neue Kultur« (in diesem Band, S. 249-265) – darin spiegelt sich im neuen Gewand des historischen Materialismus noch einmal der alte, aus der Frühphase stammende Widerstreit von »Leben« und »Form«.

25 Über die Umstände der Entstehung unterrichtet das von Lukács für die DDR-Ausgabe 1954 geschriebene »Vorwort«, in: GLW, Bd. 8, S. 9-12. Eine ins Detail gehende Rekonstruktion der Widerstände gegen die Publikation des Werks in der DDR findet sich in Wolfgang Harich, *An der ideologischen Front. Hegel zwischen Feuerbach und Marx*, hg. von Andreas Heyer, Marburg 2013.

26 In diesem Band, S. 302-305; vgl. auch den interessanten Nachruf auf Dilthey im vorliegenden Band, S. 110-111.

auf den er auch an anderen Stellen in seinem Frühwerk hingewiesen hat, begibt sich Lukács Mitte der 1930er Jahre in Moskau daher an das Projekt, eine eigene, auf den neuesten Funden und Forschungen basierende Geschichte des frühen Bildungsprozesses Hegels zu schreiben. Versucht man sich rückblickend vorzustellen, wie sich damals der Arbeitsalltag von Lukács gestaltet haben mag, so fällt ein bestürzend erbarmungsloses Licht auf die Widersprüchlichkeiten, in die er sich inzwischen bei seinem Versuch verstrickt hatte, gleichzeitig Partei für den Geist und für die Partei zu ergreifen: Hier, während der einen Hälfte des Tages, der kommunistische, sich als »Partisan« begreifende Parteiideologe, der im Kampf gegen den Nationalsozialismus jede offene Kritik an der Gewaltherrschaft Stalins zu vermeiden suchte,[27] dort, während der anderen Hälfte, der seinen Forschungen nachgehende Philosoph, der in den Moskauer Archiven und Bibliotheken wühlte, um ja dem heranreifenden Hegel so gerecht wie nur möglich zu werden. Das Resultat dieses inneren Kampfes zwischen zwei Seelen ist ein Buch, das in vielem zwar weiterhin die Handschrift des dogmatischen Marxisten trägt, in demselben Umfang zugleich aber auch Neues und Überraschendes am Werk des Philosophen zu Tage fördert. Nicht nur ist die umfangreiche Monographie dort, wo sie auf jeglichen Jargon verzichtet, gut und höchst verständlich geschrieben, nicht nur schildert sie die allmähliche Loslösung Hegels von Fichte und Schelling übersichtlicher und besser nachvollziehbar als viele andere Interpretationen, vor allem aber arbeitet sie zum ersten Mal gründlich und detailgenau heraus, wie stark und nachhaltig die Beschäftigung des jungen Philosophen mit der politischen Ökonomie seiner Zeit das spätere, reife Werk beeinflusst hat. Nimmt man dies alles zusammen und berücksichtigt darüber hinaus, dass auch das Verhältnis des jungen Hegel zur Französischen Revolution hier als im Ganzen sehr positiv dargestellt wird, so ist es ein Leichtes, sich die Wirkung der Studie von Lukács auf das damals noch vorherrschende Bild des deutschen Philosophen auszumalen: Vom preußischen Staatsphilosophen mit Neigungen zum Attentismus und Konservativismus blieb angesichts seiner frühen Bildungsgeschichte kaum mehr et-

27 Vgl. z. B. Georg Lukács, »Postscriptum 1957 zu: Mein Weg zu Marx«, in: ders., *Schriften zur Ideologie und Politik*, S. 646-657. Zu Lukács' Verhältnis zum Stalinismus vgl. die sehr ausgewogene Darstellung in: Michel Löwy, *Georg Lukács – From Romanticism to Bolshevism*, London 1979. Kap. V.

was übrig, an seine Stelle trat ein umtriebiger, die eigene Zeit stets neugierig verfolgender und anhaltend um politische Reformen bemühter Intellektueller – und die nach Lukács' Studie einsetzende, mit verbessertem Quellenmaterial arbeitende Forschung hat ihm in dieser Neudeutung, sosehr sie auch im Einzelnen Korrekturen an seinen Befunden vornahm, insgesamt wohl Recht gegeben.

Als das Buch dann mit zehnjähriger Verspätung endlich in Zürich veröffentlicht werden konnte, war Lukács bereits seit drei Jahren wieder in seiner Heimatstadt Budapest ansässig, wo er inzwischen nach einigem Hin und Her zum ersten Mal in seinem Leben eine ordentliche Professur für Ästhetik wahrnahm. An seiner Positionierung als »Partisan« innerhalb der Bewegung[28] hatte sich während dieser Zeit wenig geändert, nur dass er sich nach der Zerschlagung des Nationalsozialismus nun freier fühlte, gelegentlich auch eine gewisse Skepsis gegenüber dem Stalinismus und seiner Zukunftsfähigkeit durchblicken zu lassen. Schon das reichte allerdings, um den argwöhnisch beäugten Intellektuellen aus bürgerlichem Haus allmählich bei der Parteispitze in Misskredit zu bringen. Die offenen Sympathien, die Lukács 1956 für den durch die sowjetische Armee schnell niedergeschlagenen Aufstand der demokratischen Kräfte in Ungarn bekundete, genügten dem Zentralkomitee dann schließlich, um den ungeliebten Mitstreiter nach kurzzeitiger Deportation seiner Mitgliedschaft in der Partei endgültig zu entheben. Damit begann für Lukács eine lange Phase, in der er gezwungen war, sich neben der Hochschullehre auf die Weiterentwicklung seiner ästhetischen und philosophischen Arbeiten zu konzentrieren; aber weder seine umfangreiche, mehrbändige *Ästhetik* noch seine Grundlegung einer »Ontologie«, mit der er sich in seinen letzten Lebensjahren beschäftigte, vermochten außerhalb marxistischer Kreise noch einmal dieselbe durchschlagende, zu einem breiteren Umdenken führende Wirkung zu erzielen, welche die drei zuvor hervorgehobenen Bücher gezeitigt hatten. Ob diese geringe Durchschlagskraft mit der Tendenz dieser späten Werke zu tun hat, zu eng einem orthodoxen Marxismus verhaftet zu

28 Im Begriff des »Partisanen«, mit dem er wohl auch seine eigene Rolle in der kommunistischen Partei beschreiben wollte, hat Lukács Parteilichkeit und individuelle Überzeugung, Parteiloyalität und ethische Subjektivität zusammenzudenken versucht: Georg Lukács, »Parteidichtung«, in: ders., *Schriften zur Ideologie und Politik*, S. 376-403, hier: S. 400.

bleiben, oder ob sie auf tiefsitzende Vorurteile gegenüber dem im Stalinismus verstrickten Philosophen zurückzuführen ist, wird erst die Nachgeschichte entscheiden können. Aber schon *Die Theorie des Romans*, die Abhandlung zur »Verdinglichung« und *Der junge Hegel* sollten genügen, um die anfangs geäußerte These zu rechtfertigen, dass mit Georg Lukács ein Marxist die Geistesgeschichte des 20. Jahrhunderts ganz maßgeblich beeinflusst hat.

Innerhalb des Marxismus hat dieser »Marxist« freilich auf ganz andere Weise Geschichte geschrieben. Es dürfte keinen anderen Vertreter dieser wohl wirkmächtigsten Denkbewegung des 20. Jahrhunderts geben, der deren Entwicklung und theoretische Selbstbesinnung stärker beeinflusst hätte als Georg Lukács; seine Schriften, angefangen von den frühen Beiträgen zu den moralischen Dilemmata einer Parteinahme für den Kommunismus über die Aufsatzsammlung *Geschichte und Klassenbewußtsein* bis hin zu den späten Äußerungen zur Reformbedürftigkeit der sozialistischen Gesellschaften, stellen Glanzstücke einer Aufklärung über den theoriegeschichtlichen Ort, die geschichtsphilosophischen Voraussetzungen und die praktischen Zielsetzungen des Marxismus dar. Kein Versuch einer Reaktualisierung dieser theoretischen Tradition kann heute ernst genommen werden, der sich zu den von Lukács unternommenen Anstrengungen nicht wenigstens in ein Verhältnis setzt.

II.

Zu Lebzeiten von Georg Lukács besaß der Marxismus eine theoretische Deutungsmacht und politische Orientierungskraft, die ihn zu einer der wirkmächtigsten Denkströmungen des 20. Jahrhunderts machten. Er galt als unumstrittene Leitideologie der Arbeiterbewegung, war durch Lenin während der Oktoberrevolution zu einer Theorie der epochalen Umwälzung gemacht worden und übernahm im Prozess der Entkolonialisierung schnell die Rolle eines Deutungsrahmens für den Kampf um nationale Selbstständigkeit. Seine herausragende Funktion, die ihn natürlich zugleich zum bevorzugten Gegenstand polemischer Abwertung machte, behielt er auch in den Jahren des Kampfes gegen die Barbarei von Faschismus und Nationalsozialismus trotz seiner stalinistischen Verformung zu einem Dogmengebäude, das unter der Signatur Marxismus-Leninismus firmierte.[29] In der Phase des Kalten Krieges wie in den Jahren der Entstalinisierung verblieb der Marxismus im Zentrum der hart geführten internationalen Debatten[30] politischer Philosophie, die dem Thema der Systemauseinandersetzung verpflichtet waren, um in den Jahren der Revolte um 1968 die sozialistische Alternative auch im Westen zumindest ansatzweise auf die Tagesordnung zu bringen.[31] Ausläufer dieser Bewegung, die bis in die damals so bezeichneten sozialistischen Länder hineinreichten, regten sich alsbald in den osteuropäischen Ländern in Gestalt des östlichen Neomarxismus, der in der Budapester Schule um den späten Lukács seine vielleicht bedeutendste Verkörperung fand.[32]

Auf dieser Bühne hat Lukács seinen Weg zu Marx beschritten, der ebenso umwegig wie wirkungsmächtig, ebenso verschlungen wie produktiv war. Lukács war die Wendung zu Marx keineswegs in die Wiege gelegt. Der Ästhetizist des Frühwerks hätte und hat ohne Zweifel seinen Platz in der Ideenwelt des 20. Jahrhunderts finden können als postmoderne und existentialistische Motive vorwegnehmender Essayist, als wegweisender Theoretiker moderner Literatur oder als Schüler des Neukantianismus, der diesen zunächst auf dem Felde der Ästhetik in Richtung Hegel weiterentwickelt. Aber seine rigoristische Ethik, durch die Erfahrung des Ersten Weltkrieges noch weiter zugespitzt, ließ Lukács nicht den Weg zu einem in akademischen Kreisen gerne gesehenen exzentrischen Privatgelehrten[33] weitergehen. Lukács wird 1918

29 Žižek hat nicht ganz zu Unrecht darauf hingewiesen, dass Leninismus »ein durch und durch *stalinistischer* Begriff« ist (Slavoj Žižek, *Die Revolution steht bevor. Dreizehn Versuche über Lenin.* Frankfurt/M. 2002, S. 44), womit er aber hier ähnlich wie Lukács und später Althusser die Bedeutung Lenins als Theoretiker keineswegs mindern möchte.

30 Vgl. Georg Lukács, »Probleme der kulturellen Koexistenz«, in: ders., *Marxismus und Stalinismus*, Reinbek bei Hamburg 1970, S. 214-240.

31 Vgl. Rüdiger Dannemann, *Georg Lukács und 1968. Eine Spurensuche*, Bielefeld 2009.

32 Interessanterweise wird in der heutigen chinesischen Marxismus-Forschung neben dem westlichen Marxismus auch dessen ungleicher Bruder, der osteuropäische Neomarxismus, zu dem u. a. Karel Kosík, Adam Schaff oder die Praxis-Gruppe gehören, umfassend erforscht. Vgl. dazu *Thesis Eleven* 159/1 (August 2020): *Eastern European Marxist Critical Theory.*

33 So seine eigene Sicht, vgl. Lukács, *Gelebtes Denken*, Frankfurt/M. 1981, S. 254.

scheinbar urplötzlich Kommunist und zumal »orthodoxer Marxist«. Sein Marxismus ist geprägt durch die Abgrenzung von der durch Kautsky geprägten Orthodoxie der Zweiten Internationale, auch durch die Ablehnung des Austromarxismus, mit dessen Vertretern Max Adler[34] und Otto Bauer der ehemalige Neukantianer nichts zu tun haben wollte. Lukács' forcierte Beschreibung von Orthodoxie ist allerdings alles andere als orthodox; dies zeigt sich besonders markant in dem ersten Essay von *Geschichte und Klassenbewußtsein*, der die Frage aufwirft: »Was ist orthodoxer Marxismus«, aber auch in der 1919 gehaltenen Rede »Der Funktionswechsel des historischen Materialismus«.[35] Er versteht Orthodoxie als Aufgabe und Herausforderung, nicht Sicherung und ängstliche Abwehrhaltung. Fremd ist ihm eine linke Mutation thomistischer Buchstabengelehrtheit, die aus den Werken von Marx eine Art emanzipatorische Bibel macht, die es zu exegieren gilt. Marx hat in Lukács' Augen eher einen Schatz von Rohdiamanten hinterlassen: eine dialektische Methode, die wichtiger ist als jede Einzeldarlegung, die durchaus angreifbar sein kann, und eine Kritik der politischen Ökonomie, die, recht verstanden, den Schlüssel liefert für das Verständnis der sozialen Totalität der Gegenwart. Dieses Erbe besteht deshalb aus Rohdiamanten, weil Marx selbst nicht dazu gekommen ist, den philosophischen Gehalt seines Theorieprojekts vollständig zu explizieren. Lukács macht das Fetischkapitel des ersten Bandes des *Kapitals* zum Ausgangspunkt seines Verdinglichungsentwurfs und initiiert damit die Hinwendung zur Rekonstruktion der Wertform als zentral wichtigem Analysefeld, die in den letzten Jahrzehnten von der Schule der neuen Marx-Lektüre[36] aufgegriffen, kritisiert und weitergeführt worden ist, um die logische Struktur der Kritik der politischen Ökonomie angemessen zu verstehen. Dass sich der Autor von *Geschichte und Klassenbewußtsein* in seiner Argumentation neben dem *Kapital* und der *Kritik der politischen Ökonomie* auch auf frühere Schriften von Marx zustimmend bezieht, zeigt, dass er Marx' Werk als eine Einheit im Entstehen versteht, von Entwicklung statt von Brüchen ge-

34 Vgl. dazu Lukács' Rezension von Max Adlers *Das Soziologische in Kants Erkenntnistheorie* in diesem Band, S. 310-313.

35 Vgl. diesem Band, S. 222-235.

36 Vgl. Ingo Elbe, *Marx im Westen. Die neue Marx-Lektüre in der Bundesrepublik seit 1965*, 2. Aufl., Berlin 2010.

prägt.[37] Wie schwierig die Aufgabe ist, Marx' Methodologie zu deuten, demonstriert Lukács sich und seinen Zeitgenossen am Beispiel von Friedrich Engels, dem es nicht gelungen ist, die in den Werken von Marx verwendete dialektische Methode angemessen zu verstehen, indem er, die Differenz von gesellschaftlicher und Naturdialektik nivellierend, dem späteren Konstrukt einer materialistischen Weltanschauung den Weg ebnete.

Angesichts dieses Marx-Verständnisses verwundert es nicht, dass Lukács lebenslänglich damit befasst war, seinen Weg zu Marx zu gehen, dabei trotz aller Bemühung um Orthodoxie doch stets am Material arbeitend und bereit zu ständiger Selbstkorrektur beim Ringen um eine theoretisch anspruchsvolle wie politikfähige Zeitdiagnose. Der frühmarxistische Lukács, der bereits einen weiten Weg gelebten Denkens hinter sich gebracht hat, kann wegen (nicht trotz) seiner Vorgeschichte einen Blick auf Marx' Werk werfen, der in der Geschichte des Marxismus in inzwischen fast hundert Jahren unauslöschbare Spuren hinterlassen hat. Mit seiner differenzierenden, auch an seinen neukantianischen Lehrern orientierten Kritik an Engels' Version einer Abbildtheorie eröffnet Lukács das Feld einer anspruchsvollen marxistischen Erkenntnistheorie und fordert, ähnlich wie wenig später Karl Korsch, das subtil-ideologiekritische Instrumentarium des historischen Materialismus auch selbstreflexiv zu nutzen. Die Wirkung von *Geschichte und Klassenbewußtsein* ist erstaunlich, aber sie ist auch paradox. Lukács möchte die Marxismus-Rezeption auf das notwendige theoretische Niveau heben, das die Unterkomplexität und den Determinismus des Marxismus der Zweiten Internationale überwindet und dem praktisch-revolutionären Niveau der Oktoberrevolution entspricht. Dieser Versuch stößt in der nach Lenins Tod Mitte der 1920er Jahre entstehenden dogmatischen Marx-Lenin-Orthodoxie auf hinhaltenden Widerstand, macht aber gerade dadurch *Geschichte und Klassenbewußtsein* zu einer Art »Bibel des westlichen Marxismus« (Merleau-Ponty). Lukács möchte innerhalb der Community kommunistischer Intellektueller eine Debatte über materialistische Dialektik anstoßen, muss aber erleben, dass der Versuch scheitert; er macht dann 1925 oder 1926 mit der Schrift »Chvostismus und Dialektik«, die er ver-

37 Vgl. dazu auch Lukács, »Zur philosophischen Entwicklung des jungen Marx«, in: *Deutsche Zeitschrift für Philosophie*, 2. Jg., H. 2 (1954), S. 288-343.

mutlich an das Moskauer Lenin-Institut geschickt hat, noch den Versuch, unter den Intellektuellen der Komintern *Geschichte und Klassenbewußtsein* zu verteidigen, aber seine Verteidigung wird nicht einmal publiziert, sie erscheint erst postum 1996. Er wird ungewollt zum Inspirator eines Prozesses, der später als Akademisierung und Abnabelung von der politischen Praxis der Arbeiterbewegung verstanden wird.[38] Während er unter Einsatz auch seines Lebens für die kommunistische Bewegung arbeitet, muss er erleben, wie sein philosophisches Meisterwerk mit der Kritischen Theorie einen Theorietyp prägt, der die für Marxisten seit den »Thesen über Feuerbach« kategorisch geforderte Verknüpfung von theoretischer Arbeit und aktiver Mitwirkung an der Bewegung, von Theorie und revolutionärer Praxis, zunächst nicht mehr für möglich hält und später verweigert.

Paradoxien prägen auch Lukács' Einfluss in der Geschichte des Marxismus nach dem Abklingen der revolutionären Phase nach dem Ersten Weltkrieg und nach seiner Selbstkritik an *Geschichte und Klassenbewußtsein*. Lukács, der sich nach dem Scheitern seiner letzten direkt-politischen Intervention, den sogenannten Blum-Thesen,[39] nicht in ein wie auch immer geartetes Hotel Abgrund[40] der Intellektuellen zurückziehen wollte, wirkt in den Jahren des Faschismus auf zwei Ebenen: Einen großen Teil seiner intellektuellen Energie widmet er dem antifaschistischen Kampf, der zur praktischen Lebensfrage der Arbeiterbewegung, dann der zivilisierten Welt wird. Sein Entsetzen über die Unfähigkeit zumal der deutschen Intelligenz, den Nationalsozialismus wirksam zu bekämpfen, führt ihn zu einer Spurensuche in der deutschen Ideengeschichte,

38 Vgl. Perry Anderson, *Über den westlichen Marxismus*, Frankfurt/M. 1978 (engl. Original 1976). Zur Kritik an Andersons zwischen sachlicher Beschreibung und schlicht geographischer Zuordnung schwankendem Definitionsversuch vgl. Diethard Behrens, Kornelia Hafner, *Westlicher Marxismus*, Stuttgart 2017, S. 13-35. Behrens und Hafners extrem materialreicher Studie kommt das Verdienst zu, den westlichen Marxismus nicht nur aus den Niederlagen der Arbeiterbewegung Anfang der 1920er Jahre und aus der sich zuspitzenden Trennung von Theorie und Praxis in den Jahren des Faschismus heraus zu verstehen, sondern auch die Fortschreibungen durch die neuen Marx-Lektüren durchaus subtil-kritisch zu untersuchen.

39 Vgl. die Chronik in diesem Band, S. 551 f., 561.

40 Vgl. in diesem Band, S. 319-336.

die in seiner Irrationalismusthese kulminiert.[41] Der Weg der deutschen Philosophie nach Hegel mit den Protagonisten Schopenhauer und Nietzsche führt in seinen Augen zu einer Destruktion aufklärerischer Vernunft und stärkt die Tendenz, den Unwägbarkeiten der Moderne mit mythologischen Narrativen und der Abwendung von den demokratischen Idealen der großen Revolutionen zu begegnen. In einer zweiten Faschismusstudie von 1941/1942 vertritt Lukács die These, dass der Faschismus nicht Folge einer in der Urgeschichte angelegten Dialektik der Aufklärung, sondern nicht zuletzt Ausdruck der Krise des Aufklärungsprozesses ist, die Moment der nach dem Ersten Weltkrieg ausgebrochenen und auf Dauer gestellten Weltkrise ist; und er betont die Bedeutung des humanistischen Erbes der deutschen Klassik, die er anders als etwa Hannah Arendt als aktivierbaren Widerpart der faschistischen Barbarei stark macht.[42] Die Aneignung des kulturellen Erbes wird folgerichtig in der Volksfrontära zu einem zentralen Arbeitsfeld marxistischer Theorie mit hohem Aktualitätsgehalt. Natürlich gehört auch *Der junge Hegel* in diesen Kontext: Der Marxismus erhebt mit einem gewissen Pathos den Anspruch, synthetisierender und überbietender Erbfolger der wertvollsten Gehalte der menschlichen Ideengeschichte zu werden.

Zu diesem großen Projekt will Lukács auch auf seinem ureigenen Gebiet, dem der Literaturkritik und Ästhetik, beitragen. Er sieht wie sein russischer Mitstreiter Mihail Lifschitz, der eine Sammlung aller Texte von Marx und Engels zu Literatur und Kunst vorantreibt, in einer marxistischen Ästhetik nicht das Ausweichen in einen politikfernen, vergleichsweise harmlosen Raum, sondern ein wichtiges Element im zu errichtenden marxistischen Systemgebäude, das er als legitimes Erbe der großen philosophischen Systeme betrachtet.[43] In Berlin und im Moskauer Exil verfasst er

41 Nach dem Zweiten Weltkrieg hat Lukács seine Irrationalismuskritik der 1930er Jahre in *Die Zerstörung der Vernunft* zu einer ebenso umfassenden wie umstrittenen Darstellung der deutschen Ideengeschichte von Schelling bis zum Nationalsozialismus ausgebaut.

42 Vgl. Georg Lukács, »Wie ist Deutschland zum Zentrum der reaktionären Ideologie geworden?«, in: ders., *Zur Kritik der faschistischen Ideologie*, Berlin 1989, S. 221-383.

43 Bloch hatte nach Lukács' eigner Einschätzung einen »gewaltigen Einfluß, denn er hatte mich durch sein Beispiel davon überzeugt, daß es möglich sei, in der althergebrachten Weise [d. h. wie Aristoteles oder Hegel] zu philosophieren« (Lukács, *Gelebtes Denken*, S. 59).

unermüdlich Literaturkritiken und literaturhistorische Studien, die gegen die Verengungen von Proletkult und der sowjetischen Variante des sozialistischen Realismus die Augen öffnen sollen für den Wert der kulturellen Tradition, für das, was er später als den durch ästhetische Werke erschaffenen Fundus des menschlichen Selbstbewusstseins bezeichnen wird.[44] Seine Aversion gegen moderne Avantgardismen spaltet die kulturell interessierte marxistische Linke. Im Expressionismusstreit wird der Konflikt auf die Spitze getrieben, Lukács sieht sich konfrontiert mit Anna Seghers, Eisler, Brecht und sogar seinem Jugendfreund Ernst Bloch, findet aber auch Resonanz und Unterstützung für seine Realismuskonzeption – zumal zu Zeiten der Volksfront gegen den Faschismus.

War seine Rolle in den Berliner Jahren und im sowjetischen Exil stets prekär, geprägt durch seine Verstrickungen in den und seinen Partisanenkampf gegen den stalinistisch depravierten Sozialismus,[45] so entfalten seine ideologie- und literaturkritischen Arbeiten erst in der Nachkriegszeit eine bemerkenswerte Wirkung, besonders in den entstehenden »Volksdemokratien«. Lukács wird in den osteuropäischen Ländern, besonders in seinem Heimatland und der SBZ/DDR zu einer Art Vordenker in den Bereichen Ästhetik und Philosophiegeschichte der Neuzeit.[46] Er ist sicherlich mitverantwortlich für die Fixierung auf das Prinzip des Realismus in der Literatur, die üblich werdende Kultivierung der Pflege des großen humanistischen Erbes, das die neu entstandenen sozialistischen Gesellschaften als ihre Aufgabe übernehmen, wie auch die Differenzierungen vernachlässigende Kritik an der nachhegelschen

44 Vgl. das Kapitel »Die Kunst als Selbstbewußtsein der Menschheitsentwicklung« aus *Über die Besonderheit als Kategorie der Ästhetik,* in: Georg Lukács, *Probleme der Ästhetik*, GLW, Bd. 10, S. 773-786.

45 Auf Lukács' Konzept des Partisanen, das er in seinen Aufsätzen »Volkstribun oder Bürokrat?« (1940) und »Parteidichtung« (1945) entwickelt, hat erstmals Peter Ludz 1967 aufmerksam gemacht (ders., »Der Begriff der ›demokratischen Diktatur‹ in der politischen Philosophie von Georg Lukács«, in: Lukács, *Schriften zur Ideologie und Politik*, S. XLI-XLVIII). – Ob Lukács seinen eigenen hohen ethischen Ansprüchen in der Zeit des Stalinismus gerecht werden konnte, ist dennoch durchaus fragwürdig.

46 Vgl. Dieter Schiller, *Der abwesende Lehrer. Georg Lukács und die Anfänge marxistischer Literaturkritik und Germanistik in der SBZ und frühen DDR.* (Pankower Vorträge, Heft 9) Berlin 1998 sowie Caroline Gallée, *Georg Lukács. Seine Stellung und Bedeutung im literarischen Leben der SBZ/DDR 1945 bis 1985*, Tübingen 1996.

bürgerlichen Philosophie. Als die *Zerstörung der Vernunft* 1954 erscheint, wird ihre Genese aus den Kampfschriften gegen den Faschismus ignoriert. Lukács werden in dieser Zeit viele Ehrungen zuteil und er wird zu einer Art »Adorno des Ostens« (Raddatz); es entsteht die paradoxe Situation, dass er – ähnlich wie Adorno im Westen – gleichzeitig Repräsentant des »Systems« und dessen oft subversiv agierender Kritiker ist. Dennoch bleibt er vor 1956 im Habitat der Marxisten-Leninisten der DDR zusammen mit Ernst Bloch der unangefochtene Vorzeigeintellektuelle. Dass *Der junge Hegel* zehn Jahre nach seiner Niederschrift zuerst nur in der Schweiz erscheinen kann, ist aber nur das offenkundigste Indiz dafür, wie misstrauisch der Bankierssohn mit großer prämarxistischer Vergangenheit und häretische Autor von *Geschichte und Klassenbewußtsein* immer noch beäugt wird.[47] Der Argwohn der Dogmatiker ist auch berechtigt, setzt doch das subversive Frühwerk des ungarischen Philosophen seine Wirkung im Rahmen des zuerst von Merleau-Ponty so bezeichneten Westlichen Marxismus fort. Diese Wirkung ist in Frankreich und Italien besonders stark und erhält durch die Kritische Theorie zumal Adornos, Habermas' und Honneths dann eine internationale Resonanz, die das Interesse an Lukács bis in die Gegenwart wachgehalten hat.

Ambivalenz kennzeichnet die ziemlich singuläre Rolle Lukács' in der Geschichte des Marxismus seit den 1920er Jahren. Er ist zugleich Repräsentant der häretischen Traditionslinie des Marxismus (zusammen mit Karl Korsch und Antonio Gramsci) und – immer wieder die engen Grenzen des Sag- und Denkbaren sprengender – Vertreter des in den »realsozialistischen« Ländern gepflegten Marxismus. Dass diese Rolle ihm im Westen permanent als moralisches Versagen vorgeworfen wird (am polemischsten 1958 von Adorno),[48] versteht sich ebenso von selbst wie die Tatsache, dass ihm im

47 Vgl. dazu als Berichte eines unmittelbar Beteiligten Wolfgang Harich, »Zur Furcht der SED vor Georg Lukács« und »Lukács in der DDR« in: Andreas Heyer (Hg.), *Georg Lukács. Dokumente einer Freundschaft*, Baden-Baden 2017, S. 476-490.

48 Adornos berühmter Versuch eines intellektuellen Vatermords in »Erpreßte Versöhnung« erschien erstmals 1958 in *Der Monat* 11. Jg., Heft 122, S. 37 ff. – zeitgleich mit der Abrechnung der dogmatischen Diamat-Philosophen (*Georg Lukács und der Revisionismus*, Berlin 1958). Zum Trauerspiel des ausgebliebenen Dialogs zwischen Lukács und Adorno vgl. »Dossier Georg Lukács und Teodor W. Adorno«, 1. und 2. Teil in *Lukács-Jahrbuch 2004*, S. 65-180 und *Lukács-Jahrbuch*

damaligen »Ostblock« vorgehalten wird, revisionistischer Vertreter eines Dritten Wegs zwischen Kapitalismus und Sozialismus zu sein.

Neue Nahrung erhält die Lukács-Rezeption, als sich der 71-jährige Philosoph in der ungarischen Revolution engagiert und nach Rumänien deportiert wird. Lukács, der in Stalin keineswegs nur einen schlichten Despoten und Verbrecher sieht,[49] wird zu einem der wichtigsten Wortführer der marxistischen Kritik am Stalinismus, dem er vorhält, daß »die Stalinsche Ideologie es zustande gebracht hat, den Marxismus selbst zu verdinglichen«.[50] Werkgeschichte und Biographie machen Lukács nunmehr zur Personifizierung eines authentischen Marxismus, der die östliche Variante des Neomarxismus in Gestalt der Praxis-Philosophie in Jugoslawien prägt und internationale Beachtung findet.[51] Als die 68er-Rebellion ausbricht, kommt es praktisch weltweit[52] zu einer regelrechten Lukács-Renaissance, die allerdings primär seinem Frühwerk gilt. Selbst Adornos Verdikt, Lukács' eigene Vernunft sei inzwischen selbst zerstört worden, tut dieser Faszination kaum Abbruch. Bei Lukács wird eine Alternative zu der, wie es scheint, zahnlos gewordenen Kulturkritik der Frankfurter Schule gesucht, der unterstellt wird, dass sie sich zeitweilig auf der Seite des Establishments wiederfindet. Die politiktheoretisch zwar anfechtbaren, aber in ihrer messianischen Radikalität eindrucksvollen Aufsätze über den Parlamentarismus,[53] über die Frage des Verhältnisses von Spontanität und Organisation in revolutionären Prozessen sowie Lukács' Theorie des Klassenbewußtseins,[54] mit der er auf die schon von ihm beobachtete »ideologische Krise« der Arbeiterbewegung unter Zuhilfenahme von Denkfiguren Max Webers reagiert, werden wiederentdeckt, nicht zuletzt weil in ihnen die Relevanz des »subjektiven Faktors« nicht

2005, S. S. 55-189 sowie Dirk Braunstein/Simon Duckheim, »Adornos Lukács. Ein Lektürebericht«, in: *Lukács-Jahrbuch 2014/2015*, S. 27-79.

49 Vgl. das *Spiegel*-Gespräch in diesem Band S. 496-539.

50 Georg Lukács, *Zur Ontologie des gesellschaftlichen Seins*. 2. Halbband, GLW, Bd. 14, S. 599.

51 In Predrag Vranickis *Geschichte des Marxismus* (Frankfurt/M. 1974 [1961/1971]) findet die Hochschätzung der Bedeutung Lukács' für die Geschichte marxistischen Denkens eine repräsentative Darstellung.

52 Lukács' bis heute nur selektiv publizierte Briefwechsel der 1960er Jahre bis zu seinem Tod sind beredte Zeugen seiner wachsenden internationalen Resonanz.

53 In diesem Band S. 266-277.

54 In diesem Band S. 278-292.

länger ignoriert wird. Insgesamt festigt sich das Bild eines Denkers, der mit seiner Verdinglichungstheorie und der Explikation ihrer politisch revolutionären Gehalte Marx' Theoriegebäude auf einem bis dahin (und vielleicht sogar bis in die Gegenwart) unerreichten Niveau rekonstruiert hat.

Die Neomarxisten nehmen längere Zeit kaum zur Kenntnis, dass Lukács inzwischen, keineswegs von einer Aktualität der Revolution Ende der 1960er Jahre überzeugt, an einem systematischen Spätwerk arbeitet, das eine Marx-Renaissance auf den Spuren der menschlichen Gattungsgeschichte ästhetischer Praxis und dann der Seinsweise gesellschaftlicher Praxis überhaupt intendiert. Hatte der frühe Lukács wirkungsvoll den revolutionären Kairos nach 1917 philosophisch und mit dem Pathos des revolutionären Messianismus reflektiert, so wendet er sich im Spätwerk dem menschlichen Alltag zu, dessen Deformationen in der kapitalistischen und angeblich sozialistischen Gegenwart.[55] Die in dieser Zeit wichtigsten Vertreter des Neomarxismus können mit diesem mit den aktuellen Paradigmen nur spärlich verknüpften Spätwerk wenig anfangen, sie sind entweder wie Habermas mit der diskurstheoretischen Verdünnung des Marxismus beschäftigt oder verwerfen Lukács' frühe Verdinglichungs- wie späte ontologische Entfremdungskritik im Gefolge von Althussers Lehre vom epistemologischen Bruch in Marx' Werk, die dessen Frühschriften auf das Abstellgleis der Unwissenschaftlichkeit verfrachten. Lukács wird zum Klassiker des Traditionsmarxismus hoch- und herabgestuft, von dem sich respektvoll abzuheben für die Protagonisten einer neuen Marx-Lektüre geradezu eine Conditio sine qua non wird.

Heute liest sich Althussers *Für Marx* wie eine Vorwegnahme des Post-Marxismus, dessen strukturalistische, operaistische, formanalytische Varianten im Gefolge von 1989 in den Vordergrund treten und für die die ablehnende Historisierung der sogenannten humanistischen Marx-Lektüre häufig fundamental ist. Damit verbunden ist eine Abkehr von der Betonung der Relevanz Hegels für den Marxismus. Hegel wird substituiert durch Spinoza (den Lukács durchaus hochgeschätzt hat) und Nietzsche (was allerdings Lukács' Sicht der Dinge vollständig widerspricht). Der Post-Marxismus ist

55 Vgl. Lukács' politisches Testament *Demokratisierung und Sozialismus*, Frankfurt/M. 1987 (zuerst unter dem Titel *Demokratisierung heute und morgen*, Budapest 1985).

eine sicher ernst zu nehmende Reaktionsform auf eine historische Konstellation: Die Gleichzeitigkeit des Verschwindens der realsozialistischen Alternative zum Kapitalismus und des Weiterwirkens der tagein, tagaus diskutierten Pathologien des siegreichen Wirtschaftssystems (Rassismus, ökologische Krisen, sexuelle Ungleichheit und zumal ungerechte Verteilung des Reichtums innerhalb und außerhalb der Gemeinwesen).

Gleichwohl ist nun im letzten Jahrzehnt parallel zum Wiedererstarken der Marx-Rezeption eine Wiedererinnerung an das Erbe Lukácsschen Denkens zu beobachten.[56] Diese vollzieht sich durchaus divers: Im Kontext der Kritik am modernen »neoliberalen« Kapitalismus in den hochentwickelten Staaten Amerikas und Europas, wo von deklarierten Marxisten (Thomas Metscher, Hans Heinz Holz, Nicolas Tertulian, Guido Oldrini) wie auch von an Castoriadis oder Debord anknüpfenden Autoren auf Lukács' Werk Bezug genommen wird, ebenso wie in Lateinamerika[57] oder der Volksrepublik China, wo mit der forcierten, keineswegs mehr strikt antikapitalistischen Modernisierung der Gesellschaft die Frage auftaucht, ob die von Lukács luzide beschriebenen Verdinglichungsphänomene nicht Stigmata der entstehenden Weltmacht China sind.

Obwohl der zum Klassiker avancierte Lukács in den letzten fünfzig Jahren, über Fraktionsgrenzen und Lagerbildungen hinweg, fester Bestandteil der an Marx orientierten Kapitalismuskritik blieb, ist derzeit unausgemacht, welchen Platz Lukács und die marxistische Tradition im 21. Jahrhundert einnehmen werden. Am wenigsten Probleme dürfte in unserer postrevolutionären, wenn man so sagen darf: postproletarischen Zeit Lukács' prämarxistisches Werk haben, das sowohl Anknüpfungspunkte an die existentialistische Tradition[58] als auch an postmoderne Denkattitüden bietet. Einer

56 Symptomatisch ist die internationale Resonanz auf Axel Honneth, *Verdinglichung. Eine anerkennungstheoretische Studie*, Frankfurt/M. 2005 sowie die weltweite Kritik an der Schließung des Lukács-Archivs in Budapest.

57 Es ist kein Zufall, dass es zum *Lukács-Jahrbuch* der hierzulande gegründeten Internationalen Georg-Lukács-Gesellschaft in Brasilien ein Pendant gibt: das vom seit 2012 existierenden Instituto Lukács, São Paulo, herausgegebene *Anuário Lukács*, und dass in Maceió/Brasilien 2018 eine dreibändige zweisprachige Ausgabe der *Ontologie* publiziert wurde (Übersetzung von Sérgio Lessa und Mariana Andrade).

58 Diesen Zusammenhang hat schon früh Lucien Goldmann herausgestellt (ders., »Georg Lukács – Der Essayist«, in: ders., *Dialektische Untersuchungen*, S. 173-187).

an verändernder Praxis interessierten und der Idee des Sozialismus verpflichteten zeitgenössischen Sozialphilosophie bleibt Lukács' frühmarxistisches Werk relevant, solange Kritik an kapitalistischer Warenproduktion die Suche nach einem Theorie und Praxis, Philosophie und Bewegung verbindenden Paradigma des Denkens zum Desiderat werden lässt,[59] so lange – um es in der demaskierend direkten Sprache von Cornel West zu sagen – gilt: »Es ist allzu leicht, Race oder Gender als Identität zu fetischisieren, ohne damit eine Kritik des Raubtierkapitalismus zu verbinden. Aber nur die lässt uns erkennen, wie stark unsere Solidarität mit den Arbeitenden und Armen ist.«[60]

Die *Ontologie* und die Spätästhetik haben potenziell ihr noch weithin unentdecktes[61] Reaktualisierungspotenzial in auf Universalität zielenden Diskursen (wie etwa dem über die philosophischen Voraussetzungen der Menschenrechte), in denen auf die Gattungsgeschichte der Menschheit abgehoben wird. In diesem auf der Überzeugung, dass die Konzeption des Gattungswesens ein »systematisch aktueller und tragfähiger Bestandteil der Marxschen Philosophie« ist,[62] fußenden Diskurs pocht die *Ontologie*, anders als Searles sozialontologischer Ansatz[63], auf eine materialistische Theo-

59 Vgl. dazu die Beiträge von Rüdiger Dannemann, Gregory R. Smulewicz-Zucker und Tivadar Vervoort in Gregory R. Smulewicz-Zucker (Hg.), *Confronting Reification. Revitalizing Georg Lukacs's Thought in Late Capitalism*, Leiden/Boston 2020 sowie Moishe Postone, »Lukács und die dialektische Kritik des Kapitalismus«, in: Markus Bitterolf, Denis Maier (Hg.), *Verdinglichung, Marxismus, Geschichte*, Freiburg 2012, S. 477-509; ders., »Marx neu denken« in: Rahel Jaeggi, Daniel Loick (Hg.), *Nach Marx. Philosophie, Kritik, Praxis*, Frankfurt/M. 2013, S. 364-393.

60 Cornel West, »Den Status Quo bedrohen«, in: *Der Freitag*, Nr. 43, Oktober 2020, S. 22.

61 Dass inzwischen eine nennenswerte Rezeption von Lukács' spätem Ontologie-Projekt einsetzt, zeigt der von Michael J. Thompson edierte Sammelband *Georg Lukács and the Possibility of Critical Social Ontology.* Leiden/Boston 2019.

62 Michael Quante, »Das gegenständliche Gattungswesen«, in: Rahel Jaeggi, Daniel Loick (Hg.), *Nach Marx*, S. 69-87; zu Lukács' Fassung des Gattungsbegriffs vgl. Daniel Göcht, *Mimesis – Subjektivität – Realismus. Eine kritisch-systematische Rekonstruktion der materialistischen Theorie der Kunst in Georg Lukács' »Die Eigenart des Ästhetischen«*, Bielefeld 2017, S. 72-78.

63 John R. Searle, *Die Konstruktion der gesellschaftlichen Wirklichkeit – Zur Ontologie sozialer Tatsachen*, Frankfurt/M. 2011; vgl. Claudius Vellay, »On the ›Constitution of Human Society‹: Lukács versus Searle's Social Ontology«, in: Michael

rie der Arbeit. Diese ist in den Augen des späten Lukács geeignet, die altehrwürdigen philosophischen Probleme von Freiheit und Notwendigkeit, von Teleologie und Kausalität ohne metaphysische Vorannahmen zu erörtern, und keineswegs identisch mit instrumentellem Handeln oder ihren entfremdenden-verdinglichenden Formen im Kapitalismus.[64] Arbeit ist für den späten Lukács die Urform menschlicher Praxis und als solche auch Voraussetzung für die Entstehung höherer Ausformungen menschlicher Tätigkeit wie ästhetischer Produktion oder autonomen politischen Handelns, das der frühe wie der späte Lukács am überzeugendsten in der Gestalt der Rätedemokratie verwirklichbar sah.[65] Den Verächtern des Konzepts der Rätedemokratie, die Diskussionen über unsere postdemokratischen Zustände skeptisch gegenüberstehen, mag zu denken geben, dass selbst Hannah Arendt solchen Formen direkter Demokratie durchaus mit Sympathie gegenüberstand.

III.

Der vorliegende Band präsentiert nicht Auszüge aus Lukács' berühmtesten Schriften, sondern unternimmt den Versuch, Lukács' denkerische Transformationen von den frühen ästhetischen Versuchen über die für den westlichen Marxismus bedeutsame Praxisphilosophie und die Kampfschriften der mittleren Periode bis hin zur noch zu entdeckenden Ontologie des Spätwerks vornehmlich anhand weniger bekannter, »kleiner« Schriften nachvollziehbar zu machen – und damit Kontinuitäten wie Diskontinuitäten auf unterschiedlichen Ebenen des Gehalts, des Stils wie des Rezipientenkreises.[66]

J. Thompson (Hg.), *Georg Lukács and the Possibility of Critical Social Ontology*, S. 183-222.

64 János Weiss, »Die Theorie der Verdinglichung und das Taylor-System (Annäherung an *Geschichte und Klassenbewusstsein*)«, in: ders., *Verdinglichung und Subjektivierung. Versuch einer Reaktualisierung der kritischen Theorie*, Frankfurt/M. 2015, S. 14-40.

65 Vgl. dazu das diesem Band beigefügte *Spiegel*-Gespräch Lukács' S. 496-539.

66 Über Lukács' und seine – nicht selten Ratlosigkeit auslösenden – Kommunikationsversuche mit gestandenen oder jüngeren »proletarischen« Schriftstellern im Berlin der frühen 1930er Jahre bemerkt Andor Gábor: »Der heilige Franziskus predigt den Fischen (...), als Georg Lukács im engeren Kreis wieder einmal

Angesichts des Umfangs und der Komplexität von Lukács' Gesamtwerk kann die vorliegende Textauswahl auf Akzentuierungen nicht verzichten. Es wird besonderes Gewicht auf die Texte gelegt, die die Entwicklung des philosophischen und politischen Denkens des Autors nachvollziehbar machen. Auch soll dem Faktum Rechnung getragen werden, dass Lukács nicht zuletzt durch seine Vielseitigkeit den Status eines (nicht nur marxistischen) Klassikers gewonnen hat. Im ersten Teil soll die Weite der Interessen und des Horizonts des frühreifen Sohns eines mäzenatischen Budapester Selfmademans vermittelt werden, der sein Ästhetentum mit einer ethischen Utopie zu verbinden suchte. Der dem Praxisphilosophen gewidmete zweite Teil porträtiert den Begründer des später so genannten Westlichen Marxismus, dessen intimes Aufeinanderbeziehen von philosophischer Reflexion und nicht zuletzt ethisch fundiertem politischem Engagement kaum Nachfolge fand. Im dritten Teil »Der Polemiker – Die mittlere Phase« konzentriert sich die Auswahl auf den militanten Antifaschisten, dessen Kritik im Handgemenge zu Zeiten einem »Philosophieren mit dem Hammer« gleicht, das der drückenden sozialen Verantwortung eines Philosophen in Zeiten der Barbarei gerecht zu werden versucht. Im Schlussteil wird angedeutet, wie präsent der stets auf die Bildung einer Schule bedachte[67] ungarische Philosoph in der Öffentlichkeit um 1970 war. Auszüge aus dem umfangreichen, auf Systematik und Synthese zielenden Spätwerk richten den Fokus auf Lukács' *Ontologie des gesellschaftlichen Seins*, die erst in den letzten Jahren verstärkt rezipiert wird. Es zeichnen sich die Umrisse einer philosophischen Hinterlassenschaft ab, die auf die Wiedergeburt eines originären, durch den Stalinismus pervertierten Marxismus abzielt und damit auf den Entwurf eines demokratischen Sozialismus hinauswill; weder die weit verbreitete Kanonisierung des Frühwerks bei vollständiger Tabuisierung der Schriften nach 1930 noch die Konzentration allein auf das Werk nach der berühmten Selbstkritik an *Geschichte und Klassenbewußtsein* bei Stilisierung eines »reifen« oder »späten« Lukács werden dieser eigentlichen Absicht seines Schaffens vollständig gerecht.

ziemlich über die Köpfe hinweg philosophiert hatte.« Alfred Klein, *Georg Lukács in Berlin*, Berlin 1990, S. 57.

67 Vgl. Rüdiger Dannemann und Michael Löwy, »Lukács-Schule«, in: Wolfgang Fritz Haug, Frigga Haug, Peter Jehle, Wolfgang Küttler (Hg.), *Historisch-kritisches Wörterbuch des Marxismus*, Bd. 8/II, Hamburg 2015, Sp. 1354-1371.

Wir hoffen, dass auf dem in unserem Band nachgezeichneten Weg das Bild eines Intellektuellen des 20. Jahrhunderts entsteht, dessen nicht selten abgründige Radikalität, dessen philosophische Fassungskraft und dessen Mut zur Selbstkorrektur noch heute zu beeindrucken vermögen.

*

Wir haben als Herausgeber weitgehend auf eine Glättung bzw. Modernisierung der sprachlichen und stilistischen Eigenwilligkeiten Lukács' verzichtet. Grundsätzlich werden die Anmerkungen in der sparsamen Form, wie sie Lukács verwendet hat, wiedergegeben. Wir beschränken uns auf wenige Ergänzungen, die durch [Anm. d. Hg.] gekennzeichnet sind, um das Verständnis der Texte zu erleichtern. Von Peter Ludz und Konstantin Baehrens übernommene Anmerkungen werden wie folgt ausgewiesen [Anm. P. L./K. B.] Bei Zitaten von Marx und Engels werden die entsprechenden Textstellen der MEW-Ausgabe (Marx-Engels Werke, Berlin 1956 ff.) zusätzlich angegeben. Für die *Lukács-Werkausgabe* (Neuwied und Berlin: Luchterhand 1962-1986, seit 2005 in Bielefeld bei Aisthesis) verwenden wir, wie oben bereits angemerkt, die Sigle »GLW«.

Für die gute Zusammenarbeit danken wir Dr. Philipp Hölzing und für kundige Unterstützung gilt unser besonderer Dank Dr. Miklós Mesterházi, dem langjährigen Mitarbeiter des Lukács-Archivs in Budapest.

Der Ästhetizist – Frühwerk

1. Über Form und Wesen des Essays

Ein Brief an Leo Popper[1]

Mein Freund!

Die Essays, die für dieses Buch bestimmt sind, liegen vor mir, und ich frage mich, darf man solche Arbeiten herausgeben, kann aus ihnen eine neue Einheit, ein Buch entstehen? Denn für uns kommt es jetzt nicht darauf an, was diese Essays als »literarhistorische« Studien bieten könnten, sondern nur, ob etwas in ihnen ist, wodurch sie zu einer neuen, eigenen Form werden, und ob dieses Prinzip in jedem das gleiche ist. Was ist diese Einheit – wenn sie überhaupt da ist? Ich versuche es gar nicht, sie zu formulieren, denn nicht von mir und meinem Buch sei hier die Rede; eine wichtigere, allgemeinere Frage steht vor uns: die der Möglichkeit einer solchen Einheit. Inwiefern die wirklich großen Schriften, welche dieser Kategorie angehören, geformt sind, und inwiefern diese ihre Form selbständig ist; inwiefern die Art der Anschauung und ihr Gestalten das Werk aus dem Bereich der Wissenschaften herausheben, es neben die Kunst stellen, ohne aber beider Grenzen zu verwischen; ihm die Kraft zu einem begrifflichen Neuordnen des Lebens geben und es, dennoch, von der eisig-endgültigen Vollkommenheit der Philosophie fernhalten. Das ist aber die einzig mögliche tiefe Apologie solcher Schriften, freilich auch ihre tiefste Kritik zugleich; denn mit dem Maße, das hier festgestellt wird, werden sie zu allererst gemessen und das Bestimmen eines solchen Zieles wird zu allererst zeigen, wie fern sie diesem geblieben sind.

Also: die Kritik, der Essay – oder nenne es vorläufig wie Du willst – als Kunstwerk, als Kunstgattung. Ich weiß: Dich langweilt diese Frage und Du fühlst, daß alle ihre Argumente und Gegenargumente schon längst verbraucht worden sind. Denn Wilde und

1 Der Brief, der erste der zehn Texte von *Die Seele und die Formen*, der als eine reflexive Annäherung an Lukács' Essayphase zu betrachten ist, richtet sich an den früh verstorbenen Jugendfreund Leo Popper, dessen Tod den Autor in eine ernste Lebenskrise stürzt, die zudem durch den Selbstmord von Irma Seidler, der die Essaysammlung gewidmet ist, ausgelöst worden war. [Anm. d. Hg.]

Kerr machten eine Weisheit nur allen geläufig, die schon in der deutschen Romantik bekannt war, deren letzten Sinn die Griechen und die Römer ganz unbewußt als einen selbstverständlichen empfanden: daß Kritik eine Kunst und keine Wissenschaft sei. Dennoch glaube ich – und nur darum wage ich Dich mit diesen Bemerkungen zu behelligen –, daß alle diese Streitigkeiten das Wesen der wirklichen Frage kaum berührt haben; der Frage, was der Essay sei, was sein beabsichtigter Ausdruck und welche die Mittel und Wege dieses Ausdrucks seien. Ich glaube, daß man hier allzu einseitig das »Gutgeschriebensein« betont hat; daß der Essay einer Dichtung stilistisch gleichwertig sein könne und es darum ungerecht sei, hier von Wertunterscheidungen zu reden. Vielleicht. Doch was besagt das? Wenn wir auch die Kritik in einem solchen Sinn als Kunstwerk betrachten, haben wir noch gar nichts über ihr Wesen ausgesagt. »Was gut geschrieben ist, ist ein Kunstwerk«, – ist eine gut geschriebene Annonce oder Tagesneuigkeit auch eine Dichtung? Hier sehe ich, was Dich in einer solchen Auffassung der Kritik so stört: die Anarchie; das Leugnen der Form, damit ein sich souverän dünkender Intellekt mit Möglichkeiten jeder Art frei seine Spiele treiben könne. Wenn ich aber hier von dem Essay als einer Kunstform spreche, so tue ich es im Namen der Ordnung (also fast rein symbolisch und uneigentlich); nur aus der Empfindung heraus, daß er eine Form hat, die ihn mit endgültiger Gesetzesstrenge von allen anderen Kunstformen trennt. Ich versuche den Essay so scharf wie überhaupt möglich zu isolieren eben dadurch, daß ich ihn jetzt als Kunstform bezeichne.

Darum sei hier nicht von seinen Ähnlichkeiten mit den Dichtungen die Rede, sondern von dem, was sie von einander scheidet. Jede Ähnlichkeit sei hier bloß der Hintergrund, von dem sich das Verschiedene um so schärfer abhebt; nur darum wollen wir auch sie erwähnen, damit uns jetzt nur die wahrhaftigen Essays gegenwärtig seien und nicht jene nützlichen, aber unberechtigterweise Essays genannten Schriften, die uns nie mehr geben können, als Belehrung und Data und »Zusammenhänge«. Warum lesen wir denn Essays? Viele der Belehrung wegen, es gibt aber solche, bei denen etwas ganz anderes anzieht. Es ist nicht schwer, sie zu trennen: nicht wahr, wir sehen und werten heute die »tragédie classique« ganz anders als Lessing in der Dramaturgie; eigentümlich und beinahe unverständlich scheinen uns die Griechen Winckelmanns, und bald werden wir vielleicht Burckhardts Renaissance gegenüber ähnlich empfinden. Und wir lesen sie dennoch – warum? Es gibt aber kritische Schriften, die wie eine Hypothese der Naturwissenschaft, wie eine neue Konstruktion eines Maschinenteils in dem Augenblick all ihren Wert verloren haben, da eine neue, bessere vorhanden ist. Wenn aber – was ich hoffe und erwarte – jemand die neue Dramaturgie schreiben würde, eine Dramaturgie für Corneille und gegen Shakespeare, was könnte sie der Lessingschen anhaben? Und was können Burckhardt und Pater, Rhode und Nietzsche an der Wirkung der Griechenträume Winckelmanns ändern?

»Ja, wenn Kritik eine Wissenschaft wäre«, schreibt Kerr. »Aber das Imponderabile ist zu stark. Sie ist im schönsten Fall eine Kunst.« Und wenn sie eine Wissenschaft wäre – es ist gar nicht so unwahrscheinlich, daß sie eine wird – was könnte dies an unserem Problem ändern? Hier ist nicht von einem Ersatz die Rede, sondern von etwas prinzipiell Neuem, von etwas, das durch ein gänzliches oder annäherndes Erreichen wissenschaftlicher Ziele nicht berührt wird. In der Wissenschaft wirken auf uns die Inhalte, in der Kunst die Formen; die Wissenschaft bietet uns Tatsachen und ihre Zusammenhänge, die Kunst aber Seelen und Schicksale. Hier scheiden sich die Wege; hier gibt es keinen Ersatz und keine Übergänge. Wenn auch in den primitiven, noch nicht differenzierten Epochen Wissenschaft und Kunst (und Religion und Ethik und Politik) ungetrennt und in Einem sind, sobald die Wissenschaft losgelöst und selbständig geworden ist, hat alles Vorbereitende seinen Wert verloren. Erst wenn etwas alle seine Inhalte in Form aufgelöst hat und so reine Kunst geworden ist, kann es nicht mehr überflüssig werden; dann aber ist seine einstige Wissenschaftlichkeit ganz vergessen und ohne Bedeutung.

Es gibt also eine Kunstwissenschaft; es gibt aber noch eine ganz andere Art der Äußerung menschlicher Temperamente, deren Ausdrucksmittel zumeist das Schreiben über die Kunst ist. Zumeist, sage ich nur; denn es gibt viele Schriften, die aus solchen Gefühlen entstanden sind, ohne in irgend welche Berührung mit Literatur oder Kunst zu kommen; wo die selben Lebensfragen aufgeworfen sind, wie in jenen Schriften, die sich Kritiken nennen, nur sind die Fragen unmittelbar an das Leben selbst gerichtet; sie brauchen keine Vermittelung von Literatur oder Kunst. Und gerade die Schriften der größten Essayisten sind solcher Art: Platons Dialoge und die Schriften der Mystiker, Montaignes Essays und Kierkegaards imaginäre Tagebuchblätter und Novellen.

Eine unendliche Reihe kaum faßbar feiner Übergänge führt von hier zur Dichtung. Denke an die letzte Szene im »Herakles« des Euripides: die Tragödie ist schon zu Ende, als Theseus erscheint und alles erfährt, was geschehen ist, die furchtbare Rache der Hera an Herakles. Da setzt das Zwiegespräch vom Leben zwischen dem trauernden Herakles und seinem Freunde ein; Fragen erklingen, denen der sokratischen Gespräche verwandt, aber die Frager sind starrer und weniger menschlich und ihr Fragen begrifflicher, das unmittelbare Erlebnis überspringender als in den Dialogen Platons. Denke an den letzten Aufzug von »Michael Kramer«, an die »Bekenntnisse einer schönen Seele«, an Dante, an den »Everyman«, an Bunyan – muß ich Dir noch weitere Beispiele aufzählen?

Du wirst gewiß sagen: der Schluß des »Herakles« ist undramatisch und Bunyan ist ... Gewiß, gewiß – doch weshalb? Der »Herakles« ist undramatisch, weil es eine natürliche Folge jedes dramatischen Stiles ist, daß alles, was im Innern geschieht, in Taten, Bewegungen und Gebärden von Menschen projiziert und also sichtbar und sinnlich greifbar gemacht werde. Hier siehst Du, wie sich Heras Rache dem Herakles nähert, Du siehst Herakles in seligem Siegestaumel, ehe sie ihn erreicht hat, Du siehst seine tobenden Gesten im Wahnsinn, womit sie ihn traf, und seine wilde Verzweiflung nach dem Sturm, da er sieht, was ihm geschehen ist. Von allem Späteren aber siehst Du gar nichts. Theseus kommt – und vergebens versuchst Du anders als begrifflich zu bestimmen, was jetzt geschieht: was Du hörst und siehst, ist kein wahres Ausdrucksmittel mehr des wirklichen Geschehnisses, es ist bloß eine im innersten Wesen gleichgültige Gelegenheit, daß es überhaupt geschehe. Du siehst nur: Theseus und Herakles verlassen gemeinsam die Szene. Vorher erklangen Fragen: wie sind wohl in Wahrheit die Götter; an welche Götter dürfen wir glauben und an welche nicht; was ist das Leben und was ist die beste Art, seine Leiden mannhaft zu ertragen? Das konkrete Erlebnis, das diese Fragen auferweckte, verschwindet in eine unendliche Ferne. Und wenn die Antworten wieder in die Welt der Tatsachen zurückkehren, sind sie nicht mehr Antworten auf die Fragen, die das lebende Leben aufwarf; auf die Fragen, was nun diese Menschen jetzt in dieser bestimmten Lebenslage tun und was sie lassen müssen. Diese Antworten sehen jede Tatsache mit fremdem Blicke an, denn sie kommen von dem Leben und von den Göttern, und kennen kaum den Schmerz des Herakles und seine Ursache, die Rache der Hera. Ich weiß: das Drama stellt seine Fragen auch an das Leben und das Antwortbringende ist auch dort das Schicksal; und im letzten Sinne sind die Fragen und die Antworten auch hier an eine bestimmte Sache geknüpft. Doch der wahre Dramatiker (solange er wahrer Dichter ist, ein wirklicher Vertreter des dichterischen Prinzips) wird ein Leben so reich und so intensiv sehen, daß es beinahe unmerklich das Leben wird. Hier aber wird alles undramatisch, denn hier wird das andere Prinzip wirksam; denn jenes Leben, das hier die Fragen stellte, verliert alles Körperliche im Augenblick, wo der Frage erstes Wort erklang.

Es gibt also zwei Typen seelischer Wirklichkeiten: das Leben ist der eine und das Leben der andere; beide sind gleich wirklich, sie können aber nie gleichzeitig wirklich sein. In jedem Erlebnis eines jeden Menschen sind beide[r] Elemente enthalten, wenn auch in immer verschiedener Stärke und Tiefe; auch in der Erinnerung bald dieses, bald jenes, auf einmal können wir aber nur in einer Form empfinden. Seitdem es ein Leben gibt und die Menschen das Leben begreifen und ordnen wollen, gab es immer diese Zweiheit in ihren Erlebnissen. Nur wurde der Wettkampf der Priorität und der Überlegenheit zumeist in der Philosophie ausgefochten und anders klangen immer die Schlachtrufe; darum auch für die meisten Menschen unerkannt und unerkennbar. Am klarsten war, scheint es, die Frage im Mittelalter gestellt, als die Denkenden sich in zwei Lager teilten, deren eines von den Universalien, den Begriffen (den Ideen Platons, wenn Du willst) behauptete, sie wären die einzigen, wahren Wirklichkeiten, während das andere sie nur als Worte, als zusammenfassende Namen der einzig wahren, einzelnen Dinge anerkannte.

Dieselbe Zweiheit scheidet auch die Ausdrucksmittel; der Gegensatz ist hier der des Bildes und der der »Bedeutung«. Das eine Prinzip ist ein Bilder-Schaffendes, das andere ein Bedeutungen-Setzendes; für das eine gibt es nur Dinge, für das andere nur deren Zusammenhänge, nur Begriffe und Werte. Die Dichtung an sich kennt nichts, was jenseits der Dinge wäre; ihr ist jedes Ding ein Ernstes und Einziges und Unvergleichliches. Darum kennt sie auch die Fragen nicht: man richtet an reine Dinge keine Fragen, nur an ihre Zusammenhänge; denn – wie im Märchen – wird hier aus jeder Frage wieder ein Ding, dem ähnlich, das sie zum Leben erweckte. Der Held steht am Kreuzweg oder inmitten des Kampfes, aber der Kreuzweg und der Kampf sind nicht Schicksale, denen gegenüber es Fragen und Antworten gibt, sie sind einfach und wörtlich Kämpfe und Kreuzwege. Und der Held bläst in sein Wunder erweckendes Horn und das erwartete Wunder erscheint, ein Ding, das Dinge aufs neue ordnet. In der wirklich tiefen Kritik aber gibt es kein Leben der Dinge, keine Bilder, nur Transparenz, nur etwas, das kein Bild vollwertig auszudrücken fähig wäre. Eine »Bildlosigkeit aller Bilde[r]« ist das Ziel aller Mystiker, und höhnisch-verächtlich spricht Sokrates zu Phaidros von den Dichtern, die das wahre Leben der Seele nie würdig besungen haben noch je besingen werden. »Denn das große Sein, wo der unsterbliche Teil der Seele einst wohnte, ist farblos und ohne Gestalt und ungreifbar und nur der Lenker der Seele, der Geist, vermag es zu schauen.«

Du wirst vielleicht erwidern: mein Dichter ist eine leere Abstraktion und so auch mein Kritiker. Du hast recht, beide sind Abstraktionen, aber vielleicht doch nicht ganz leere. Sie sind Abstraktionen, denn auch Sokrates muß in Bildern von seiner Welt ohne Gestalt und jenseits aller Gestalt reden und selbst das Wort »Bildlosigkeit« des deutschen Mystikers ist eine Metapher. Auch gibt es keine Dichtung ohne ein Ordnen der Dinge. Matthew Arnold nannte sie einmal »Criticism of Life«. Sie stellt die letzten Zusammenhänge zwischen Mensch und Schicksal und Welt dar und ist gewiß aus solcher tiefsten Stellungnahme entsprungen, wenn sie auch oft nicht um ihren Ursprung weiß. Wenn sie auch oft jede Fragestellung und Stellungnahme von sich weist – ist denn das Leugnen aller Fragen nicht eine Fragestellung und ihr bewußtes Ablehnen nicht eine Stellungnahme? Ich gehe weiter: die Trennung von Bild und Bedeutung ist auch eine Abstraktion, denn die Bedeutung ist immer in Bilder gehüllt und der Widerschein eines Glanzes vom Jenseits der Bilder durchleuchtet ein jedes Bild. Jedes Bild ist aus unserer Welt und die Freude dieses Daseins leuchtet von seinem Antlitz; doch es erinnert sich und es erinnert uns an etwas, das irgendwann da war, an ein Irgendwo, an seine Heimat, an das Einzige, das im Grunde der Seele wichtig und bedeutungsvoll ist. Ja, in ihrer nackten Reinheit sind sie nur Abstraktionen, diese beiden Enden menschlicher Empfindung, doch bloß mit Hilfe solcher Abstraktion konnte ich die beiden Pole der schriftlichen Ausdrucksmöglichkeit bezeichnen. Und die, die sich am entschlossensten von den Bildern abwenden, die am heftigsten hinter die Bilder greifen, sind die Schriften der Kritiker, der Platoniker und Mystiker.

Damit aber hätte ich auch schon bezeichnet, warum diese Art des Empfindens eine Kunstform für sich fordert, warum uns jede ihrer Äußerungen in den anderen Formen, in der Dichtung immer stören muß. Du hast schon einmal die große Forderung allem Gestalteten gegenüber formuliert, vielleicht die einzig ganz allgemeine, aber die ist unerbittlich und kennt keine Ausnahme: daß im Werk alles aus einem Stoff geformt sei, daß jeder seiner Teile von einem Punkt aus übersichtlich geordnet sei. Und weil jedes Schreiben sowohl die Einheit als die Vielheit erstrebt, ist dies das Stilproblem aller: das Gleichgewicht im Vielerlei der Dinge, das reich Gegliederte in der einstoffigen Masse. Was in einer Kunstform lebensfähig ist, ist tot in der andern: hier ist ein praktischer, handgreiflicher Beweis für die innere Scheidung der Formen. Erinnerst Du Dich, wie Du mir die Lebendigkeit der Menschen auf gewissen stark stilisierten Wandgemälden erklärtest? Du sagtest: zwischen Säulen sind diese Fresken gemalt, und wenn die Gebärden ihrer Menschen auch marionettenhaft starr sind und jeder Gesichtsausdruck nur eine Maske ist, so ist dies alles doch lebendiger, als die Säulen, die die Bilder umrahmen, mit denen sie eine dekorative Einheit bilden. Ein wenig lebendiger nur, denn die Einheit muß erhalten bleiben; aber lebendiger dennoch, damit die Illusion eines Lebens entstehe. Hier aber ist das Problem des Gleichgewichts so gestellt: die Welt und das Jenseits, das Bild und die Transparenz, die Idee und die Emanation liegen in je einer Schale der Wa[a]ge, die im Gleichgewicht bleiben soll. Je tiefer die Frage dringt – vergleiche bloß die Tragödie mit dem Märchen – desto linearer werden die Bilder; in desto weniger Flächen wird alles zusammengedrängt; desto blasser und stumpfer glänzend werden die Farben; desto einfacher der Reichtum und das Vielerlei der Welt; desto maskenhafter der Gesichtsausdruck der Menschen. Es gibt aber noch Erlebnisse, für deren Ausdruck auch die einfachste und gemessenste Gebärde zu viel wäre – und zugleich zu wenig; es gibt Fragen, deren Stimme so leise tönt, daß für sie der Klang des tonlosesten Geschehnisses roher Lärm wäre und keine Begleitmusik; es gibt Schicksalsbeziehungen, die so ausschließlich Beziehungen der Schicksale an sich sind, daß alles Menschliche ihre abstrakte Reinheit und Hoheit nur stören würde. Nicht von Feinheit und Tiefe ist hier die Rede; das sind Wertkategorien, nur innerhalb der Form haben sie also Geltung; wir sprechen von den Grundprinzipien, die die Formen von einander scheiden; von dem Stoff, aus dem alles gebaut ist, von dem Standpunkt, von der Weltanschauung, die allem die Einheit gibt. Ich will kurz sein: wenn man die verschiedenen Formen der Dichtung mit dem vom Prisma gebrochenen Sonnenlicht vergleichen würde, so wären die Schriften der Essayisten die ultravioletten Strahlen.

Es gibt also Erlebnisse, die von keiner Gebärde ausgedrückt werden könnten und die sich dennoch nach einem Ausdruck sehnen. Du weißt schon aus allem Gesagten, welche ich meine und welcher Art sie sind. Die Intellektualität, die Begrifflichkeit ist es, als sentimentales Erlebnis, als unmittelbare Wirklichkeit, als spontanes Daseinsprinzip; die Weltanschauung in ihrer unverhüllten Reinheit als seelisches Ereignis, als motorische Kraft des Lebens. Die unmittelbar gestellte Frage: was ist das Leben, der Mensch und das Schicksal? Doch als Frage nur; denn die Antwort bringt auch hier keine »Lösung«, wie eine der Wissenschaft oder wie – auf reineren Höhen – jene der Philosophie, sie ist vielmehr, wie in jeder Art Poesie, Symbol und Schicksal und Tragik. Wenn der Mensch solches erlebt, so erwartet alles Äußere an ihm in starrer Regungslosigkeit die Entscheidung, die der Kampf der unsichtbaren, den Sinnen unzugänglichen Mächte bringen wird. Jede Gebärde, womit der Mensch etwas davon ausdrücken wollte, würde sein Erlebnis verfälschen, wenn sie nicht ironisch ihre eigene Unzulänglichkeit betonen und so sich selbst sogleich aufheben würde. Einen Menschen, der solches erlebt, drückt nichts Äußeres aus – wie könnte ihn eine Dichtung gestalten?

Jedes Schreiben stellt die Welt im Symbol einer Schicksalsbeziehung dar; das Problem des Schicksals bestimmt überall das Problem der Form. Diese Einheit, diese Koexistenz ist so stark, daß das eine Element nie ohne das andere auftritt und eine Trennung ist auch hier nur in der Abstraktion möglich. Die Scheidung also, die ich hier zu vollziehen versuche, scheint praktisch nur ein Unterschied der Betonung zu sein: die Dichtung erhält vom Schicksal ihr Profil, ihre Form, die Form erscheint dort immer nur als Schicksal;

in den Schriften der Essayisten wird die Form zum Schicksal, zum schicksalschaffenden Prinzip. Und dieser Unterschied bedeutet folgendes: das Schicksal hebt Dinge aus der Welt der Dinge hervor, betont die gewichtigen und scheidet die unwesentlichen aus; die Formen aber umgrenzen einen Stoff, der sich sonst luftartig im All auflösen würde. Das Schicksal kommt also von dort, woher alles andere kommt, als Ding unter die Dinge, während die Form – als etwas Fertiges angesehen, von außen also – dem Wesensfremden die Grenzen bestimmt. Weil das Schicksal, das die Dinge ordnet, Fleisch von ihrem Fleisch und Blut aus ihrem Blute ist, darum gibt es kein Schicksal in den Schriften der Essayisten. Denn das Schicksal, seiner Einmaligkeit und Zufälligkeit entblößt, ist gerade so luftig immateriell, wie jeder andere körperlose Stoff dieser Schriften; kann ihnen also gerade so wenig eine Form geben, wie sie selbst jeder natürlichen Neigung und Möglichkeit einer Verdichtung zur Form entbehren.

Deshalb sprechen diese Schriften von den Formen. Der Kritiker ist der, der das Schicksalhafte in den Formen erblickt, dessen stärkstes Erlebnis jener Seelengehalt ist, den die Formen indirekt und unbewußt in sich bergen. Die Form ist sein großes Erlebnis, sie ist als unmittelbare Wirklichkeit das Bildhafte, das wirklich Lebendige in seinen Schriften. Diese Form, die aus einem symbolischen Betrachten der Lebenssymbole entstanden ist, bekommt ein Leben für sich von der Kraft dieses Erlebnisses. Sie wird eine Weltanschauung, ein Standpunkt, eine Stellungnahme dem Leben gegenüber, aus dem sie entstand; eine Möglichkeit, es selbst umzuformen und neu zu schaffen. Das Schicksalsmoment des Kritikers ist also jenes, wo die Dinge zu Formen werden; der Augenblick, wenn alle Gefühle und Erlebnisse, die diesseits und jenseits der Form waren, eine Form bekommen, sich zur Form verschmelzen und verdichten. Es ist der mystische Augenblick der Vereinigung des Außen und des Innen, der Seele und der Form. Er ist gerade so mystisch wie das Schicksalsmoment der Tragödie, wo Held und Schicksal, wie jenes der Novelle, wo Zufall und kosmische Notwendigkeit, wie jenes der Lyrik, wo Seele und Hintergrund sich treffen und zu einer neuen, weder in Vergangenheit noch in Zukunft trennbaren Einheit zusammenwachsen. Die Form ist die Wirklichkeit in den Schriften des Kritikers, sie ist die Stimme, mit der er seine Fragen an das Leben richtet: das ist der wirkliche, der tiefste

Grund dessen, daß Literatur und Kunst die typischen, natürlichen Stoffe der Kritik sind. Denn hier kann aus dem Endziel der Poesie ein Ausgangspunkt und ein Anfang werden; denn hier scheint die Form, selbst in ihrer abstraktesten Begrifflichkeit, etwas sicher und handgreiflich Wirkliches. Aber dies ist nur der typische Stoff des Essays, nicht der einzige. Denn nur als Erlebnis braucht der Essayist die Form und nur ihr Leben braucht er, nur die in ihr enthaltene lebendige seelische Wirklichkeit. Diese Wirklichkeit ist aber in jeder unmittelbaren, sinnlichen Äußerung des Lebens zu finden, aus ihr heraus und in sie hinein zu lesen; durch ein solches Schema der Erlebnisse kann man das Leben selbst erleben und gestalten. Und nur weil Literatur, Kunst und Philosophie offen und gerade den Formen zueilen, während sie im Leben selbst bloß die ideale Forderung einer gewissen Art von Menschen und Erlebnissen sind, darum ist eine kleinere Intensität der kritischen Erlebnisfähigkeiten von nöten, einem Geformten als einem Gelebten gegenüber; darum scheint – für die erste und oberflächlichste Betrachtung – die Wirklichkeit der Formvision hier weniger problematisch zu sein als dort. Jedoch bloß für die erste und oberflächlichste Betrachtung scheint es so zu sein, denn die Form des Lebens ist nicht abstrakter, als die Form eines Gedichtes. Auch dort wird die Form nur durch Abstraktion sinnfällig und ihre Wahrheit ist auch hier nicht stärker, als die Kraft, womit sie erlebt wurde. Oberflächlich wäre es, Gedichte darnach zu unterscheiden, ob sie ihre Stoffe aus dem Leben oder von andersher haben; denn die formschaffende Kraft der Poesie zerbricht und zerstreut sowieso alles Alte, schon einmal Geformte, und alles wird zu einem ungeformten Rohstoff in ihren Händen. Gerade so oberflächlich scheint mir auch hier eine Scheidung. Denn beide Arten der Weltbetrachtung sind nur Stellungnahmen den Dingen gegenüber und jede ist überall verwendbar, wenn es auch wahr ist, daß es für beide Dinge gibt, die sich mit einer von der Natur gewollten Selbstverständlichkeit dem gegebenen Standpunkt unterordnen, und solche, die nur von heftigsten Kämpfen und tiefsten Erlebnissen dazu gezwungen werden können.

Wie in jedem wirklich wesentlichen Zusammenhang treffen sich auch hier natürliche Stoffwirkung und unmittelbare Nützlichkeit: die Erlebnisse, zu deren Ausdruck die Schriften der Essayisten entstanden sind, werden in den meisten Menschen nur beim Anblick der Bilder oder beim Lesen der Gedichte bewußt; eine Kraft, die das Leben selbst bewegen könnte, haben sie auch da kaum. Darum müssen die meisten Menschen glauben, die Schriften der Essayisten seien nur geschrieben, um Bücher und Bilder zu erklären, ihr Verständnis zu erleichtern. Und doch ist dieser Zusammenhang tief und notwendig, und gerade das Unzertrennbare und Organische in dieser Mischung von Zufällig- und Notwendig-Sein ist der Ursprung jenes Humors und jener Ironie, die wir in den Schriften jedes wahrhaft großen Essayisten finden werden. Jenes eigenartigen Humors, der so stark ist, daß es sich beinahe nicht mehr ziemt, über ihn zu sprechen; denn wer ihn nicht in jedem Augenblick spontan empfindet, für den wäre sowieso jeder deutliche Hinweis vergebens. Die Ironie meine ich hier, daß der Kritiker immer von den letzten Fragen des Lebens spricht, aber doch immer in dem Ton, als ob nur von Bildern und Büchern, nur von den wesenlosen und hübschen Ornamenten des großen Lebens die Rede wäre; und auch hier nicht vom Innersten des Innern, sondern bloß von einer schönen und nutzlosen Oberfläche. So scheint es, als ob jeder Essay in der größtmöglichsten Entfernung von dem Leben wäre, und die Trennung scheint um so größer zu sein, je brennender und schmerzlicher die tatsächliche Nähe der wirklichen Wesen beider fühlbar ist. Vielleicht hat der große Sieur de Montaigne etwas Ähnliches empfunden, als er seinen Schriften die wunderbar schöne und treffende Bezeichnung »Essays« gab. Denn eine hochmütige Courtoisie ist die einfache Bescheidenheit dieses Wortes. Der Essayist winkt den eigenen, stolzen Hoffnungen, die manchmal dem Letzten nahe gekommen zu sein wähnen, ab – es sind ja nur Erklärungen der Gedichte anderer, die er bieten kann, und bestenfalls die der eigenen Begriffe. Aber ironisch fügt er sich in diese Kleinheit ein, in die ewige Kleinheit der tiefsten Gedankenarbeit dem Leben gegenüber und mit ironischer Bescheidenheit unterstreicht er sie noch. Beim Platon wird die Begrifflichkeit von der Ironie der kleinen Lebensrealitäten umrahmt.

Eryximachos heilt den Aristophanes durch Nießen von seinem Schlucken, ehe jener seine tiefsinnige Hymne an Eros beginnen kann. Und Hippothales beobachtet mit banger Aufmerksamkeit den Sokrates, als der den geliebten Lysis ausfragt. Und mit kindischer Schadenfreude fordert der kleine Lysis Sokrates auf, seinen Freund, Menexenos, mit seinen Fragen gerade so zu quälen, wie er ihn gequält habe. Rohe Erzieher zerreißen die Fäden dieses Zwiegesprächs von sanftschillernder Tiefe und schleppen die Knaben mit sich nach Hause. Sokrates aber ist am meisten belustigt: »Sokrates und die beiden Knaben wollen Freunde sein und sind nicht einmal imstande gewesen zu sagen, was der Freund eigentlich sei.« Doch auch in dem riesengroßen wissenschaftlichen Apparate gewisser neuer Essayisten (denke nur an Weininger) sehe ich eine ähnliche Ironie und nur eine anders geartete Äußerung derselben in einer so fein zurückhaltenden Schreibweise, wie die Diltheys ist. In jedem Schreiben eines jeden großen Essayisten könnten wir, freilich in immer verschiedener Form, immer diese selbe Ironie finden: Die Mystiker des Mittelalters sind die einzigen ohne innere Ironie – ich muß Dir doch nicht auseinandersetzen, warum?

Die Kritik also, der Essay spricht zumeist von Bildern, Büchern und von Gedanken. Was ist sein Verhältnis zum Dargestellten? Man sagt immer: der Kritiker müsse die Wahrheit über die Dinge aussprechen, der Dichter aber sei seinem Stoff gegenüber an keine Wahrheit gebunden. Wir wollen hier nicht die Frage des Pilatus aufwerfen, noch das untersuchen, ob der Dichter nicht auch zu einer inneren Wahrhaftigkeit gezwungen ist, und ob die Wahrheit irgend welcher Kritik stärker und mehr als eine solche sein kann. Nein, denn ich sehe hier tatsächlich einen Unterschied, nur ist er auch hier bloß in seinen abstrakten Polen ganz rein, scharf und ohne Übergang. Als ich über Kassner schrieb, erwähnte ich ihn schon: der Essay spricht immer von etwas bereits Geformtem, oder bestenfalls von etwas schon einmal Dagewesenem; es gehört also zu seinem Wesen, daß er nicht neue Dinge aus einem leeren Nichts heraushebt, sondern bloß solche, die schon irgendwann lebendig waren, aufs neue ordnet. Und weil er sie nur aufs neue ordnet, nicht aus dem Formlosen etwas Neues formt, ist er auch an sie gebunden, muß er immer »die Wahrheit« über sie aussprechen, Ausdruck für ihr Wesen finden. Vielleicht ist der Unterschied am kürzesten so formulierbar: die Dichtung nimmt aus dem Leben (und der Kunst) ihre Motive; für den Essay dient die Kunst (und das Leben) als Modell. Vielleicht ist damit der Unterschied schon bezeichnet: die Paradoxie des Essays ist beinahe die selbe wie die des Porträts. Du siehst doch den Grund? Nicht wahr, vor einer Landschaft fragst Du Dich nie: ist denn dieser Berg oder dieser Fluß tatsächlich so, wie er gemalt ist; vor jedem Porträt aber taucht unwillkürlich immer die Frage der Ähnlichkeit auf. Untersuche also ein wenig dieses Problem der Ähnlichkeit, an dessen törichtem und oberflächlichem Aufwerfen die wahren Künstler verzweifeln müssen. Du stehst vor einem Velasquez-Porträt und sagst »Wie ähnlich« und Du fühlst, Du hast wirklich etwas über das Bild gesagt. Ähnlich? Wem? Keinem natürlich. Du hast ja keine Ahnung, wen es darstellt, kannst es vielleicht gar nicht erfahren; und wenn auch, so interessiert es Dich kaum. Doch fühlst Du: es ist ähnlich. Bei anderen Bildnissen wirken bloß Farben und Linien und Du hast kein solches Gefühl. Die wirklich bedeutenden Porträts geben uns also neben all ihren anderen künstlerischen Sensationen auch dies: das Leben eines Menschen, der einmal wahrhaft gelebt hat, und sie zwingen uns das Gefühl auf, sein Leben sei so gewesen, wie es uns die Linien und Farben des Bildes zeigen. Nur weil wir Maler vor Menschen um dieses Ausdrucksideal schwere Kämpfe ausfechten sehen, weil der Schein und das Schlagwort dieses Kampfes nichts anderes sein kann, als eines Kampfes um die Ähnlichkeit, nur darum nennen wir diese Suggestion eines Lebens so; obwohl es keinen in der Welt gibt, dem das Bildnis ähnlich sein könnte. Denn wenn wir auch den dargestellten Menschen kennen, dessen Bild »ähnlich« oder »unähnlich« heißen soll, – ist es nicht eine Abstraktion, von irgend welchem willkürlichen Moment oder Ausdruck zu behaupten: das ist sein Wesen? Und wenn wir deren Tausende kennen, was wissen wir von den unermeßlich großen Teilen seines Lebens, wo wir ihn nicht sahen, was von den inneren Lichtern der Bekannten, was von den Reflexen, die sie andern geben? Siehst Du, so ungefähr stelle ich mir »die Wahrheit« der Essays vor. Auch hier ist ein Kampf um die Wahrheit, um die Verkörperung des Lebens, das jemand aus einem Menschen, einem Zeitalter, einer Form herausgelesen hat; doch es hängt nur von der Intensität der Arbeit und der Vision ab, ob wir aus dem Geschriebenen eine Suggestion dieses einen Lebens erhalten. Denn dies ist der große Unterschied: die Dichtung gibt uns die Lebensillusion dessen, den sie darstellt; nirgends ist jemand oder etwas denkbar, woran das Gestaltete gemessen werden könnte. Der Held des Essays lebte schon irgendwann, sein Leben muß also gestaltet werden; nur ist auch dieses Leben gerade so innerhalb des Werkes, wie alles in der Poesie. Alle diese Voraussetzungen der Schlagkraft und Gültigkeit seines Geschauten erschafft der Essay aus sich. Es ist also nicht möglich, daß zwei Essays einander widersprechen: jeder erschafft ja eine andere Welt und auch, indem er, um eine höhere Allgemeinheit zu erlangen, darüber hinausgeht, bleibt er in Ton, Farbe, Betonung doch immer in der erschaffenen Welt; er verläßt sie also nur im uneigentlichen Sinne. Auch ist es nicht wahr, daß es hier ein objektives, äußeres Maß der Lebendigkeit und der Wahrheit gebe, daß wir an dem »wirklichen« Goethe die Wahrheit der Goethe von Grimm, Dilthey oder Schlegel messen könnten. Es ist nicht wahr, denn viele Goethes – verschieden untereinander und von dem unseren tief verschieden – erweckten in uns schon den sicheren Glauben des Lebens und enttäuscht erkannten wir unsere eigenen Gesichte bei anderen, deren schwächlicher Atem ihnen keine selbstherrliche Lebenskraft einhauchen konnte. Es ist richtig, nach der Wahrheit strebt der Essay: doch wie Saul, der da ausging, die Eselinnen seines Vaters zu suchen und ein Königreich fand, so wird der Essayist, der die Wahrheit wirklich zu suchen imstande ist, am Ende seines Weges das nicht gesuchte Ziel erreichen, das Leben.

Die Illusion der Wahrheit! Vergiß nicht, wie schwer und langsam die Dichtung dieses Ideal aufgab – es ist gar nicht so lange her – und es ist sehr fraglich, ob sein Verschwinden wirklich bloß nützlich war. Es ist sehr fraglich, ob der Mensch das wollen darf, was er erreichen soll, ob er auf einfachen geraden Wegen seinem Ziele entgegen schreiten darf. Denke an die ritterliche Epik des Mittelalters, an griechische Tragödien, an Giotto, und Du wirst wissen, was ich hier meine. Nicht von der gewöhnlichen Wahrheit sei hier die Rede, von der Wahrheit des Naturalismus, die man lieber Alltäglichkeit und Trivialität nennen sollte, sondern von der Wahrheit des Mythos, dessen Kraft uralte Märchen und Legenden Jahrtausende hindurch am Leben erhält. Die wahren Dichter der Mythen suchten bloß den wahren Sinn ihrer Themata, an deren pragmatischer Wirklichkeit sie weder rütteln konnten noch wollten. Sie betrachteten diese Mythen als heilige und geheimnisvolle Hieroglyphen und empfanden es als ihre Sendung, sie abzulesen. Doch, siehst Du nicht, daß jede Welt eine Mythologie für sich haben kann? Schon Friedrich Schlegel sagte, nicht Hermann und Wodan wären die Nationalgötter der Deutschen, sondern die Wissenschaft und die Kunst. Dies ist freilich nicht richtig für das ganze Leben der Deutschen, um so treffender bezeichnet es aber einen Teil des Lebens von jedem Volk und jeder Zeit, eben jenen Teil, von dem wir jetzt fortwährend sprechen. Auch dieses Leben hat seine goldenen Zeitalter und seine verlorenen Paradiese; reiche Leben voller wundersamer Abenteuer finden wir da und auch rätselhafte Ahndungen dunkler Sünden fehlen hier nicht; Sonnenhelden tauchen auf und streiten ihre harten Fehden mit den Mächten der Finsternis; auch hier führen die klugen Worte der weisen Zauberer, die lockenden Weisen der schönen Sirenen jeden Schwachen in Verderbnis; auch hier gibt es Erbsünde und Erlösung. Alle Kämpfe des Lebens sind hier vorhanden – nur aus einem andern Stoff ist alles, wie in dem anderen Leben.

Wir fordern, daß die Dichter und die Kritiker uns Lebenssymbole geben und den noch lebenden Mythen und Legenden die Form unserer Fragen aufprägen. Nicht wahr, es ist eine feine und ergreifende Ironie, daß, wenn ein großer Kritiker unsere Sehnsucht in früh-florentinische Bilder oder griechische Torsi hineinträumt, und so für uns daraus etwas schöpft, was wir sonst überall vergebens gesucht hätten, daß er dann von neuen Resultaten der wissenschaftlichen Forschung spricht, von neuen Methoden und neuen Tatsachen? Tatsachen sind immer da und immer ist alles in ihnen enthalten, doch jedes Zeitalter bedarf anderer Griechen, eines anderen Mittelalters und einer anderen Renaissance. Jede Zeit wird sich die ihr notwendige schaffen und nur die unmittelbar aufeinander Folgenden glauben, die Träume der Väter seien Lügen gewesen, die man mit den eigenen neuen »Wahrheiten« bekämpfen müsse. Aber die Wirkungsgeschichte der Dichtung verläuft auch in dieser Weise, und auch in der Kritik wird von den heute Lebenden das Weiterleben der Träume der Großväter kaum angetastet, noch das der früher Gestorbenen. So können die verschiedensten »Auffassungen« der Renaissance friedlich nebeneinander leben, gerade so wie eine neue Phädra, oder ein Siegfried oder ein Tristan eines neuen Dichters die seiner Vorgänger immer unberührt lassen wird.

Freilich, es gibt eine Kunstwissenschaft und es muß auch eine geben. Und gerade die größten Vertreter des Essays können hier am wenigsten Verzicht leisten: was sie schaffen, muß auch Wissenschaft sein, wenn ihre Lebensvision einmal den Umkreis der Wissenschaft überschritten hat. Oft wird ihr freier Flug von den unberührbaren Tatsachen des trockenen Stoffes gebunden, oft verliert sie allen wissenschaftlichen Wert, weil sie doch eine Vision ist und früher da ist, als die Tatsachen, mit denen sie darum frei und nach Willkür schaltet. Die Form des Essays hat bis jetzt noch immer nicht den Weg des Selbständigwerdens zurückgelegt, den ihre Schwester, die Dichtung, schon längst durchlaufen hat: den der Entwickelung aus einer primitiven, undifferenzierten Einheit mit Wissenschaft, Moral und Kunst. Doch war der Anfang dieses Weges gewaltig, so groß, daß die spätere Entwicklung ihn nie ganz erreichte, sich ihm höchstens ein paar Mal annähern konnte. Selbstverständlich meine ich Platon, den größten Essayisten, der je gelebt und geschrieben hat, der dem unmittelbar vor ihm sich abspielenden Leben alles abrang und so keines vermittelnden Mediums bedurfte; der seine Fragen, die tiefsten, die je gefragt wurden, an das lebendige Leben anknüpfen konnte. Der größte Meister dieser Form war auch der glücklichste aller Schaffenden: der Mensch lebte in seiner unmittelbaren Nähe, dessen Wesen und Schicksal das paradigmatische Wesen und Schicksal für seine Form war. Vielleicht wäre es auch in den trockensten Aufzeichnungen dieses Paradigmatische geworden, nicht nur durch seine wundervolle Gestaltung – so stark war hier die Übereinstimmung dieses Lebens und dieser Form. Doch Platon traf Sokrates und durfte seinen Mythos gestalten, sein Schicksal als Vehikel für seine Fragen an das Leben über das Schicksal benutzen. Das Leben des Sokrates ist aber das typische für die Form des Essays, so typisch, wie kaum ein anderes Leben für irgend eine Dichtungsart ist; mit der einzigen Ausnahme der Tragik des Ödipus. Sokrates lebte immer in den letzten Fragen, jede andere lebendige Wirklichkeit war so wenig lebenhaft für ihn, wie seine Fragen für die gewöhnlichen Menschen. Die Begriffe, in die er das ganze Leben einfügte, durchlebte er mit der unmittelbarsten Lebensenergie, alles andere war nur ein Gleichnis dieser einzigen wahren Wirklichkeit, wertvoll bloß als Ausdrucksmittel dieser Erlebnisse. Die tiefste, die verborgenste Sehnsucht ertönt aus diesem Leben und es ist voll von heftigsten Kämpfen; doch die Sehnsucht ist d i e Sehnsucht bloß, und die Form, in der sie erscheint, der Versuch, das Wesen der Sehnsucht zu begreifen und es begrifflich festzuhalten, die Kämpfe aber nur Wortstreite, ausgefochten, um ein paar Begriffe bestimmter zu umgrenzen. Doch füllt die Sehnsucht das Leben ganz aus und die Kämpfe gehen immer ganz wörtlich auf Tod und Leben. Trotz allem aber ist es nicht die Sehnsucht, die das Leben auszufüllen scheint, das Wesentliche am Leben und diese Kämpfe auf Tod und Leben vermochte weder Tod noch Leben auszudrücken. Wenn dies möglich wäre, so wäre der Tod des Sokrates ein Martyrium oder eine Tragödie, wäre also episch oder dramatisch darstellbar, und Platon wußte genau, warum er jene Tragödie verbrannte, die er in seiner Jugend geschrieben hatte. Denn das tragische Leben wird nur durch den Schluß gekrönt, der Schluß erst gibt allem Bedeutung, Sinn und Form, und gerade der ist hier immer willkürlich und ironisch: in jedem Dialog – und im ganzen Leben des Sokrates. Eine Frage wird aufgeworfen und so vertieft, daß die Frage aller Fragen aus ihr wird, dann aber bleibt alles offen; von außen; aus der Realität, die in keinem Zusammenhange mit der Frage, noch mit dem, was als Möglichkeit einer Antwort ihr eine neue Frage entgegen bringt, kommt etwas, um alles zu unterbrechen. Diese Unterbrechung ist kein Schluß, sie kommt ja nicht aus dem Innern, ist aber dennoch der tiefste Schluß, denn von innen wäre ein Abschließen unmöglich gewesen. Für Sokrates war jedes Geschehnis nur eine Gelegenheit, Begriffe klarer zu sehen, seine Verteidigung vor den Richtern nur ein Ad-absurdum-führen schwacher Logiker – und sein Tod? Der Tod zählt hier nicht, er ist mit Begriffen nicht zu fassen und unterbricht den großen Dialog, die einzig wahre Wirklichkeit, gerade so brutal und nur von außen, wie jene rohen Erzieher das Gespräch mit Lysis unterbrachen. Eine solche Unterbrechung kann man aber nur humoristisch betrachten, sie hat ja, gar zu wenig Zusammenhang mit dem, was sie unterbricht. Sie ist aber auch ein tiefes Lebenssymbol – und darum noch tiefer humoristisch –, daß das Wesentliche immer von so etwas und so unterbrochen wird.

Die Griechen empfanden jede ihrer vorhandenen Formen als eine Wirklichkeit, als ein Lebendiges, nicht als eine Abstraktion. Darum sah schon Alkibiades klar (was viele Jahrhunderte später Nietzsche wieder scharf betonte), daß Sokrates eine neue Art von Mensch war, in seinem schwerfaßbaren Wesen tief verschieden von allen Griechen, die vor ihm lebten. Sokrates hat aber auch – in diesem selben Gespräch – das ewige Ideal der Menschen seiner Art ausgesprochen, was weder die ungebrochen menschlich Empfindenden, noch die im tiefsten Wesen Dichterischen je verstehen werden: daß derselbe Mensch die Tragödien und die Komödien schreiben sollte; daß das Tragische und das Komische ganz vom gewählten Standpunkt abhingen. Der Kritiker hat hier sein tiefstes Lebensgefühl ausgesprochen: die Priorität des Standpunktes, des

Begriffes vor dem Gefühl, er hat den tiefsten antigriechischen Gedanken formuliert.

Du siehst: selbst Platon war ein »Kritiker«, wenn auch diese Kritik bei ihm bloß – wie alles andere – nur eine Gelegenheit und ein ironisches Ausdrucksmittel ist. Für die Kritiker späterer Zeiten wurde dies der Inhalt ihrer Schriften, sie sprachen nur von Dichtung und Kunst und keinen Sokrates trafen [s]ie, dessen Schicksal ihnen als Sprungbrett zum Letzten dienen konnte. Doch schon Sokrates hatte diese Kritiker verurteilt. »Denn mich dünkt«, sagte er zu Protagoras, »ein Gedicht zum Gegenstand des Gesprächs zu machen, habe allzu viel Ähnlichkeit mit den Gastmählern ungebildeter und gemeiner Menschen ... So bedürfen solche Unterhaltungen, wie die gegenwärtige, wenn Männer zugegen sind, wie die meisten unter uns sich zu sein rühmen, keiner fremden Stimmen und keiner Dichter ...«

Zu unserem Glücke sei es gesagt: der moderne Essay spricht ja auch nicht von Büchern und Dichtern – aber diese Rettung macht ihn noch problematischer. Zu hoch steht er und zu vieles übersieht und verknüpft er, um die Darstellung oder Erklärung eines Werkes sein zu können; jeder Essay schreibt mit unsichtbaren Buchstaben neben seinen Titel die Worte: bei Gelegenheit von ... Er ist also für ein hingebendes Dienen zu reich und zu selbständig geworden, zu geistig aber und zu vielgestaltig, um aus sich heraus eine Gestalt zu bekommen. Ist er nicht noch problematischer geworden und vom Lebenswert noch entfernter, als wenn er getreu über Bücher referieren würde?

Wenn etwas einmal problematisch geworden ist – und diese Denkungsart und ihre Darstellung wurde es nicht, sondern war es immer –, so kann das Heil nur aus der äußersten Zuspitzung der Fragwürdigkeit, aus einem radikalen Bis-zu-Endegehen in jeder Problematik entspringen. Der moderne Essay hat den Lebenshintergrund verloren, der Platon und den Mystikern ihre Kraft gab und auch der naive Glaube an den Wert des Buches und was darüber zu sagen ist, ist ihm nicht mehr gegeben. Das Problematische der Lage hat sich fast zu einer notwendigen Frivolität im Denken und im Ausdruck zugespitzt – bei den meisten Kritikern ist sie auch zur Lebensstimmung geworden. Dadurch aber zeigte sich, daß eine Rettung notwendig und darum möglich und darum wirklich wurde. Jetzt muß der Essayist sich auf sich selbst besinnen, sich finden und aus Eigenem Eigenes bauen. Der Essayist spricht über ein Bild oder ein Buch, verläßt es aber sogleich – warum? Ich glaube, weil die Idee dieses Bildes und dieses Buches übermächtig in ihm geworden ist, weil er darüber alles nebensächlich Konkrete an ihm gänzlich vergaß, es nur als Anfang, als Sprungbrett benutzte. Die Dichtung ist früher und größer, ist mehr und wichtiger, als alle Dichtungen: das ist die alte Lebensstimmung der Kritiker der Literatur, nur konnte sie bloß in unseren Zeiten zur bewußten werden. Der Kritiker ist in die Welt gesandt worden, um diese Apriorität über Großes und Kleines redend klar ans Licht treten zu lassen und zu verkünden, um mit den hier geschauten und errungenen Maßstäben der Werte jede einzelne Erscheinung zu richten. Die Idee ist früher da, als alle ihre Äußerungen, sie ist ein seelischer Wert, ein Weltbeweger und Lebensgestalter für sich: darum wird eine solche Kritik immer vom lebendigsten Leben sprechen. Die Idee ist der Maßstab alles Seienden: darum wird der Kritiker, der »bei Gelegenheit« von etwas Geschaffenem dessen Idee offenbart, auch die einzig wahre und tiefe Kritik schreiben: nur das Große, das Wahrhaftige kann in der Nähe der Idee leben. Wenn dieses Zauberwort ausgesprochen ist, so zerfällt alles Morsche, Kleine und Unfertige, es verliert seine usurpierte Wesenheit, sein falsch angemaßtes Sein. Es muß gar nicht »kritisiert« werden, die Atmosphäre der Idee genügt, um es zu richten.

Jedoch hier wird die Existenzmöglichkeit des Essayisten erst recht bis in die tiefsten Wurzeln hinein problematisch: nur durch die richtende Kraft der geschauten Idee rettet er sich aus dem Relativen und Wesenlosen – wer gibt ihm aber dieses Recht zum Gericht? Es wäre beinahe richtig zu sagen: er nimmt es sich; aus sich heraus erschafft er seine richtenden Werte. Aber nichts ist vom Richtigen durch tiefere Abgründe getrennt als sein Beinahe, diese schielende Kategorie eines genügsamen und selbstgefälligen Erkennens. Denn tatsächlich werden im Essayisten seine Maße des Richtens erschaffen, doch er ist es nicht, der sie zum Leben und zur Tat erweckt: es ist der große Wertbestimmer der Ästhetik, der immer Kommende, der noch nie Angelangte, der einzig zum Richten Berufene, der sie ihm eingibt. Der Essayist ist ein Schopenhauer, der die Parerga schreibt, auf die Ankunft seiner (oder eines anderen) »Welt als Wille und Vorstellung« wartend; er ist ein Täufer, der auszieht, um in der Wüste zu predigen von einem, der da kommen soll, von einem, dessen Schuhriemen zu lösen er nicht würdig sei. Und wenn jener nicht kommt – ist er dann nicht ohne Berechtigung? Und wenn jener erscheint – ist er dadurch nicht überflüssig geworden? Ist er nicht durch diesen Versuch seiner Rechtfertigung ganz problematisch geworden? Er ist der reine Typus des Vorläufers und es scheint sehr fraglich, ob ein solcher, nur auf sich gestellt, unabhängig also von dem Schicksal seiner Verkündigung, einen Wert und ein Gelten beanspruchen darf. Den Leugnern seiner Erfüllung im großen, erlösenden System gegenüber ist sein Standhalten etwas ganz Leichtes: spielend überwindet stets jede wahre Sehnsucht jene, die träge im roh Gegebenen der Tatsachen und der Erlebnisse stecken bleiben; das Da-Sein der Sehnsucht genügt um diesen Sieg zu entscheiden. Denn sie entlarvt alles scheinbar Positive und Unmittelbare, enthüllt sie als kleine Sehnsucht und wohlfeiles Abschließen, weist auf das Maß und die Ordnung hin, die auch jene unbewußt erstreben, deren Sein sie nur, weil es ihnen unerreichbar dünkt, feige und eitel verleugnen. Ruhig und stolz darf der Essay sein Fragmentarisches den kleinen Vollendungen wissenschaftlicher Exaktheit und impressionistischer Frische entgegen stellen, kraftlos aber wird seine reinste Erfüllung, sein stärkstes Erreichen, wenn die große Ästhetik gekommen ist. Dann ist jede seiner Gestaltungen nur eine Anwendung des endlich unabweisbar gewordenen Maßstabes; er selbst ist dann etwas bloß Vorläufiges und Gelegentliches, seine Resultate sind schon vor der Möglichkeit eines Systemes nicht mehr rein aus sich zu rechtfertigen. Hier scheint der Essay in Wahrheit und gänzlich nur Vorläufer zu sein, und kein selbständiger Wert wäre hier für ihn erfindbar. Aber diese Sehnsucht nach Wert und Form, nach Maß und Ordnung und Ziel hat nicht bloß ein Ende, das zu erreichen ist, wodurch sie selbst dann aufgehoben und eine anmaßende Tautologie wird. Jedes wahre Ende ist ein wahrhaftiges Ende: das Ende eines Weges; und Weg und Ende sind zwar keine Einheit und stehen nicht als Gleiche nebeneinander geordnet, sie haben aber doch eine Koexistenz: das Ende ist undenkbar und unrealisierbar ohne das immer erneute Durchlaufen des Weges; es ist kein Stehen, sondern ein Ankommen, kein Ausruhen, sondern ein Erklimmen. So scheint der Essay als ein notwendiges Mittel zum letzten Ziel gerechtfertigt zu sein, als die vorletzte Stufe in dieser Hierarchie. Dies aber ist nur der Wert seiner Leistung, die Tatsache seiner Existenz hat noch einen anderen, selbständigeren Wert. Denn jene Sehnsucht wäre im gefundenen System der Werte erfüllt und also aufgehoben, sie aber ist nicht bloß etwas, das einer Erfüllung harrt, sondern eine seelische Tatsache von eigenem Wert und Dasein: eine ursprüngliche und tiefe Stellungnahme zum Ganzen des Lebens, eine letzte, nicht mehr aufzuhebende Kategorie der Erlebnismöglichkeiten. Sie bedarf also nicht bloß einer Erfüllung, die sie ja aufheben würde, sondern auch einer Gestaltung, die sie – ihre eigenste und nunmehr unteilbare Wesenheit – zum ewigen Werte erlöst und errettet. Diese Gestaltung bringt der Essay. Denk an jenes Beispiel der Parerga! Es ist kein bloß zeitlicher Unterschied, ob sie vor oder nach dem System stehen: diese zeitlich-historische Differenz ist nur ein Symbol der Trennung ihrer Arten. Die Parerga vor dem System schaffen aus Eigenem ihre Voraussetzungen, erschaffen aus der Sehnsucht nach dem System die ganze Welt, um – scheinbar – ein Beispiel, einen Hinweis zu gestalten, sie enthalten immanent und unaussprechbar das System und seine Verwachsenheit mit dem lebendigen Leben. Sie werden also immer vor dem System stehen; auch wenn jenes schon realisiert wäre, wäre keines von ihnen eine Anwendung, sondern immer eine Neuschaffung, ein Lebendigwerden im wirklichen Erleben. Diese »Anwendung« erschafft sowohl das Urteilende wie das Geurteilte, sie umkreist eine ganze Welt, um ein einmal Daseiendes in eben seiner Einmaligkeit ins Ewige hinaufzuheben. Der Essay ist ein Gericht, doch nicht das Urteil ist das Wesentliche und Wertentscheidende an ihm (wie im System), sondern der Prozeß des Richtens.

Jetzt erst dürften wir die Anfangsworte niederschreiben: der Essay ist eine Kunstart, eine eigene restlose Gestaltung eines eigenen, vollständigen Lebens. Jetzt erst klänge es nicht widerspruchsvoll, doppelsinnig und wie eine Verlegenheit, ihn ein Kunstwerk zu nennen und doch fortwährend das ihn von der Kunst Unterscheidende hervorzuheben: er steht dem Leben mit der gleichen Gebärde gegenüber wie das Kunstwerk, doch nur die Gebärde, die Souveränität dieser Stellungnahme kann die gleiche sein, sonst gibt es zwischen ihnen keine Berührung.

Nur von dieser Möglichkeit des Essays wollte ich hier zu Dir sprechen, vom Wesen und von der Form dieser »intellektuellen Gedichte«, wie der ältere Schlegel die von Hemsterhuys nannte. Ob die Selbstbesinnung des Essayisten, die seit langer Zeit im Gange ist, eine Vollendung gebracht hat oder bringen kann: nicht hier ist der Ort, dies darzustellen oder darüber zu richten. Nur von der Möglichkeit war hier die Rede, nur von der Frage, ob der Weg, den dieses Buch zu gehen versucht, wirklich ein Weg ist; nicht aber davon, wer ihn bereits gegangen ist und wie er es getan hat. Am allerwenigsten: wie weit dieses Buch ihn gegangen: seine Kritik ist in der Anschauung, aus der es entstanden ist, in ganzer Schärfe und restlos enthalten.

Florenz, Oktober 1910.

2. Zur Theorie der Literaturgeschichte

I

Die Synthese der Literaturgeschichte in einer neuen, organischen Einheit ist eine Vereinigung von Soziologie und Ästhetik. Die Ästhetik sucht nur das Konstante in den Erscheinungen, die wir literarisch zu nennen pflegen; die Soziologie nur die Beschreibung der Veränderungen und ihrer Ursachen. Die Literaturgeschichte ist vor die paradoxe Aufgabe gestellt, diese zwei Aspekte zu verbinden: sie soll das Konstante im Veränderlichen suchen und das Veränderliche im Konstanten aufspüren. Ihre Aufgabe ist also, die Entwicklungsmöglichkeiten, Wege und Tendenzen der in ästhetischen Abstraktionen entworfenen Formen und zugleich das im dichten Gewebe der einzelnen literarischen Werke (und ihrer Wirkungen) vorhandene Konstante, Wiederkehrende und Gesetzmäßige zu finden.

Diese Aufgabenstellung genügt aber nicht, um der Literaturgeschichte den Rang einer selbständigen Wissenschaft einzuräumen. Denn auch die Soziologie bemüht sich um Gesetzmäßigkeiten, sucht Typen und Wiederholungen. Ja, es ist eine ›geschichtliche‹ Ästhetik vorstellbar, die innerhalb eines zeitlosen Formbegriffs dessen verschiedene realisierbare – geschichtliche – Stufen unterscheidet, wie die Ästhetik Schellings oder Hegels. (Daß eine solche ›geschichtliche‹ Ästhetik nur sehr problematische Ergebnisse verspricht, kann hier noch nicht näher begründet werden.)

Die Verbindung hat nur dann Sinn und Wert, wenn sich dadurch neue Aspekte und Zusammenhänge ergeben können: wenn die Literaturgeschichte Soziologie und Ästhetik nur als Elemente benutzt, um aus ihrer Vereinigung eine neue Kombination für neue Elemente zu schaffen.

Die erste Frage, die sich hier stellt (bevor von der eigentlichen Frage geredet werden kann), zielt darauf, ob dies tatsächlich die Elemente der Literaturgeschichte sind? Ist Literaturgeschichte nicht auch ohne den Begriff der Form und ohne ästhetische Wertung vorstellbar (z. B. nur auf die Wirkungen bezogen)? Ist die – von der Literaturgeschichte angenommene – Abhängigkeit von den Epochen und die Veränderung literarischer Werke von Epoche zu Epoche tatsächlich eine soziologische Erscheinung? (Handelt es sich dabei um eine Entwicklung, die sich wirklich ausschließlich innerhalb der Literatur abspielt und die man mit Hilfe des Wesens und der Mittel des literarischen Ausdrucks vollkommen interpretieren kann?) Anders formuliert: Ist es möglich, sowohl eine ausschließlich endogene Entwicklungsgeschichte der Literatur zu konstruieren, als auch die Gesamtheit der Literatur in eine Vielheit der kulturpsychologischen Erscheinungen einzelner Epochen aufzulösen, wo sie – als ›Literatur‹, als literarischer Wert – keine Bedeutung mehr hätte, nur als Kultursymptom, oder als etwas, in dem das Spiel der Kräfte, die die Gesellschaft bewegen, erscheinen könnte. Es ist klar, daß das Letzere leichter ein Aspekt sein könnte, obwohl es natürlich bei weitem nicht erschöpfend ist. Leider gibt es eine solche Geschichte der seelischen Kultur noch nicht, aber sie ist vorstellbar: eine Geschichte, die einfach nur bestrebt wäre, die Tatsachen festzustellen, und die ohne jeden wertenden Kommentar beschriebe, was die Menschen, möglichst nach Gruppen und Klassen eingeteilt, zu verschiedenen Zeiten lasen und was ihnen am meisten gefiel. (Vielleicht auch noch, warum es ihnen gefiel, oder doch wenigstens, was sie als Grund dafür dachten.) Gewiß ist eine solche Wissenschaft vorstellbar: doch wäre sie keine Literaturgeschichte. Sie würde erzählen, was im 14. und was im 15. Jahrhundert gefiel, in einem anderen Querschnitt, wann und wie z. B. Aischylos, Sophokles und Euripides ›ankamen‹; aber über die Geschichte, die von Aischylos zu Euripides führt, also die eigentliche Literaturgeschichte, könnte sie uns nichts sagen.

Doch nicht nur die zu eng gefaßte Gegenstandsauswahl macht den Aspekt einer vorstellbaren reinen Literatursoziologie gegenüber der Entwicklung der Literatur unzulänglich; vielmehr die Tatsache, daß es im Verhältnis des Seelenlebens des Menschen zur Literatur ein Element gibt, womit diese Betrachtungsweise nicht rechnen kann: das Werten – die Notwendigkeit und Unvermeidbarkeit des Wertens. (Natürlich soll nicht ausgeschlossen sein, daß die reine Literatursoziologie als eine Tatsachen und Zusammenhänge klärende Hilfswissenschaft für die Literaturgeschichte wie die Soziologie nützlich sein kann.) Wenn man gegen das erwähnte Dilemma anführt, die Möglichkeiten einer Soziologie seien gegenüber der Literatur zu eng angesetzt, so ist die Grenze selbst doch unabstreitbar, sie muß sich bei jeder rein soziologischen Literaturabhandlung zeigen. Bei dieser Behandlung verschwindet die Literatur aus der Wissenschaft, verliert ihre innere Bedeutung, wird von anderen Kulturerscheinungen ununterscheidbar: Literatur wird so zu einem Kultursymptom unter anderen, von denen sie – und das ist das Wichtigste – nicht getrennt werden kann. Damit aber hört Literatur auf, Literatur zu sein, obwohl man die Tatsache ihrer seelischen Existenz und Wirklichkeit nicht in Frage stellen kann. Wenn nun ›konsequente‹ Marxisten sagen, daß Literatur nur ›Ideologie‹, bzw. nur Folge der Veränderungen der ökonomischen Verhältnisse sei wie alles andere auch, dann diskutiere ich mit ihnen nicht, aus Gründen, die hoffentlich später klar werden.

Seitdem man die historischen Wissenschaften von den Naturwissenschaften trennen will, hat zur Begründung die Frage der Wertung immer eine große Rolle gespielt. Ich glaube aber (natürlich kann ich diese Frage hier nur streifen), daß die Wissenschaften, die sich mit Literatur (und selbstverständlich auch mit den anderen Künsten) beschäftigen, einen besonderen Platz gegenüber den meisten anderen Wissenschaften einnehmen. In der Literatur kann man nämlich die Wahrnehmung, Kenntnisnahme und Tatsachenfeststellung nie von der Wertung trennen. Ja, das geht selbst nicht bei einer Untersuchung, die nur die primitivsten Elemente berührt. Nur durch die ästhetische Wertung kann jede Erscheinung zum Gegenstand der Kunstwissenschaft werden und nur so wird sie für die Wissenschaft eine Erscheinung, Beleg, Tatsache, ein Element. In den anderen Wissenschaften, wie z. B. der Nationalökonomie, kann man die Tatsachenfeststellung von der Wertung klar trennen. Wenn ich z. B. ein Bild als nationalökonomische Erscheinung untersuche, kann ich ohne jegliche Wertung, nämlich einfach beschreibend, feststellen, inwieweit es (z. B. durch seinen Preis, seine Verkaufbarkeit; die Malerei als Broterwerb usw.) eine nationalökonomische Erscheinung ist. Wie ich das so Festgestellte werte, in seiner Bedeutung auffasse, das ist eine ganz andere Frage, die zur Tatsachenfeststellung nicht notwendig ist. Anders bei der Kunstwissenschaft: ob ein Bild überhaupt ein Bild in ihrem Sinne ist, diesen Prozeß der Tatsachenfeststellung bringt erst meine bei der Betrachtung entstehende Wertung zustande. Eine nicht gewertete, eine vom Werten unabhängige Literatur existiert nicht, ist unvorstellbar. Wir können uns kein Drama oder Gedicht ohne Wertung vorstellen; wir kennen ein gutes oder ein schlechtes

Drama, nicht irgend etwas, von dessen Kennzeichen wir ablesen, daß es ein Drama ist und das mit dem Begriff des Dramas erfaßt werden kann. Zum Drama wird etwas nur durch seine bestimmte Gefühle und Erlebnisse auslösende Kraft. Wenn wir beim Lesen von Geschriebenem aufgrund gewisser äußerer Anzeichen feststellen, es gleiche Schriften, die dramatische Gefühle auslösen, ohne daß es in uns ähnliche Gefühle weckt, werten wir schon mit dieser Feststellung, wenn auch negativ. Wenn wir sehr ›wissenschaftlich‹, ›naturwissenschaftlich‹, sein wollen und sagen – ohne jedes wertende Attribut –, es ist ein Drama, dann haben wir nur unsere negative Wertung verschwiegen, ohne sie indessen eliminieren zu können. Eng damit zusammen hängt es, daß die konstruktiven Wertungen anderer Wissenschaften (z. B. die Feststellung der Bedeutung eines bereits gefundenen Faktums oder Zusammenhangs, das Einfügen in die Ordnung der jeweiligen Wissenschaft usw.) bei den mit den Künsten befaßten Wissenschaften meist mit der einfachen Tatsachenfeststellung, besser gesagt mit ihrer Konstruktion, zusammenfallen. Dagegen könnte man sagen: bei einer Literaturauffassung, nach der etwas durch seine auf gewisse Art und Weise gewertete gefühlsauslösende Fähigkeit zu einer literarischen Erscheinung werden kann, können überhaupt nur die von uns gelesenen (und somit gewerteten) Werke zu Gegenständen der Literaturwissenschaft werden. Der Begriff der Literatur wäre nur die Zusammenfassung der Gesamtheit der von mir gelesenen Werke. Denn wie kann ich etwas bewerten, was ich gar nicht kenne? Und wie kann meine Wertung für die Literaturwissenschaft verwendet werden, wenn sie nur eine Tatsachenfeststellung ist? Ich glaube, diese Schwierigkeit ist nur scheinbar. Damit nämlich die Wertung ein tatsachenkonstruierendes Element werden kann, ist notwendig, daß sich bei jeder Tatsachenfeststellung der Prozeß der Wertung in mir abspielt; nur soll immer die Möglichkeit vorhanden sein, daß ich eine aufgrund einer anderen Wertung zustandekommende Tatsachenkonstruktion immer durch meine eigene Wertung überprüfen kann. Es genügt also das Vorhandensein der Möglichkeit, das Bewußtsein, daß sie bei anderen war und auch in mir sein kann, wenn ich will. Man denke an das, was [William] James analog über die Verifikation der Wahrheiten sagt: nicht brauche ich selber alle Wahrheiten verifizieren, es genügt, daß ich sie verifizieren kann, wann ich will oder wenn es notwendig ist.

Noch ein anderes wichtiges Gegenargument müßte widerlegt werden: ob eine solche Kunstauffassung nicht in einen vollständig unkontrollierbaren Subjektivismus führt. Diese Frage bezieht sich aber eigentlich auf die erkenntnistheoretische Begründung der Ästhetik. Da ich ohnehin lange bei den einführenden Bemerkungen verweilt habe, möchte ich nur die Richtung angeben, in der die Lösung zu suchen ist. Wenn ich meine eigenen ästhetischen Wertungen gewissenhaft und genau untersuche, d. h. wenn ich keine bestimmte Kategorie oder objektive Kriterien, die ihren Ablauf regeln würden, voraussetze, dann muß ich auch empirisch erfassen, daß die Erscheinungen gewisse Relationen haben, die ständig Gefühlsreaktionen und Wertungen in uns hervorrufen. Diese Relationen sind die Formen. So ergänzen wir unsere vorige Annahme, daß es ohne Wertung kein Verhältnis zur Literatur gibt (obwohl wir vielleicht dasselbe jetzt nur aus einem anderen Blickwinkel konzipieren), dadurch: ohne Form gibt es keine literarische Erscheinung. Der Begriff der Form hat, innerhalb des Kreises literarischer Erscheinungen, keinen ausschließenden Gegensatz dazu, nur Abstufungen. Was die Kritik und die Literaturgeschichte in der Praxis ›formlos‹ nennen, kann nur eine schlechte oder unglückliche Form sein. Ich lasse absichtlich die Frage offen, ob der so gewonnene ›Form‹-Begriff eine durch die Erkenntnistheorie der Ästhetik anerkannte apriorische, gültige Kategorie darstellt oder eine ›empirische‹, evtl. durch ›Experimente‹ bewiesene, ›erfahrungsgemäße‹ Warheit ist, oder sogar nur eine methodische Forderung, eine die Arbeit vereinfachende Hypothese. Ich behaupte nur, daß es eine Ästhetik, eine Poetik geben muß, damit man eine Literaturgeschichte machen kann; ohne Poetik wird eine jede Literaturgeschichte aspektlos –, oder rein soziologisch; wie diese Poetik sein soll, ist für uns jetzt nicht von Bedeutung.

Es gibt aber keine rein endogene Literaturwissenschaft und kann sie nicht geben. Der hier aufgestellte ›Form‹-Begriff kann nur ein Begriff der Ästhetik sein, der den einzelnen Menschen und jedes Werk, das auf ihn eine Wirkung ausübt, untersuchen will. Er nimmt ihn aus dem Gewebe des historischen und gesellschaftlichen Lebens heraus und stellt das Werk dem Menschen gegenüber, indem er jede zeitbezogene Kategorie als störend beiseite läßt. (Und wiederum betrifft uns die Dilthey'sche Frage nicht, inwieweit dies überhaupt möglich bzw. unmöglich ist.) Die Literaturgeschichte könnte diesen Begriff, so wie er ist, nur dann gebrauchen, wenn man jeden Prozeß, mit dem sie sich beschäftigt, wenigstens in Abstraktionen von den anderen Natur- und Geschichtsprozessen loslösen könnte, deren Teil sie ist. Hier gilt in gesteigertem Maß, was gegen die Möglichkeit der speziellen historischen Gesetze angeführt wird: daß nämlich die Geschichte kein isolierter, durch die aus dem Inneren wirkenden Kräfte wechselnder Ablauf von etwas ist, bei dem die kosmischen Momente nur als Rahmen existieren (weil sie immer feststellbar wären, könnte man sie bei der Analyse der einzelnen Erscheinungen beiseite lassen); die Geschichte ist vielmehr ein fortlaufendes, ununterbrochenes Geflecht beider: das Kosmische spielt ständig ins Historische hinein. Und die Literaturgeschichte hat zu den Erscheinungen und deren Wirkungen (historischen, ökonomischen usw.) – durch die ganze Konstruktion des inneren und äußeren Lebens des Menschen bedingt – dasselbe Verhältnis wie alle anderen Wissenschaften, die sich mit dem Menschen beschäftigen. Reine Literaturgeschichte, das ist eine nicht ausführbare, nicht in Praxis umzusetzende Abstraktion.

II

Das genügt vielleicht, um die Unzulänglichkeit einer getrennten Anwendung der ästhetischen und soziologischen Anschauungen zu beweisen und eine synthetische Methode als wünschenswert erscheinen zu lassen. Die meisten heutigen Verfasser von Literaturgeschichten empfinden auch die hier aufgezeigte Unzulänglichkeit der beiden Aspekte. Um nun die Einseitigkeit, die manchmal auch sehr fruchtbar sein kann, wie wir später sehen werden, zu vermeiden, benützen sie die Aspekte vermischt und abwechselnd nebeneinander. Wo sie z. B. den Stoff und die Einheiten, mit denen sie arbeiten, einmal nach Werten, einmal nach Wirkungen auswählen und gruppieren, kommt es nur in ganz wenigen Fällen zu wirklicher Analyse. Einmal zerlegen sie den Stoff (meistens noch innerhalb derselben Arbeit) mittels historischer Kritik so weit, daß nichts Faßbares mehr übrigbleibt. Ein anderesmal lassen sie die Inkonsequenz des Wortgebrauchs der Umgangsprache stehen. Die meisten Literaturgeschichten sind deshalb nur trotz ihrer Methode wertvoll, sie verfolgen noch vollkommen die Methode der Dilthey'schen ›genialen Anschauung‹.

Mit der Feststellung dieser Unzulänglichkeit ist aber noch kein Schritt zur Rechtfertigung einer Möglichkeit der von uns postulierten Methode getan. Der Ausgangspunkt dazu besteht darin, daß ›Literatur‹ als den Gesetzen der Ästhetik unterworfene Erscheinung, also indem sie ihre Gesetze beibehält (höchstens ergänzt, ausweitet und vertieft), eine soziale Erscheinung ist. Die Frage ist: welche neuen Aspekte, tatsachenkonstruierende Einheiten und Zusammenhänge können wir mit Hilfe dieses Gesichtspunktes gewinnen und wie weit können sie wertvoll sein?

Der sinngebende Teil dieses Anfangs ist sehr einfach. Der Sinn der Literatur besteht – was immer ihre psychologischen Entstehungsursachen sein mögen – in Mitteilung. Der Dichter teilt den Menschen gewisse Gefühle, Gedanken, Wertungen usw. (einigen wir uns auf die Abkürzung: Erlebnisse) mit. Diese Mitteilung geht von einem Menschen aus, der in der Gesellschaft lebt, ihren Wirkungen unterworfen ist; und sie ist für deren Wirkungen ebenfalls ausgesetzte Menschen bestimmt. Mit dieser sehr trivialen Feststellung erhalten wir den ersten wichtigen Rahmen für die Zusammenhänge: innerhalb einer gewissen Gesellschaft sind nur gewisse Gefühle möglich; die Menschen verinnerlichen (oder auch nicht) bestimmte Tatsachen und ihre bestimmten Beziehungen je nach den verschiedenen Gesellschaftsverhältnissen der verschiedenen Zeiten auf verschiedene Art und Weise. Die Möglichkeiten der Wirkung sind also wenigstens in ihrem Rahmen sozial bestimmt; inwieweit sie es sind, interessiert jetzt nicht; das wäre eine Frage der Tatsache, nicht der Methode – hier genügt die Tatsachenfeststellung. (Ich nehme als Beispiel, daß die Blinden, Gelähmten usw. in den mittelalterlichen Spielen komische Rollen hatten.) Aber nicht nur die Personen innerhalb der Mitteilung sind sozial bestimmt; sondern auch die Bedingungen der Mitteilung selbst. Vielleicht genügen einige Beispiele: die Theater, der Buchdruck, die Möglichkeit, Schriften mündlich mitzuteilen usw. Was aber noch wichtiger ist: Größe, Qualität, innere und äußere Struktur jenes Publikums, dem die Mitteilung gilt, dessen Aufnahmefähigkeit also die Möglichkeit der Wirkung bestimmt, ist den Gesetzen der Soziologie unterworfen. Nebenbei bemerke ich noch, daß die Wirkung der einzelnen Dichter und Werke aufeinander, womit sich die endogene Literaturgeschichte am liebsten befaßt, ebenfalls eine Folge soziologischer Prozesse ist. Ob ein Dichter bei seinem ersten Auftreten oder irgendwann in seiner Laufbahn mit der herrschenden heutigen oder der lebendig gebliebenen alten Literatur konfrontiert wird, ist meistens Folge soziologischer Wirkungen. Um nur das auffallendste Beispiel zu bringen: als die Renaissance des elisabethanischen Dramas einsetzte, hat die Reaktion des Hofes nicht Shakespeare in erster Linie zur Mode gemacht, sondern Beaumont-Fletcher. So notiert Dryden, daß die Theater auf zwei Beaumont-Fletcher-Dramen nur eins von Shakespeare zeigten. Nur die gegen die Restauration gerichtete bürgerliche Reaktion begründete Shakespeares Platz in der Weltliteratur. Ich wiederhole: welche literarischen Wirkungen in einer Zeit möglich sind, ist eine soziale Frage. (Z. B. gibt es heute unterschiedlichere Wirkungen als je zuvor.) Ob und welche Wirkungen so stark sind, daß man irgend wie dazu Stellung nehmen muß, ob ein Dichter etwas vorfindet, was er fortsetzen kann, ob er allein steht, oder gegen das Bestehende ankämpfen muß: das sind alles Punkte, die sehr tief – vielleicht in ihrem tiefsten Wesen – soziologische Fragen sind. Denn es ist nur eine oberflächliche und enge Anwendung des Milieu-Begriffs, wenn man nur die Anpassung als Wirkung betrachtet: der Kampf gegen das Milieu ist ebenso eine Wirkung des Milieus wie die Verschmelzung mit ihm, die Isolierung ist genauso soziologisch wie das In-Mode-Kommen.

Die Literatur ist also die Mitteilung der Erlebnisse, und der Weg zu dieser Mitteilung ist die Form. Die Form ist das wahre Soziale in der Literatur; die Form ist der einzige Begriff, den wir aus der Literatur gewinnen können und mit dessen Hilfe wir zu den Beziehungen zwischen ihrem äußeren und inneren Leben vordringen können. Diese Behauptung erscheint vielleicht im ersten Augenblick paradox. Ist wirklich die Form die Verbindung, die einzig wahre Beziehung zwischen dem Produzierenden und dem Publikum, die einzige zugleich soziale und ästhetische Kategorie der Literatur – die Form, von der das Publikum fast nie und der Schaffende in sehr vielen Fällen keine unmittelbare Kenntnis hat? Denn der Rezipierende spürt Erlebnisse in den Schriften, die auf ihn wirken; das Bewußtsein des Produzierenden beschäftigt sich meistens mit technischen Fragen und Schwierigkeiten oder sucht den Ausdruck seiner Erlebnisse. Zwischen diesen beiden, jenseits der Erlebnisse und diesseits der Technik, steht die Form, nirgends richtig faßbar (am wenigsten mit Definitionen). Und doch: wenn die Form auch nur ein unsichtbares Zentrum ist, führen nicht alle Lösungen der technischen Fragen, die man durch ihre Annäherung auch messen kann, in ihre Richtung? Und wird sie nicht hierzu durch die Konvergenz von den verschiedensten Punkten schon genügend bestimmt? Ist es nicht genug, wenn man weiß, daß alles einen solchen Mittelpunkt hat? Die seelische Realität der Form ist aber noch viel mehr: die Form ist eine seelische Aktivität und steht nicht vorgegebenen Erlebnissen als etwas gegenüber, das ihr Zum-Ausdruck-Gebracht-Sein zustande bringt und modifiziert; sondern sie hat auch im Erlebnis selbst eine aktive Rolle. Wie man von Michelangelo zu sagen pflegte, daß er schon in den Felsbrocken Statuen sah, so sehen die Dichter in den Geschehnissen des Lebens, in ihren Erlebnissen, die Tragödien, Komödien, Novellen und andere Gattungen. Man könnte sagen: alle Erlebnisse sind bis zu einem gewissen Grade schon sub specie formae erlebt, und die Erinnerung, die Beobachtung, die konstruierte Psychologie, mit einem Wort alles, was unmittelbar zum Stoff des Produzierens wird, ist noch stärker nach dem Bild der formalen Möglichkeiten geschaffen. So werden die Formen, die lebens- und seelenbetrachtenden Postulate, die mit gewissen Formen verbunden sind, im Leben der Dichter sehr oft apriorisch gegenüber ihren Erlebnissen. Ich weiß, daß dieser Gesichtspunkt bis jetzt fast noch nie auf die Literatur angewandt worden ist; seine Anwendung ist schwer, weil wir das Leben der alten Dichter, bei denen dieses apriori stärker gewirkt haben könnte, denn ihr Formgefühl war stärker, als das der heutigen, nicht genügend kennen, und beim größten Teil der heutigen Dichter ist diese Wirkung so verworren, daß man sie sehr schwer aufzeigen könnte. Ich denke aber, daß diese Schwierigkeiten überwindbar sind. Als ich über Hebbel (im ersten Band meines Buchs über das moderne Drama, das im Verlag der Kisfaludy-Gesellschaft erscheinen wird)[1] schrieb, habe ich versucht, meine Auffassung mit ausführlichen Analysen zu beweisen. Auch ist für den Rezipierenden die Form nicht so irreal, wie es im ersten Augenblick erscheinen mag, und sie ist ganz sicher keine Abstraktion. Denn die Formung und damit – wenn auch unbewußt – eines der grundlegenden Prinzipien der Form ist ebenfalls ein wichtiges Element, um die Wer-

1 Georg Lukács, »Hebbel und die Grundlegung der modernen Tragödie«, in: *Entwicklungsgeschichte des modernen Dramas*, GLW, Bd. 15, S. 203-242.

ke aufzunehmen: sie ist die Einheit, die einheitliche Betrachtung von etwas, wenn sie auch nur momentan vorhanden ist. Es ist klar, daß auch der Genuß und das Erlebnis der Natur eines lebendigen menschlichen Wesens damit zusammenhängen; und dies ist das blitzartige, intuitive Erkennen irgendeiner ihrer Beziehungen, ihrer Zusammenhänge und Rätselhaftigkeit, die doch als Einheit verstehbar ist. Dies ist jedoch nicht nur der Aspekt des Produzierenden in der Kunst gegenüber seinem Stoff; auch der Genießende hat diesen Aspekt. Das wird vielleicht bei der Rezeption von Fragmenten am deutlichsten. Das Fragment ist keine Einheit. Es fehlen ihm viele wichtige Elemente aus dem Komplex der Wirkungsmöglichkeiten, deren völlige Geschlossenheit und Ausgeglichenheit ja seine Einheit ausmacht. Gleichwohl betrachten wir das Fragment als einheitlich; wir verfälschen es mit unserer Betrachtung, wir runden seine abgebrochenen Teile ab, wir bringen neue Komponenten in die bestehenden hinein, nur damit wir eine Einheit erhalten (ich beziehe mich nur auf die Betrachtung griechischer Torsi). In der unmittelbaren Betrachtung selbst kann man in den wenigsten Fällen die formalen von den inhaltlichen Wirkungen unterscheiden. Der Rezipierende glaubt, daß die Inhalte auf ihn einwirken; er weiß nicht, daß alles, wodurch er den Inhalt aufnimmt, Tempo, Rhythmus, Betonungen und Auslassungen, Verteilung von Licht und Schatten usw., die Form ist, besser der Weg, der zur Form als dem unmittelbaren Mittelpunkt führt. Der Tod, der die Tragödie beschließt, die Pointe, die die Novelle beendet, stellen formale Postulate dar; aber wer nimmt sie, bei wirklich starken Wirkungen, nicht als Inhalt, als die unmittelbare, wirklichkeitsgetreue Folge des Wesens der dargestellten Menschen und ihrer Situationen? Müssen wir nicht die Zuspitzungen am Ende der Aufzüge, Szenen usw. von Dramen als Inhalt empfinden, weil alle Wirkungen verlorengingen, wenn ihr formales Wesen bewußt würde?

Die Form ist nicht nur soziologisch als vermittelndes Element, das den Produzierenden mit dem Rezipierenden verbindet, also ein Prinzip, das die Literatur zu einer gesellschaftlichen Tatsache macht, sondern sie ist es auch in ihrem Verhältnis zum Stoff, der zu formen ist. Der Stoff selbst ist natürlich auch sozial determiniert: er ist das Leben; ich könnte ruhig auch sagen: das heutige Leben. Das historische Gefühl ist neu, es war als Gefühlsform in den alten Zeiten nicht anzutreffen. Es ist sogar wahrscheinlich, daß nur wir die Geschichte und den heutigen Helden unserer Literatur in einem solchen Abstand voneinander sehen; spätere Zeiten werden sie vielleicht genau so ähnlich empfinden, wie wir heute die englischen und römischen Helden bei Shakespeare. Gerade deswegen ist aber hier die soziologische Bestimmung der Form, besser gesagt, der Prozeß der Stoff-Formung wichtig. Wenn wir die Form schon in dieser ihrer Relation untersuchen (und damit wollen wir sie nicht definieren, nur einen Ablauf ihrer Tätigkeit aus einem Aspekt beschreiben und analysieren), dann sehen wir: es ist die Form, die das in ihr als Stoff enthaltene Leben in einem Werk zu einem geschlossenen Ganzen ordnet, die Tempo, Rhythmus, die Fluktuationen, Dichte und Dünne, Härte und Weiche dieses Lebens bestimmt. Sie ist es, die die Dinge in den Vordergrund oder Hintergrund rückt und sie darin gruppiert. Die Form ist aber eine ästhetische Kategorie, ist also zeitlos gegenüber einer konkreten Zeit – nicht historisch, nicht soziologisch. Es stellt sich hier die Frage, was das Leben als Stoff für die aus dem Wesen der Form entsprungenen Forderungen bietet, wie es sich ihnen anpaßt und welches Verhältnis zwischen dem ganzen Leben einer Epoche und jenen abgeschlossenen, empfundenen Postulaten besteht, die z. B. die notwendige Folge aller dramatischen Form (und somit auch der Betrachtung des Dramenschreibers) sind. Hier ergibt sich die erste entscheidend wichtige Vereinigung der ästhetischen und soziologischen Kategorien. Die Soziologie, nach Simmel die Wissenschaft der ›Formen der Vergesellschaftung‹, bestimmt die durch die ökonomischen und gesellschaftlichen Beziehungen zustandegekommene Art und Weise des Tempos, der Akzente, der Rhythmen, die in der Gefühls- und Gedankenwelt der Menschen und in den Beziehungen dieser Welten zueinander usw. vorhanden sind. Die Soziologie bestimmt auch, wie sich die Sinnes- und die anderen Elemente, die Sicherheiten und Unsicherheiten abwechseln, wie ihre Pole gesetzt werden. Mit einem Wort, Soziologie ist zuständig für alles, was der Marxismus Ideologie nennt und was wir als das für die Literatur in Frage kommende Leben bezeichneten. Daß eine solche Soziologie, obwohl bis jetzt nicht viel von ihr vorhanden ist, keine Utopie darstellt, beweisen gerade Simmels soziologische Arbeiten, in erster Linie »Die Philosophie des Geldes«. Der erste große Aspekt der Literaturgeschichte ist also das Leben, wie es als Stoff aus dem Gesichtspunkt der Formen gesehen wird, wodurch sich, auf den ersten

Blick wahrnehmbar, die Entwicklungsmöglichkeiten, -rahmen und -richtungen positiv und negativ von selbst ergeben.

Natürlich ist das Verhältnis des Lebens und der Formen nicht einseitig. Wie fast überall handelt es sich um Wechselwirkungen. Die Form ist nur dem gegenüber, was zu gestalten ist, apriorisch und in ihrer psychologischen Struktur eine ewig fest erscheinende Kategorie. Die Form ist, wie wir sagten, eine seelische Aktivität, die ein Teil des Seelenlebens der Menschen (hier: der Dichter) ist. Und soweit dieses Seelenleben soziologischen Wirkungen ausgesetzt ist, werden diese Wirkungen auch die Form nicht unberührt lassen. Die Lebenserscheinungen sind in ihren Formen, wie wir sahen, Produkte der Gesellschaft und können durch die Soziologie beschrieben und bestimmt werden. Die Reaktionsweise der Seele auf diese Erscheinungen, d. h. die Erlebnisfähigkeit, ist ebenfalls ein soziologisches Faktum. Diese seelische Aktivität, als die die Form von diesem Standpunkt aus erscheint, ist nur ein Teil, der durch Abstraktion davon trennbar ist. Die Betrachtungsweise, die z. B. Hebbel in allen Lebenserscheinungen Tragödien sehen läßt, kann man je nach der Wirkung der Epochenstimmungen und der Ideologie abschwächen oder verstärken und – was das Wichtigste ist – qualitativ modifizieren. Ich denke jetzt nicht nur an das, was diese Beeinflussung ihm erlaubt und wo sie ihn zwingt, etwas tragisch zu sehen (damit hängt z. B. die ganze Frage der bürgerlichen Tragödie zusammen); sondern daran, wie sich diese Betrachtungsweise entwickelt. Alle Formen sind Wertung und Urteil über das Leben und sie haben diese Macht und Kraft dadurch, daß sie in ihren tiefsten Gründen immer Weltanschauungen sind. Wir können jede Form bis zu ihren letzten seelischen Wurzeln analysieren: immer müssen wir zur Weltanschauung gelangen. Das bedeutet natürlich nicht, daß die Literatur nur zustandekommt, um Weltanschauung auszudrücken. Noch weniger bedeutet es, daß jede Form nur eine Weltanschauung ausdrücken kann. Vielmehr ist es so, daß jede Form ihre Kraft, die eine ursprüngliche und einheitliche Welt ordnet, der zugrundeliegenden Weltanschauung verdankt. Die Weltanschauung ist das formale Postulat jeder Form, ihr Inhalt ist also gleichgültig; die Weltanschauung muß als Grundlage da sein, es braucht aber nur eine zu sein, gleichgültig welche. (Dies habe ich in einem Aufsatz über die Form des Dramas ausführlich dargelegt. In: »Budapesti Szemle«, Sept. 1909,

S. 389- 425.)[2] Das ist aber nur mit starken Einschränkungen gültig; denn die für die Stilisierung notwendige Weltanschauung, die für irgendeine Form erforderlich ist, kann zwar sehr verschiedenartig sein – nicht aber ganz beliebig. Bestimmte Weltanschauungen vertragen gewisse Formen nicht, andere nur bis zu einem gewissen Grade. Und so ergibt die soziologische Tatsache, daß bei einer gewissen gesellschaftlichen Ordnung und Situation nur bestimmte Weltanschauungen möglich sind, den zweiten wichtigen Fall der Begegnung der soziologischen und ästhetischen Standpunkte. Dadurch wird festgelegt, welche Formen in welchen Epochen überhaupt möglich sind und in welchem Maße das der Fall ist. Diese starke soziologische Wirkung hat eine tiefgreifende ästhetische Folge: hier, wo die Formenvision zum Leben erweckt wird, entscheidet sich das endgültige Stilproblem der Kunstproduzenten aller Zeiten. Die größten Kämpfe der großen produktiven Talente waren ergebnislos, weil ihr Kulturempfinden unausführbar, mit dem Wesen ihrer Form unverträglich war, bis andere, die nicht solch große Kraft hatten, gerade durch diese Kongruenz in die Höhe gelangten. Dadurch haben einzelne Formen Blütezeiten erlebt oder wurden für lange Zeit unfruchtbar. Das vereint die in diesem Fall verwandten, sonst aber sehr verschiedenen Menschen einer Zeit in einer Stilrichtung – und das unterscheidet mit scharfer Bestimmtheit die Stile verschiedener Epochen.

Der dritte Berührungspunkt zwischen Ästhetik und Soziologie ist die Wirkung. Wir wissen, daß die Wirkung eine soziologische Tatsache ist. Wir sprachen auch schon davon, daß sie einige literarische Möglichkeiten bestimmt. Jetzt ist noch festzuhalten: die Wirkung ist nicht nur eine soziologische Tatsache, sondern auch eine ästhetische Kategorie. Goethe und Schiller leiteten mit ihrem starken Formgefühl die Formen aus dem Streben nach bestimmten

2 Die unter dem Titel »A drama formája« in der ungarischen Zeitschrift *Budapesti Szemie* (Bd. CXXXIX, 1909, Nr. 393, S. 389-425) veröffentlichte Abhandung stellt das Einleitungskapitel aus der *Entwicklungsgeschichte des modernen Dramas* dar, die 1911 in Budapest in zwei Bänden publiziert worden ist. 1914 erschien eine deutsche Version des Textes unter dem Titel »Zur Soziologie des modernen Dramas« im *Archiv für Sozialwissenschaft und Sozialpolitik XXXVIII*, 303-345 und 662-706. Die von Lukács zitierte Zeitschrift war ein im Auftrag der Ungarischen Akademie der Wissenschaften seit den 30er Jahren des 19. Jahrhunderts herausgegebenes Organ für die Geisteswissenschaften [Anm. d. Hg.].

Wirkungen ab. Sie postulierten für jede Form einen von äußeren Umständen bestimmten seelisch empfänglichen Rezipierenden. Sie betrachteten die erzielbaren Wirkungen beim Rezipierenden als die zu erreichenden und von der Form geforderten. Aber auch diese Möglichkeiten eines Aufnehmenden, der nur vorgestellt ist und sich aus formalen Postulaten ergibt, sind gesellschaftlich bestimmt. Dabei wird jener auf soziologischer Basis beruhende große ästhetische Unterschied beiseitegelassen, ob dieser postulierte Aufnehmende in der Gegenwart, in der Zukunft oder in der Vergangenheit vorgestellt ist. (Kleist schrieb nach Goethe seine Dramen für ein Theater, ›welches da kommen soll‹, und Swinburne schrieb nach seinen eigenen Worten für ein imaginäres Globe- oder Blackfriars-Theatre.) Aber auch selbst die seelische Konstruktion dieses idealen Zuhörers oder Lesers ist von der Zeit bestimmt. Man kann sich unabhängig von der Zeit nicht einmal vorstellen, worauf dieser Zuhörer oder Leser reagiert, was er voraussetzt, was ihn überraschen kann usw. Eine Naivität, die als Reaktion gegen seine eigene Epoche imaginiert ist, trägt genau so den Stempel des Bewußten, wie die willentliche Ausführung der Bewußtseinstendenz (Maeterlinck und Hofmannsthal). So stark, wie die imaginierte Wirkung soziologisch bestimmt ist, so stark ist auch die ästhetische Bedeutung des offensichtlich soziologischen Charakters der tatsächlichen Wirkung. Die eintretende oder verfehlte Wirkung wirkt auf die nächsten Werke zurück, und das wird jene Konvergenz oder Divergenz des Dichters und des Publikums (sehr oft der Gattung und des Publikums), deren Erscheinung diese Wirkung war, auf alle Fälle beeinflussen. Die Wirkung, die sich eingestellt hat, kann eine starke ästhetische Tendenz verstärken oder auch diese Tendenz abschwächen, z. B. wegen der Oberflächlichkeit und Verflachung, die darin besteht, daß man die Wirkung sichern will. Die Wirkung, die sich nicht eingestellt hat, kann Menschen (sogar ganze Richtungen, Gattungen) zum Schweigen bringen oder aber auch noch härter und unnachgiebiger machen. In jedem Fall aber war die soziologische Tatsache Ursache der ästhetischen Veränderungen. Diese Erscheinung können wir in all ihrer Verflechtung teils in der Verfeinerung der heutigen Dramenliteratur, in der Wandlung zum Buchdrama, bemerken; teils in der Wandlung zur rohen leeren Theatralik z. B. im Vergleich zur elisabethanischen Epoche, die aus diesem Aspekt gesehen viel einheitlicher ist. Natürlich ist nicht beabsichtigt, mit diesen Schemata die Ganzheit der Zusammenhänge erschöpfend zu behandeln. Hier sollte nur auf die wichtigsten Typen und auf die methodologische Bedeutung der Zusammenhänge, die es hier gibt, aufmerksam gemacht werden. Es ist möglich, daß der anfangs erwähnte literaturhistorische Aspekt, die Synthese von soziologischen und ästhetischen Aspekten, sich von selbst ergibt. Es handelt sich um eine Synthese, die die speziellen, tiefsten Begriffe der beiden Bereiche verbindet und einen Zusammenhang zwischen deren innerstem Wesen konstruiert. Die konsequente marxistische Kunstsoziologie ist wegen ihrer zu einfachen und zu direkten Verbindungsversuche hoffnungslos. Eine Verbindung, die die ökonomischen Verhältnisse mit den Inhalten der Literatur zusammenbringt, muß ergebnislos bleiben. Und zwar einerseits, weil die Annahme, daß der ›Inhalt‹ realer sei als die Form, eine Illusion ist; denn die Erforschung der in ihm zustandegekommenen wahren Ursachen und Folgen würde immer zu den Formen zurückführen; und weil das Verbleiben bei den Inhalten nur ein Beharren an der Oberfläche wäre. Andererseits, weil die ökonomischen Verhältnisse nur als breitester Rahmen eine Bedeutung haben (Beispiel: die Wirkung niedriger Preise auf die Verbreitung von Büchern und die Rückwirkung dieses Prozesses auf die Literatur), aber hier auch – und anderswo überall noch stärker – nur insofern sie die Erlebnisfähigkeit des Produzierenden oder die Aufnahmefähigkeit des Publikums beeinflussen. Auch eine scheinbar nur ökonomische Tatsache, wie eine Klasse in einer Epoche von der Literatur angesprochen wird, wie die Struktur dieser Klasse ist usw., hat nur insofern Bedeutung, als alle sozialen Relationen dieser Klasse in ihr z. B. eine gewisse Aufnahmefähigkeit hervorrufen (also insofern sie zu psychologischen Tatsachen wurden), die dann auf die oben geschilderte Art und Weise auf die Literatur wirken.

Unser Aspekt ist die Untersuchung der gegenseitigen Beeinflussung der Form und der Wirkung. Diese Untersuchung hebt die Isoliertheit der zwei Begriffe, bzw. der durch sie zusammengefaßten Tatsachenkomplexe auf. Sie vereint sie, schafft aus ihnen dadurch eine neue Einheit, daß sie beide in allen ihren Beziehungen nur als die eine Seite der Verständnismöglichkeit eines Prozesses darstellt, die nur durch die Vereinigung mit der anderen tatsächlich wirklich und wahr werden kann.

Nehmen wir nun diese sehr komplexen, sehr verwickelten, sehr

Vieles in sich fassenden neuen Begriffe, die wir so gewinnen können, als Grundbegriffe der Literaturgeschichte und die aus ihnen aufbaubare Wissenschaft als Literaturgeschichte selbst.

III

Der Grundbegriff der Literaturgeschichte ist der Stil; so wie der Grundbegriff der Ästhetik die Form und der der Literatursoziologie die Wirkung ist. Der Stil ist eine soziologische Kategorie, weil er von Zuständen und Wechselwirkungen unter den Menschen ausgeht, von Verhältnissen, die unter gewissen Umständen zu gewissen Zeiten innerhalb einer bestimmten Gesellschaft zustandegekommen sind. Der Stil ist aber zugleich auch eine ästhetische Kategorie, weil er eine Wertkategorie ist, für die es keine Rolle spielt, wie lang die Zeit und wie groß der Raum ist, in denen sie gilt. Der Stil ist sogar auch bei der unmittelbaren Wertung von manchen Werken sehr oft Maßstab der Wertung; bei der Wertung von in jüngster Zeit geschaffenen Werken ist er gewöhnlich der Maßstab, weil hier der ›heutige Stil‹ in allen Fällen als unsere unbewußte Forderung erscheint. Sehr oft ist aber auch der Stil gegenüber den alten Werken maßstäblich: wenn ich z. B. die Gelöstheit eines gotischen Domes untersuche, werden die ganz allgemeingültigen Wertkategorien der Baukunst, für die der gotische Stil nur ein Fall ist, angewandt, und ich betrachte den Dom speziell als gotischen Bau genauso unbewußt, wie ich den speziellen Stil überspringen kann, um das einzelne Werk aus dem Aspekt der abstrakten Form zu betrachten. Der Stil ist die Kategorie der Lehren von den Formen (Feststellung des Stils = Feststellung der Form), gehört aber zu den soziologischen Kategorien der Formen. Die kürzeste und genaueste Definition des Stiles könnte sein: Stil ist eine in einer Zeit siegreiche, allgemein verbreitete und allgemein wirkende Form. Und als solche ist er zugleich eine historische Kategorie, ein Begriff, der eine einmalige und nie wiederkehrende Erscheinung deckt.

Aus dem Begriff des Stils ergibt sich zuerst der Begriff der Variabilität, der Entwicklungsmöglichkeit (oder sagen wir wenigstens die Möglichkeit der Veränderung) der Formen. Schon die romantische Ästhetik empfand als Notwendigkeit, die Formen nicht völlig starr, von den Zeiten und Umständen unabhängig zu machen. Die historischen Begriffe dieser Ästhetik waren aber genauso starr wie andere unhistorische Definitionen: statt die ganze Geschichte einer Form in einen starren, unveränderten Begriff zu fassen, als ob die Veränderung nur auf der Oberfläche geblieben wäre (neben der Unbewegtheit des Wesentlichen), konstruiert sie ein paar Stadien (meistens drei), innerhalb deren sie aber wegen der Starrheit der Stadien nur gegenüber einem kleineren Gebiet ein ähnliches Verhältnis erreicht. Der Stil ist kein stabiler Begriff: er ist der Querschnitt eines ständig wachsenden Baumes, er ist ein Punkt, durch den ein sich ständig bewegender Körper geht oder höchstens die Projektion einer solchen Bewegung auf eine Ebene. Der Stil ist der Begriff der Veränderung, und was in ihm zu ruhen scheint, ist nur das augenblickliche Gleichgewicht der ständig waltenden Kräfte. Als eigenartige Paradoxie des Wesens des künstlerischen Schaffens finden wir solche Gleichgewichte natürlich fast überall, und wo nicht, können wir das Wesen des künstlerischen Schaffens als dekadent oder nicht entwickelt werten, weil sein Gleichgewicht aufgelöst ist oder sein Gleichgewicht wegen des Bestrebens, es zu erreichen, fehlt, also weil das Gleichgewicht bestimmbar ist. Dieses Gleichgewicht ist aber immer die Schwebe der sich bewegenden Kräfte, ist keine starre Ruhelage; oder das Gleichgewicht ist – ich kann vielleicht mit einem Bild besser ausdrücken, was ich sagen will – eine Harmonie; die Harmonie ist aber genauso ein Resultat der Aktivitäten, wie es die Disharmonie ist, die nicht das Gegenteil dieser Aktivitäten darstellt. Dieser sich ständig verändernde Formbegriff schließt nicht den der Ästhetik aus, er korrigiert nur hier und da – in konkreten Fällen – seine Anwendung. Dadurch zwingt er ihn, seine konstanten Begriffe so zu entwerfen, daß sie – von seinem Gesichtspunkt aus – alle Veränderungen in sich aufnehmen können.

Die Formen haben eine ›Geschichte‹ und erfahren Veränderungen, die Gegenstand der Wissenschaft werden können. Diese Veränderungen können ganz allgemeiner Natur sein, sie können sich auf die ganze Literatur erstrecken, wenn sich innerhalb der einzelnen Formen nur ein spezieller Teil des allgemeinen Prozesses abspielt. Das Wichtigste ist hier der Einfluß der allgemeinen Differenzierung des seelischen Lebens auf die stabileren, aus den weniger differenzierten Zeiten erhaltenen Formen. Die Formen können infolge dieser Inadäquatheit vielleicht überhaupt keine Wirkung erzielen, oder es kann in ihnen der Prozeß beginnen, der auch im Leben anfing. Jetzt ist zu fragen, wie sich diese Differenziertheit integrieren läßt, wie sie zur Form gebildet werden kann. Wenn das nicht gelingt, wird die Form sich den beabsichtigten Wirkungen, die man erreichen wollte, in den Weg stellen (alle naturalistischen Bewegungen belegen das). Selbstverständlich kann man sich auch vorstellen, daß ein solcher Prozeß in die entgegengesetzte Richtung verläuft: dann besteht die Gefahr in der Erstarrung der Formen. Dieselben Entwicklungsmöglichkeiten gibt es natürlich auch innerhalb einer Gattung, insofern gesellschaftliche und ästhetische Ursachen andere Entwicklungsmöglichkeiten gegenüber den Konsequenzen der Veränderung im seelischen Leben isolieren können. (So betraf die französische naturalistische Bewegung sozusagen nur den Roman und die Novelle; die Tradition der Bühne und Theater- und Publikumsverhältnisse in Paris isolierten die dramatische Entwicklung fast vollkommen.) Diese Formgeschichte kann sich aber auch auf die Reihenfolge des Auftretens der Formen beziehen, auf die Entfaltung aus den primitiveren (andersartige Formen und andere Lebenserscheinungen besitzenden) Gemeinschaften, wie auch auf das Bewußtwerden der Formen in den Menschen usw.

Der zweite wichtige Synthesetypus der Literaturgeschichte liegt auf dem Gebiet der Wirkung. Die Ästhetik kann sich nur mit der ästhetischen Wirkung befassen, mit einem Abstraktum, mit etwas, das aus dem Seelenleben herausgegriffen wurde, was so, wie es die Ästhetik als notwendige Folge ihrer Methodologie als richtig und fruchtbar bestimmt und anwendet, in der Wirklichkeit nirgends existiert. Die Ästhetik (auch die empiristischste, ›experimentelle‹) isoliert die ästhetische Wirkung von den Nebenwirkungen, ohne die aber jene nie auftritt, besonders dann nicht, wenn es sich um Wirkungen handelt, die gleichzeitig bei vielen Menschen, bei großen Massen eintreten: aber gerade mit diesen breiten Wirkungen hat es die Literaturgeschichte zu tun. Der Wirkungsbegriff der Soziologie kann zwar alle Wirkungen in sich fassen, differenziert aber nicht, weil diese Wissenschaft solche Differenzierung nicht braucht. Sie kann keinen Unterschied zwischen den ästhetischen und nicht-ästhetischen, beabsichtigten oder zufälligen, sich aus der Form und dem Inhalt ergebenden Wirkungen machen, weil in ihrem Wirkungsbegriff der Maßstab der Qualität für die Werte fehlt: hier kommen nur Intensität, Breite, Tiefenwirkung zur Geltung.

Für die Literaturgeschichte ist die Wirkung in ihrer Vollständigkeit, in ihrer Ganzheit ebenso eine Tatsache wie in der Soziologie. Die Literaturgeschichte kann aber zwischen den verschiedenen Wirkungen qualitativ unterscheiden, sie klassifizieren, werten, die verschiedenen Intensitäten der verschiedenen Wirkungen bestimmen, aus der einheitlichen Wirkung, die als Resultat gewonnen wurde, die Kraft und Richtungen der verschiedenen Komponenten, ihren gegenseitigen Einfluß aufeinander, herauslesen und analysieren. Der hauptsächliche Unterschied, den wir hier machen müssen, ist der zwischen adäquaten und inadäquaten Wirkungen. (Auf diese Frage und mit ihr eng zusammenhängende weitere machte mich mein Freund Leo Popper in unseren Gesprächen und mit seinen z. Zt. noch unveröffentlichten Aufsätzen aufmerksam. Er versteht die inadäquate Wirkung als ›Mißverständnis‹, und weil ich diesen Ausdruck und das, was er deckt, meistens in seinem Sinne gebrauche, ist es meine Pflicht, seine Priorität hier festzustellen.) Diese Unterscheidung fällt nicht ganz mit dem Unterschied der ästhetischen und nicht-ästhetischen Wirkung zusammen. Adäquate Wirkung nenne ich eine solche Wirkung, die sich aus der Form irgendeines literarischen Werkes ergibt; inadäquate Wirkung dagegen die, die durch das Nichtbemerken oder durch das falsche Erfassen der Wirkung, also durch etwas – aus dem Gesichtspunkt der Form – Zufälliges zustandekommt. Shakespeares Wirkung auf den Sturm und Drang, Ibsens Einfluß auf den deutschen Naturalismus waren solche inadäquaten Wirkungen. In beiden Fällen schöpfte eine gegen die Komposition gerichtete naturalistische Bewegung aus den strengen Kompositionen dadurch Inspiration, daß sie Shakespeares bzw. Ibsens Werke aus der Perspektive ihrer Wunschträume als kompositionslos betrachtete. Es gibt auch adäquate nicht rein künstlerische Wirkungen, z. B. Spannungswirkungen, die durch Romane ausgelöst werden, ethische Wirkungen der Dramen usw.: man könnte sie als notwendige Nebenwirkungen bezeichnen. Und es gibt inadäquate künstlerische Wirkungen, die man als starke dekorative Zusammenfassung der meisten primitiven Naturalismen empfindet.

Mit dieser Unterscheidung können wir viele wichtige Verbindungen in den Zusammenhängen zwischen den literarischen Erscheinungen und ihrer Kultur gewinnen. Vor allem können wir die Stellung der Werke und im Zusammenhang damit eventuell die Stellung der ganzen Literatur oder einer ihrer Gattungen in der Kultur einer Epoche bestimmen. Bei solchen Interpretationen der Wirkungen können wir das Zufällige von dem aus dem Wesentlichen Folgenden trennen und damit gelangen wir zu den Unterschieden der fortsetzbaren und nicht fortsetzbaren, der (als künstlerische Erscheinung) kulturelle Wurzeln besitzenden und der durch zufällige Umstände zu ihren Wirkungen gelangten, nur aus individueller Stimmung hervorgegangenen Künsten. Wir können aber in der inneren Geschichte der Literatur, in der Geschichte der Wechselwirkungen der literarischen Werke vielleicht noch wichtigere Zusammenhänge feststellen und heraustrennen. Hier werden wir gerade mit Hilfe des Begriffes des ›Mißverständnisses‹ die Geschichte der sich aus inneren Gesetzen ergebenden Zusammenhänge in der Literatur gesetzmäßiger begreifen, als ohne diesen Begriff. Denn so gelangen wir zu den seelischen Wurzeln aller produktiven Einflüsse: wir gelangen zur Sehnsucht nach der neuen Kunst, die noch nicht stark genug ist, auf eigenen Füßen zu stehen und sich allem tyrannisch aufzudrängen, die vielmehr noch überall Hilfe, Vorgänger, Unterstützung sucht. Und sie findet sie auch, indem sie Vorgänger nach ihrem Wunschbild umfälscht. In diesen Fällen gewinnen Arbeiten Einfluß, die – durch meist zufällige Umstände – es dulden, daß man das Neue in sie hineininterpretiert, in ihre Wirkungen hineinfälscht. So bekommen viele, scheinbar nur durch äußere Umstände zustandegekommene, Entwicklungen oder plötzlich erscheinende Umkehrungen eine tiefe seelische Notwendigkeit.

Die dritte wichtige Kategorie der Literaturgeschichte gehört der Entwicklung, besser gesagt den Entwicklungen, dem Erblühen und Vergehen der Stile an. Denn der Begriff der Entwicklung ist nicht mehr metaphysisch, wie er es in der romantischen Ästhetik war; deren Begriff der Entwicklung, die Annahme, daß die Geschichte der ganzen Literatur oder auch einer Form die stufenweise Realisation einer Idee sei, ist dahingefallen. Die Grundlage des Entwicklungsbegriffs der Literatur ist nun die soziologische Annahme, daß es Epochenstimmungen gibt; als ästhetische Annahme gilt, daß es adäquate Wirkungen gibt und daß die Weltanschauung der Schöpfer zugleich Bestandteil der literarischen Werke ist. So wächst jeder Stil auf dem Boden der Epochenstimmung, in einer neuen Form des Welterlebnisses, das sich sowohl in den Dichtern wie im Publikum nach einem neuen Ausdruck sehnt. Das Publikum schafft die Möglichkeit der Wirkung des zukünftigen Stiles, die Dichter schaffen seine tatsächliche Verwirklichung. Die Entwicklung ist nun der Versuch, der Epochenstimmung, die meist verschwommen und immer in der Form des individuellen Erlebnisses empfunden wird, einen künstlerischen Ausdruck zu verleihen. Diese Epochenstimmung ist das Gemeinsame für die Schriftsteller, die man zur selben Stilrichtung rechnet. Infolge des tiefen Zusammenhangs zwischen Weltanschauung und Form sind die Formprobleme und die sich aus ihnen entwickelnden technischen Fragen so ähnlich, daß solche Gemeinsamkeit resultiert. Deswegen kann es zwischen diesen Schriftstellern – was bei denen, die in auseinanderliegenden Zeiten und Verhältnissen lebten, fast ausgeschlossen ist – adäquate Beeinflussungen geben; denn der eine kann irgendeine ›Lösung‹ des anderen tatsächlich als die Lösung der auch von ihm empfundenen Schwierigkeit betrachten, wo er dann weitergehen, verfeinern kann usw.

Dieser Entwicklungsbegriff ist somit die dynamische Seite des Zusammenhang-Komplexes, den wir aus statischer Perspektive Stil nannten. Bei beiden wird die Raum- und Zeitausdehnung durch das sie begründende zusammenfassende Prinzip der Epochenstimmung bestimmt, dadurch, wo ich es erblicke und wie ich es beschreibe. Auf solcher Basis kann ich nationale Literaturen einmal von der einen Seite her und internationale große epochale Bewegungen von der anderen Seite her mit meinem grundlegenden Begriff jeweils anders konstruiert formulieren. So kann ich Entwicklungsmöglichkeiten aus wieder anderen Aspekten bestimmen. Ich kann die Ursachen und Tendenzen innerhalb der Literatur, vielleicht innerhalb einer Form bestimmen, wenn ich den Ausdruck, die Form als Zentrum betrachte und die aus verschiedenen Ursachen zustandekommenden Veränderungen mit ihrer Hilfe untersuche; ich kann aber auch die Epochenstimmung als Einheit nehmen und suchen, wie sie in den verschiedensten Äußerungen des literarischen Lebens erscheinen wird. Für beide Aspekte ist vielleicht von größter Bedeutung, daß man Typen, typische Entwicklungstendenzen und -stadien finden konnte. Den ersten Aspekt betreffend genügt es vielleicht, wenn ich mich auf den Naturalismus, auf den Wechsel der naturalistischen und stilisierenden Bewegungen beziehe. Für den zweiten Aspekt begnüge ich mich damit, das

Wort ›Romantik‹ hinzuwerfen (Joël weist in seinem schönen Buch: »Ursprung der Naturphilosophie aus dem Geiste der Mystik« auf reichhaltige und interessante Parallelen zwischen den griechischen Renaissancen und modernen romantischen Bewegungen hin). In allen Fällen aber begrenzt gerade die reale Basis der Synthese unsere synthetischen Wünsche oder zwingt uns wenigstens zur Vorsicht. Denn eine sehr weitgehende Synthese verliert die reale zeitpsychologische Basis und wirkt nur konstruiert. Wenn man auch Typen und Wiederholungen ihrer typischen Zusammenhänge gefunden hat und noch finden wird: man kann alle Typen nur aufgrund einer Synthese, die innerhalb eines sehr realen, also verhältnismäßig engen Kreises gemacht wurde, konstruieren.

Diese soziologische Basis bestimmt aber auch das Minimum des Kreises: der Stil ist eine soziale Kategorie; der Stil ist, wie wir sagten, eine sich durchsetzende wirkende Form; nun können wir weiter feststellen: der Stil ist eine auf adäquate Weise wirkende Form. Der Stil ist also die Ausdruckssynthese der abstrakten, formalen Postulate, der Epochenstimmungen (der Ausdrucksmöglichkeiten, die die Epoche ihr gab) einerseits; andererseits die der individuellen Erlebnisse, der individuellen Ausdrucksmöglichkeiten des Künstlers. Der Stil ist also nur innerhalb einer Gemeinschaft vorstellbar. Die einfachste praktische Bestimmung des Stils könnte heißen: Stil ist eine fortsetzbare formale Lösung. Die Fortsetzung bedeutet hier keine Nachahmung, sondern die vorhin skizzierte Gemeinsamkeit der Ursachen und Wege der Ausdrücke. Wo die Fortsetzung – aus individuellen oder zeitpsychologischen Gründen – fehlt, dort muß der Künstler ›seinen Stil‹ ausschließlich aus sich heraus, aus seinen privatesten Fähigkeiten und Mängeln schaffen. Dieser Stil ist also unzertrennlich an seine physischen Eigenarten gebunden und deshalb weder entwickelbar noch fortsetzbar. Das ist die Manier; und den Stil trennt eigentlich nur dieser – soziologische – Unterschied von der Manier. Es handelt sich aber nur um die andere Seite des Unterschiedes oder vielleicht das Symptom des wirklich tiefen ästhetischen Unterschiedes: daß die Harmonie, die Einheit und das Gleichgewicht der ›manieristischen‹ Werke unendlich labiler ist als die Harmonie, die Einheit und das Gleichgewicht der ›stilvollen‹ Werke. Und diese Mängel werden dann mit den verschiedensten, sehr oft nicht rein künstlerischen Mitteln verdeckt; nie mit denen, die aus der Tiefe der Seele der Form kommen.

Wenn wir nun diese Frage von der Seite der Wirkung betrachten, gelangen wir zum Begriff des Veraltens. Diesen Begriff kennen weder die Ästhetik noch die Soziologie. Die Ästhetik kennt nur gute und schlechte Werke; die Soziologie nur wirkende und nicht wirkende. Zwischen beiden Extremen eine Beziehung herzustellen, ist wieder die Aufgabe der Literaturgeschichte. Hier gibt das Verhältnis der Wirkung zur Form eine Möglichkeit zur Interpretation. Alle Formen verlangen gewisse Aufnahmefähigkeiten, Vorbedingungen von denen, auf die sie wirken, damit überhaupt Wirkung eintritt. Die Wirkung eines Werkes in einer anderen Zeit wird also in erster Linie davon abhängen, inwieweit die Konzeption des Werkes auf dem Wesen der Form oder auf vergänglichen täglichen Stimmungen beruhte. Der unmittelbare, roh gegebene Inhalt veraltet immer (wir verstehen heute nicht einmal die Hälfte mehr von Dantes Inhalten), weil der Kontakt zwischen dem Werk und dem Publikum durch beiderseitige Kenntnis bestimmter Tatsachen, durch ähnliche Reaktionen auf gewisse Stimmungen usw. zustandekommt; nicht aber der in der Form eingeschlossene Lebensinhalt im Aufnehmenden verlebendigt wird. Alle Wirkungen, die nicht auf der Form basieren, verschwinden mit der Zeit (das Werk veraltet), weil mit dem Fortgang der Zeit das Publikum verschwindet, das damals die Basis der Wirkung war. Die Gefühle, die seelischen Konstruktionen, die Erlebnisschemata, die die Form begründeten, sind die dauerhaftesten, sind die alleinigen, in denen wahre Dauer besteht. Deswegen sind »König Ödipus« und »Antigone« lebendiger als die inhaltlich interessanteren, gedanklich und psychologisch reizvolleren, in ihrer Zeit auch tiefer und heftiger wirkenden anderen Dramen von Euripides. Das Veralten ist eine der interessantesten Erscheinungen der Literaturgeschichte, weil hier soziale Prozesse das Urteil vollstrecken, das die Ästhetik über das Werk verhängt.

IV

Mit diesen wenigen Grundbegriffen wollte ich nur die Art und Weise der Begriffsbildung in der Literaturgeschichte kennzeichnen und jene Wege der Interpretation der Erscheinungen, die daraus folgen. Ihre Ausschöpfung hat hier gerade wegen ihrer eminent praktischen Ziele keinen Sinn; sie ist aber auch nicht möglich. Ich komme nämlich jetzt zur Skizzierung der Hauptschwierigkeiten, die theoretisch bei der Anwendung dieser Methode auftauchen.

Die gemeinsame Hauptschwierigkeit aller historischen Wissenschaften ergibt sich aus der Einheit des seelischen Lebens, daraus, daß alle historischen Wissenschaften gezwungen sind, die Prozesse des Lebens aus demselben Gesichtspunkt zu betrachten, die Begriffe, mit deren Hilfe sie ihre dort gewonnenen Kenntnisse zu einer Wissenschaft organisieren, nach demselben Gesichtspunkt auszuwählen. Aber alle diese Betrachtungen des Menschen und seines Lebens sind Abstraktionen und dem Leben selbst gegenüber eine Fälschung. Denn wenn ich die Grundbegriffe meiner Wissenschaft konstruiert habe und von ihnen ausgehend die zu untersuchenden Prozesse verfolge, kann ich nur so lange erfolgreich Zusammenhänge gewinnen, wie die ausschließlich durch diese Begriffe symbolisierten Faktoren des Lebens tätig sind. Sobald nur ein Faktum, das einem anderen Begriffskreis entstammt, in diesen Prozeß hineinspielt, beginnt die Unermeßlichkeit, das Zufällige. Der Zufall ist eine relative Sache, deren einfachste Bestimmung vielleicht heißt: der Zufall ist eine Erscheinung im Komplex einer Wissenschaft, die auf die Begriffe dieser Wissenschaft nicht zurückführbar und somit nicht in ihre Ursachen- und Kausalreihen einfügbar ist. Ein triviales Beispiel kann das vielleicht am besten beleuchten: sehr viele Menschen teilen die Auffassung, daß Schiller in seinem Demetrius-Fragment gerade auf dem Wege zu einer dramatischen Stillösung war, die nach ihm von Kleist, Grillparzer, Hebbel erfolglos versucht wurde. Er starb aber, bevor er dies Konzept ausführen konnte. Dieser Tod unterbrach – vielleicht am entscheidenden Punkt – die Entwicklung des deutschen großen Dramas. Und so notwendig er auch aus allen anderen Aspekten war, hier ist dieser Tod zufällig, weil man nicht damit rechnen konnte, man konnte ihn nicht voraussehen wie bei begrifflich Faßbarem. Und was den Naturwissenschaften die Gelegenheit gibt, die Irrationalitäten zu vermeiden und ihren Begriffen eine adäquate Wirklichkeit zu schaffen, ist für die Literaturgeschichte unvorstellbar: das Experiment. Die Bedeutung des Experiments besteht gerade darin, daß man mit seiner Hilfe eine den Begriffen adäquate Wirklichkeit schaffen kann, aus der alles ›Zufällige‹ ausgemerzt ist; aber dennoch ist das Experiment Wirklichkeit und kann die Begriffe kontrollieren. Das ist beim Vergleich nicht der Fall, den Alexander Bernát der Literaturgeschichte anstelle des Experiments empfiehlt. Die Wirklichkeit, die bei jedem Vergleich uns vorschwebt, ist sehr verflochten und aus unserer Perspektive voller Zufälle. Wenn wir vergleichen wollen, abstrahieren wir nur mehrere ausschließlich begriffliche Welten aus mehreren wirklichen Welten und vielleicht konstruieren wir vorsichtiger; aber der wesentliche, prinzipielle Mangel an unserer Konstruktion bleibt der alte. Wenn wir nämlich immer unfähig sind, eine unseren Begriffen entsprechende Wirklichkeit zu schaffen, dann können wir die Tatsachen unserer Wissenschaft nie mit genügender Sicherheit isolieren; es bleibt immer etwas Willkürliches in dem, was wir als ihre Zusammenhänge und was wir als Zufall ansehen, hauptsächlich deswegen, weil das Zufällige in seinen Folgen nicht von den anderen Erscheinungen unterschieden werden kann (abgesehen vielleicht von solchen bis zur Bizarrheit klaren Fällen, wie vorhin erwähnt). Und hier, denke ich, gerät die Literaturgeschichte (und mit ihr alle historische Wissenschaft) vor die letzte unüberwindbare Schwierigkeit. Ich glaube, daß man mit gewissenhafter Forschung noch viele Dinge klären wird. Viele Zusammenhänge werden noch durchschaut und verstanden. Ich denke auch, daß es nur der Mangel an Tatsachenkenntnissen war, der als unüberwindbare erkenntnistheoretische Schwierigkeit erschien. Aber mit all dem wird nur die Grenze hinausgeschoben, niemals abgeschafft.

Es wäre vielleicht richtiger gewesen, das, was wir bis jetzt die Einheit des Seelenlebens genannt haben, als Kontinuität zu bezeichnen. Denn was die Einheiten, die wir schaffen, von den Wirklichkeiten gerade unterscheidet, ist der Mangel an Kontinuität, ist ihre Konsequenz, ihre Begrifflichkeit, ihre Konstruiertheit. Die Erfassung mit Begriffen wählt, wie Bergson sagt, immer Punkte auf der Linie der Bewegung; aber zwischen zwei Punkten gibt es immer noch etwas anderes, zwischen zwei Punkte kann man immer noch unendlich viele Punkte setzen; doch auch wenn wir die dauernde Bewegung in unendlich vielen Punkten darstellen, haben wir den dauernden Fluß der Bewegung nur zu Staub auseinandergebröckelt. Es gehört zur Natur eines jeden Begriffs, daß sie etwas ausschließt, die Existenz einer seelischen Tatsache ist nicht mehr nötig, um das auszuschließen, was der sie symbolisierende Begriff ausschließen würde. In allen begrifflichen Zusammenhängen kann eine Folge nur eine wirkende Ursache haben. Im seelischen Leben

– Simmel weist darauf im Zusammenhang seiner Geschichtsphilosophie hin – kann dieselbe Ursache gerade auch gegenteilige Folgen haben. Das seelische Leben hat also als Einheit keinen konstruktiven Charakter, sondern einen kontinuierlichen und – was hier die Hauptsache ist – einen inkonsequenten. Das Neue verträgt sich in ihm mit dem Alten, das Gute mit dem Schlechten, das Nützliche mit dem Schädlichen usw. Ich denke hier z B. daran: wenn etwas auf einem Gebiet eine Wirkung erzielt, so ergibt sich über seinen Erfolg an anderen Punkten noch nichts. Die Kunstsoziologie kann z. B. in den literarischen, darstellenden, philosophischen Richtungen einer Zeit die Verwandtschaften der seelischen Wurzel feststellen. Diejenigen aber, die die Werke selber schaffen, spüren in den wenigsten Fällen diese Gemeinschaften und sie stehen den verwandten Tendenzen, wenn sie sich in einer anderen Kunstart oder einer anderen Gattung ihrer Kunst offenbaren, gleichgültig gegenüber. Ich beziehe mich auch darauf, daß das um so auffälliger wird, von desto entfernteren Gebieten die Rede ist. Die erste Folge davon besteht darin, daß die Bestimmung einer sogenannten Epochenstimmung oder einer zeitpsychologischen Tatsache viel problematischer ist, als es zunächst schien. Wenn auch wahr ist, daß in den Werken die Einheit, die auf dieses Ziel gerichtete Bewegung, die wir in ihr annahmen, vorhanden ist; so kann doch auch sein, daß das Gegenteil dieser Epochenstimmung in den Werken wirkt oder wenigstens etwas, was sie ausschließt. Dies wäre eine Frage der Tatsachenfeststellung. Man müßte das ganze Gewebe der Kultur einer Epoche auftrennen. Man müßte erforschen, woher die einzelnen Fäden kommen und wohin sie gehen, und man müßte ihre Wichtigkeit feststellen. Dann würden die wichtigsten Fäden oder eventuell ihre Ursachen (in verschiedenen konkreten Fällen muß man die auswählende Synthese auf verschiedene Weise vornehmen) jene Epochenstimmung sein, von der wir sprechen. Die Frage wird aber noch komplizierter, da diese auf so schwierige Weise festgestellten seelischen Reaktionen, die die Epochenstimmung ausdrücken, mit deren Folgen, wie sie in den Formen und ihren Wirkungen zum Ausdruck kommen, wir uns beschäftigen, im Sinne der obigen Ausführungen ebenso kompliziert sind. Eine bestimmte wirkende Ursache kann in einem Fall eine bestimmte Folge haben, in einem anderen Fall die gegenteilige und in einem dritten Fall überhaupt keine. Hier erhebt sich die Frage, ob die

Möglichkeit der Richtungen der sich tatsächlich einstellenden Reaktionen begrenzt ist, bzw. ob es in diesem verwickelten Komplex doch typische Erscheinungen gibt. Wieder gelangen wir zu einem Punkt, wo es schwer ist, den tatsächlichen oder theoretischen Charakter einer Frage zu entscheiden. In diesem Fall – glaube ich – ist von der Tatsachenfrage die Rede: man kann hier aufgrund von sehr detaillierten und gewissenhaften Forschungen die Typen feststellen oder doch zur klar bestimmten Grenze unserer hier gewinnbaren Kenntnisse gelangen.

Für uns ist nun diese Kontinuität, die nicht wieder auf alles von neuem reagieren oder alles Alte konservieren muß, wichtig: nämlich die Struktur des historischen Bewußtseins, wie es Vierkandt genannt hat. Denn daraus können wir, sowohl im Schaffenden wie auch im Publikum, eine neue, sehr bedeutende Kategorie gewinnen. Ihre Einführung macht zwar unsere bisherigen Zusammenhangschemata sehr kompliziert; wenn es uns aber gelingt, sie mit dieser Kategorie in Einklang zu bringen, werden sie auch sehr tief. Diese Kategorie ist die bloße Existenz und sie bedeutet die virtuelle Energie, hauptsächlich aber die Positionsenergie, die alle Dinge – unabhängig davon, ob sie nützlich oder nicht, wertvoll oder wertlos, ob sie von der Ursache, die sie zustande gebracht hat oder ob sie von dem Ziel, zu dessen Erreichen man sie geschaffen hat, unabhängig geworden sind – dadurch gewinnen, daß es sie gibt, daß sie existieren. Das bedeutet in erster Linie die konservative Grundstimmung des Publikums; die wichtige Tatsache, daß alles Neue – seis Gefühl, Stil oder gar nur Mode – auf der Oberfläche zustandekommt. Unter diesen Dingen sind viele jahrhunderte-, manchmal jahrtausendealte Gewohnheiten abgelagert, gegenüber deren uralter Persistenz die meisten Dinge nur ohnmächtige Oberflächlichkeiten bleiben. Das ist in der Seele der einzelnen Menschen so, gilt aber hauptsächlich für die Gesamtheit der Menschen. Dort bildet sich durch eine soziale und intellektuelle Auslese jene Schicht, in der eigentlich die Veränderungen vor sich gehen, und die anderen werden entweder überhaupt nicht vom Neuen berührt, oder es dringt erst dann zu ihnen vor, wenn oben schon von anderen Dingen die Rede ist, und verursacht dann für das jetzt zustandekommende Neue eine gleichgültige und kalte Ignoranz. Aus dieser Behauptung ergibt sich für die Ästhetik eine grundlegende Frage: Ist nicht die Versteinerung der Praxis das, was wir die Form zu nennen pflegen, das, was als apriori den Bedeutungen des Lebens, dem Zu-Formenden, gegenübersteht? Oder wenigstens, sind nicht die Formen teilweise so, und, wenn ja, wo und inwiefern?

Daraus würde sich eine große Mechanisierung und Uniformierung der Voraussetzungen und Möglichkeiten der Wirkungen ergeben – wenn die seelischen Reaktionen auf ähnliche Tatsachen nicht so unberechenbar mannigfaltig wären. Denn derselbe konservierende Prozeß ist zugleich auch das Prinzip des Fortschritts: daraus, daß ein einmal Existierendes aus der Kraft seiner Existenz bestehen bleibt, ergibt sich auch, daß man etwas von ihm Verschiedenes, Neues, noch nicht einführen kann, wie genau umgekehrt, daß man nur ein so Verschiedenes und Neues einführen muß. Die Abnützung und die Kraft der Existenz sind koexistente Begriffe: diese Gewohnheit (die psychologische Erscheinungsweise der Existenz) kann so tief werden, daß sie als Wirkung nicht mehr bewußt werden kann, und es muß etwas wesentlich Neues kommen, damit wir es überhaupt merken. Das erklärt die sonderbare Erscheinung, daß alte Traditionen, die heftigen Angriffen widerstehen und starke neue Dinge verhindern konnten, auf einmal verschwinden: sie werden in dem Maße zur Gewohnheit, daß sie all ihre Wirkungsmöglichkeiten verlieren. Das erklärt, warum sich der Verfall aller Stile nur in der Steigerung oder im Zurückgedrängtwerden der Originalität zeigt. Im ersteren Fall wird der sichere Eintritt der Vergänglichkeit, die durch die Gewohnheit verursacht wird, bewußt empfunden, und eine gewaltsam und bewußt gesteigerte Vitalität versucht, ihn zu verhindern. Im zweiten Fall verläuft der Abnutzungsprozeß einfach und mechanisch. Der erste Fall (selbstverständlich können beide Fälle auch gemeinsam auftreten) zeigt wieder zwei Haupttypen der Folgen: den der Verfeinerung und den der Verrohung, den der kleinen und den der großen Wirkungen, und diese Folgen treten in der Regel zusammen, oft sogar im selben Werk auf.

Die Kategorie der Kraft der Existenz ist aber auch für die Formen gültig und für alle in den Formen gefaßten und ihre Voraussetzungen bildenden Elemente. Das bedeutet: wenn einmal eine Form zustandegekommen ist, wenn eine Entwicklung sich in eine gewisse Richtung zu bewegen begonnen hat, gibt es die Möglichkeit, daß sie sich nur aus ihrem inneren Antrieb auch ohne die zeitpsychologische Notwendigkeit, von der sie den ersten Anstoß bekam, weiterentwickelt. Das Erblühen und Verblühen eines Stils ist also nicht notwendig ein paralleler Prozeß zur Erstarkung und Ermüdung der Epochenstimmung, die ihn zustande gebracht hat; der Stil kann eher wegen seiner inneren Sterilität zugrunde gehen, oder er kann aus eigener Kraft mitten in einer feindlich gesinnten Epoche am Leben bleiben, und zwischen den einzelnen Entwicklungsstadien ist es noch weniger notwendig, daß die Stile sich adäquat voneinander entwickeln. So wäre z. B. eine Geschichte der einzelnen Formen vorstellbar, ausschließlich von Innen her aufgebaut, mit Aspekten wie: Entwicklung der Notwendigkeit der Formen, deren Erschöpfung, Auffinden neuer Formen usw., wenn dieser Aspekt nicht nur ein Aspekt wäre; wenn die Epochenstimmung nicht doch in den Prozeß der Entwicklung hineinspielen würde und wenn die sich tatsächlich einstellende oder nicht einstellende Wirkung nicht eine so wichtige Tatsache der literarischen (nach rein literarischen Aspekten vorgestellten) Entwicklung wäre. Aber auch mit diesen Korrektiven ist ein solcher entwicklungsgeschichtlicher Aspekt nur für kleinere Gebiete vorstellbar, z. B. für die Entwicklung innerhalb der Epochen. Oder besser: für die Art und Weise der Entwicklung der einzelnen Motive. Die Lebensfähigkeit des Motivs ist außerordentlich, hauptsächlich deswegen, weil es in viele Formen gießbar ist und weil es gegenüber der Notwendigkeit der Veränderungen, die von den Epochenstimmungen gefordert werden, sehr anschmiegsam ist; so ist ein zeitlicher Längsschnitt durch das Ganze der Literatur vorstellbar: dieser würde die verschiedenen Lebensformen und Veränderungen eines poetischen Motivs begleiten, wobei natürlich in der Interpretation dieser Veränderungen die äußeren Ursachen eine große Rolle spielen könnten. In der Geschichte der Philosophie hat Windelband den Versuch unternommen, als Grundlage der Entwicklung das selbständige Leben der Probleme, ihre Eigenschaft, aus sich heraus etwas Neues schaffen zu können, zu nehmen. In der Geschichte der Literatur selbst gibt es noch keinen solchen zusammenfassenden Versuch, und es ist fraglich, welches Ergebnis er zeitigen würde.

Es gibt aber auch noch andere Punkte, wo die formalen und soziologischen Aspekte nicht konvergieren. Der wichtigste Punkt ergibt sich vielleicht aus der Natur der Form selbst, aus der Natur der Wirkung, die durch die Form erzielt wird. Wir sagten: die Form ist das soziale Element in der Literatur, sie verbindet den Schaffenden und den Rezipierenden. Jetzt müssen wir das noch ergänzen: die Form ist auch das dissoziative Element, das Prinzip, das den Dichter von seinem Publikum am tiefsten trennt. Schon als wir vom Veralten sprachen, haben wir diese Frage berührt, nur von einer anderen Seite. Dort war die Rede davon, daß ein Werk, das eine zu enge Gemeinschaft mit der Epochenstimmung bildet (also mit den gemeinsamen Erlebnissen des Dichters wie seines Publikums), das zu stark auf die vermittelnde Kraft dieser Gemeinschaft baut und dadurch nicht alles in eine reine Form gießt, veraltet, wirkungslos und sogar nach einer gewissen Zeit unverständlich wird; während die alles abschließende reine Form aere perennius ist und die Veränderungen der Zeiten überlebt. Gerade dadurch aber tritt das wirklich Geformte aus der gewöhnlichen, sozialen Gemeinschaft des Lebens heraus und ballt sich in ihm eine solche Macht und Kraft zusammen, daß es von den Gesetzen dieser Gemeinschaft nicht mehr berührt wird. Die reine, große Form scheidet aus allen Gemeinschaften aus, sie wird raum- und zeitlos, a-historisch und a-sozial. Ich versuche in wenigen Zeilen eine mögliche psychologische Interpretation dieser Erscheinung zu skizzieren. Die Wirkung ist, sagten wir, die Mitteilung, das Erwecken der Erlebnisse im Rezipierenden durch die Darstellung der in Formen gefaßten Erlebnisse. Die Frage ist aber: Inwiefern sind die Erlebnisse des Aufnehmenden mit denen des Schaffenden identisch und inwiefern sind sie mit den Erlebnissen, die in den Formen zum Ausdruck gebracht werden, identisch. Und hier muß ich auf einen bedeutenden Unterschied hinweisen: in den Arbeiten, die ›veralten‹, wie wir es bezeichneten, ist diese Gemeinschaft größer als in den wirklich großen Werken. Das ist natürlich, denn gerade daß das Erlebnis in ihnen roh zum Ausdruck kommt (besser: nicht restlos geformt ist), verurteilt sie zum Veralten. Ihre Worte formen nicht die Erlebnisse, sie spielen nur darauf an, sie brauchen nicht alles zu fassen und drücken nichts endgültig aus, weil das Erlebnis des Aufnehmenden darauf ausgeht, aufzunehmen, weil dieses Erlebnis auch durch die schwächste Anspielung ins Leben gerufen werden kann. Die Form stellt sich aber zwischen die beiden Erlebnisse; die Form hat einen eigenen Erlebniswert, der im Schaffenden das ausschließlich Persönliche des Erlebnisses verdeckt und es hinter das Schema einer großen, symbolischen Allgemeinheit zurücktreten läßt, welches Schema dann infolge seiner formalen Natur Assoziationen im

Aufnehmenden erweckt. Die suggestive Kraft der großen Formen besteht vielleicht in allererster Linie in dem, was sie durch ihre Verschlossenheit, Vollkommenheit und durch ihr Alles-Umfassen im Aufnehmenden erwecken kann. Sie erwecken natürlich die Erlebnisse der Aufnehmenden, sie bringen diese aber auch mit den Erlebnissen in Relation, die sich aus der Form ergeben, und sie bringen diese Erlebnisse nicht mehr mit denen in einen notwendigen Zusammenhang, die diese Form zustande brachten. Die großen Formen bekommen dadurch eine Kraft zum Überleben, daß sie die Schemata der letzten menschlichen Bezüge geben, bzw. sie sind fähig zu suggerieren, welche Schemata (weil das Schema dauernder ist als die Inhalte) in anderen Zeiten, unter anderen Menschen mit anderen Inhalten gefüllt wurden. Alle großen Werke der Weltliteratur, die Jahrhunderte überlebten, wurden von den Menschen in allen Zeiten anders interpretiert und gerade darum konnten sie weiterleben. Denn alle diese großen Werke konnten ihre Inhalte im Schema eines letzten Schicksalszusammenhanges konzentrieren und dadurch erreichen, daß alle Epochen ihre eigenen (unter dieses Schema subsumierbaren) Schicksalszusammenhänge als den wahren Inhalt der Werke empfanden. Man könnte viele Bände mit Hamlet-Interpretationen füllen, und manchmal wundert man sich, wie es möglich war, daß dieses Stück mit der gleichen Kraft auf die Menschen wirkte, die doch so unendlich verschiedene Dinge in ihm sahen. Ich glaube, gerade darum, weil Hamlet – ich weiß, daß ich den Inhalt jetzt brutal zusammenfasse – darstellt, wie ein Mensch etwas, was er als seine Pflicht empfindet, nicht tut; eine Ursache dafür ist eigentlich gar nicht dargestellt, nur in der unerreichbaren, zum Symbol anwachsenden Sinnlichkeit. Es gibt keine Ursachen. Im Hamlet sehen also alle Menschen und alle Zeiten das Symbol des eigenen Nicht-Handelns. So ist es mit Ödipus und Faust, mit Dante und Cervantes usw.

Alle vollkommenen Arbeiten ragen gerade wegen ihrer Vollkommenheit aus allen Gemeinschaften heraus und sie vertragen es nicht, daß man sie in irgendeine, von Außen ihnen angenäherte Ursachenreihe hineinstellt. Im Wesen des künstlerischen Werkes, im Wesen der Formung gibt es ein solches isolierendes Prinzip: es schneidet alle Fäden, die es ans lebendige, konkrete, sich bewegende Leben binden, durch und gibt ihr ein neues, in sich geschlossenes, sich mit nichts berührendes und mit nichts vergleichbares

Leben. In allen Kunstwerken gibt es irgendeine ›Inselhaftigkeit‹, wie Simmel sagt: womit sie sich dagegen wehren, daß sie ein Teil der Kontinuität irgendeiner Entwicklung werden.

Daneben ist aber jedes Werk auch die Manifestation einer Persönlichkeit; und zwar nicht nur im Erlebnis, das seine Grundlage bildet, sondern in der Form, die dieses Erlebnis zugleich ausdrückt und verdeckt, die nur im Vergleich zum Erlebnis ein objektives Etwas ist, die an sich genommen eine genauso unvergleichbare und irrationale Persönlichkeitserscheinung ist wie das Erlebnis selbst, vielleicht noch stärker. Man kann gegen alle Geschichten des seelischen Lebens, die ein ähnlicher Interpretationsversuch sind wie der von Windelband, sagen, daß es kein philosophisches System gibt (und noch weniger ein literarisches Werk), das ganz und ausschließlich einem Problem gewidmet ist, die Lösung nur einer (natürlich philosophischen und künstlerischen) ›Aufgabe‹ wäre, ohne daß es daneben oder gerade darin die tiefe und selbständige Manifestation einer sonderbaren, interessanten, auf dieser Welt unvergleichbaren Persönlichkeit gebe. Hier paßt also der Stoff der Literaturgeschichte an einem anderen Punkt nicht in die begriffliche Kette der Entwicklung, die die Grundbegriffe der Wissenschaft voraussetzen. Wenn die Unvergleichbarkeit der Individualität eine unbezweifelhafte Tatsache ist, ist sie zur Erschaffung der Einheiten, die als Basis der Wissenschaft dienen, genauso fähig, wie es die schon vorher behandelten entwicklungs- und formsoziologischen Begriffe waren. Gegen die Berechtigung des monographischen Gesichtspunktes kann man sehr wenig stichhaltige Argumente vorbringen. Selbst gegen eine heroische Literaturgeschichtsauffassung, die nicht die Epochenstimmungen (und somit auch ihre größten beeinflussenden Menschen) als Ursachen der Stile betrachtet, sondern die in den großen Menschen den Ausgangspunkt der Epochenstimmungen sehen würde, die in der Nachahmung dieser Menschen die Ursache ihrer Verbreitung und die im Stil die letzte Form des Persönlichkeitsausdrucks dieser Menschen sehen müßte, kann man wenig vortragen. Es gibt in allen Milieu- und Ideologietheorien viele introspektive psychologische Elemente: das Gefühl, das anzeigt, wie stark die äußeren Umstände die Menschen beeinflussen. Aus der Ausbreitung dieses Gefühls wird dann gefolgert, wenn wie in vielen Fällen eine gewisse Parallelität zwischen einem Menschen und einer Epoche oder zwischen der Gedankenwelt und der mit ihr gleichgerichteten ökonomischen Struktur feststellbar ist, daß das Letztere Ursache, das Vorherige Folge ist. Dabei bemerkt man nicht, daß die Tatsachenfeststellung nicht über sich hinausreicht. Das weitere ist lediglich Hypothese und zwar die Verallgemeinerung von Introspektionen, die mit derselben Berechtigung das Gegenteil aussagen könnten. Man muß verlangen, bei der Feststellung der Parallelität haltzumachen, um nach tieferen Ursachen zu suchen oder zwischen zwei parallelen Erscheinungen eine Korrelation feststellen zu können, wenn Ursache und Folge umkehrbar sind.

Gegen den monographischen Aspekt spricht nur die schwierigere Anwendbarkeit in der von uns skizzierten Entwicklungssoziologie. Diese Problematik ergibt sich aus dem Wesen der Bestimmung der Individualität und als solche ist sie nicht zeitlich, sondern unüberwindbar. Es ist hier die Rede von jenem circulus vitiosus, daß ein Individuum einen Menschen (ich selber bin die einzige Ausnahme) nur durch seine Taten, durch seine Äußerungen bestimmen kann. Doch wenn ich mit ihrer Hilfe das Individuum bestimme, wenn ich es konstruiere, muß ich aus den Taten die einzelnen Erscheinungen, die zu seinem Aufbau dienten, erklären. Zu dieser prinzipiell unüberwindbaren Schwierigkeit gesellt sich eine praktische, aber ebenso unüberwindbare Hürde: daß nämlich die Erscheinungen, aus denen wir ein Individuum aufbauen, niemals vollzählig sein können. Wir können z. B. nur mit dem Teil der Lebenserscheinungen eines Individuums arbeiten, die in Schriften, Briefen, Erinnerungen an Gespräche erhalten geblieben sind, die – auch wenn sie vollzählig vorhanden wären, welcher Fall aber nie vorkommt – nur kleine Fragmente der Realität sind. Und wir müssen aus diesen unvollständigen Teilen ein vollkommen abgeschlossenes Ganzes schaffen. Nun erklären wir aus diesem Fragmenthaufen, den wir zu einem Ganzen zusammengefälscht haben, die einzelnen Fragmente, obwohl wir genau wissen, daß sie Teile eines ganz anderen (wahren, vollkommenen, realen) Ganzen waren: wir bringen sie also näher zueinander, wir überbrücken große, von uns vielleicht unerkannte Klüfte usw.

Man könnte nun sagen, dem Stil gegenüber gilt derselbe circulus vitiosus, daß nämlich das Ganze aus Teilen aufgebaut ist und daß diese Teile sich aus diesem Ganzen erklären lassen, noch mehr: denn von den zwei Begriffskonstruktionen (die gemeinsame Fehler haben) hat die erste wenigstens eine entsprechende Realität, wie schwer sie sich auch dieser Realität annähert, während die zweite nur eine Fiktion ist. Das ist zwar wahr (wenigstens bis zu einem gewissen Grade, und da wir jetzt nicht ins Detail gehen können, nehmen wir es als wahr an), aber gerade daraus folgt vielleicht, daß der Stilbegriff besser anwendbar ist als der Persönlichkeitsbegriff und daß der Stilbegriff eine sicherere Ausgangseinheit der Wissenschaft sein kann. Vor allem stehen uns die Teile, aus denen wir das Ganze aufbauen, weniger unvollständig zur Verfügung, es ist sogar für gewisse Epochen nicht unmöglich, alle die Einheit schaffenden Teile in den Kreis unserer Forschung mit einzubeziehen. Denn hier tritt die prinzipielle Unmöglichkeit der Praxis der Persönlichkeitsbestimmung nicht auf: die Elemente, die den Stil bilden, sind tatsächlich die Elemente, die erhalten bleiben können (Bücher, Bilder, Statuen usw.), und es gibt keine Elemente, auf deren – für unentbehrlich gehaltene – Kenntnis wir prinzipiell verzichten müßten. Der Stil ist die Gesamtheit der Manifestationen, während die äußerlich nicht manifestierten Teile der Persönlichkeit genauso Teile der Gesamtheit sind wie die, die sich manifestieren. Hier liegt der erste, hauptsächliche Vorteil der ausschließlichen Begrifflichkeit des Stils gegenüber dem sich an die Realität anlehnenden Persönlichkeitsbegriff: der Stil schließt nur das in seinen Begriffskreis ein, was er erkennen kann, und es gibt keine Realität, die unerkennbare Tatsachen in den Begriff hineinzwingen wollte. Und aus demselben Grund ist der Begriff des Stils viel flexibler, anpassungsfähiger, man kann ihn auf mehrere Art und Weise anwenden; den Kreis des Stilbegriffs bestimmt unser Gesichtspunkt, wir setzen fest, was er in Raum und Zeit, vielleicht sogar in Qualitäten in sich fassen soll, wir können die Schwelle festlegen, über die sich etwas in seinem Wert oder in seiner sozialen Bedeutung erheben soll, damit es eine Tatsache sei, die in Betracht kommt; die Manifestationen der Persönlichkeit sind alle Persönlichkeitsmanifeste, und es fehlt etwas, wenn wir auch nur von der kleinsten absehen. Dies hat zur praktischen Folge, daß sowohl in der Literatur als auch in der Kunstgeschichte, wenn ein Teil aus dem Ganzen erklärt wird, der Stil eine viel zuverlässigere Methode der Erklärung bietet als die Persönlichkeit. Man kann nicht nur mit unbezweifelhafter Gewißheit ein elisabethanisches Drama von einem Restaurationsdrama unterscheiden, sondern es sind auch die innerhalb der elisabethanischen Epoche unterscheidbaren Stilunterschiede sehr positiv; seit man die Epoche gut kennt, kann man die Stücke zeitlich (ein paar Jahre zählen hier natürlich nicht) genau festlegen, wie man es nach Autoren, wenigstens ohne Dokumente, nicht kann (nicht einmal bei Shakespeare gelingt das vollständig).

Damit wollen wir die Berechtigung der monographischen (oder rein von Formproblemen ausgehenden) Literaturgeschichten nicht bezweifeln. Wir müssen trotz aller unserer Einschränkungen dabei bleiben, daß diese ebenfalls berechtigte Standpunkte gegenüber der Literatur sind, ebenso wie auch der rein wirkungsgeschichtliche soziologische Standpunkt innerhalb seiner hier fixierten Grenzen berechtigt ist. Und wir glauben von ihnen, wie Simmel von allen historischen Standpunkten sagte, daß man sie zu Ende führen muß, um ihre wahren Grenzen zu erblicken. Man kann zwei gegensätzliche Standpunkte bei der Interpretation derselben Erscheinung meistens sehr wohl vorstellen: wenn wir beide konsequent zu Ende denken und mit ihrer Hilfe alle möglichen Synthesen zu Ende führen, gelangen wir zu der wahren, relativen, von der relativen Wahrheit des anderen begrenzten und dessen relative Wahrheit begrenzenden Bedeutung der beiden. So stehen – glaube ich – die verschiedenen literaturgeschichtlichen Standpunkte zueinander und so stehen sie zu dem neuen, synthetischen Standpunkt, den wir fixiert haben. Das umrahmt sie und setzt damit ihre Grenzen nach außen hin; diese leisten gegen diese Umrahmung bzw. gegen ihre Übertriebenheiten Widerstand, bewahren die Rechte des In-Sich-Ruhens der einzelnen Erscheinungen gegenüber der vielleicht zu sehr begrifflichen Doktriniertheit des anderen.

V

Hilfe gibt es nur durch die Praxis. Die Frage kann man heute rein theoretisch nicht entscheiden. Der Hauptgrund, wir sprachen schon davon, ist, daß wir in sehr vielen Fällen noch nicht wissen können, ob die bisherige Ergebnislosigkeit der Interpretation eines Erscheinungskomplexes durch die Mangelhaftigkeit unserer Tatsachenkenntnis oder durch die erkenntnistheoretische Unsicherheit und Ungenauigkeit unserer Fragestellung verursacht worden ist, oder ob wir vielleicht dort zur letzten Grenze unserer hier gewinnbaren Erkenntnis gelangten.

Es gibt aber noch eine tiefere prinzipielle Schwierigkeit, die eine so zentrale Frage der Literaturgeschichte ist, daß man ihre Lösung nicht mit empirischer Arbeit hinauszögern und zur Seite tun kann. Das Problem, von dem nun die Rede sein wird, ergibt sich aus unserem Verhältnis zur Literatur, aus der Aufnahmeweise der literarischen Erscheinungen; es ist also keine richtige Schwierigkeit, die man niederkämpfen oder eventuell vermeiden kann, sondern eine Eigentümlichkeit, die als Grundlage unserer Beschäftigung mit aller Literatur dienen muß. Wir sagten schon: eine nicht gewertete Literatur gibt es nicht und das bedeutet, daß es keine Literatur gibt, die nicht mit unseren persönlichsten, innerlichsten Lebensinhalten in stärkerem oder schwächerem, aber unzertrennlichem Zusammenhang steht. Denn wenn wir unsere Seelenzustände sehr tief analysieren, ergibt sich, daß wir aus diesen Lebensinhalten werten. Wir werten anhand der in den Kunstwerken spürbaren Lebensenergie, die auf das Zentrum unseres Wesens wirkt, und außer diesem haben wir keinen richtigen Maßstab, nichts, was diesen ›Wertung‹ genannten Prozeß der seelischen Reaktionen bewegen und lenken könnte. Was wir also Form nennen, ist nur Schematisierung, Symbolisierung, übersichtlich, anwendbar und mitteilbar gemachte Zusammenfassung seelischer Reaktionen. Die Literaturgeschichte ist also das Referat der Erlebnisse oder richtiger: sie ist ein Versuch, gewisse Erlebnisse so zu ordnen, so vorzutragen, daß sie zusammen mit ihren Ursachen verständlich werden; sie ist ein Versuch, Beziehungen und Synthesen zwischen den Erlebnissen und ihren Ursachen zu schaffen usw. Die gemeinsame Grundlage ist aber immer das Erlebnis; für einen Menschen, der völlig andere Erlebnisse hat, sind alle feinen und tiefen Interpretationen der Dinge völlig überflüssig: über diesen Subjektivismus wird sich eine Wissenschaft, die sich mit Literatur beschäftigt, nie erheben. Damit ich es ganz trivial darstelle: wenn jemand Shakespeare ›nicht gefällt‹, wird ihm auch die tiefste Hamlet-Interpretation als leeres Gerede erscheinen, weil diese ein gewisses Erlebnis gegenüber Hamlet voraussetzt, das bei ihm fehlt. Ich weiß, alle Wissenschaften setzen gewisse Begriffe, mit denen sie arbeiten, voraus und sie fordern, daß sie vorausgesetzt werden, weil sie nur so arbeiten können. Sie haben aber auf alle Fälle konkrete empirische Begriffe, ›objektive‹ Begriffe (ich meine das natürlich von einem praktischen Standpunkt aus), teils offensichtlich konstruktive Begriffe, die man selbst eigentlich niemals untersucht, man stellt nur bei ihrer Anwendung ihre Nützlichkeit, ihren Wert, ihre ›Wahrheit‹ anhand der Ergebnisse, die man mit ihnen erreichen kann, fest. Die Grundbegriffe der Literaturgeschichte sind von erlebnishafter, subjektiv erlebnishafter Natur, und diese ihre Natur kann man nicht ganz verschwinden lassen. Alle Anstrengungen, sie ›objektiv‹ zu machen, diese Natur aus ihnen zu entfernen, führen zu einem dem beabsichtigten entgegengesetzten Ergebnis: sie verlieren tatsächlich ihre erlebnishafte Natur, haben keine frische Unmittelbarkeit, keine Suggestivität der Persönlichkeit mehr. Und was übrigbleibt, ist nur vertrocknete Subjektivität, keineswegs objektiver als die unmittelbare Subjektivität. Im Gegenteil, gerade ihre wissenschaftliche Anwendbarkeit, ihre Mitteilbarkeit wird geringer, weil sie einerseits nicht fähig sind, gerade die Sache mitzuteilen, die sie darstellen, und so wird die Behauptung selber unkontrollierbar, die andere Wissenschaften z. B. mit Zahlen, mit Daten usw. erreichen. Andererseits sind sie auch nicht fähig, ihnen jene große Allgemeinheit zu geben, von der das ›Subjektive‹ nur ein Teil ist. Denn die Allgemeinheit, die Synthese, ist hier auch erlebnishaft: das Erleben der Zusammenhänge, das Erleben der verwandten Lebendigkeiten, die sich aus der Lebendigkeit mehrerer Dinge ergeben, ist das Lebendigwerden eines fiktiven Organismus durch die Kraft des Erlebnisses. Deswegen muß man künstlerisch über die Literatur schreiben, aus den wissenschaftlichen Gründen der Genauigkeit, der Mitteilbarkeit, der Kontrollierbarkeit. Daraus ergibt sich aber nicht die ›Kunsthaftigkeit‹ des Schreibens über die Literatur und somit der völlige Subjektivismus. (Die Frage der ›künstlerischen‹ Seite des Schreibens über die Literatur ist natürlich eine ganz andere Frage, und sie gehört nicht hierher. Damit beschäftige ich mich im Vorwort meines Buches »Die Seele und die Formen«.) Und was die rein wissenschaftliche Seite der Frage betrifft, so hatten wir schon einmal die Gelegenheit, auf den Weg, der von hier ausgeht, auf die ständigen und gesetzmäßigen Zusammenhänge der Ordnungsrelationen und der seelischen Reaktionen hinzuweisen. Wir dürfen aber nie vergessen, daß hier nur von den Schemata der Erlebnisse gehandelt wird, deren wahre Allgemeinheit sich in der Tiefe der Erlebnishaftigkeit befindet. Das Schreiben, das sie mitteilt, darf also gerade nicht diese Erlebnishaftigkeit von ihnen wegnehmen. Es ist vielleicht nicht paradox, wenn ich sage: das ›künstlerische‹ Schreiben ist hier wirklich exakt und wissenschaftlich und nicht das ›wissenschaftliche‹; die tiefste, die wirkliche Subjektivität (was natürlich nicht bedeutet, daß sie frivolen Stimmungen unterworfen ist) führt zu den wirklich positiven, wirklich anwendbaren Gesetzmäßigkeiten. Die Grundbegriffe der Literaturwissenschaft sind, wie Bergson von den auch in der metaphysischen Erkenntnis unentbehrlichen Begriffen sagt, »solche Begriffe, die sich völlig von denen unterscheiden, die wir gewöhnlich zu verwenden pflegen; ich denke an schmiegsame, bewegliche, fast flüssige Gebilde, die immer bereit sind, sich den schwindenden Formen der Intuition anzuschmiegen«. Hier liegt – glaube ich – der Weg zur Lösung der Schwierigkeiten. Alle unsere Schematisierungen, alle unsere ›wissenschaftlichen‹ Bemühungen bleiben gegenüber der Lebendigkeit der Literatur steril; alle unsere Begriffssynthesen, auch die feinsten, erwecken in uns höchstens die Illusion, daß wir nur einen Schritt davon entfernt sind, die Dinge zu fassen, um dann, wenn diese Annäherung eintritt, wieder dasselbe zu spüren. Unsere Begriffe verfälschen im Stoff, worüber sie sprechen wollen, und es gibt keine Möglichkeit, diese Dissonanz zwischen Ziel und Mittel aufzulösen. Wir können nur die Mittel, die nicht zum Ziel führen, verwerfen und für sie neue suchen. Die nicht bewußte Praxis der vergangenen Epochen zeigt noch deutlicher als alle theoretischen Überlegungen den Weg, den wir betreten müssen: was empfinden wir als wahr in den alten Werken, die die Literatur behandeln? Als wahr empfinden wir die blitzartigen Erkenntnisse, die mit der Kraft der Intuition ins Wesen eines Menschen oder einer Frage hineinleuchten und nicht die strengen, ›begrifflichen‹, ›wissenschaftlichen‹ Feststellungen. Diese verstehen wir kaum und wir wissen selten, auf was sie sich beziehen. Man müßte nur diese Methode bewußt und damit wirklich zu einer Methode machen, und nicht alles dem zufälligen Gelingen der nichtzufälligen Augenblicke, also ausschließlich der von Dilthey oft genannten ›genialen Anschauung‹ anvertrauen.

Diese Methode könnte nur die intuitive Methode sein, und ihre Anwendung wäre die Umgestaltung der verwendeten Begriffe zu in dieser Methode nützlichen. Mit Hilfe dieser Anwendung der Intuition löst sich alles auf, was vorhin unauflösbar schien: das Verhältnis der Teile zum Ganzen und das Verhältnis des Ganzen zu den Teilen; denn dann gibt es keine ›Teile‹ und kein ›Ganzes‹ mehr, weil – wie Bergson sagt – »alle Seelenzustände, nur dadurch, daß sie

Seelenzustände eines Menschen sind, dessen ganze Persönlichkeit spiegeln. Es gibt kein Gefühl, sei es noch so einfach, das nicht die ganze Vergangenheit und Gegenwart des Wesens, das das Gefühl hat, virtuell in sich fassen würde ...« Wenn wir das, was wir – noch vorläufig – als Teil, oder Zustand oder Erscheinung bezeichnen müssen, mit ganzer Kraft fähig sind, nicht mehr getrennt, sondern als Moment einer ununterbrochenen Bewegung zu sehen, um mit seiner Hilfe ein Ganzes, das in ähnliche Teile gerissen ist, wieder zusammenzusetzen, und wenn wir die Bewegung und die Kontinuität und das Spezifikum und das Wesen der beiden herausspüren, dann können wir fast alle unsere Schwierigkeiten, hauptsächlich die circuli vitiosi, die sich aus unserem Einheits-Schaffen ergeben, und die Unfähigkeit unserer Begriffe, lebendige Wirklichkeit vollkommen in sich aufzunehmen, bewältigen.

Das macht natürlich die begriffliche Arbeit, die wir hier unternommen haben, nicht überflüssig. Bergson sagt: Was ich aus der Bewegung abstrahieren kann, ist die Möglichkeit des Ruhens, ist der Punkt, durch den die Bewegung hindurchgeht. Wenn es aber auch nur die Möglichkeit eines sich nicht zur Ruhe setzenden Ruhens ist und wenn die Bewegung auch durch den angenommenen Punkt geht, habe ich doch um so mehr an der Bewegung bestimmt, um so mehr Punkte auf dem Wege und um so genauer ich sie berührte. Es ist wohl wahr: nur dadurch werde ich die Bewegung nicht begreifen – aber ohne diese Bemühung noch weniger. Wenn wir erwarten, daß die Literaturgeschichte aus der ›genialen Anschauung‹, aus der Intuition eine Methode macht, wollen wir keineswegs die Ergebnisse der abstrakten, nur theoretisch begriffsklärenden Arbeiten verwerfen (noch viel weniger die Ergebnisse von Tatsachenforschung). Auch hier suchen wir die Synthese, die durch wirkliche Vertiefung beider Methoden erreichbar ist: wir suchen die Intuition, die ihrerseits die Ordnung der mit größter Sorgfalt festgestellten Tatsachen und Begriffe durchdringt und sie mit dem einzigen wirklichen Leben, der wirklichen Wahrheit füllt, die nur sie den Dingen geben kann.

3. Gedanken zu einer Ästhetik des »Kino«[1]

Wir kommen aus dem Zustand der Begriffsverwirrungen nie hinaus: etwas Neues und Schönes ist in unseren Tagen entstanden, doch statt es so zu nehmen, wie es ist, als etwas Neues und Schönes, will man es mit allen möglichen Mitteln in alte, unpassende Kategorien einordnen, es seines wahren Sinnes und Wertes entkleiden. Man faßt heute das »Kino« bald als Instrument eines anschaulichen Unterrichtes auf, bald als eine neue und billige Konkurrenz der Theater; einerseits also pädagogisch, andererseits ökonomisch. Daß aber eine neue Schönheit eben eine Schönheit ist, daß ihr Bestimmen und Bewerten der Ästhetik zukommt, daran denkt heute kein Mensch.

Ein berühmter ungarischer Dramatiker phantasierte unlängst darüber, wie das »Kino« (durch Vervollkommnung der Technik, durch vollendete Reproduzierbarkeit der Rede) das Theater ersetzen könnte. Wenn dies gelingt – meint er – gibt es kein unvollkommenes Ensemble mehr: das Theater ist nicht mehr an die örtliche Zerstreuung der guten schauspielerischen Kräfte gebunden; nur die besten Schauspieler werden in den Stücken sprechen, und sie werden nur gut spielen, denn von Aufführungen, in denen jemand indisponiert ist, macht man eben keine Aufnahmen. Die gute Aufführung wird aber etwas Ewiges; das Theater verliert alles bloß Momentane, es wird zu einem großen Museum aller wirklich vollendeten Leistungen.

Dieser schöne Traum ist aber ein großer Irrtum. Er übersieht die Grundbedingung aller Bühnenwirkungen: die Wirkung des tatsächlich daseienden Menschen. Denn nicht in den Worten und Gebärden der Schauspieler oder in den Geschehnissen des Dramas liegt die Wurzel der Theatereffekte, sondern in der Macht, mit der ein Mensch, der lebendige Wille eines lebendigen Menschen, unvermittelt und ohne hemmende Leitung auf eine geradeso lebendige Menge ausströmt. Die Bühne ist absolute Gegenwart. Die

1 Mit seinem 1911 verfassten, 1913 in einer veränderten Fassung in der *Frankfurter Zeitung* publizierten Essay beteiligt sich Lukács an der Kino-Debatte 1909-1914, vgl. Hanno Loewy, *Béla Balázs – Märchen, Ritual und Film*, Berlin 2003, 136-154. [Anm. d. Hg.].

Vergänglichkeit ihrer Leistung ist keine beklagenswerte Schwäche, sie ist vielmehr eine produktive Grenze: sie ist das notwendige Korrelat und der sinnfällige Ausdruck des Schicksalhaften im Drama. Denn das Schicksal ist das Gegenwärtige an sich. Die Vergangenheit ist bloß Vorbereitung, bloß Gerüst, im metaphysischen Sinne etwas völlig Zweckloses. (Wenn eine reine Metaphysik des Dramas möglich wäre, eine, die keiner bloß ästhetischen Kategorie mehr bedürfe, so würde sie Begriffe wie »Exposition«, »Entwicklung« etc. nicht mehr kennen.) Und eine Zukunft ist für das Schicksal ganz irreal und bedeutungslos: der Tod, der die Tragödien abschließt, ist das überzeugendste Symbol hierfür. Durch das Dargestelltwerden des Dramas bekommt dieses metaphysische Gefühl eine große Steigerung ins Unmittelbare und Sinnfällige: aus der tiefsten Wahrheit vom Menschen und seiner Stellung im Kosmos wird eine selbstverständliche Wirklichkeit. Die »Gegenwart«, das Dasein des Schauspielers ist der sinnfälligste und darum tiefste Ausdruck für das vom Schicksal Geweihte der Menschen des Dramas. Denn gegenwärtig sein, das heißt wirklich, ausschließlich und aufs intensivste leben, ist schon an und für sich Schicksal – nur erreicht das sogenannte »Leben« nie eine solche Lebensintensität, die alles in die Sphäre des Schicksals heraufheben könnte. Darum ist das bloße Erscheinen eines wirklich bedeutenden Schauspielers auf der Bühne (der [Eleonora] Duse etwa) selbst ohne großes Drama schon vom Schicksal geweiht, schon Tragödie, Mysterium, Gottesdienst. Die Duse ist der völlig gegenwärtige Mensch, bei dem nach Dantes Worten das »essere« mit der »operazione« identisch ist; die Duse ist die Melodie der Schicksalsmusik, die klingen muß, wie immer es auch um die Begleitung stehe.

Das Fehlen dieser »Gegenwart« ist das wesentliche Kennzeichen des »Kino«. Nicht weil die Films unvollkommen sind, nicht weil die Gestalten sich heute noch stumm bewegen müssen, sondern weil sie eben nur Bewegungen und Taten von Menschen sind, aber keine Menschen. Dies ist kein Mangel des »Kino«, es ist seine Grenze, sein principium stilisationis. Dadurch werden die unheimlich lebensechten, nicht nur in ihrer Technik, sondern auch in ihrer Wirkung der Natur wesensgleichen Bilder des »Kino« keinesfalls weniger organisch und lebendig, wie die der Bühne, sie erhalten nur ein Leben von völlig anderer Art; sie werden – mit einem Wort – phantastisch. Das Phantastische ist aber kein Gegensatz des lebendigen Lebens, es ist nur ein neuer Aspekt desselben: ein Leben ohne Gegenwärtigkeit, ein Leben ohne Schicksal, ohne Gründe, ohne Motive; ein Leben, mit dem das Innerste unserer Seele nie identisch werden will, noch kann, und wenn es sich auch – oft – nach diesem Leben sehnt, so ist diese Sehnsucht nur die nach einem fremden Abgrund, wie etwas Fernes und Distanziertes. Die Welt des »Kino« ist ein Leben ohne Hintergründe und Perspektiven, ohne Unterschiede der Gewichte und der Qualitäten, denn nur die Gegenwärtigkeit gibt den Dingen Schicksal und Schwere und Licht und Leichtigkeit; es ist ein Leben ohne Maß und Ordnung, ohne Wesen und Wert; ein Leben ohne Seele, aus reiner Oberfläche.

Die Zeitlichkeit der Bühne, der Fluß der Ereignisse auf ihr ist immer etwas Paradoxes: es ist die Zeitlichkeit und der Fluß der großen Momente, etwas innerlich tief Ruhiges, beinahe Erstarrtes, ewig Gewordenes, gerade infolge der quälend starken »Gegenwart«. Zeitlichkeit und Fluß des »Kino« sind aber ganz rein und ungetrübt: das Wesen des »Kino« ist die Bewegung an sich, die ewige Veränderlichkeit, der nie ruhende Wechsel der Dinge. Diesen verschiedenen Zeitbegriffen entsprechen die verschiedenen Grundprinzipien der Komposition auf Bühne und »Kino«: das eine ist rein metapyhisch, alles empirisch Lebendige von sich fernhaltend, das andere so stark, so ausschließlich empirisch-lebenhaft, unmetaphysisch, daß durch diese seine äußerste Zuspitzung doch wieder eine andere, völlig verschiedene Metaphysik entsteht. Mit einem Worte: das Grundgesetz der Verknüpfung für Bühne und Schauspiel ist die unerbittliche Notwendigkeit, für das »Kino« die von nichts beschränkte Möglichkeit. Die einzelnen Momente, deren Ineinanderfließen die zeitliche Folge der »Kino«-Szenen zustande bringt, sind nur dadurch miteinander verbunden, daß sie unmittelbar und überganglos aufeinander folgen. Es gibt keine Kausalität, die sie miteinander verbinden würde; oder genauer: ihre Kausalität ist von keiner Inhaltlichkeit gehemmt oder gebunden. Alles ist möglich: dies ist die Weltanschauung des »Kino«, und weil seine Technik in jedem einzelnen Moment die absolute (wenn auch nur empirische) Wirklichkeit dieses Moments ausdrückt, wird das Gelten der »Möglichkeit« als einer der »Wirklichkeit« entgegengesetzten Kategorie aufgehoben; die beiden Kategorien werden einander gleichgesetzt, sie werden zu einer Identität. »Alles ist wahr und wirklich, alles ist gleich wahr und gleich wirklich«: dies lehren die Bilderfolgen des »Kino«.

So entsteht im »Kino« eine neue, homogene und harmonische, einheitliche und abwechslungsreiche Welt, der in den Welten der Dichtkunst und des Lebens ungefähr das Märchen und der Traum entsprechen: größte Lebendigkeit ohne eine innere dritte Dimension; suggestive Verknüpfung durch bloße Folge; strenge, naturgebundene Wirklichkeit und äußerste Phantastik; das Dekorativwerden des unpathetischen, des gewöhnlichen Lebens. Im »Kino« kann sich alles realisieren, was die Romantik vom Theater – vergebens – erhoffte: äußerste, ungehemmteste Beweglichkeit der Gestalten, das völlige Lebendigwerden des Hintergrundes, der Natur und der Interieurs, der Pflanzen und der Tiere; eine Lebendigkeit aber, die keineswegs an Inhalt und Grenzen des gewöhnlichen Lebens gebunden ist. Die Romantiker versuchten darum das phantastisch Naturnahe ihres Weltgefühls der Bühne aufzuzwingen. Die Bühne ist aber das Reich der nackten Seelen und Schicksale; jede Bühne ist im innersten Wesen griechisch: abstrakt bekleidete Menschen betreten sie und führen vor abstrakt-großartigen leeren Säulenhallen ihr Spiel vom Schicksal auf. Kostüm, Dekoration, Milieu, Reichtum und Abwechslung der äußeren Ereignisse sind für die Bühne ein bloßer Kompromiß: im wirklich entscheidenden Augenblick werden sie immer überflüssig und darum störend. Das »Kino« stellt bloß Handlungen dar, nicht aber deren Grund und Sinn, seine Gestalten haben bloß Bewegungen, aber keine Seelen, und was ihnen geschieht, ist bloß Ereignis, aber kein Schicksal. (Deshalb – und bloß scheinbar wegen der heutigen Unvollkommenheit der Technik – sind die Szenen des »Kino« stumm: was an den dargestellten Ereignissen von Belang ist, wird durch Geschehnisse und Gebärden restlos ausgedrückt, jedes Sprechen wäre eine störende Tautologie.) Dadurch aber erblüht alles, was die abstrakt-monumentale Wucht des Schicksals immer erdrückte, zu einem reichen und üppigen Leben: auf der Bühne ist nicht einmal das, was geschieht, wichtig, so überwältigend ist die Wirkung seines Schicksalswertes; im »Kino« hat das »Wie« der Geschehnisse eine alles andere beherrschende Kraft. Das Lebendige der Natur erhält hier zum ersten Male eine künstlerische Form: das Rauschen des Wassers, der Wind in den Bäumen, die Stille des Sonnenunterganges und das Toben des Gewitters werden hier als Naturvorgänge zur Kunst (nicht, wie in der Malerei, durch ihre aus anderen Welten geholten, malerischen Werte). Der Mensch hat seine Seele verloren, er gewinnt aber dafür seinen Körper; seine Größe und Poesie liegen hier in der Art, mit der seine Kraft oder seine Geschicklichkeit physische Hindernisse überwältigt, und die Komik besteht in seinem Erliegen ihnen gegenüber. Die für jede »große« Kunst völlig gleichgültigen Errungenschaften der modernen Technik werden hier phantastisch und poetisch-packend wirken. Erst im »Kino« ist – um nur ein Beispiel zu bringen – das Automobil poetisch geworden, etwa im romantisch Spannenden einer Verfolgung auf sausenden Autos. So erhält hier auch das gewöhnliche Treiben der Straßen und Märkte einen starken Humor und eine urkräftige Poesie: das naiv-animalische Glücksgefühl des Kindes über einen gelungenen Streich, über das hilflose Nichtzurechtfinden eines Unglücklichen wird in unvergeßlicher Weise gestaltet.

Die Naturwahrheit des »Kino« ist aber nicht an unsere Wirklichkeit gebunden. Die Möbel bewegen sich im Zimmer eines Betrunkenen, sein Bett fliegt mit ihm – er konnte sich noch im letzten Augenblick am Rande des Bettes festhalten und sein Hemd weht wie ein Flagge um ihn – über die Stadt hinaus. Die Kugeln, mit denen eine Gesellschaft Kegel schieben wollte, werden rebellisch und verfolgen sie über Berge und Felder, durch Flüsse schwimmend, auf Brücken springend und auf hohen Treppen hinaufjagend, bis endlich auch die Kegel lebendig werden und die Kugeln abholen. Auch rein mechanisch kann das »Kino« phantastisch werden: wenn die Films in umgekehrter Reihenfolge gedreht werden und Menschen unter den sausenden Autos aufstehen, wenn ein Zigarrenstummel durch das Rauchen immer größer wird, bis schließlich im Moment des Anzündens die unberührte Zigarre in die Schachtel zurückgelegt wird. Oder man dreht die Films um, und seltsame Lebewesen agieren da, die vom Plafond plötzlich in die Tiefe schnellen und sich wie Raupen dort wieder verkriechen. Es sind Bilder und Szenen aus einer Welt, wie die von Hoffmann oder Poe war, wie die von Arnim oder von Barbey d'Aurevilly – nur ist ihr großer Dichter, der sie gedeutet und geordnet, der ihre bloß technisch-zufällige Phantastik ins sinnvoll Metaphysische, in den reinen Stil gerettet hätte, noch nicht gekommen. Was bis heute entstanden ist, entstand naiv, oft gegen den Willen der Menschen, nur aus dem Geiste der Technik des »Kino«: ein Arnim oder ein Poe unserer

Tage würde aber für seine szenische Sehnsucht hier ein Instrument bereit finden, so reich und so innerlich adäquat, wie es etwa die griechische Bühne für einen Sophokles war.

4. Jüdischer Mystizismus

Die Legende des Baalschem. Die Geschichten des Rabbi Nachman – beide Bücher erschienen in der Übertragung von Martin Buber bei Rütten & Loening.

Das Hauptverdienst dieser Bücher besteht darin, dass sie das berechtigt scheinende Vorurteil gründlich entkräften, in der Neuzeit sei die metaphysische Quelle des Judentums versiegt, es könne nur noch »blitzgescheite«, geistreiche Denker, jedoch keine schöpferischen Genies von Urkraft mehr hervorbringen. Die »Chassidim«-Bewegung mit ihrem ersten großen Vertreter Baalschem und ihrem letzten bedeutenden Mann Nachman war ein primitiv großartiger Mystizismus, die einzige wahrhaft große Bewegung seit der deutschen Reformation und dem spanischen Mystizismus der Gegenreformation, und diesen, wie auch den anderen vorangegangenen Bewegungen, vollkommen ebenbürtig. Das Auffälligste in diesem Zusammenhang ist, wie wenig jeder Mystizismus – trotz tiefer innerer Religiosität – an die Religion gebunden ist. Baalschem deutet das Alte Testament ebenso frei, verwendet es ebenso lediglich als Körper für seine Symbole wie Eckhart das Neue Testament. Ein besonders interessantes Moment ist in diesem Zusammenhang, dass hier der am schwächsten ausgearbeitete Bereich der alten jüdischen Religion, das Jenseits und das Leben nach dem Tode, in den Mittelpunkt rückt. Ob die häufig und vielfältig besprochene Theorie der Seelenwanderung ein wahrhaft eigenständiges geistiges Produkt darstellt oder ob und inwiefern es sich hierbei um indischen Einfluss handelt, dies zu entscheiden, verfügen wir noch über viel zu wenige Angaben. Wie man später diese Fragen auch beantworten wird, bemerkenswert ist die Tatsache, dass gerade dieses stark individuelle, kaum wissenschaftliche und daher unüberprüfbare Denken, der Mystizismus, am einheitlichsten ist. Man wusste ja, dass das Wesen der Sache betreffend die Veden, Plotin, Eckhart und Böhme dasselbe behaupten, nun findet man bei Baalschem und seinen Schülern dieselbe wunderbare Übereinstimmung mit allen früheren Mystikern. Dafür, dass es sich hierbei nicht um »Übernahme«, nicht um »Wirkung« handelt (zumindest das Wesentliche betreffend), sprechen zahlreiche frappierend neue und originelle Varianten der alten Probleme, wie zum Beispiel die ethische Deutung der Reinkarnation bei Baalschem. Außerdem lässt sich hier ein weiterer interessanter Beleg für die Einheitlichkeit des Mystizismus entdecken. Es geht, wie überall, nicht um den genialen Menschen, sondern um eine mystische »Bewegung«, und auch hier – wie zu jeder Zeit – ist der Erste der Gründer, der Klassiker und »Meister«, nach ihm folgen Dekadenz und Barock. Das Verhältnis von Nachman zu Baalschem ähnelt in vielerlei Hinsicht dem von Suso zu Eckhart. Die Übertragungen konnten hier nicht überprüft werden, stellenweise machen sie jedenfalls bezüglich des Stils einen ausgeprägt modernisierten Eindruck.

5. Wilhelm Dilthey

(1833-1911)

Es wäre eine Übertreibung, Diltheys Tod als unersetzlichen Verlust zu beklagen. Die Wenigen, die an eine philosophische Renaissance glauben, haben schon seit langem nicht mit erwartungsvollen Augen auf ihn geblickt und sogar in seinen bereits entstandenen Werken kaum Vorboten einer sich anbahnenden großen Sache gesehen. Dieser Tod bedeutet einen viel größeren Verlust für die Liebhaber der Kultur als für die Philosophie. Mit Dilthey ist ein Mensch gegangen, der in seinem Werk wie auch in seinem Denken und Fühlen noch an den vornehmen Traditionen des alten, großen Deutschland festhielt. Er war Einer vom Schlage der Grimms und Rohdes, für die Kultur lebendiges und reiches Erlebnis bedeutete, in dessen umfassendem Reichtum Wissenschaft und Philosophie, Poesie und Kunst und deren Psychologie in ihrer vollen Frische und Lebenskraft existierten und nicht als Buchinhalt oder wie Pflanzen im Herbarium. In diesem Sinne hat Dilthey in seiner Jugend das Frühwerk von Schleiermacher beschrieben, später, kurz vor seinem Tod, Hegels Jugend und zwischendurch eine lange Reihe von feinen und reichen Essays über Goethe und Novalis, über Probleme des Individuums und der Geschichte: allesamt glänzende Porträts und reiche entwicklungsgeschichtliche Querschnitte.

Dennoch ist dieses Leben, das lauter Vollkommenes hervorgebracht hat, tragisch. Nicht nur, weil all das fragmentarisch geblieben ist (Dilthey hat eigentlich drei erste Bände geschrieben, die Biographien von Schleiermacher und Hegel, die *Einleitung in die Geisteswissenschaften*), sondern weil diese Feinheit, diese Vornehmheit aus Resignation geboren wurden, aus der inneren Versöhnung mit dem Zusammenbruch eines Lebens. Die *Einleitung in die Geisteswissenschaften* sollte eine Kant'sche Tat werden, ihr ursprünglicher Titel hieß »Kritik der historischen Vernunft«. Dilthey war einer der Ersten, der die philosophische Leere und Bodenlosigkeit der »naturwissenschaftlichen Weltsicht« und einer auf »Gesetzen basierenden Soziologie« durchschaut hat. Naturgemäß ergab sich daraus für ihn die Aufgabe, den Entscheidungskampf gegen sie zu führen und danach die neue Welt aufzubauen, eine Welt der Geisteswissenschaften. Dilthey war aber nur in dieser gänzlich negativen Kritik seiner Zeit voraus. Das zweite, ebenso fatale Vorurteil dieser Zeit, den Glauben an die Psychologie als allgemeine, auch philologische Fragen lösende Wissenschaft, teilte er genauso. Weiterhin war auch in ihm etwas lebendig, das, mit Ausnahme von Hartmann und Nietzsche, in jedem Zeitgenossen lebte: die Angst vor der Metaphysik. Die Natur seiner Kritik hätte erfordert, dass er, über alle Hindernisse hinweg, eine neue Metaphysik schaffe. In einigen Punkten seiner Geschichtsauffassung kommt er auch Bergsons Irrationalismus ziemlich nah, und auch auf einem für ihn günstigeren Gebiet, auf dem der Geschichte. Jedoch mangelte es Dilthey stets an Mut, alle Konsequenzen seines Denkens zu ziehen. Statt dessen operierte er während seines ganzen Lebens mit dem psychologischen Begriff »Erlebnis« als zentraler Kategorie – einem unklaren, wenig belastbaren Begriff, der für die Systembildung ungeeignet ist. So ist aus dem Philosophen Dilthey der Essayist geworden. Und wenn wir an seinem Grab um den letzten deutschen Essayisten feinen und großen Stils trauern, haben wir bereits zu seinen Lebzeiten den Untergang eines Philosophen beklagt, eines hervorragenden Menschen, den die schlechte Zeit, in die er hineingeboren wurde und von der er sich nicht hat emanzipieren können, zerstört hat.

6. Kunsterziehung in der Schule

Pädagogen und Künstler werden in dieser Frage wohl nie einig werden. Seit sich das Gefühl immer mehr verbreitet, dass der lebendige Kontakt zur Kunst verlorengegangen ist, fordert man immer lauter von der Schule, sie solle ersetzen, was uns das Leben und die gesellschaftlichen Verhältnisse genommen haben. Die Pädagogen nehmen natürlich diese Herausforderung an, für sie ist es ja eine Existenzfrage zu leugnen, dass es Dinge gibt, die man nicht unterrichten kann. Im Gegensatz zu ihnen muss jeder Künstler und auch jeder, für den die Kunst und die künstlerische Kultur wichtig sind, energisch gegen jedes Surrogat protestieren. Künstler wie Liebhaber der Kunst sollten den Standpunkt vertreten, wir sollen gar nichts unterrichten und uns dazu bekennen, lieber nichts gelehrt und nichts gelernt zu haben und nichts zu wissen, als uns der Illusion hinzugeben, wir hätten mittels irgendeines wohlmeinenden jedoch nichts ernsthaft bewirkenden Lehrplans oder einer Lehrplanergänzung den Kindern die Künste nahegebracht.

Ödön Márffy hat sehr richtig gesagt, dass das Kind einen angeborenen, intuitiven Sinn für Ästhetik besitzt. Seiner Feststellung sollte man aber noch hinzufügen, dass es kaum noch Erwachsene gibt, die eine echte Beziehung zu den Künsten haben. An der Entfernung der Kinder von der Kunst hat – so glaube ich – die Schule einen beachtlichen Anteil, wobei es mir nicht einfällt, alle Schuld auf die Schule abzuwälzen. Worin zeigt sich die Empfänglichkeit der Kinder für Kunst? (Der Kürze halber will ich hier nur über die Literatur reden.) Ich behaupte, dass die Beziehung der Kinder zu den Märchen reiner, tiefer und kunstspezifischer ist als die der meisten Erwachsenen zu ihrem Lieblingsroman oder Lieblingsgedicht, dass Kinder die letzten Formfragen (wenn auch unbewusst) stärker erahnen. Vor allem haben die Kinder kein primär gegenständliches Interesse an den Märchen. Oft wurde schon bemerkt, dass das Kind nicht nach immer neuen Märchen verlangt, es ist ihm vielmehr nach wiederholtem Erzählen zumute, selbst dann, dann sogar ganz besonders, wenn es ein Märchen schon auswendig kennt. Es kann den Erzähler korrigieren, wenn dieser beim Erzählen etwas falsch macht. Das Kind ist auch der beste Kritiker des Märchens.

Eine unserer großen Dichterinnen erzählt oft ihrem Sohn ganz wunderbare Märchen. Eines dieser Märchen fand jedoch bei dem Jungen keinen Gefallen, obwohl es eine schöne, phantasievolle Geschichte voller Abenteuer war. Gefällt mir nicht – so der Junge –, es ist nicht beendet. Das betreffende Märchen endete mit einem Symbol, das in ergreifenden, starken Bildern eine ewige, große Sehnsucht ausdrückte. Das »literarisch« gebildete Publikum wäre von der gedanklichen Tiefe, der Stärke des Ausdrucks ergriffen gewesen. Doch das Kind schaute tiefer, es erfasste, natürlich ohne darüber bewusst zu reflektieren, die entscheidende Eigenschaft der Märchenform: ein Märchen muss ein klares Ende haben, eigentlich sogar ein gutes.

Wer von den Erwachsenen oder denjenigen, die beruflich mit der Literatur befasst sind, verfügt über ein so wahres und tiefes Verständnis für einen Roman oder ein Drama? Seien wir mal ganz ehrlich: niemand. Niemand besitzt heutzutage einen Sinn für das spezifische Vergnügen, das in uns die besonderen Ausdrucksmittel der einzelnen Gattungen auslösen. Diejenigen, für die Literatur eine »ernste« Sache ist, halten diese (bestenfalls) für ein Archiv von tiefen Sprüchen und Gedanken. In dieser Hinsicht gibt es keinerlei Unterschiede zwischen den Modernen und den in der Tradition Verhafteten. Die Einen lesen aus den Werken der Dichter »soziale« Gedanken heraus, die Anderen patriotische; um das Poetische kümmert sich da niemand.

Um den Literaturunterricht in der Schule sinnvoll zu gestalten, müsste man sich den heute so modischen Kult der »Tiefe« abgewöhnen und auf den Anspruch verzichten, den Schulkindern den Genuss der vollkommensten (der kompliziert vollkommenen) Kunstwerke beizubringen. Ein solcher Unterricht nimmt den Kindern ihren intuitiven, naiven Kunstsinn, desavouiert ihn und bietet nichts dafür, es kommt nur ein trockenes, oberflächliches, rein intellektuelles Verhältnis zwischen Literatur und Leser zustande. Ein Achtjähriger, der die Märchen liebt, ein Vierzehnjähriger, der in Cooper oder Jókai schmökert, hat noch einen lebendigen Sinn für Kunst, ein Sechzehnjähriger, der von Gyulai und Péterfy die Kemény-Verehrung und die Jókai-Verachtung verinnerlicht hat, kaum noch etwas davon.

Was folgt daraus? Ich fühle mich nicht kompetent genug, konkrete Fakten anzuführen; ich wollte nur auf Folgendes klar hinweisen: Die Kinder haben, bevor sie in die Schule kommen, eine engere Beziehung zur Literatur als zu dem Zeitpunkt, wenn sie die Schule verlassen. In vollem Bewusstsein meiner pädagogischen Inkompetenz will ich hier dennoch in zwei Punkten das Programm zusammenfassen, das – im Fall seiner Verwirklichung – eventuell bewirken könnte, dass die Schule auf diesem Gebiet nicht schaden vielmehr nützen könnte: 1. die künstlerische Erziehung von Lehrern und Professoren, damit sie in der Literatur tatsächlich Literatur sehen und keine Gelegenheit zu philosophischen, philologischen und bibliographischen Exkursen (im Vortrag, den man vor kurzem in Népművelés veröffentlicht hatte, gab es keine einzige Bemerkung, die sich auf die Malerei als Malerei bezogen hätte),[1] 2. die organische Weiterentwicklung der den Schülern angeborenen Kunstempfindung. Alle Beobachtungen sprechen dafür, dass die Aufnahmefähigkeit für die epischen Gattungen am frischesten ist. Der Lehrer, der von Kunst etwas versteht, muss danach streben, dieses Verständnis weiterzuentwickeln. Geeignete Wege dafür wären ein gut ausgewählter Lektürekanon (die wirklich guten Epiker!) und die Förderung des eigenen Erzähltalents der Schüler. In der Schule ein Drama lesen zu lassen, ist eine Absurdität. Die dramatische Gattung setzt eine dermaßen hochentwickelte und reife ethische Kultur voraus, dass der Versuch, ein dramatisches Werk zum Verständnis zu bringen, die Schüler von ihm nur entfremden kann. Die Methodik muss auf die Entstehung von Lesegenuss abzielen. Wir lassen in der Schule alles zu Tode lesen, zu Tode interpretieren; mit der Zeit entsteht bei den Schülern die paradoxe Vorstellung, dass die Langeweile das Merkmal für die klassische Literatur ist, wirklich unterhaltsam sind allein die nicht-literarischen Dinge. Dabei wird jemand, für den »Kunstgenuss« nicht zugleich Unterhaltung ist, nie etwas von Kunst verstehen. Es ist wesentlich leichter, einen ungebildeten Liebhaber der Kolportageliteratur langsam zu den wahren literarischen Werten hinzuführen, als einen Literaturkundigen, der erhaben die »Tiefen« und »Feinheiten« genießt. Und die Schule erzieht – bestenfalls – Letztere. Da ich den hier von mir skizzierten Plan als vollkommen utopisch emp-

1 *Népművelés* war eine zwischen 1906 und 1910 erschienene Zeitschrift für Pädagogik, in der Aufsätze zu pädagogische Fragen und Reformvorschlägen veröffentlicht wurden [Anm. d. Hg.].

finde – bezogen auf die bildende Kunst noch stärker als anderswo –, sehe ich mich veranlasst, Folgendes zu wiederholen: Lieber sollte man nichts lehren als so, wie man es jetzt tut.

7. Ästhetische Kultur[1]

Die Welt draußen ist voller Feinde,
Aber nicht daran sterben wir …
Béla Balázs[2]

Wenn es eine heutige Kultur gibt, kann sie nur ästhetische Kultur sein. Wollte jemand die Frage ernst aufwerfen, ob es ein Zentrum gibt, wo sich die voneinander nichts wissenden, einander niedertretenden Bestrebungen von unzähligen, heutigen Menschen treffen, der könnte die Frage nur hier stellen. Wenn man das Heute kritisieren will, muß man den Ästheten kritisieren, wie im Athen des Sokrates der Sophist, in der Blütezeit des Mittelalters der Papst und der Raubritter, im auslaufenden Mittelalter der Troubadour und der Mystiker und im 18. Jahrhundert der kleine Tyrann und der kampflustige Philosoph hätte kritisiert werden müssen. Es gibt aber solche, die etwas anderes sagen – das von ihnen Gesagte bestärkt aber nur diese Sicht; es gibt welche, die, wenn es sich um Kultur handelt, über Aeroplane sprechen und Eisenbahnen, über die Schnelligkeit der Telegramme und die Sicherheit der Operationen; davon, wie viele Menschen heute lesen könnten (wäre ihr Leben in anderer Hinsicht so beschaffen, daß sie sich noch nach Lektüre sehnten) und davon, wie viele Menschen infolge des »Demokratismus« der heutigen Zeiten sämtlicher Rechte beraubt werden (selbst wenn dieser Satz gewöhnlich anders formuliert wird). Etwas soll aber nie in Vergessenheit geraten: all das sind, bestenfalls, nur Wege, Möglichkeiten, Erleichterungen auf eine Kultur zu; Stoffe im Dienste der formschaffenden Macht der Kultur. Diese Macht kann aber aus den beliebigen Stoffen nur formen, wenn die Kraft der Formung von innen gewachsen ist. Kultur ist: Einheit des Lebens; Kraft der Einheit, die das Leben steigert, das Leben

1 Der Text wurde in der Übersetzung von Júlia Bendl erstmals in deutscher Sprache im *Lukács-Jahrbuch 1996*, Bern 1997, 13-26 publiziert [Anm. d. Hg.].

2 Den später als Filmtheoretiker berühmt gewordenen Béla Balázs zählte der junge Lukács zu den wenigen Landsleuten, die er als intellektuelle Verbündete betrachtete. Ihm widmete er die Streitschrift *Béla Balázs und die ihn nicht mögen* (1918). Die »Waffenbrüderschaft« der beiden beschreibt detailliert Hanno Loewy, *Béla Balázs – Märchen, Ritual und Film*, Berlin 2003. [Anm. d. Hg.].

bereichert. Bedeutet denn für uns eine Reise mehr, wenn es bis zum Ziel einen Tag und nicht einen Monat dauert? Sind unsere Briefe tiefer, die Seelen eher ansprechender geworden, nur weil die Post sie schneller weiterbefördert? Oder sind die Reaktionen auf das Leben heftiger und einheitlicher geworden, weil heute vielleicht mehr Menschen in die Nähe der Dinge und in die Nähe von mehreren Dingen gelangen können?

Gewiß: die heutige Zeit hat nur zwei reine Typen hervorgebracht: den Fachmann und den Ästheten. Zwei reine Typen, und beide schließen einander mit scharfer Entschiedenheit aus – obwohl beide sich gegenseitig zur Ergänzung nötig haben. Das Leben des Fachmanns: die Ganzheit eines Lebens wird der Erleichterung einer partiellen Möglichkeit »des« Lebens geopfert; Äußerlichkeiten des Lebens als innerlichste Lebensinhalte und Mittel als ausschließliche Lebensziele. Und der Ästhet? Nicht wahr: die Ausschließlichkeit des inneren Lebens. Nicht wahr: das vollständige Verschwinden aller Nebensächlichkeiten im Wirklichen, im einzig Wichtigen. Nicht wahr: das Leben in der Atmosphäre der Seele – wie Maeterlinck sagte – und ausschließlich dort. Und doch stellt sie nicht der Zufall als einander Ausschließende nebeneinander. Denn ich könnte ihr Wesen auch so beschreiben: Fachkunde: der Beruf als l'art pour l'art; die Güte des »Machens« als alleiniges Ziel, ohne den Wert der Aussage auch nur flüchtig zu prüfen; und das Leben des Ästheten: das Erlebnis als Handwerk, als Fachkunde, das Erlebnis, welches das Leben vor dem Menschen verdeckt. Und das tief Gemeinsame von beiden Typen ist derart (was dieser scheinbar nur formellen Gegenüberstellung einen wirklichen Inhalt verleiht), daß die zum Ziel führenden Wege in beiden zum Selbstzweck werden, obwohl ihnen nur ihr zum Ziel führendes Wesen hätte Sinn und Bedeutung verleihen können; daß das rein Typische in beiden nur Folge von inneren Verarmungen ist, daß die Einheitlichkeit beider Typen dadurch zustandekommt, daß die Einseitigkeit ihres Lebens und ihrer Seele nur auf eine Möglichkeit des Erlebnisses reagiert. Und es kommt nicht durch wirklichen Reichtum und Kraftgefühl zustande, welche alles auf ihr eigenes Zentrum beziehen, da sie dessen bewußt sind, daß sie es tun können.

Die ästhetische Kultur. Alle wissen, was sie gebracht hat, denn seit Jahrzehnten ist kaum eine Woche vergangen, in der nicht in weithallenden Worten ihr Ruhm gesungen worden wäre. Erstens wollte man das Leben nur für die Kunst erobern, aus ihm spurlos alles austilgend, was als kunstfremder Wert in ihm gewachsen ist: alles ist künstlerisch und auf dieselbe Art und Weise künstlerisch; »zwischen dem geschickt gemalten Gemüse und der geschickt gemalten Madonna gibt es keinerlei Wertunterschied«. Das wäre aber nur »Kunst« gewesen (und oft ist auch sehr gute Kunst daraus geworden), aber keine Kultur. Der größte der alten Ästheten sprach noch: »l'homme n'est rien; l'œuvre est tout« [Gustave Flaubert]; es war nur noch von Kunst die Rede. Die Kunst projizierte nur das ganze Leben auf die Ebene des Ausdrucks, und nur da konnte sie zwischen den Dingen keinen anderen Unterschied als den der Stimmungsmöglichkeiten, der Tauglichkeit für den schönen Ausdruck erdulden. Das Leben war woanders, weitab, außerhalb von dem, was wichtig und interessant ist.

Jede Kultur ist die Eroberung des Lebens, die gewaltige Vereinheitlichung aller Lebensäußerungen (freilich niemals in begrifflicher Einheit), so daß wir in jedem beliebigen Fragment die Ganzheit des Lebens, in seiner größten Tiefe immer dasselbe erblicken müssen. In der wirklichen Kultur wird alles symbolisch, denn alles ist bloß Ausdruck – und alles ist gleichermaßen bloß Ausdruck des einzig Wichtigen: der Art des Reagierens auf das Leben, der Art, wie sich das ganze Wesen des Menschen der Ganzheit des Lebens zuwendet.

Mittelpunkt der ästhetischen Kultur ist: die Stimmung. Sie ist die häufigste (wenn auch nicht die alleinige und bei weitem nicht die tiefste und wichtigste) Art des Reagierens auf Kunstwerke. Ihr Wesen: zufällige, nicht analysierte augenblickliche Beziehung zwischen dem Betrachter und dem betrachteten Gegenstand, die meistens sogar bewußt der Analyse ferngehalten und von Umständen verursacht wird. Die ästhetische Kultur kam in dem Augenblick zustande, als diese seelische Tätigkeit auf die Ganzheit des Lebens ausgedehnt wurde und das ganze Leben sich demgemäß als unaufhörliches Nacheinander von sich immer ändernden Stimmungen gestaltete; als jeder Gegenstand zu existieren aufhörte, weil alles zur bloßen Stimmungsmöglichkeit wurde; als aus dem Leben alle Beständigkeit verschwand, da die Stimmung keine Beständigkeit, keine Wiederholung duldet; als dem Leben alle Werte entwichen, weil die Dinge nur infolge ihrer Stimmung hervorrufenden Möglichkeiten einen Wert erlangen, also infolge zufälliger Umstände, solcher Umstände, die in keiner notwendigen Beziehung mit ihm standen.

Die Einheit der Kultur hätte also bestanden: im Fehlen der Einheit; mit einem Mittelpunkt: dem vollständig Peripherischen von Allem; alles hatte etwas Symbolisches: nichts ist symbolisch, alles ist nur, als was es im Augenblick des Erlebens zu sein scheint, und es gibt nirgends etwas, was vielleicht darüber hinausweisen könnte. Und die Kultur hat etwas über das bloß Individuelle Hinausweisendes (weil es zu ihrem Wesen gehört, gemeinsames Gut der Menschen zu sein): daß es nichts gibt, was die Augenblicke der einzelnen Menschen übersteigen könnte; die Verbindung zwischen den Menschen bestand in der völligen Einsamkeit, im vollkommenen Fehlen der Verbindungen.

Ästhetische Kultur: die Kunst des Lebens, aus dem Leben eine Kunst zu machen. Alles ist nur Materie in der Hand des einzig souveränen Künstlers, gleichviel ob er Bilder malt, Sonette schreibt oder lebt.

Aber wir haben gesehen: es stimmt nicht, daß diese Lebenskunst wirklich die Kunst des Lebens ist, das wirkliche Aufs-Leben-Zwingen der wichtigsten Kräfte und Richtungen der Kunst. Nein, diese Lebenskunst ist bloß ein Genießen des Lebens; keine künstlerische Schöpfung, nur die Verwendung von Prinzipien des künstlerischen Genießens (besser gesagt: eines Teils) auf das Leben.

Das ist die grundsätzliche Lüge der ästhetischen Kultur oder (bei ihren wenigen wahrhaft ernsten Repräsentanten) ihre tragische Paradoxie: diese Kultur schließt alle wirkliche seelische Aktivität aus, weil ihre einzige Lebensäußerung die hingebungsvolle Anpassung an die Augenblicke ist; denn eben dadurch, daß alles nur von innen kommt, kann von innen wahrlich nichts kommen: Stimmungen werden nur von den Dingen der äußeren Welt hervorgerufen, und sollte jemand eine Äußerung seiner eigenen Seele als schöne Stimmung genießen, ist er auch bloß passiver Betrachter dessen, was ihm ein glücklicher Zufall beschert hat. Völlige Freiheit ist die schrecklichste Gebundenheit. »Alles ist Stimmung«: wunderbare, erhabene Freiheit der Seele, ihr Walten über alle Dinge, Aufsaugen von allem Existierenden in die einzig lebendige Seele. »Alles ist nur Stimmung«: nichts kann mehr sein als die Stimmung: sie bindet in härteste Sklaverei, ist die grausamste Selbstverstümmelung der Seele. Völlige Passivität kann niemals ein Lebensprinzip sein (allenfalls formell, wie auch der Tod Leben und die Gesundheit Krankheit sein kann – in einer Definition), wie die Anarchie niemals Grundstein des Bauens sein kann. Die »ästhetische Kultur«, die »Lebenskunst« ist die zum Lebensprinzip erhobene seelische Verlotterung, das Fehlen des Schaffen- und Handelnkönnens, die Ausgeliefertheit an die Augenblicke. Die bewußte oder nicht bewußte Lüge, die die vollkommene Unfähigkeit zu leben (und das Leben beherrschen, es formen zu können) verdeckt. Die Lebenskunst: Dilettantismus dem Leben gegenüber; absolute Unfähigkeit zu bemerken, was wirkliches Schaffen und wirkliche Materie seines Wesens sind.

Dieser Dilettantismus wirkte auch auf die Kunst zurück. Jene Einheit von Leben und Kunst, welche die ästhetische Kultur schaffen wollte – anstatt das Leben zur übermenschlichen Erhabenheit der hohen Kunst zu erheben, seinen Zufälligkeiten Form und seinen Trivialitäten Notwendigkeit verleihend –, brachte ihren dilettantischen Hedonismus in die Kunst und zog sie in das kleinkarierte und schwache Reich seiner ständigen Schwankungen hinunter.

Stimmung ist ja bloß Berührung von einem Augenblick des Kunstwerks mit einem Augenblick der Seele des Genießers; aber selbst wenn eine Wirkung die ununterbrochene Reihe von Stimmungen ist, übersteigt sie doch das ununterbrochene, ungeordnete und zusammenhangslose Nacheinander dieser Stimmungen. Und dieses andere, dieses nirgends Erscheinende, doch überall Anwesende, das die Kunst zur Kunst, zum lebendigen Organismus, zum Kosmos macht, indem es zum Symbol der Welt all das verknüpft, was an sich genommen tot und unbedeutend ist – das, eben das müßte unter der Wirkung der »ästhetischen Kultur« aus der Kunst ausgerottet werden. Die Verehrer der Form haben die »Form« getötet; die Priester des l'art pour l'art haben die Kunst gelähmt.

Denn die Form, die sie gebracht haben, war bloß das gefällige Zusammenfügen von Oberflächen, nicht die als Pflanze gewachsene Einheit des von innen Kommenden, des zu einem Ziel Strebenden. Denn die Form, die wirkliche Form ist ein Beherrschen der Dinge, aber auch eine Herrschaft über die Dinge: das bedeutet die Unterworfenheit von allen Dingen, aber lebendig ist das Unterjochte, ebenso lebendig wie das Herrschende.

Es ist die Lebenskraft der Form, denn es ist ihre Ethik. Hier liegt jene Kraft und Macht der Form, die ihrem Wesen nach so geheimnisvoll und in ihren Wirkungen so offenbar ist: sie drückt bloß die letzten Lebensverhältnisse mit dem erreichbaren Gewicht und der eindeutigen Wichtigkeit aus. Zum Herrschenden benötigt man den Widerstand und zum Widerstand die Dinge, denn ohne Widerstand kann keine Kraft wirken. Jedes Weltgefühl, welches weder den Widerstand der wirklichen Dinge noch die eigene Kraft kennt, die außerhalb seines Ichs wirkt, welches Weltgefühl nicht im Kampf mit diesen Kräften groß wird, wird sich auf seine Kraft nie besinnen, ja erfahren, ob es Kraft hat; wenn es nur nicht durch die weise Vorsorge der Instinkte dazu geleitet wurde, einen von vornherein aussichtslosen Kampf zu vermeiden. Die Weltanschauung der Ästheten kennt weder Dinge noch Pflichten und erbitterte Kämpfe ihres Zusammenhaltens. Der Ästhet ist dazu verurteilt, alles nur genießen zu können, die schönen Augenblicke nur aneinanderzureihen und – im besten Falle – mit angenehmen Übergängen zu einem Kranz zu flechten.

Die ästhetische Kultur führt die Wirkungsmöglichkeiten der Kunst auf die Oberfläche. Sie hält alles Monumentale für verjährt, erklärt die Tragödie für unzeitgemäß, des modernen Menschen nicht würdig, weil wir heute schon alles »verstehen«; »wir fühlen uns ein« in alle Dinge, es gibt keine einander ausschließenden Gegensätze mehr; sie hält alle Gedanken für unnütze Last, denn »gut zu schreiben« ist das einzig Wichtige, weil die Gedanken sowieso keine Bedeutung haben; sie alle sind Lügen und lügen auf dieselbe Art und Weise, so kann nur in ihrer Formulierung ein Unterschied bestehen. Die ästhetische Kultur nennt alle Systeme eine Lüge, weil in jedem Augenblick sowieso alle anders denken; es hat nicht viel Sinn, etwas zu vertiefen und Wurzeln und Zusammenhänge zu suchen, da alles nur einen Stimmungswert hat. Man braucht nicht zu konstruieren und nicht zu bauen; man braucht nichts bis zum Ende zu leben und zu durchdenken: das ist der beglückende Aufruf der ästhetischen Kultur. Und wo sie schon einmal war, gibt es keine Architektur, keine Tragödie, keine Philosophie, keine monumentale Malerei, keine wirkliche Epik. Dort gibt es nur die bis zum äußersten verfeinerte Technik und eine sich spreizende Psychologie, geistreiche Aphorismen und hauchzarte Stimmungen. Womöglich auch Mittel einer wirklichen Kunst – allerdings nur, wenn sie das alles, was hier zustandekam, wahrhaft braucht.

Diese an den Augenblicken haftende Kultur mußte ihre sämtlichen Zusammenhänge mit dem Leben verlieren. Vielleicht gab es noch keine Zeit, in der einem so großen Teil der für die Kultur in Betracht kommenden Menschen die Kunst so wenig bedeutet hätte wie heute. Etwas zutiefst Berufsartiges ist unter den Wirkungen der heutigen Kunst zu beobachten: Schriftsteller schreiben für Schriftsteller und Maler malen für Maler; höchstens für halbfertige Schriftsteller und Maler. Denn sie haben kaum »etwas auszusagen« (weisen dies sogar bewußt und stolz von sich), ihre Werte können nur Fachleute wirklich genießen, ihre wichtigsten Wirkungen werden zu Atelierwirkungen. Und die Entwicklung der allgemeinen Kultur, welche den Menschen nur an einem Punkt in Anspruch nimmt und seine Persönlichkeit nie ganz berührt, geht ja sowieso in eine Richtung, das »Menschliche« in den Menschen fortwährend zu schwächen, so daß die seelischen Bedürfnisse, die solcherart nur verschleiert und schwach leben, keinen Kontakt mit irgendeiner Kunst finden können. Die Menschen neigen deshalb sehr bald dahin zu glauben, daß sie auch nicht nötig ist, oder aber sie dient (wie stimmen hier Zufriedenheit des Spießbürgers und Hedonismus des Ästheten zusammen!) höchstens dazu, leere Stunden angenehm zu verbringen, müde Nerven mit Wohlbehagen zu erregen und streichelnd zu ermatten. Die tiefsten Menschen verachten jede Kunst; die meisten »genießen« sie mit tiefer Gleichgültigkeit oder gewöhnen sich daran, weil sie »zur Bildung gehört«. Leider sind aber Gleichgültigkeit und Verachtung nicht stark genug. Man könnte die Hoffnung nur auf das Proletariat, auf den Sozialismus setzen. In der Hoffnung, daß die Barbaren mit groben Händen alle Dekadenz zerstören werden; daß die Verfolgung vielleicht eine selektive Wirkung haben wird und, wie Ibsen glaubte, daß die russische Tyrannei die Freiheitsliebe am besten befördere – die Kunst sich in einer Zeit mit kunstfeindlicher, Kunst hassender Kultur doch vertiefen könnte. Das wäre aber nicht das Wichtige am Sozialismus; nur nebensächliche, zufällige Wirkung könnte das sein. Darauf hätte man aber vertrauen können, daß diese Kraft des revolutionären Geistes, welche jede »Ideologie« enthüllt und überall die wahrhaft bewegenden Kräfte bemerkt hat, hier auch klar sehen und klar fühlen wird und – alles Peripherische wegfegend – wird sie erneut zum Wesentlichen zurückführen, doch erst nach einer langen Übergangsperiode kunstfeindlicher Lebensstimmungen.

Was wir aber bisher erlebt haben, verspricht nicht viel Gutes. Der Sozialismus scheint jene die ganze Seele erfüllende, religiöse Kraft nicht zu haben, die im primitiven Christentum vorhanden war. Die Kunstverfolgung des frühen Christentums war zur Entstehung der Kunst von Giotto und Dante, Meister Eckhart und Wolfram von Eschenbach nötig: das frühe Christentum schuf die Bibel, und die Kunst von vielen Jahrhunderten nährte sich aus deren Früchten. Da es eine richtige Religion war, mit bibelschaffender Kraft, bedurfte es der Kunst nicht; es wünschte und erduldete die Kunst nicht, da es die Seele des Menschen allein beherrschen wollte und beherrschen konnte. Diese Kraft fehlt dem Sozialismus und deshalb ist er für den aus der Bürgerlichkeit stammenden Ästhetizismus kein wahrer Gegner, wie er sein möchte, wie er seines Wissens nach sein sollte.

So wollen sie teilweise bewußt eine Proletarkunst inmitten einer bürgerlichen Kultur schaffen – und bringen doch nur schwache und grobe Karikaturen der bürgerlichen Kunst zustande, die genauso brüchig und oberflächlich sind, doch ohne deren bestehende Feinheiten. Auch sind sie zum Teil Ästheten. Und genießen dasselbe und genauso wie die Bürgerlichen; und sie wissen genauso, daß wichtig nur der »Ausdruck« ist: das Thema bedeute nichts, und alles sei genauso Sache des Geschmacks, der Ansicht, der Stimmung wie bei denen. Und wie bei den bürgerlichen Ästheten bleibt alles auf der Oberfläche, das Zentrum des Lebens wird nicht einmal für einen Augenblick berührt; vielleicht bleiben sie noch mehr an der Oberfläche, denn sie haben ein Lebensziel und ein Zentrum, dennoch bemerken sie nicht, daß es etwas ist, was mit der bürgerlichen Kultur nichts zu tun hat, und sie hängt nur irgendwie an ihnen. Aber sie kümmern sich nicht darum, weil das so nett und angenehm ist, ein Zeichen für Kulturgefühl und für das Sicherheben über Vorurteile.

Natürlich gibt es welche, die die Lage klar erkennen und mit scharfen, harten Worten darüber sprechen. Einer von denen, die mit klingenden Worten schreiben und scharf und edel urteilen, bemerkt: »Wenn ich sehe, daß die Kunst zur systematischen Abgötterei des Sensualismus führt, muß ich sagen, daß es das richtigste Programm wäre, sämtliche Kirchen der Welt zu sprengen, samt Orgel, Bildern, samt und sonders, so sehr sämtliche Kunstkritiker und Kunstgenießer sich auch beklagen würden.«

Aber Bernard Shaw, Verfasser dieser Zeilen, war einer der leidenschaftlichsten Apostel Richard Wagners.

Da es weder einen gesunden Streit noch einen ernsten Kontakt zwischen Kunst und Leben gibt, markieren die beiden Pole in dieser

Beziehung die völlige Gleichgültigkeit und die Ausschließlichkeit der Herrschaft; aber es wäre fast keine Übertreibung zu sagen, daß die Wirklichkeit im Grunde genommen nur diese Extreme, aber kaum Übergänge zwischen diesen aufweisen kann. Es gibt Kunst, weil es Menschen gibt, die mit einer so unglücklichen körperlich-seelischen Konstitution geboren sind, daß sie auf dieser weiten Welt nur dafür brauchbar sind (Thomas Mann hat einmal, ernst und bitter, die heutigen Künstler so definiert). Der Künstler: ein unbrauchbarer Mensch; die künstlerische Kultur: Stil schaffen aus dieser Unbrauchbarkeit. Die Lage ist freilich tragisch, und im Leben der künstlerisch und menschlich wahrhaft Ernsten (z. B. Keats, Flaubert, Ibsen) ist sie Ursprung tiefgründiger Tragödien geworden. Die tragische Paradoxie mußte aber ein jeder in irgendeiner Form fühlen. Jeder mußte die eigene Wurzellosigkeit wahrnehmen, sein mit nichts zusammenhängendes, in nichts eingefügtes Wesen, und jeder mußte Unerträglichkeit fühlen in einem Leben wie das seine, dessen einziger Inhalt das Mitteilen, die tiefste Gemeinschaft mit anderen Menschen sein könnte.

Das Leben des Ästheten spielt sich solcherart – eingestanden oder verleugnet, bewußt-heroisch oder auch innerlich abgeleugnet – immer und gänzlich in der Atmosphäre der Tragödie ab. Und was in den Schriften der meisten Ästheten wahrhaft gefühlt und wahrhaft rührend ist, kommt immer aus dieser Quelle; das ist der menschliche Hintergrund der hart gehämmerten Aphorismen von Wilde; die wehmütig stolze Verheimlichung dieser Atmosphäre verleiht den schwülstigen Gedichten von Hofmannsthal Glanz, und die Empfindung davon umschwebt mit sanfter Durchsichtigkeit die in trockener Schärfe gezeichneten objektiven Bilder von Thomas Mann.

Aber – wie in allen tragischen Paradoxien – prallen und wachsen hier Tugenden und Kräfte, Sünden und Schwächen zusammen. Das Tragische ihrer Lebensführung ist das einzige, was ihrem Œuvre irgendwie Ganzheit und Kraft verleiht; das apriori Tragische ihrer Kunst macht ihr Leben wirklich frivol und inhaltslos. Ich erinnere nur an eine der besten Beobachtungen von Ferenc Herczeg: Oberleutnant Gyurkovics ist entschlossen, sich sofort zu erschießen, sobald auf seine Person auch nur der Schein irgendeiner Inkorrektheit fällt. Er tut aber immer, was ihm gefällt oder seinen Interessen entspricht: begeht also lauter moralische Inkorrektheiten. Und der heroische Entschluß des Selbstmords hindert ihn nicht daran, er unterstützt noch dieses Leben: wenn das und das geschieht, sagt er, werde ich mich sowieso erschießen. Natürlich kommt es nie dazu. Die permanente Tragödie ist – darin liegt die wirkliche Tiefe dieser ausgezeichneten Beobachtung – die größte Frivolität. In der Erwartung einer möglichen (aber nie tatsächlich eintretenden) großen Abrechnung ist alles erlaubt; denn am Tage des Jüngsten Gerichts wird alles sowieso zu leicht befunden. Wo ist dann der Unterschied zwischen leicht und schwer in den wirklichen Dingen des Lebens? Denn tragisch sind das ganze Leben und die Kunst überhaupt, gleichviel wie schwer und ernst dann die Einzelheiten wiegen. »Sowieso ist alles eins«: das darf man nur im letzten Augenblick der Tragödie denken – eventuell; sagen und für wahr, für die Quintessenz des Lebens halten, darf man es auch dann nicht. Es ist hier die ewige Melodie der Lebensphilosophie. »Alles ist egal«: wirkliche Unterschiede sind bloß Unterschiede in der Stärke des Genießens: das Gefühl der ewigen Tragik gibt jeder Schalheit Absolution.

Was kann jetzt kommen? Was muß jetzt kommen? Sicher nicht die utopistische Welterlösung der frommen Träumer. Sehnsüchtig blickt heute der beste Teil der für die Kunst Geborenen auf die besseren Zeiten zurück, in denen Kunst anders geartet war: kulturschaffend, Kulturen umgestaltend, oder wenigstens überzeugt, daß es ihre Sendung im Leben sei.

Er glaubte … das sei die wahre Kritik jedes dilettantischen Kulturprophetentums. Kunst war immer nur Konsequenz von Kulturen; oft weit vorausgeschickter Bote, manchmal mit harten Worten urteilender gerechter und grausamer Richter. Aber der Rhythmus der Wörter der Kunst wird immer vom Rhythmus der Kultur bestimmt. Nur weil man die Kunst leichter wahrnehmen, verstehen und erkennen kann, glauben auch heute noch viele an ihren schöpferischen Vorrang. Doch es gab Zeiten, welche auch das Recht zu diesem Glauben hatten: der Glaube stärkte in ihnen die Kraft und die Früchte, die von der Wärme dieser Kraft gereift wurden, haben auch diesen Glauben gerechtfertigt. Heute kann ein solcher Glaube nur um den Preis erreicht werden, daß wir die Augen schließen und Borniertheit oder bewußte Selbsttäuschung zu Hilfe rufen; deshalb ist ein solcher Glaube heute notwendigerweise ohne Pathos, deshalb umgibt die Gläubigen und Kämpfer der welterlösenden, kulturschaffenden Kraft der Kunst – in den schönsten Fällen – die Taugenichts-Glorie der Art des Gregers Werle. Es ist aber nicht mehr möglich, das uns einmal auferlegte Wissen aus unserem Leben zu streichen, mag auch der Zustand des Nichtwissens tausendmal fruchtbringender, reicher und glänzender gewesen sein. Wenn Herder und Schiller, wenn Goethe und die Romantik an die weltbewegende Kraft der Seele geglaubt haben, dann könnte ihr Irrtum höchstens tragisch gewesen sein, falls sie ihren Irrtum bemerkt hätten. Heute ist, nach all dem, was wir wissen, jeder Versuch, eine einst glaubhaft erschienene Illusion verwirklichen zu wollen, nur noch komisch.

Was vorhanden ist, wurde von uns überragenden Notwendigkeiten gestaltet, und die Notwendigkeiten mit ihrer uns übersteigenden Kraft führen uns zu den Zielen, die von inneren Notwendigkeiten bestimmt werden. Wenn es wirklich wahr ist, daß es im Komplex der ganzen Kultur primäre, alles bewegende Kräfte gibt (und nicht jede Bewegung Folge von nicht berechenbaren verwikkelten Wechselwirkungen ist), dann wäre vielleicht denen, die mit diesen Kräften rechnen, die ihr Funktionieren mit ihrem Lebenswerk beeinflussen, vielleicht die Macht der Veränderung der Kultur vergönnt. Vielleicht. Denen, die in der oder um die Kunst leben, wäre diese Macht niemals vergönnt.

Aber die Einsicht des Determinismus leitet nur die Schwachen zum Fatalismus; nur jene, denen das metaphysische Unvermögen des individuellen menschlichen Willens eine angenehme Ausrede und eine wohlgefällige innere Verstärkung für ihre innere Schwäche ist. Der zur Tat Geborene lernt aus demselben Wissen auch, daß seine inneren Zwänge ebenfalls Zwangsmäßigkeiten sind, auch wenn sie sich nicht unbedingt äußern. Er weiß, daß sein Tun ebenso notwendig war. Wenn das Illusionäre der Illusionen geklärt ist, kann dadurch bloß die Richtung der Handlungen geändert werden, nur ein anderer Weg wird bei Realisierung derselben Ideen gewählt: die Intensität des Wollens, die innere Kraft der Seele kann die Einsicht von äußeren Zusammenhängen nie ändern. Wo es doch so scheint, wird dadurch nur das Fehlen der inneren Intensität verhüllt.

Die äußere Lage ist gegeben, und es gibt kein Genie, welches diese eherne Zwangsläufigkeit erschüttern könnte; es gibt keine individuelle Kultur, die die soziale Kultur, keine innere Kultur, die

die äußere Kultur schaffen könnte. Die innere Kultur ist aber ebenfalls eine aus Notwendigkeit entstandene Wirklichkeit. Deshalb ist die Flucht in den Sozialismus Ausweis eines inneren Débacles. Ein wohlklingendes Motiv: »der Entwicklung zu dienen und ihr die individuellen Neigungen und Sehnsüchte der Entwicklung unterzuordnen«; doch ist es bloß ein Motiv, verkündete oder als wahr vermutete Ursache einer Handlung. Wenn die zur ästhetischen Kultur Geborenen so reden, handelt es sich genauso nur um Verschleierung des Gebrochenseins, wie bei den den Determinismus verkündenden Quietisten. Hier ist es eine Verschleierung davon, daß sie die tragische Bestimmung zur Einsamkeit nicht ertragen, zu der sie ihre tiefsten seelischen Kräfte prädestinieren; sie ertragen es nicht, flüchten und entsagen ihren höchsten Werten, nur um irgendwo Ruhe zu finden. Ruhe und Sicherheit um jeden Preis. Die »Bekehrung« von Anatole France zum Sozialismus ist ein genauso trauriger Abbruch eines Lebens wie die Flucht von Friedrich Schlegel oder Clemens Brentano in die Frieden bringende Stille des alleinseligmachenden Glaubens; was könnte daran der kleine äußere Unterschied ändern, daß hier das Schlachtgetöse zum alle Schmerzen lindernden Wiegenlied wird? (Von Bernard Shaw und seinesgleichen soll in diesem Zusammenhang nicht die Rede sein: sie waren immer Sozialisten; sie wurden als Agitatoren geboren.) Die innere wie die äußere Lage ist gegeben; es kann also nicht gefragt werden, ob etwas anderes noch kommen könnte, und auch nicht, ob etwas kommen sollte und was es sei. Man kann nur Ausschau halten: ob es tatsächlich auch andere Lösungen dieser Dissonanz gibt? Und wenn ja, ist zu fragen: was ist das Gemeinsame in ihnen? Was stammt, jenseits aller Programme und Bewußtheiten, aus ähnlichen, mit demselben Miterleben geführten Kämpfen? Denn hier kämpft jeder in und für sich selbst, und Gemeinschaften entstehen nur dort, wo wirklich große Menschen ihre Lebensprobleme, die Lebensprobleme in solcher Tiefe ergreifen, daß diese Probleme symbolisch werden und die Unterscheidung von Menschen ihrer »Persönlichkeit« nach sozusagen ihren Sinn verliert.

Was aber wahrhaft tief, bis zur tiefsten Seele individuell ist, überschreitet das bloß Individuelle bei weitem: vielleicht ist mit diesem Satz schon alles gesagt. Eine der größten Lügen der heutigen Wissenschaft ist (wenn auch schon langsam im Verschwinden), daß sich die Dinge nur der Quantität nach unterscheiden; daß die

Geschehnisse unter ähnlichen Umständen sich auch wahrhaft ähnlich gestalten, wenn auch das eine mehr, schöner oder größer ist als das andere. Diese Behauptung gehört zu den tiefsten Lügen: es gibt keinen tieferen, keinen mehr trennenden Unterschied als den zwischen dem »fast« Geschehenen und tatsächlich zu Ende Gebrachten, selbst wenn die Wege am Anfang in dieselbe Richtung gehen. So tief ist der Unterschied, daß demgegenüber die Unterschiede von ganz verschiedenen zu Ende Gebrachtem (oder »fast« Geschehenem) gering erscheinen.

Heute ist ein neuer Typ des »Ästheten« im Entstehen. Denn niemand kann daran mehr etwas ändern, daß der in der Kunst Lebende wurzellos ist, daß nur die Kunst lebendige Wirklichkeit für ihn sein kann, auf die er sein ganzes Leben beziehen muß, daß das ganze Leben sich in der Atmosphäre der Seele abspielt und alles gleichermaßen nur Material für die souverän formende Kraft der Seele ist. Es handelt sich aber darum, ob es nötig ist, daß daraus nur seelische Leere und Anarchie, Schwäche und Unfruchtbarkeit, unnütze Klagen und trüber Hochmut stammen. Ob es nicht möglich wäre, aus diesen Elementen statt der verschwindenden Luftschlösser der Stimmungen die fest gegründete, aus hartem Stein gebaute Burg der Seele aufzubauen? Muß denn daraus, daß alles Seele ist, notwendigerweise die Schwächung der Seele folgen? Müssen alle Kämpfe aussichtslos sein, nur weil wir alles verstehen und aus einer selbst gegebenen Berechtigung durchschauen können? Gibt es denn nichts, nur weil wir daraus etwas bauen wollen (und können)? Gibt es keine Werte und Unterschiede, weil wir genötigt waren, sie zu bestimmen? Führt denn die notwendige Einsamkeit nur zur Anarchie und die ab ovo unerschütterliche Tragik der Lebensumstände nur zum frivolen und zynischen Pessimismus?

Wir sagten schon: aus der Perspektive des Lebens ist derjenige ein Ästhet, der das Leben in die Grenzen seiner Kunst zwingt. Möchten wir aber mit einem Satz zusammenfassen, womit wir bisher den Typ des Ästheten kritisiert haben, müssen wir dann nicht sagen: jene Menschen, die sich als Ästheten bekannten, waren nicht tief genug und nicht folgerichtig genug Ästheten? Wir sagten auch schon warum: sie haben nicht das Wesen vom Wesen der Kunst auf das Leben (und auf die Kunst) angewendet: sie waren in ihrem Ansatz oberflächlich und liederlich; das kann die spätere Ernsthaftigkeit von Wenigen nie mehr wettmachen.

Das Wesen der Kunst ist das Formen, die Bewältigung von Widerständen, das Unterjochen von feindlichen Kräften, Einheit-Schaffen aus Auseinanderstrebendem, aus einander bis dahin und außerhalb der Kunst ewig und zutiefst Fremdem. Das Formen: das letzte Gericht über den Dingen; das letzte Gericht, das alles Erlösbare erlöst und mit göttlicher Gewalt allem die Erlösung aufzwingt.

Die Form: der maximale Kraftaufwand unter den gegebenen Umständen einer gegebenen Lage; das ist die wirkliche Ethik der Formen. Die Form begrenzt nach außen und macht nach innen alles unendlich. Das Unausdrückbare existiert nicht, sagt ein älterer Ästhet, und das ist eine tiefere Wahrheit, als er damals selber begreifen konnte: es gibt keine »Möglichkeit« innerhalb des Lebens der Formen; denn was nicht zu verwirklichen ist, existiert nicht, und was zu verwirklichen ist, wird auch verwirklicht. Hier gibt es nur eine Verdammnis: nicht geboren zu werden; aber was schon geboren ist, wird ewig leben. In den Systemen der alten Philosophen war die Form ein Symbol der Welt, der Weltordnung, der einzig menschliche Ausdruck, welcher die Harmonie des Kosmos irgendwie bezeichnen konnte; heute können wir nur auf unsere eigene Harmonie hoffen, die Formen können nur über unsere metaphysische Wirklichkeit etwas aussagen, nicht über die Wirklichkeit der Welt.

Ja, alles spielt sich in der Atmosphäre der Seele ab; das bedeutet aber keine Abschwächung, sondern Vertiefung, Verinnerlichung, das Bis-zu-Ende-Kämpfen und Bis-zum-Ende-Leiden aller Paradoxien des Seins. Dadurch, daß alles uns, der Seele gehört, und alles tragische Geschehen sich nur in ihr abspielen kann, wird jede Dissonanz schmerzhafter und tiefer; eben weil alle Dissonanzen nur innerlich geworden sind und weil es unmöglich ist, das Tragische nach außen zu verweisen; es kann auf niemanden als auf sich selbst hinweisen. Und die Auflösung, die erlösende Macht der Form existiert nur am äußersten Ende aller Wege und aller Schmerzen, im jenseits von allen Beweisen liegenden, durch nichts beweisbaren Glauben, daß die auseinanderstrebenden Wege der Seele sich an ihrem Ende doch begegnen; sie müssen sich treffen, denn sie kommen alle aus einem Mittelpunkt. Und die Form ist der einzige Beweis dieses Glaubens, weil sie deren alleinige Verwirklichung ist, lebendiger als das Leben selbst.

Ich wiederhole: der Ästhet wendet den Begriff der Form auf

das Leben an; ästhetische Kultur ist die Formung der Seele. Nicht Ausschmückung, sondern Formung; nicht ihre Erstarrung in schöne Figuren, sondern die immer reinere Herausarbeitung ihres wahrsten Wesens aus dem Chaos der Wirklichkeit, der Ereignisse, der Erlebnisse; nicht In-Form-Gießen, sondern Formung, nicht Ergebnis, sondern ein endloser Weg, auf dem geformte Lebensfragmente das Voranschreiten zeigen. Die Formung der Seele. Die Seele schlummert im Gewirr, was wir das seelische Leben eines Menschen oder mit leichtfertigen Worten oft auch Seele zu nennen pflegen. Dort schlummert sie ewig lebendig, aber nur für den Sehenden wahrhaftig und lebendig. Ähnlich den Marmorstatuen, die Michelangelo schon in den Marmorblöcken sah, die in diesen Felsen lebten; um sie zu erwecken, waren aber seine übermenschlichen Kämpfe nötig, die alles Unwesentliche abschlugen vom ins Chaos der Formlosigkeit Gehüllten. Und wenn ein Menschenleben auch zu kurz ist, um das in ihm Lebendige in reiner Erhabenheit zu verwirklichen, wenn seine Seele am Ende des Lebens auch nur ein Rodin'scher Torso bleibt, nur halb aus dem Felsengefängnis herausgeschält, so kann die tragische, die metaphysische Wirklichkeit nur diese Statue sein, welche immer in diesem Felsen lebte; und es war nur selten einem vergönnt, diese Statue als reine Vision zu sehen; und es war das einzig wahre Leben des Lebens, in harter Arbeit ein Leben lang danach zu streben.

Dieses Leben ist beispielhaft und symbolisch – und jedes Symbol ist mit den anderen verwandt. Dieses zutiefst und am wahrsten symbolische Leben ist am wahrsten individuell: denn in der Statue wird die Seele des Marmors zur Statue, die Seele dieses einzigen, bestimmten Marmorblockes, selbst wenn er mit seinem Zur-Statue-Werden sich von den brüderlichen Marmorfelsen trennt und zum Bruder aller Statuen wird. Der Weg der Seele: alles von sich abmeißeln, was nicht wahrhaft ihr eigen ist; die Formung der Seele ist: sie wirklich individuell zu machen; das Geformte wächst aber über das rein Individuelle hinaus. Deshalb ist ein solches Leben beispielhaft. Beispielhaft, weil die Verwirklichung eines Menschen die Möglichkeit dieser Verwirklichung für alle Menschen bedeutet. Eckhart schreibt: Wo eine Erdscholle hinfällt, da fällt die Erde überhaupt hin: sie zeigt an, daß aller Erde Ruhestatt der Erdgrund ist. Und wo ein Funke fährt von einem Feuer, da zeigt er damit an, daß der Himmel seine rechte Ruhestatt ist. Nun haben wir solch einen »Funken« zum Himmel gesandt in der Seele unsers Herrn Jesu Christ: die beweist uns, daß aller Seele Ruhestatt nirgendwo anders ist als im Himmel.

Deshalb sind das tragische Leben und die tragische Isoliertheit dieses Menschenschlages nicht mehr tragisch. Das Tragische der Einsamkeit ist auch hier das Apriori des Lebens, aber aus dieser Einsamkeit wächst der höchste Heroismus, der Heroismus des Sich-Formens; so, wie aus dem Bewußtsein der Erbsünde die Sehnsucht, die Möglichkeit und die Wirklichkeit der Erlösung wuchs.

Und es ist völlig gleichgültig, ob diesem Beispiel auch andere und wer, wieviele und wie folgen. Diese Erlösung kann der Mensch nur für sich erkämpfen, und wer schon erlöst ist, dessen Seligkeit läßt sich auf keine Weise mehr steigern. Und wenn der von ihnen erkämpfte Sieg für die anderen eine Spur in der Wildnis des Lebens legt, muß ein jeder selber seinen eigenen Weg bis zum Ende gehen, und ein jeder kann nur auf seine eigene Erlösung am Ende seines Weges hoffen.

Solche Menschen schaffen keine Kultur, sie wollen es auch nicht; das Heiligtum ihres Lebens besteht darin, daß sie ihrer Illusionen beraubt sind. Sie schaffen keine Kultur, leben aber so, als ob sie in einer Kultur lebten; sie schaffen keine Kultur, leben aber, um diese Kultur zu verdienen. Die Atmosphäre ihres ganzen Lebens könnte man mit der vielleicht tiefsten Kategorie von Kant, des »als ob«, am besten bestimmen. Dieser nichts erwartende Heroismus segnet ihr Leben; er umgibt das Lieben eines Hans von Marées und eines Stefan George, eines Paul Ernst und eines Charles-Louis Philippe mit einem Strahlenkreuz aus frischer Luft, der heutzutage vielleicht nur um ihre Häupter gewoben ist.

Mit Angst schreibe ich hier – als einzig möglichen Schlußakkord zu dem hier Gesagten – den Namen des Größten, der mich beim Schreiben ständig begleitet hat, den geheiligten Namen unseres gewaltigsten epischen Dichters: Dostojewski.

Aus dem Ungarischen von Júlia Bendl

8. Über jene gewisse Verschwommenheit[1]

Manche Leser und Kritiker meiner bisher veröffentlichten Bücher beklagen sich über deren Verschwommenheit und Unverständlichkeit. Über die Tatsache, ob man etwas versteht oder nicht, kann nicht diskutiert werden. Die Frage ist nur, ob dieses Nichtverstehen von der unzulänglichen Ausdrucksweise des Schriftstellers verursacht wird oder aber von der unzulänglichen Lesefertigkeit des Lesers (und des Kritikers). Eventuell ist dieses Nichtverstehen auch die notwendige und anzuerkennende Folge einer bewußten schriftstellerischen Methode. Mit einem beträchtlichen Teil meiner Kritiker diskutiere ich nicht – auf eine solche illoyale Weise wäre es leicht. Sie sind nicht vorsichtig genug gewesen und haben mit eigenen Worten »klar« ausgedrückt, was ich »verschwommen« geschrieben habe. So wird jeder, der nur einen Satz aus meinen Schriften verstanden hat, die »klaren« Auszüge meiner Texte lächelnd beiseite legen, die beliebige Exzerpte sein können, nur nicht aus meinen Schriften. Denn mit jemandem, der mich zum Beispiel für einen Mystiker erklärt, weil ich mich mit dem Formproblem beschäftige, oder aber für einen Romantiker, weil ich auf die inneren Widersprüche der romantischen Lebensphilosophie hingewiesen habe, kann ich wirklich nicht diskutieren. Ich möchte ihn nur bescheiden daran erinnern, daß es ausgezeichnete philosophische Lexika und Handbücher gibt, in denen er die für ihn unbekannten Termini finden und wenigstens die Grundgedanken der schwer zugänglichen Denker kennenlernen kann. Mir mangelt es aber an Zeit, mich mit Erwachsenenbildung zu beschäftigen – obwohl ich von ihrer Nützlichkeit und Notwendigkeit zutiefst überzeugt bin.

Damit wäre diese Frage schon erschöpft; um so eher, da meine hier gesammelten Schriften (hoffentlich) leichter zugänglich sein

1 Lukács' frühe Schriften stießen in seinem Heimatland auf erhebliche Vorbehalte. Besonders die Kritik Mihály Babits', der ihm u. a. seine moderne, ein wenig affektierte deutsche Terminologie vorhielt, bewog ihn zu einer Entgegnung auf seine Kritiker, in der er auch seinen die ungarischen Leser irritierenden Schreib- und Denkstil plausibel zu machen versucht (zu Babits' Kritik vgl. Zsuzsa Bognár, »Der junge Lukács und die zeitgenössische ungarische Kunst und Kultur«, in: GLW, Bd. 1 Teilband 1, S. 810-814) [Anm. d. Hg.].

werden als die übrigen. Es sind Gelegenheitsschriften, und mit ihrer gemeinsamen Veröffentlichung möchte ich ihnen keine größere Wichtigkeit beimessen als solchen gebührt. Gelegenheitsschriften bedeutet, daß ich aus Anlaß mancher zufällig aufgetauchten Fälle versucht habe, die Richtigkeit meiner allgemeinen Gesichtspunkte zu kontrollieren. Ich habe also meine Arbeit nicht auf den gesamten immanenten Reichtum des Objekts oder des behandelten Gesichtspunktes ausgedehnt, sondern ich habe mich mit der Feststellung der Beziehungen begnügt. So sind diese Schriften – infolge des bewußt übernommenen einzigen Gesichtspunktes und der nicht erschöpfenden Behandlung – verglichen mit meinen übrigen Werken einfacher.

Dennoch kann ich nicht versäumen, als Vorwort die wenigen Zeilen zu veröffentlichen, die ich als Antwort an einen feinfühligen und hochgebildeten Kritiker meines ersten Buches formuliert habe, aber diesmal schon ganz unabhängig von meinem Buch; bloß als allgemeine Frage nach der notwendigen »Verschwommenheit« der Philosophie. Hegel sagt irgendwo: »Die Philosophie ist ihrer Natur nach etwas Esoterisches, für sich weder für den Pöbel gemacht noch einer Zubereitung für den Pöbel fähig; sie ist nur dadurch Philosophie, daß sie dem Verstande und damit noch mehr dem gesunden Menschenverstande, worunter man die lokale und temporäre Beschränktheit eines Geschlechts der Menschen versteht, gerade entgegengesetzt ist; im Verhältnis zu diesem ist an und für sich die Welt der Philosophie eine verkehrte Welt.« Damit ist die Frage der philosophischen Daseinsberechtigung dieser »Verschwommenheit« markiert (worin zugleich im Großen und Ganzen die Frage des ästhetischen, des adäquaten Ausdrucks enthalten ist). Der Wesenskern der Frage ist, glaube ich, das Folgende: Es gibt keine Philosophie, die irgendwo (in irgendeiner Hinsicht) nicht »verschwommen« wäre. Bleibt nur zu fragen, wo und in welchem Maße, warum und für wen. Sicher gibt es »verschwommene« und »klare« Philosophen. »Verschwommen« war z. B. Hegel – Schopenhauer ist der Zeuge dafür! –, »klar« waren Voltaire oder James, ja sogar Schopenhauer selbst. Ich meine, es wäre eine billige Sache, die »Klarheit« von Voltaire anzugreifen. Der schöne Aphorismus von Faguet weist darauf hin: »c'est un chaos d'idées claires«. Und Graf Keyserling beweist – in einem neulich geschriebenen Buche auf Schopenhauer eingehend –, daß die klaren und durchschaubaren Schönheiten seines Systems nur architektonische Schönheiten sind und daß seine »klaren Begriffe« nur solange klar sind, wie sie ein konkretes Ding beleuchten. Die tieferen Zusammenhänge und ihre wirkliche Bedeutung bleiben ganz dunkel. Weiter, daß Schopenhauers Illusionismus in keiner notwendigen Beziehung zu seiner Willensmetaphysik oder zu seiner Absicht steht, die das Leben verneint. Kurz gesagt ist Schopenhauers »klare« und »reine« Metaphysik voll von Unklarheiten, eben verschwommen. Und wer den unendlich klar und rein schreibenden [William] James für wirklich klar hielte – der sollte die ungarischen Nachrufe lesen! Aus dem Autor von »Pluralistic Univers« und »Human Immortality« ist ein radikaler Freidenker geworden. Demgegenüber möchte ich mich nur auf den »unverständlichen« Hegel berufen, bei dem ja niemals bestritten werden konnte, daß sein System einheitlich ist. Über ihn besteht zwischen den enthusiastischen Anhängern und den haßerfüllten Feinden ein wunderbares Einverständnis bezüglich seiner Inhalte. Doch sind die Gegensätze bei der Bewertung dieser Inhalte natürlich desto schärfer. (Damit hat aber Hegel genauso wenig zu tun, wie mit den verschiedenen politischen Folgerungen, die aus seinen Schriften gezogen werden können.) Ich behaupte: unter denen, die Hegel lesen können, gibt es viel mehr solche Leser, die aus seinen »Verschwommenheiten« etwas Endgültiges und Eindeutiges verstanden haben, als solche, die einen beliebigen »klaren« Philosophen wirklich verstehen können.

Die Frage lautet ja: wer liest überhaupt einen Philosophen und demgegenüber: wer kann ihn und inwiefern lesen? In diesem Zusammenhang muß ein allgemeines modernes Vorurteil bekämpft werden. Es geht dahin, die Philosophie könne popularisiert werden, weil das philosophische Denken nur ein Weiterführen des gewöhnlichen Denkens über das gewöhnliche Leben in Richtung auf die letzten Fragen sei. Das Vorurteil besagt also, daß die ferngerückten Ergebnisse der Philosophie uns näher gebracht werden könnten (oder wenigstens mit Hilfe von »Errungenschaften der modernen Technik«, mit irgendwelchen fernrohrartigen Hilfsmitteln aus der Nähe betrachtet werden könnten), kurz gesagt, daß das Ergebnis möglich sei, ohne den Weg zurückzulegen. Das philosophische Denken besteht aber nicht daraus, das gewöhnliche Denken weiterzuführen, sondern (als meine Zeugen dafür rufe ich alle wirklichen Philosophien von den Veden bis Bergson an) im Durchbrechen des gewöhnlichen Denkens, in etwas von ihm der Qualität nach Verschiedenem, etwas »Widernatürlichem«; und selbst die Voraussetzungen des philosophischen Denkens können nur mit den größten Anstrengungen, mit der Überwindung des alltäglichen Denkens und der alltäglichen Lebensgewohnheiten geschaffen werden.

Die populäre, klare, leicht verständliche Philosophie ist also eine Fälschung. Denn das Wesen der Philosophie besteht nicht aus der Gesamtheit von Ergebnissen, die in ein paar Sätzen zusammengefaßt werden können, sondern ist eine gewisse Seinsform des Denkens. Die Ergebnisse der Philosophie ändern sich inhaltlich, wenn wir den Weg, der zur Philosophie führt, verlassen (oder erleichtern): sie sind keine Zusammenfassungen, keine »wissenschaftlichen Ergebnisse«, sondern Gipfelpunkte, Krönungen; an sich genommen sind sie ganz leer. Der philosophische Stil ist demgemäß ein Sieb, das die Leute sondert: jeder Satz ist ein Burgwart in einer bestürmten Festung, der die Leute nur bei Kenntnis der Parole einläßt. So dienen auch die Satzfügungen der Erziehung und Prüfung, sie zwingen den Leser, sein ganzes Denken in jene Richtung anzustrengen, die vom Philosophen bestimmt worden ist. Denn ein ergebnisreiches Verständnis kann nur zustandekommen, wenn der Leser den Kampf innerlich nachvollzieht. Nur nebenbei möchte ich bemerken, daß die Askese, die jede mystische Philosophie begleitet, – wenn auch unbewußt – diesem Ziel dient: sie bereitet den Adepten auf den Weg vor, der zur Philosophie, zur intellektuellen Betrachtung, zur mystischen Ekstase, zur Bergson'schen Intuition führt. Im Dienste dieses Zieles steht die ganze Schwere und »Verschwommenheit« jeder Philosophie (doch muß dies nicht immer bewußt werden).

Die Ursachen der »Verschwommenheit« hängen auch eng mit dieser Situation zusammen. Das eine ist, daß die Bedeutung eines »verschwommenen« Ausdrucks schwer zu finden ist, das andere, daß der betreffende Ausdruck mehrere Bedeutungen hat. Die Sprache des gewöhnlichen Lebens wird durch ihre Anwendung eindeutig (da sie wegen der Praxis leicht verständlich sein muß). Sie meidet also absichtlich die begriffliche Schärfe, die Subtilität und die Feinheit: sie strebt nach sinnlichem Ausdruck – weist auf das hin, worauf sie sich bezieht. Das philosophische Denken kann nur begrifflich sein, es weist auf nichts hin, denn es gibt nichts, worauf es hinweisen sollte. Außerdem muß es aus sich selbst seine Eindeutigkeit und Unmißverständlichkeit schaffen, es muß darauf verzichten, leicht verständlich zu sein: es wird »verschwommen« sein – solange der Kampf um das Verstehen den Leser nicht in den Seelenzustand des Denkers, in die Welt der reinen Begrifflichkeit versetzt. Die größte Schwierigkeit dieser Situation trifft man dort, wo – wie in meinem Falle – von angewandter Philosophie die Rede ist. Wo die Begrifflichkeit ins Leben zurückkehrt; wo also das Leben notwendigerweise mehrdeutig ist, muß seinen Ausdrücken Eindeutigkeit verliehen werden (die nur in der einzelnen praktischen Anwendung eindeutig werden). Auf der Lebensebene ist dies unvorstellbar. Die »Feinheit«, die »Vertiefung« (und deren Folge: die »Verschwommenheit«) sind notwendig, um diese Begiffe in die Sphäre der Reinheit, der Eindeutigkeit zwingen zu können: in die Welt der begrifflichen Metaphysik. Dort sind sie eindeutig und klar – aber eben deshalb notwendigerweise in der anderen Welt »verschwommen« gleichwie, wie wir schon früher gesehen haben, die »klaren« und »reinen« Ausdrücke der anderen Welt nur dadurch vor der »Verschwommenheit« gerettet werden können, daß sie in dieser Welt ungeklärt sind. Es ist die Methode jeder wirklichen Philosophie: der Philosophie der Veden, des Platonismus, des mittelalterlichen Mystizismus und der deutschen Philosophie von Kant bis Hartmann. Aber neben dieser durch die Form verursachten »Verschwommenheit« gibt es noch eine andere, aus dem Wesen des Inhalts folgende. Die Menschen verstehen eine philosophische Arbeit entweder deshalb nicht, weil sie nicht imstande sind, dem Gedankengang des Ausdrucks zu folgen, oder aber deshalb, weil sie nicht wissen, worum es in der betreffenden Schrift geht. Dieses letztere Nicht-Wissen ist nur in sehr geringem Maße die Folge einer bloßen intellektuellen Minderwertigkeit oder Unterentwickeltheit; obwohl dies teilweise auch zutrifft. Die Philosophie ist nur in ihren Ausdrucksmitteln rein intellektuell. Ihr Wesen ist das Erlebnis, die Vision. Und für jene, die eine Vision nicht als Erlebnis haben, ist die Philosophie selbst dann unzugänglich, wenn sie sich durch Lernen und Routine manche Griffe des Ausdrucks angeeignet haben. »Weder durch das Studieren der Veden oder durch die Askese, noch mit Geschenken oder mit Opfern ist es für jemanden möglich, mich so zu erblicken, wie du mich erblickt hast« – sagt Krishna Arjuna. Der subjektive Anarchismus der heutigen Zeit – der infolge der Oberflächlichkeit und der Bequemlichkeit großgeworden ist – wird diese auf objektiven, greifbaren und definierbaren Faktoren beruhende Wahl natürlich in seinem Sinne interpretieren, indem er behauptet, daß alles von der Sicht, vom Erlebnis abhängt. Und da der Mensch nur Seinesgleichen versteht, ist der »unverständliche« Philosoph einfach ein Sonderling, der eigentümliche, anderen nicht mitteilbare Erlebnisse hat usw. Diese Argumentation ist natürlich von Anfang bis Ende oberflächlich und falsch. Für den nichtmusikalischen Menschen ist die Musik nur Lärm, nur Mißklang; und selbst wenn er irgendwie erlernen könnte, was die Ziele und die Instrumente des musikalischen Ausdrucks sind, könnte er die wirkliche Musik niemals verstehen, da er innerlich weder verstehen noch wissen könnte, worum es sich in der Musik handelt (weil es ihn nie durchdrungen hat). Zum Verständnis der Philosophie ist eine ganz spezielle innere Inspiration nötig. Wer Philosophie liest, wird Probleme bzw. Lösungen von Problemen erleben, wo der gewöhnliche Mensch nur Wirrwarr wahrnimmt. Diese Menschen nehmen eventuell die Dinge so unbewußt und so verworren wahr, daß sie sich nicht einmal ihrer eigenen Verworrenheit bewußt werden. Dieses ist keine Frage des Intellektes oder der wissenschaftlichen Begabung. Denn die alles entscheidende Frage der Philosophie, die Frage des Seins, ist zum Beispiel für die Wissenschaft überhaupt keine Frage. Und dies ist richtig: das Noumenon kommt nur in der Philosophie vor. Wem die Probleme der Philosophie keine Probleme sind (hier liegt der consensus sapientorum: im Durchleben der Fragen, die aller großen Philosophie gemeinsam sind), der wird ein philosophisches Werk niemals verstehen; ja er wird sogar nie erfahren, warum er es nicht versteht.

Diese Frage ist zugleich eine zusammengesetzte historische Frage. Die Entwicklung der Kultur äußert sich zum Teil darin, daß die Probleme sich nach unten verschieben, demokratischer werden. Obwohl die großen Philosophen nicht richtig gelesen werden, wird ein kleiner Teil ihrer Problemstellung zum Gemeingut. Heute denken schon viele Menschen einem Schema gemäß, das den Erlebnisformen und Gedanken von Platon und Kant ähnelt, natürlich ohne zu wissen wie und ohne diese jemals gelesen oder verstanden zu haben. Dies beweist, daß die unendlich individuellen Weltvisionen dieser einsamen Denker zwar supraindividuell, aber nicht solipsistisch sind. So können wir im Laufe der Entwicklung einerseits die fortwährende Verschiebung der Probleme nach unten beobachten und andererseits die langsame Erhöhung der Verständnisschwelle. Die Gedanken werden mit der Zeit wie von selbst – immer populärer (hier kann nicht ausgeführt werden, zu wievielen Mißverständnissen und Abflachungen dies möglicherweise führt). Je erfreulicher diese Tatsache in allgemeiner kultureller Hinsicht ist, desto weniger darf dies überschätzt werden: daraus kann nicht auf das Verständnis der neuen Philosophie geschlossen werden. Platon und Kant sind schon da angekommen, wo sie ihre Wirkung entfalten können; Plotin und Hegel aber noch nicht. (Es ist möglich, daß sie nach Vermittlung durch Bergson und Marx in einigen Jahrzehnten ebenfalls »verständlich« sein werden). Eine neue Philosophie kann aber nur im Kampf erobert werden und nur von dem, der für sie zu kämpfen imstande ist. Während also alle alten Philosophien »klar« werden, bleiben die neu entstandenen notwendigerweise »verschwommen«. Dies trifft vor allem natürlich auf diejenigen zu, die die alte Philosophie nur deshalb verstehen – weil sie sie nicht kennen, von ihr nur so viel wahrnehmen, wie sie verstehen können. Dies könnte man als tragische Situation auffassen, ja man müßte es – wenn der Philosoph in der Zeit lebte, auf etwas wartete, wenn er ungeduldig wäre. Wer aber aus innerer Notwendigkeit philosophiert, dem ist nur die Klärung der Dinge (für sich selbst) wichtig. Er will Fragen stellen und versuchen zu antworten. Für ihn ist es eine unerwartete und glückliche Überraschung, wenn es auch nur einen gibt, der die Dinge, die der Philosoph durchlebt, nicht für »verschwommen« und »unverständlich« hält, und er wird alles übrige der Geschichte überlassen. Er hat seine Arbeit getan, indem er schrieb, was er lebte und dachte; und das Nichtverstehen verdient er sowieso, ob infolge seiner Tugenden oder seiner Fehler.

Bei uns ist aber der Abscheu vor der Philosophie so heftig, daß seine Quantität die philosophische Stellungnahme des ungarischen Publikums in eine neue Qualität umschlagen läßt. Und das ist der wirkliche Grund, warum ich diese Frage eigentlich berührt habe. Ich meine nämlich, daß das Fehlen einer ungarischen philosophischen Kultur nicht zuletzt darauf zurückgeführt werden kann, daß man sich krankhaft vor Anstrengung scheut, die für große Philosophie notwendig wäre. Das erklärt, warum die falschesten und seelenlosesten Materialisten bei uns als große Philosophen figurieren konnten, während man die großen Denker als »unverständlich« mied. János Erdély schrieb einst die folgenden unvergeßlichen Zeilen: »Ein solches Volk müßte man, wenn möglich, sogar mit Gewalt zum Denken zwingen, wie die Herde zur Schwemme, damit es nicht ständig nur distinguiere, sondern auch spekuliere. Wir machen aber so viel, daß wir die Intelligenz mit populären Vernünfteleien auf die Rosenblätter der Oberflächlichkeit locken, damit sie dort, wie die Pflanzensauger, vegetiere.« Deshalb hielt ich es für meine Pflicht, die »Verschwommenheit« vor dem ungarischen Publikum in Schutz zu nehmen. Es ist bloßer Zufall, daß dazu meine eigene Sache Anlaß gegeben hat. Denn ich glaube nicht, daß meine Sache des Schutzes bedarf. Mit dankbarer Demut werde ich aufnehmen, was meine berufenen Kritiker mir eventuell als mir verborgen gebliebene (wirkliche) Unklarheiten darstellen, damit ich aus ihren Bemerkungen lernen möge. Auf die Beschuldigungen der »Verschwommenheit« werde ich diesmal nicht einmal reflektieren: für den wirklichen Kritiker gibt es keine »Verschwommenheit«, nur richtige und nicht richtige Behauptungen. Voll Freude und mit Interesse erwarte ich, daß man die Unrichtigkeit meiner Behauptungen *beweist.*

Übersetzung von Júlia Bendl

9. Zum Wesen und zur Methode der Kultursoziologie[1]

Mit dem hier zu besprechenden Werk beginnt eine Serie von Veröffentlichungen über die Soziologie der Kultur, deren prinzipielle Bedeutung so groß ist, daß es uns gestattet sein mag, bevor wir auf das Buch Staudingers zu sprechen kommen, zum Ziele, zur Aufgabe und zu den Möglichkeiten des ganzen Unternehmens in aller Kürze Stellung zu nehmen. Zweifellos ist Deutschland das Land, wo am wenigsten bewußte und organisierte soziologische Arbeit geleistet wird, wo aber dennoch – in großartigen, aber leider vereinzelt gebliebenen Versuchen wie »Gemeinschaft und Gesellschaft« von Tönnies, »Philosophie des Geldes« von Simmel usw. – mehr für die Klarlegung einer Soziologie der Kultur geleistet wurde als sonst irgendwo. Darum muß der Versuch Alfred Webers, Einzeluntersuchungen in einer auf dieses große Ziel orientierten Organisation anzuregen und zu leiten, nur mit der größten Freude begrüßt werden. Wenn die Soziologie, die auf Grund einer solchen Zielsetzung entsteht, auch nicht das ganze Gebiet der Soziologie umfaßt, ja sogar deren eigentlichsten und wichtigsten Teil, die Theorie der ökonomisch-soziologischen Formationen bewußt ausschließt, so kann hier doch bei klarer und bewußter Arbeit sehr viel geleistet werden. Erfolg und Fruchtbarkeit des Unternehmens hängen jedoch von der Klarheit der Problemstellungen ab; so nützlich auch Materialiensammlungen in jeder Hinsicht sein mögen, dies ist nicht der Punkt, auf den es jetzt für eine zu schaffende Soziologie der Kultur in erster Reihe ankommt, vielmehr auf eine ganz scharfe Durchsichtung der möglichen Fragen und auf die Abstekkung der Grenzen der möglichen Antworten. Es kommt auf eine eindeutige Herausarbeitung des spezifisch soziologischen Gesichtspunkts Kulturerscheinungen und -objektivationen gegenüber an, denn erst auf Grund einer so geleisteten Sichtung der Probleme sind sowohl unmittelbare, empirische Arbeit (welche allerdings mit

1 Hans Staudinger, Individuum und Gemeinschaft in der Kulturorganisation des Vereins. Schriften zur Soziologie der Kultur. Herausgegeben von Alfred Weber. Bd. I. Mit Geleitwort von Alfred Weber. Eugen Diederichs Verlag. Jena 1913. VI und 176 S. M. 3.50, geb. M. 4.50.

diesen Fragestellungen Hand in Hand gehen kann) wie zusammenfassende Orientierung über das Gesamtgebiet möglich. Diese klare und scharfe Fragestellung scheint mir allerdings sowohl im Programm wie in der Einzeluntersuchung vorläufig noch zu fehlen. In seiner Abhandlung über »den soziologischen Kulturbegriff« (Verhandlungen des zweiten deutschen Soziologentages) nimmt Alfred Weber mit Recht gegen die evolutionistische und intellektualistische Soziologie, welche die Gesamtentwicklung der Menschheit auf ein Prinzip (oder mehrere) zurückführen will, Stellung, aber so berechtigt diese seine Stellungnahme auch ist, so wenig vermag sein positives Programm für eine kommende Arbeit an der Soziologie der Kultur eine richtige Grundlage zu schaffen. Denn die methodische Richtigkeit von Alfred Webers Polemik hat ihren wirklichen Grund darin, daß die von ihm Angegriffenen (Geschichtskonstruktoren in der Art von St. Simon – Comte – Spencer – Lamprecht usw.) keine eigentliche Soziologie, sondern eine, bei den Soziologen dieser Reihe, verkappte und darum methodisch unklare Geschichtsphilosophie schufen: ihre Vergewaltigung der Empirie zugunsten eines einheitlichen, auf einen Sinn zentrierten, Begriffssystems führte also – Verwirrungen stiftend – in die empirische Einmaligkeit und Unmittelbarkeit des einfachen geschichtlichen Ablaufs zurück; indem sie, statt sich über diese, einen Aufbau des sichtbaren und offenbaren jeden nicht überall immanenten Sinneszusammenhangs errichtend, zu erheben, wieder die empirisch-geschichtliche Immanenz suchen, vermögen sie weder das eine noch das andere zu leisten. (Von der methodischen Unbrauchbarkeit des hier erreichbaren, notwendig unklaren und widerspruchsvollen Gesetzesbegriffes will ich gar nicht sprechen.) Wenn aber Alfred Weber diesem intellektuellen Beiwerk gegenüber die soziologische Priorität und Relevanz eines unmittelbaren und innerlichen »Lebensgefühls« betont und als Aufgabe der soziologischen Kulturbetrachtung die Erkenntnis des »dynamischen Herauswachsens« der »Konkretheiten, die wir als Kultur bezeichnen«, ansieht, wenn er auf die Konstellation als methodisch ausschlaggebend hinweist, »daß wir Dinge wie die platonische Ideenwelt in ihrer einzigartigen Schönheit und Reinheit, ihrer berghohen Abgesondertheit von allen anderen Philosophien der Zeit begreifen und sie doch aus dem Leben herauswachsen fühlen, in dem sie standen«, so gelingt auch ihm nicht die Klarlegung einer reinen Kultursoziologie, sondern er reinigt sie von ihren begrifflich-geschichtsphilosophischen Elementen nur, um sie einer Vermengung mit intuitiv-geschichtlichen Elementen preiszugeben. Wenn diese Zielbestimmung in der immanenten Weiterführung ihres Sinnes zur bloßen geschichtlichen Begriffsbildung führen würde, wie sie in vielen bedeutenden Werken immer da war, so wäre dies kein triftiger Einwand gegen sie: es wäre eine methodologische Pedanterie, gegen kulturgeschichtliche Untersuchungen Einspruch zu erheben, nur weil sie unter dem Namen einer Soziologie der Kultur erscheinen. Was aber hier – wenn auch nicht in ausreichender Klarheit – gemeint ist, ist doch eine Soziologie, keine Kulturgeschichte, und aus der Vermengung der beiden Begriffsbildungen entsteht ein unsicheres Fundament, das das ruhige und solide einzelwissenschaftliche Weiterbauen erschwert, wenn nicht ganz unmöglich macht. Wir können hier, nicht einmal andeutungsweise, über eine Prinzipienlehre der Soziologie der Kultur sprechen. Nur soviel muß betont werden: wenn es eine Soziologie der Kultur als eigene Wissenschaft geben soll (und es ist, wenn von Soziologie gesprochen wird, immer etwas von Kulturgeschichte und Geschichtsphilosophie Verschiedenes gemeint), so kann ihre Grundfrage nur die sein: welche neuen Gesichtspunkte entstehen, wenn wir Kulturobjektivationen als gesellschaftliche Erscheinungen betrachten? Transzendentallogisch ausgedrückt: was ändert sich an Sinn, Gehalt und Struktur der Kulturobjektivationen, wenn sie von der methodisch-soziologischen Form, die sie als Gesellschaftsprodukte und so als Gegenstände der Soziologie erscheinen läßt, umkleidet werden? Soziologie ist, wie jede Methode, wie jede Wissenschaft, eine Form und kein Objektsgebiet oder Inhalt. Ob sie nun als abstrakt-konstruktive Wissenschaft von den »Formen der Vergesellschaftung« angesehen wird oder als eine »verstehende« oder gar »beschreibende« Soziologie gesucht wird, dieses Problem bleibt stets das gleiche: den Anteil des rein Gesellschaftlichen an Kulturobjektivationen zu suchen; und die Aufgabe wird stets die sein: zwischen diesen beiden Formierungskomplexen Zusammenhänge (ob diese kausal, funktionell oder phänomenologisch gedacht sind, ist hier gleich) zu finden. Daraus aber erwachsen für die Soziologie der Kultur die weiteren und für das Schicksal der Einzelforschungen entscheidenden Fragen: erstens welche gesellschaftlichen Formen kommen als beeinflussende Faktoren für eine Kulturobjektivation in Frage, und zweitens wie weit reichen diese gesellschaftlichen Formen als Formierungsfaktoren in die Struktur einer Kulturobjektivation hinein. Die scheinbare begriffliche Härte dieser methodologischen Klärung erweist sich nur als Schutzmaßregel für die Individualisierung der einzelnen Probleme: für jede Kulturobjektivation (also z. B. für jede Kunstgattung und nicht für das Gesamtkomplex der Kunst) sind beide Fragen immer neu aufzuwerfen und zu beantworten, und an eine Zusammenfassung, an eine abschließende Soziologie der Kultur ist nur zu denken, wenn einerseits eine Prinzipienlehre dieser Wechselwirkungen erkenntnistheoretisch bloßgelegt und andererseits das gesamte Gebiet der Kulturobjektivationen empirisch durchgearbeitet werde. Alfred Webers Zurückgehen auf das »Lebensgefühl« schafft eine zu breite und darum teils nicht genügend, teils subjektiv willkürlich individualisierte Grundlage für die Soziologie der Kultur: ihrer empirischen Tatsachenforschung fehlt deshalb der leitende, Auswahl und Konstruktion regelnde Gesichtspunkt und ihre Zusammenfassungen bleiben erlebnishaft: über den Tatsachen schwebend, sie als dekorativen Rahmen umgebend, aber ohne organischen Zusammenhang mit ihnen.

Darum ist der wesentliche Fehler der sehr talentvollen und im einzelnen sehr interessanten und anregenden Arbeit Staudingers, daß die verschiedenartigsten, einander heterogensten Begriffsbildungen sich in ihr kreuzen und einander gegenseitig an Gewicht und Überzeugungskraft abschwächen: das Buch leidet an einer Überfülle von Themata, welche, an und für sich, stets interessant sind, wegen ihrer Häufung jedoch weder zur immanenten Vollendung reifen noch einander ergänzend zur neuen Einheit verwachsen können; es ist als Bau ein Fragment, dessen Bestandteile (isoliert betrachtet) ebenfalls fragmentarisch sind. Das Hauptthema, das Problem des Gegensatzes von Individuum und Gemeinschaft verschwindet fast in der Fülle von Einzelproblemen. Es soll ja wohl – wenn ich die Absicht des Verfassers richtig deute – nur als Ouvertüre und abschließender Akkord dienen, und in der Arbeit selbst nur als ewige Melodie, nur als ständiger Hintergrund und Direktive der Einzelbetrachtungen anwesend sein. Hier aber scheint mir, daß die Verbindung des analysierten Einzelfalles mit dem Hauptproblem formell lose und inhaltlich anfechtbar ist. Die Schlußbetrachtung will (bei scharfsinnigem und besonnenem Hervorheben der Verschiedenheiten) eine Analogie zwischen der mittelalterlichen Gestaltung dieses Problems und der des kommenden Sozialismus finden, zwischen welche sich die rationell-individualistische Episode der bürgerlichen Kultur schiebt. »Den Charakter des Organischen trug die Gruppierung des Mittelalters, den Charakter des Organischen trägt wieder das Gehäuse des Arbeiters .... Da schließt sich die Kette im Arbeiter wieder, und der Arbeiter ist in der Gemeinschaft. So wird die Persönlichkeit eine Episode gewesen sein ...« (S. 172). Wenn ich von der inhaltlichen Anfechtbarkeit dieser These absehe (sobald man konkrete Erscheinungen und Probleme ins Auge faßt, bleibt als Gemeinsames nicht viel mehr als der fast völlig inhaltsleere Begriff der Umfassung des Einzelnen von der Allgemeinheit, sein Aufgehen in ihr übrig, und das total Verschiedene der beiden »Allgemeinheiten« erscheint als das allein Entscheidende) und den Abschluß als immanenten Abschluß von Staudingers Arbeit betrachte, so muß ich auch finden, daß das »Quod erat demonstrandum« und der Beweis nicht völlig miteinander übereinstimmen. Staudinger skizziert die Entwicklung zu dieser neuen Formung auf zwei verschiedenen Wegen: erstens indem er in der Entwicklung der Vereinsgestaltung die neue Tendenz aufweist, zweitens mit Hilfe einer unmittelbaren psychologischen Analyse der Innenwelt und der durch sie geschaffenen Umwelt des Arbeiters. Jedoch keine dieser Entwicklungslinien führt mit stringenter Evidenz zum gesuchten Ziele. Nach einer eindringlichen und feinen Analyse des Formungswandels der Gesangsvereine vom Mittelalter bis zu unserer Zeit, die (– abgesehen von einer Überschätzung des Publikumbegriffes in der romantischen Zeit, der wohl um des Kontrastes zu der Desorientiertheit und Leere des heutigen Bürgertums willen so scharf hervorgehoben und aus einer isolierten geistigen Aristokratie zu einem wirklichen Publikum erweitert worden ist, während es in Wahrheit damals gerade so wenig wie heute ein Publikum gab, nur damals war diese Masse auch im negativen Sinne kulturell weniger wichtig und ausschlaggebend –) gewiß der wertvollste Teil dieser Arbeit ist, vermag Staudinger das Positive, worin sich die kulturelle Strukturdifferenz der Arbeiterwelt von der bürgerlichen offenbaren sollte, nicht überzeugend aufzuweisen. Die klassenartige Organisation und die totale Umspannung von ihr (»es sind hier die potenzierten wirtschaftspolitischen Interessen, die in ihren Rahmen alles spannen, von dem Gesanglichen bis zum Religiösen« S. 122) reichen dazu nicht aus. Dagegen könnte man ja methodisch einwerfen, dieses Aufgehen in eine (abstrakte und kulturell neutrale) Allgemeinheit sei nur Folge der, historisch bedingten und mithin selbst innerhalb der heutigen Kultur vielleicht bloß vorläufigen, seelischen Primitivität des Arbeiters, und es wäre als Denkmöglichkeit nicht abweisbar, daß die kulturelle Hebung der Arbeiterwelt auch in ihr zum Individualismus, zur klassenfreien Differenzierung, zur Bildung von kulturell gleich desorientierten, überfeinerten, geistigen Autokratien und stumpfen Massen führen wird. Die Hoffnung Staudingers (die als Hoffnung ich ebenfalls teile), daß die wirtschaftliche Organik und Synthese der Arbeiterwelt zu einer kulturellen Synthese, zu einer neuen Herrschaft des Allgemeinen über das Persönliche, der Bindung über die Freiheit führen wird, ist, solange ein positiver Gehalt dieser Allgemeinheit nicht auffindbar und aufweisbar ist, nur eine Hoffnung aber keine Erkenntnis; erkenntnismäßig und wissenschaftlich wäre höchstens der Beweis zu führen, daß keine der von der Arbeiterwelt geschaffenen Organisationsformen für die Aufnahme und für das Tragen eines neuen (heute nicht existierenden) kulturellen Gehalts hinderlich sei. Bei Staudinger vermischen sich jedoch vorläufig noch Hoffnung und Erkenntnis. Mit einer bewunderungswürdigen Nüchternheit und Objektivität – um auf den zweiten, mit Dr. Fr. Seidel zusammengearbeiteten Teil überzugehen – analysiert er die Psychologie des Arbeiters, ohne sich auch nur klar machen zu können, daß gerade seine dort aufgezeigten Resultate seiner Gesamtauffassung am schärfsten zu widersprechen scheinen. Denn diese Untersuchung, die zwar in ihrer gegenwärtigen Gestalt fragmentarisch und fragwürdig, ihren Möglichkeiten nach jedoch sehr interessant und vielversprechend ist, führt zu so negativen Resultaten, zeigt (mit einer nicht genug lobenswerten Unerschrockenheit) eine so große Kulturferne und Unfähigkeit zur Kultur in der Arbeiterwelt auf, daß die darauf folgenden Schlußbemerkungen, die auf das Hauptproblem zurückführen, dazu in krassem Widerspruch stehen. Wenn Staudingers Beobachtungen richtig sind (z.B. »Das Denken des Arbeiters, das keine höheren Abstraktionen und damit keine Schlüsse aus solchen zuläßt, sondern nur Anschaulichkeiten, gegenständliche Tatsachen beherrscht... Es wird ein Mosaik von Erfahrungstatsachen werden, die nicht über- und untergeordnet sind, sondern in Komplexen bei- und hintereinander liegen. Der Arbeiter kann nicht herausheben und isolieren« S. 137. »All dies ist ein Zeichen, daß die Arbeiter, die wir meinen, sich nicht intensiv mit etwas beschäftigen, sondern überall hinlaufen, schauen, es aber bei dem Schauen lassen« S. 151), was ist hier kulturell zu erwarten? Dazu kommt, daß ich in der von Staudinger gegebenen psychologischen Beschreibung des Arbeiters keineswegs etwas spezifisch Proletarisches zu erblicken vermag; es scheint mir vielmehr die Analyse eines primitiven und unentwickelten Seelenzustandes überhaupt zu sein, für den sicher genügend Belegexemplare in der Arbeiterwelt auffindbar sind, welche jedoch weder für diese entscheidend charakteristisch sind, noch sich prinzipiell von entsprechenden typologischen Gestaltungen im Kleinbürgertum, Bauernstand usw. unterscheiden. Hier zeigt die erlebnishafte und darum allzu weite, unscharfe, ungenügend individualisierte und der spezifischen Frage zu wenig angepaßte Fragestellung ihre verwirrendsten Folgen: wenn für Auswahl und Sichtung des Materials in einer sogenannten sozialpsychologischen Untersuchung nicht von Anfang an scharf und bestimmt alles fixiert ist, muß sie sich ins Uferlose verlieren; das Objekt der sozialpsychologischen Untersuchung muß begrifflich festgestellt, isoliert und herauspräpariert werden, bevor mit der eigentlichen Psychologie begonnen wird. Dazu scheint aber weder in Staudingers noch in Alfred Webers Methode eine Möglichkeit vorzuliegen. Diese Betrachtung führt uns zu dem gegen Staudingers Buch am Anfang erhobenen Einwand zurück: er arbeitet mit verschiedenen Begriffsbildungen, ohne sie zur immanenten Reinheit und zur Harmonie untereinander bringen zu können. So soll das ganze Buch als essayistisches Beispiel für seine Hauptthese dienen, indem die Entwicklung der Gesangsvereine das strukturell Entscheidende der Gesamtentwicklung illustrieren soll, ohne daß die Wege vom Beispiel zum Gesetz klar hervortreten würden; so wird aber innerhalb des Buches das Historisch-Soziologische wieder essayistisch gewendet: statt der Gesamtentwicklung der Gesangsvereine Deutschlands wird nur die einer Stadt geboten und persönlich-psychologische Beobachtungen an – 161 – Arbeitern sollen dazu Fundament und Deutung abgeben. Wieder aber sind die Beschränkungen, die dadurch entstehen, nicht bis zur letzten Klarheit durchgearbeitet: die Einschränkungen und Fehlerquellen, die durch das so begrenzte Gebiet notwendig entstehen (es sei hier nur auf die modifizierenden Wirkungen der Rasse der Bevölkerung, des kulturellen Zustandes usw. des ausschließlich studierten Ortes hingewiesen), sind nicht methodisch in Betracht bezogen worden und der Weg von diesen – eingestanden fragmentarischen – Einzeluntersuchungen zur gesuchten Allgemeinheit soll doch ein gerader und direkter sein. Auf die Problematik der so entstehenden Resultate ist wohl hinlänglich hingewiesen worden.

Die notgedrungene Kürze dieser Anzeige zwang mich mehr auf das Negative als auf das Positive der Arbeit Staudingers einzugehen. Es sollen indessen dadurch keine falsche Vorstellungen vom Wert des Buches hervorgerufen werden: gerade die methodischen Dissonanzen, welche ich am schärfsten zu kritisieren gezwungen war, stammen aus einer Quelle, die nicht nur dieses Buch zu einer trotz allen Widerspruches immer interessanten und anregenden Lektüre macht, sondern die höchsten Hoffnungen für die Zukunft seines Verfassers, dessen Erstlingswerk es ist, erwecken: aus der seltenen Mischung von intuitiv synthetischer Energie und Feinheit der Einzelbeobachtung, von unerbittlicher Sachlichkeit den Tatsachen und geschichtsphilosophischer Zusammenfassung Gesamtkomplexen gegenüber. Noch stehen diese hohen Begabungen des Verfassers oft unvermittelt und fast unverbunden nebeneinander und statt einander zur Vollendung zu verhelfen, beeinträchtigen sie gegenseitig ihre Wirkungen. Sehr Vieles aber zeigt bereits in diesem Buch, daß dieses Einheitlichwerden für Staudinger nur eine Frage der zunehmenden Reife ist und daß – vielleicht sehr bald – Abgeschlossenes und In-sich-Vollendetes auf dieses bei allen seinen Fehlern doch vielversprechende Erstlingswerk folgen wird.

10. Benedetto Croce: Zur Theorie und Geschichte der Historiographie

Aus dem Italienischen übersetzt von Enrico Pizzo. Tübingen, J. C. B. Mohr. 1915. VI und 269 Seiten. Geh. M. 6.-, geb. M. 8.50.

Die Übersetzung und die Herausgabe dieses Buches, das eine sehr anregende und interessante Beigabe zur Diskussion über die Logik und Methodik der Geschichtswissenschaft darstellt, ist in jeder Beziehung zu begrüßen. Abgesehen von dem Wert der theoretischen Ausführungen Croces, über die später gesprochen werden soll, würde die den zweiten Teil des Buches bildende kritisch-historische Skizze der Geschichte der Historiographie ausreichen, um die Erscheinung des Werkes in deutscher Sprache unbedingt zu rechtfertigen. Es ist ein allgemein bekannter Nachteil der Kulturwissenschaften, daß sie weniger einer wirklichen Internationalität fähig sind, als die Naturwissenschaften; liegt doch das Nationalbegrenzte für sie bereits im Material, das ihnen unmittelbar zur Bearbeitung gegeben ist, in der Wissenschaftsentwicklung, in die sie sich unmittelbar einfügen, in den Werten, an denen sie sich unmittelbar orientieren und in den Formen, die sie unmittelbar anwenden, als etwas Befruchtendes und Bereicherndes, als etwas, das der Umfassung der Wirklichkeit durch ihre Kategorien, adäquat vorarbeitend vorangeht, während all dies für die Naturwissenschaften bloß eine Beschränkung in der Beherrschung des Erkenntnisgegenstandes sein würde. So kommt es, daß – bis auf wenige wirklich »welthistorische« Erscheinungen – jede Kulturwissenschaft in jedem Lande eine eigene Entwicklung nimmt, die, sehr oft, selbst wenn sie dieselben Probleme bearbeiten, wegen der verschiedenen Begriffsbildungs-Traditionen kaum voneinander Kenntnis nehmen. Eine Kenntnisnahme von Entwicklungslinien aus der Perspektive der wissenschaftlichen Bedürfnisse und Orientation eines anderen Volkes bedeutet also stets eine Erweiterung des Gesichtskreises, die Einbeziehung neuer »Tatsachen« in den für uns in Betracht kommenden Komplex. So kann das unermüdliche Eintreten Croces für Vico (schon in seiner ebenfalls deutsch erschienenen Aesthetik) sehr leicht einen großen Gewinn für die Erkenntnis von Entwicklungslinien (über Herder zu dem deutschen Idealismus) bedeuten, so bietet seine Darstellung der Historiographie des Mittelalters und der Renaissance eine sehr interessante Ergänzung zu den einschlägigen Untersuchungen Diltheys etc. Und besonders wohltuend wirkt der große und freie Gesichtspunkt, der nicht nur manches, dem deutschen Kulturkreis Entrücktes klarer erblickt, als dies hier möglich ist, sondern auch deutschen Werken gegenüber nicht nur eine freiere und unbefangenere Haltung hat als viele Deutsche, sondern auch eine reichere, eingewurzeltere und selbstverständlichere Kenntnis. Ich denke in erster Linie an seine Beziehung zu Hegel. Und so kann seine scharfe Ablehnung gewisser deutscher Tendenzen in seiner Kritik des Positivismus in der Historiographie auf das freudigste begrüßt werden, als ein Anschluß an die echtesten Tendenzen des deutschen Geistes. »In Deutschland hingegen hielt sich jeder klägliche Abschreiber von Texten und Sammler von Varianten und Aufsteller von Hypothesen über die Echtheit eines Textes für einen Mann der Wissenschaft und Kunst und wagte es, einem Schelling oder Hegel, einem Herder oder Schlegel nicht nur ins Gesicht zu sehen, sondern auch seine Ueberlegenheit und Verachtung zu zeigen, weil sie ›antimethodische‹ Leute seien. Von Deutschland aus verbreitete sich dieser pseudowissenschaftliche Dünkel nach den anderen europäischen Ländern ...« (S. 248).

Die theoretische Position Croces zur Geschichte läßt sich auch in erster Linie aus seiner Beziehung zu Hegel begreifen. Die notwendige Begrenztheit einer Anzeige verbietet auf die sehr interessante Parallele einzugehen, die sich hier mit den Bemühungen Diltheys einer Begründung der Geschichtswissenschaft von dem Begriff des Hegelschen Geistes aus, darbietet. Gemeinsam ist beiden die Tendenz, den scharfen Unterschied zwischen objektivem und absolutem Geist aufzuheben, um zu einem einheitlichen, in der Geschichte immanenten Begriff des Geistes zu gelangen. Dilthey gesteht dies ganz klar ein (Aufbau der geschichtlichen Welt in den Geisteswissenschaften. Berlin 1910. S. 82), bei Croce zeigt es sich mehr implizite in seiner ganzen Darstellung. Während Hegel die empirische Geschichte in Geschichtsphilosophie transzendiert und so in Philosophie aufgehen läßt, sieht Croce auch bei ihm einen Dualismus der Methoden, eine transzendente Auffassung, eine theologische Tendenz (S. 237 ff.) und proklamiert an den verschiedensten Stellen seines Buches (z. B. S. 50 bis 51, 104 usw.) die Identität der Philosophie mit der Geschichte, einer Geschichte, »die ihre Dokumente nicht außer sich hat, sondern in sich, die ihre kausale und finale Erklärung nicht außer sich hat, sondern in sich, die die Philosophie nicht außer sich hat, sondern mit ihr zusammenfällt«. Die Kritik dieser Anschauung in ihrer Bedeutung für das System der Philosophie gehört nicht hierher, sie wäre auch nur als Kritik der Croceschen Logik denkbar. In bezug auf den kategoriellen Aufbau der Geschichtswissenschaft wäre zu bemerken, daß hier die Gefahr eines Dilemmas zwischen Dogmatismus und Relativismus sehr nahe liegt. Croce, wie jeder Hegelianer, würde einen solchen Einwand, als aus abstraktivem Mißverständnis seiner Begriffsbildung kommend, a limine abweisen, wenn man aber nach der transzendentalen Heimat und der methodologischen Bedeutung dieser einzelnen Begriffe fragt, so erscheint diese Fragestellung doch naheliegend. Ein zentraler Begriff dieser Geschichtstheorie – ich muß mich hier leider auf Beispiele beschränken – ist der Fortschritt. Wenn Croce diesen als »Uebergang vom Guten zum Besseren« definiert, »wobei das Schlechte das im Lichte des Besseren gesehene Gute ist« (S. 73) und die Entgegensetzung des Guten und des Schlechten als Dogmatismus abweist, so erscheint uns dies, in dieser Isolation, als panlogistisch-dogmatische Metaphysik, die wohl zur leitenden Idee einer Geschichtsphilosophie, niemals aber zum Prinzip der Geschichtswissenschaft werden kann, die als solche immer eine empirische Wissenschaft ist und bleiben muß. Noch schroffer tritt der rein geschichtsphilosophische Charakter dieses Begriffes in seiner Problemgeschichte auf: »Denn wir wissen wohl, daß solche Schulmeister- und Examinatorenleistungen (Verurteilung einer bestimmten Epoche) in der Geschichte nicht zulässig sind, wo das, was begrifflich später kommt, trotz des gegenteiligen Anscheins notwendig über dem steht, aus dem es hervorgegangen ist« (S. 258). Freilich wäre dies auch als regulative Idee für die Geschichtswissenschaft zu denken, wenn in diesen Ideen nichts als die axiomatisch bedingte Gerechtigkeit des Historikers, seine Abstinenz von Werturteilen, die Croce sehr fein so definiert, daß »die Geschichte nie Richterin, sondern allezeit Rechtfertigerin« ist (S. 77), daß sie nur positive Urteile auszusprechen hat und jedes negative Urteil als ein Zeichen der Unvollkommenheit anzusehen ist (S. 75), daß »eine verurteilte Tatsache ... noch keine historische Erkenntnis ist, sondern höchstens die Prämisse zu einem zu formulierenden historischen Problem« (S. 78), zum Ausdruck kommen würde. Einer solchen Auffassung widerstreitet jedoch Croces Identifikation von Philosophie und Geschichte; sie ist nur möglich bei der Rickertschen haarscharfen Trennung zwischen der wertbeziehenden Wirklichkeitsgestaltung des Historikers und dem absoluten, übergeschichtlichen Wertsystem des Philosophen. Eine solche, innerlich richtig gefaßte Geschichte im Sinne Croces, wenn sie zugleich Philosophie sein soll, bedeutet eine zur Metaphysik hypostasierte geschichtliche Methode; eine Metaphysik, die die gleiche Gottesnähe jeder geschichtlichen Epoche verkündet, wie etwa die Rankes, nur daß auch in der Aufeinanderfolge der Zeiten, hier mehr an Hegel angenähert, eine immer klarere Gegenwärtigkeit des Absoluten offenbar wird. Hier zeigt sich, verhängnisvolle Verirrungen stiftend, die Konsequenz der Verwirrung von objektivem und absolutem Geist. Es ist wahr: keiner der großen Theoretiker oder Metaphysiker der Geschichte hat das Problem der Geschichtlichkeit des an sich zeitlosen, absoluten Geistes zum Problem gemacht; die Frage aufgeworfen, wie es möglich ist, daß Kunst, Religion und Philosophie überhaupt eine Geschichte haben; und niemand hat noch die methodischen Differenzen aufgezeigt, die sich als Folge dieses Problems zwischen Kunst-, Religions- und Philosophiegeschichte und den anderen geschichtlichen Disziplinen ergeben. (Soviel ich weiß, ist mein sehr mangelhafter und oft mißverstandener Versuch über die Methodologie der Literaturgeschichte, der 1910 ungarisch erschienen ist, der einzige in dieser Richtung.)[1] Doch selbst wenn diese Trennung in der Geschichte selbst nicht vollzogen wird, und der »Einheitlichkeit« der geschichtlichen Welt der absolute wie der objektive Geist in unerklärlicher Weise gleich unterworfen sind, besitzt für die Windelband-Rickertsche Wissenschaftslehre der absolute Geist einen metahistorischen transzendentalen Ort, und die Prinzipien der Geschichtswissenschaft müssen nicht aus ihr selbst herausgetrieben und dadurch zur Weltanschauung und Metaphysik hinaufgeschraubt werden. Denn die Selbstbesinnung des geschichtlichen Geistes, die hier mit der Geschichte identisch ist, kann nur in einer absichtlich auf dieses Transzendieren angelegten Metaphysik über das Geschichtliche hinausgehen. Wenn dieser

1 »Megjegyzések az irodalomtörténet elméletéhez«, in: *Dolgozatok a modern filozófia köréből: Emlékkönyv Alexander Bernát hatvanadik születése napjára*, Budapest 1910, S. 388-421 (in diesem Band S. 63-101) [Anm. d. Hg.].

Metaphysik auch, wie bei Croce, die konkrete Inhaltlichkeit entzogen wird, damit sie nicht das Schicksal der Hegelschen teile, »von Transzendenz angekränkelt« und wieder zur »Geschichte a priori«, zur »Universalhistorie« im Sinne des mittelalterlichen »ab origine mundi« und »de duabus civitatibus« usw. werde (S. 238-241), so wird sie dadurch nur blasser und blutloser, ihren dogmatisch-metaphysischen Charakter wird sie dennoch nicht verlieren können. Nur daß der »Inhalt« dieser Metaphysik, denn jede Metaphysik muß sich als »Inhalt« konkretisieren, zur Weltanschauung des Historismus in eine bedenkliche Nähe kommt; und eine der größten Errungenschaften Rickerts, die Befreiung der immanent und selbstherrlich gewordenen empirischen Geschichtswissenschaft vom Historismus als Weltanschauung, die aus der Hypostasierung ihrer methodologischen Bedingungen entsteht, droht wieder verlorenzugehen.

Diese Verwirrung muß deshalb in erster Reihe aufs schärfste bekämpft werden, weil Croce in allen Einzelfragen (wie der ihm auch hier nahestehende Dilthey) den feinsten Sinn für spezifisch historische Problemstellungen besitzt, und dadurch leicht der Schein entstehen könnte, als ob gerade diese Metaphysizierung der Geschichtsmethodologie das wahre Auffinden der echtesten und immanentesten Prinzipien der reinen Geschichtswissenschaft wäre. Es ist hier leider nicht möglich, auch auszugsweise die feinen Ansichten Croces über den Unterschied von Chronik und Geschichte, über wahre und Pseudogeschichte (philologische, poetische, rhetorische Geschichte, Geschichte der Natur), über Universalgeschichte, über Positivität der Geschichte usw. wiederzugeben. Nur auf einen, meinem Gefühl nach wesentlichen Punkt seiner Theorie möchte ich noch hinweisen, der mir um so bedeutsamer erscheint, als er sich hier in voller Übereinstimmung mit den anderen, aus entgegengesetzten Voraussetzungen ausgehenden Theoretikern der Geschichte befindet, aber geradeso wie diese nur den methodischen Ort eines wichtigen Problems aufzeigt, das Problem selbst aber der Lösung nicht näher bringt. Ich meine den methodischen Sinn der sog. »Willkür« im Ausgangspunkt des Historikers. Croce definiert die Geschichte als »Geschichte der Gegenwart«, als »lebendige Geschichte« (S. 9). Diese Lebendigkeit der Geschichte ist es, die ihr ihren Gegenstand erschafft, und nur das von ihr betroffene kann zum Gegenstand der Geschichte werden; alle anderen

»Tatsächlichkeiten« werden erst von der Kraft dieser Lebendigkeit geschichtlich gemacht. Daraus folgt eine konsequente Ablehnung der Universalgeschichte (S. 45 ff.), denn der extensive wie intensive Umfang des Gegenstandes der Geschichte ist selbst geschichtlich, wechselnd und relativ und kann niemals den Anspruch erheben, eine absolute Totalität, was der Begriff der Universalgeschichte involviert, zu sein. »Denn die tote Geschichte lebt wieder auf und die vergangene wird wieder gegenwärtig, je nachdem es die Entwicklung des Lebens so erheischt. ... Wie viel Geschichte, die jetzt für uns Chronik ist, wie viele Dokumente, die jetzt für uns stumm sind, werden zu ihrer Zeit von neuen Lebenstrieben erfüllt wieder zu Wort kommen. Diese Wiederbelebungen gehen ganz auf innere Motive zurück ... Und man wird nie etwas vom wirklichen Vorgang des geschichtlichen Denkens verstehen, wenn man nicht davon ausgeht, daß der Geist selbst Geschichte und in jedem dieser Augenblicke zugleich Geschichtsfaktor und Ergebnis der ganzen vorhergegangenen Geschichte ist; so daß der Geist in sich seine ganze Geschichte mitbringt, welche dann mit ihm zusammenfällt« (S. 14-15). Es ist, bei aller Verschiedenheit der logischen Voraussetzungen und der Erkenntnisziele, eine ähnliche Gegenstandsbestimmung der Geschichtswissenschaft wie bei Rickert: »Die Menschheitsgeschichte wird sich bei Beschränkung auf die rein faktische Anerkennung der Werte immer nur vom Standpunkt eines bestimmten Kulturkreises aus schreiben lassen, und daher niemals sowohl von allen Menschen als auch für alle Menschen in dem Sinne gültig oder auch nur verständlich sein, daß alle Menschen ihre leitenden Werte als Werte anerkennen« (Kulturwissenschaft und Naturwissenschaft 2. Aufl. S. 142). Daß damit die »Objektivität« und die methoden-immanente »Allgemeingültigkeit« der Geschichtswissenschaft nicht aufgehoben und einer »Willkür« preisgegeben, sondern im Gegenteil gerade transzendentallogisch begründet wird, erscheint bei Croce sowohl wie bei Rickert als vollkommen evident, indem für beide diese Setzung als der die Sphären bestimmende, Gegenstand und Objektivität schaffende, axiomatisch notwendige Akt erscheint. Die Aufgabe der Theorie der Geschichtswissenschaft scheint also durch diese Bestimmung und dem aus ihr abgeleiteten kategorialen Aufbau dieser Sphäre vollendet zu sein. Es scheint uns jedoch vom Standpunkt einer allgemeinen Wissenschaftslehre aus nicht möglich, bei der Faktizität dieser Konstellation und ihrer aufgezeigten Evidenz stehen zu bleiben; und auf die Bedenklichkeit von Croces Versuch, diese Setzung aus der Geschichte selbst abzuleiten, haben wir bereits hingewiesen. Eine Untersuchung, die hier einsetzt, die diese Faktizität zum Problem macht, erscheint uns um so bedeutsamer, als dadurch der methodische Ort einer Wissenschaft, deren Beziehung zur Geschichte immer problematisch schien und die deshalb sowohl von den Praktikern wie von den Theoretikern der Geschichtswissenschaft immer mit einer gewissen Abneigung behandelt wurde, aufzeigbar wäre: der Soziologie. Es scheint uns nämlich, was näher zu begründen hier freilich unmöglich ist, daß nicht nur der Crocesche Begriff der »Lebendigkeit« als konkreter, inhaltlich erfüllter Begriff seine methodische Heimat in der Soziologie hat (Alfred Webers Bemühungen, im »Lebensgefühl« den Grundbegriff der Soziologie zu finden, bewegen sich in dieser Richtung), sondern daß auch die von Rickert hervorgehobenen, innerhalb eines bestimmten Kulturkreises tatsächlich geltenden Werte erst in der Soziologie wirklich begriffen werden können. Daß hiermit nicht eine Auflösung der Werttheorie in Soziologie gemeint ist, ist ebenso klar, wie daß mit der von Rickert und Croce betonten, inhaltlich wechselnden Grundlage der tatsächlichen Geschichte keine subjektive Willkür beabsichtigt wurde. Dieses Mißverständnis könnte nur entstehen, wenn man den Begriff der Soziologie an den größten Teil der daseienden und – leider – bekanntesten Schriften, die sich soziologisch nennen, orientiert, obwohl diese Schriften, wie Croce (S. 257) richtig aufzeigt, chaotische Theologien, dogmatisch-metaphysische Geschichtsphilosophien sind. Nicht die Werte und nicht das normative Gelten der Werte wird also von uns als Gegenstand der Soziologie gefordert, sondern die jeweilige inhaltliche Erfüllung, die die Werte in bestimmten historischen Momenten erhalten und die Typik, die sich aus der Untersuchung möglicher inhaltlicher Erfüllungen ergeben kann. Und diese inhaltlich erfüllten, tatsächlich geltenden Werte sind es, die die Geschichtsschreibung gegenstandbestimmend beeinflussen. Es ist richtig, daß etwa die Kunstgeschichte – in abstracto – von der Anerkennung des Wertes der Kunst bestimmt wird. Konkret und für die Geschichtsschreibung maßgebend werden aber etwa Fragen sein, ob bloß die Komposition der Linien (wie für Winckelmann und seine Zeit) für den Wertbegriff der Malerei konstitutiv ist oder ob nicht der Farbe, oder dem Valeur usw. die entscheidende Rolle zukommt. Und daß diese Wandlungen, die, grob ausgedrückt, die Wandlungen des Geschmackes sind, soziologisch bedingt sind, wird jeder begreifen, der etwa die Geschichte der Geschichte des Dramas vom 17. Jahrhundert bis zu unseren Tagen verfolgt, der das Aufeinanderfolgen der Herrschaft der französischen Klassik, das Aufkommen des zuerst als »natürlich«, aus der Perspektive der bürgerlichen Dramen gesehenen Shakespeares usw. mit den Wandlungen der gesellschaftlichen Struktur, den Wandlungen der kulturell relevanten gesellschaftlichen Schichten und ihrer soziologischen Lage in Beziehung bringt. So müßte man, um nur noch dieses berühmte Beispiel zu bringen, die merkwürdige Tatsache, daß Ranke die französische Revolution aus der unglücklichen äußeren Politik Frankreichs unter Ludwig XV. ableitet, weder als vorbildlich noch als oberflächlich werten, sondern aus soziologischen Gründen begreifen. Neue Tatsachen entstehen durch neue Gesichtspunkte, aber die neuen Gesichtspunkte sind weder willkürlich noch bloß genial, sondern notwendige Folgen gegebener Situationen: sie sind das Produktivwerden eines soziologisch bedingten Interesses an gewissen Zusammenhangkomplexen; wenn es freilich auch durch die nie rationalisierbare Begabungsfrage der Vertreter neuer Gesichtspunkte entschieden wird, ob diese wirklich für die Wissenschaft fruchtbar werden. Hier scheint uns gerade die Religionsgeschichte ein einleuchtendes Beispiel zu geben. Rickert betont (Grenzen der naturwissenschaftlichen Begriffsbildung, 2. Aufl. S. 563), daß zwischen einem katholischen und einem protestantischen Geschichtsschreiber der Reformation, abgesehen von ihren, hier unwesentlichen Werturteilen, in bezug auf das historisch Relevante, auf die geschichtliche Wirklichkeit kein entscheidender Unterschied sein muß; dieser wird erst hervortreten, wenn die Reformation von einem diesem Kulturkreis ganz fernstehenden Historiker bearbeitet wird. Aber so richtig dies auch sei, wenn »dieselbe« geschichtliche »Tatsache« zum Gegenstand eines Historikers wird, der den ganzen Wertkomplex der Religiosität wesentlich anders als ein Katholik oder Protestant (die, wenn auch einander feindlich gegenüberstehen, doch auf demselben Boden stehen) wertet, aber das »tatsächlich geltende« der positiven Religionen unseres Kulturkreises als »Tatsache« erlebt und erkennt, so können hier ganz neue »Tatsachen« der Religionsgeschichte entstehen; und wie fruchtbar diese werden könnten, beweist, daß selbst von einer derart mehr als fragwürdigen Darstellung, wie die Kautskys ist, ein Kenner wie Troeltsch anerkennt, »daß sie nicht ganz ohne Wert ist, indem sie auf sonst unbeachtete Seiten der Sache hinweist« (Ges. Schriften I. 18). Und die wesentliche Geschichte der Geschichtswissenschaft besteht gerade darin, daß »sonst unbeachtete Seiten der Sache« plötzlich beachtet werden. Daß dies vom Inhalt der axiomatischen Setzung der Geschichtswissenschaft abhängt, haben wir oben zu zeigen versucht; wie auch darauf hingewiesen wurde, daß deren Inhalte bei wirklich eingehender, unbefangener und sorgfältiger Analyse eine merkwürdige Parallelität und Beziehung zu gesellschaftlichen Schichtungsverhältnissen, Verschiebungen, äußeren wie inneren Änderungen aufweisen; daß sie sich also zum Gegenstand der Wissenschaft, deren konstituierendes Objekt die Formen der menschlichen Gesellschaft sind, eignen. Daß der historische Materialismus, die bisher bedeutendste soziologische Methode, fast immer zur geschichtsphilosophischen Metaphysik wurde, darf nicht den epochemachenden Wert der ihm zugrunde liegenden, nur bis jetzt noch nicht klar herausgearbeiteten Methode vergessen lassen. In dem, was Marx das Ideologienproblem nennt, liegt – freilich seiner metaphysischen Begriffsbildung entkleidet und methodisch reingemacht – der Weg zur Lösung des Problems, das ich hier angedeutet habe: die Erkenntnis, was die durch ihre eigene Axiomatik formell bedingten Setzungen der Wissenschaften des objektiven Geistes notwendig mit konkreten Inhalten erfüllt. Ich verweise hier auf die sehr interessanten Ausführungen Radbruchs, der die mögliche Typik der Wertstruktur, das Fundament rechtsphilosophischer Systeme mit der Typologie der parteipolitischen Stellungnahmen in Beziehung bringt und so, bei Beibehaltung der juristischen Immanenz und Allgemeingültigkeit juristischer Kategorien, ihre konkrete Erfüllbarkeit nicht nur aus metajuristischen Quellen herleitet, sondern auch den Punkt aufweist, von dem aus sie begriffen werden kann (Grundzüge der Rechtsphilosophie S. 96 ff.). Ich muß betonen, daß Radbruch das Problem nur von der Seite der Rechtsphilosophie aufwirft und auf seine soziologische Diskussion nicht näher eingeht. Für seine Problemstellung mit Recht; aber mir scheint dennoch, daß er den methodischen Ort, wo dieses Problem liegt, am deutlichsten aufgewiesen hat. Daß das Problem für die Wertsysteme des absoluten Geistes ganz anders zu formulieren ist (und für jeden Wert verschieden), wird nach dem bisher Ausgeführten wohl als selbstverständlich erscheinen. Aber alle diese Beziehungen der Soziologie zu den Kulturobjektivationen des objektiven und absoluten Geistes haben eines gemeinsam: die Tendenz, die Wurzeln konkreter Setzungen aufzuzeigen und mit dem Nachweis des gesellschaftlichen Charakters ihrer Objektivität und Allgemeingültigkeit, sie sowohl von einer bloß subjektiven Irrationalität, wie von einem falschen, in dogmatische Metaphysik transzendierenden Rationalismus zu bewahren. Für die Geschichte bedeutet diese soziologische »Kritik« ihrer Grundlage eine weitere Garantie ihres rein empirischen Charakters, der durch ihre Selbstbegründung aus dem Begriffe des Geistes, wie wir sahen, stark gefährdet ist; für die Soziologie bedeutet ihre Gebundenheit an die von anderen Wissenschaften vorgearbeiteten, einander heterogenen Gebilden und an ihre verschiedenen Strukturen die Sicherung, daß sie nicht über diese »Kritik«, über diese Analyse von Bedingungen möglicher, konkreter Wertrealisationen hinausgeht und infolge der Hypostasierung der »Bedingungen von Möglichkeiten« zu wirkenden Ursachen zur geschichtsphilosophischen Metaphysik wird. Die Erkenntniskritische und sphärentheoretische Bedeutung des Ideologien-Problems liegt ja gerade darin: alles, was nicht wirklich aus dem Absoluten stammt, als Produkt gesellschaftlicher Bedingungen nachzuweisen; eine Trennung, die eine Lebensfrage der Wissenschaftslehre ist, sowohl im Interesse der Empirität der Einzelwissenschaften, wie im Interesse der Freiheit von hypostasierter Empirik für Werttheorie und Metaphysik. Es ist schade, daß Croce, der zu den wenigen Philosophen gehört, die sich ernsthaft mit Marx befaßt haben, auf dieses Problem der Beziehung der Geschichte zur Soziologie überhaupt nicht eingegangen ist. Der Zweck dieser wenigen Zeilen kann selbstredend nicht einmal ein Anschneiden dieses Problems sein, höchstens der Ausdruck des Wunsches, es einmal zur Diskussion gestellt zu sehen.

11. Wladimir Solovjeff: Ausgewählte Werke.
Bd. I (XVI u. 386 Seiten).[1]
Jena 1914. Eugen Diederichs.
M. 7.–, geb. M. 8.50.

Seine großen Verdienste, die sich der Diederichssche Verlag durch Herausgabe sonst unübersetzter Philosophen erworben hat, vermehrt dieser erste Band einer auf drei Bände geplanten Ausgabe der Werke Solovjeffs ganz außerordentlich. Nicht nur philosophiegeschichtlich ist es sehr bedeutsam für uns, nach Tolstois und Dostojewskys inspirativen Selbstanalysen den Theoretiker der mystisch-religiösen Wendung Rußlands, seinen ersten und bis jetzt einzigen denkerisch relevanten Vertreter der Abkehr von Materialismus und Positivismus kennen zu lernen, sondern auch für eine wirkliche geschichtliche, soziologische oder geschichtsphilosophische Kenntnis russischer Probleme ist die Bekanntschaft sowohl der Stellungnahme Solovjeffs zum Sozialismus, zum Tolstoismus und zur Theokratie, wie die seiner eigenen utopistischen Geschichtsphilosophie und Lehre vom Gottmenschen unumgänglich notwendig. Es ist aber bedauernswert, daß der Verlag diese seine Verdienste durch eine etwas willkürliche Auswahl selbst schmälert und in mancher Beziehung problematisch macht (so wie die Kierkegaard Ausgabe wegen der nicht scharf genug zu tadelnden Willkür der Uebersetzer fast als wertlos zu betrachten ist): in der auf drei Bände geplanten Auswahl fehlen nach bisheriger Disposition die theoretischen Schriften Solovjeffs vollständig; weder die »Kritik der abstrakten Prinzipien« noch die späteren Aufzeichnungen »über theoretische Philosophie« soll die Ausgabe enthalten. Es mag ja richtig sein, daß die eigentlichste Bedeutung Solovjeffs in seiner religiös-ethisch-geschichtsphilosophischen Stellungnahme zur Wirklichkeit liegt, aber selbst sein Versuch, die Ethik von allem Erkenntnismäßigen frei zu machen, setzt eine Erkenntnistheorie

1 Die Bedeutung der russischen literarischen wie philosophischen Tradition für den jungen Lukács, der im Ersten Weltkrieg an einem großangelegten Dostojewski-Projekt arbeitete, ist von Andreas Hoeschen (*Das »Dostojewsky«-Projekt. Lukács' neukantianisches Frühwerk in seinem ideengeschichtlichen Kontext*, Tübingen 1999) und neuerdings von Ulisse Dogà (*Von der »Armut am Geiste«. Die Geschichtsphilosophie des jungen Lukács*, Bielefeld 2019) untersucht worden [Anm. d. Hg.].

voraus, die uns nicht vorenthalten werden darf, wenn die Ausgabe eine wirkliche Bekanntschaft des Philosophen vermitteln soll. Auch die Berufung auf den mystischen Charakter der Solovjeffschen Philosophie kann diese Art der Auswahl nicht entschuldigen: bei jedem großen Mystiker der Vergangenheit ist es stets klar ersichtlich, von welchem gedanklichen System er seinen Ausgangspunkt wählt, wenn auch um ihn transcendierend oder polemisch zu verlassen, bei Solovjeff hingegen – wegen der philosophischen Anarchie seiner Zeit – durchaus nicht; zudem wäre es durchaus falsch, Solovjeff, der in relativ spätem Alter Kants »Prolegomena« ins Russische übersetzt hat, eine Gleichgültigkeit abstrakttheoretischen Problemen gegenüber anzudichten. Doch wir wollen hoffen, daß der Verlag diesen Fehler der Ausgabe noch irgendwie beseitigen wird. – Ueber Solovjeff selbst kann erst nach Abschluß der Ausgabe Entscheidendes gesagt werden. Vor allem, weil in den in diesem Band vereinten Schriften (»Die geistigen Grundlagen des Lebens« 1882-1884; »Sonntags- und Osterbriefe« 1897-1898; »Drei Gespräche« 1899-1900) der definitive Standpunkt des Verfassers nicht immer ganz klar hervortritt. Insbesondere ist es noch wenig ersichtlich, inwiefern seine utopische Geschichtsphilosophie tatsächlich ein utopisches Hinausgehen über die geschichtliche Wirklichkeit bedeutet oder inwiefern sie bei einem Kanonisieren und Zur-Kategorie-Erheben geschichtlicher Tatsachen (z. B. orthodoxe Kirche) stehen bleibt. Geradesowenig ist der für die ganze Position Solovjeffs entscheidende Punkt, der Uebergang von der Ethik zur Religion (als Problem der Gnade berührt S. 14 ff.) in diesen Schriften ganz klar geworden, dessen Bedeutung um so größer ist, als Solovjeff gerade von hier aus die apriorische Begründung der Kirche als metaphysischer Realität versucht (vgl. S. 95, 107). Eine Beurteilung dieser Probleme und alles aus ihnen Folgende (z. B. die Gleichsetzung des Bösen mit dem Sinnlosen S. 59) kann erst nach Abschluß der Ausgabe erfolgen. Dann kann auch erst über die soziologische Bedeutung der utopischen Geschichtsphilosophie Solovjeffs gesprochen werden, und aus diesem Gesamtzusammenhang wird seine – hier oberflächlich und an dem Wesen der Probleme vorbei zu gehen scheinende – Kritik des Sozialismus (S. 48 ff.), der Philosophie Nietzsches (S. 167 ff.) sowie der Tolstois (in den »Drei Gesprächen«) hoffentlich als wesentlicher erscheinen. – Die Übersetzung Harry Köhlers liest sich ganz angenehm;

die Ausstattung ist einfach und gut; schade ist nur, daß die Seitenangabe des Inhaltsverzeichnisses voll von falschen Zahlen ist.

Wladimir Solovjeff: Die Rechtfertigung des Guten. Ausgewählte Werke, Bd. II. (LII und 523 Seiten). *Jena 1916. Eugen Diederichs. M. 12.–, geb. M. 14. –.*

Der zweite Band der ausgewählten Werke Solovjeffs, der sein ethisch- geschichtsphilosophisches Hauptwerk enthält, gestattet ein Urteil, wenn auch nicht über die Totalität, so doch über das Wesen seines philosophischen Denkens und hauptsächlich darüber, ob uns in diesem Lebenswerk nur die Aeußerung einer interessanten, bedeutungsvollen und anziehenden Persönlichkeit und dazu ein schätzenswertes Dokument für die geistige Geschichte des modernen Rußlands vorliegt, was zweifellos der Fall ist, oder darüber hinaus das Aufwerfen und Lösen von Problemen, zu denen unsere Kulturentwicklung notwendig gedrängt wird, für die aber unsere – westeuropäische, also hauptsächlich: deutsche – Philosophie nicht ausreicht (der Herausgeber scheint – Bd. I, S. VI-VII – dies anzunehmen). Unsere Stellungnahme zu dieser Einschätzung des Lebenswerkes von Solovjeff muß nach der Lektüre dieses Bandes eine entschieden negative sein. Diese Ablehnung kann hier freilich kaum angedeutet, keineswegs aber begründet werden, da eine ausführliche Kritik der grundlegenden Prinzipien Solovjeffs und ihrer systematischen Gestaltung eine Kritik erfordern würde, die den Zielen dieser Zeitschrift kaum angemessen wäre. Wir müssen uns also auf einige Bemerkungen beschränken. Solovjeff will, wie seine Zeitgenossen, die welthistorischen Dichter Rußlands, über den »europäischen« Individualismus (und über die Anarchie, Verzweiflung und Gottlosigkeit, die aus ihm folgen) hinauskommen, ihn aus dem Innersten heraus überwinden und einen neuen Menschen und mit ihm eine neue Welt an die so eroberte Stelle setzen. Es ist natürlich, daß es den Dichtern, soweit sie wirklich Dichter geblieben sind, fast ausschließlich auf den neuen Menschen und seinen Gegensatz zum Alten ankam: hier und nur hier vermochten sie in Wahrheit Visionäre und Verkündiger zu sein; was sie über die neue Welt sagen konnten, war eine bloße Utopie, nur inhaltlich, nicht aber dem Wesen nach von sonstigen Utopien unterschieden; den neuen Menschen – ich denke dabei an Gestalten wie der Fürst Myschkin oder Aljoscha Karamazoff Dostojewskys, wie der Platon Karatajeff Tolstojs – aber haben sie gesehen und konnten ihn als Wirklichkeit der anderen Wirklichkeit gegenüberstellen. Und gerade diese handgreifliche und abtastbare Realität seines Daseins sichert diesen Dichtern ihre wahrhaft weltgeschichtliche Bedeutung: hier liegt in der Tat etwas vor, was die »europäische« Entwicklung von sich aus nicht zu gestalten vermocht hatte, wenn sie es auch ersehnte und erstrebte; etwas, das eine Antwort auf eine ganze Reihe von verzweifelten Fragen zu bringen vermag. Und – dies ist der andere, der ergänzende Aspekt ihrer Berufenheit – diese Dichter haben die ganze Problematik des »Individualismus«, die sie gestaltend hinter sich lassen, ebenfalls gestaltend, durcherlebt: Sonja bringt der kranken Seele Raskolnikoffs die neue, die frohe Botschaft und Platon Karatajeffs schlichtes Licht weist einen Weg für Pierre Bezuchoff aus tiefster Finsternis und Verzweiflung. Um es kurz zu sagen: die Enttäuschung, die die europäischen Leser an Solovjeff unbedingt erleben werden, ist, daß man bei ihm eine philosophische, gedanklich-visionäre Gegenständlichkeit, die der dichterischen Tolstojs und Dostojewskys entspricht und sie ergänzt (so wie die metaphysische Vision des deutschen Idealismus neben der Dichtung der deutschen Klassiker und Romantiker steht), erwartet, aber kaum mehr als einen edlen und feinen Eklektizismus antiker und moderner idealistischer Philosophien findet. Das bezeichnendste Symptom hierfür ist, daß die zu überwindende Problematik des Individualismus, die Tragik des In-sich-selbst-Verlorenseins, der Isolation und der Gottverlassenheit nirgends einen wirklich starken Ausdruck findet. Für Solovjeff ist der Zustand der menschlichen Solidarität »etwas durchaus Begreifliches, als Ausdruck einer natürlichen und offenbaren Solidarität alles Seienden. Dieser Anteil, den die Geschöpfe aneinander nehmen, entspricht offenbar dem Sinn des Weltalls, stimmt vollständig mit der Vernunft überein oder ist vollkommen rationell. Sinnlos oder irrationell ist im Gegensatze dazu die gegenseitige Entfremdung der Geschöpfe untereinander, ihr subjektives Sondersein, das der objektiven Untrennbarkeit widerspricht. Diese Tatsache eines inneren Egoismus und keineswegs die gegenseitige Teilnahme zwischen den Einzelwesen der einheitlichen Natur ist in Wirklichkeit ein im höchsten Grade Geheimnisvolles und Rätselhaftes, etwas, worüber sich die Vernunft nicht unmittelbar Rechenschaft geben kann, und die Ursachen dieser Erscheinung können auf dem Erfahrungswege nicht gefunden werden« (76). Aber dieses Rätselhafte, das als formendes Prinzip unsere ganze Gegenwart erfüllt, erweckt kein philosophisches θαυμάζειν in Solovjeff; er nimmt es – ohne es wirklich erlebt, erlitten (und hiermit: in Wahrheit erkannt) zu haben – als bedauerliche, aber vergängliche, unsymptomatische und sporadische Tatsache hin – und eilt durch nichts gehemmt oder gehindert der geforderten solidarischen Einheit des Sinnes zu. Diese jedoch ist auch ohne wirkliche metaphysische Erschütterung gewonnen, und bleibt deshalb matt und unintensiv, ohne wirkliche Ueberzeugungskraft: edel und eklektisch. Der Mangel an vorangehendem »Staunen« macht ihn unfähig, tiefe Problemstellungen vergangener Philosophen in ihrer wirklichen Tiefe zu begreifen (z. B. Schopenhauers Mitleidstheorie S. 72-75; Kants und Fichtes Pflichtenkollisionen, die aus dem absoluten Verbot der Lüge entstehen S. 118 ff., die ethischen Fragen des Buddhismus S. 253 ff. usw.), geschweige denn weiterzuführen; er nimmt ihm die Möglichkeit, das Eigenleben der geschichtlichen oder gesellschaftlichen Gebilde und der bedeutsamen ethischen Typengruppen wirklich zu erfassen: denn nur in einer von vornherein abgematteten und auf Einklang verfälschten Wesenheit kann die von ihm geforderte Harmonie entstehen. Ich verweise nur auf seine Fassung der Beziehung von Recht und Moral, die im Wesen auf das Jellineksche »ethische Minimum« (S. 407) ausläuft, wobei ihre prästabilierte Harmonie so weit getrieben wird, daß erklärt werden kann: »es gibt keine moralische Beziehung, die nicht auch vollkommen richtig und allgemein verständlich in eine juristische Formel gebracht werden könnte« (S. 405); auf seine vollkommene Verkennung des abstrakten Machtcharakters des Staates mit allen Problemen, die daraus entstehen können (S. 317-322); auf seine maßlose Ueberschätzung »moralischer« Einwirkungen der »öffentlichen Gewalt« sowohl in ihren Motiven, wie in ihren Folgen (S. 281-2 und 362); auf seinen naiven Optimismus in bezug auf das stetige humaner und harmloser Werden der Kriege (S. 431-2 und 437) usw.. Freilich können selbst ihm die unzähligen realen Konflikte nicht entgehen, die die Geschichte zwischen an sich berechtigten und die eigenen Notwendigkeiten zu Ende gehenden Typen und Gebilden aufzeigt; er hat aber hierfür die unerschütterlich optimistische, immer gleiche Antwort: die Idee des Guten – die als inhaltlich gegeben und als inhaltlich und eindeutig erkennbar gefaßt wird – wäre von diesen Menschen noch nicht im ganzen Umfange oder nicht richtig erkannt worden usw. Weil aber diese Harmonie aus Unterdrückung und – selbstverständlich unbewußter und unbeabsichtigter – Verfälschung der Bestandteile entstanden ist, muß ihr alles Überzeugende fehlen; und weil sie nicht aus einem derartigen Geblendetsein vom himmlischen Licht ihren Ursprung nimmt, daß sie leichten Schrittes und unbelasteten Gewissens jede irdische Dissonanz vergessen und unbeachtet lassen könnte, fehlt ihr alles Strahlende und Ueberwältigende. Ich will noch ein letztes Beispiel für diese ausweichende und kompromißhafte Art Solovjeffscher Problembehandlung geben: Wenn er von Krieg und Mord, in gehässiger, stellenweise witziger Polemik gegen Tolstoj spricht, sagt er, dem Töten im Kriege fehle zum Mord die Absicht »besonders bei der heutigen Art der Kriegführung, bei der aus weittragenden Gewehren und Geschützen auf einen sehr weit entfernten und daher unsichtbaren Feind geschossen wird. Nur in Fällen, wo es wirklich zum Nahkampf kommt, entsteht für den einzelnen Menschen die Gewissensfrage, wie er handeln soll ...« (S. 441-2).

Wir sind uns freilich bewußt, daß diese mehr das Motiv der Ablehnung andeutende als sie selbst nur skizzierende Darlegung kein Bild von dem Werk Solovjeffs geben kann. Es kam uns hier auch nur darauf an, wirkliche oder mögliche Prätensionen, in Solovjeff einen großen, über den deutschen Idealismus hinausführenden Denker, eine philosophische Ergänzung des Dichters Dostojewsky etwa zu erblicken, a limine abzuweisen. Daß auch dieses Werk des – wir wiederholen – edlen und feinen idealistischen Eklektikers manche wertvolle Bemerkung, glückliche Formulierung und der Weiterbildung würdige Andeutung enthält, soll nicht geleugnet werden, (ich denke dabei in erster Reihe an die Fassung der Scham als moralisches Grundphänomen), wenn all dies auch nicht ausreicht, um aus dem uns bis jetzt bekannten Werk Solovjeffs einen dauernd bereichernden Bestandteil der philosophischen Weltliteratur zu machen. Als Dokument seiner Epoche und hiermit als Material zur Kenntnis der russischen Kultur bleibt dies Werk höchst wertvoll und wir müssen, wie bereits bei Gelegenheit der Besprechung des ersten Bandes, dem Verlag ein großes Verdienst wegen dieses Unternehmens zusprechen.

12. Georg Simmel

Georg Simmel war zweifellos die bedeutendste und interessanteste Uebergangserscheinung in der ganzen modernen Philosophie. Deshalb war er für alle wirklich philosophisch Veranlagten der jüngeren Denkergeneration (die mehr sind als bloß kluge, aber fleißige Einzelwissenschaftler in philosophischen Einzeldisziplinen) so überaus anziehend, daß es fast keinen unter ihnen gibt, der nicht für kürzere oder längere Zeit dem Zauber seines Denkens erlegen wäre. Aus eben demselben Grunde aber war diese Anziehung nur in den seltensten Fällen dauerhaft: Simmel hat keine »Schüler« gehabt wie Cohen, Rickert oder Husserl; er war ein großer Anreger, aber weder ein großer Erzieher, noch – und dies führt uns gleich dem Zentrum seines Wesens näher – ein wirklicher Vollender.

Man pflegt Simmel – sowohl in lobender, wie in herabsetzender Absicht – geistvoll zu nennen. Diese Bezeichnung jedoch, so richtig sie auch sei, trifft keineswegs den Kern seiner philosophischen Persönlichkeit. Simmel ist zwar auch im landläufigen Sinne des Wortes geistreich gewesen, und man könnte seitenlang Aussprüche von ihm anführen, die den Vergleich mit den größten Meistern des Witzes aushalten würden, das Entscheidende seines Geistes liegt aber tiefer: es ist ein philosophischer Geist im echtesten und unverfälschtesten Sinne, Geist, wie ihn nur die Größten besessen haben. Dieses Geistreichsein bedeutet das blitzschnelle Erfassen und das frappant-prägnante Ausdrücken eines noch unentdeckten philosophischen Tatbestandes, die Fähigkeit, die kleinste und unwesentlichste Erscheinung des alltäglichen Lebens so stark sub specie philosophiae zu sehen, daß sie durchsichtig wird und hinter ihrer Transparenz ein ewiger Formenzusammenhang des philosophischen Sinnes sichtbar wird.

Simmel besaß in hervorragendem Maße diese höchste Gabe des Philosophen – wie ist es möglich, daß er trotzdem bloß ein blendend »geistreicher« Anreger und kein wirklich großer, wirklich epochemachender Philosoph geworden ist? Der Grund dieses Versagens dem Höchsten gegenüber bezeichnet zugleich den Punkt, wo die reichsten und fruchtbarsten Fähigkeiten Simmels verankert waren: seine grenzenlose und hemmungslose Sensibilität kann man es, das Positive daran betonend, nennen; von einem Mangel an Zentrum, von einer Unfähigkeit zu letzthinigen, übergangslosen Entscheidungen muß man sprechen, wenn man die hier zutage tretenden Grenzen seines Wesens genau bezeichnen will. Simmel ist der größte Uebergangsphilosoph unseres Zeitalters, um Größe und Grenze in einem Satz zusammenzufassen; er ist der wahre Philosoph des Impressionismus. Nicht als ob er das, was die impressionistische Entwicklung der Musik, der bildenden Künste und der Dichtung ausgedrückt hat, bloß auf den Begriff gebracht hätte; sein Werk ist viel mehr als eine begriffliche Formulierung der impressionistischen Weltanschauung: es ist die philosophische Gestaltung jenes Weltgefühls, aus dem die größten Werke dieser Richtung entstanden sind, eine genau so genuine und originelle, aber freilich innerlich genau so problematische Formung des Wesens der unmittelbar hinter uns liegenden Epoche, wie dies in den Werken eines Monet oder Rodin, eines Richard Strauss oder Rilke vorliegt.

Jeder Impressionismus ist seinem Wesen nach eine Übergangsform: er lehnt den Abschluß, die schicksalhafte und schicksalschaffende letzte Formung prinzipiell und nicht aus Unfähigkeit, sie zu erreichen, ab. (Diese Bestimmung paßt selbstredend nur auf die höchsten Vertreter des Impressionismus; bei den Epigonen und Mitläufern handelt es sich stets um geschickt maskierte Impotenz.) Der Impressionismus empfindet und wertet die großen, harten und ewigen Formen als Vergewaltiger des Lebens, seines Reichtums und seiner Vielfarbigkeit, seiner Fülle und seiner Polyphonie; er ist immer ein Verherrlicher des Lebens und stellt jede Form in seinen Dienst. Damit ist aber das Wesen der Form problematisch geworden. Das heldenhafte und tragische Unternehmen der großen Impressionisten besteht gerade darin, daß sie der Form – der sie doch nicht entgehen können, die doch das einzig mögliche Medium ihrer wesensvollen Existenz ist – stets etwas zumuten und aufzwingen, das ihrer Bestimmung widerspricht, das sie aufhebt: hat die Form aufgehört, abgeschlossen, selbstherrlich und in sich vollendet zu sein, so hat sie aufgehört, Form zu sein. Eine dienende, eine nach dem Leben hin offene Form kann es nicht geben.

Trotz dieser unauflösbaren Problematik entstand in den Werken der großen Impressionisten des neunzehnten Jahrhunderts eine Fülle von ewig unverlierbaren Werten. Denn so abgeschlossen und vom Leben abgewandt die ewigen Formen in ihrer Vollendung auch sein müssen, sie müssen dennoch immer wieder auf das Leben zurückgreifen, es in seiner ganzen Vielgestaltigkeit aufzunehmen versuchen, damit das – nunmehr selbstherrlich in sich vollendete – Werk ein wahres Werk, eine selbstgenügsame Welt, ein Mikrokosmos sei. Und jede große impressionistische Bewegung ist nichts anderes als der Protest des Lebens gegen die Formen, die zu sehr in sich erstarrt und in dieser Erstarrung zu schwächlich geworden sind, um seine Fülle gestaltend sich einverleiben zu können. Weil sie aber bei dieser Steigerung der Apperzeption des Lebens stehen bleiben, sind sie ihrem Wesen nach Uebergangserscheinungen: Vorbereiter einer neuen Klassik, die die Fülle des Lebens, die durch ihre Sensibilität wahrnehmbar geworden ist, in neuen, harten und strengen, aber alles umfassenden Formen ewig macht. Simmels geschichtliche Situation kann von diesem Gesichtspunkt aus so formuliert werden: er war ein Monet der Philosophie, auf den bis jetzt noch kein Cézanne gefolgt ist.

Der Zustand der Philosophie, den das Auftreten Simmels vorfand, war der denkbar trostloseste: die große Tradition der klassischen deutschen Philosophie schien verlorengegangen; die bedeutenden Outsider jener Zeit (Nietzsche, Hartmann) standen wurzel- und folgelos in einer Hochflut des ödesten und seelenlosesten Materialismus und Positivismus. Für eine philosophische Empfänglichkeit schien kein anderer Weg, als die Steigerung der Sensibilität im geschichtlichen Nachempfinden vergangener Epochen und Menschen offen zu stehen (Typus Dilthey), denn selbst die ersten Anfänge des jetzt blühenden Neuidealismus mußten den Anschein erwecken, als ob ihre strenge Hervorhebung des Ewig-Apriorischen eine Vergewaltigung der Fülle des Lebens bedeuten müßte, als ob ihr Sieg nur der des formellen Monismus, des methodologischen Monismus über den inhaltlichen Monismus der damals herrschenden Philosophie werden könnte. Simmels geschichtliche Bedeutung liegt darin, daß er von seinen ersten Anfängen an der prägnanteste Vertreter des methodologischen Pluralismus war; das Pathos seines Philosophierens entstand aus der staunenden Erkenntnis der unendlichen Vielfältigkeit philosophischer Setzungs- und Gegenständlichkeitsmöglichkeiten. »Es gibt zu wenig Kategorien, so wie es zu wenig Geschlechter gibt«, sagte er einmal im Gespräch. Dieser Ausspruch bezeichnet freilich zugleich in voller Schärfe die Grenzen seines Wesens. Die Entdeckung der

Pluralität philosophischer Setzungen ist für ihn Endziel und Selbstzweck, nicht Mittel zum Auffinden eines vielfältig organisierten und doch einheitlichen Systems. Oft hat man Simmel wegen dieser pluralistisch-unsystematischen Tendenz seines Denkens einen Relativisten genannt. Meiner Ansicht nach mit Unrecht. Denn Relativismus bedeutet den Zweifel an der bedingungslosen Gültigkeit der einzelnen möglichen Setzungen (zum Beispiel: Wissenschaft, Kunst) und er ist deshalb ganz unabhängig von der Frage, ob unser Weltbild einen monistischen oder pluralistischen Charakter hat. Simmel dagegen hält an der Absolutheit jeder einzelnen Setzung fest, er betrachtet jede als notwendig und unbedingt, nur glaubt er nicht daran, daß es irgendeine apriorische Stellungnahme zur Welt geben könnte, die die Totalität des Lebens wirklich umfassen würde. Jede bietet nur einen Aspekt; einen apriorischen und notwendigen Aspekt, aber doch nur einen Aspekt und nicht die Totalität selbst. Was Simmel hier von dem heute erstrebten, pluralistischen und doch einheitlichen System der Philosophie trennt, ist eben das Stehenbleiben bei der Feststellung der einzelnen Aspekte. Dies hängt teilweise mit seiner Freude am Qualitativ-Einzigartigen, mit dem Vergnügen, verschiedene eigenartige Gebiete dort entdecken zu können, wo die Stumpfheit anderer eine ungeteilte Einheit gesehen hat, wohl auch mit einem echt impressionistischen Wohlgefallen an der eigenen Sensibilität zusammen, hat aber seinen entscheidenden Grund doch darin, daß die letzte Instanz für Simmel stets etwas Setzungsjenseitiges blieb: das Leben, von dem die Setzungen eben nur Aspekte bieten können. (Hierauf beruht der Zusammenhang seines Denkens mit dem Bergsons.) Diese einzelnen Aspekte stehen zueinander in den mannigfaltigsten und verwickeltesten Beziehungen, die zu entwirren Simmel seine ganze gedankliche Feinfühligkeit und Schärfe aufbietet. Da aber – wegen seiner letzten, prinzipiellen Einstellung – dieses Netz von Wechselbeziehungen ein Labyrinth bleiben muß und kein System werden kann, erhält der Scharfsinn Simmels, immer neue Fäden und Knäuel aufzudekken, zu entwirren und wieder zu verknüpfen, den Schein des Spielerischen, und seine Hypersensibilität den immer neu entdeckten Qualitäten gegenüber den einer monotonen Virtuosität. Aber die neue Philosophie, so entschieden sie sich von seiner letzten Stellungnahme abwenden mag, wird an seinen Feststellungen philosophischer Tatbestände niemals achtlos vorbeigehen müssen.

Die Wesensart der Begabung Simmels macht es verständlich, daß seine bleibendsten Werte soziologischer und geschichtsphilosophischer Art sind. Das Eigentümliche beider Disziplinen beruht ja auf der wechselseitigen Durchdringung heterogener Standpunkte zu einer neuen Einheit, auf der Wechselwirkung des Bedingten und des Unbedingten. Hat die Soziologie vor Simmel, besonders die auch für seine Einstellung entscheidende, die Marxsche, die Tendenz gehabt, alles Zeitlos-Unbedingte (Religion, Philosophie, Kunst) ins Zeitlich-Bedingte aufzulösen, so lag die Einseitigkeit und die Schwäche der größten geschichtsphilosophischen Konzeptionen der klassischen Epoche, Hegels etwa, in dem Bestreben, die Zeitlichkeit der Geschichte ganz und ungeteilt der Unbedingtheit rein apriorischer Beziehungen einzuverleiben. Die Bedeutung Simmels für die Soziologie – ich denke dabei in erster Reihe an seine »Philosophie des Geldes« – liegt darin, daß er die Analyse der Bedingtheiten so weit treibt und zu solcher Feinheit zuspitzt, wie es niemandem vor ihm gelang, und doch zugleich das Umschlagen der Bedingtheiten, ihre Selbstbegrenzung, ihr Haltmachen vor dem, das sich nicht bedingen läßt, in unnachahmlicher Schärfe sichtbar macht. Eine Soziologie der Kultur, wie sie von Max Weber, Troeltsch, Sombart und anderen unternommen wird, ist – so sehr sie alle auch methodisch von ihm abweichen mögen – doch nur auf dem von ihm geschaffenen Boden möglich geworden.

Freilich: auch diese Soziologie Simmels ist nur ein »Experiment« und kein Abschluß; seine »Soziologie« trägt den Stempel seines Impressionismus noch stärker an sich als der große Essay über das Geld; und seine Versuche in der Geschichtsphilosophie sind, in noch offenkundigerer Weise schon als Fragmente konzipiert. Das Bahnbrechende seiner Betrachtungsweise zeigt sich viel weniger in seinen geschichtstheoretischen Werken als in seinen Versuchen, einzelne Gestalten der Geschichte philosophisch zu betrachten. Die Art, wie Simmel Goethe und Kant, Michelangelo, Rembrandt und Rodin erfaßt, ist weder die des Historikers, der sie in eine zeitliche Entwicklungskontinuität einreiht oder als Gestalten einer bestimmten Epoche betrachtet, noch die des Systematikers, der ihr von allem Zeitlichen abgelöstes Werk in seiner apriorischen Normativität zergliedert, sondern die des Geschichtsphilosophen, für den jede dieser großen Gestalten zugleich etwas Niewiederkehrend-Einmaliges und eine apriorische Kategorie ist. Der Impressionismus Simmels sieht in jedem dieser Genies eine einzigartig bestimmte, aber zugleich ewige und apriorische Möglichkeit der Stellungnahmen zur Totalität des Lebens: sein Pluralismus bezieht sich nicht bloß auf die einzelnen Setzungsarten, sondern auch auf die individuellen Verwirklichungen innerhalb jeder Setzungsart. Das Weltbild Goethes ist von dem Kants genau so apriorisch und notwendig unterschieden, wie die Begriffsbildung der Geschichte von der der Naturwissenschaften. Weil aber der Impressionismus Simmels ein echt und tief philosophischer ist, wird jedes dieser Weltbilder zu etwas Absolutem; so wenig die Pluralität der Setzungen die unbedingte Geltung jeder einzelnen in ihrer eigenen Sphäre aufzuheben vermag, genau so wenig entsteht aus dieser Vielheit ein Relativismus: die »Kategorie« Rembrandt ist ebenso absolut wie die »Kategorie« Michelangelo; es ist das metaphysische Wesen der Welt, die Vielheit solcher »Kategorien« nicht nur zuzulassen, sondern zu fordern. Wie entscheidend fruchtbar diese Betrachtungsweise für die Geschichtsphilosophie ist, kann hier leider nicht einmal angedeutet werden; noch weniger die Beziehung Simmels zu den Versuchen, die hier auf ihn gefolgt sind. Aber auch hier zeigt sich das Wesen seiner Persönlichkeit in seiner Wirkung: niemand hat seinen Weg direkt fortgesetzt, aber niemand konnte und kann geschichtsphilosophisch etwas Wesentliches unternehmen, ohne durch diese Betrachtungsweise hindurchgegangen zu sein.

13. Emil Lask[1]

Ein Nachruf

Diese wenigen Worte, die mir das liebenswürdige Entgegenkommen der »Kantstudien« über Emil Lask gestattet hat, können weder die Absicht haben, ein wirklich umfassendes Bild seiner Wirksamkeit zu geben, denn dazu wäre die ins Einzelne herabreichende Erörterung verwickeltester logischer Probleme notwendig, was niemals »bei Gelegenheit von etwas« geschehen darf, noch wollen sie sein Wesen und seine Persönlichkeit selbst andeutend gegenwärtig zu machen versuchen. Diese Absicht würde nicht nur den Intentionen Emil Lasks, der für den Philosophen alles »Persönliche« bedingungslos dem Werk untergeordnet wissen wollte, sondern auch der Art der Beziehung, die zwischen uns bestand, widersprechen. Nur die gewissermassen symbolisch gewordenen, sich zum fassbaren Paradigma gestaltenden persönlichen Beziehungen können das Hinausgestelltsein in die Öffentlichkeit und die damit notwendig verbundene »Objektivation« vertragen, und eine solche Form hat die Beziehung, die uns verband, bei allem ihrem Reichtum, dessen ich dankbar gedenke, nicht erlangt. Darum sei es gestattet, die, welche auch der Persönlichkeit Lasks ein lebendiges und liebevolles Interesse entgegenbringen, auf die tiefempfundenen Worte hinzuweisen, die sein Lehrer Heinrich Rickert über ihn gesprochen hat (Frankfurter Zeitung 17. Oktober 1915 1. Morgenblatt). Hier kann und soll nur von seinem Werke die Rede sein.

Die Bestimmung, die dem Lebenswerk Lasks oblag, war die Konkretisierung und Vollendung der Geltungsphilosophie, die auf den glücklichen Anregungen Lotzes fussend im Wiederanschluss an die verwandten Tendenzen der klassischen deutschen Philosophie, vor allem an die von Kant und Fichte, auf die Gestaltung eines wohlfundierten und zusammenfassenden Lebensbildes, eines Systems

1 Die prägende Bedeutung Lasks für Lukács' Denkweg bis 1923 hat Konstantinos Kavoulakos in zwei Studien aus den Jahren 2014 und 2018 detailliert herausgearbeitet; vgl. auch Hartmut Rosshoff *Emil Lask als Lehrer von Georg Lukács. Zur Form ihres Gegenstandsbegriffs*, Bonn 1975 [Anm. d. Hg.].

der Werte ausging.[2] Die Aufgabe, die die geschichtliche Lage hier dem modernen Denken gestellt hat, ist eine doppelte (wenn sich diese Verdoppelung auch als notwendige Verzweigung desselben Problems erweist): erstens die Konkretisierung des Geltungsbegriffes selbst und zweitens das zusammenfassende Ausgestalten des Zusammenhangs von allem Wissbaren in der neuen Ordnung, die sich aus dem Zentralwerden der Geltungssphäre ergibt; dazu tritt, als selbstverständliche Folge der neuen systematischen Wendung eine neue Betrachtung der Vergangenheit, das Entdecken der Ahnen, die manchmal unbewusst, manchmal bloss missverstanden, auf diese Art des Philosophierens zustrebten. Allen diesen Tendenzen jedoch liegt ein wesentlicher, gemeinsamer Drang zu Grunde: der Drang nach Konkretion. Während jede Seinsphilosophie (sei sie nun positivistisch oder metaphysisch im alten Sinne) auf eine begriffliche Uniformisierung ausgehen muss, weil die in ihr allein möglichen Sphären immer Sphären des Seins sind und so entweder von vornherein als einander wesensgleich gesetzt werden oder ihr Unterschied nur der des Grades der »Teilnahme« am letzten Sein sein kann, ist für die neue Philosophie die Differenz des Seins und des Geltens als unaufhebbare, als qualitative Differenz gegeben, und sie muss als unerlässliche Folge dieser Sachlage, den radikalen Bruch mit dem methodologischen Monismus jeder Art vollziehen.

Von hier aus gesehen zeigt sich die so folgenreiche Entdeckung der Eigenart der geschichtlichen Begriffsbildung als ein notwendiger Schritt auf dem Wege zur Konkretion: der durch das Erblicken der ersten Unvergleichbarkeit der Sphären auf qualitative Scheidungen gerichtete Blick konnte sich unmöglich beim blossen Trennen von Sein und Gelten beruhigen. Auch die Sphäre des Seins musste sich als abstrakt-undifferenzierte Zusammenfassung ergeben, auch in ihre musste eine Mehrheit qualitativ unvergleichbarer Setzun-

2 Es sei hier ein für allemal betont, dass die Absicht dieser Zeilen nur Darstellung und niemals Polemik sein soll. Es kommt darauf an, den innern Zusammenhang der Grundgedanken Lasks zu skizzieren und die unmittelbaren Berührungspunkte zu Vergangenheit und Gegenwart aufzuzeigen. Über Berechtigung oder Grenzen der dabei behandelten Strömungen kann dabei nicht einmal andeutend etwas gesagt werden; noch weniger kann die Absicht vorhanden sein, alle Fäden, die Lask mit der Gegenwart – bejahend oder polemisch – verknüpfen, blosszulegen. So musste ich mit ganz besonderem Bedauern auf die Kontrastierung seines Formbegriffes mit dem der Marburger Schule verzichten, da dies den Rahmen dieser Abhandlung gesprengt hätte.

gen gesucht und gefunden werden. Das hier aufgestellte Programm Windelbands und der systematische Aufbau und die konkret-reale Ausgestaltung, die die Sphäre in Rickerts »Grenzen der naturwissenschaftlichen Begriffsbildung« erhielt, bedeuteten weit mehr als ein Entgegenkommen der Philosophie den Einzelwissenschaften (hier den sogen. Kulturwissenschaften) gegenüber, deren in Wirklichkeit angewandten Methoden allerdings hier zum erstenmal philosophisch begriffen und an ihren transzendentalen »Ort« plaziert wurden. Es handelt sich vielmehr um eine sich immer steigernde Annäherung an die »Urphaenomene« der Begriffsbildungen, um Versuche, bis ans letztlich Originaere der einzelnen Sphären vorzudringen, ohne dass sie durch die Einfügung in eine ihrer spezifischen Gegenständlichkeit fremde und sie darum verdeckende Systematik entstellt würden. Dieser Drang zu den Urphänomenen ist vielleicht die edelste Erbschaft, die Kant uns hinterliess – freilich zugleich auch die, welche am schnellsten verlorenging und aus der Entwicklung ausgeschaltet wurde. Der Wille zum System liess bei seinen grossen Nachfolgern (manchmal sogar schon bei ihm selbst) die Heterogeneität der einzelnen Sphären des Seins und des Geltens, ihre Unableitbarkeit auseinander bald übersehen und legte es nahe, dem philosophischen Denken eine Entwicklung des χόσμος νοητός aus *einem* Prinzip und mit Hilfe *einer* Methode als höchstes, als einzig würdiges Ziel zu setzen. Hier vollzogen Windelband und Rickert die wahre Rückkehr zu Kant, der sich so scharf schon gegen die ersten Versuche einer solchen Vereinheitlichung aufgelehnt hatte.

Der philosophische Werdegang Lasks vollzog sich unter dem Eindruck des zur Tat Erwachsens, des Heraustretens aus dem bloss Programmhaften dieses Neuidealismus, und seine ersten Arbeiten (die Dissertation: »Fichtes Idealismus und die Geschichte« 1902 und die Habilitationsschrift: »Rechtsphilosophie« 1905) sind noch im wesentlichen bloss programmatisch gehalten. Allerdings ist das Programmatische der letzten Schrift ein wichtiger Schritt in der stetigen Konkretisierung der Geltungsphilosophie: sie macht den Versuch, die spezifische, ihr allein zukommende Geltungsqualität der Rechtssphäre herauszuarbeiten und ihr Verhältnis zu den anderen Sphären festzustellen; sie ist also eine Erweiterung des von Windelband und Rickert Geleisteten, die Eroberung einer in sich selbständigen und eigenartigen Geltungssphäre. Freilich ist Lask hier so wenig der erste Bahnbrecher, wie er – was auch seinen Intentionen durchaus fernstand – ein Vollender ist. Seine Absicht läuft mit dem Vorhaben einer Anzahl der bedeutenden modernen Juristen parallel; ein erster ist er bloss in dem Herausarbeiten der Geltungsartigkeit der Rechtssphäre (im Vergleich zu den Spezialjuristen) und im gleichzeitigen und gleichstarken Betonen ihrer Abhebung von anderen Geltungsarten (im Vergleich zu vielen Rechtsphilosophen). Und in diesem Unternehmen, in dem Hinausführen des Eroberungszuges der Geltungsphilosophie über das neuerrungene Gebiet des Geschichtlichen, ist er wirklich bahnbrechend (nur Max Webers Versuche, ähnliches für Struktur und Aufbau der Sozialwissenschaften zu leisten, können mit seinem Unternehmen parallelisiert werden) und hat leider nicht allzu viele Nachfolger gehabt. Jedoch bei aller Wichtigkeit dieser Probleme nicht nur für die Wissenschaft, sondern auch für seine eigene Entwicklung – hat er doch die enge Fühlung zu den einzelnen Kulturwissenschaften nie aufgegeben und etwa noch während seines Kriegsdienstes einen Vortrag über Rechtsphilosophie in der »Kantgesellschaft« geplant –, verliess er bald alle Einzelforschungen und wandte sich den Zentralfragen der Geltungsphilosophie zu.

In den beiden Arbeiten, die er später veröffentlicht hat (»Die Logik der Philosophie und die Kategorienlehre« 1911 und: »Die Lehre vom Urteil« 1912) tritt sein Bestreben, überall das Urphaenomen zu entdecken und es von allen Hüllen befreit blosszulegen, ganz klar zutage. Der Tatbestand der Entwicklung, den er hier vorfand, lässt sich in aller Kürze so charakterisieren: einerseits ist es der von Lotze ausgehenden neuen Logik in dem »Gegenstand der Erkenntnis« Rickerts gelungen, den reinen Geltungscharakter des Theoretischen von allem »psychischen« Sein abzulösen und im transzendenten Sollen seinen eigentlichen, »unwirklichen« Gegenstand aufzufinden, andererseits brachte die Erneuerung der Bolzano'schen Lehre in Husserls »Logischen Untersuchungen« die völlige Unabhängigkeit der theoretischen Sinngebilde von ihrem Gedachtwerden, von den Akten, in denen sie verwirklicht werden, zu einer reich erfüllten und breit konkretisierten Anschauung. Lasks Bestreben in seinen logischen Arbeiten ging nun darauf aus, das Gemeinsame dieser beiden Strömungen, das infolge der verschiedenen Ausgangspunkte, der divergierenden Terminologien und teilweise auch durch innerlich verschiedene Fassungen des »unwirklichen« »Seins« der Sinngebilde[3] verdeckt war, klar herauszuarbeiten, zugleich jedoch – und dies ist die entscheidende Tat dieser Schriften – mit Hilfe der Errungenschaften beider Richtungen das theoretische Urphaenomen in noch echterer Primitivität auszugraben und zur Gestalt werden zu lassen.

Kurz gefasst lässt sich diese neue Wendung so aussprechen: der Geltungscharakter des Theoretischen soll von aller Subjektivität – und sei diese noch so »unpersönlich«, »unwirklich«, bloss »Bewusstsein überhaupt« – befreit werden, ohne deshalb seine Wertartigkeit, seine Wesensart als reine Geltung einzubüssen, ja im Gegenteil um gerade diese Wesensart ganz eigentlich zu erlangen. Dieser Schritt konnte nur getan werden, wenn zugleich über das Urteil, als zentrales Gebilde der Logik, hinausgegangen wurde. Denn für beide Richtungen, die Lask sie zur Vollendung bringend, zu überwinden versuchte, steckt gerade im »Satz«, im Urteil das das Wesen des Theoretischen enthüllende, entscheidende Phaenomen, wenn auch freilich für die Werttheorie mehr in dem Faktum der Urteilsentscheidung und der in ihr verborgenen, ihr zu Grunde liegenden Verbundenheit mit dem transzendenten Wert, während für die von Bolzano ausgehende Logik mehr in den idealen An sich reiner Bedeutungen. Keiner dieser Wege soll im Sinne Lasks verlassen werden, am allerwenigsten der der Werttheorie, gefordert wird von ihm bloss das Durchschauen der, um seine Terminologie zu gebrauchen, »gekünstelten« Struktur dieser Gebilde und dieser Einsicht entsprechend das Weitergehen zum wahrhaft primitiven Urphaenomen der theoretischen Sphäre.

Das Wesen des Theoretischen ist für Lask, wie für jeden Kantianer, Gegenständlichkeit. Erblickt er ja den Kern der kopernikanischen Tat Kants gerade darin, dass durch sie das Wesen der Gegenständlichkeit, das Mass und das Urbild aller Erkenntnis, aufgehört hat etwas Metatheoretisches zu sein, dass die echte Gegenständlichkeit zum Problem der reinen Logik geworden ist. Die kopernikanische Tat erhält aber in dem Weiter- und zu Endedenken, der sie Lask unterwarf, eine eigenartige und bedeutungsvolle Wendung:

3 Es kommt hier in erster Linie auf den Unterschied von »idealem Sein« und reiner Geltung und dementsprechend auf den Unterschied von ontologischer und werttheoretischer Methode an. Vergl. »Gegenstand der Erkenntnis.« 3. Aufl. 274-276, auch »Lehre vom Urteil« 170-171.

die Gegenständlichkeit ist nicht bloss zum rein logischen Problem geworden, sondern zugleich zum Zentralproblem der ganzen Logik, zum schlechthin entscheidenden Fundament und Massstab alles Theoretischen überhaupt. Dies hat zur ersten und nicht zur unwichtigsten Folge, dass in der Fassung des Logischen von Lask alles Reflexive sowie alles Formallogische in den Hintergrund gedrängt wurde; dass seine Logik – im echt kantischen Sinne – wirklich transzendentale Logik geworden ist; dass mit dem uralten Vorurteil, als ob in den Sinngebilden der ganz reinen, bloss »formalen« Logik das Urphänomen des Theoretischen erblickt werden könnte, gründlich aufgeräumt wurde. »Seit der kantischen Revolutionierung«, sagt Lask,[4] »ist das »Formale« nicht mehr das Logische, sondern ein Logisches ... die Nichtgegenständlichkeit bedeutet eine Distanz gegenüber den Gegenständen nicht im Sinne einer Erhabenheit über sie, sondern eines Nichtheranreichens an sie.«

Dieser absolute »Primat« des Gegenständlich-Logischen könnte vielleicht im ersten Moment eine Art von Annäherung an einen Panlogismus vortäuschen, an den grössten Gegensatz, der zu der Grundanschauung Lasks überhaupt denkbar ist. Die »Panarchie des Logos«, die seine Schriften so beredt und überzeugend proklamieren, ist durch eine strengere Scheidung des Logischen, der Form von allem, was Materie oder Inhalt genannt werden kann, erkauft, wie bei irgend einem seiner Vorgänger. Rickert hat, hier durchaus die Logik Kants weiterbildend, von dem Begriff der theoretischen Form alles Inhalt-»Erzeugende«, alles »Produktive« (wie das synthetische Prinzip oft aufgefasst wurde) streng ferngehalten und die Funktion der Form in dem Theoretischmachen, in dem Erheben in den Geltungsbereich des Logischen eines – dem Wesen nach und darum unaufhebbar – atheoretischen, »irrationellen«, von den theoretischen Formen niemals erzeugbaren Inhalts erblickt. Lask hat diese Lehre in sehr prägnanten und glücklichen Wendungen weitergebildet. Das Wesen der theoretischen Form ist für ihn ein »Hingelten«: »es gibt kein Gelten, das nicht ein Gelten betreffs, ein Gelten hinsichtlich, ein Hingelten wäre ... Alles Geltende ist ein inhaltliche Erfüllung erwartendes Hingeltendes, ein etwas anderes Betreffendes und bedarf eines Materials als des Betroffenen.«[5]

4 »Lehre vom Urteil« 111.

5 »Logik der Philosophie« 31-32.

Durch dieses Theoretischwerden erfährt also das atheoretische Material – inhaltlich betrachtet – keinerlei Veränderung. Die Rolle der theoretischen Form »ist eine blosse Legitimierung, Bestätigung, Besiegelung, eine Stempelung durch dieses logische Epitheton. Es kommt nichts anderes hinzu, als gleichsam nur eine bestimmte logische Weihe, die ihm zuteil wird.«[6] Diese Fassung des Formbegriffes entscheidet über Aufbau und Struktur nicht bloss der Logik, sondern der ganzen Philosophie. Denn es ist einleuchtend, dass eine solche Form, als Form des »undurchdringlichen«, nur »umfassbaren« Materials, als Gegenständlichkeitsform des Logos-fremden Gegenstandes ein Umdenken des Verhältnisses sowohl zwischen Form und Material wie zwischen den Formen untereinander notwendig mit sich bringt. Erstens wird die »Undurchdringlichkeit« des Materials, seine »Irrationalität« zu einem theoretisch struktiven Urverhältnis: es ist als Material irrationell, und da Materialsein eine funktionelle Beziehung, eine Position ist, kann alles Material werden, auch der logische Gehalt selbst, der in dieser »Position« auch nur »umkleidbar«, aber nicht durchdringbar ist. Diese Bedeutung der Irrationalität ist deshalb streng von dem andern Irrationalitätsbegriff, von dem der Alogizität zu scheiden, dem alles mit Ausnahme des logischen Gehalts selbst zugewiesen wird.[7] In zwei Punkten wird hierdurch der aus der Antike stammende Rationalismus überwunden. Einerseits erweist sich in Bezug auf die Seinsphäre die völlige Unberechtigung, von einer »Irrationalität« des Individuellen im Gegensatz zu einer Logos-Nähe des Allgemeinen, des Gattungsmässigen zu sprechen, da gerade ihre hier allein entscheidende rein logische Struktur in Bezug auf »Rationalität« nicht den geringsten Unterschied zwischen ihnen aufzeigt.[8] Andererseits wiederum erscheint auch die Lokalisierung des Irrationalitätsbegriffes auf die Sphäre des Sinnlich-Anschaulichen ebenfalls als nicht stichhaltig: in seiner wahren Bedeutung erfasst, ist dieser Begriff sowohl im Sinnlichen wie im Unsinnlichen beheimatet und erst das Verständnis dieses seines übergreifenden Sinnes ermöglicht eine Logik des Unsinnlichen, der Geltungssphäre, die doch nicht Platonismus ist, doch nicht das ganze atheore-

6 Ebenda 69.

7 Ebenda 76.

8 Dass die auf sie bezogenen methodologischen Kategorien doch verschieden bleiben, ist dadurch nicht in Frage gestellt, gehört aber nicht hierher.

tische, aber »unsinnliche« »Leben« durch theoretische Kategorien vergewaltigt und verfälscht.[9]

Noch folgenschwerer ist aber die zweite Konsequenz der Lask'schen Bestimmung der Form, als Hingeltendes, als der Erfüllung – durch das wesensfremde Material – Bedürftiges. Es handelt sich hier bereits um eine vielleicht: um die – Schicksalsfrage der philosophischen Systematisation: um die Bedeutungsdifferenzierung der theoretischen Formen. Die philosophische Systembildung hat bis jetzt, grob ausgedrückt, zwei wesentliche Typen gehabt. In dem einen Fall vermochten die philosophisch konstitutiven Formen ihre Inhalte aus eigener Selbstherrlichkeit zu erschaffen, wodurch dann das System der Philosophie mit dem System des wahren (immer mehr oder weniger eindeutig metaphysisch gefassten) Seins zusammenfiel, und die connexio rerum mit der connexio idearum als schlechthin identisch oder höchstens als ihr trübes aber strukturell gleichgestaltetes Widerspiel und Abbild erschien. Im andern Fall entfaltete sich das System der Philosophie als innerlich zusammenhängendes System ewiger Vernunftsformen, die sich aus sich selbst heraus dialektisch oder heterologisch differenzierten, die theoretische Unableitbarkeit und Unerschöpflichkeit des Materials jedoch dabei unangetastet liessen, ihm gegenüber »offen« blieben; ihre Abgeschlossenheit und ihr jede Möglichkeit erschöpfender Systemcharakter zeigte sich bloss darin, dass mit dem Abschluss des Systems für alle »irrationell« auftauchenden Wertverwirklichungen (oder selbst für alle »neuen« Werte) die von Ewigkeit her für sie bereitstehende und sie erwartende transzendentale Heimat bezeichnet war.[10] Lask geht in der Betonung der Unableitbarkeit des Materials noch weiter (und schliesst sich damit Kant noch näher an), indem er selbst diese zweite Fassung des Systemtypus als zu »rationalistisch« von sich weist, zugleich aber verknüpft er dadurch das Logosartige der theoretischen Formen enger, unablöslicher mit dem logosfremden Material, als der zweite Fall der Systematisation. Der Hingeltungscharakter der theoretischen Form bedingt, wie wir bereits wissen, dass sie nichts »Neues« dem Material zufügen kann, sie verleiht nur dem, was bereits in ihm steckt, was es – gewissermassen an sich – im Zustand der »logischen Nacktheit« ist, die

9 »Logik der Philosophie« 214 ff.

10 Lask deckt diesen Unterschied der Dialektik bei Hegel und Fichte sehr interessant auf: »Fichtes Idealismus und die Geschichte« 80-81.

logische Weihe. Um diese Funktion erfüllen zu können, müssen die theoretischen Formen auf das Material angelegt, dem Material angepasst sein; müssen – wenn dieser aus der Aesthetik stammende und darum den Sachverhalt nicht ganz genau deckende Ausdruck gestattet ist – materialechte Formen sein. Darum kann das Prinzip der Differenziation der theoretischen Formen nicht in ihnen selbst, sondern nur in der – »logisch nackten« – Differenziation des sinnlichen und unsinnlichen Materials liegen, und die Verknüpfung der Formen untereinander, also ihr »systematischer« Zusammenhang ist diesem Urphaenomen gegenüber etwas bloss Sekundäres und Abgeleitetes. »Nicht dialektisch aufeinander weisen die Formen, sie weisen aufs Material; das Alogische ragt determinierend in ihre Gliederung hinein, gibt das einzige Differenzierungsprinzip für sie ab, mag auch der dialektische Philosoph meinen, sie nachträglich mit spekulativen Verbindungsfäden umspinnen und ihr sachliches Auseinanderhervorgehen begreifen zu können.«[11] (Von diesem Punkt aus gesehen zeigt sich erst die bereits hervorgehobene Herabdrückung der formalen Logik zugunsten der gegenständlichen in ihrer wahren Bedeutung: in ihr handelt es sich um die blosse Beziehung der Wahrheiten aufeinander und nicht um die auf den Gegenstand.[12]

In der letzten Konsequenz dieser Lehre würde wohl eine – von Lask allerdings nicht ausgeführte, nicht einmal angedeutete – strukturtheoretische und methodische Rechtfertigung des »rhapsodischen Verfahrens« von Kant im Gegensatz zu den systematischen Bestrebungen seiner Nachfolger liegen. Denn das Auseinanderfallen des Kosmos alles Erlebbaren und Wissbaren in verschiedene, eigenartige und eigengesetzliche »Sphären«, deren Verhältnis zueinander jedes »System« a priorisch abzuleiten versucht, wäre für diese Auffassung ein absolutes, schlechthin unableitbares, letztes Urphaenomen. Die Aufgabe der Philosophie könnte nur darin bestehen, das Dasein dieser »Sphären« – »heuristisch« wie Fichte über Kant gesagt hat – aufzudecken und ihre spezifische Qualität, sei sie nun sinnlich-seiend oder unsinnlich-geltend oder übersinnlich-metaphysisch, in die theoretische Klarheit zu erheben. Die Sphären selbst jedoch würden einander gegenüber in dem Zustand einer

11 »Logik der Philosophie« 62.
12 »Lehre vom Urteil« 85.

übergangs- und vermittlungslosen Heterogeinität verharren, und die Panarchie des Logos bestünde in nichts anderem, als in der – allerdings entscheidend bedeutungsvollen – Funktion, das spezifische Dasein einer jeden Sphäre mit dem Licht der theoretischen Klarheit zu durchleuchten, indem ihr das ihr allein zukommende, das ihrer »logisch nackten« Wesensart angepasste Kategoriensystem zugewiesen wird. Wenn hier ein »System« im gewohnten Sinne dennoch möglich ist, so beruht seine Möglichkeit auf einem »sachlichen« Aufeinanderweisen oder Ineinandergreifen der »Urgegebenheiten«, die den einzelnen, einander heterogenen Sphären zugrunde liegen. (Man denke an die Beziehung des Theoretischen und des Praktischen bei Kant.) Dieser Zusammenhang könnte aber niemals der Ausgangspunkt des Philosophierens sein: denn zu Beginn stehen die unableitbaren Differenzierungen des »Materials« und die auf sie aufgebauten heterogenen Sphären; er könnte nur seine abschliessende Vollendung, vielleicht bloss ein Postulat, eine Idee im kantischen Sinne sein. Und dieses »System« wäre jedenfalls ein mehrdimensionales und asymmetrisches System.

Das Problem des Ausgangspunktes der hier angedeuteten Systemmöglichkeit spielt eine grosse Rolle in Lasks Versuch, eine Logik der Geltung zu begründen. Dies führt für einige Bemerkungen zu dem so wichtigen Irrationalitätsproblem zurück. Den meisten Irrationalitätsbewegungen in der Philosophie liegt die – durch das Wesen der Sache kaum, durch die Praxis der Systembildungen jedoch sehr wohl verständliche – Befürchtung zugrunde, dass die philosophische Behandlung der nicht theoretischen Sphären (der Ethik, der Aesthetik, der Religion etc.) mit ihrer Theoretisierung gleichbedeutend sein muss. Und in der Tat liegt der Argwohn sehr nahe, dass, wenn selbst die geringste Spur ihrer »materiellen« Wesenheit aus dem Urfaktum des rein Theoretischen in irgend einer Weise »abgeleitet« werden kann, dass dann infolge dieser Art des Gesetztseins sich theoretische Strukturbestandteile in das Gefüge des Atheoretisch-Unsinnlichen es verfälschend einschleichen müssen. Dies ist ja selbst in Kants Ethik und Aesthetik der Fall, obwohl sie die bisher erreichten höchsten Stufen reiner Sphärenbearbeitungen repräsentieren. Die Logik des Geltens von Lask bewahrt in diesem Punkt die Struktur seiner allgemeinen Feststellung des Form-Material-Verhältnisses; auch hier tritt die Gebietskategorie des Geltens nur mit der Funktion der logischen Weihe an das

Material heran, also notwendigerweise an ein Material, das diese »Geltungsartigkeit« schon »vor« dem Abgestempeltsein von den logischen Formen und unabhängig von ihnen als Wesenszeichen besitzt.[13] So dient die Panarchie des Logos, die Ausdehnung der Logik auf die Geltungssphäre, das Hinausgehen über ihr blosses Angelegtsein auf die Seinsphäre zur Bewahrung der unantastbaren Eigenart der atheoretischen Wertgebiete.

Der bedeutende positiv-schöpferische Teil der »Logik der Philosophie« ist leider Programm geblieben. Mit grossartiger Einleuchtungskraft zeigt Lask die Notwendigkeit, das Problem der Kategorienlehre auch auf die Philosophie selbst anzuwenden, und zieht mit grosser Kühnheit und Folgerichtigkeit die notwendige Konsequenz: die erfüllte Gegenständlichkeit der so entstehenden neuen Sinngebilde. Es geschieht hier mit der im gewöhnlichen Erkennen angewandten Form eine merkwürdige Drehung: »Statt Objektsform im nichtphilosophischen Objekt wird sie Gegenstandsmaterial im philosophischen Erkenntnisgegenstand.«[14] Und er entwirft – leider in allzugrosser Abbreviatur – ein Programm dieser Logik, in der das Material bereits Form und die Form deshalb Form der Form ist. So reizvoll es wäre, hier, auf einem der interessantesten, gewiss fruchtbarsten, wenn auch ebensogewiss meist umstrittenen Punkte der Lask'schen Philosophie ins Detail einzugehen und insbesondere einerseits die Beziehung dieser Lehre zu den transzendentallogischen Problemen, andererseits zur Phaenomenologie zu untersuchen, wobei es klar werden könnte, dass hier der Punkt ist, wo sich beide Ströme vereinigen, so müssen wir es uns hier doch versagen.[15] Nicht nur weil es über den Rahmen dieser – wesentlich

13 »Logik der Philosophie« 102-103.

14 Ebenda 184.

15 Soviel ich weiss, war Friedrich Kuntze der erste, der es versucht hat, Phaenomenologie und Transzendentalphilosophie zur Versöhnung zu bringen und der Phänomenologie einen »Ort« im System der transzendentalen Logik zuzuweisen; er findet dies in sehr geistvoller Weise als Ersatz und Erneuerung der kantischen »metaphysischen« Deduktion der Kategorien. S. »Kritische Lehre von der Objektivität« 193 ff. Neuerdings – wohl stark von Lask angeregt – mehren sich die Versuche, die prinzipiellen Beziehungen beider Richtungen zu klären, freilich meist um ihre Unvereinbarkeit darzutun; einen nicht uninteressanten Schritt in der Herausarbeitung der positiven Beziehungen unternimmt Paul Linke im Aufsatz: »Das Recht der Phaenomenologie« Kantstudien XXI. 163-221. Bis heute ist aber noch kaum der Ansatz zum Klärungsprozess konstatierbar.

referierenden – Abhandlung weit hinausgehen müsste, sondern weil dabei ein Hinausgehen über das »Programm« Lasks, wenn auch im Sinne der Verwirklichung, unvermeidlich wäre.

Ebenso kann hier eine andere wichtige Lehre der »Logik der Philosophie« nur angedeutet werden: das Zuweisen eines logischen »Ortes« für die Metaphysik. Die Möglichkeit einer Metaphysik selbst lässt Lask freilich, den programmatischen Absichten seines Buches gemäss, vollständig offen. Er verwahrt sich in aller Schärfe eines folgerichtigen Kantianers gegen jede Art von Metaphysizierung des Kategorienproblems und weist jeder Kategorienform ihre transzendentale Heimat in der Geltungssphäre zu. Seiner Materialtheorie entsprechend betont er jedoch nachdrücklichst, dass damit über den Bestand eines metaphysischen Kategorienmaterials nichts – weder bejahend noch verneinend – ausgesagt werden kann und dass »die Erkenntnistheorie, die Logik, die Kategorienlehre gar nicht die Instanz ist, die über diese Frage entscheiden könnte«.[16]

Wir kehren also zum Zentrum von Lasks Logik, zum Problem der Gegenständlichkeit als Problem der Geltung, zurück. Die Verwandlung der theoretischen Philosophie in reine Geltungslehre und die radikale Ausschaltung jedes metatheoretischen Einschlags aus der Gegenständlichkeit rücken die Geltungsartigkeit überhaupt in eine solche Nähe zur Gegenständlichkeit, wie sie zwischen dieser und dem metaphysisch-metatheoretischen Gebiet des »wahrhaft-Seienden« in der vorkantischen Logik bestand. Für die vorkantische Erkenntnislehre lag deshalb eine unüberbrückbare Kluft zwischen dem Subjektsjenseitigen An sich metaphysischer Gegenständlichkeit und dem auf sie gerichteten »subjektiven« Verhalten vor. Durch die kopernikanische Tat Kants scheint diese Distanz aufgehoben oder wenigstens weniger schroff geworden zu sein: es konnte der Anschein entstehen, als ob das theoretisch Immanentwerden der Gegenständlichkeit zugleich auch ihre Subjektstranszendenz aufheben würde; und die mannigfachen, tiefen und sachlichen Verbindungen, aber auch die möglichen Aequivocationen zwischen Gelten und Sollen, zwischen Wert und Norm haben einer solchen »Subjektivierung« der Logik neue Möglichkeiten gegeben. Diese Fassung der Geltungsphilosophie, deren bekannteste Erscheinungsform der »Primat der praktischen Vernunft« ist, wur-

16 »Logik der Philosophie« 129.

de von Lask schon zu Beginn seiner Entwicklung bekämpft,[17] und die Haupttendenz seiner späteren Schriften lässt sich auch als das Bestreben eine rein »objektive« Geltungslehre zu begründen fassen; diese Tendenz brachte ihm in seiner reifen Periode die antike Philosophie so nahe, dass einer seiner Schüler seine Philosophie mit einem gewissen Recht »transzendentalen Platonismus« nennen konnte. Dieses »platonische« Element von Lasks Philosophie kann in Kürze so formuliert werden: während die Erneuerung der kantischen Logik die Form der Gegenständlichkeit als Urteilsprodukt statuiert,[18] wobei das »transzendente Sollen« als transzendentes Zusammengehören (oder Nichtzusammengehören) von Form und Inhalt erscheint und damit zum Massstab der Bejahungs- bzw. Verneinungswürdigkeit der Sinngebilde wird, fordert Lask die Verlegung des Geltungsbegriffes in die reine Gegenständlichkeit selbst, die in ihrer wahren, »unangetasteten« Wesenheit jenseits des Gegensatzes sowohl von Ja und Nein, wie von Wahrheitsgemässheit und Wahrheitswidrigkeit steht; deren Schicht als Niveau der reinen Gegenständlichkeit, nichts weiter sein soll als ein »schlichtes Ineinander« von Form und Inhalt, dem gegenüber die Frage nach dem Zusammengehören und seines Gegensatzes garnicht aufgeworfen werden kann.[19] Diese Schicht ist ihrem Wesen nach notwendigerweise urteilsjenseitig, denn die transzendentallogische Funktion des Urteils kann ja in nichts anderem bestehen, als in der Entscheidung darüber, ob einem Inhalt eine bestimmte Form als ihm zugehörig, als ihm zukommend zugesprochen werden soll oder nicht. Das Urteil kann mithin nur in einer, dem Wesen nach, alternativen Schicht der Logik beheimatet sein; es setzt das Abgetrenntsein der Form vom Inhalt, die »Zerstückelung« des einheitlichen Sinnes, wie Lask sagt, und damit die Möglichkeit des Verneinens und der Falschheit bereits voraus und kann nur in Beziehung auf diese sinnvoll gedeutet werden. Die Entscheidung darüber, ob wir im Urteil das theoretische Urphaenomen vor uns haben, enthält also zugleich

17 Verhandlungen des 3. Internationalen Kongresses für Philosophie Heidelberg 1908, 671-677 »Gibt es einen Primat der praktischen Vernunft in der Logik?«

18 Vergl. besonders »Gegenstand der Erkenntnis« 3. Aufl. Es ist selbstverständlich, dass wir uns auch hier die eingehende Diskussion dieser Probleme versagen und uns darauf beschränken müssen, Lasks Anschauung – wenn auch bloss skizzenhaft – darzulegen.

19 »Lehre vom Urteil« 97.

die Entscheidung über die Frage, ob das letzte, das echteste Geltungsniveau als gegensätzlich oder übergegensätzlich gedacht werden muss, ob mit dem Begriff des Wertes auch der des Unwertes simultan gesetzt ist.

Diese Perspektive gibt erst der Urteilslehre Lasks ihre sachliche Tiefe und hebt sie aus der Reihe der bloss spezialistischen Untersuchungen heraus. Auf das Einzelne kann auch hier nicht eingegangen werden, ganz besonders nicht auf die ebenso interessante wie bedeutsame »metagrammatische« Urteilstheorie, über die bloss hervorgehoben werden soll, dass sie die Struktur des Urteils von allen – zumeist aus der Vorherrschaft der formalen Logik stammenden – Hüllen befreit und sie mit dem theoretischen Urphänomen, der Beziehung der Form zum Material in unauflösliche Beziehung bringt. Erst dann kann das Urteil aus dem Gesamtaufbau der Logik und in ihm begriffen werden, erst dann erscheint die entscheidende Formulierung Lasks:[20] »Das wahre ›Subjekt‹ ist das Material, das wahre ›Prädikat‹ – die ›Kategorie!‹ nicht als Paradoxie, sondern vielmehr als sehr einfache und höchst einleuchtende Feststellung einer fundamentalen Sachlage.« Das Hinausgehen über das psychologisch-grammatische der bisherigen Urteilslehren ist zugleich ein Hinausgehen über das formallogische Gefüge der Beziehung von Urteil und Begriff. Der Primat des Urteils in der neuen Logik hat sie ja bereits stark gegeneinander relativiert, Lask zieht auch hier nur alle Konsequenzen, wenn er nachweist, dass der Begriff, der »im« Urteil steht, garnicht zur wahren Struktur des Urteils gehört, dass die logische Form des Urteils durch die »begriffliche« Formung hindurchgreift, das »logisch nackte« Urmaterial erfasst, d.h. dasjenige Moment des Urmaterials unmittelbar betrifft, dem die Prädikatskategorie zukommt.[21] Dieses radikale Reinmachen der Urteilsstruktur von allen sekundären Formelementen steht, wie ersichtlich, im Dienste ihrer Einfügung in die nunmehr ganz einheitlich gefasste Logik und in dieser Einfügung zeigt sich als auffallendstes Wesenszeichen des Urteils seine Distanz vom Gegenstand, seine Nachbildlichkeit, im Vergleich zum Gegenstand, der aber stets als rein theoretisch zu denken ist. Jedes Urteil, jede Wahrheit ist eine Aussage über einen Gegenstand und das »Über«-

20 Ebenda 58.

21 Ebenda 71.

Verhältnis ist der Ausdruck für die durch den Abstand hindurch bestehende Zugeordnetheit des Nachbilds zum Urbild«.[22] Um das wahre Wesen des Urteils begreifbar zu machen, muss also über Art und Beschaffenheit dieses Abstandes von der Gegenständlichkeit Klarheit gebreitet werden.

Der Abstand entsteht durch die Funktion der »Subjektivität« in der Erkenntnis. Allerdings muss dem, um Missverständnisse zu vermeiden, sogleich hinzugefügt werden, dass der jetzt einzuführende Subjektsbegriff über den Begriff des ganz allgemeinen, des unumgänglichen Gliedes der Subjekt-Objekt-Dualität bereits hinausgeht. Selbstredend muss auch das urbildliche Niveau der Gegenständlichkeit ein Subjektskorrelat haben, dieses Subjekt ist aber ein rein hinnehmendes; sein Erkennen ist niemals die Aktivität eines Prädizierens; sondern schlichte Gegenstandsbemächtigung.[23] Das Subjekt des urteilenden Erkennens hingegen arbeitet mit isolierten Elementen; für das urteilende Subjekt wird die vom Material bedingte Bedeutungsdifferenzierung der einen theoretischen Form zu einer Vielheit kategorialer Bestimmungen, die auf ein ins Unendliche differenziertes Material angewandt werden soll; seine höchste Funktion kann also nur in einem wahrheitsgemässen »Zusammenfügen« der von ihm getrennten Elemente (eines Materialbestandteiles und der ihm zukommenden Kategorie) bestehen. Die Rolle der »Subjektivität« in der theoretischen Sphäre ist also die Auflösung, die Zersetzung des »schlichten Ineinanders«, das im Urgefüge vorhanden ist. Es muss dabei, hoffentlich, kaum besonders betont werden, dass dadurch die Logik keineswegs »subjektiviert« werden soll; dass die hierdurch »entstehenden« Sinngebilde sich in Bezug auf »Objektivität« gar nicht von dem urbildlichen Niveau unterscheiden; dass also – wenn die Möglichkeit des Irrtums, der Wertnegativität allerdings erst auf diesem Niveau denkbar ist – Wahrheitsgemässheit und Wahrheitswidrigkeit doch gerade so »an sich« bestehen, gerade so wenig aus dem Subjektsverhalten zu verstehen sind, wie die Schicht der unzerstückelten Gegenständlichkeit; dass vielmehr erst aus ihnen das Subjektsverhalten deutbar wird. Der Abstand, der sie dennoch trennt, besteht in Bezug auf

22 Ebenda 84-85.
23 Ebenda 135-136.

Gegenständlichkeit und hier kann – was von Lask nachdrücklichst betont wird[24] – zwischen Wahrheitsgemässheit und Wahrheitswidrigkeit kein Unterschied gemacht werden. Der Grund der allgemein hervorgehobenen Priorität der Wahrheitsgemässheit (die in der gewöhnlichen Terminologie einfach Wahrheit genannt wird) liegt in der Übereinstimmung der Elemente mit denen des Urbilds, während in der Wahrheitswidrigkeit nicht einmal diese die gleichen sind; diese ihre inhaltliche Differenz darf aber ihre struktive Gleichartigkeit nicht verdunkeln. Dem Subjekt der Urteilsentscheidung gegenüber muss daran festgehalten werden, dass sein Erkenntnisakt sich notwendig nur auf ein isoliertes, aus dem Zusammenhang herausgerissenes Materialelement richten kann, für das die ihm zukommende Kategorie aus der Vielheit der Kategorienformen gefunden werden soll. Dass dabei die Totalität mitgemeint, mitintentioniert ist, aber dem Akt und dem Gefüge des Urteils dennoch transzendent bleibt und niemals in sie einzugehen vermag, sondern nur als transzendentes Mass ihnen gegenübersteht, zeigt den sekundären Charakter dieses ganzen Niveaus: die Gegenständlichkeit, die wirklich erreicht werden soll, der theoretische Gegenstand, wie er an sich ist, kann niemals erreicht werden; ja er ist nicht einmal als unendliches Ziel der Approximation gegeben, sondern ist durch die unüberbrückbare Kluft der qualitativen Andersheit von der Gegenständlichkeit, die im Urteil erreicht wird, und von ihrem Massstab der alternativen Wahrheitsgemässheit und Wahrheitswidrigkeit geschieden.[25] Dies kann am einfachsten an dem Kategorienbegriff selbst gezeigt werden. Das zerstückelnde, auf das einzelne gerichtete Erkennen muss übersehen, dass Kategorie und Bezogenheit auf ein bestimmtes Material dasselbe bedeutet, muss also »zwischen Kategorie und Material noch eine Beziehung statuieren.«[26] Dadurch aber muss die Wertartigkeit, der reine Geltungscharakter der Kategorie verdunkelt werden. Wenn die Essenz

24 Ebenda 95.

25 Die Kürze der Darstellung zwingt uns auch hier grosse Vereinfachungen auf; in der Logik Lasks ist auch diese »gekünstelte« Schicht nicht einheitlich und das »quasi transzendente« Niveau der Wahrheitsgemässheit und ihres Gegensatzes wird streng vom Urteilssinn, von Richtigkeit und Falschheit, unterschieden und jede Schicht erscheint der niedrigeren gegenüber (also relativ) als übergegensätzlich. Es ist begreiflich, dass hier darauf nicht eingegangen werden konnte.

26 »Lehre vom Urteil« 107.

des Werthaften in dem alternativen Gegenüberstehen von Positivität und Negativität erblickt wird, dann muss die Kategorie, die ihrem Wesen nach weder wahrheitsgemäss noch wahrheitswidrig sein kann, da sie jenseits dieses Gegensatzes steht, »als indifferent im Sinne der untergegensätzlichen Neutralität gelten«.[27]

Wie ersichtlich hält Lask mit alledem an den entscheidenden Errungenschaften der neuerweckten kantischen Lehre fest. Auch für ihn liegt das Wesen des Urteils in der »Harmonie« (bzw. »Disharmonie«) von Form und Material, und ganz besonders enthalten auch bei ihm Wertartigkeit und Gegenständlichkeit der Sinngebilde den Massstab für ihre echte oder entstellte theoretische Wesensart. Wenn er also das theoretische Urphaenomen jenseits der Urteilssphäre sucht und zu finden meint, so liegt diesem Bestreben die Einsicht zugrunde, dass das Urteil den Geltungscharakter der theoretischen Sphäre nicht in ihrer vollen und unverfälschten Reinheit zu erreichen vermag; dass gerade die aufdringlich sinnfälligen Wertkennzeichen des Urteilgefüges auf ein Verblassen des urbildlichen, des gegenständlichen Geltens hinweisen. So hat das schlichte Zuendedenken der kopernikanischen Wendung, dass aus dem theoretischen und werthaften Wesen der Gegenständlichkeit ein Zusammenfallen von Gelten und Gegenständlichkeit folgt, die weittragendsten Konsequenzen für den Aufbau der theoretischen Sphäre, ja für den der gesamten Wertphilosophie. Es zeigt sich eben, dass wenn das Gelten mit der Gegenständlichkeit als identisch gedacht werden muss, das Gelten – wie es »an sich« ist – weiteres umfasst als der Wert (und erst recht das Sollen), »dass die Wertartigkeit eine bestimmte Bedeutungsnuance ist, die am Gelten erst dann hervortritt, wenn dieses auf die ihm gebührende Anerkennung von seiten der Subjektivität bezogen wird.«[28] Dem reinen Gelten aber kann kein Gegensatzbegriff zugeordnet werden; das koordinierte Gegenüberstehen von Wert und Unwert gehört einem niedrigeren, getrübtern Niveau des Theoretischen an; das reine Gelten ist übergegensätzlich. Auch hier muss leider die Darstellung gerade an dem Punkte abbrechen, wo das Weittragende dieser Lehre sichtbar werden könnte: in dem Aufdecken von verwirrenden Problemverschlingungen, die aus der Verabsolutierung des Wertgegensatzes herstammen, die aber nicht bloss aus dem

27 Ebenda 139.
28 Ebenda 126, auch »Logik der Philosophie« 8 f.

Stehenbleiben auf dem Niveau der »quasi Transzendenz des primären Urteilsobjektes« abzuleiten, sondern oft auf ein Hineinragen ethischer, religiöser und metaphysischer Urgegensätzlichkeiten in die komtemplativen Sphären zurückzuführen sind.[29]

Freilich können der Lask'schen Identifizierung von Gelten und Gegenständlichkeit mannigfache Bedenken entgegengehalten werden, deren Stichhaltigkeit alle Konsequenzen des so entdeckten Urphaenomens fragwürdig machen müsste. Der nächstliegende und oft erhobene Einwand würde sich auf die Loslösung der theoretischen Urstruktur von jeder Art der Erkenntnis beziehen und ginge im wesentlichen darauf hinaus, dass der urbildliche Gegenstand Lasks seine erkenntnistheoretische Funktion, Massstab, – wenn auch transzendenter Massstab – des Erkennens zu sein, nicht erfüllen kann. Auf diesen Einwand hat Lask bereits selbst geantwortet – indem er ihn vollständig akzeptierte aber als ausserhalb seiner Problemstellung liegend bezeichnete. Er unterscheidet nämlich für die Logik aletheiologische und gnoseologische Probleme, Probleme der Wahrheit und Probleme der Erkenntnis, und das Wesen seiner Untersuchungen richtet sich ausschliesslich auf den aletheiologischen Aspekt der Problemstellung.[30] Und die Transzendenz des theoretisch Letzten – so könnte man diesen Gedankengang ergänzen – muss auch jede Gnoseologie anerkennen; dass es für sie in dem Zustand der schlechthinnigen Transzendenz verharrt, folgt selbstverständlicherweise aus ihren Zielen und ihrer Struktur: das Erkennen, als Erkenntnis des Gegenstandes, wie es Rickert sehr prägnant im Gegensatz zum Gegenstand der Erkenntnis bezeichnet hat, als auf Konkretes gerichtete Erkenntnis (deren Rechtsgrund und Aufbau die Erkenntnistheorie aufzudecken hat) muss notwendig bei der Alternative der Urteilsentscheidung, bei dem »harmonischen« oder »disharmonischen« Zusammenfügen der

29 Der Wertgegensatz von schön und hässlich in der Aesthetik entspricht noch weniger dem aesthetischen Urphaenomen wie der von wahr und falsch dem theoretischen. In meiner – noch unveröffentlichten – Aesthetik [G. Lukács, *Heidelberger Ästhetik*, GLW, Bd. 17, Anm. d. Hg.] ist dies eingehend behandelt. Einige Bemerkungen finden sich in dem Kapitel »die Subjekt-Objekt-Beziehung in der Aesthetik«, das im Logos VII, 1. erschienen ist. Dass die Gedankengänge, die dahin führen, übrigens von den Lask'schen vollständig verschieden sind und sich mit ihnen nur im letzten Resultat berühren, muss für den verständnisvollen Leser kaum eigens bemerkt werden.

30 »Lehre vom Urteil« 168.

Elemente stehen bleiben. Ob nun hier ein »transzendentes Sollen« angenommen wird oder – aletheiologisch – auch dessen Wesen zerlegt und erkannt wird, liegt schon ausserhalb der Erkenntnislehre und kann ihre Probleme garnicht berühren. Wahrheitsgemässheit und Wahrheitswidrigkeit bleiben auch für Lask die entscheidenden Wertmassstäbe für jedes Erkennen, dessen Wesen von der Erkenntnistheorie untersucht werden soll und kann.

Gewichtiger scheint jener Einwand zu sein, der sich auf die Erkennbarkeit der urbildlichen Gegenständlichkeit Lasks richtet. Diese würde – so sagt man – dem Postulat eines intellectus archetypus, eines intuitiven Verstandes gleichkommen, und da er hier nicht als bloss regulative Idee, sondern als Organ des (philosophischen) Erkennens gefordert wird, ist seine Annahme ein Rückfall in den vorkantischen Dogmatismus oder wenigstens eine logische Erneuerung der Zweideutigkeiten des Ding an sich Begriffes von Kant, wenn seine Folgen nicht gar als metaphysische Hypostasierungen des Geltungsbegriffes erscheinen müssen. Das Richtige an diesem Einwand ist die Hervorhebung des intuitiven Verstandes als Subjektskorrelat des urbildlichen Geltungsniveaus, was ja von Lask selbst, wenn auch nicht mit diesen Worten so doch dem Sinne nach zugestanden wird. Es fragt sich bloss, ob für einen intuitiven Verstand, für ein nicht urteilsartiges, nicht diskursives Erkennen wirklich kein Ort in der rein theoretischen Sphäre aufgefunden werden kann? Es ist schon aus dieser Fragestellung ersichtlich, dass wir damit wieder zu dem oft gestreiften Punkt der Berührung von Phaenomenologie und Transzendentalphilosophie gelangt sind, wir können jedoch wegen des ungeklärten Stadiums, in dem sich die Diskussion dieses Problems zur Zeit befindet, auf diese Seite der Frage hier nicht eingehen und wir müssen versuchen, den Einwand von den Voraussetzungen der – freilich nach dem Vorbilde Lasks interpretierten – Transzendentalphilosophie zu beantworten. Wenn wir die Idee des intellectus archetypus in seiner reifsten Fassung, die er bei Kant in der »Kritik der Urteilskraft« erhielt, betrachten, so sehen wir, dass seine Funktion in der Lösung des Spezifikationsproblems, in der Aufhebung der »intelligiblen Zufälligkeit«, die zwischen dem Allgemeinen und dem Besonderen besteht, die für »unsern Verstand« die zwingende Subsumption dieses unter jenem unmöglich macht, gipfelt. Dieses Problem, das im

Nachkantianismus auch als »Anwendbarkeitsproblem« der Kategorien auftaucht und ebenfalls zum Postulat eines »unendlichen« und »intuitiven« Verstandes führt, ist bei Lask, wie wir gesehen haben, das struktive Problem der gesamten urteilenden Erkenntnis. »Für die Subjektivität ist es nicht selbstverständlich, sondern bildet gerade das ganze Ziel ihres Nachforschens, zu welcher Kategorie sich logische Form überhaupt dann differenziert, wenn es gilt, irgend ein bestimmtes einzelnes Material in kategorialer Betroffenheit zu erfassen oder anders ausgedrückt, welches einzelne Material überall den Materialbereich der einzelnen Kategorie ausmacht. Auf einer Unzulänglichkeit des Erlebens also, auf dieser fundamentalen Unkenntnis des selbstverständlichen transzendenten Ineinanders von Kategorie und Kategorienmaterial beruht die ganze Isolierung der Elemente.«[31] Diese Erweiterung des Problems hängt mit der Irrationalitätsauffassung Lasks und seinem Bruch mit dem »Platonismus des Wertens« zusammen, würde jedoch nur noch prägnanter die Unlösbarkeit des Problems und den postulativen Charakter des intellectus archetypus erhärten, wenn, wie in der Logik Kants, die Kategorien nur auf das Seiende, auf das Sinnlich-Anschauliche anwendbar wären, wenn es keine Logik der Philosophie, die mehr als »Kritik« (d. h. Erkenntnistheorie) ist, gebe. Denn das oft wiederholte, entscheidende Argument Kants gegen die mehr als postulative Möglichkeit des intellectus archetypus geht immer von der Identifizierung des atheoretischen Kategorienmaterials mit dem Sinnlich-Anschaulichen aus und weist – ganz folgerichtig für »unsern« diskursiven Verstand – jede Möglichkeit ab, zu einer andern Erkenntnisart des Seins, die »ein Vermögen einer völligen Spontaneität der Anschauung ein von der Sinnlichkeit unterschiedenes und davon ganz unabhängiges Erkenntnisvermögen«[32] voraussetzen würde, die also eine metaphysische Erkenntnis der »Dinge an sich« wäre, vorzudringen. Bei der Berufung auf dieses kantische Argument in der Abweisung der Möglichkeit eines intuitiven Verstandes wird aber übersehen, dass ein Hinausgehen über das diskursive Niveau keineswegs notwendig in der Richtung auf Metaphysik liegt; dass der hier geforderte, nicht diskursiv erfasste Gegenstand auch »inhaltlich« nicht mehr »derselbe« sein soll, der der Gegen-

31 Ebenda 162.

32 »Kritik der Urteilskraft« § 77. Tatsächlich knüpfen manche der auf Kant folgenden metaphysischen Strömungen an diesen Begriff des intellectus archetypus an.

stand der diskursiven Seinserkenntnis war; dass vielmehr die Formen dieser Erkenntnis (und andere »unsinnliche« »Formen«) das Material dieser Erkenntnis abzugeben haben. Mit anderen Worten: nichts lag den Bestrebungen Lasks ferner, als anzunehmen, dass es »uns« möglich sein könnte, die Gegenstände des Seins, deren wir uns auf dem Urteilsniveau diskursiv bemächtigen, im »schlichten Ineinander« ihrer Form und ihres Materials »intuitiv« zu erfassen. Dies würde natürlich metaphysisch im alten Stile sein. Mit ihrer Abweisung ist aber nichts darüber ausgemacht, ob die in der Logik der Philosophie zum Kategorienmaterial gewordenen »unsinnlichen« Formen in ihrer neuen Gegenständlichkeit nicht eine solche Bemächtigung zulassen; ob es nicht ein intuitives Erfassen »des schlichten Ineinanders überhaupt« geben kann; ob bei dem zum Gegenstandwerden der theoretischen Formen, wo ja auch das »Material« logosartig ist und nur die funktionelle Irrationalität seiner Materialposition übrig bleibt,[33] es auch keinen Weg gibt über die diskursive Urteilsartigkeit der Seinserkenntnis hinauszukommen. Damit soll keineswegs behauptet werden, dass es die Absicht Lasks war, ja nicht einmal, dass es die notwendige Folge seiner Anschauungen wäre, die ganze Logik der Philosophie in »Wesenserschauungen« zu verwandeln. Vor allem muss wieder nachdrücklichst auf den Unterschied der aletheiologischen und der gnoseologischen Problemstellung hingewiesen und betont werden, dass alles hier Angedeutete sich ausschliesslich auf die erstere beziehen kann. Für diese ist es allerdings sehr interessant, dass Lask eine weitere Untersuchung ihres »Rechtsgrundes«, also eine Logik der Philosophie im Sinne einer Erkenntnistheorie der Philosophie (denn die Erkenntnistheorie der Seinserkenntnis hat schon die Struktur des zweiten Stockwerkes: Form als Material und Form der Form als Form) kaum für möglich gehalten hat. Jedenfalls hat er klar gezeigt, dass ein abermaliges Aufwerfen der Geltungsfrage nichts struktiv Neues mehr zu bringen imstande ist, »dass es in diesem dritten Stock-

33 Auf die Möglichkeiten und Verwicklungen, die sich bei dem zum Materialwerden unsinnlich-geltender, aber atheoretischer Formen ergeben mögen, einzugehen, ist hier nicht möglich. Betont muss jedoch für diese ganze Fragestellung werden, dass der Begriff des »Überhaupt« nichts mit formaler Logik noch weniger mit »Abstraktion« zu tun hat, sondern das konkrete Wesen einer Sphäre bezeichnet. Vgl. auch bei Lask die Interpretation der »Überhaupt«-Kategorien Kants: »Logik der Philosophie« 253 ff.

werk keine neue Kategorie mehr gibt«;[34] was anders ausgedrückt soviel bedeutet, dass es ein drittes Stockwerk garnicht geben kann. Wenn also die Logik der Philosophie auch andere Aufgaben hat, als »Kritik« der Seinserkenntnis zu sein – und alle ihre entscheidenden Aufgaben weisen auf anderes hin – so muss sie die Richtung der Seinserkenntnis und ihres Bewusstwerdens in der Erkenntnistheorie verlassen und einen eigenen Weg zu finden versuchen. Ob die hier angedeutete »intuitive« Erkenntnis des Überhaupt die Methode oder nur eine Methode ist, darüber kann hier nicht diskutiert werden; es sollte nichts mehr als eine sinnvolle Auslegungsmöglichkeit der Intentionen Lasks angedeutet werden.

So zeigen alle Werke Lasks die Wesenszeichen einer tiefen und echten und sachlichen Philosophie: Einheitlichkeit, Kohaerenz und Konsequenz – und bei aller klaren Abgeschlossenheit überall offene Wege in die Zukunftsentwicklung der Philosophie, des deutschen Idealismus. Heute stehen die Probleme, an deren Kreuzweg ihm sein Werk entrissen ward, im Mittelpunkt der wichtigsten und schicksalhaftesten Entscheidungen der Philosophie. Heute ist ein sich Gegenwärtigmachen seines Werkes das »Aktuellste«, was sich nur denken lässt. Doch selbst wenn dies einmal vorbei ist – es war sicher sein tiefstes Bestreben, dass es dahinkomme –, wird die Ehrfurcht vor seinem in sachlichster Hingebung verbrachten Leben und die Dankbarkeit gegen sein unerschrocken folgerichtiges und an Fruchtbarstem reiches Werk unvermindert lebendig bleiben.

34 Ebenda 112.

14. Die deutsche Intelligenz und der Krieg[1]

Die nachfolgenden Bemerkungen treten keineswegs mit der Prätention auf, dieses Problem irgendwie zu erschöpfen, und wollen dazu in keiner Beziehung eine wertende Stellungnahme einnehmen. Nur das Problem soll hier aufgeworfen werden; der Versuch ist angestrebt: die Typik des Verhaltens der deutschen Intelligenz dem Kriege gegenüber in einen geistesgeschichtlichen Sinneszusammenhang einzustellen und sie aus diesem Zusammenhang zu begreifen. Zur Beschränkung des Themas sei im voraus bemerkt, daß einerseits keine (heute sowieso unerreichbare) Vollständigkeit des Stoffes angestrebt wird und andererseits, daß sich die Untersuchung auf die Klasse der sogenannten Intellektuellen beschränkt und auch hier ausschließlich ihre intellektuelle Stellungnahme zum Krieg analysiert (und auch diese soll nur begriffen, nicht aber auf ihre Richtigkeit hin geprüft werden); Stimmungen und ethische Voraussetzungen werden nur insofern herbeigezogen, als sie zum Verständnis dieser Stellungnahmen beitragen; was ihre rein ethischen Konsequenzen betrifft, darauf kann hier – aus Gründen, die kaum einer Ausführung bedürfen – nicht eingegangen werden.

Die Erlebniskomplexe der deutschen Intelligenz bei Ausbruch des Krieges ließen sich vielleicht so am einfachsten umschreiben: eine ganz allgemeine, spontane Begeisterung, der aber jeder deutliche oder positive Inhalt fehlt. Nicht der Krieg im allgemeinen wird in diesen Erlebnissen bejaht und erst recht nicht dieser spezielle Krieg; es werden nicht bestimmte, klar umschriebene Ziele herausgegriffen und als Sinn des Geschehens und Direktive des Verhaltens gesetzt; die allgemeine Anschauung der Intelligenz war und blieb, daß der Krieg Deutschland aufgezwungen wurde und daß es während des Krieges nur auf den Krieg, nur auf das »Durchhalten«

1 Die Erstveröffentlichung unter dem Titel »Die deutschen Intellektuellen und der Krieg« in: *Georg Lukács – Text + Kritik* 39/40 (1973), S. 65-69 enthielt sehr viele Fehler, deshalb erfolgt der Textabdruck nach der von Jürgen Jahn eingerichteten Version. Vgl. zum Kontext: Markus Bitterolf, Oliver Schlaudt, »Georg Lukács, ›Die deutschen Intellektuellen und der Krieg‹ (1915)«, in: *Intellektuelle in Heidelberg 1910-1933*, hg. von Markus Bitterolf, Oliver Schlaudt und Stefan Schöbel, Heidelberg 2014, S. 203-220 [Anm. d. Hg.].

ankommt; von Zielen sei [es] noch zu früh zu sprechen. Immerhin läßt sich in dieser Begeisterung wenn auch nicht ein bestimmter Inhalt, so doch eine Intensitätsrichtung aufweisen: das Erlebnis eines Aufatmens, einer Befreiung aus einem – nunmehr – als unhaltbar empfundenen Zustand. Es schien fast, als ob an dem Krieg nicht etwas Positives bejaht worden wäre, sondern sein Dasein, sein Anderssein der bisherigen Existenz gegenüber. »Was die Dichter begeisterte«, schreibt Thomas Mann,[2] »war der Krieg an sich selbst, als Heimsuchung, als sittliche Not.« Diese Veränderung der gesamten Wirklichkeit ist es, die so jubelnd begrüßt wird. Man glaubt zu wissen: Alles, was bis jetzt gegolten hat, hat aufgehört zu gelten; etwas noch nicht Faßbares, etwas absolut Neues wird, muß kommen. Georg Simmel schreibt: »Daß das Deutschland, in dem wir geworden sind, was wir sind, versunken ist wie ein ausgeträumter Traum, und daß wir, wie auch immer die Ereignisse auslaufen mögen, unsere Zukunft auf dem Grund und Boden eines anderen Deutschlands erleben werden. Niemand wird positiv zu bestimmen unternehmen, wie dieses nach Formen und Inhalten aussehen wird; aber vielleicht gerade weil wir das Wie nicht wissen, sondern nur das Daß, beherrscht uns um so stärker, um so allgemeiner diese sozusagen undifferenzierte Idee: ein anderes Deutschland als das in diesen Krieg hineinging, wird aus ihm hervorgehen.«[3] Und um für das Kommen dieses »Neuen« bereit zu sein, muß man »umlernen«: muß sich von allen alten »Vorurteilen« losreißen, sich bedingungslos in das Neue hineinwerfen, es miterleben: Der neue Inhalt der neuen Welt wird von selbst, ungefragt und im voraus unbestimmbar, aus dem großen Krieg entsteigen. Nur eine Bestimmbarkeit besitzt trotz allem dieses Neue: es soll eine Einheit sein, die Aufhebung aller trennenden Differenzierungen. Das Wort des Kaisers »Ich kenne keine Parteien mehr, ich kenne nur Deutsche« wird von der Intelligenz am begeistertsten aufgegriffen und wird von ihr in eine bestimmte Richtung gelenkt: Die Isolation der Kultur und der Kulturträger, die alle vor dem Kriege als so drückend empfanden, soll verschwinden, eine Gemeinschaft aller soll entstehen. Oder noch bestimmter (und noch stärker auf die spezifische Situation der Intelligenz bezogen): Der überspannte Individualismus, der nicht

2 Th. Mann, Friedrich und die große Koalition. S. Fischer, S. 15.

3 G. Simmel, Deutschlands innere Wandlung. Straßburg [1914], K. G. [Karl J.] Trübner, S. 1.

nur die Intelligenz als Schicht von den anderen Gruppen trennte, sondern auch jede einzelne echte Persönlichkeit in ihr so scharf von den aller anderen abhob und isolierte, soll aufhören, soll einer neuen, brüderlichen Gemeinschaft den Platz freimachen. Das Zusammenhaltende dieser Gemeinschaft für den Krieg ist gegeben: die Kameradschaft in der gemeinsam bestandenen und überwundenen Gefahr. Daß sie aber auch nach dem Kriege fortbestehen soll, das scheint – für diese Hoffnung – unzweifelhaft, wenn man es auch nicht aussprechen will noch kann, worin diese Gemeinschaft bestehen sollte. (Ich möchte in diesem Zusammenhang das politische Ideal eines Groß-Deutschlands aus den entscheidenden Motiven dieser Gesamtstimmung ausschalten, denn ich glaube nicht, daß es für die Gesamtheit der deutschen Intelligenz ausschlaggebend war; ja ein nicht unbeträchtlicher Teil von ihr stand und steht sehr vielen Voraussetzungen und Konsequenzen jener Gruppen, für die dieses Ideal schon vor dem Kriege richtungweisend war, geradezu ablehnend gegenüber, ohne sich den oben geschilderten Empfindungen und Erlebnissen irgendwie entziehen zu wollen, bejahte sie sogar auf das intensivste.)

Für den phänomenologischen Tatbestand könnten noch zwei Fakta bedeutsam sein. Erstens, daß dieses Verhalten der deutschen Intelligenz das Ausland auf das heftigste überrascht und empört hat,[4] und zweitens, daß man auch in Deutschland das Gefühl hat, es handle sich hier um ein Erlebnis, das ein Nichtdeutscher gar nicht verstehen kann, ja dessen Verständnis man von ihm gar nicht verlangen oder erwarten darf; also nicht um ein patriotisches Erlebnis schlechthin, sondern um eine Neugeburt, um ein beinahe religiöses unaussagbares Erlebnis, dessen Verständnis dem Außenstehenden für immer versagt bleiben muß.[5]

Diese Grundtatsachen sind uns gegeben, aus denen wir versuchen müssen – ohne irgendwie wertend Stellung zu nehmen –, dieses Verhalten in seiner geistesgeschichtlichen und soziologischen Bedingtheit und Einstellung zu begreifen.

4 Teile des überreichligen [!] Materials darüber zu finden in dem Aufsatz E. Bernsteins: »Die Internationale der Arbeiterklasse und [der] europäische Krieg«. Archiv Bd. XL, S. 267 ff., und in G. F. Steffens Buch: »Krieg und Kultur«. E. Diederichs, Jena 1915.

5 Vgl. Gundolfs und Simmels Bemerkungen über die »Aufklärung« des Auslandes. Frankfurter Zeitung, 1914, No. 282 und 287.

Wir müssen mit Ausschaltungen beginnen. Es sind Stimmen laut geworden, die eine spezifische Hingezogenheit des Deutschtums an den Krieg überhaupt und zu dem neuen Typu[s] des Heldentums, der sich in diesem Kriege so reich und überwältigend geoffenbart hat, aufzeigen wollen. Der erste Teil dieser Behauptung ist besonders im Auslande, und stets in einer mehr oder weniger gehässigen Form, erhoben worden. Ich sehe, soweit ich die Lage überblicken kann, nicht den geringsten Beweis für seine Richtigkeit. Selbstverständlich hat es in Deutschland auch (und auch in der »Klasse« der deutschen Intellektuellen) Menschen und Gruppen gegeben, die nicht nur ständig auf die Unvermeidlichkeit eines Krieges hingewiesen, sondern ihn auch aus dem Innersten bejaht und herbeigewünscht haben. Ich sehe aber nicht nur in ihren Inhalten, sondern auch in der Art ihrer Argumentation nichts, was ihre Ausführungen von denen ähnlicher Bestrebungen, die in jedem Lande vorhanden waren, irgendwie unterscheiden würde. Interessanter und bedeutsamer ist das andere Problem: das Entstehen eines neuen Heldentums; es fragt sich bloß, ob es sich hier um ein Phänomen handelt, das als spezifisch deutsch bezeichnet werden dürfte, das also zur Erklärung der oben skizzierten Lage etwas Wesentliches beitragen würde. Es ist freilich heute noch sehr schwer, ja beinahe unmöglich, den Heldentypus, den dieser Krieg geoffenbart hat, eingehend zu beschreiben. Als die wesentlichsten seiner Merkmale scheinen uns aber doch die folgenden herauszuheben zu sein: Der Held dieses Krieges ist ein namenloser. In schlichter, sachlicher und unauffälliger Pflichterfüllung tut er, was die Stunde gebietet, ohne daran zu denken, ob seine Leistung, in ihrer objektiven Bewertung, etwas Entscheidendes oder Episodisches ist; ohne die Frage überhaupt aufzuwerfen, ob durch sie seine Persönlichkeit, wenn auch um den Preis des Unterganges, vom Glanz des Ruhmes umgeben wird. Nicht nur die ungeheure Masse der Kriegsteilnehmer, sondern auch die Art der modernen Kriegsführung macht es notwendig, daß – mit einziger Ausnahme der Führer, die wiederum aus dem selben Grunde immer weniger dem Heldentypus zugehören – das Heldentum sich von Ruhm und Ruhmbegierde vollständig ablöst. Diese Versachlichung geht jedoch noch weiter: Mut ist nicht mehr die schlechthin auschlaggebende Kategorie für diesen Heldentypus, sondern nur eine unumgängliche Voraussetzung. Auch die Disziplin, mit der die Einordnung des individuellen Heroismus als Ziffer in eine Gesamtheit begann, ist Bedingung dazu: Es ist auf Grund der Disziplin, der völligen Aufgabe jeder Persönlichkeit eine – persönlich – typologisch – höchst differenzierte Sachkenntnis, Inventionsgabe, Fähigkeit zum Überblicken und Beurteilen ganz neuartiger Situationen erforderlich, damit sich der Heldenmut in Taten umzusetzen vermag. Es sind, gewissermaßen, primitivere, weniger europäische Tugenden (psychologisch gesprochen), die Tugenden der Indianerkriege, gegen die sich die damaligen europäischen Soldaten heftig sträubten: List, Anpassungsfähigkeit, kalte Beharrlichkeit, Unterdrückung der spontan heroischen Instinkte des Losstürmens, bei ständiger Bereitschaft dazu, wenn es not tut, Verachtung jedes heldenhaften Glanzes, die hier ausschlaggebend werden. Dazu kommt, als psychische Folge der allgemeinen Wehrpflicht und[6] der Massenheere, daß Heldensein nicht mehr als ein irgendwie aristokratischer Ausnahmezustand angesehen wird: In diesem Krieg ist jeder Soldat (seiner Idee nach) ein Held und jeder Mann, der es physisch zu leisten vermag, ein Soldat. Dadurch steigert sich die aus der Sachlichkeit geborene Schlichtheit und – gewollte – Glanzlosigkeit dieses Typus. Da aber das Heldentum so durchwegs auf sachliche Leistungen, deren Technik immer durchzuschauen, wenn auch nicht immer nachzumachen ist, gestellt ist, lebt in diesem Kriege die echte und lebendige Schätzung der Leistungen und mit ihnen der Persönlichkeit des Feindes wieder auf: die Ritterlichkeit. Es ist eine klare und kalte und bei den Kämpfen im wesentlichen haßlose Gegnerschaft, die die Vernichtung des Feindes anstrebt, ihm aber, im Innersten, nicht feindlich-affektvoll gegenübersteht. Eine Gegnerschaft also, die es nicht nur nicht ausschließt, daß der überwundene Feind, vom Augenblick seines Besiegtseins [an], nicht mehr als Feind betrachtet wird, sondern die auch eine sehr weit gehende, ritterlich-sportliche Kameradschaft in den Kampfpausen zwischen den feindlichen Lagern möglich macht (es ist für diese Stimmung bezeichnend, daß diese Annäherungen so häufig wurden, daß sie von den Heeresleitungen verboten werden mußten).

Dieser Typus des Heldentums ist aber nichts wesentlich Neues; und nicht etwas in Deutschland Entstandenes. Die ritterliche Gesinnung dem Feinde gegenüber finden wir gerade in primitiven

6 Im Ms. »allgemeinen Wehrpflicht und« gestrichen [Anm. d. Hg.].

Zeiten sehr häufig. Es scheint, daß dieser Krieg, geradeso wie er in seiner objektiven Form dem ganz primitiven Vernichtungskrieg zuneigt, psychisch eine Annäherung an die Zeitalter des Rittertums mit sich bringt. Ich schreibe eine Replik aus dem »Amadis«, worin sich diese Gesinnung sehr klar objektiviert, her: Der König von Irland, den Amadis tödlich verwundet hat, sagt zu seinem Gegner: »Je n'ay regret de finir par la vaillance de si gentil Chevalier que tu es: mais de bon cueur te pardonne. Bien te prie de continuer ta preud'hommie et avoir memoire de soy.« Wie Amadis dies hört, »il fut tres desplaisant de sa mort, encores qu'ilsceut assurment, que s'il eut le meilleur du combat, il lui eust fait pis.«[7] Wenn die Formen auch schlichter, weniger höfisch und zierlich geworden sind, so scheint aus sehr vielen Beschreibungen eine ähnliche Stimmung hervorzugehen. Aber die wesentlichen neuen Zügen – die Schlichtheit, die Sachlichkeit, die völlige Unterordnung der Persönlichkeit trotz aller persönlichen Initiative, die Vertilgung jedes dekorativen Heldentums – [sind] auch schon lange vorhanden. Ich will mich hier nicht auf die terroristischen Helden der großen russischen Revolution berufen: die hatten bei all diesen Eigenschaften ein völlig anders geartetes Pathos: das des bestimmten und bejahten Zieles, während es für diesen Typus entscheidend ist, daß nach dem Ziel und seiner Rechtfertigung gar nicht gefragt wird, sondern nur nach der Aufgabe, die zu erfüllen ist. Dieser Typus scheint eine notwendige psychische Begleiterscheinung der modernen Kriegstechnik zu sein: diese ist nur anwendbar, wo dieser Menschenschlag vorhanden ist (nach Ursache und Folge sei hier nicht gefragt). Er war also in hohem Grade in der japanischen Armee des russisch-japanischen Krieges vorhanden und prägte sich am stärksten in den Kolonialarmeen Englands aus. Ja, so stark war diese typenbildende Kraft, die sich hier geoffenbart hat, daß sie – was immer eine lange Entwicklung voraussetzt – bereits eine hohe dichterische Formung erreicht hat: die Verse und die Novellen Kiplings. Wer die beiden Bände »Puck of Pook's Hill« und »Rewards and Fairies«[8] kennt und dabei an die Gestalten des sächsischen Edelmannes und des normannischen Ritters, die alles andere um Englands willen aufgeben und an einem kleinen Punkt sch[l]icht ihre Pflicht erfüllen, an die

7 Zitiert aus: Paul Ernst. Der Weg zur Form. Berlin 1906, S. 132.

8 Beide sind bei Tauchnitz erschienen.

jungen Befehlshaber des Walles, der England vor den Nordländern schützen soll, an die Edelknaben, die als Piraten im Kampf gegen die Spanier ruhmlos untergehen, etc. denkt, dem wird diese Verwandtschaft sofort evident sein. Sie wird noch technisch hervorgehoben dadurch, daß die großen geschichtlichen Gestalten, als bloß intellektuelle Urheber, vor diesen namenlosen Helden künstlerisch in den Hintergrund treten müssen. Es handelt sich hier um einen unheroischen und unspontanen Mut, um eine Entschlossenheit, mit der man im voraus, wie mit etwas Bekanntem rechnen kann und soll, um den Mut – wie es im Kriegstagebuch eines ungarischen Dichters zu lesen ist – der Menschen der »Titanic« und der Scottschen Expedition. Dieses Heldentum ist etwas Internationales. Daß es in England zuerst und am stärksten in Erscheinung getreten ist, darauf scheint mir die Möglichkeit der Kiplingschen Formung hinzuweisen, im Gegensatz zu dem formfernen Stammeln, mit dem die Dichter anderer Länder, auch Deutschlands, diese Erlebnisse und Menschen auszudrücken bestrebt sind.[9]

Wenn also das neue Heldentum das auschlaggebende wäre, so müßte die isolierte und unverstandene Stellung der Deutschen etwas vollkommen Unbegründetes sein, auf ein[em] einfache[n] Mißverständnis zwischen den Nationen beruhen.

Textkonstitution: Jürgen Jahn

9 Aus alledem scheint mir, daß die völkerpsychologischen Grundlagen von W. Sombarts Schrift »Händler und Helden« (München und Leipzig 1915), die auf diesen – englisch-deutschen – Gegensatz aufgebaut ist, doch einen etwas problematisch generalisierten Charakter haben. Über die Psychologie der Kriegsteilnehmer: Erich Everth, Von der Seele des Soldaten im Felde. »Tal-Flugschriften No 10« und Messers Aufsatz (Preußische Jahrbücher Febr. 1915).

Der Praxisphilosoph –
Das marxistische Frühwerk

I. Der Bolschewismus als moralisches Problem[1]

Wir wollen uns an dieser Stelle weder mit der praktischen Durchführbarkeit des Bolschewismus, noch mit den nützlichen oder schädlichen Folgen seines eventuellen Machtantritts beschäftigen. Davon abgesehen, daß ich mich nicht befugt fühle, solche Fragen zu beantworten, halte ich es für sinnvoll, einmal von den praktischen Überlegungen abzusehen: die Entscheidung hat – wie das für wichtige Fragen immer zutrifft – einen moralischen Charakter; ihre immanente Klärung ist eine wichtige und aktuelle Aufgabe. Für eine solche Fragestellung spricht erstens, daß das meistgebrauchte Argument in den Diskussionen um den Bolschewismus – die Frage nämlich, ob die wirtschaftliche und gesellschaftliche Situation reif genug sei für den sofortigen Machtantritt – von vornherein zu einem unlösbaren Problem führt. Meiner Meinung nach gibt es keine Situation, in der man diese Frage *mit völliger Sicherheit und schon vorher* beantworten könnte: das *Wollen* der sofortigen, um jeden Preis angestrebten Erfüllung ist mindestens so wichtig für den Reifegrad der Situation wie die objektiven Verhältnisse es sind. Zweitens spricht für eine solche Fragestellung die Einsicht: Wenn auch der Machtantritt des Bolschewismus die Vernichtung kultureller und zivilisatorischer Werte mit sich bringen würde, so darf diese Möglichkeit nie ein entscheidendes Gegenargument in den Augen derer werden, die sich einmal aus moralischen oder geschichtsphilosophischen Gründen entschieden haben. Sie werden diesen Sachverhalt mit Bedauern zur Kenntnis nehmen, aber sie werden – mit Recht – nichts an ihrer Zielsetzung ändern. Sie wissen, daß eine derartig bedeutende weltgeschichtliche Wertveränderung sich nicht ohne Wertvernichtung vollziehen kann, und sie fühlen sich stark genug, neue Werte zu schaffen für die kommende, neue Generation.

1 Der Text, der den Bolschewismus aus ethischer Perspektive untersucht und verwirft, macht verständlich, dass Lukács' Engagement für die kommunistische Bewegung ein paar Wochen später selbst für ihm nahestehende Personen eine kaum vorhersehbare Überraschung darstellte. Vgl. dazu die immer noch lesenswerte Studie von David Kettler, *Marxismus und Kultur. Mannheim und Lukács in den ungarischen Revolutionen 1918/19*, Neuwied und Berlin 1967 [Anm. d. Hg.].

Nach dem oben Ausgeführten hat es vielleicht den Anschein, als liege in dieser Frage für einen wirklichen Sozialisten kein moralisches Problem, als sei seine Entscheidung für den Bolschewismus frei von allem Zweifel. Wenn die ungenügende Reife der Situation und die Vernichtung kultureller Werte keine entscheidenden Gegenargumente darstellen, dann muß die Frage anders gestellt werden. Die Möglichkeit vorausgesetzt, daß wir unsere Theorie *sofort und ohne Kompromiß* verwirklichen: kann dann derjenige ein richtiger Sozialist sein, der in diesem Falle noch zögert und Bedenken anmeldet? Beruft sich ein Nicht-Bolschewist in diesem Zusammenhang auf die Demokratie, so antworten die Anhänger Lenins (wie er selbst vorgeschlagen hat) damit, daß sie einfach aus ihren Programmen und aus dem Namen der Partei den Ausdruck »Demokratie« entfernen und sich nunmehr offen als Kommunisten bekennen. Die gesamte Frage der moralischen Problematik hängt davon ab, ob die Demokratie nur zur Taktik des Sozialismus gehört (für die Zeit, in der die Sozialisten noch in der Minderheit sind und gegen den Terror der Unterdrückerklassen kämpfen) oder ob sie ein derart konstitutiver Teil des Sozialismus ist, daß man sie nicht aufgeben kann, bevor nicht alle moralischen und weltanschaulichen Konsequenzen geklärt sind. In diesem letzteren Fall ist der Bruch mit dem Prinzip der Demokratie für jeden verantwortungsbewußten und selbstbewußten Sozialisten ein schwerwiegendes moralisches Problem.

Man hat leider nur selten die Marxsche Geschichtsphilosophie von seiner Soziologie bewußt getrennt, und so haben viele nicht bemerkt, daß die zwei kardinalen Elemente – der Klassenkampf und die sozialistische Gesellschaftsordnung – nicht der gleichen Begriffsbildung entstammen, auch wenn sie noch so eng zusammenhängen. Das erste Element repräsentiert die *grundlegende Feststellung* der Marxschen Soziologie: die Gesellschaftsordnung hat schon immer existiert und so auch ihre treibende Kraft; das ist ein wichtiges Prinzip des realen Zusammenhanges der geschichtlichen Wahrheit. Das zweite Element repräsentiert das utopische Postulat der Marxschen Geschichtsphilosophie: *moralische Tendenz* für eine kommende Weltordnung. (Der Hegelianismus von Marx hat im übrigen viel dazu beigetragen, daß diese Unterschiede nicht deutlich sichtbar sind.) Der Klassenkampf des Proletariats, das dazu berufen ist, diese neue Weltordnung zu errichten, enthält selbst noch nicht diese neue Weltordnung. Daraus, daß die Befreiung des Proletariats die kapitalistische Klassenunterdrückung aufhebt, folgt noch nicht die Aufhebung aller Klassenunterdrückung; dies war auch nach dem Sieg des Freiheitskampfes der bürgerlichen Klassen nicht der Fall. Unter dem Gesichtspunkt rein soziologischer Notwendigkeit erfolgt nur eine Änderung in der Klassengliederung: die bisherigen Unterdrückten werden zu Unterdrückern. Um dies zu verhindern und die wahre Freiheit – ohne Unterdrücker und Unterdrückte – herbeizuführen, ist der Sieg des Proletariats zwar *unbedingt notwendig* (damit wird auch die letzte unterdrückte Klasse befreit), aber er ist nur eine Voraussetzung. Zur Verwirklichung der wahren Freiheit aber ist *das Wollen* einer demokratischen Weltordnung notwendig, die über die soziologischen Feststellungen und Gesetzmäßigkeiten hinausgeht und aus diesen nicht ableitbar ist.

Dieses Wollen ist ein so wichtiges Element in der sozialistischen Weltanschauung, daß man es nicht entfernen kann, ohne den ganzen Bau in Gefahr zu bringen. Dieses Wollen macht nämlich das Proletariat zum sozialistischen Erlöser der Menschheit, und ohne dieses Erlöser-Pathos wäre der beispiellose Siegeslauf der Sozialdemokratie nicht vorstellbar gewesen. Wenn Engels mit Recht im Proletariat den Erben der deutschen klassischen Philosophie sah, so deshalb, weil im Proletariat jener – alle irdischen Abhängigkeiten vernichtende – ethische Idealismus zur Wirklichkeit geworden ist, mit dem Kant und Fichte die alte Welt – metaphysisch – von Grund auf ändern wollten. Hier ist zur Tat geworden, was dort nur Gedanke war; hier ging geradewegs zum Ziel, was dort durch Schelling ästhetisch, durch Hegel staatsrechtlich vom Wege des Fortschritts abgelenkt und reaktionär wurde. Obwohl Marx diesen geschichtsphilosophischen Vorgang – daß nämlich das Proletariat, für seine eigenen Klasseninteressen kämpfend, die Befreiung der ganzen Welt erkämpfen wird –, nach der Hegelschen »List der Vernunft« konstruiert hat, wird es im Augenblick der Entscheidung – und der ist jetzt da – unvermeidlich, den Unterschied zwischen der seelenlosen empirischen Wahrheit und diesem menschlichen, utopischen, ethischen Wollen zu beachten. Dann muß entschieden werden, ob diese welterlösende Rolle des Sozialismus wirklich wahr und gewollt ist, oder bloß eine ideologische Hülle der Klasseninteressen, die sich zwar im Inhalt, aber nicht in der Qualität und im moralischen Anspruch von anderen Klasseninteressen unterscheiden. (Im xviii. Jahrhundert haben die bürgerlichen Freiheitsideen auch Welterlösung gepredigt; daß es nur auf den Klasseninteressen basierende Ideologie war, hat man erst *während* der französischen Revolution bemerkt.)

Wenn die Gesellschaftsordnung ohne Klassenunterdrückung, die reine Sozialdemokratie, nur Ideologie wäre, würde hier auch kein moralisches Dilemma existieren. Aber dieses entsteht eben dadurch, daß das wahre, endgültige, alles entscheidende und krönende Ziel des Kampfes für die Sozialdemokratie darin besteht, durch den Klassenkampf des Proletariats jeden weiteren Klassenkampf unmöglich zu machen und eine Gesellschaftsordnung zu schaffen, in der er nicht einmal in Gedanken vorkommen könnte. Die Verwirklichung dieses Zieles steht jetzt verlockend nahe vor uns, und eben daraus folgt das moralische Dilemma. Entweder werden wir diese Möglichkeit ergreifen: dann müssen wir uns an die Seite des Terrors und der Klassenunterdrückung stellen; denn jetzt tritt *die Klassenherrschaft des Proletariats* in Erscheinung (allerdings wird diese letzte, skrupelloseste, unverhüllteste Klassenherrschaft sich selbst und damit alle Klassenherrschaft vernichten). Oder wir wollen die neue Welt mit neuen Methoden, mit Methoden der wahren Demokratie aufbauen (die wahre Demokratie hat bisher als Wirklichkeit noch nie existiert, nur als Forderung). Dann kann es aber geschehen, daß die Mehrheit der Menschen diese neue Welt noch nicht will, und wir müssen, da wir gegen ihren Willen nicht über sie herrschen wollen, so lange warten, bis die Menschheit von sich aus das zustandebringt, was wir schon immer erstrebt und als einzig mögliche Lösung erkannt haben.

Das moralische Dilemma entsteht dadurch, daß in beiden Entscheidungen furchtbare Sünden und die Möglichkeit maßloser Verirrungen verborgen sind, die man mit vollem Bewußtsein verantworten und auf sich nehmen muß. Die Gefahr der zweiten Stellungnahme ist klar: wir müssen – vorübergehend – mit Klassen und Parteien zusammenarbeiten, die nur in einigen Punkten mit der Sozialdemokratie einverstanden sind, nicht aber mit dem Endziel. Die Aufgabe besteht darin, eine Form der Zusammenarbeit zu finden, die die Reinheit des Zieles und das Pathos des Wollens nicht beeinträchtigt. Diese Abweichung *vom geraden und direkten Weg* ist aber gefährlich, weil sie kaum möglich ist ohne eine Tendenz zur Verselbständigung, ohne die bewußte Verlangsamung des

Tempos; und diese Momente wirken auf das Pathos des Wollens zurück. Das durch die Forderung der Demokratie aufgeworfene Problem besteht in der Notwendigkeit eines solchen äußerlichen Kompromisses, der nie ein innerlicher werden darf.

In der Befreiung von diesem Kompromiß liegt die faszinierende Kraft des Bolschewismus. Aber die von ihm Faszinierten wissen oft nicht, was sie für diese Befreiung auf sich genommen haben. Für sie wird die Frage zum Problem: darf man das Gute mit schlechten Mitteln, die Freiheit durch Unterdrückung erkämpfen? Kann eine neue Weltordnung entstehen, wenn die Mittel nur technisch unterschieden sind von denen der alten Weltordnung, die zu Recht gehaßt und verachtet werden? Es hat den Anschein, als ob man sich hier auf die Marxsche Feststellung berufen könnte, daß der gesamte Geschichtsprozeß schon immer aus Klassenkämpfen, aus dem Kampf zwischen Unterdrückern und Unterdrückten, bestanden habe – und auch in Zukunft bestehen werde; daß auch der Kampf des Proletariats keine Ausnahme sei. Träfe das zu, dann wäre der ganze ideelle Inhalt des Sozialismus – abgesehen von der Befriedigung der materiellen Interessen des Proletariats – nur Ideologie gewesen. Das aber ist unmöglich. Aus diesem Grund darf man eine geschichtliche Feststellung nicht als Fundament des moralischen Wollens der neuen Weltordnung betrachten. Man muß das Schlechte *als* Schlechtes, die Unterdrückung *als* Unterdrückung, die Klassenherrschaft *als* Klassenherrschaft bezeichnen. Man muß daran glauben – und das ist das wahre »credo quia absurdum est« –, daß der Unterdrückung nicht wieder ein Kampf der Unterdrückten um die Macht folgen wird (usw., eine Reihe sinnloser Kämpfe), sondern die Selbstvernichtung der Unterdrückung.

Die Wahl also zwischen den beiden Stellungnahmen ist – wie jede moralische Frage – eine Frage des Glaubens*). Scharfsehende, aber in diesem Fall vielleicht oberflächliche Beobachter machen die mangelnde Festigkeit des Glaubens im Sozialismus dafür verantwortlich, daß alte erprobte Sozialisten sich nicht zum Bolschewismus bekennen wollen. Nun, ich halte das für falsch. Ich bin nicht der Ansicht, daß zur »plötzlichen Heldentat« des Bolschewismus

* Um Mißverständnisse zu vermeiden, muß ich betonen, daß hier nur die typischsten moralischen Stellungnahmen verglichen werden. Die Überlegung, daß auf beiden Seiten Leichtsinnige und Unverantwortliche existieren mögen, und die Frage, wo welcher Typus vorherrscht, sind nicht Gegenstand dieser Erörterungen.

mehr Glauben gehört als zu dem langwierigen, lehrreichen, sehr verantwortungsvollen und seelisch ermüdenden Kampf, den man führen muß, wenn man sich zur Demokratie bekennt. Im ersten Fall bewahrt man – koste es, was es wolle – die augenscheinliche Reinheit seiner unmittelbaren Überzeugung; im zweiten Fall opfert man – sich selbst ebenfalls aufopfernd – bewußt den Anspruch, *die ganze Sozialdemokratie* zu verwirklichen und nicht nur einen Bruchteil. Ich wiederhole: der Bolschewismus basiert auf der metaphysischen Annahme, daß aus dem Schlechten Gutes stammen kann, daß es möglich ist, sich – wie Razumichin im »Raskolnikov« sagt – durchzulügen bis zur Wahrheit. Der Verfasser dieser Zeilen kann diesen Glauben nicht teilen, und darum sieht er in den Wurzeln der bolschewistischen Position ein unlösbares moralisches Problem. Demgegenüber fordert die Demokratie nur außerordentlichen Verzicht und Selbstlosigkeit von denen, die sie ehrlich und bewußt anstreben. Aber dies ist – auch wenn es übermenschliche Kräfte verlangt – keine unlösbare Aufgabe im Gegensatz zum moralischen Problem des Bolschewismus.

2. Taktik und Ethik[1]

Im politischen Handeln sind Standort und Bedeutung der Taktik bei allen Parteien und Klassen – entsprechend der Struktur und der historisch-philosophischen Rolle der Parteien und Klassen – sehr verschieden: Wenn wir die Taktik als ein Mittel zur Verwirklichung der von den handelnden Gruppen angesetzten Ziele, als ein verbindendes Glied zwischen Endzweck und Wirklichkeit bestimmen, dann ergeben sich grundlegende Unterschiede, je nachdem, ob der Endzweck als ein innerhalb oder jenseits der gegebenen gesellschaftlichen Wirklichkeit liegendes Moment kategorisiert ist. Diese Immanenz bzw. Transzendenz des Endzwecks birgt vor allem den Unterschied in sich, daß im ersteren Fall die vorhandene Rechtsordnung als ein den taktischen Rahmen der Handlung notwendigerweise und normativ bestimmendes Prinzip gegeben ist; im Falle einer gesellschaftlich-transzendenten Zielsetzung dagegen kommt sie als reine Wirklichkeit, als reale Gewalt vor, mit der zu rechnen höchstens einen zweckdienlichen Sinn haben kann. Wir betonen den im besten Fall zweckdienlichen Sinn, denn eine solche Zielsetzung, wie es z. B. die französische legitimistische Restauration war, nämlich die Rechtsordnung der Revolution auf welche Art auch immer anzuerkennen, glich schon einem Kompromiß. Jedoch zeigt auch dieses Beispiel, daß die verschiedenen transzendenten Zielsetzungen – im Rahmen der völlig abstrakten und jeglichen Wertens baren Soziologie – auf gleicher Ebene zu nennen sind. Wenn nämlich die als Endzweck bestimmte Gesellschaftsordnung schon in der Vergangenheit existierte, wenn es sich lediglich um die Restauration einer bereits vorangegangenen Entwicklung handelte, dann ist die Unkenntnis der bestehenden Rechtsordnung nur eine

1 Sowohl die erste wie auch die beiden folgenden Studien (»Das Problem geistiger Führung und die ›geistigen Arbeiter‹« und »Was ist orthodoxer Marxismus?«) wurden noch vor der Diktatur des Proletariats geschrieben. Der durch die Entwicklung der Diktatur eingetretene Funktionswandel der Ethik macht den aktuellen Sinn dieser Studien dokumentarisch, historisch. Diesen Standpunkt muß man sich beim Lesen jeder Studie – mit Ausnahme der letzten über »Partei und Klasse« – vor Augen halten. (G. L., 1919) [Die von Lukács angesprochenen Studien sind auffindbar in GLW, Bd. 2, Anm. d. Hg.]

scheinbare Überschreitung des Rahmens der gegebenen Rechtsordnungen, dann steht eine reale Rechtsordnung einer realen Rechtsordnung gegenüber. Die Kontinuität der Entwicklung wird nicht starr geleugnet, das äußerste Ziel ist dann lediglich, eine Zwischenstation ungeschehen zu machen. Dagegen leugnet jede im Wesen revolutionäre Zielsetzung die moralische Existenzberechtigung und die geschichtsphilosophische Aktualität der bestehenden und vergangenen Rechtsordnungen; für sie wird es also zu einer ausschließlich taktischen Frage, ob überhaupt und – wenn ja – inwiefern mit ihnen zu rechnen sei.

Dadurch aber, daß die Taktik auf diese Weise von den normalen Beschränkungen der Rechtsordnung frei wird, muß man irgendeinen neuen Maßstab für die Zweckmäßigkeit, die die taktische Stellungnahme regelt, finden. Da der Begriff der Zweckdienlichkeit zweideutig ist, muß man dementsprechend unterscheiden, ob man darunter ein aktuelles, konkretes Ziel versteht oder aber einen vom Boden der Realität noch entfernten Endzweck.

Für solche Klassen und Parteien, deren Endzweck eigentlich schon verwirklicht worden ist, regelt sich die Taktik notwendigerweise entsprechend der Erreichbarkeit der aktuellen und konkreten Ziele; und jene Kluft, die das aktuelle Ziel vom Endziel trennt, jene Konflikte, die aus dieser Dualität entspringen, gibt es für sie nicht. Hier erscheint die Taktik in der Form der legalen Realpolitik, und es ist kein Zufall, daß in solchen (Ausnahme-)Fällen, in denen ein derartiger Konflikt auftaucht, wie z. B. im Zusammenhang mit dem Krieg, jene Klassen und Parteien der seichtesten, katastrophalsten »Realpolitik« folgen; sie können nichts anderes tun, weil der vorhandene Endzweck nur solche Realpolitik zuläßt.

Dieser Gegensatz ist sehr geeignet, die Taktik der revolutionären Klassen und Parteien zu beleuchten; für sie wird die Taktik nicht durch momentane, aktuell erreichbare Vorteile geregelt, sie müssen sogar manche solcher Vorteile von sich weisen, weil diese das wahrhaft Wichtige, den Endzweck, gefährden könnten. Jedoch da der Endzweck nicht als Utopie, sondern als *Wirklichkeit, die man erreichen muß*, kategorisiert ist, kann die Setzung des Endzwecks über den aktuellen Vorteil keine Abstraktion von der Wirklichkeit bedeuten, keinen Versuch, der Wirklichkeit gewisse Ideale aufzuzwingen, sondern eher die Erkenntnis und die Umsetzung jener Kräfte in die Tat, welche *innerhalb* der gesellschaftlichen Wirklichkeit wirken – jener Kräfte also, die sich auf die Verwirklichung des Endzwecks richten. Ohne diese Erkenntnis schwankt die Taktik jeder revolutionären Klasse oder Partei richtungslos zwischen einer ideallosen Realpolitik und einer Ideologie ohne realen Inhalt. Diese Erkenntnis fehlte dem revolutionären Kampf der bürgerlichen Klasse. Auch da gab es zwar eine Endzielideologie; sie konnte sich jedoch nicht organisch in die Regelung des konkreten Handelns einschalten; sie wurde vielmehr weitgehend im Sinne der Aktualität abgewickelt, schuf Institutionen, die bald zum Selbstzweck wurden, dadurch den Endzweck selbst vernebelten und zur reinen, schon unwirksam gewordenen Ideologie erniedrigten. Die einzigartige soziologische Bedeutung des Sozialismus besteht eben darin, daß er für dieses Problem eine Lösung hat. Denn der Endzweck des Sozialismus ist utopisch in dem gleichen Sinn, wie er über den wirtschaftlichen, rechtlichen und sozialen Rahmen der heutigen Gesellschaft hinausgeht und nur durch Vernichtung dieser Gesellschaft verwirklicht werden kann; jedoch er ist nicht utopisch insofern, als der Weg zu diesem Endzweck eine Realisierung der außerhalb oder über der Gesellschaft schwankenden Ideen bedeutet. Die marxistische Klassenkampftheorie, die in dieser Hinsicht vollkommen der Hegelschen Begriffsschöpfung folgt, ändert die transzendente Zielsetzung zur immanenten hin; der Klassenkampf des Proletariats ist die Zielsetzung selbst und gleichzeitig deren Verwirklichung. Dieser Prozeß ist kein Mittel, dessen Sinn und Wert mit dem Maßstab eines über ihn hinausgehenden Zieles zu messen wäre, sondern er ist eine neue Klarstellung der utopischen Gesellschaft, Schritt für Schritt, Sprung für Sprung, der Logik der Geschichte entsprechend. Das bedeutet einen Eintritt in die aktuelle gesellschaftliche Wirklichkeit. Dieses »Mittel« ist dem Ziel nicht fremd (wie es bei der Verwirklichung der bürgerlichen Ideologie war), sondern eine Annäherung des Zieles an die Selbstverwirklichung. Das bedeutet, daß es zwischen den taktischen Mitteln und dem Endzweck begrifflich unbestimmbare Übergänge gibt; man kann niemals im voraus wissen, welcher taktische Schritt bereits den Endzweck selbst verwirklichen wird.

Damit sind wir beim entscheidenden Maßstab der sozialistischen Taktik angelangt: bei der Geschichtsphilosophie. Die *Tatsache* des Klassenkampfes ist nichts anderes als ein soziologisches Beschreiben und ein Erheben des Geschehens zur Gesetzmäßigkeit, die in der gesellschaftlichen Wirklichkeit geschieht; der *Sinn* des Klassenkampfes des Proletariats aber geht über diese Tatsache hinaus. Er ist zwar von ihr im Wesen nicht trennbar, jedoch darauf gerichtet, daß eine von jeder bisherigen Gesellschaft unterschiedene soziale Ordnung entsteht, die keinen Unterdrücker und keinen Unterdrückten mehr kennt; damit die die Menschenwürde demütigende Epoche der wirtschaftlichen Abhängigkeit aufhört, muß – wie Marx sagt – die blinde Macht der wirtschaftlichen Kräfte gebrochen werden und an ihre Stelle eine höhere, adäquate und der Würde des Menschen entsprechende Macht treten.[2] Das Abwägen und die richtige Erkenntnis der wirtschaftlich und gesellschaftlich aktuellen Situationen, der eigentlichen Kräfteverhältnisse, sind also immer nur *Voraussetzung* und nicht *Kriterium* des im sozialistischen Sinne richtigen Handelns, der richtigen Taktik. Der wahre Maßstab kann *nur* sein, ob das *Wie* des Handelns in einem gegebenen Fall zur Verwirklichung dieses Zieles, des Sinnes der sozialistischen Bewegung, taugt; und zwar – da diesem Endzweck nicht qualitativ unterschiedliche Mittel dienen, sondern die Mittel an sich schon die Annäherung an den Endzweck bedeuten – sollen alle Mittel gut sein, in denen dieser geschichtsphilosophische Prozeß zum Bewußtsein und zur Wirklichkeit erweckt wird, sollen dagegen alle Mittel schlecht sein, die dieses Bewußtsein vernebeln, wie z. B. das Bewußtsein der Rechtsordnung und der Kontinuität der »historischen« Entwicklung oder gar der *momentanen* materiellen Interessen des Proletariats. Wenn es eine historische Bewegung gibt, für die die Realpolitik verhängnisvoll und unheilvoll ist, so ist es die des Sozialismus.

Das bedeutet konkret, daß jede Solidarität mit der bestehenden Gesellschaftsordnung Möglichkeiten einer solchen Gefahr in sich birgt. Obwohl wir vergeblich mit wahrhaft innerer Überzeugung betonen, daß jene Solidarität nur eine momentane, eine aktuelle Interessengemeinschaft, daß sie nicht mehr als ein provisorisches Bündnis zur Erreichung eines konkreten Zieles sei, ist dennoch die Gefahr unvermeidlich, daß das Gefühl der Solidarität *in jenem Bewußtsein* heimisch wird, dessen Notwendigkeit das weltgeschichtliche Bewußtsein, das Erwachen zum Selbstbewußtsein der Menschheit dennoch verfinstert. Der Klassenkampf des Proletari-

2 MEW Bd. 25, S. 828 [Anm. d. Hg.]

ats ist kein bloßer Klassenkampf (wenn er nur das wäre, würde er tatsächlich nur von realpolitischen Vorteilen geregelt), sondern er ist ein Mittel zur Befreiung der Menschheit, ein Mittel zum wahren Anfang der *menschlichen* Geschichte. Jeder Kompromiß verdunkelt gerade *diese Seite* des Kampfes, und deshalb ist er – trotz all seiner eventuellen, momentanen, jedoch überaus problematischen Vorteile – in Anbetracht dieses wahren Endzwecks verhängnisvoll. Denn solange die gegenwärtige Gesellschaftsordnung besteht, sind die herrschenden Klassen in der Lage, den auf diese Weise errungenen wirtschaftlichen oder politischen Vorteil offen oder verhüllt zu kompensieren, und nach solcher »Kompensation« ist der Kampf nur unter ungünstigeren Umständen weiterzuführen, da der Kompromiß die Kampfstimmung selbstverständlich schwächt. Deshalb ist die Bedeutung der taktischen Abweichungen innerhalb des Sozialismus tiefwirkender als in anderen historischen Bewegungen; der welthistorische Sinn ist hier der taktische Maßstab, und vor der Geschichte übernahm derjenige eine Verantwortung für *alle* seine Taten, der – aus zweckdienlichen Überlegungen – vom schmalen und steilen, jedoch allein zum Ziel führenden Weg des richtigen Handelns, den die Geschichtsphilosophie vorschreibt, abweicht.

Es scheint so, als ob damit die Antwort auch auf das ethische Problem gegeben ist, als ob der richtigen Taktik zu folgen an sich schon ethisch wäre. Aber wir sind jetzt an dem Punkt angelangt, an dem die gefährlichen Seiten von Hegels Erbe im Marxismus in Erscheinung treten. Hegels System hat keine Ethik; bei ihm wird die Ethik durch jenes System der materiellen, geistigen und gesellschaftlichen Güter ersetzt, in denen seine Gesellschaftsphilosophie kulminiert. Diese Form der Ethik hat der Marxismus im wesentlichen übernommen (so z. B. das Buch von Kautsky[3]), er setzte nur andere »Werte«[4] anstelle der Hegelschen, ohne die Frage

3 Lukács spielt auf das Buch von Karl Kautsky, Ethik und materialistische Geschichtsauffassung, 1. Aufl., Stuttgart 1906, an. [Anm. P. L.]

4 Lukács bezieht sich auf den von Kautsky beschriebenen »Inhalt des neuen sittlichen Ideals«, das Kautsky »ausschließlich aus der Erkenntnis der gegebenen materiellen Grundlagen« abzuleiten versuchte. Kautsky faßte den Wandel der leitenden »Werte« in der Formel zusammen: »Im wissenschaftlichen Sozialismus wird das sittliche Ideal des Klassenkampfes in ein ökonomisches verwandelt«. Vgl. Kautsky, Ethik und materialistische Geschichtsauffassung, a. a. O., S. 69 ff. [Anm. P. L.]

aufzuwerfen, ob das Begehren der gesellschaftlich wichtigen »Werte«, der gesellschaftlich richtigen Ziele – ungeachtet der *inneren* Triebkräfte des Handelns – schon an sich ethisch sei, obwohl es offensichtlich ist, daß eine ethische Fragestellung nur von diesen gesellschaftlich richtigen Zielen ausgehen kann. Wer die sich hier ergebende Verzweigung der ethischen Fragestellung leugnet, leugnet auch deren ethische Möglichkeit und gerät in einen Gegensatz zu den primitivsten und allgemeinsten seelischen Tatsachen: zu Gewissen und Verantwortungsbewußtsein. All diejenigen ergründen in erster Linie nicht, *was* der Mensch tat oder wollte (das wird von den Normen des gesellschaftlichen und des politischen Handelns geregelt), sondern ob das, was er tat oder wollte und *weshalb* er es tat oder wollte, objektiv richtig oder falsch war. Diese Frage nach dem Weshalb kann aber nur im einzelnen auftauchen, sie hat nur im Bezug auf das Individuum einen Sinn, im scharfen Gegensatz zur taktischen Frage der objektiven Richtigkeit, die eine eindeutige Lösung allein im kollektiven Handeln von Menschengruppen finden kann. Die vor uns stehende Frage lautet also: Wie verhalten sich Gewissen und Verantwortungsbewußtsein des einzelnen zum Problem des taktisch richtigen kollektiven Handelns?

Man muß hier vor allem eine gegenseitige Abhängigkeit feststellen, gerade darum, weil die beiden miteinander in Zusammenhang gebrachten Handlungstypen im wesentlichen voneinander unabhängig sind. Einerseits ist die Frage, ob irgendeine gegebene taktische Entscheidung richtig oder falsch sei, von der Frage unabhängig, ob die Entscheidung der in ihrem Sinn Handelnden von moralischen Motiven bestimmt worden ist; andererseits kann eine aus der reinsten ethischen Quelle entsprungene Tat nach taktischen Gesichtspunkten völlig verfehlt sein. Diese Unabhängigkeit voneinander besteht jedoch nur scheinbar. Denn wenn das – wie wir im folgenden sehen werden – von rein ethischen Motiven bestimmte Handeln des einzelnen den Weg der Politik betritt, kann dessen objektive (geschichtsphilosophische) Richtigkeit oder Unrichtigkeit nicht einmal ethisch gleichgültig sein. Und auf Grund der geschichtsphilosophischen Orientierung der sozialistischen Taktik muß sich in jenem individuellen Willen nach dessen Summierung ein kollektives Handeln ergeben und das regelnde geschichtsphilosophische Bewußtsein zum Ausdruck kommen – zumal ohne dies das notwendige Zurückweisen des aktuellen Vorteils im Interesse des Endzwecks unmöglich wäre. Das Problem kann man jetzt wie folgt formulieren: Welche ethischen Überlegungen lösen im Individuum die Entscheidung aus, daß das notwendige geschichtsphilosophische Bewußtsein in ihm zur richtigen politischen Aktion, d.h. zum Bestandteil eines kollektiven Willens werden, erwachen und diese Aktion auch entscheiden kann.

Wir betonen noch einmal: Die Ethik wendet sich an den einzelnen, und als notwendige Konsequenz dieser Einstellung stellt sie vor das individuelle Gewissen und Verantwortungsbewußtsein jenes Postulat, daß er so handeln müsse, als ob von seinem Handeln oder von seiner Untätigkeit die Wendung des Schicksals der Welt abhinge, dessen Heraufkunft die aktuelle Taktik begünstigen oder verhindern muß. (Denn in der Ethik gibt es keine Neutralität und keine Parteilosigkeit; wer nicht handeln *will*, muß auch seine Untätigkeit vor seinem Gewissen verantworten können.) Jeder, der sich gegenwärtig für den Kommunismus entscheidet, ist also verpflichtet, für jedes Menschenleben, das im Kampf für ihn umkommt, dieselbe *individuelle* Verantwortung zu tragen, als wenn er selbst alle getötet hätte. Aber alle, die sich der anderen Seite – der Verteidigung des Kapitalismus – anschließen, müssen für die Vernichtung in den sicherlich folgenden neuen imperialistischen Revanchekriegen, für die künftige Unterdrückung der Nationalitäten und Klassen die gleiche individuelle Verantwortung tragen. Ethisch kann sich keiner der Verantwortung mit der Begründung entziehen, daß er nur ein einzelner sei, von dem das Schicksal der Welt nicht abhinge. Dies kann man nicht nur objektiv niemals mit Sicherheit wissen, weil es immer möglich ist, daß es gerade vom einzelnen abhängt, sondern ein derartiges Denken wird auch durch das innerste Wesen der Ethik, durch Gewissen und Verantwortungsbewußtsein, unmöglich gemacht; wer nicht aus dieser Überlegung heraus entscheidet – sei er sonst auch ein noch so entwickeltes Wesen –, steht nach dem Standpunkt der Ethik auf dem Niveau eines primitiven, unbewußten Trieblebens.

Diese rein formal-ethische Bestimmung des individuellen Handelns genügt jedoch zur Klärung der Beziehung zwischen Taktik und Ethik nicht. Dadurch, daß der einzelne, der eine ethische Entscheidung in sich ausführt, irgendeiner Taktik folgt oder sie ablehnt, begibt er sich auf eine spezielle Ebene des Handelns, die der Politik nämlich, und diese Besonderheit seines Handelns enthält

– nach dem Standpunkt der reinen Ethik – die Konsequenz, daß er wissen muß, unter welchen Umständen und wie er handelt.

Der damit eingeführte Begriff des »Wissens« bedarf jedoch weiterer Klärung. Einerseits kann »Wissen« keineswegs die vollkommene Kenntnis der aktuellen politischen Situation und aller möglichen Konsequenzen bedeuten; andererseits kann man es auch nicht als Ergebnis rein subjektiver Überlegungen betrachten, daß nämlich der Betreffende nach »seinem besten Wissen und Gewissen« handelt. Im ersteren Fall würde jedes menschliche Handeln von vornherein unmöglich, im anderen würde der Weg für größten Leichtsinn und Frivolität offen sein und jeder moralische Maßstab illusorisch werden. Da jedoch Ernst und Verantwortungsbewußtsein des einzelnen einen moralischen Maßstab für jede Tat bilden – daß der Betreffende nämlich die Konsequenz seiner Taten hätte wissen können –, erhebt sich die Frage, ob er, indem er diese Konsequenz kennt, sie auch vor seinem Gewissen hätte verantworten können. Diese objektive Möglichkeit ist zwar bei dem einzelnen und auch Fall für Fall verschieden, aber im Wesen auch für den einzelnen und Fall für Fall immer bestimmbar. Jetzt schon wird für jeden Sozialisten der Inhalt der objektiven Möglichkeit zur Verwirklichung des Gesellschaftsideals des Sozialismus und das Möglichwerden des Möglichkeitskriteriums durch die geschichtsphilosophische Aktualität dieses Ideals bestimmt. Das moralisch richtige Handeln hängt also für jeden Sozialisten zutiefst mit der richtigen Erkenntnis der gegebenen geschichtsphilosophischen Situation zusammen, deren gangbarer Weg nur sein kann, daß jeder einzelne bestrebt ist, dieses Selbstbewußtsein für sich allein bewußt zu machen. Dafür ist erste und unvermeidliche Voraussetzung die Herausbildung des Klassenbewußtseins. Damit das richtige Handeln zu einem wahrhaften und richtigen Regulativ wird, muß sich das Klassenbewußtsein über seine bloß wirkliche Gegebenheit erheben und sich auf seine welthistorische Berufung und das Bewußtsein seiner Verantwortung besinnen. Denn das Klasseninteresse, dessen Erreichen der Inhalt des klassenbewußten Handelns ist, stimmt weder mit der Gesamtheit der persönlichen Interessen der zur Klasse gehörenden Individuen noch mit den aktuellen, momentanen Interessen der Klasse als kollektiver Einheit überein. Die den Sozialismus verwirklichenden Klasseninteressen und das Klassenbewußtsein, das sie zum Ausdruck bringt, bedeuten eine weltgeschichtliche Berufung – und somit bedeutet die oben erwähnte objektive Möglichkeit auch jene Frage, ob der historische Augenblick bereits gekommen sei, der aus dem Stadium der steten Annäherung – sprunghaft – in das der echten Verwirklichung hinüberleitet.

Jeder einzelne muß jedoch wissen, daß hier, dem Wesen der Sache nach, nur von einer Möglichkeit die Rede sein kann. Es ist keine menschliche Wissenschaft vorstellbar, die mit der Genauigkeit und Sicherheit, mit der die Astronomie das Erscheinen eines Kometen bestimmt, für die Gesellschaft sagen könnte, heute sei die Stunde der Verwirklichung der Prinzipien des Sozialismus gekommen. Ebensowenig kann es eine Wissenschaft geben, die sagen könnte, heute sei der Moment noch nicht da; man müsse warten, er werde morgen oder erst in zwei Jahren kommen. Die Wissenschaft, die Erkenntnis, kann nur Möglichkeiten aufweisen – und ein moralisches, verantwortungsvolles Handeln, ein wahres menschliches Handeln liegt nur im Bereich des Möglichen.[5] Für denjenigen jedoch, der diese Möglichkeit erfaßt, gibt es, wenn er Sozialist ist, keine Wahl und kein Schwanken.

Das kann jedoch keineswegs heißen, daß so entstandenes Handeln notwendigerweise schon moralisch fehlerlos und einwandfrei sein muß. Keine Ethik kann zur Aufgabe haben, Rezepte für korrektes Handeln zu erfinden und die unüberwindbaren, tragischen Konflikte des menschlichen Schicksals einzuebnen und zu leugnen. Im Gegenteil: Die ethische Selbstbesinnung weist ja gerade darauf hin, daß es Situationen gibt – tragische Situationen –, in denen es unmöglich ist, zu handeln, ohne Schuld auf sich zu laden; gleichzeitig aber lehrt sie uns auch, daß, falls wir zwischen zwei Arten, schuldig zu werden, zu wählen hätten, auch dann das richtige und das falsche Handeln einen Maßstab besäßen. Dieser Maßstab heißt: Opfer. Und so, wie der einzelne, zwischen zwei Arten von Schuld wählend, schließlich dann die richtige Wahl trifft, wenn er auf dem Altar der höheren Idee sein minderwertigeres Ich opfert, besteht eine Kraft darin, dieses Opfer auch für das kollektive Handeln zu ermessen; hier jedoch verkörpert sich die Idee als ein Befehl der welthistorischen Situation, als geschichtsphilosophische Berufung. Ropschin (Boris Sawinkow[6]), der Führer der Terroristengruppe

5 Ungar.: »és csak a lehetöségek levegöje az, ahol ... lehetséges« (= »und es ist nur die Luft der Möglichkeiten, in der ... möglich sei«) [Anm. P. L.].

6 Boris Sawinkow, 1879-1925. Vgl. besonders die für Lukács wichtigen Werke: »Als

während der russischen Revolution 1904-1906, formulierte in einem seiner Romane[7] das Problem des individuellen Terrors folgendermaßen: Morden ist nicht erlaubt, es ist eine unbedingte und unverzeihliche Schuld; es »darf« zwar nicht, aber es »muß« dennoch getan werden. An anderer Stelle desselben Buches sieht er nicht die Begründung – das ist unmöglich – der Tat des Terroristen, sondern deren letzte moralische Wurzel darin, daß jener nicht nur sein Leben für seine Geschwister, sondern auch seine Reinheit, seine Moral, seine Seele opfert. Mit anderen Worten: Nur die Mordtat des Menschen, der unerschütterlich und alle Zweifel ausschließend weiß, daß der Mord unter keinen Umständen zu billigen ist, kann – tragisch – moralischer Natur sein. Um diesen Gedanken größter menschlicher Tragik mit den unnachahmlich schönen Worten von Hebbels »Judith« auszudrücken: »Und wenn Gott zwischen mich und die mir auferlegte Tat die Sünde gesetzt hätte – wer bin ich, daß ich mich dieser entziehen könnte?«[8]

wär' es nie gewesen. Roman aus der russischen Revolution«, dt. Frankfurt/M. 1913; »Erinnerungen eines Terroristen«, dt. Berlin 1929 [Anm. P. L.].

7 Es handelt sich um das Buch »Als wär' es nie gewesen« (a. a. O.). Sawinkow behandelt in diesem Buch die Weltfremdheit der russischen Revolutionäre. – Lukács hat sich mit dem Problem der revolutionären Ethik im Zusammenhang mit Sawinkow schon früh beschäftigt. In einem bisher unveröffentlichten, auf den 4. 5. 1915 datierten Brief schrieb er an Paul Ernst: »Ich sah darum auch in Ropschin – als Dokument, nicht als Kunstwerk betrachtet – keine Krankheitserscheinung, sondern eine neue Erscheinungsform des alten Konflikts zwischen erster Ethik (Pflichten den Gebilden gegenüber) und zweiter Ethik ([Pflichten gegenüber] der Seele). Die Rangordnung erhält immer eigentümliche dialektische Komplizierungen, wenn die Seele nicht auf sich, sondern auf die Menschheit gerichtet ist; beim politischen Menschen, beim Revolutionär. Hier muß – um die Seele zu retten – gerade die Seele geopfert werden: Man muß, aus einer mystischen Ethik heraus, zum grausamen Realpolitiker werden und das absolute Gebot, das nicht eine Verpflichtung gegen Gebilde ist, das ›Du sollst nicht töten‹ verletzen.« [Anm. P. L.].

8 Wörtlich: »...wenn Du (Gott) zwischen mich und meine Tat eine Sünde stellst: wer bin ich, daß ich mit Dir darüber hadern, daß ich mich Dir entziehen sollte!« Hebbels Judith im Monolog im III. Akt; vgl. Friedrich Hebbel, Sämtliche Werke. Historisch-kritische Ausgabe, besorgt von R. M. Werner, 1. Abteilung, Bd. I, Berlin 1904, S. 26 [Anm. P. L.]

3. Die tatsächliche Inbesitznahme der Kultur

Eine jede revolutionäre Bewegung wird in erster Linie durch den Unterschied zweier Phasen charakterisiert, die man am exaktesten durch den begrifflichen Unterschied zwischen Möglichkeit und Wirklichkeit bestimmen kann.

Diese Unterscheidung kann – bezogen auf die einzelnen Aktionen der revolutionären Bewegung – für die verschiedenen Phasen je spezifisch getroffen werden, und zwar so, daß das, was in der einen Phase und für die eine Art des Handelns die Wirklichkeit darstellt, zur bloßen Möglichkeit wird, wenn von der anderen Phase die Rede ist. In einer solchen Beziehung stand in der Vergangenheit die Ergreifung der politischen Macht, wobei die Besitzergreifung der Gesellschaft die Möglichkeit der wirtschaftlichen Umorganisation enthielt; die tatsächliche Besitzergreifung, die Wirklichkeit, stellt sich nur dann ein, wenn diese wirtschaftliche Umorganisation, die Sozialisierung, tatsächlich geschieht.

Die Frage der Kultur verhält sich zur wirtschaftlichen Umwandlung wie diese zur politischen Umwandlung. Das Ziel der kommunistischen Gesellschaft ist die Aufhebung der Klassenunterschiede, die Schaffung einer Gesellschaft, die keine Unterschiede, weder zwischen Institutionen noch zwischen Menschen mit Binnenkapital, mehr kennt. Die Aufhebung der Klassenunterschiede bedeutet Umwandlung der Wirtschaftsordnung, der Produktion; denn die Grundlage der Stellung der Klasse wird von der Stellung der Menschen in der Produktionsordnung gebildet. Die Schaffung dieser neuen Produktionsordnung, an der nun das Proletariat arbeitet, kann aber diesen Prozeß noch nicht abschließen. Die inneren, bildungsmäßigen, kulturellen usw. Vorrechte hören mit der Veränderung der Produktionsordnung noch nicht zu existieren auf. Diese Umwandlung schafft also auch bloß eine Möglichkeit, die Möglichkeit der inneren Gleichheit, deren Verwirklichung die Aufgabe einer anderen Arbeit, der Arbeit der Erziehung ist.

Alle Macht liegt schon in der Hand des Proletariats. Und das Proletariat setzt diese Macht auch überall, auch auf dem Gebiet der Kultur durch. Es nahm alle Mittel institutionellen Charakters in

Besitz, die zur Verbreitung der Kultur notwendig sind, durch die die Menschen mit der Kultur in Berührung kommen können. Dies ist aber doch nur eine Möglichkeit. Das Bild, das Buch, die Schule gehören nicht denen, deren tatsächlicher oder rechtmäßiger Besitz sie sind, sondern denen, die aus ihnen den meisten Gewinn, die meiste Freude und Erbauung schöpfen können. Daß die Kunstschätze, die Theater, die Schulen usw. in der Hand des Proletariats sind, schafft nur die Möglichkeit der neuen Kultur, der tatsächlichen Besitzergreifung, jener Epoche, in der alle Werke der Kultur zum *inneren* Besitz aller Arbeiter werden.

Diese tatsächliche Besitzergreifung muß die Erziehung verwirklichen. Provisorische und schnelle Maßnahmen muß sie dort in die Wege leiten, wo es darum geht, die schon erwachsenen Menschen in eine innere und enge Beziehung zu den höchsten Werten der Kultur zu bringen: um die geistigen, produktiven Kräfte, die bislang gebunden waren und infolge der kapitalistischen Ausbeutung verkümmerten, zu befreien, um den Menschen die Möglichkeit zu geben, sie wirklich zu genießen. Langsame und planmäßige Maßnahmen sind überall dort notwendig, wo es um die heranwachsende Generation geht, deren Beziehung zur Kultur nicht nur lebendig, sondern so lebendig werden muß, daß die Kultur der Verknüpfungspunkt zwischen den Menschen wird und nicht ein Prinzip, das die Trennung, die Auflösung in Kasten hervorruft wie zur Zeit des Kapitalismus.

Auch diese Möglichkeiten werden von den politischen und wirtschaftlichen Umwälzungen geschaffen. Die Räteverfassung löst die Klasse der Berufspolitiker und der Beamten dadurch auf, daß sie einen jeden Auftrag auf Widerruf erteilt. Der überwiegende Teil der Spezialisten der alten Ordnung wird seine Daseinsberechtigung verlieren, und nur diejenigen bleiben (Ärzte, Ingenieure), die tatsächlich den Interessen der Gemeinschaft dienen. Die umwandelnde Arbeit der Erziehung darf aber auch hier nicht stehenbleiben. Auch hier muß sie die Kastenunterschiede: vor allem zwischen physischer und geistiger Arbeit, aufheben. Hier besteht die Aufgabe darin, es allen Menschen zu jeder Zeit je nach der äußeren und inneren Entwicklung ihres Lebens zu ermöglichen, ihre Stellung in der Gesellschaft entweder als physischer oder auch als geistiger Arbeiter zu finden. Nur wenn diese Umwandlung geschieht und damit die Möglichkeit der Klassenbildung verlorengeht, wenn dadurch das Niveau der Kultur nicht niedriger, sondern höher wird – nur dann nimmt das Proletariat die Kultur tatsächlich in seinen Besitz.

4. Der Funktionswechsel des historischen Materialismus[1]

Durch den Sieg des Proletariats wurde es zu seiner selbstverständlichen Aufgabe, die geistigen Waffen, die es bisher in seinem Klassenkampf benutzte, zu vervollkommnen. Unter diesen steht selbstverständlich der historische Materialismus an erster Stelle.

Der historische Materialismus war eine der stärksten Waffen des Proletariats in der Zeit seiner Unterdrückung; es ist also ganz natürlich, daß es ihn jetzt benutzen will zum Aufbau der neuen Kultur. Darum haben wir dieses Institut eröffnet und es zu seiner Aufgabe gemacht, die Methode des historischen Materialismus auf die gesamte Geschichtswissenschaft anzuwenden; dem Zustand ein Ende zu bereiten, wo der historische Materialismus zwar eine ausgezeichnete Waffe, aber vom wissenschaftlichen Standpunkt aus nur ein Programm war; und schließlich zu bestimmen, wie Geschichte geschrieben werden soll. Wir haben jetzt nämlich die Aufgabe, die ganze Geschichte neu zu schreiben, neu zu ordnen und zu beurteilen nach den Gesichtspunkten des historischen Materialismus. Wir wollen also den historischen Materialismus zur Methode der wissenschaftlichen Forschung und der Geschichtswissenschaft machen.

Hier stellt sich die Frage, warum dies erst jetzt möglich ist? Wenn man die Dinge nur oberflächlich betrachtet, könnte man sagen: es ist deshalb jetzt möglich, weil sich das Proletariat erst jetzt an der Macht befindet und es zuvor die physischen und geistigen Mittel für diesen Zweck nicht hatte. Aber daß der historische Materialismus zur Methode der wissenschaftlichen Forschung werden soll, hat tiefere Gründe als die bloße Tatsache, daß das Proletariat jetzt in der Lage ist, die Wissenschaft nach seinen Einsichten zu organisieren. Diese tieferen Gründe hängen eng zusammen mit dem schwerwiegenden Funktionswechsel, der überall in den Organen des Proletariats eingetreten ist, seitdem die Diktatur des Proletariats existiert und der Klassenkampf seine Richtung geändert hat.

1 Rede von Lukács anlässlich der Eröffnung des Insituts für historischen Materialimus in Budapest im Jahr 1919; später überarbeitet in *Geschichte und Klassenbewußtsein* aufgenommen (GLW, Bd. 2, S. 398-431) [Anm. d. Hg].

Das Proletariat kämpft nicht mehr von unten nach oben, sondern von oben nach unten. Die Untersuchung dieser Fragen ist zu dem Zeitpunkt, da wir dieses Institut eröffnen, unvermeidlich. Was war der historische Materialismus? Er war zweifellos eine wissenschaftliche Methode, die dazu diente, die Ereignisse der Vergangenheit richtig beurteilen zu können. Aber – wie alle wirklich wertvollen historischen Methoden – ermöglicht es uns der historische Materialismus gleichzeitig, auch die Gegenwart unter historischen Gesichtspunkten zu sehen. Somit werden wir auch die tiefwirkenden historischen Triebkräfte feststellen, die die Ereignisse wirklich in Bewegung halten.

Auf diese Weise war der historische Materialismus für das Proletariat mehr als nur eine Methode der wissenschaftlichen Forschung, er war eines der wichtigsten Kampfmittel. Der Klassenkampf des Proletariats bedeutete gleichzeitig das Erwachen seines Selbstbewußtseins. Dieses Erwachen aber folgte allein aus der richtigen Erkenntnis der wirklichen historischen Zusammenhänge. Gegenüber allen anderen Klassenkämpfen wird der Klassenkampf des Proletariats eben deshalb zu etwas einzigartigem, weil seine mächtigste Waffe die wirkliche Wissenschaft ist. Die Klassenkämpfe der Vergangenheit wurden unter verschiedenen Ideologien, moralischen und religiösen Devisen geführt, der Klassenkampf des Proletariats aber gründete sich auf die unverhüllte Erfassung der Wirklichkeit. Der historische Materialismus wurde also dadurch zu einer wichtigen Waffe, weil er dem Proletariat die wahren Triebkräfte der Geschichte aufzeigte. Der historische Materialismus bedeutet die Selbsterkenntnis und Selbstkritik der kapitalistischen Gesellschaft. Die wichtigste Aufgabe des historischen Materialismus ist es, die kapitalistische Gesellschaftsordnung zu kritisieren und ihr Wesen zu enthüllen. Der historische Materialismus wurde im Klassenkampf des Proletariats dazu benutzt – mit Recht und mit großem Erfolg –, die falsche Ideologie der Bourgeoisie zu entlarven, wo diese mit Unwahrheiten und ideologischen Mitteln den wirklichen Stand des Klassenkampfes zu verdecken suchte. So war (trotz der wissenschaftlichen Anwendung – bei Marx, weniger bei seinen Anhängern) seine wichtigste Funktion nicht die bloße wissenschaftliche Erkenntnis, sondern die Tat. Er existierte nicht um seiner selbst willen, sondern um eine Situation klarzumachen, wodurch das Proletariat seiner Klassenlage entsprechend handeln konnte. Der historische Materialismus war also in der Zeit des Kapitalismus ein Kampfmittel. Der Widerstand, den die bürgerliche Wissenschaft gegen den historischen Materialismus geleistet hat, war demnach keine Dummheit, sondern richtiger Klasseninstinkt der bürgerlichen Wissenschaft, der bürgerlichen Klasse. Den historischen Materialismus anzuerkennen wäre für die Bourgeoisie dem Selbstmord gleichgekommen. Jedes Mitglied der bürgerlichen Klasse, das die Wahrheiten des historischen Materialismus anerkannt hätte, hätte zugleich sein Klassenbewußtsein und damit die Kraft verloren, die Interessen seiner Klasse weiterhin zu vertreten. Für das Proletariat andererseits wäre es ebenfalls Selbstmord gewesen, wenn es den historischen Materialismus nur als ein Mittel der wissenschaftlichen Erkenntnis betrachtet hätte. Das Wesen des proletarischen Klassenkampfes besteht eben darin, daß Praxis und Theorie zusammenfallen, daß die Erkenntnis unmittelbar zur Tat führt. Zur Zeit des Kapitalismus herrschten Klassenverhältnisse, die es für Proletariat und Bourgeoisie unmöglich machten, den historischen Materialismus als eine rein wissenschaftliche Methode zu betrachten.

Für das Bürgertum war es eine Lebensnotwendigkeit, die historischen Voraussetzungen seiner Existenz nicht zu erkennen. Untersucht man die Geschichte des 19. Jahrhunderts, findet man eine vielsagende Parallele zwischen dem Untergang der bürgerlichen Klasse und der Entwicklung ihrer Selbsterkenntnis. Im 18. Jahrhundert war die Bourgeoisie noch stark und mächtig, auch noch zu Beginn des 19. Jahrhunderts, denn damals glaubte sie noch fest an ihre Ideologie, an die Ideen der Demokratie und der bürgerlichen Freiheit sowie daran, daß diese bürgerliche Freiheit zur Erlösung der Menschheit führen werde. (Wenn man die Geschichte der französischen Revolution kennt, weiß man sehr gut, daß es so war.)

Im Laufe des 19. Jahrhunderts hat die Bourgeoisie immer mehr diesen Glauben verloren und trotz der Abwehrhaltung gegenüber der Methode des historischen Materialismus haben die Ereignisse gleichzeitig dem Weltbild der bürgerlichen Klasse die Erkenntnis der Klassengliederung der Gesellschaft aufgezwungen. Durch die gleiche Erkenntnis sowie durch die Entwicklung der historisch-materialistischen Anschauung wuchs die Kraft, die Macht und das Selbstbewußtsein des Proletariats, während die Bourgeoisie gleichzeitig immer schwächer wurde. Es ist nur scheinbar ein Widerspruch, daß im Endstadium des Kapitalismus, im Imperialismus, sich die selbstbewußtesten Vertreter des Kapitalismus fast zum historischen Materialismus bekennen und ohne eine verhüllende Ideologie, offen den Klassenkampf gegen das Proletariat führen. Dieser Kampf ist aber kraftlos, er bedeutet nur den Zerfall des nunmehr schon seiner Ideologie beraubten Kapitalismus. Das werden die späteren Ereignisse noch ganz klar zeigen.

Das Proletariat hat gegen den Kapitalismus gekämpft, indem es seine Ideologie entlarvte und die Bourgeoisie zur Selbsterkenntnis zwang, wodurch diese sich notwendigerweise innerlich aufzulösen begann. *Parallel zum wirtschaftlichen Kampf wurde ein Kampf um das Selbstbewußtsein der Gesellschaft geführt. Das Selbstbewußtsein der Gesellschaft bedeutet die Möglichkeit der Führung der Gesellschaft.* Das Proletariat gewinnt seinen Kampf nicht nur wirtschaftlich und machtpolitisch, sondern es siegt auch im Kampf um das Selbstbewußtsein der Gesellschaft – in den Kämpfen der letzten 50 bis 60 Jahre –; es hat die bürgerliche Ideologie vernichtet und sein eigenes, das einzig maßgebende gesellschaftliche Selbstbewußtsein entwickelt.

Das wichtigste Instrument dieses Kampfes war der historische Materialismus. In der Entwicklung und Auflösung des Kapitalismus hat also der historische Materialismus genauso eine Rolle gespielt wie jede andere Ideologie. Damit hat man auch oft von bürgerlicher Seite gegen den historischen Materialismus argumentiert. Es ist ein wohlbekanntes und im Sinne der bürgerlichen Wissenschaft entscheidendes Argument gegen den historischen Materialismus, daß er auf sich selbst anwendbar ist; wenn seine Aussage wahr ist, d. h. die verschiedenen ideologischen Formationen bloße Ideologie und als solche Funktionen der wirtschaftlichen Verhältnisse sind, dann ist der historische Materialismus auch nur eine Ideologie, die Ideologie des Proletariats, und als solche eine Funktion der kapitalistischen gesellschaftlichen Verhältnisse. Ich glaube, man kann und soll ruhig bekennen, daß dieser Einwand nicht ganz unrichtig ist – die wissenschaftliche Bedeutung des historischen Materialismus wird dadurch nicht geringer. Es ist wahr, daß der historische Materialismus auf sich selbst anwendbar ist, aber dies führt nicht zum Relativismus, es bedeutet nicht, daß er nicht die richtige historische Methode ist. Die Wahrheiten des historischen Materialismus sind Wahrheiten, wie sie Marx in der klassischen Nationalökonomie beobachtet hatte: Wahrheiten innerhalb einer bestimmten Gesellschafts- und Produktionsordnung. Als solche – und nur als solche – sind sie absolute Wahrheiten, woraus noch nicht folgt, daß nicht andere Gesellschaftsordnungen zustandekommen können, in denen andere Zusammenhänge andere Wahrheitskategorien erfordern.

Nun, welche Ergebnisse erhalten wir, wenn wir den historischen Materialismus auf sich selbst anwenden? Erstens müssen wir die gesellschaftlichen Bedingungen für die Gültigkeit des historischen Materialismus aufsuchen, ebenso wie Marx die gesellschaftlichen und wirtschaftlichen Bedingungen für die Gültigkeit der klassischen Nationalökonomie untersucht hat. Wenn wir diesen Zusammenhang untersuchen, können wir kurz zusammenfassen: *die gesellschaftliche Vorbedingung für die Gültigkeit des historischen Materialismus ist eine selbständige Wirtschaft.* Unter einer selbständigen Wirtschaft soll verstanden werden, daß die wirtschaftlichen Zusammenhänge geschlossene Systeme bilden, die nach ihrer eigenen Gesetzlichkeit wirken und in denen sich keine anderen Kräfte – jedenfalls nicht primär – betätigen können. Wenn wir das Grundprinzip des historischen Materialismus – nämlich die Abhängigkeit der ideologischen Elemente wie Staat, Recht usw. von der Wirtschaft – eindeutig und wissenschaftlich erklären wollen, dann kann die gesellschaftliche Vorbedingung dieser These nur sein, daß die beiden Formationen (z. B. Wirtschaft und Rechtssystem) scheinbar unabhängig voneinander in der Gesellschaft gegeben sind. Dann können wir mit der Methode des historischen Materialismus beweisen, daß diese beiden Formationen in der Wirklichkeit in engstem Zusammenhang stehen und daß das Rechtssystem eine Funktion der Wirtschaft ist. Die Vorbedingung also der Gültigkeit des historischen Materialismus ist, daß er in einer Gesellschaft angewendet wird, in der die ideologischen Elemente scheinbar unabhängig von den wirtschaftlichen sind, in der aber die Wirtschaft ihre wirkliche Selbständigkeit bewahren kann. Der klassische Boden für den historischen Materialismus ist darum die auf den Warenaustausch gegründete kapitalistische Gesellschaft.

Es ist kein Zufall – wie es eben bei gesellschaftlichen Wahrheiten keinen Zufall gibt –, daß der historische Materialismus als wissenschaftliche Methode sich in der Mitte des 19. Jahrhunderts entwickelt hat. Die gesellschaftlichen Wahrheiten werden immer entdeckt, wenn in ihnen der Geist eines Zeitalters sich offenbart, eines Zeitabschnittes, in dem die der Methode entsprechende Wirklichkeit vorhanden ist. Der historische Materialismus war die Selbsterkenntnis der kapitalistischen Gesellschaft. Wie es kein Zufall war, daß die Nationalökonomie als selbständige Wissenschaft in der kapitalistischen Gesellschaft zustandekam (kein Zufall, weil erst in ihr sich eine allein auf den Warenaustausch gegründete und nach selbständigen, in sich geschlossenen, immanenten Gesetzen konstituierte Wirtschaft entwickelte, die in den früheren Gesellschaftsordnungen nicht existierte), so war es auch kein Zufall, daß der historische Materialismus in einem Zeitabschnitt zustandekam, in dem diese selbständige Wirtschaft fast schon zu einer ›zweiten Natur‹ geworden war, die von menschlichem Vermögen, von Willen und Zielen des Menschen ebenso unabhängig war wie die erste, ursprüngliche Natur. Um die enge Verknüpfung dieser beiden Bereiche zu sehen, braucht man keine weitere Erörterung: der wissenschaftliche Zusammenhang zwischen Marx' Theorie und der von Smith und Ricardo beweist es zudem.

Weiterhin ist es kein Zufall, daß die Nationalökonomie von allen Wissenschaften diejenige ist, die der Naturwissenschaft am nächsten steht. Die Wirtschaftsordnung, mit der sich die Nationalökonomie beschäftigt, ist ihrem Wesen nach der Natur sehr ähnlich, die von der Physik, von der Naturwissenschaft überhaupt untersucht wird. Es sind hier Zusammenhänge gegeben, die von jedem Anthropomorphismus – sei es religiöser, ethischer, ästhetischer oder irgendeiner anderen Art – vollkommen unabhängig sind; Zusammenhänge, in denen der Mensch nur als eine abstrakte Zahl und in quantitativen Relationen vorkommt, in denen – wie Engels im ›Anti-Dühring‹ schrieb – man die Gesetze nur erkennen, nicht aber beherrschen kann; Zusammenhänge also, in denen – hier folgt die gesellschaftliche Vorbedingung, ich zitiere wieder Engels – die Erzeuger die Macht über ihre eigenen gesellschaftlichen Lebensbedingungen verloren haben, da diese selbständig geworden sind und ihr eigenes Leben führen, eine in sich geschlossene und sinnvolle Ordnung bilden.

Daher ist es kein Zufall, daß der klassische Boden für den historischen Materialismus die kapitalistische Gesellschaft war.

Wenn wir diesen jetzt als eine wissenschaftliche Methode betrachten, scheint es natürlich, ihn auch auf die dem Kapitalismus vorangegangenen Epochen anzuwenden. Das hat man getan, zum

Teil mit Erfolg, zumindest mit interessanten Resultaten. Bei dieser Anwendung kommt aber ein wichtiger methodischer Mangel des historischen Materialismus zum Vorschein, der sich in der Kritik des Kapitalismus nicht zeigt. Dieser Mangel besteht – kurz gefaßt – darin, daß Marx alle ideologischen Gebilde gleichstellt und gleich beurteilt. Bei ihm sind alle Ideologien – Rechtssystem, Staatssystem, Religion, Ethik, Kunst, Wissenschaft usw. – auf einer Ebene, sie kommen auf die gleiche Art und Weise zustande und sind Funktionen der Wirtschafts- und Gesellschaftsordnung. Wenn wir diese ideologischen Gebilde mit den Formulierungen der klassischen deutschen Philosophie (Hegels Philosophie) benennen wollen, dann müssen wir sie mit dem Begriff ›Geist‹ bezeichnen. Hegel selbst aber unterschied zwischen zwei Formen, dem objektiven und dem absoluten Geist. Als objektiven Geist bezeichnete er die rein gesellschaftlichen Formationen, die sich zwar vom Menschen unabhängig gemacht haben, aber an ein bestimmtes Zeitalter, an bestimmte historische Umstände gebunden und nur dort gültig und sinnvoll sind – so z. B. Recht, Staat, die verschiedenen Formen gesellschaftlichen Zusammenlebens –; als absoluten Geist bezeichnete er Wissenschaft, Kunst, Religion.

Marx fühlte ebenfalls eine gewisse Niveaudifferenz – man könnte das mit Zitaten aus seinen Werken belegen, wofür wir jetzt aber keine Zeit haben (z. B. ›Zur Kritik der politischen Ökonomie‹, XLVIII – L)[2] –, so wußte er z. B., daß die gesellschaftliche Determination der Kunst viel komplizierter ist als die des Rechts oder des Staats. Er übernahm diese Differenzierung von der klassischen Philosophie dennoch nicht. Allerdings hat die Hegelsche Philosophie diese Differenzierung auch nur ganz allgemein programmäßig entworfen. Es war Hegel nicht möglich, diesen wichtigen prinzipiellen Unterschied klar darzustellen, den Unterschied nämlich zwischen der Geschichte des objektiven Geistes und der des absoluten Geistes. Marx übernimmt diese Unklarheit unverändert von Hegel.

Es ist kein Zufall und auch keine Herabsetzung von Marx, wenn wir diesen Mangel feststellen. Dies hat auch – wie die Entstehung und Entwicklung des historischen Materialismus in der kapitalistischen Gesellschaft – seinen schwerwiegenden Grund, daß nämlich der absolute Geist in der kapitalistischen Gesellschaft aufgehört

2 MEW Bd. 13, Vorwort, S. 7-11 [Anm. d. Hg.].

hat, ein reales, wirkendes gesellschaftliches Element zu sein, wie er es in den früheren Zeiten war. Wir brauchen nur an die Rolle der Religion im Altertum, im Mittelalter und im 19. Jahrhundert zu denken. Die Religion spielte im 19. Jahrhundert durchaus noch eine Rolle, aber sie war nicht mehr ein so lebendiges, tiefeingewurzeltes, auf dem Niveau des absoluten Geistes stehendes Moment, wie im Altchristentum. Die Religion war zum objektiven Geist, zum rein gesellschaftlichen Gebilde, zur Kirche geworden; sie spielte nunmehr im Rahmen der physischen und geistigen Gewaltorganisationen des Staates ihre Rolle. Denken wir nur an die Zeit des Altchristentums! Damals, in einem der größten Prozesse der Weltveränderung, hat das Christentum eine entscheidende Rolle gespielt, aber nicht durch seine Organisiertheit oder gesellschaftsbezogene Bearbeitung, sondern eben durch sein religiöses, geistiges, auf die Seele wirkendes Wesen. Wenn wir aber dieses Problem im 19. Jahrhundert untersuchen, werden wir sehen, daß die Religion nicht als Religion wirkte, sondern als Kirche, als gesellschaftliche Formation, die man mit Recht auf einer Ebene mit Staat, Militär, Schule und anderen Bereichen der kapitalistischen Gesellschaftsorganisation betrachten kann.

Es war also kein Fehler, den historischen Materialismus so starr auf die Geschichte des 19. Jahrhunderts anzuwenden, eben weil alle in der Gesellschaft tätigen Kräfte als Erscheinungen des objektiven Geistes wirkten. In den früheren Gesellschaftsordnungen war dies jedoch nicht so: dort fehlten Selbständigkeit, Abgeschlossenheit, Selbstzweckcharakter und Eigengesetzlichkeit der Wirtschaft – diese traten erst in der kapitalistischen Gesellschaft auf. So hat der absolute Geist in der Entwicklung ideologischer Formationen eine entscheidende Rolle gespielt. Das bedeutet, daß man den historischen Materialismus nicht in der gleichen Weise auf frühere gesellschaftliche Formationen wie auf die kapitalistische Entwicklung anwenden kann. Hier müssen wir eine viel differenziertere Analyse durchführen, um den Stellenwert der Wirtschaft unter den wirklich gesellschaftsgestaltenden Kräften bestimmen zu können; um zu zeigen, daß der Wirtschaft zwar entscheidende Bedeutung zukommt, sie aber nicht einzig maßgeblich ist, und um schließlich aufzuzeigen, welche – und in welcher Weise unterschiedliche – Wirkung diese wirtschaftlichen Kräfte auf die Gebilde des objektiven und des absoluten Geistes haben. Aus diesen Gründen darf man den historischen Materialismus auf die früheren Zeiten nur ganz vorsichtig anwenden. So ist es zu verstehen, daß der historische Materialismus die Selbsterkenntnis des 19. Jahrhunderts bedeutet. Die materialistischen Forschungen von Kautsky über vorkapitalistische Gesellschaften (z. B. Altchristentum, Geschichte des alten Orients) haben sich heute schon als zu grob und oberflächlich erwiesen. Wir sollten uns aber mit den wenigen Wissenschaftlern des 19. Jahrhunderts befassen, die die Grundwahrheiten des historischen Materialismus erkannt und diese in ihren Untersuchungen der Vergangenheit gründlich überprüft haben. Ich denke hier z. B. an Max Weber.

Der Vulgärmarxismus hat den Unterschied zwischen kapitalistischer und vorkapitalistischer Gesellschaft im Hinblick auf die Anwendung des historischen Materialismus völlig ignoriert. So kam es, daß die Geschichtsanalysen Kautskys dank der brutalen und dogmatischen Anwendung des historischen Materialismus vollkommen unproduktiv waren. Wenn eine wissenschaftliche Methode existiert, die den Dogmatismus nicht dulden kann, dann ist es die des historischen Materialismus. Seine grundlegende These ist eben, daß es um die Beobachtung einmaliger, sich nie wiederholender historischer Zusammenhänge gehe und jeder Dogmatismus abzulehnen sei, der in einem gegebenen Augenblick gültige historische Verhältnisse als ewig und unwiderruflich bezeichnen möchte. Ein typischer Vertreter dieses Dogmatismus ist Kautsky, aber auch bessere Wissenschaftler haben schon den gleichen Fehler begangen. Hier möchte ich die Analysen von Mehring erwähnen – ›Die Lessing-Legende‹ –, die so fein und tiefblickend sind, wenn sie sich auf den Staat Friedrichs des Großen beziehen, auf seine Heeresorganisation oder die von Napoleon, die aber unbefriedigend und unvollständig sind, wenn es um die Analyse der damaligen künstlerischen, wissenschaftlichen oder religiösen Formationen geht.

Es ist kein Zufall, daß der historische Materialismus seine größten Erfolge in der Analyse der Gesellschaft, des Rechts und der auf dem gleichen Niveau stehenden Formationen (Taktik, Strategie usw.) erzielt hat. Dies ist deshalb so, weil die dogmatische Anwendung des historischen Materialismus nur im Hinblick auf die Gebilde des objektiven Geistes gelten kann. Die vulgäre Anwendung des historischen Materialismus begeht den gleichen Fehler, den Marx bei der vulgären Ökonomie so verurteilt: rein historische Kategorien werden als ewig gültige betrachtet.

Dies war nur ein wissenschaftlicher Fehler in der Analyse der Vergangenheit und er hatte keine schlimmen Folgen, eben weil der historische Materialismus auch Instrument des Klassenkampfes und Kampfmittel, nicht nur Instrument der wissenschaftlichen Erkenntnis war. Wenn wir heute auch die Mängel der Arbeiten von Mehring oder Kautsky feststellen, so ändert das nichts daran, daß sie sich große Verdienste um die Erweckung des Proletariats erworben haben. Ihre Werke waren sehr wichtige Mittel des Klassenkampfes, und was die wissenschaftlichen Fehler betrifft, so können diese von späteren Generationen noch genügend korrigiert werden.

Die Geschichtsauffassung des vulgären Marxismus hat jedoch entscheidende politische Folgen gehabt, die dem Proletariat fast zum Verhängnis geworden sind und noch werden können. Rechter Flügel und Zentrum der Sozialdemokraten haben den Imperialismus, das Endstadium des Kapitalismus, falsch eingeschätzt. Das war ein schwerer Fehler des vulgären Marxismus. Dieser Fehler hat schwerwiegende Folgen für die Taktik des Sozialismus gehabt. Diese Folgen erstreckten sich teils auf die Beurteilung des Krieges, teils auf die Taktik gegen den Krieg*).

Die Taktik nach dem Krieg folgt aus dem zuvor analysierten methodischen Irrtum des vulgären Marxismus. Seine historisch-materialistische Auffassung – daß nämlich die wirtschaftlichen Formationen ewig erstrangig blieben gegenüber den ideologischen Gebilden (Staat, Recht und die dazugehörigen geistigen und physischen Mittel), daß die letzteren zweitrangig seien in der historischen Entwicklung – hat sich als falsch erwiesen. Kurz gefaßt liegt der Fehler des Vulgärmarxismus darin, daß er im historischen Materialismus ein ewiges Gesetz sieht, statt die Analyse und Beschreibung des Kapitalismus. Wenn er wirklich ein ewig geltendes Gesetz wäre, müßte sich der Übergang vom Kapitalismus zum Sozialismus innerhalb einer geschlossenen wirtschaftlichen Umwandlung vollziehen, d. h. die kapitalistische Wirtschaftsordnung würde sich selbst vernichten. Der bolschewistische, orthodoxe Marxismus hat jedoch erkannt, daß dieser Übergang aus der Notwendigkeit in die

* Siehe meinen Artikel »Was ist orthodoxer Marxismus?«, in: Taktik und Ethik [GLW, Bd. 2, S. 61-68, Anm. d. Hg.].

Freiheit ein Sprung ist, also nicht ohne Funktionswechsel geschehen kann. Funktionswechsel bedeutet hier, daß sich die Rolle der nichtwirtschaftlichen Faktoren (im Aufbau der Gesellschaft) erheblich ändern werden.

Diese Auffassung – die Marx schon in der Kritik des Gothaer Programms erörterte – kulminiert in der Auffassung der Diktatur des Proletariats als des notwendigen Übergangsweges und sie impliziert auch deutlich, daß die orthodoxe, unmittelbare Anwendung des historischen Materialismus nur für kapitalistische Verhältnisse möglich ist. Wenn eine Revision bei der historischen Untersuchung der Vergangenheit nötig ist, so ist sie erst recht unbedingt erforderlich bei der taktischen Verwirklichung des Übergangs vom Kapialismus zum Sozialismus. Kurz gesagt, die Probleme der Gewalt, der Diktatur und – im Zusammenhang mit ihnen – des Staats sowie des Rechts sind nur anhand dieser methodischen Erwägung zu verstehen.

Béla Kun hat einmal gesagt, daß die Sozialisierung keine wirtschaftliche, sondern eine Machtfrage sei. Mit dieser Feststellung hatte er in der methodischen Diskussion vollkommen recht. Der methodische Fehler des Menschewismus besteht eben darin, daß er die Organisation der Produktion, die sogenannte Sozialisierung, als eine wirtschaftliche Angelegenheit betrachtet und daran glaubt, daß sie langsam im Laufe der wirtschaftlichen Umwandlung verwirklicht werden könne. Diese naive Illusion verursacht den Sturz des rechten Flügels und des Zentrums der Sozialisten überall in Europa und sie macht den größten Teil des Proletariats hilflos, läßt ihn stocken. Der Übergang vom Kapitalismus zum Sozialismus kann allein durch einen Sprung erfolgen. Dieser Sprung bedeutet, daß der funktionale Zusammenhang zwischen wirtschaftlichen und ideologischen Faktoren sich ändern wird.

Als Engels gegen Dührings Machttheorie kämpfte, hatte er recht, weil er dort über den Kapitalismus sprach. Er hat keine ewig geltenden Gesetze aufgestellt oder aufstellen wollen, es ging einfach um den Kapitalismus. Er sagt selbst: wenn ein Staat zum ersten Mal eine Funktion, die nicht nur Funktion einer Klasse, sondern der ganzen Gesellschaft ist, erfüllt, hat er schon mit seiner eigenen Vernichtung begonnen; ›der Staat stirbt ab‹, sagt er. Wegen des genannten methodischen Irrtums haben der rechte Flügel und das Zentrum der Sozialisten die bolschewistische Taktik falsch eingeschätzt. Sie sprechen von Putschismus, Blanquismus und ähnlichen Dingen, die der rechte Flügel schon in Bernsteins Buch gegen Marx aufgezählt hat, obwohl jetzt von Wiederbelebung des putschistischen Sozialismus keine Rede sein kann (der soll sich außerhalb des Marxismus abspielen). Im Gegenteil: im Bolschewismus, in der kommunistischen Taktik wird die richtige Erkenntnis der historischen Situation bewußt, sowie die Tatsache, daß diese Taktik und die Anerkennung der Autorität der Wirtschaft nur für den Kapitalismus gelten können. Während des Übergangs vom Kapitalismus zum Sozialismus sind sie nicht mehr unbedingt gültig. Unsere Frage lautet nun: wie weit ist der historische Materialismus heute gültig?

Ich kann eine kurze Antwort geben: so weit, wie wir noch in der alten Gesellschaftsordnung leben. Die soziologische Eigenart der Diktatur des Proletariats besteht eben darin, daß dort alte und neue Zeiten sich miteinander vermischen. Sofern noch Klassen gegeneinander kämpfen und Klassenaktivitäten die Handlungen der einzelnen Menschen beeinflussen, wird der historische Materialismus noch immer als Erklärungsmöglichkeiten bestehen bleiben. Wir können die Revolution und die Gegenrevolution ohne den historischen Materialismus nicht angemessen verstehen und beurteilen. Während der Diktatur des Proletariats geschehen aber auch andere Dinge, nicht nur der Kampf zwischen Revolution und Gegenrevolution. Eine Aufbauarbeit vollzieht sich, der Ausbau des Sozialismus. Hier muß ich den entscheidenden Funktionswechsel berühren: der historische Materialismus hat im Zusammenhang mit dieser Aufbauarbeit schon seine Gültigkeit verloren. Hier ist schon ein Funktionswechsel eingetreten, den wir so zusammenfassen können: was im Kapitalismus der Überbau war, wird jetzt zur Basis, was Basis war, wird hier zum Überbau. In der kapitalistischen Gesellschaft war die Grundlage aller ideologischen Elemente das Wirtschaftsleben, die gesamte kapitalistische Gesellschaft war eine Funktion der Wirtschaft. Der Übergang in den Sozialismus bedeutet dagegen, daß die ideologischen Elemente, die menschliche Idee, bei der Aufbauarbeit herrschen werden und das Wirtschaftsleben zur einfachen Funktion der Idee wird.

Wenn wir wissen, was die organisierte Wirtschaft im Gegensatz zur Anarchie von Distribution und Produktion bedeutet, dann sind wir uns auch klar darüber, daß die organisierte Wirtschaft die

Selbständigkeit des Wirtschaftslebens vernichtet. Diese kann nur im Kapitalismus existieren, nur diese anarchische, sinnlose und revolutionäre Wirtschaft hat die entsprechenden Gesetze. Man kann die Wirtschaft nicht allein auf der Grundlage der Ökonomie organisieren. Zur Organisierung brauchen wir andere, höherstehende Gesichtspunkte, und zwar die, die im Kapitalismus als ideologische Faktoren eine Rolle spielten. Die Tatsache, daß durch die Organisation der Wirtschaft ihre Selbständigkeit vernichtet wird, ist vielleicht noch nicht jedermann klar. Der Grund dafür ist, wie ich schon sagte, daß wir noch zum Teil in der alten Gesellschaft leben, daß der absolute Geist in der Diktatur des Proletariats noch nicht über die Gesellschaft herrschen kann. Die Diktatur des Proletariats stellt eben eine Übergangszeit dar, in der der objektive Geist – Gesellschaft, Staat, Rechtssystem des Proletariats, seine Heeresorganisation usw. – noch allein herrscht. Dieser objektive Geist ist ebensowenig selbständig wie im Kapitalismus, auch wenn er jetzt noch so selbständig wirken sollte. Der objektive Geist ist nunmehr jedoch keine Funktion der Wirtschaft mehr, sondern eine Funktion des absoluten Geistes, der menschlichen Idee. Er existiert nur, um sich selbst zu vernichten und so den Weg freizumachen für den absoluten Geist. Wenn dieser Prozeß beendet ist, hat auch der historische Materialismus seine Aktualität verloren. Dann ist jener Augenblick da, von dem Marx und Engels sprachen: da der Urzustand (Vorgeschichte) der Menschheit aufhört und die eigentliche Geschichte beginnt.

Aus diesem Grunde ist es jetzt aktuell, damit zu beginnen, die Geschichte des Uraltertums zu schreiben. Der historische Materialismus wird seinen kämpferischen Charakter immer mehr verlieren. Je mehr die wissenschaftlichen und gesellschaftlichen Unterschiede zwischen den Klassen verschwinden, desto weniger wird der historische Materialismus als Kampfinstrument benötigt. So wird der historische Materialismus zur wissenschaftlichen Methode, zur Methode des Verstehens der Vergangenheit. Wir dürfen also ruhig Marx und Engels korrigieren, wenn sie objektiven und absoluten Geist vertauschen. Die im Kapitalismus bestehende Herabsetzung des absoluten Geistes auf das Niveau des objektiven Geistes ist jetzt verschwunden. Wir haben keine Veranlassung zu übersehen, daß die früheren Gesellschaften in dieser Hinsicht anders aufgebaut waren als der Kapitalismus und daß sie anders waren, als der historische Materialismus sie in der Zeit seines Entstehens gesehen hatte.

Je mehr der historische Materialismus seine Aktualität als Kampfmittel verliert, je mehr der absolute Geist sich entwickelt und selbständiger wird, desto mehr kann sich der historische Materialismus als wissenschaftliche Methode entfalten, und zwar als diejenige Methode, mit deren Hilfe wir die Zeiten der Unterdrükkung, der Menschheit, die Vorgeschichte, verstehen können.

Darum ist schon jetzt – obwohl wir noch mitten im Kampf stehen – der Zeitpunkt gekommen, die Vergangenheit richtig zu betrachten, da schon die Möglichkeit zur Aufspaltung des historischen Materialismus besteht: er soll nicht mehr nur als Kampfmittel dienen (auch wenn man ihn in dieser Funktion noch oft braucht), er soll zur Methode der wissenschaftlichen Erforschung der Vergangenheit werden. Dies alles soll verständlich machen, warum es erst in der Diktatur des Proletariats (also nach dem Sieg des Proletariats) möglich ist, den historischen Materialismus in eine wissenschaftliche Methode umzuwandeln.

5. Die moralische Sendung der kommunistischen Partei

I

Wie jede Schrift Lenins verdient diese neue Broschüre[1] das sorgsamste Studium aller Kommunisten. Sie zeigt wieder seine ganz außerordentliche Fähigkeit, das entscheidend Neue einer neuen Erscheinung in der Entwicklung des Proletariats zu erfassen, ihren Wesenskern in einer wesenhaften Weise zu begreifen und begreifbar zu machen. Während die früheren Schriften mehr der Polemik gewidmet waren, mehr die Kampforganisationen des Proletariats zu ergründen versuchten (in erster Reihe den Staat), ist diese den jetzt aufsprießenden Keimen der neuen Gesellschaft gewidmet. So wie die kapitalistische Produktionsform mit ihrer von wirtschaftlichem Zwang (Hunger) diktierten Arbeitsdisziplin der bloßen Gewaltform der Leibeigenschaft überlegen war, so wird die freie Zusammenarbeit freier Menschen in der neuen Gesellschaft – auch in bezug auf Produktivität – den Kapitalismus weit übertreffen. Die sozialdemokratischen Defaitisten der Weltrevolution sind gerade in dieser Beziehung aufs äußerste ungläubig. Sie berufen sich auf die Lockerung der Arbeitsdisziplin, auf das Sinken der Produktivität, mit einem Wort auf Tatsachen, die notwendige Begleiterscheinungen der sich auflösenden kapitalistischen Wirtschaftsordnung sind. Und mit einer Ungeduld und Unduldsamkeit, die an Stärke nur mit ihrer Geduld und Duldsamkeit dem Kapitalismus gegenüber verglichen werden kann, verweisen sie darauf, daß diese Tatsachen in Sowjetrußland sich nicht *sofort* verändert haben. Rohstoffmangel, innere Kämpfe, Organisationsschwierigkeiten gelten in ihren Augen als Entschuldigungen *nur für kapitalistische Staaten,* eine proletarische Gesellschaftsordnung müßte nach ihnen im Augenblicke ihres Entstehens die innere wie äußere Umwandlung aller Verhältnisse, die Besserung der Lage auf allen Gebieten bedeuten. Die echten Revolutionäre, vor allem Lenin, zeichnen sich gegen-

1 »Die große Initiative«, Bern, Unionverlag, 1920. [Lenin-Werke, Bd. XXIX, S. 397 ff. Anm. P. L.].

über der Kleinbürgerlichkeit dieses Utopismus durch ihre Illusionslosigkeit aus. Sie wissen, was von der im Weltkrieg zugrunde gegangenen Wirtschaft, und vor allem, was von den im Kapitalismus seelisch verdorbenen und verkommenen, zu Egoismus erzogenen *Menschen* zu erwarten ist. Aber Illusionslosigkeit bedeutet für den wahren Revolutionär niemals Verzagtheit und Verzweiflung, sondern einen durch Erkenntnis befestigten Glauben an die weltgeschichtliche Sendung des Proletariats; einen Glauben, der durch die Langsamkeit und die oft mehr als widrigen Umstände seiner Verwirklichung niemals erschüttert werden kann; der all dies auf sich nimmt und durch alle diese Störungen und Hemmungen hindurch sein Ziel und die Ansätze seines Nahekommens niemals aus den Augen verliert.

Die kommunistischen Samstage, die Mobilisation zur Arbeit, die die kommunistische Partei Rußlands sich auferlegt hat, wurden oft und von verschiedenen Gesichtspunkten betrachtet. Begreiflicherweise wurde hierbei das Hauptgewicht stets auf ihre tatsächlich eingetretenen und möglichen, wirtschaftlichen Konsequenzen gelegt. So wichtig aber diese auch sein mögen, bedeuten die kommunistischen Samstage, die Möglichkeit und die Art ihres Entstehens noch etwas anderes, das weit über ihre unmittelbaren wirtschaftlichen Folgen hinausweist. »Die kommunistischen Samstage«, sagt Lenin,[2] »haben deshalb eine ungeheure historische Bedeutung, weil sie uns die zielbewußte und freiwillige Initiative der Arbeiter zeigen in der Entfaltung der Arbeitsproduktivität, im Übergang zu der neuen Arbeitsdisziplin, in der Schaffung sozialistischer Wirtschafts- und Lebensbedingungen.«

Es wird den nichtrussischen kommunistischen Parteien häufig vorgeworfen, daß sie in ihren Handlungen und Forderungen allzu sklavisch das russische Vorbild nachahmen. Mir scheint, an vielen (durchaus nicht unwesentlichen) Punkten gerade der entgegengesetzte Fall vorzuliegen: die europäischen kommunistischen Parteien können nicht oder wollen nicht die wahren Kraftquellen der russischen Bewegung ergründen und selbst wenn ihnen einiges daraus bewußt wird, bringen sie die Kraft nicht auf, diese Lehren ins Leben zu versetzen.

Die kommunistischen Samstage, als erste Keime des Übergangs

2 Lenin, »Die große Initiative«, a. a. O., S. 413. [Anm. P. L.].

von der Arbeitsdisziplin der kapitalistischen Wirtschaftsordnung zu der der sozialistischen, als Ansatz zu dem »Sprung aus dem Reiche der Notwendigkeit in das Reich der Freiheit«, sind *keineswegs institutionelle Taten der Sowjetregierung, sondern moralische Taten der kommunistischen Partei.* Und eben diese entscheidende und ausschlaggebende Seite der Wirklichkeit der KPR wird von den Schwesterparteien am wenigsten gewürdigt, aus ihr werden kaum jemals die so nötigen Lehren gezogen, dieses Beispiel wird so gut wie niemals nachgeahmt.

II

Wir alle wissen und betonen immer wieder: *die kommunistische Partei ist der organisatorische Ausdruck des revolutionären Willens des Proletariats.* Sie ist also keineswegs dazu bestimmt, von vornherein die Gesamtheit des Proletariats zu umfassen; als bewußte Führerin der Revolution, als Verkörperung der Idee der Revolution soll sie vielmehr ihre bewußtesten Vorkämpfer, die wirklich revolutionär-klassenbewußten Arbeiter vereinigen. Die Revolution selbst wird durch das naturgesetzliche Walten der ökonomischen Kräfte notwendig hervorgebracht. Aufgabe und Sendung der kommunistischen Parteien ist, der – wenigstens zum großen Teil, unabhängig von ihr erstehenden – revolutionären Bewegung *Richtung und Ziel* zu geben und die durch den Zusammenbruch der kapitalistischen Wirtschaftsordnung elementar entbrennenden Ausbrüche bewußt auf den einzig gangbaren Weg der Rettung, auf den der Diktatur des Proletariats zu führen.

Während also die alten Parteien kompromißhafte Zusammenfassungen, ungleichartige Massen waren, die demzufolge sich sehr rasch bürokratisierten und sehr rasch eine von den Massen getrennte Aristokratie von Parteioffizieren und -unteroffizieren entstehen ließen, sollen die neuen kommunistischen Parteien den reinen Ausdruck des Klassenkampfes, der Revolution, das Hinausgehen über die bürgerliche Gesellschaft vorstellen. Der Übergang aus der alten in die neue Gesellschaft bedeutet aber *keine bloß ökonomische und institutionelle, sondern zugleich eine moralische Wandlung.* Man mißverstehe nicht: Nichts steht uns ferner, als der kleinbürgerliche Utopismus jener, die sich nur infolge einer inneren Wandlung der

Menschen eine Änderung der Gesellschaft denken können. (Die Kleinbürgerlichkeit dieser Anschauung liegt nicht zuletzt darin, daß ihre Vertreter – bewußt oder unbewußt – die Wandlung der Gesellschaft dadurch in die unabsehbare Ferne der Zeitlosigkeit verschieben.) Wir betonen vielmehr, daß der Übergang aus der alten Gesellschaft in die neue eine notwendige Folge objektiv-ökonomischer Kräfte und Gesetzlichkeiten ist. Dieser Übergang ist aber – bei aller objektiven Notwendigkeit – eben der Übergang aus der Gebundenheit und der Verdinglichung in die Freiheit und Menschlichkeit. Und darum kann *die Freiheit nicht bloß eine Frucht, ein Resultat der Entwicklung sein, sondern es muß ein Moment der Entwicklung eintreten, wo sie zu einer der treibenden Kräfte wird,* ihre Bedeutung als treibende Kraft muß ständig zunehmen, bis der Augenblick gekommen ist, wo sie völlig die Leitung der nunmehr menschlich gewordenen Gesellschaft übernimmt, wo die »Vorgeschichte der Menschheit« aufhört und ihre wirkliche Geschichte beginnen kann.

Der Beginn dieser Phase scheint unserer Ansicht nach mit dem Entstehen des revolutionären Bewußtseins, mit der Begründung der kommunistischen Parteien zusammenzufallen. Denn jede kommunistische Partei – sowie sie nicht in *Opposition* zu der bürgerlichen Gesellschaft steht, sondern ihre zur Tat gewordene *Verneinung* verkörpert – stellt keinen bloßen Gegensatz zu den alten sozialdemokratischen Parteien vor, sie ist vielmehr der Beginn ihrer Vernichtung, ihres Verschwindens. Es war die tiefste Tragik der Arbeiterbewegung, daß sie sich – ideologisch – niemals völlig vom Boden des Kapitalismus loszureißen vermochte. Die alten sozialdemokratischen Parteien haben diese Abtrennung *nicht einmal ernsthaft versucht:* Sie sind ihrem Wesen nach rein bürgerliche Parteien geblieben; Kompromiß, Stimmenfang, billige Demagogie, Intrige, Strebertum und Bürokratie gehörten genauso zu ihren Kennzeichen, wie zu denen der bürgerlichen Parteien. Die Koalitionen mit den bürgerlichen Parteien sind deshalb nicht bloß Folgen objektiv-politischer Notwendigkeiten, sondern des inneren Aufbaus, des wahren Wesens der sozialdemokratischen Parteien. Es ist daher mehr als verständlich, daß in den wahrhaft revolutionären, aber nicht klar bewußten Strömungen der Arbeiterbewegung eine Tendenz zu Worte kam, die sich nicht nur gegen das kleinbürgerliche, korrupte und konterrevolutionäre Wesen der alten Parteien, *son-*

dern gegen das Parteiwesen überhaupt richtete. Einer der Gründe der Entstehung und der Anziehungskraft des Syndikalismus liegt zweifellos hierin: in der *ethischen Ablehnung* der alten Parteien.

Die KPR ist der Gefahr, die hierin liegt, niemals erlegen. Den Dilemmen von alter Partei und Syndikalismus, von bürokratischer Organisation und Zertrümmerung der Partei setzte sie ein klares Tertium datur (es gibt eine dritte Möglichkeit) gegenüber. Diese dritte Möglichkeit ist nun der Punkt, dessen *Folgen* wir Schritt auf Tritt in der russischen Revolution wahrnehmen, dessen *Gründe* zu erkennen und in unsere Bewegungen als bewegende Kräfte aufzunehmen, wir bis jetzt zu feig und zu faul gewesen sind.

III

Die Gründe dieser Macht der KPR liegen erstens in ihrer inneren Organisation, zweitens in der Art, wie sie ihre Aufgabe und Sendung auffaßt und drittens (als Folge der beiden ersten) in der Art, wie sie auf ihre Mitglieder einwirkt. Die KPR ist – im Gegensatz zu den alten sozialdemokratischen und den meisten außerrussischen kommunistischen Parteien – eine geschlossene und nicht offene Partei. Nicht nur, daß sie nicht um jeden Beliebigen als Mitglied wirbt (eine der Hauptursachen von Korruption und Kompromiß), sondern nicht einmal ein jeder, der ihr Mitglied werden will, kann es werden. Als Sieb hierzu dient die Schicht der sogenannten Sympathisierenden (»Freunde der Kommunisten«), aus deren Reihe jene, die den *moralischen* Anforderungen, die an einen russischen Kommunisten gestellt werden, Genüge tun, in die Partei selbst aufgenommen werden. Die Partei richtet aber ihr Augenmerk keineswegs auf die bloße Zunahme der Zahl ihrer Mitglieder, vielmehr auf die Qualität jener, die in ihren Reihen bleiben. Darum benützt die Partei eine jede Gelegenheit, die die großen Kraftanstrengungen der Revolution ihr bieten, *zur Säuberung der Partei.* »Die Kriegsmobilisierung der Kommunisten«, sagt Lenin[3], »ist uns dabei zu Hilfe gekommen: Die Feiglinge und Lumpen kehrten der Partei den Rücken. Eine derartige Verminderung der Zahl der Parteimitglieder bedeutet eine bedeutende *Vermehrung* ihrer Kraft und

3 Lenin, »Die große Initiative«, a. a. O., S. 422. [Anm. P. L.].

ihres Ansehens. Wir sollten die Reinigung fortsetzen, indem wir die Initiative der ›kommunistischen Samstage‹ ausnutzen.« Diese Säuberung der Partei beruht also auf »einer ununterbrochenen *Steigerung der Forderungen* in bezug auf wirklich kommunistische Leistungen«[4].

Dieser innere Aufbau der KPR weist auf die zweite Seite unserer Betrachtungen, auf die Sendung der Partei in der Revolution hin. Die kommunistische Partei als Vortruppe der Revolution soll immer um mindestens einen Schritt der Entwicklung den Massen voraneilen. Wie die Notwendigkeit der Revolution in der kommunistischen Partei zu einer Zeit bereits bewußt war, als die großen Massen höchstens eine dumpfe Unzufriedenheit mit ihrer Lage empfanden, so soll das Bewußtsein des Reiches der Freiheit in den kommunistischen Parteien bereits lebendig sein und ihre Handlungen bestimmend beeinflussen, wenn die nachfolgenden Massen sich ideologisch noch nicht vom korrupten Boden des Kapitalismus loszureißen imstande sind. Diese Rolle der kommunistischen Partei wird freilich erst mit der Begründung der Räteregierung in vollem Umfange aktuell. Wenn nämlich das Proletariat *institutionell* seine Macht aufgerichtet hat, kommt alles darauf an, ob der *Geist,* der in diesen lebt, wirklich der Geist des Kommunismus, der jetzt entstehenden neuen Menschheit oder ein neuer Aufguß der alten Gesellschaft ist. Das klärende, reinigende, vorwärtstreibende Prinzip kann nur die kommunistische Partei sein. Da die Umwandlung der Regierungsformen unmöglich zugleich eine innere Umwandlung der Menschen nach sich ziehen kann, müssen alle üblen Erscheinungen der kapitalistischen Gesellschaft (Bürokratie, Korruption usw.) in die Sowjetinstitutionen einziehen; es besteht die große Gefahr, daß sie noch bevor sie sich wirklich ausbilden konnten, verkommen oder verknöchern. Hier muß die kommunistische Partei als Kritiker, als Vorbild, als Mauer, als Ordner und als Besserer auftreten – und sie allein ist es, die dazu imstande ist[5].

So muß die kommunistische Partei, nachdem sie der Erzieher des Proletariats zur Revolution gewesen ist, der Erzieher der Menschheit zur Freiheit und Selbstdisziplin werden. Diese Sendung vermag sie aber nur dann zu erfüllen, wenn sie ihr Erzie-

4 Lenin, »Die große Initiative«, a. a. O., S. 423. [Anm. P. L.].

5 Vgl. den Artikel des Genossen Wladimir Sorin, »Die kommunistische Partei und Sowjetinstitutionen«, in: Kommunismus, 1. Jg., Heft 8-9 (1920), S. 283 ff.

hungswerk an ihren Mitgliedern schon von Anbeginn an ausübt. Es wäre aber eine völlig unmarxistische, undialektische Denkungsart, wenn wir die oben angedeuteten beiden Phasen der Entwicklung schroff voneinander trennen wollten. Sie gehen im Gegenteil ständig ineinander über und niemand vermag es je zu bestimmen, wann die eine beginnt und wann die andere aufhört. Darum muß das menschliche Ideal des Reiches der Freiheit in den kommunistischen Parteien vom Moment ihrer Entstehung als bewußtes Prinzip ihrer Handlung, als Beweger ihres Lebens wirksam sein. Organisationsformen, Bewußtmachen durch Aufklärung und Propaganda sind hierbei entscheidende und wesentliche Mittel. Jedoch durchaus nicht die einzigen. Sehr vieles – ja das letzthin ausschlaggebende – müssen die *Kommunisten selbst als Menschen leisten.*

Die kommunistische Partei muß die erste Verkörperung des Reiches der Freiheit sein; in ihr soll zuerst der Geist der Brüderlichkeit, der wahren Solidarität, der Opferwilligkeit und Opferfähigkeit herrschen. Vermag sie dies nicht zu verwirklichen, oder macht sie nicht wenigstens ernste Anstrengungen, um es ins Leben zu versetzen – so ist die kommunistische Partei nur mehr durch ihr Programm von den anderen Parteien unterschieden. Ja, es besteht die Gefahr, daß die unüberbrückbare Kluft, die sie programmatisch von den Opportunisten und den Schwankenden trennt, sich allmählich verwischt und sie bald nur den »linkesten Flügel« der »Arbeiterparteien« bilden wird. Dann kommt die Gefahr immer näher – die durch die phrasenhafte Anerkennung der iii. Internationale von den Parteien des Zentrums sehr gesteigert wird –, daß die qualitative Trennung der Kommunisten von den anderen zu einer bloß quantitativen wird und sich sogar allmählich ausgleicht. Je weniger eine kommunistische Partei organisatorisch und seelisch ihr Ideal verwirklicht, desto weniger wird sie fähig sein, einerseits dieser allgemeinen Kompromißstimmung kraftvoll entgegenzuarbeiten, andererseits die unbewußten, aber wirklich revolutionären Elemente (Syndikalisten, Anarchisten) zu wahren Kommunisten zu *erziehen.*

Kompromiß und Zerfall nähren sich aus einer Quelle: aus der mangelhaften inneren Umwandlung der Kommunisten selbst. Je mehr die Kommunisten (und mit ihnen und durch sie die kommunistische Partei) sich von allen Schlacken des kapitalistischsozialdemokratischen Parteilebens, von Bürokratie, Intrige, Strebertum usw., gereinigt haben, je mehr ihre Parteizusammengehörigkeit eine wahre Kameradschaft und seelische Zusammengehörigkeit wird, desto mehr sind sie imstande, ihre Sendung zu erfüllen: die revolutionären Kräfte zu sammeln, die Schwankenden zu stärken, die Unbewußten zur Bewußtheit zu erwecken – die Lumpen und die Opportunisten endgültig abzustoßen und zu vernichten. Die an langwierigen und schweren Kämpfen reiche Revolutionszeit, die uns bevorsteht, bietet unzählige Gelegenheiten zu dieser Selbsterziehung. Die russischen Genossen zeigen uns, organisatorisch wie menschlich, das lehrreichste Vorbild, das man sich nur wünschen kann. Es wäre höchste Zeit, daß wir auch hier *anfangen*, dem russischen Beispiel nachzueifern.

6. Zur Organisationsfrage der Intellektuellen[1]

Es gehört, wie dies Marx und Engels bereits im kommunistischen Manifest dargelegt haben, zum Wesenszeichen der nahenden Entscheidung im Klassenkampfe, daß »der Auflösungsprozeß innerhalb der herrschenden Klasse, innerhalb der ganzen alten Gesellschaft einen so heftigen, so grellen Charakter annimmt, daß ein kleiner Teil der herrschenden Klasse sich von ihr lossagt und sich der revolutionären Klasse anschließt, der Klasse, welche die Zukunft in ihren Händen trägt«.[2] Diese Periode ist für den Kapitalismus schon vor dem Kriege eingetreten; der Krieg und seine Folgen haben bloß die latente Krise des Kapitalismus zu einer akuten gemacht. Dieser akuten Krise entspricht das rapide Zunehmen der Organisationen der Intellektuellen, worin viele im ersten Revolutionsrausche nicht nur ein Zeichen des Entscheidungskampfes erblickt haben (was teilweise richtig war), sondern eine innere Erstarkung der Truppen des Proletariats, die diesen Entscheidungskampf auszukämpfen haben. Jede revolutionäre Bewegung mußte – sofern sie hier Illusionen hatte – schwere Enttäuschungen erleben. Die Intellektuellen-Organisationen sind mit ganz sporadischen Ausnahmen früher oder später in das Lager der Gegenrevolution übergegangen. Ihre oft echt revolutionären Führer aber blieben mit der Zeit entweder völlig isoliert oder wurden, wenn sie sich von ihren Fachgenossen nicht loszulösen vermochten, ebenfalls in die Reihen der Bourgeoisie zurückgedrängt.

Diese Erscheinung ist so allgemein, daß es vielleicht der Mühe wert erscheint, in ein paar Worten auf ihre Gründe einzugehen. Die Organisationen der Industriearbeiter (auch der Landarbeiter) sind einerseits wirksame Kampforganisationen des Proletariats, die den Klassenkampf materiell und ideologisch möglich machen, ander-

1 In der 68er-Bewegung spielte im Rahmen der Orgabnisationsdebatten, an denen sich u. a. Rudi Dutschke und Hans-Jürgen Krahl beteiligten, die Frage des Verhältnisses der »geistigen Arbeiter« zur Arbeiterklasse eine große Rolle. Davon zeugen zahlreiche Lukács-Raubdrucke der damaligen Zeit. Vgl. dazu die Beiträge von Bernd Wagner und Albrecht Götz von Olenhusen in: Rüdiger Dannemann (Hg.), *Lukács und 1968. Eine Spurensuche*, Bielefeld 2009 [Anm. d. Hg.].

2 MEW Bd. 4, S. 459-493, hier: S. 471 [Anm. d. Hg.].

seits aber Vorformen, Keime der kommunistischen Organisation des Wirtschaftslebens. Im Wirtschaftsleben besteht eben ein *direkt dialektischer Prozeß*: der Kapitalismus bereitet seinen eigenen Untergang vor und produziert selbst die Kräfte und Mächte, die ihn zu ersetzen berufen sein werden. Auf allen Gebieten hingegen, die man im Gegensatz zur Wirtschaft mit dem Ausdruck »Ideologie« zu bezeichnen pflegt, ist die dialektische Beziehung zwischen Auflösung des Kapitalismus und Neuaufsteigen der ihn ersetzenden Formen eine *indirekte* und darum höchst *verwickelte Beziehung*. Erstens ist auf allen diesen Gebieten die Umwandlung, die das sich zur herrschenden Klasse organisierende Proletariat sogleich vollzieht, viel gewaltsamer als die Betriebsorganisation der Sozialisierung. Dazu kommt aber, daß die hiebei notwendige Umschichtung den Klasseninteressen der Intellektuellen *als* Klasse nicht entspricht und *nicht entsprechen kann*. Ich verweise nur darauf, daß die für eine rationelle Organisierung der Produktion völlig unerläßliche einheitliche Verwaltung der wirtschaftlich zusammenhängenden Betriebe ganze Massen von Privatbeamten zur Änderung ihrer Lebensbahn zwingen muß, da ihre Stellung in der Produktion nicht auf sachlichen Notwendigkeiten der Produktion beruhte wie bei den Arbeitern, sondern auf der kapitalistisch-konkurrenzhaften Vielzahl der Betriebe. Ähnlich ist die Klassenlage der Beamten, der Offiziere, noch krasser der Advokaten, der Richter oder gar der Journalisten. Diese Klassenlage erklärt es in ausreichender Weise, warum diese Schichten sich erst im Zeitpunkt einer akuten Krise zu organisieren beginnen oder wenigstens als Organisationen ernsthaft in Betracht zu kommen beginnen. Ihre Organisierung hat nämlich einen *rein defensiven Charakter*. Da sie »Parasiten« des Kapitalismus sind, zeigt sich die Erschütterung des Kapitalismus zuerst in der Erschütterung ihrer Klassenlage. Wenn es auch wahr bleibt, daß selbst dem industriellen Proletariat die wirtschaftliche Zwangslage den Klassenkampf aufgezwungen hat, so ändert dies nichts an der Tatsache, daß die Organisationen der Industriearbeiter *von Anfang an und ihrer Idee nach Offensivorganisationen sind*; und zwar Organisationen einer Offensive, die auf das Dasein des Kapitalismus gerichtet ist. Jede Organisation der Industriearbeiter ist deshalb ihrem Wesen nach revolutionär und kann nur hie und da (infolge der Bureaukratisierung der Gewerkschaften) reaktionär wirken. Während die Intellektuellenorganisationen ihrem Wesen nach reaktionär sind und nur zufällig zu revolutionären Wirkungen gelangen.

Dieser entgegengesetzte Charakter der beiden Organisationsformen beruht nicht nur auf der eben erwähnten Entgegengesetztheit der Interessen bezüglich des äußeren Aufbaues der Gesellschaft in der Periode der Diktatur, sondern auch auf tiefgehenden ideologischen Entgegengesetztheiten. Die neue Gesellschaft nämlich, die die Diktatur des Proletariats aufzubauen berufen ist, *soll aus dem Geiste des Proletariats entstehen.* Wenn die Diktatur des Proletariats zugleich als Proletarierdemokratie bezeichnet wird, so will dies eben darauf hinweisen, daß die Lebensinteressen des Proletariats zu Richtlinien für den Aufbau der neuen Gesellschaft werden müssen. Beruht doch die geschichtliche Berufenheit des Proletariats zu dieser Revolution wesentlich darauf, daß seine Klasseninteressen mit den Menschheitsinteressen zusammenfallen, daß es sich aus seiner Stellung als unterdrückte Klasse nicht befreien kann, ohne die Klassenunterschiede überhaupt zu vernichten (Elend der Philosophie 163).[3] Die Diktatur des Proletariats muß also ein Selbstbestimmungsrecht des Proletariats bedeuten. Ist aber dieses Selbstbestimmungsrecht auf die ebenfalls »organisierten« Intellektuellen, die sich eventuell ebenfalls unter sozialistischer Flagge organisiert haben, anwendbar? Sicher nicht; und zwar gerade dort nicht, wo diese Organisationen mit dem scheinbar größten Rechte auf ihre Selbstbestimmung bestehen: in den Fragen des Aufbaues. Ist es wahr, daß bei dem Aufbau der kommunistischen Gesellschaft etwa die Organisation der Lehrer berufen sein könnte, den Plan des Erziehungswerkes zu vollbringen, oder eine Organisation der Künstler oder Gelehrten die Organisation von Kunst und Wissenschaft? Sicher nicht. Umsonst würden sie sich auf ihre »Sachkenntnisse« berufen, darauf, daß sie in diesen Fragen »Fachmänner« sind. Sie sind nicht kompetent. Erstens weil sie in ihrer Mehrzahl – dies folgt aus dem Wesen des Kapitalismus – keine wirklichen Sachverständigen, sondern leere Routiniers, seelenlose Macher und Handwerker sind. Zweitens weil sie Fachmänner in der kapitalistischen Erziehung usw. sind und als solche für die neue Kultur nicht ausschlaggebend sein können. Den Begriff der Proletarierdemokratie auf die »Gewerkschaften« der Intellektuellen anwenden hieße so

3 MEW Bd. 4, S. 63-182, hier: S. 181 [Anm. d. Hg.].

viel, wie die neu entstehende Gesellschaft im Keime zu ersticken, sie kleinbürgerlicher Geschicklichkeit und kapitalistischer Routine preiszugeben.

Die offene Sabotage der »Intelligenz« in Rußland, ihre sich immer steigernde gegenrevolutionäre Haltung in Ungarn (die Journalisten geben das erste Zeichen zur Gegenrevolution und die Gewerkschaft der Privatangestellten hemmte am stärksten den wirtschaftlichen Aufbau) sind keine Zufälle. Sie sind nicht durch »falsche« Taktik entstanden und können nicht durch »richtige« Taktik vermieden werden, sondern sie folgen notwendigerweise aus der Klassenlage der Intellektuellen und aus der ihr entsprechenden Wesensart ihrer Organisationen. Ich sagte: diese Organisationen sind defensiv, während die der Industriearbeiter offensiv sind. *Diese greifen die bürgerliche Gesellschaft an, jene verteidigen ihre eigenen gefährdeten Vorrechte innerhalb der bürgerlichen Gesellschaft.* Wenn sie sich Sozialisten nennen, so ist das bei ihnen ein Mangel an Bewußtsein; wenn die sozialistischen Parteien sie als solche anerkennen, ist es ein Mangel an Einsicht. Denn wie könnte etwa ein Student *als Student* Sozialist sein, wo das Wesen des Studententums (dessen »Selbstbestimmungsrecht« er verteidigt) auf dem Gegensatze des Studierten und der Nichtstudierten, auf dem Bildungsprivileg beruht – darauf also, dessen Abschaffung der Sinn des Sozialismus ist? Das Mißverständnis der ersten Begeisterung klärt sich bald auf und es ist der bessere Fall, wenn der einmal notwendig auszutragende Klassengegensatz bald und offen ausgetragen wird. Die Intelligenz ist heute *als Klasse* nicht revolutionär, kann nicht revolutionär sein; während das Proletariat gerade *als Klasse* revolutionär ist. (Es ist falsch auf die französische Revolution, überhaupt auf bürgerliche Revolutionen hinzuweisen. In Bezug auf den abzuschaffenden Feudalismus oder Absolutismus mag die »Intelligenz« vielfach auch als Klasse revolutionär gewesen sein, woraus jedoch für ihre Haltung zum Kapitalismus keinerlei Folgerungen zu ziehen sind.) Dies ist eine objektive Sachlage, deren Verkennung schwere Fehler nach sich gezogen hat – und noch nach sich ziehen wird.

Ist hiermit die revolutionäre Bedeutung der Intellektuellen geleugnet? Mitnichten. Ja, viele Intellektuelle sind gute, sind mitunter die besten Vorkämpfer der Revolution. Wenn Zeitgenossen Lenins und Trotzkis, Béla Kuns und Rosa Luxemburgs dies leugnen würden, so wären sie mit Blindheit geschlagen. Aber Intellektuelle können nur *als Individuen* revolutionär werden; sie müssen aus ihrer Klasse *austreten,* um an dem Klassenkampf des Proletariats teilnehmen zu können. Dann können sie wirkliche Vorkämpfer werden; können – da sie mit offenem Bewußtsein tun, was die große Masse der Proletarier nur instinktiv tut – die besten und aufopferungsvollsten Führer werden. Denn sie haben, wie das kommunistische Manifest an der angeführten Stelle sagt: »zum theoretischen Verständnis der ganzen geschichtlichen Bewegung sich hinaufgearbeitet«.

7. Alte Kultur und neue Kultur

I.

Die Entwicklung der Gesellschaft ist ein einheitlicher Prozeß. Das bedeutet soviel, daß auf einem Punkte des gesellschaftlichen Lebens eine gewisse Phase der Entwicklung nicht erfolgen kann, ohne daß ihre Wirkungen auf allen übrigen Punkten fühlbar werden würden. Durch diese Einheitlichkeit und diesen Zusammenhang der gesellschaftlichen Entwicklung wird es möglich, daß man denselben Prozeß aus dem Standpunkt sowohl der einen als auch der anderen gesellschaftlichen Erscheinung erfassen kann, und daß man doch zum Verstehen desselben Prozesses gelangt. Aus diesem Grunde kann man über die Kultur, in ihrer scheinbaren Isolierung von den übrigen gesellschaftlichen Erscheinungen, sprechen. Denn, wenn wir die Kultur einer Zeit richtig erfassen, so haben wir in ihr die Wurzel der Gesamtentwicklung dieser Zeit erfaßt und somit sind wir ebendorthin angelangt, als wenn wir von der Analyse der wirtschaftlichen Verhältnisse ausgegangen wären.

Die Bourgeoisie, die über den Zusammenbruch der kapitalistischen Gesellschaftsordnung jammert, klagt darüber am meisten, daß die Kultur untergeht. Die Sorgen um die Klasseninteressen der Bourgeoisie werden so eingestellt, als ob ihr Grund aus den Sorgen um die ewigen Werte der Kultur bestünde. Demgegenüber ist der Ausgangspunkt der hier folgenden Gedankenreihe die Erwägung, daß die Kultur der kapitalistischen Epoche schon in sich zusammengebrochen war, bevor der ökonomische und politische Zusammenbruch erfolgt wäre. Daß daher – im Gegensatz zu diesen häufig gehörten Sorgen – gerade im Interesse der Kultur es dringend notwendig wäre, dem langen Sterbeprozeß der kapitalistischen Gesellschaftsordnung endlich ein. Ende zu bereiten, damit der Weg zu der neuen Kultur offen stehe.

Wenn man die Kultur zweier Epochen aus dem Aspekte der Wissenschaft betrachtet, dann taucht vor allem die Frage auf: Welches sind die soziologischen und ökonomischen Bedingungen des Bestehens der Kultur? Von diesem Zusammenhange aus ergibt sich von selbst die Antwort auf die Frage, womit man hätte anfangen müssen: Was ist eigentlich die Kultur? Kurz zusammengefaßt: Der

Begriff der Kultur (im Gegensatz zur Zivilisation) umfaßt sämtliche wertvollen Produkte und Fähigkeiten, die in bezug auf den unmittelbaren Lebensunterhalt zu entbehren sind. Zum Beispiel: die innere und äußere Schönheit eines Hauses gehört zum Begriff der Kultur, im Gegensatz zu seiner Festigkeit und Heizarbeit usw. Wenn wir daher fragen: was ist die gesellschaftliche Möglichkeit der Kultur, so müssen wir antworten, sie wird durch diejenige Gesellschaft geboten, in der die primären Lebensbedürfnisse so befriedigt werden können, daß man um ihrer Befriedigung willen nicht eine derart schwere Arbeit leisten muß, die die Lebenskräfte völlig in Anspruch nehmen würde. Wo also freie Energien zur Verfügung der Kultur stehen.

Eine jede alte Kultur war daher die Kultur der herrschenden Klassen. Nur die herrschenden Klassen waren in der Lage, alle ihre wertvollen Fähigkeiten, unabhängig von allen Sorgen der Lebenserhaltung, in den Dienst der Kultur zu stellen. Der Kapitalismus hat auch hier – wie überall – die ganze Gesellschaftsordnung revolutioniert. Indem er die Standesvorrechte aufgehoben hat, hat er auch die kulturellen Vorrechte der ständischen Gesellschaft aufgehoben. Der Kapitalismus hat nämlich die herrschende Klasse, die Bourgeoisie, selbst in den Dienst der Produktion getrieben.[1] Das wesentliche, unterscheidende Kennzeichen des Kapitalismus im Unterschiede von den früheren Gesellschaftsordnungen ist, daß in ihm die ausbeutende Klasse selbst dem Produktionsprozeß unterworfen ist; sie selbst ist gezwungen, ihre Kräfte dem Kampfe um den Profit herzugeben, ebenso wie der Proletarier im Interesse seiner Lebenshaltung dazu gezwungen ist. (Zum Beispiel: Fabrikdirektor und im Gegensatz zu ihm der Gutsherr zur Zeit der Leibeigenschaft.) Scheinbar widerspricht dieser Behauptung die große Anzahl von Nichtstuern, die die kapitalistische Klasse aus sich selbst erzeugt hat und denen sie arbeitslose Wohlfahrt zukommen ließ. Doch auch hier darf unsere Aufmerksamkeit nicht durch oberflächliche Erscheinungen von dem Wesen der Sache abgelenkt werden. Für die Kultur sind immer nur die besten Kräfte der herrschenden Klassen in Betracht gekommen. Diese wurden in den dem Kapitalismus vorangegangenen Zeiten unter solche Verhältnisse gebracht, daß sie ihre Fähigkeiten in den Dienst der Kultur

1 Friedrich Engels, Zur Wohnungsfrage [MEW Bd. 18, S. 220 f., Anm. d. Hg.].

stellen konnten. Der Kapitalismus hingegen hat gerade diese zu Sklaven der Produktion gemacht, ähnlich wie die Arbeiter, wenn er auch ihre Sklaverei materiell ganz anders bewertet hat.

Die Befreiung von dem Kapitalismus bedeutet die Befreiung von der Herrschaft der Wirtschaft. Die Zivilisation schafft die Herrschaft des Menschen über die Natur, doch gerät der Mensch demzufolge selbst unter die Herrschaft derjenigen Mittel, welche ihm die Möglichkeit gegeben hatten, über die Natur zu herrschen. Der Kapitalismus bezeichnet den Höhepunkt dieser Herrschaft. Im Kapitalismus gibt es überhaupt keine Klasse, die infolge ihrer Lage in der Produktion zur Schaffung der Kultur berufen wäre. Die Zertrümmerung des Kapitalismus, die kommunistische Gesellschaft, erfaßt die Frage gerade bei diesem Punkte. Sie will eine solche Gesellschaftsordnung schaffen, in welcher einem jeden eine derartige Lebensweise zuteil wird, die in den dem Kapitalismus vorgegangenen Zeiten nur die herrschenden Klassen führten, in welcher Lage sich aber während des Kapitalismus keine einzige Klasse befinden konnte.

Damit beginnt erst wirklich die Geschichte der Menschheit. Ebenso wie die Geschichte im alten Sinne mit der Zivilisation begonnen hat, und die Kämpfe des Menschen mit der Natur in die »prähistorische« Epoche gereiht werden, so wird die Geschichtsschreibung kommender Epochen die wirkliche Geschichte der Menschheit mit dem entwickelten Kommunismus beginnen. Die Herrschaft der Zivilisation wird dann, als die zweite »prähistorische« Epoche gelten.

II.

Demnach war das wichtigste Kennzeichen der kapitalistischen Gesellschaftsordnung, daß das wirtschaftliche Leben aufgehört hat, ein Mittel der gesellschaftlichen Lebensfunktion zu sein: es hat sich in ihren Mittelpunkt verschoben, es ist zum Selbstzweck, zum Ziel jeder gesellschaftlichen Tätigkeit geworden. Die erste und wichtigste Folge davon war, daß das Leben der Gesellschaft sich zu einem großen Tauschverhältnis umgewandelt hat, daß die gesamte Gesellschaft einen großen Markt gebildet hat. In den einzelnen Lebensfunktionen äußerte sich dieser Tatbestand darin, daß sowohl ein jedes Produkt der kapitalistischen Epoche, als auch alle Energien eines jeden Produzierenden und Schaffenden sich in Warenform gekleidet haben. Alles hat aufgehört, für sich, seines inneren (zum Beispiel künstlerischen, ethischen) Wertes wegen, wertvoll zu sein, es hatte nur Wert als eine auf dem Markte verkaufbare oder kaufbare Ware. Wie zerstörend das auf eine jede Kultur, ob sie sich in Taten oder im Schaffen von Kunstwerken, oder in Institutionen äußert, gewirkt hat, bedarf keiner eingehenden Analyse. Ebenso wie die Unabhängigkeit des Menschen von den Sorgen der Lebenserhaltung, die freie Ausnützung seiner Kräfte, als Selbstzweck, die menschliche und gesellschaftliche Vorbedingung der Kultur ist, so kann alles, was die Kultur hervorbringt, nur dann wirklichen Kulturwert besitzen, wenn es für sich wertvoll ist. In dem Moment, wo es Warencharakter annimmt, wo es sich in die Beziehung einordnet, die es in Ware verwandelt, hat seine Autonomie, die Möglichkeit der Kultur, aufgehört.

Aber auch auf einem anderen Punkte hat der Kapitalismus die gesellschaftliche Möglichkeit der Kultur in ihren Wurzeln angegriffen. Dieser Punkt ist sein Verhältnis zu der Hervorbringung der Kulturprodukte. Wir sahen: aus dem Gesichtspunkte des Produktes ist die Kultur unmöglich, wenn die Produkte nicht ihren Zweck in sich tragen. Aus dem Gesichtspunkte des Verhältnisses zwischen dem Produkt und seinem Erzeuger ist Kultur nur dann möglich, wenn die Entstehung eines jeden Produktes aus dem Standpunkte seines Schöpfers ein einheitlicher und abgeschlossener Prozeß ist. Und zwar ein solcher Prozeß, dessen Bindungen von den menschlichen Möglichkeiten und Fähigkeiten des Schöpfers abhängen. Das charakteristischste Beispiel eines solchen. Prozesses ist das Kunstwerk, wobei die ganze Entstehung des Werkes ausschließlich das Resultat der Arbeit des Künstlers ist und eine jede Einzelheit des entstandenen Werkes durch die individuellen Qualitäten des Künstlers bedingt ist. In den dem Kapitalismus vorangegangenen Zeitaltern hat dieser künstlerische Geist die ganze Industrie beherrscht. Das Drucken des Buches war im Wesen ebensowenig von seinem Schreiben verschieden, als das Malen eines Bildes von der Verfertigung eines Tisches verschieden war (in bezug auf den menschlichen Charakter der Entstehung). Die kapitalistische Produktion hingegen nimmt dem Arbeiter nicht nur das Eigentum der Produktionsmittel, sondern infolge der sich immer stärker entwikkelnden und immer mehr spezialisierten Arbeitsteilung gliedert es den Entstehungsprozeß des Produktes in solche Teile, von denen kein einziges etwas für sich Sinnvolles, in sich Abgeschlossenes hervorbringt. Die Arbeit keines einzigen Arbeiters ist mit dem fertigen Produkt in unmittelbarer und wahrnehmbarer Verbundenheit; dieses Produkt hat nur für die abstrakte Berechnung des Kapitalisten einen Sinn, nur als Ware ist es sinnvoll. Die Unmenschlichkeit dieses Verhältnisses wird durch die Ausbreitung der Maschinenindustrie noch gesteigert. Denn bei der innerhalb der Manufaktur entstandenen Arbeitsteilung, wenn der Verfertigungsprozeß auch noch sehr zergliedert und zerstückelt war, war die Qualität der einzelnen Teilprodukte unbedingt von den körperlichen und geistigen Fähigkeiten des Arbeiters bedingt; in der entwickelten Maschinenindustrie hingegen ist zwischen dem Produkt und dem Erzeuger selbst jede Verbindung aufgehoben. Und zwar so, daß in ihr der Produktionsprozeß ausschließlich von den Möglichkeiten der Maschine bedingt ist; der Mensch dient der Maschine, er paßt sich ihr an; die Produktion wird von den menschlichen Möglichkeiten und Fähigkeiten des Arbeiters gänzlich unabhängig.[2]

Neben diesen, die Kultur zerstörenden Kräften, welche wir bisher nur aus dem Gesichtspunkte der einzelnen, isolierten Produkte und Produzierenden betrachtet haben, wirken im Kapitalismus noch andere, diesen ähnliche Kräfte. Die wichtigste von ihnen bemerken wir dann, wenn wir den Zusammenhang der erzeugten Produkte untereinander ins Auge fassen. Die Kultur der dem Kapitalismus vorangegangenen Zeiten war dadurch möglich, daß die einzelnen Kulturprodukte miteinander in einer kontinuierlichen Beziehung standen: das eine hat das in dem andern aufgeworfene Problem weiterentwickelt usw. Die Gesamtkultur zeigt dadurch eine gewisse Kontinuität der langsamen und organischen Entwick-

2 Viele bringen diesen Prozeß mit der technischen Arbeitsteilung der Maschinenindustrie in Zusammenhang und stellen die Frage so ein, als ob sie infolgedessen auch mit dem Sturze des Kapitalismus weiter bestehen müßte. Diese Frage selbst kann hier nicht behandelt werden, ich bemerke nur, daß Marx die Sache anders gesehen hat. Er sah die Sache so an, daß die »Autorität in der Werkstatt und die in der Gesellschaft, in bezug auf die Arbeitsteilung, im umgekehrten Verhältnisse zueinander« stehen und daß in einer Gesellschaft, wo die eine entwickelt ist, die andere zurückgeht und umgekehrt (Elend der Philosophie) [MEW Bd. 4, S. 151, Anm. d. Hg.].

lung. So war es möglich, daß auf einem jeden Gebiete eine zusammenhängende, eindeutige und dennoch originelle Kultur zustandegekommen ist; eine Kultur, deren Niveau, das wertvollste, aber durch isolierte, individuelle Fähigkeiten erzeugbare Niveau, weit übertroffen hat. Der Kapitalismus hat, indem er den Produktionsprozeß revolutionierte, indem er durch die Anarchie der Produktion diesen revolutionären Charakter der Produktion permanent machte, dieses Kontinuierliche und Organische der alten Kulturen aufgehoben. Denn für die Kultur bedeutet die Revolutionierung der Produktion einerseits, daß der Produktionsprozeß fortwährend Momente aufwirft, die den Gang und die Art der Produktion entscheidend beeinflussen, ohne daß sie mit dem Wesen des Produktes – ein Werk als Selbstzweck – irgendwie zusammenhängen würden. (So verschwindet aus der Industrie, aus der Architektur die Materialechtheit.) Andererseits kommen infolge des Für-den-Markt-Produzierens, ohne welches die kapitalistische Revolutionierung der Produktion unvorstellbar wäre, in der Erzeugung des Produktes das bloß-Neuartige, die sensationellen, die auffallenden Elemente zur Geltung, ohne Rücksicht darauf, ob der wahre, innere Wert des Produktes dadurch gesteigert oder vermindert wird. Die kulturelle Spiegelung dieses revolutionären Charakters ist die Erscheinung, die man Mode zu nennen pflegt. Mode und Kultur bezeichnen aber einander dem Wesen nach ausschließende Begriffe. Die Herrschaft der Mode bedeutet soviel, daß die Form, die Qualität der auf den Markt gebrachten Produkte sich in kurzen Perioden verändern, unabhängig davon, ob sie sich in bezug auf Schönheit oder Zweckmäßigkeit bewähren oder nicht. Das Wesen eines solchen Marktes bringt es mit sich, daß innerhalb bestimmter Perioden neue Dinge erzeugt werden müssen, und zwar solche, die von den früheren radikal verschieden sein müssen, solche, die sich unmöglich auf die bei der Erzeugung der früheren gesammelten Erfahrungen stützen können. Diese können infolge der Raschheit der Entwicklung nicht einmal gesammelt und verdaut werden, oder aber, niemand will sich auf sie stützen, da das Wesen der Mode gerade das von dem Alten gänzlich abweichende erfordert. So geht langsam eine jede organische Entwicklung zugrunde, an ihre Stelle tritt ein richtungsloses Hin- und Hertreiben und ein leerer und lauter Dilettantismus.

III.

Aber die Wurzeln der Krise der kapitalistischen Kultur greifen noch tiefer als die bisher skizzierten Erscheinungen. Der letzte Grund ihrer ständigen Krise und ihres inneren Zusammenbruches ist, daß die Ideologie und die Produktions-, die Gesellschaftsordnung, sich in einem unlösbaren Gegensatz zueinander befinden. Als notwendige Folge der kapitalistischen Anarchie der Produktion konnte die um die Herrschaft kämpfende und herrschende bürgerliche Klasse nur eine Ideologie haben: die der individuellen Freiheit. Die Krise der kapitalistischen Kultur mußte also in dem Moment eintreten, als diese Ideologie mit der bürgerlichen Gesellschaftsordnung in Gegensatz geriet. Solange die aufwärtsstrebende bürgerliche Klasse – wie im achtzehnten Jahrhundert – diese Ideologie gegen die Gebundenheit der ständischen Gesellschaft gerichtet hat, war diese Ideologie der adäquate Ausdruck der gegebenen Lage des Klassenkampfes. Demzufolge konnte die Bourgeoisie dieser Zeit in der Tat eine wirkliche Kultur haben. Als aber die Bourgeoisie zur Macht kam (also schon in der großen französischen Revolution), stellte sich heraus, daß es unmöglich ist, diese Ideologie ernstlich durchzuführen, sie auf die gesamte Gesellschaft anzuwenden, ohne Selbstaufhebung jener Gesellschaftsordnung, als deren Ideologie der Gedanke der individuellen Freiheit zustande kam. Kurz: für die bürgerliche Klasse war es unmöglich, ihren eigenen Freiheitsgedanken auch auf das Proletariat anzuwenden. Der unbezwingbare Zwiespalt dieser Lage ist aber folgender: die Bourgeoisie mußte entweder dieser Ideologie entsagen, oder aber sie mußte sie als die Verhüllung ihr entgegengesetzter Handlungen benutzen. Im ersten Falle kam eine völlige Ideenlosigkeit, ein moralisches Chaos zustande, da die Bourgeoisie infolge ihrer Lage in der Produktion außerstande war, eine andere Ideologie als die der individuellen Freiheit zu erzeugen. Im anderen Falle stand die Bourgeoisie vor der moralischen Krise der inneren Lüge: sie war gezwungen, gegen ihre eigene Ideologie zu handeln.

Diese Krise wurde noch dadurch verschärft, daß das Prinzip der Freiheit sich auch wirtschaftlich in einen unlösbaren Widerspruch verwickeln mußte. Es kann nicht unsere Aufgabe sein, an dieser Stelle auf die Analyse des Zeitalters des Finanzkapitals einzugehen. Nur auf die Tatsache muß hingewiesen werden, daß die auf diese Weise entstandene großzügige Organisiertheit der Produktion (Kartell, Trust) in unausgleichbarem Widerspruch mit der herrschenden Idee der frühkapitalistischen Gesellschaftsordnung: der freien Konkurrenz, steht. Damit ging aber der mit ihr zusammenhängenden Ideologie jeder Boden verloren. Da die oberen Schichten der Bourgeoisie, dem Wesen des Finanzkapitalismus folgend, zu natürlichen Verbündeten ihrer ehemaligen Feinde, der agrarfeudalen Klassen, wurden, mußte ihre neue Ideologie bei ihren neuen Verbündeten gesucht werden. Aber auch dieser Versuch, die Ideologie mit der Produktionsordnung in Einklang zu bringen, mußte scheitern. Denn die wirklichen Grundlagen der konservativen Ideologien, die feudale, ständische Gliederung und die ihr entsprechende Produktionsordnung, wurden gerade durch die kapitalistische Revolutionierung der Produktion, die ihren Höhepunkt im Zeitalter des Finanzkapitals erreicht hat, gründlichst aus der Gesellschaft ausgerottet. Der Feudalismus allerdings hat einmal eine Kultur von hohem Werte und hohem Niveau gehabt. Aber dies war in einer Zeit, als die feudale, die ständische Gesellschaft die herrschende war; als die Gesamtheit der Gesellschaft und ihre Produktion durch ihre Prinzipien geregelt wurde. Mit dem Siege des Kapitalismus wurde diese Gesellschaftsform vernichtet. Vergebens blieb ein großer Teil der wirtschaftlichen und gesellschaftlichen Macht in den Händen der einst herrschenden Stände. Der Prozeß, daß auch diese sich kapitalisieren, daß auch sie die Formen des Kapitalismus annehmen, konnte nicht aufgehalten werden. Damit erfolgte aber für diese Schichten derselbe Zwiespalt des Widerspruches zwischen Ideologie und Produktionsordnung wie für den Kapitalismus, wenn dieser Widerspruch bei ihnen auch anders zum Ausdruck kam. Als daher die bürgerliche Klasse im Zeitalter des Finanzkapitals das Wasser der Erneuerung brauchte, mußte sie es in einem Brunnen suchen, den sie selbst zugeschüttet hatte.

Von dem Gesichtspunkte der Kultur bedeutet dieser Gegensatz zwischen Ideologie und Produktionsordnung folgendes: der Grund der Großartigkeit der alten Kulturen (Griechentum, Renaissanoe) bestand darin, daß, nachdem Ideologie und Produktionsordnung in Einklang waren, die Produkte der Kultur sich aus dem Boden des gesellschaftlichen Seins organisch entwickeln konnten. Mochten die größten Kulturwerke noch so viel höher gestanden sein als die innere Welt des Durchschnittsmenschen, so war doch immer zwischen ihnen irgendwelcher Zusammenhang. Aber noch wichtiger als diese Stellung der Kulturprodukte innerhalb des gesellschaftlichen Lebens ist, daß der Einklang zwischen Ideologie und Produktionsordnung den selbstverständlichen Einklang zwischen Ideologie und Lebensführung ermöglichte. (Daß die Art der menschlichen Lebensführung von ihrer Lage in der Produktion abhängt, bedarf keiner eingehenden Erörterung.) In jeder Gesellschaftsordnung aber, in der die Lebensführung und ihr ideologischer Ausdruck in natürlichem, selbstverständlichem Einklang miteinander sind, ist es möglich, daß das Formannehmen der Ideologie in den Gebilden der Kultur seinen organischen Ausdruck findet. Diese organische Einheit ist aber nur unter solchen Bedingungen möglich. Denn die relative Unabhängigkeit der ideologischen Elemente von ihren wirtschaftlichen Grundlagen bedeutet soviel, daß sie als Formen menschlicher Äußerungen, ihrem formellen Werte und ihrer formellen Gültigkeit nach, von den Gegebenheiten, durch die sie geformt wurden, die ihnen durch die wirtschaftliche und gesellschaftliche Ordnung ihrer Zeit zur Formung aufgegeben wurden, unabhängig sind. Doch der geformte Stoff dieser Formen kann nur die gesellschaftliche Wirklichkeit selbst sein. Wenn daher zwischen Ideologie und Wirtschaftsordnung ein wesentlicher Gegensatz vorhanden ist, so muß dieser Gegensatz, in bezug auf unser Problem, so ausgedrückt werden, daß die Formen und die Inhalte der kulturellen Äußerungen miteinander in Widerspruch geraten. Damit hört aber die organische Einheit der Werke der Kultur, ihr harmonisches, Freude verleihendes Wesen auf, diese Lage nach dem Gesichtspunkte der zu der Kultur stellungnehmenden Menschen auszudrücken – was ein Hauptkennzeichen der alten Kulturen war.

Die Kultur des Kapitalismus, insofern sie ehrlich gewesen ist, konnte in nichts anderem bestehen, als in der schonungslosen Kritik der kapitalistischen Epoche. Diese Kritik erhob sich häufig auf ein sehr hohes Niveau (Zola, Ibsen), aber je ehrlicher, je wertvoller sie war, desto mehr mußte ihr die einfache und natürliche Harmonie und Schönheit der alten Kultur fehlen: die Kultur im wahren, wörtlichen Sinne des Wortes. Widerspruch bestand auf allen Gebieten der menschlichen Äußerungen, auf dem ganzen Gebiete des Stoffes der Kultur. So erzeugte die kapitalistische Gesellschaftsordnung – um nur ein einziges, sehr evidentes Beispiel zu erwähnen – notwendigerweise aus sich selbst, aus ihrer Freiheitsideologie, die Idee des Menschen als Selbstzweck. Wir können ruhig sagen, daß diese große Idee in den dem Kapitalismus vorausgegangenen Jahren nie einen so reinen, klaren und bewußten Ausdruck bekam als gerade in dieser Zeit (klassischer, deutscher Idealismus). Aber keine Gesellschaftsordnung hat diese Idee mehr mit Füßen getreten, als gerade die kapitalistische. Das Alles-zur-Ware-werden blieb im Kapitalismus bei dem Zur-Ware-werden eines jeden Produktes nicht stehen. Es griff auch auf die menschlichen Verhältnisse über, man denke nur an die Ehe. Die innere Notwendigkeit der ideologischen, kulturellen Kultur forderte also einerseits von allen Produkten der Kultur das Verkünden der Menschen als Selbstzweck. Der Stoff hingegen, der durch diese Kulturformen geformt wurde, war andererseits ein lebendiges Verneinen dieser Idee. Die wertvolle Dichtung des Kapitalismus zum Beispiel konnte daher nicht das einfache Abbilden ihrer Zeit sein, wie zum Beispiel die griechische Dichtung, deren ewige Schönheit gerade diesem selbstverständlichen kritiklosen Abbilden entsprang, sondern nur die Kritik des Bestehenden.

IV.

Betrachten wir jetzt, was die kommunistische Umwandlung der Gesellschaft vom Gesichtspunkte der Kultur bedeutet. Sie bedeutet vor allem das Aufhören der Herrschaft der Wirtschaft über die Gesamtheit des Lebens. Sie bedeutet demnach, daß das unmögliche, zwiespältige Verhältnis zwischen dem Menschen und seiner Arbeit, wonach der Mensch dem Produktionsmittel untergeordnet ist und nicht das Produktionsmittel dem Menschen, aufhört. In ihrer letzten Analyse bedeutet diese Gesellschaftsordnung die Aufhebung des Selbstzweckes der Wirtschaft. Die kapitalistische Gesellschaftsordnung hat ihre Struktur natürlich so tief in die Gedankenwelt eines jeden hineingetragen, daß diese Seite der Umwandlungen nur wenigen bewußt wurde. Um so mehr, da diese Seite der Umwandlung sich selbst nach Erobern der Macht in den oberflächlichen Erscheinungen des Lebens noch nicht äußern kann. Die Herrschaft über die Wirtschaft, die sozialistische Organisation der Wirtschaft bedeutet die Aufhebung der Autonomie der Wirtschaft. Die Wirtschaft, die bis jetzt ein autonomer Prozeß war, mit eigener Gesetzlichkeit, die durch die menschliche Vernunft nur erkannt, aber nicht von ihr geleitet werden konnte,[3] wird jetzt zu einem Teile der staatlichen Verwaltung. Zu einem Teile eines planmäßigen, nicht mehr von eigenen Gesetzen beherrschten Prozesses. Denn die letzten Beweggründe dieses einheitlichen gesellschaftlichen Prozesses können schon nicht mehr wirtschaftlicher Natur sein. Der Schein widerspricht zwar auch hier dieser Behauptung. Denn es ist klar, daß das Umorganisieren der Produktion anders als auf wirtschaftlichem Boden, mit wirtschaftlichen Organen, von wirtschaftlichen Bedenken geführt, sowohl praktisch als auch theoretisch unmöglich ist. Außerdem ist es selbstverständlich, daß, dem Wesen des Klassenkampfes entsprechend, in der Phase der Diktatur, die den Höhepunkt des Klassenkampfes bedeutet, Fragen des wirtschaftlichen Kampfes, der Umorganisierung der Wirtschaft im Vordergrund stehen. Aber das bedeutet bei weitem nicht, daß der letzte Grund des auf diese Weise ablaufenden Prozesses auch wirtschaftlicher Natur wäre. Der Funktionswechsel, den die proletarische Diktatur auf jedem Gebiete mit sich bringt, tritt auch hier ein. Ein jedes ideologisches Moment war während des Kapitalismus nur der »Überbau« des revolutionären Prozesses, der letzten Endes zum Zusammenbruch des Kapitalismus geführt hat. Nun dreht sich dieses Verhältnis um. Ich sage nicht, daß die Umorganisierung der Wirtschaft zum bloßen »Überbau« wird (dieser Ausdruck war ja auch bezüglich der Ideologie nicht der treffendste, da er zu vielen Mißverständnissen Anlaß gegeben hat), aber es kann ruhig gesagt werden, daß die Priorität der Wirtschaft verlorengeht. Das, was auf der Oberfläche wider diese Behauptung spricht, spricht für sie, wenn wir die Sache auch nur ein wenig dialektisch betrachten. In den Krisen der kapitalistischen Gesellschaft stand immer der ideologische Teil im Vordergrund des gesellschaftlichen Bewußtseins. Das geschah nicht zufällig, sondern infolge der Notwendigkeit, daß die letzten bewegenden Kräfte der Entwicklung in den von ihnen bewegten Massen nie restlos bewußt werden konnten. Die »Kritik«

3 Die Spiegelung dieser gesellschaftlichen Situation ist die Nationalökonomie, als selbständige Wissenschaft. Bevor jene sich entwickelt hat, war auch keine Wirtschaftswissenschaft, im modernen Sinne möglich – und mit dem Aufhören der einen muß auch die andere aufhören. Es ist daher eine rein kapitalistische Ideologie, die Gesetze der Nationalökonomie als ewige, das heißt als restlos geltende Naturgesetze aufzufassen.

des Sozialismus hatte diesen Krisen und Revolutionen gegenüber einen enthüllenden Charakter: sie wies auf die wirklichen, letzten bewegenden Kräfte hin: auf den wirtschaftlichen Prozeß. Nichts ist natürlicher, als daß mit dem Sturze des Kapitalismus der bisher als Kritik funktionierende Gesichtspunkt in den Vordergrund der Neugestaltung tritt. Die Frage ist nur, ob dieser Funktionswechsel nicht den Charakter des Motives als »letztes« Motiv, den es in seiner früheren Funktion besaß, aufgehoben hat? Daß er es wirklich aufgehoben hat, tritt schon aus dem Bisherigen bevor. Denn das wirtschaftliche Motiv kann nur bei der Unorganisiertheit der ganzen Produktion als letztes Motiv gelten. Nur die bewegenden Kräfte der unorganisierten Produktion können als Naturkräfte funktionieren, als blinde Kräfte, und nur als solche können sie die letzten Beweger für alles sein; jedes ideologische Element fügt sich entweder diesem durch sie erzeugten Prozesse ein (es wird zum Überbau), oder aber es tritt ihm ergebnislos entgegen. Deswegen ist im Kapitalismus jeder nicht wirtschaftlicher Faktor rein ideologisch. Ausnahme ist einzig die sozialistische Kritik der ganzen kapitalistischen Gesellschaft. Denn diese ist nicht die zustimmende oder tadelnde ideologische Begleitung einzelner Prozesse, sondern die Enthüllung des Ganzen: eine derartige Enthüllung der Gesamtheit des wirtschaftlichen Prozesses, die gleichzeitig auch ein wirkendes Handeln zu seiner Umgestaltung ist. Was aber umgestaltet wird, ist nicht die Unorganisiertheit allein, sondern mit ihr zugleich die Autonomie des wirtschaftlichen Lebens, letzten Endes sein durch wirtschaftliche Motive Geführtsein. Dadurch, daß das wirtschaftliche Leben in der Richtung des Sozialismus organisiert wird, kommt die Führung denjenigen Motiven zu, welche bisher höchstens Begleiterscheinungen sein konnten: dem Beherrschtsein des inneren und äußeren Lebens des Menschen durch menschliche und nicht durch wirtschaftliche Motive. Jetzt überrascht es uns nicht mehr, daß unter solchen Bedingungen die Umwälzung des wirtschaftlichen Lebens stärker im Vordergrund gerade des revolutionären Bewußtseins steht, als dasjenige ideologische Moment, durch welches es letzten Endes bewegt wird. Der Prozeß dieses Funktionswechsels tritt mit dem Siege des Proletariats im Bewußtsein des Proletariats notwendigerweise ein. Er ist in den Massen des Proletariats die gerade Fortsetzung des bewußten Klassenkampfes: das Wesen des Klassenbewußtseins bestand bis jetzt immer aus dem

Insbewußtseinheben der wirtschaftlichen Interessen. Der bloße Übergang auf die Arbeit des Aufbaues – deren Endergebnis dieser Funktionswechsel ist – berührt nicht einmal das Bewußtsein der unmittelbaren Klasseninteressen; er ist bei diesem sozusagen »unter dem Bewußtsein«. Nur das volle Klassenbewußtsein, dem über die unmittelbaren Interessen hinaus die weltgeschichtliche Sendung des Proletariats bewußt wird, hebt dieses Motiv, diesen Funktionswechsel, ins Bewußtsein des Proletariats.[4]

Dieser Funktionswechsel bringt die Möglichkeit der neuen Kultur hervor. Denn die Kultur ist ebenso die innere Herrschaft des Menschen über seine Umgebung, wie die Zivilisation seine äußere Herrschaft über seine Umgebung bedeutet. Wie die Zivilisation die Mittel dieser Herrschaft über die Natur schuf, so werden diese Mittel durch die proletarische Kultur für die Herrschaft über die Gesellschaft geschaffen. Denn gerade die Zivilisation und deren entwickelteste Form, der Kapitalismus, hat die Knechtschaft des Menschen der Gesellschaft, der Produktion, der Wirtschaft gegenüber am meisten entwickelt.

Die soziologische Vorbedingung der Kultur ist der Mensch als Selbstzweck. Diese Vorbedingung, die in den dem Kapitalismus vorangegangenen Gesellschaften für die herrschenden Klassen gegeben war, die der Kapitalismus einem jeden entnommen hat, wird durch die letzte Phase des proletarischen Sieges für einen jeden geschaffen. Die Umwandlung, die die radikale Umgestaltung der ganzen gesellschaftlichen Struktur bedeutet, bezieht sich selbstverständlich auf alle Erscheinungen, deren kulturzerstörende Wirkung wir schon bei der Analyse des Kapitalismus erwähnt haben.

So hört mit der Organisierung der Wirtschaft, ihr revolutionärer und revolutionierender Charakter auf. An die Stelle des durch die Konjunktur geschaffenen anarchischen Nacheinanders, das wir mit dem Namen Mode zu bezeichnen pflegen, tritt das organische Kontinuum, die wirkliche Entwicklung. Eine Entwicklung, in der jedes einzelne Moment aus den sachlichen Vorbedingungen des vorherigen Momentes notwendig folgt. Bei der daher ein jedes Moment die Lösung der im früheren ungelöst gebliebenen Probleme mit sich bringt und dabei gleichzeitig für das folgende Moment ein zu lösendes Problem aufstellt. Die notwendige kulturelle Folge

4 Vgl. den Artikel: »Klassenbewußtsein« in Kommunismus, 1/14, 15, 1920. S. 415 ff., 468 ff. [in diesem Band, S. 278-292].

einer solchen organischen, aus dem Wesen der Dinge (und nicht aus der Konjunktur) folgenden Entwicklung ist, daß das Niveau der Kultur die individuelle Leistungsfähigkeit der einzelnen isolierten Individuen wieder übertreffen kann. Das Sichanknüpfen an die Arbeit des anderen, die Fortsetzung der Arbeit des anderen – die zweite soziologische Vorbedingung der Kultur – wird wieder möglich. Dazu kommt noch, daß sowohl die Produkte der Kultur als auch die menschlichen Verhältnisse ihren Warencharakter verlieren. Die Aufhebung des Warenverhältnisses gibt allem, was unter der Herrschaft des Kapitalismus ausschließlich oder hauptsächlich in wirtschaftlichen Relationen funktioniert hat, seinen Selbstzweckcharakter wieder zurück. Die Möglichkeit der Kultur beruht aber – wie bekannt – darauf, daß eine immer größere Zahl der Formen der menschlichen Lebensäußerungen immer tiefer und stärker zum Selbstzweck werden, oder, was dasselbe bedeutet: daß sie dem menschlichen Wesen des Menschen zu dienen bestimmt sind. Denn die beiden Arten des Für-sich-selbst-Zweck-seins schließen einander nicht aus, im Gegenteil, sie dienen einander und ergänzen sich gegenseitig. Wenn irgendein Produkt (Haus, Möbel usw.) nicht als Ware erzeugt wird, sondern so, daß seine eigenen Schönheitsmöglichkeiten auf das Höchste gesteigert werden, so bedeutet dies dasselbe als wenn wir sagen: das Haus, die Möbel stehen im Dienste des Menschseins des Menschen, sie fügen sich diesen seinen Forderungen. Sie werden nicht durch einen von jeder menschlichen Forderung unabhängigen wirtschaftlichen Prozeß erzeugt, in welchem diese Produkte nur als abstrakte Waren, die Menschen hingegen als ebenfalls abstrakte Käufer und Verkäufer fungieren. Zugleich damit muß auch die ungesunde Spezialisierung des Kapitalismus aufhören. In dem Moment, wo das Interesse der Menschen auf Produktion nicht durch das abstrakte Bestreben des auf dem Markte Kaufens oder Verkaufens geregelt wird, sondern durch den einheitlichen und die Totalität des Menschen erfassenden Prozeß der Erzeugung und des Genießens des zum Selbstzweck gewordenen Produktes, wird auch die Spezialisierung einen Funktionswechsel erleiden. In der proletarischen Gesellschaft wird nicht nur ihr Klassencharakter, sondern auch ihr dem Wesen des menschlichen Lebens fremder Charakter verschwinden. Mit dem Entstehen der Produkte, als Selbstzwecke, werden diese sich unwillkürlich der Gesamtheit des menschlichen Lebens, den letzten

Fragen des menschlichen Lebens anschmiegen. Mit der Aufhebung der menschlichen Isolierung, des anarchischen Individualismus wird die menschliche Gesellschaft sowohl in ihren Individuen als auch in ihren Produkten ein organisches Ganzes bilden, dessen einzelne Teile, einander unterstützend und sich ergänzend, ihrem gemeinsamen Ziele: der Idee der menschlichen Höherentwicklung, dienen werden.

V.

Mit dieser Zielsetzung sind wir zum Wesen der Frage gelangt. Wenn das Ziel der neuen Gesellschaft aus der Steigerung des bloßen Glückes, des Wohlergehens der Menschen bestehen würde, dann würden alle diese Funktionswechsel nicht eintreten, das heißt, ihre Bedeutung wäre kaum bemerkbar. Dann könnte sich die Aufgabe des proletarischen Staates in der Organisation der Produktion und der Verteilung erschöpfen, und das wirtschaftliche Leben würde – zwar mit geändertem Ziele – über das menschliche Prinzip weiter herrschen. Dann würde die Entwicklung natürlich viel rascher und geradliniger zu ihrem Ziele gelangen als so. Denn dann würde die Entwicklung mit der richtigen Organisierung der Produktion und der Verteilung zu ihrem Ziele gelangt sein. Jetzt hingegen hat sie damit nur die unerläßlichen Vorbedingungen zum Erreichen des Zieles geschaffen. Die Verwirklichung selbst muß sich die Menschheit noch besonders erkämpfen.

Die Umorganisierung der Wirtschaft ist aber eine unausweichbare Vorbedingung dieser Zielsetzung. Nicht nur wegen der oben aufgezählten soziologischen Gründe; nicht, als ob nur glückliche Menschen fähig wären, Kultur zu empfangen. Sondern wegen der eigenartigen Struktur des menschlichen Bewußtseins, das die unmittelbaren Übel und Miseren, seien sie auch den letzten Fragen der menschlichen Existenz gegenüber noch so minderwertig, diese im Bewußtsein der Menschen, abgesehen von ganz wenigen Ausnahmen, verdecken läßt oder doch unfähig macht, zur Geltung zu kommen. Damit wir dies mit einem ganz einfachen Beispiel klar machen: jemand zerbricht seinen Kopf über eine große wissenschaftliche Entdeckung, und inzwischen bekommt er unaushaltbare Zahnschmerzen; es ist sicher, daß er in den meisten Fällen außerstande sein wird, seine Gedankenreihen fortzusetzen, bis das unmittelbare Übel nicht behoben sein wird. Die Vernichtung des Kapitalismus, die sozialistische Neuorganisierung der Wirtschaft bedeutet für die gesamte Menschheit die Heilung von allen Zahnschmerzen. Aus dem Bewußtsein der Menschen verschwindet alles, was sie daran hindert, ihren wirklich wesentlichen Problemen zu leben: ihr Bewußtsein wird nun für das Wesen offen stehen. Doch dieses Beispiel zeigt auch die Grenzen der Umwandlung. Sicherlich muß der Zahnschmerz vorbei sein, um die Gedankenarbeit wieder aufnehmen zu können, aber es ist ebenfalls sicher, daß die Arbeit mit dem Aufhören der Schmerzen nicht von sich selbst automatisch beginnt. Dann ist eine neue Kraftanstrengung, eine neue Einstellung, ein neuer Schwung notwendig. Die arbeitende Menschheit ist damit, daß alle ihre wirtschaftlichen Leiden verschwinden, noch nicht zu ihrem Ziele gelangt, sie hat nur die Möglichkeit geschaffen, mit frischer Kraft den Weg zu ihrem wirklichen Ziele anfangen zu können. Die Kultur ist die Idee des Menschseins des Menschen. Die Kultur wird daher von den Menschen geschaffen, nicht von den Umständen. Eine jede Umgestaltung der Gesellschaft bildet daher nur den Rahmen, nur die Möglichkeit für die freie Selbstbetätigung, für die spontane Schöpferkraft der Menschen.

Deshalb muß die soziologische Forschung bei der Analyse der Rahmen stehen bleiben. Wie die Kultur der Proletariergesellschaft inhaltlich, im Wesen beschaffen sein wird, das wird ausschließlich von den freiwerdenden Kräften des Proletariates bedingt, in bezug auf sie wäre ein jeder Versuch, im voraus etwas zu sagen, lächerlich. Was die soziologische Analyse zu verrichten imstande war, ist nicht mehr, als gezeigt zu haben, daß diese Möglichkeit durch die proletarische Gesellschaft geschaffen wird und daß nur die Möglichkeit geschaffen wird. Eine andere Detaillierung ginge über den Rahmen der hier möglichen wissenschaftlichen Forschung hinaus; höchstens darüber könnte man sprechen, welches diejenigen Kulturwerte sind, die, dem Wesen dieses Rahmens gemäß, durch eine neue Gesellschaft von der alten übernommen und weiterentwickelt werden konnten. Denn die Idee des Menschen, als Selbstzweck, die Grundidee der neuen Kultur, ist die Erbschaft des klassischen Idealismus des neunzehnten Jahrhunderts. Der wirkliche Beitrag der kapitalistischen Epoche zum Aufbau der Zukunft besteht darin, daß sie die Möglichkeiten ihres eigenen Zusammenbruches und auf ihren Trümmern die des Aufbaues der Zukunft selbst schafft. Wie der Kapitalismus die wirtschaftlichen Vorbedingungen seiner Vernichtung selbst erzeugt, wie er die geistigen Waffen der ihn durch das Proletariat vernichtenden Kritik selbst produziert (das Verhältnis Marx zu Ricardo), so schafft er auch hier in der Philosophie von Kant bis Hegel die Idee der neuen Gesellschaft, die seine Vernichtung notwendig herbeizuführen berufen ist.

8. Zur Frage des Parlamentarismus

I

Es wird jetzt allgemein behauptet: die Frage des Parlamentarismus sei keine prinzipielle, sondern eine bloß taktische Frage.[1] Bei seiner zweifellosen Richtigkeit leidet dieser Satz doch an mannigfaltigen Unklarheiten. Abgesehen davon, daß er fast ausschließlich von jenen ausgesprochen wird, die – praktisch – für den Parlamentarismus sind, daß also sein Aussprechen fast immer eine Stellungnahme für den Parlamentarismus bedeutet, ist mit der bloßen Feststellung, daß eine Frage nicht prinzipieller, sondern taktischer Natur sei, noch herzlich wenig gesagt. Besonders deshalb, weil – infolge des Mangels an einer wirklichen Erkenntnistheorie des Sozialismus – die Beziehung einer taktischen Frage zu den Prinzipien durchaus ungeklärt ist.

Ohne hier auch nur andeutend auf dieses Problem eingehen zu können, muß dennoch folgendes betont werden. Taktik bedeutet die praktische Anwendung der theoretisch festgelegten Prinzipien. Taktik ist mithin das Bindeglied zwischen der Zielsetzung und der unmittelbar gegebenen Wirklichkeit. Sie ist also zweiseitig bestimmt. Einerseits durch die unverrückbar festgestellten Prinzipien und Zielsetzungen des Kommunismus. Andererseits durch die ständig wechselnde geschichtliche Wirklichkeit. Wenn wiederholt von der großen Geschmeidigkeit der kommunistischen Taktik gesprochen wurde (wenigstens das betreffend, was diese sein sollte), so darf zum richtigen Verständnis dieses Satzes nicht vergessen werden, daß *das Unstarre der kommunistischen Taktik die direkte Folge der Starrheit der Prinzipien des Kommunismus ist.* Nur dadurch, daß die unwandelbaren Prinzipien des Kommunismus die unablässig sich verändernde Wirklichkeit in einer lebendigen und fruchtbaren Weise umzubilden berufen sind, können sie diese Schmiegsamkeit erhalten. Jede »Realpolitik«, jedes prinzipienlose Handeln wird starr und schematisch, desto starrer und schematischer, je eigensinniger sein von Prinzipien freier Charakter betont wird (z. B. die

1 Mit diesem Beitrag beteiligte sich Lukács an einer seinerzeit sehr aktuellen, alle der III. Internationale angeschlossenen Parteien bewegenden Auseinandersetzung [Anm. d. Hg.].

deutsche imperialistische Politik). Denn das Dauernde im Wechsel, das Richtunggebende in der Fülle kann durch keine »Realpolitik« ausgeschaltet werden. Wird diese Funktion nicht von einer Theorie, die imstande ist, die Tatsachen fruchtbar zu beeinflussen und an ihnen fruchtbar zu werden, geleistet, so muß an ihre Stelle die Gewohnheit, die Schablone, die Routine treten und die ist dann unfähig, sich den Forderungen des Augenblicks anzupassen.

Eben durch diese ihre Verankertheit in der Theorie, in den Prinzipien unterscheidet sich die kommunistische Taktik von jeder bürgerlichen oder sozialdemokratisch-kleinbürgerlichen »realpolitischen« Taktik. Wenn also für die Kommunistische Partei eine Frage als taktische Frage bestimmt ist, so gilt es zu fragen: erstens, von welchen Prinzipien die betreffende taktische Frage abhängig ist? Zweitens, für welche geschichtliche Lage dieser Abhängigkeit gemäß diese Taktik anwendbar ist? Drittens, welcher Beschaffenheit, ebenfalls gemäß dieser Abhängigkeit, die Taktik sein soll? Viertens, wie die Verknüpfung der taktischen Einzelfrage mit den anderen taktischen Einzelfragen – wieder gemäß ihrer Verknüpftheit mit den Prinzipienfragen – zu denken ist?

II

Zur näheren Bestimmung des Parlamentarismus als taktischer Frage des Kommunismus muß man stets einerseits vom Prinzip des Klassenkampfes, andererseits von der konkreten Analyse des gegenwärtigen, tatsächlichen Standes der materiellen und ideologischen Kräfteverhältnisse der einander gegenüberstehenden Klassen ausgehen. Hieraus ergeben sich die beiden entscheidenden Fragestellungen. Erstens, *wann* Parlamentarismus als Waffe, als taktisches Mittel des Proletariats überhaupt in Betracht kommt? Zweitens, *wie* diese Waffe im Interesse des proletarischen Klassenkampfes zu gebrauchen ist?

Der Klassenkampf des Proletariats leugnet seinem Wesen nach die bürgerliche Gesellschaft. Das bedeutet keineswegs, den von Marx mit Recht verhöhnten politischen Indifferentismus dem Staate gegenüber, sondern im Gegenteil eine Kampfesart, in der das Proletariat sich durch die Formen und Mittel, die die bürgerliche Gesellschaft für ihre eigenen Zwecke ausgebaut hat, durchaus nicht binden läßt; eine Kampfesart, in der die Initiative durchaus auf der Seite des Proletariats ist. Nun darf aber nicht vergessen werden, daß diese ganz reine Art des proletarischen Klassenkampfes sich nur selten rein entfalten kann. Vor allem deshalb, weil das Proletariat, obwohl es *seiner geschichtsphilosophischen Sendung nach* im steten Kampfe gegen das Dasein der bürgerlichen Gesellschaft steht, sich in den *gegebenen geschichtlichen Situationen* sehr oft in der Defensive der Bourgeoisie gegenüber befindet. Die Idee des proletarischen Klassenkampfes ist eine große Offensive gegen den Kapitalismus, die Geschichte läßt diese Offensive als dem Proletariat aufgezwungen erscheinen. Die taktische Lage, in der sich das Proletariat jeweils befindet, läßt sich demzufolge durch ihren Offensiv- oder Defensivcharakter am einfachsten beschreiben. Wobei es sich aus dem bisher Gesagten von selbst ergibt, daß in defensiven Lagen taktische Mittel angewendet werden müssen, die ihrem innersten Wesen nach der Idee des proletarischen Klassenkampfes widersprechen. Die allerdings notwendige Anwendung solcher Mittel ist deshalb stets mit der Gefahr verbunden, daß sie den Zweck, für den sie gebraucht werden, den Klassenkampf des Proletariats, zu gefährden fähig sein können.

Das Parlament, das ureigenste Instrument der Bourgeoisie, kann mithin nur eine *defensive Waffe des Proletariats* sein. Die Frage des »Wann« ihrer Anwendung ist deshalb von selbst gegeben: eine Phase des Klassenkampfes, in der dem Proletariat, sei es infolge der äußeren Kraftverhältnisse, sei es infolge der eigenen ideologischen Unreife, nicht möglich ist, mit seinen eigentlichen Angriffsmitteln die Bourgeoisie zu bekämpfen. Die Aufnahme der parlamentarischen Tätigkeit bedeutet also für jede kommunistische Partei *das Bewußtsein und das Geständnis, daß die Revolution in absehbarer Zeit undenkbar ist.* Das in die Defensive gedrängte Proletariat mag dann die Tribüne des Parlaments zu Agitations- und Propagandazwecken benützen; es mag die Möglichkeiten, die die »Freiheit« der Bourgeoisie den Mitgliedern des Parlaments sichert, als Ersatz von sonst abgeschnittenen Äußerungsformen anwenden; es mag die parlamentarischen Kämpfe mit der Bourgeoisie zur Sammlung der eigenen Kräfte, für Vorbereitung des wirklichen, des eigentlichen Kampfes gegen die Bourgeoisie gebrauchen. Daß eine solche Phase eventuell eine ziemlich große Zeitspanne dauern kann, versteht sich von selbst, ändert aber nichts an der Tatsache, daß die parlamentarische Tätigkeit für eine kommunistische Partei *niemals mehr als Vorbereitung zum eigentlichen Kampfe*, niemals der eigentliche Kampf selbst sein kann.

III

Noch schwieriger als der Zeitpunkt, in dem die parlamentarische Taktik angewendet werden kann, ist die Bestimmung, wie sich eine kommunistische Fraktion im Parlament zu verhalten hat. (Die beiden Fragen hängen übrigens sehr eng zusammen.) Man beruft sich fast immer[2] auf das Beispiel Karl Liebknechts und auf das der bolschewistischen Dumafraktion. Beide Beispiele zeigen aber, wie schwer das richtige parlamentarische Verhalten für die Kommunisten zu treffen ist, was für außergewöhnliche Fähigkeiten es von den kommunistischen Parlamentariern voraussetzt. Die Schwierigkeit läßt sich kurz so zusammenfassen: Der kommunistische Parlamentarier muß das Parlament im Parlament bekämpfen – und zwar mit einer Taktik, die sich für keinen Augenblick auf den Boden der Bourgeoisie, des Parlamentarismus stellt. Nicht der »Protest« gegen den Parlamentarismus, nicht seine »Bekämpfung« in den »Debatten« ist hierbei gemeint (dies alles bleibt parlamentarisch, legal, bleibt revolutionäre Phrase), sondern die Bekämpfung des Parlamentarismus, der Bourgeoisieherrschaft *durch die Tat* im Parlament selbst.

Diese revolutionäre Tat kann nichts anderes bezwecken, als den Übergang des Proletariats aus der Defensive in die Offensive ideologisch vorzubereiten; d.h. durch diese Tat wird die Bourgeoisie und mit ihr ihre sozialdemokratischen Helfershelfer gezwungen, ihre Klassendiktatur in einer Weise bloßzulegen, die für den Fortbestand dieser Diktatur gefährlich werden kann. Es handelt sich also bei der kommunistischen Taktik der Entlarvung der Bourgeoisie im Parlament nicht um eine Kritik in Worten (dies kann in vielen Fällen eine bloße, von der Bourgeoisie geduldete, revolutionäre Phraseologie sein), sondern um eine Provokation der Bourgeoisie zu einem offeneren Vorgehen, zu einer Selbstenthüllung durch Ta-

2 Zuletzt: Karl Radek, Die Entwicklung der Weltrevolution und die Taktik der kommunistischen Parteien im Kampfe um die Diktatur des Proletariats, Berlin 1920, S. 29.

ten, die für sie im gegebenen Augenblick ungünstig werden kann. Da Parlamentarismus eine Defensiv-Taktik des Proletariats ist, so gilt es hierbei die Defensive so einzurichten, daß die taktische Initiative dennoch beim Proletariat bleibe, daß die Vorstöße der Bourgeoisie für diese selbst verhängnisvoll werden sollen.[3]

Diese ganz kurze und grobe Darlegung zeigt hoffentlich bereits in hinreichender Klarheit die großen Schwierigkeiten dieser Taktik. Die erste Schwierigkeit, der die parlamentarischen Gruppen beinahe ausnahmslos erliegen, ist: im Parlament selbst zum wirklichen Hinausgehen über den Parlamentarismus zu gelangen. Denn selbst die schärfste Kritik einer Handlung der herrschenden Klassen bleibt bloßes Wort, bloße revolutionäre Phrase, wenn sie nicht über den Rahmen des Parlaments hinausgreift. Wenn sie nicht zur Folge hat, daß der Klassenkampf selbst sich an diesem Moment entzündet, daß die Klassengegensätze in offenerer und daher die Ideologie des Proletariats beschleunigender Weise an den Tag treten. Der Opportunismus – die große Gefahr der parlamentarischen Taktik – hat seine letzten Grundlagen gerade hierin: Jede parlamentarische Tätigkeit, die in ihrem Wesen und in ihrer Wirkung nicht über das Parlament hinausgeht, nicht wenigstens die Tendenz zur Sprengung des parlamentarischen Rahmens hat, ist opportunistisch. Hierbei kann die schärfste Kritik, die *innerhalb* dieses Rahmens ausgeübt wird, nicht das geringste ändern. Im Gegenteil. Gerade durch die Tatsache, daß eine scharfe Kritik der bürgerlichen Gesellschaft im Rahmen des Parlaments *möglich* erscheint, wird zu der von der Bourgeoisie erwünschten Trübung des proletarischen Klassenbewußtseins beigetragen. Die Fiktion der bürgerlich-parlamentarischen Demokratie beruht ja gerade darauf, daß das Parlament nicht als ein Organ der Klassenunterdrückung, sondern als Organ des »ganzen Volkes« erscheint. Indem jeder Wortradikalismus – durch die Tatsache seiner parlamentarischen Möglichkeit – die Illusionen der unaufgeweckten Schichten des Proletariats in bezug auf diese Fiktion bestärkt, ist er opportunistisch und verwerflich.

3 An diese Taktik denkt sicherlich Engels in seiner so oft – zumeist absichtlich – mißverstandenen Vorrede zu den »Klassenkämpfen in Frankreich«, wenn er sagt, daß die Ordnungsparteien an dem von ihnen geschaffenen »gesetzlichen« Zustande zugrunde gehen. Seine Beschreibung ist unzweideutigerweise die eines Defensivzustandes [Friedrich Engels, »Einleitung zu: ›Die Klassenkämpfe in Frankreich, 1848 bis 1850‹« (1895), in: MEW Bd. 22, S. 525, Anm. d. Hg.].

Das Parlament muß also *als Parlament* sabotiert, die parlamentarische Tätigkeit über den Parlamentarismus hinausgetrieben werden. Bei einer solchen Aufgabenstellung für die parlamentarische Vertretung der Kommunisten zeigt sich eine weitere taktische Schwierigkeit, die selbst, wenn die Gefahr des Opportunismus überwunden scheint, diese Arbeit sehr zu gefährden geeignet ist. Diese Gefahr ist, daß trotz aller Anstrengungen, die die kommunistische Parlamentsfraktion machen mag, die Initiative und darum das taktische Übergewicht dennoch auf der Seite der Bourgeoisie verbleibt. Denn das taktische Übergewicht ist dadurch bestimmt, wem von den kämpfenden Gegnern es gelingt, die für ihn günstigen Bedingungen des Kampfes dem anderen aufzuzwingen. Nun wurde es bereits hervorgehoben, daß jedes Parlamentarisch-Bleiben des Kampfes ein taktischer Sieg der Bourgeoisie ist; das Proletariat ist also in sehr vielen Fällen vor die Wahl gestellt: entweder dem entscheidenden Kampfe auszuweichen (Parlamentarisch-Bleiben: Gefahr des Opportunismus), oder das Hinaustreiben über den Parlamentarismus, das An-die-Masse-Appellieren in einem Augenblick zu verwirklichen, wo dies für die Bourgeoisie günstig ist. Das deutlichste Beispiel für die Unlösbarkeit dieser Frage bietet die gegenwärtige Lage des italienischen Proletariats. Die Wahlen – die offen unter kommunistischer Flagge, als großzügige »Agitation« betrieben wurden – haben der Partei eine große Zahl von Mandaten gebracht. Was nun? Entweder an der »positiven Arbeit« des Parlaments teilnehmen, was Turati und seinesgleichen wünschen; Folge: Sieg des Opportunismus, Verflachung der revolutionären Bewegung. Oder offene Sabotage des Parlaments; Folge: früher oder später direkter Zusammenstoß mit der Bourgeoisie, wobei es nicht in der Macht des Proletariats steht, den Augenblick des Zusammenstoßes auszuwählen. Man mißverstehe nicht: Wir gehen nicht von der lächerlichen Voraussetzung aus, man könne »den Augenblick« für die Revolution »auswählen«; im Gegenteil: Wir glauben, daß die revolutionären Ausbrüche spontane Massenaktionen sind, wobei der Partei die Rolle des Bewußtmachens des Zieles, des Richtunggebens zukommt. Dadurch aber, daß der Ausgangspunkt des Zusammenstoßes im Parlament liegt, ist gerade diese Spontaneität gefährdet. Die parlamentarische Aktion wird entweder zur leeren Demonstration (deren Folge die Menge auf die Dauer ermüdet und schlaff macht) oder führt zu gelungenen Provokationen der Bourgeoisie. Die italienische Fraktion – aus Furcht vor dieser letzten Möglichkeit – schwankt zwischen leeren Demonstrationen und dem leisen Opportunismus der revolutionären Phrase haltlos hin und her. (Neben diesen methodisch-taktischen Fehlern sind freilich auch sozusagen inhaltlich-taktische Fehler gemacht worden, z. B. die kleinbürgerliche Demonstration für die Republik.)

IV

Aus diesem Beispiel erscheint ganz klar die Lehre, wie gefährlich für das Proletariat ein »Wahlsieg« werden kann. Denn die größte Gefahr für die italienische Partei liegt darin, daß ihre antiparlamentarische Betätigung im Parlament sehr leicht zur Sprengung des Parlaments führen kann – obwohl das italienische Proletariat ideologisch und organisatorisch noch nicht die für den Entscheidungskampf notwendige Reife besitzt. Der Widerspruch zwischen Wahlsieg und Unvorbereitetheit beleuchtet grell die Hinfälligkeit jenes Argumentes für den Parlamentarismus, das hierin eine Art von »Heerschau« des Proletariats erblickt. Wenn nämlich die gewonnenen »Stimmen« wirkliche Kommunisten bedeuten würden – so wären diese Bedenken hinfällig, die ideologische Reife wäre bereits vorhanden.

Dadurch zeigt sich aber auch, daß die Wahlagitation selbst als bloßes Propagandamittel nicht unbedenklich ist. Die Propaganda der kommunistischen Partei muß der Klärung des Klassenbewußtseins der proletarischen Massen, ihrer Erweckung zum Klassenkampf dienen. Sie muß dementsprechend darauf gerichtet sein, den Prozeß der Differenzierung im Proletariat so weit wie möglich zu beschleunigen. Nur dadurch ist zu erreichen, daß einerseits der bewußte und feste Kern des revolutionären Proletariats (die kommunistische Partei) sich quantitativ und qualitativ entwickelt; andererseits, daß die Partei durch den Anschauungsunterricht der revolutionären Handlung die halbbewußten Schichten mit sich reißt und sie zum revolutionären Bewußtsein ihrer Lage führt. Die Wahlagitation ist hierfür ein äußerst bedenkliches Mittel. Denn die Abgabe der Stimme ist nicht nur keine Tat, sondern was viel schlimmer ist: eine Scheintat, die Illusion einer Tat; sie wirkt deshalb nicht bewußtseinfördernd, sondern im Gegenteil das

Bewußtsein trübend. Es entsteht ein scheinbar großes Heer, das im Augenblick, wo ein ernstes Standhalten notwendig wird, völlig versagt (Deutsche Sozialdemokratie im August 1914).

Die Sachlage folgt notwendig aus der typisch bürgerlichen Wesensart der parlamentarischen Parteien. Wie die Gesamtorganisation der bürgerlichen Gesellschaft, ist auch der letzte, wenn auch selten bewußte, Zweck der parlamentarisch-bürgerlichen Parteien: die Verdunkelung des Klassenbewußtseins. Als verschwindende Minderheit der Bevölkerung vermag die Bourgeoisie ihre Herrschaft nur dadurch aufrechtzuerhalten, daß sie alle materiell wie ideologisch schwankenden und unklaren Schichten in ihre Gefolgschaft einreiht. Die bürgerlich-parlamentarische Partei ist demzufolge eine Resultante verschiedenster Klasseninteressen (wobei freilich vom Standpunkte des Kapitalismus der scheinbare Kompromiß stets größer ist, als der wirkliche). Dem Proletariat wird aber fast immer, wenn es sich am Wahlkampf beteiligt, diese Parteistruktur aufgezwungen. Das Eigenleben jedes Wahlmechanismus, der notwendig auf einen möglichst großen »Sieg« arbeitet, beeinflußt fast immer die Parolen in der Richtung auf ein Gewinnen der »Mitläufer«. Und selbst, wenn dies nicht oder wenigstens nicht bewußt geworden, so liegt in der ganzen Technik der Wahl eine Anlockung der »Mitläufer«, die die verhängnisvolle Gefahr in sich birgt: Gesinnung und Tat voneinander zu trennen und so eine Neigung zur Bürgerlichkeit, zum Opportunismus zu erwecken. Das Erziehungswerk der kommunistischen Parteien, ihr Einwirken auf die unklaren und schwankenden Gruppen des Proletariats kann nur dann wirklich fruchtbar werden, wenn es durch den Anschauungsunterricht des revolutionären Handelns in ihnen die revolutionäre Überzeugung festigt. Jede Wahlkampagne zeigt – ihrer bürgerlichen Wesensart entsprechend – eine völlig entgegengesetzte Richtung, die nur in den seltensten Fällen wirklich überwunden werden kann. Auch die italienische Partei ist dieser Gefahr erlegen. Der rechte Flügel betrachtete den Anschluß an die dritte Internationale, die Forderung der Räterepublik – als bloße Wahlparole. Der Prozeß der Differentiation, die *wirkliche* Eroberung der Massen für das kommunistische *Handeln,* kann so erst später (wahrscheinlich unter ungünstigeren Umständen) *beginnen.* Überhaupt zeigen Wahlparolen schon dadurch, daß sie in keiner unmittelbaren Beziehung zum Handeln stehen, eine merkwürdige

Tendenz auf Verwischung der Gegensätze, auf Vereinigung der divergierenden Richtungen – lauter Eigenschaften, die gerade im gegenwärtigen Zustand des Klassenkampfes, wo es auf die wirkliche, werktätige Einheit des Proletariats, nicht auf die Scheineinheit der alten Parteien ankommt, mehr als bedenklich sind.

V

Zu den fast unüberwindbaren Schwierigkeiten einer kommunistischen Aktion im Parlament gehört die allzu große Selbständigkeit und Eigengesetzlichkeit, die der parlamentarischen Gruppe im Parteileben zuzukommen pflegt. Daß dies für die bürgerlichen Parteien ein Vorteil ist, versteht sich von selbst, kann aber hier nicht näher erörtert werden.[4] Was aber für die Bourgeoisie nützlich, ist für das Proletariat fast ausnahmslos bedenklich. So auch in diesem Fall, wo infolge der oben geschilderten Gefahren der parlamentarischen Taktik, diese nur dann mit einiger Aussicht vermieden werden können, wenn *die parlamentarische Tätigkeit in vollem Umfange und bedingungslos der außerparlamentarischen Zentralleitung unterworfen ist.* Dies scheint theoretisch selbstverständlich zu sein, die Erfahrung lehrt uns jedoch, daß die Beziehung zwischen Partei und Parlamentsfraktion sich beinahe ausnahmslos umkehrt und die Partei von der Parlamentsfraktion ins Schlepptau genommen wird. So z. B. im Falle Liebknecht während des Krieges, wo er sich, natürlich völlig vergebens, der Reichstagsfraktion gegenüber auf das Bindende des Parteiprogramms berufen hat.[5]

Noch schwieriger als die Beziehung von Parlamentsfraktion und Partei ist die zwischen der ersteren und dem Arbeiterrat. Die Schwierigkeit einer theoretisch richtigen Fragestellung wirft wieder grelles Licht auf die problematische Wesensart des Parlamentarismus im Klassenkampf des Proletariats. Die Arbeiterräte als *Organisationen des Gesamtproletariats* (des bewußten wie des unbewußten) *weisen durch ihr einfaches Dasein über die bürgerliche Gesellschaft hinaus.* Sie sind ihrem Wesen nach revolutionäre Organisationen der Ausbreitung, Aktionsfähigkeit und Macht des Proletariats; als sol-

4 Dies hängt mit der Frage der Vorteile zusammen, die die sogenannte Teilung der Gewalten für die Bourgeoisie bedeutet.

5 Karl Liebknecht, Klassenkampf gegen den Krieg, Berlin 1915, S. 53.

che wirkliche Gradmesser der Entwicklung der Revolution. Denn alles, was in den Arbeiterräten geleistet und erreicht wird, wird dem Widerstand der Bourgeoisie entrissen, und ist deshalb nicht nur als Resultat wertvoll, sondern hauptsächlich als Erziehungsmittel zum klassenbewußten Handeln. Es zeigt also einen Gipfelpunkt des »parlamentarischen Kretinismus«, wenn Versuche unternommen werden (wie von der USPD), die Arbeiterräte »in der Verfassung zu verankern«, ihnen ein bestimmtes Tätigkeitsfeld legal zuzusichern. *Die Legalität tötet den Arbeiterrat.* Als Offensivorganisation des revolutionären Proletariats existiert der Arbeiterrat nur, insofern er das Dasein der bürgerlichen Gesellschaft bedroht, insofern er ihre Zerstörung und damit den Aufbau der proletarischen Gesellschaft Schritt für Schritt erkämpft und vorbereitet. Jede Legalität, d.i. Eingefügtheit in die bürgerliche Gesellschaft mit *bestimmten Grenzen* der Kompetenz, verwandelt seine Existenz in ein Scheindasein: aus dem Arbeiterrat wird eine Mischung von Debattierklub, Ausschuß – und Parlamentskarikatur.

Können also Arbeiterrat und parlamentarische Fraktion als taktische Waffen des Proletariats überhaupt nebeneinander bestehen? Es wäre naheliegend, aus dem Offensivcharakter der einen und aus der defensiven Wesensart des anderen eine gegenseitige Ergänzung abzuleiten.[6] Solche Versöhnungsversuche übersehen aber, daß Offensive und Defensive im Klassenkampf dialektische Begriffe sind, deren jeder eine ganze Welt des Handelns (also in beiden Fällen: Einzeloffensiven und -defensiven) umfaßt und sich nur auf eine bestimmte Phase des Klassenkampfes, auf diese aber den anderen anschließend anwenden läßt. Der Unterschied beider Phasen läßt sich am kürzesten und zugleich für die hier behandelte Frage am klarsten so bestimmen: das Proletariat befindet sich so lange in der Defensive, bis der Auflösungsprozeß des Kapitalismus nicht begonnen hat. Ist diese Phase der ökonomischen Entwicklung eingetreten, so ist – einerlei ob diese Wandlung bewußt geworden ist oder nicht und gar ob sie »wissenschaftlich« feststellbar und belegbar scheint – das Proletariat *zur Offensive gezwungen.* Da aber der Entwicklungsprozeß der Ideologie mit dem der Wirtschaft nicht einfach zusammenfällt, nicht einmal ganz parallel läuft, findet die objektive Möglichkeit und Notwendigkeit der offensiven Phase des

6 Max Adlers Vorschlag vom Arbeiterrat als Zweite Kammer.

Klassenkampfes das Proletariat selten ideologisch hinreichend vorbereitet. Infolge der wirtschaftlichen Lage geht zwar das spontane Handeln der Massen in eine revolutionäre Richtung, es wird aber stets von der opportunistischen Führerschicht, die sich von den Gewohnheiten des defensiven Stadiums nicht losreißen will, noch kann, in falsche Bahnen geleitet, oder vollends sabotiert. In der offensiven Phase des Klassenkampfes stehen demzufolge nicht mehr bloß die Bourgeoisie und die von ihr geführten Schichten dem Proletariat feindlich gegenüber, sondern *seine eigene frühere Führerschicht.* Der Gegenstand, auf den die Kritik sich zu richten hat, ist also nicht mehr in erster Reihe die Bourgeoisie (die ist bereits durch die Geschichte gerichtet), sondern der rechte Flügel und das Zentrum der Arbeiterbewegung, die Sozialdemokratie, ohne deren Mithilfe der Kapitalismus in keinem Land die geringste Aussicht hätte, seine gegenwärtige Krise selbst zeitweilig zu überwinden.

Die Kritik des Proletariats ist aber ebenfalls *eine Kritik der Tat,* ein Erziehungswerk des revolutionären Handelns, ein Anschauungsunterricht. Hierzu sind die Arbeiterräte das denkbar günstigste Instrument. Denn wichtiger als alle einzelnen Errungenschaften, die sie für das Proletariat zu erkämpfen vermögen, ist ihre erzieherische Funktion. *Der Arbeiterrat ist der Tod der Sozialdemokratie.* Während es im Parlament durchaus möglich ist, den tatsächlichen Opportunismus durch revolutionäre Phrasen zu verdecken, ist der Arbeiterrat zum Handeln gezwungen – oder er hört auf zu existieren. Dieses Handeln, dessen bewußter Führer die kommunistische Partei zu sein hat, bringt die Auflösung des Opportunismus, die heute notwendige Kritik zustande. Kein Wunder, daß die Sozialdemokratie eine Scheu vor der ihr hier aufgezwungenen Selbstkritik hat. Die Entwicklung der Arbeiterräte in Rußland von der ersten bis zur zweiten Revolution zeigt deutlich, wohin diese Entwicklung führen muß.

Damit wäre die Stellung von Arbeiterrat und Parlament theoretisch-taktisch bestimmt: *Wo ein Arbeiterrat* (selbst im bescheidensten Rahmen) *möglich ist, ist der Parlamentarismus überflüssig.* Er ist sogar gefährlich, denn es liegt in seinem Wesen, daß die innerhalb seines Rahmens mögliche Kritik nur die Kritik der Bourgeoisie, nicht die Selbstkritik des Proletariats sei. Das Proletariat muß aber, bevor es das gesegnete Land der Befreiung betritt, durch das Fegefeuer dieser Selbstkritik hindurch, in der es seine eigene Gestalt im kapitalistischen Zeitalter, die in der Sozialdemokratie am prägnantesten erscheint, auflöst, verwirft und dadurch zur Läuterung bringt.

9. Klassenbewußtsein[1]

> Es handelt sich nicht darum, was dieser oder jener Proletarier oder selbst das ganze Proletariat als Ziel sich einstweilen vorstellt. Es handelt sich darum, was es ist und was es diesem Sein gemäß geschichtlich zu tun gezwungen sein wird.
>
> Marx: Die heilige Familie. [MEW Bd. 2, S. 38]

In einer für Theorie und Praxis des Proletariats gleich verhängnisvollen Weise bricht das Hauptwerk Marx' gerade dort ab, wo er auf das Bestimmen der Klassen losgeht. Die spätere Bewegung war also an diesem entscheidenden Punkte auf Interpretationen, auf Zusammenstellungen gelegentlicher Äußerungen von Marx und Engels, auf selbständiges Herausarbeiten und Anwenden der Methoden angewiesen. Im Sinne des Marxismus muß die Gliederung der Gesellschaft in Klassen nach der Stellung im Produktionsprozeß bestimmt werden. Was bedeutet dann aber das Klassenbewußtsein? Die Frage verzweigt sich sogleich in eine Reihe von miteinander eng zusammenhängenden Teilfragen, Erstens: was ist unter Klassenbewußtsein (theoretisch) zu verstehen? Zweitens: was die Funktion des so verstandenen Klassenbewußtseins (praktisch) im Klassenkampfe selbst sei? Daran schließt sich die weitere Frage an: ob es sich in der Frage des Klassenbewußtseins um eine »allgemeine« soziologische Frage handelt oder ob diese Frage für das Proletariat etwas ganz anderes bedeutet, wie für jede andere in der Geschichte bisher aufgetretene Klasse? Und endlich: sind Wesen und Funktion des Klassenbewußtseins etwas Einheitliches, oder lassen sich auch darin Abstufungen und Schichten unterscheiden? Wenn ja: was ist ihre praktische Bedeutung im Klassenkampfe des Proletariats?

1 Der hier abgedruckte Text erschien in *Kommunismus* 1. Jg., H. 14 und 15, 1920, S. 415-423 und 468-473. Er wurde in erweiterter Form in *Geschichte und Klassenbewußtsein* aufgenommen (GLW, Bd. 2, S. 218-256). [Anm. d. Hg.]

I.

In seiner berühmten Darstellung des historischen Materialismus geht Engels[2] davon aus, daß, obwohl das Wesen der Geschichte darin besteht, daß »nichts ohne bewußte Absicht, ohne gewolltes Ziel geschieht«, doch für das Verständnis der Geschichte darüber hinausgegangen werden muß. Einerseits, weil »die in der Geschichte tätigen vielen Einzelwillen meist ganz andere, als die gewollte – oft geradezu die entgegengesetzten Resultate hervorbringen, ihre Beweggründe also ebenfalls für das Gesamtergebnis von untergeordneter Bedeutung sind. Andererseits fragt es sich weiter, welche treibende Kräfte wieder hinter diesen Beweggründen stehen, welche geschichtlichen Ursachen es sind, die sich in den Köpfen der Handelnden zu solchen Beweggründen umformen?« Die weiteren Darlegungen bestimmen das Problem dahin, daß diese treibenden Kräfte selbst bestimmt werden sollen; und zwar die, welche »ganze Völker und in jedem Volk wieder ganze Volksklassen in Bewegung setzen; und auch dies zu dauernder, in einer großen geschichtlichen Veränderung auslaufenden Aktion«. Das Wesen des wissenschaftlichen Marxismus besteht also in der Erkenntnis der Unabhängigkeit der wirklichen bewegenden Kräfte der Geschichte von dem Bewußtsein der Menschen darüber. Diese Unabhängigkeit äußert sich vorerst darin, daß die Menschen diese Mächte als eine Art Natur auffassen, in ihnen und in ihren gesetzlichen Zusammenhängen »ewige« Naturgesetze erblicken. »Das Nachdenken über die Formen des menschlichen Lebens«, sagt Marx,[3] »also auch ihre wissenschaftliche Analyse, schlägt überhaupt einen der wirklichen Entwicklung entgegengesetzten Weg ein. Es beginnt post festum und daher mit den fertigen Resultaten des Entwicklungsprozesses. Die Formen besitzen bereits die Festigkeit von Naturformen des gesellschaftlichen Lebens, bevor die Menschen sich Rechenschaft zu geben suchen, nicht über den historischen Charakter dieser Formen, die ihnen vielmehr bereits als unwandelbar gelten, sondern über deren Gehalt.« Diesem Dogmatismus, der seine bedeutendsten Vertreter einerseits in der Staatslehre der klassischen deutschen Philosophie, andererseits in der Ökonomie von Smith und Ricardo

2 Feuerbach, 43 ff. [MEW Bd. 21, S. 216 ff., Anm. d. Hg.]
3 Kapital I, 42. [MEW Bd. 23, S. 89]

fand, stellt Marx einen Kritizismus, eine Theorie der Theorie, ein Bewußtsein des Bewußtseins gegenüber. Die bürgerliche Wissenschaft in bezug auf die gesellschaftlichen Erscheinungen steht vor einem unlösbaren Dilemma: Entweder betrachtet sie sie als Objekte unabänderlicher »ewiger« Naturgesetze, wodurch sie außerstande gesetzt ist, ihr Entstehen zu begreifen[4] und bringt sie damit in eine unüberbrückbare Entfernung von dem Menschen und seinen Bedürfnissen, der wahren Quelle der Begreifbarkeit der Geschichte.[5] Oder sie sucht in der Geschichte das vernunftlose Walten blinder Mächte, das sich in »großen Männern«, in »Nationalgeistern« usw. verkörpert. Marx löst das Dilemma, indem er nachweist, daß hier kein wahres Dilemma vorliegt, daß das ganze Dilemma nichts weiter bedeutet, als das Ausgeliefertsein der Menschen der bürgerlichen Gesellschaft den Produktionskräften der Wirtschaft gegenüber, unter deren Kontrolle sie stehen, statt sie zu kontrollieren.[6]

Es scheint, als ob durch diese Auffassung das Bewußtsein aus den Erklärungsgründen der Geschichte völlig ausgeschaltet wäre, und es kann bei oberflächlicher Betrachtung als Widerspruch erscheinen, daß nicht nur die konkreten Geschichtsanalysen von Marx (in erster Reihe »Brumaire« und »Klassenkämpfe«) voll von Zergliederungen der Bewußtheitsstufen der verschiedenen Klassen sind, sondern daß seine praktische Tätigkeit in erster Reihe auf Erwachen des Klassenbewußtseins des Proletariats gerichtet war. Dieser Widerspruch hebt sich indessen in dem Augenblick auf, wo es uns klar wird, daß unter Klassenbewußtsein niemals ein psychologisches oder massenpsychologisches Prinzip zu denken ist, das also, was die Angehörigen einer bestimmten Klasse in einer bestimmten geschichtlichen Lage tatsächlich gedacht, empfunden usw. haben. Klassenbewußtsein bedeutet im Gegenteil die Gedanken, Empfindungen usw., welche die Angehörigen einer Klasse haben würden, wenn sie ihre Klassenlage, die aus ihr folgenden Interessen, sowohl in bezug auf das unmittelbare Handeln wie auf den Aufbau der ganzen Gesellschaft vollkommen zu erfassen fähig wären. So wenig, wie das Kapital ein dinghaftes Dasein hat, sondern ein »gesellschaftliches Produktionsverhältnis« ist,[7] hat das Klassenbewußtsein

4 »Elend der Philosophie«, 86. [MEW Bd. 4, S. 126]
5 Ebd. 91. [MEW Bd. 4, S. 135]
6 »Kapital« 1, 41. [MEW Bd. 23, S. 88]
7 »Lohnarbeit und Kapital«, 24-25. [MEW Bd. 6, S. 407 f.]

ein psychologisches Dasein. Es ist die rationell angemessene Reaktion, die bestimmten Lagen im Produktionsprozeß zugerechnet wird.

2.

Für die vorkapitalistischen Zeiten und auch für das Verhalten zahlreicher Schichten im Kapitalismus ergibt sich hieraus, daß ihr Klassenbewußtsein seinem Wesen nach weder eine völlig klare Form überhaupt zu erhalten, noch die geschichtlichen Ereignisse tatkräftig zu beeinflussen fähig ist.

Erstens, weil von dem Standpunkt der Interessen dieser Klassen es von vorneherein unmöglich ist, die Gesellschaft zu organisieren, während es zum Wesen des Klassenbewußtseins gehört, daß seine letzte und entscheidende Zielsetzung eine seinen eigenen Interessen vollkommen entsprechende Gestaltung der ganzen Gesellschaft ist.[8] Zweitens, weil es zum Wesen einer jeden vorkapitalistischen Gesellschaft gehört, daß in ihr die Klasseninteressen niemals in voller (ökonomischer) Klarheit hervortreten können; der Aufbau der Gesellschaft nach Kasten, Ständen usw. bringt es mit sich, daß in der objektiv-wirtschaftlichen Struktur der Gesellschaft die wirtschaftlichen Elemente sich mit den politischen, religiösen usw. Elementen unentwirrbar vereinigen. Erst die Herrschaft der Bourgeoisie, deren Sieg die Abschaffung des Ständeaufbaues bedeutet,[9] macht eine Gesellschaftsordnung möglich, in der die Schichtung der Gesellschaft eine reine und ausschließliche Klassenschichtung ist. (Daß in manchen Ländern Überreste des feudalen Standesaufbaues sich in den Kapitalismus hinübergerettet haben, ändert an der fundamentalen Richtigkeit dieser Feststellung gar nichts.)

Die Beziehung des Klassenbewußtseins zur Geschichte ist dementsprechend in den vorkapitalistischen Zeiten eine völlig andere, wie im Kapitalismus. Denn dort waren die Klassen selbst nur vermittels der Geschichtsdeutung des historischen Materialismus aus

8 Hierauf beziehen sich die meisterhaften Analysen des Kleinbürgertums im »Brumaire« [MEW Bd. 8, S. 111-207, Anm. d. Hg.]. Auch der »Bauernkrieg« von Engels [MEW Bd. 7, S. 327-413, Anm. d. Hg.] enthält zahlreiche Belege für diese Auffassung.

9 »Elend der Philosophie«, 163. [MEW Bd. 4, S. 181]

der unmittelbar gegebenen geschichtlichen Wirklichkeit zu gewinnen, während sie hier diese unmittelbare, geschichtliche Wirklichkeit selbst sind. Es ist also, wie dies auch von Engels hervorgehoben wurde, durchaus kein Zufall, daß diese Erkenntnis der Geschichte erst im Zeitalter des Kapitalismus möglich wurde. Und zwar nicht nur – wie Engels meint – wegen der größeren Einfachheit dieses Aufbaues im Gegensatz zu den »verwickelten und verdeckten Zusammenhängen« in früheren Zeiten, sondern in erster Reihe deshalb, weil das ökonomische Klasseninteresse als Beweger der Geschichte erst im Kapitalismus in seiner nackten Reinheit hervorgetreten ist. Die wahren »treibenden Mächte«, die »hinter den Beweggründen der geschichtlich handelnden Menschen stehen«, konnten deshalb in vorkapitalistischen Zeiten niemals rein (nicht einmal als reine Zurechnung) ins Bewußtsein treten. Sie sind in Wahrheit als blinde Mächte der geschichtlichen Entwicklung hinter den Beweggründen verborgen. Die ideologischen Momente »verdecken« nicht bloß die wirtschaftlichen Interessen, sind nicht bloß Fahnen und Kampfeslosungen, sondern Teile und Elemente des wirklichen Kampfes selbst. Freilich, wenn der soziologische Sinn dieser Kämpfe vermittels des historischen Materialismus gesucht wird, dann sind diese Interessen als die letzthin entscheidenden Erklärungsmomente zweifellos auffindbar. Zum Kapitalismus selbst besteht aber der unüberbrückbare Unterschied, daß in ihm die ökonomischen Momente nicht mehr »hinter« dem Bewußtsein verborgen, sondern im Bewußtsein selbst (nur unbewußt oder verdrängt usw.) vorhanden sind. Mit dem Kapitalismus, mit der Abschaffung der Ständestruktur und mit dem Aufbau einer ökonomisch gegliederten Gesellschaft ist das Klassenbewußtsein in das Stadium des Bewußtwerdenkönnens getreten. Jetzt spiegelt sich der gesellschaftliche Kampf in einem ideologischen Kampfe um das Bewußtsein, um Verhüllung oder Aufdeckung des Klassencharakters der Gesellschaft. Aber die Möglichkeit dieses Kampfes weist bereits auf die Möglichkeit der Entstehung einer klassenlosen Gesellschaft hin. »Wenn die Philosophie«, sagt Hegel, »ihr Grau in Grau malt, ist eine Gestalt des Lebens alt geworden und mit Grau in Grau läßt sich nicht verjüngen, sondern nur erkennen; die Eule der Minerva beginnt erst mit einbrechender Dämmerung ihren Flug.«

3.

Bourgeoisie und Proletariat sind die einzigen, reinen Klassen der bürgerlichen Gesellschaft; d.h. nur ihr Dasein und ihre Weiterentwicklung beruht ausschließlich auf der Entwicklung des modernen Produktionsprozesses und nur von ihren Existenzbedingungen, beziehungsweise von ihrer Ideologie aus ist ein Plan zur Organisation der ganzen Gesellschaft überhaupt vorstellbar. Das Schwankende oder für die Entwicklung Unfruchtbare in der Haltung der anderen Klassen (Kleinbürger, Bauer) beruht darauf, daß ihr Dasein nicht ausschließlich auf ihre Stellung im Produktionsprozeß begründet, sondern mit Überresten der ständischen Gesellschaft unlösbar verknüpft ist. Sie versuchen demzufolge die kapitalistische Entwicklung nicht zu fördern oder über sich selbst hinauszutreiben, sondern überhaupt rückgängig zu machen, oder wenigstens nicht zu voller Entfaltung gelangen zu lassen. Ihr Klasseninteresse ist deshalb nur auf Symptome der Entwicklung, nicht auf die Entwicklung selbst, nur auf Teilerscheinungen in der Gesellschaft, nicht auf den Aufbau der ganzen Gesellschaft gerichtet. Darum kann bei diesen Klassen (wenn sie im streng marxistischen Sinne überhaupt Klassen genannt werden dürfen) nicht eigentlich vom Klassenbewußtsein gesprochen werden: ein volles Bewußtsein ihrer Lage würde ihnen die Hoffnungslosigkeit ihrer Stellung in der Entwicklung enthüllen. Bewußtsein und Interessen stehen hier demzufolge im Verhältnis eines kontradiktorischen Gegensatzes zu einander, was – da Klassenbewußtsein als ein Zurechnungsproblem der Klasseninteressen bestimmt wurde – die Unmöglichkeit seiner Entwicklung auch in der unmittelbar gegebenen geschichtlichen Wirklichkeit philosophisch verständlich macht.

Klassenbewußtsein und Klasseninteresse stehen auch bei der Bourgeoisie im Verhältnis des Gegensatzes, des Widerspruches zu einander. Nur ist dieser Widerspruch kein kontradiktorischer, sondern ein dialektischer.

Der Unterschied der beiden Gegensätze läßt sich kurz auch so aussprechen: während bei den übrigen Klassen ihre Lage im Produktionsprozeß und die daraus folgenden Interessen das Entstehen eines Klassenbewußtseins überhaupt verhindern müssen, treiben diese Momente bei der Bourgeoisie zur Entwicklung des Klassenbewußtseins, nur daß dieses – von vorneherein und seinem Wesen nach – mit dem tragischen Fluch behaftet ist, auf dem Höhepunkt seiner Entfaltung mit sich selbst in einen unlösbaren Widerspruch zu geraten und demzufolge sich selbst aufzuheben. Diese tragische Lage der Bourgeoisie spiegelt sich geschichtlich darin, daß sie ihren Vorgänger, den Feudalismus, noch nicht niedergerungen hat, als der neue Feind, das Proletariat, schon erschienen ist; ihre politische Erscheinungsform war, daß die Bekämpfung der ständischen Organisation der Gesellschaft im Namen einer »Freiheit« geleistet wurde, die im Moment des Sieges zu einer neuen Unterdrückung verwandelt werden mußte; ideologisch betrachtet, erblicken wir denselben Zwiespalt, wenn die Entfaltung der Bourgeoisie einerseits der Individualität eine früher noch nie dagewesene Bedeutung verleiht, andererseits aber durch die ökonomischen Bedingungen dieses Individualismus, durch die Verdinglichung, welche die Warenproduktion schafft, jede Individualität aufhebt.[10] All diese Widersprüche, deren Reihe durch diese Beispiele keineswegs erschöpft ist, vielmehr ins Unendliche fortgesetzt werden könnte, sind nur ein Widerschein der tiefstgehenden Widersprüche des Kapitalismus selbst. Diese Widersprüche sind erstens der unaufhebbare Gegensatz von Ideologie und ökonomischer Grundlage, zweitens die innere dialektische Tendenz der kapitalistischen Wirtschaftsentwicklung, die gerade in und durch ihre höchste Entfaltung nicht nur ihr eigenes Grab gräbt, sondern zugleich ihren Totengräber großzüchtet. Diese Lage der Bourgeoisie bestimmt die Funktion des Klassenbewußtseins in ihrem Kampfe um die Beherrschung der Gesellschaft. Da die Herrschaft der Bourgeoisie sich wirklich auf die ganze Gesellschaft erstreckt, da sie tatsächlich eine ihren Interessen gemäße Organisation des ganzen Staates erstrebt und teilweise verwirklicht hat, mußte sie sowohl eine geschlossene Wirtschafts-, Staats-, Gesellschaftslehre usw. schaffen (was schon an und für sich eine »Weltanschauung« voraussetzt und bedeutet), wie auch in sich den Glauben an die eigene Berufenheit zu dieser Herrschaft und Organisation ausbauen und bewußt machen. Das Dialektisch-Tragische der Klassenlage der Bourgeoisie zeigt sich

10 »In der bürgerlichen Gesellschaft ist das Kapital selbständig und persönlich, während das tätige Individuum unselbständig und unpersönlich ist«, sagt das Kommunistische Manifest [MEW 4, 476]. Ähnlich über den »Freien Staat« in der Kritik des Gothaer Programms. »Neue Zeit«, IX. 1. 572. U. s. f. [MEW Bd. 19, S. 27 f., Anm. d. Hg.].

darin, daß es zwar nicht bloß in ihrem Interesse liegt, sondern sogar unumgänglich notwendig für sie ist, das Bewußtsein der Klasseninteressen über jede Einzelfrage so klar wie möglich zu gewinnen, daß es aber verhängnisvoll für sie werden muß, wenn sich dieses selbe klare Bewußtsein auf die Frage des Ganzen erstreckt. Dies hat seinen Grund vor allem darin, daß die Herrschaft der Bourgeoisie nur eine Minoritätsherrschaft sein kann. Da ihre Herrschaft nicht nur vom, sondern auch im Interesse einer Minorität ausgeübt wird, bleibt die Täuschung der anderen Klassen, ihr Verbleiben bei ihrem unklaren Klassenbewußtsein, eine unumgängliche Voraussetzung für den Bestand des Bourgeoisregimes. (Man denke an die Lehre vom Staat, der »über« den Klassengegensätzen steht, an »unparteiische« Justiz usw.) Aber die Verschleierung des Wesens der bürgerlichen Gesellschaft ist auch für die Bourgeoisie selbst eine Lebensnotwendigkeit. Denn mit zunehmender Klarheit darüber enthüllen sich die inneren, unauflösbaren Widersprüche dieser Gesellschaftsordnung immer mehr und stellen ihre Anhänger vor die Wahl, entweder sich bewußt der aufsteigenden Einsicht zu verschließen oder in sich alle moralischen Instinkte zu unterdrücken, um die Interessen gemäß bejahter Wirtschaftsordnung auch moralisch bejahen zu können.

Ohne die tatsächliche Wirksamkeit solcher ideologischer Momente zu überschätzen, muß dennoch festgestellt werden, daß die Kampfkraft einer Klasse um so größer ist, mit je besserem Gewissen sie den Glauben an die eigene Berufenheit haben kann, mit je ungebrochenerem Instinkt sie alle Erscheinungen ihrem Interesse gemäß durchzudringen fähig ist. Die ideologische Geschichte der Bourgeoisie ist nun – etwa von der großen französischen Revolution an – nichts anderes, als ein verzweifelter Kampf gegen die Einsicht in das wahre Wesen der von ihr geschaffenen Gesellschaft, gegen das wirkliche Bewußtsein ihrer Klassenlage. Wenn das Kommunistische Manifest hervorhebt, daß die Bourgeoisie ihren eigenen Totengräber produziert, so ist dies nicht nur wirtschaftlich, sondern auch ideologisch richtig. Die ganze bürgerliche Wissenschaft des 19. Jahrhunderts hat für die Verschleierung der Grundlagen der bürgerlichen Gesellschaft die größten Anstrengungen gemacht; von den größten Verfälschungen der Tatbestände bis zu »sublimen« Theorien über das »Wesen« der Geschichte des Staates usw. ist nichts in dieser Richtung unversucht geblieben. Vergebens. Das Ende des Jahrhunderts hat bereits in der entwickelteren Wissenschaft (und dementsprechend im Bewußtsein der kapitalistischen Führerschichten) die Entschleierung vollbracht. Damit ist aber die bürgerliche Kultur in die schwerste Krise geraten. Auf der einen Seite die grenzenlose Unfruchtbarkeit einer vom Leben abgeschnittenen Ideologie, eines mehr oder weniger bewußten Fälschungsversuches, auf der anderen Seite die ebenso furchtbare Öde eines Zynismus, der von der inneren Nichtigkeit des eigenen Daseins bereits selbst überzeugt ist und nur sein nacktes Dasein, sein nackt egoistisches Interesse verteidigt. Diese ideologische Krise ist ein untrügliches Zeichen des Verfalls. Die Klasse ist bereits in die Defensive gedrängt, sie kämpft bereits um ihre bloße Selbsterhaltung (so aggressiv auch ihre Kampfmittel sein mögen); sie hat die Kraft zur Führung unwiederbringlich verloren.

4.

In diesem Kampf um das Bewußtsein kommt dem historischen Materialismus eine entscheidende Rolle zu. Wie im Wirtschaftlichen sind auch im Ideologischen Proletariat und Bourgeoisie einander notwendig zugeordnete Klassen. Derselbe Prozeß, der vom Standpunkt der Bourgeoisie als ein Prozeß der Zersetzung, als krisenhaft erscheint, bedeutet für das Proletariat die Stauung der Kräfte, das Sprungbrett zum Siege. Ideologisch bedeutet dies so viel, daß dieselbe zunehmende Einsicht in das Wesen der Gesellschaft, worin sich der langsame Todeskampf der Bourgeoisie spiegelt, einen ständigen Machtzuwachs für das Proletariat bedeutet. Für das Proletariat ist die Wahrheit eine siegbringende Waffe: und zwar je rücksichtsloser, je wahrer, desto siegbringender.

»Wenn das Proletariat«, sagt Marx,[11] »die Auflösung der bisherigen Weltordnung verkündet, so spricht es nur das Geheimnis seines eigenen Daseins aus, denn es ist die faktische Auflösung dieser Weltordnung.« Die Wut der Verzweiflung, mit der die Wissenschaft der Bourgeoisie den historischen Materialismus bekämpft, wird dadurch verständlich: sobald sie gezwungen ist, sich

11 »Zur Kritik der Hegelischen Rechtsphilosophie«, Nachlaß 1, 398, [MEW Bd. 1, S. 391]

ideologisch auf diesen Boden zu stellen, ist sie verloren. Daraus wird aber zugleich verständlich, warum für das Proletariat und nur für das Proletariat richtige Einsicht in das Wesen der Gesellschaft ein Machtfaktor allerersten Ranges, ja vielleicht die Waffe der Entscheidung schlechthin ist. Die Vulgärmarxisten haben diese einzigartige Funktion des Bewußtseins, die es im Klassenkampf des Proletariats hat, stets übersehen und an Stelle des großen prinzipiellen Kampfes, der stets auf die letzten Prinzipien des Handelns zurückgreift, eine kleinliche »Realpolitik« gesetzt. Natürlich muß auch das Proletariat mit den Gegebenheiten der Situation rechnen. Es unterscheidet sich aber von den anderen Klassen dadurch, daß es von den Einzelereignissen der Geschichte nicht bloß getrieben wird, sondern selber das Wesen der treibenden Kräfte ausmacht. Das »Reich der Freiheit«, das Ende der »Vorgeschichte der Menschheit« bedeutet gerade, daß die vergegenständlichten Beziehungen der Menschen zueinander, die Verdinglichungen, ihre Macht dem Menschen abzugeben beginnen. Je näher dieser Prozeß seinem Ziele zueilt, von desto größerer Bedeutung ist das Bewußtsein des Proletariats über seine geschichtliche Sendung, sein Klassenbewußtsein; desto stärker und unmittelbarer muß dieses jede seiner Handlungen bestimmen. Denn die blinde Macht der treibenden Kräfte führt nur so lange »automatisch« ihrem Ziele, der Selbstaufhebung, zu, bis dieser Punkt nicht erreicht ist. Ist der Augenblick des Überganges in das »Reich der Freiheit« objektiv gegeben, so äußert sich dies gerade darin, daß die blinden Kräfte in wirklichem Sinne blind dahintreiben und nur der bewußte Wille des Proletariats die Menschheit vor einer Katastrophe beschützen kann. Anders ausgedrückt: ist die endgültige Wirtschaftskrise des Kapitalismus eingetreten, so hängt das Schicksal der Revolution (und mit ihr das der Menschheit) von der ideologischen Reife des Proletariats, von seinem Klassenbewußtsein ab.

Damit ist die einzigartige Funktion, die das Klassenbewußtsein für das Proletariat im Gegensatz zu seiner Funktion für andere Klassen hat, bestimmt. Eben weil das Proletariat sich als Klasse unmöglich befreien kann, ohne die Klassengesellschaft überhaupt abzuschaffen,[12] muß sein Bewußtsein, das letzte Klassenbewußtsein in der Geschichte der Menschheit, einerseits mit der Enthül-

12 »Elend der Philosophie« 165; [MEW Bd. 4, S. 181].

lung des Wesens der Gesellschaft zusammenfallen, andererseits eine unmittelbare Einheit von Theorie und Praxis sein. Für das Proletariat ist seine »Ideologie« keine Flagge, unter der es kämpft, kein Deckmantel der eigentlichen Zielsetzungen, sondern die Zielsetzung und die Waffe selbst. Jede unprinzipielle oder prinzipienlose Taktik des Proletariats erniedrigt den historischen Materialismus zur »Ideologie«, zwingt dem Proletariat eine bürgerliche (oder kleinbürgerliche) Kampfesmethode auf; beraubt es seiner besten Kräfte, indem sie seinem Klassenbewußtsein die begleitende oder hemmende Rolle eines bürgerlichen statt der treibenden Funktion des proletarischen Bewußtseins zuweist.

5.

So einfach indessen die Beziehung von Klassenbewußtsein und Klassenlage für das Proletariat dem Wesen der Sache nach ist, so große Hindernisse stellen sich der Verwirklichung dieses Bewußtseins in der Wirklichkeit entgegen. Hier kommt in erster Reihe der Mangel an Einheit innerhalb des Bewußtseins selbst in Betracht. Obwohl nämlich die Gesellschaft etwas streng Einheitliches vorstellt und ihr Entwicklungsprozeß ebenfalls ein einheitlicher Prozeß ist, so sind beide für den Menschen, insbesondere für den Menschen, der in die kapitalistische Verdinglichung der Beziehungen als in seine natürliche Umwelt hineingeboren wurde, nicht als Einheit, sondern als Vielheit selbständiger Dinge und Kräfte gegeben.

Die auffälligste und folgenschwerste Zerspaltung des proletarischen Klassenbewußtseins zeigt sich in der Trennung des wirtschaftlichen Kampfes vom politischen. Marx[13] hat wiederholt auf die Unzulässigkeit dieser Trennung hingewiesen und gezeigt, wie es im Wesen eines jeden wirtschaftlichen Kampfes liegt, ins Politische umzuschlagen (und umgekehrt) und doch war es unmöglich, diese Auffassung selbst aus der Theorie des Proletariats auszumerzen.[14] Der Grund für die Möglichkeit dieser Abirrung des Klassenbewußtseins von sich selbst ist in dem dialektischen Zwiespalt zwischen einzelner Zielsetzung und Endziel, letzten Endes also in dem

13 Ebd. 164, Briefe und Auszüge aus Briefen an F. A. Sorge und andere 42, usw. [MEW Bd. 4, S. 182]

14 Z. B. Otto Bauer »Der Weg zum Sozialismus« [1919].

dialektischen Zwiespalt der proletarischen Revolution (der Revolution als langwierigen, aber gründlichen Prozeß) begründet. Gerade dieser Zwiespalt bietet jedoch den Weg zum Verständnis dafür, daß – wie es im Motto hervorgehoben wurde – Klassenbewußtsein nicht das psychologische Bewußtsein einzelner Proletarier oder das (massenpsychologische) Bewußtsein ihrer Gesamtheit ist, sondern der bewußtgewordene Sinn der geschichtlichen Lage der Klasse. Das Einzelinteresse, in dem sich dieser Sinn jeweils vergegenständlicht, das niemals übergangen werden darf, wenn der Klassenkampf des Proletariats nicht auf das primitivste Stadium des Utopismus zurückgeworfen werden soll, kann nämlich die doppelte Funktion haben: ein Schritt in der Richtung auf das Ziel zu sein oder das Ziel zu verdecken. Welches von beiden es werden wird, hängt ausschließlich vom Klassenbewußtsein des Proletariats und nicht vom Sieg oder Scheitern im Einzelkampf ab. Auf diese Gefahr, die ganz besonders im »ökonomischen« Gewerkschaftskampf liegt, hat Marx schon sehr früh scharf hingewiesen.[15] Zur selben Zeit dürfen die Arbeiter das schließliche Ergebnis dieser Kämpfe sich selbst nicht übertreiben. Sie dürfen nicht vergessen, daß sie mit Wirkungen und nicht mit den Ursachen dieser Wirkungen kämpfen, daß sie Palliativmittel anwenden, aber die Krankheit nicht heilen. Sie sollten deshalb nicht ausschließlich in diesen unvermeidlichen Guerillakämpfen aufgehen ... An Stelle des konservativen Mottos: »Ein gerechter Tageslohn für einen gerechten Arbeitstag« sollten sie das revolutionäre Schlagwort auf ihre Fahne schreiben: »Abschaffung des Lohnsystems.«

Die Quelle eines jeden Opportunismus liegt gerade darin, daß er von den Wirkungen und nicht von Ursachen, von den Symptomen, nicht von der Sache selbst ausgeht; daß er im Einzelinteresse und seinem Erkämpfen nicht ein Erziehungsmittel zum Endkampf, dessen Entscheidung von der Annäherung des wirklichen Bewußtseins zum seinwollenden abhängt, sondern etwas an und für sich Wertvolles oder selbst an und für sich dem Ziele Entgegenführendes erblickt: daß er – mit einem Wort – den tatsächlichen psychologischen Bewußtseinszustand der Proletarier mit dem Klassenbewußtsein des Proletariats verwechselt.

Dieses Klassenbewußtsein ist aber, wenn es auch keine psycho-

15 »Lohn, Preis und Profit«, 46-47. [MEW Bd. 16, S. 151 f.]

logische Wirklichkeit hat, doch keine Fiktion. Der unendlich qualvolle, von Rückschlägen volle Gang der proletarischen Revolution, ihre ewige Rückkehr zum Ausgangspunkt, ihre beständige Selbstkritik, von der Marx in der berühmten Stelle des Brumaire spricht, findet hierin ihre Erklärung.

Aus der Krise des Kapitalismus kann nur das Bewußtsein des Proletariats den Ausweg zeigen. Solange dieses Bewußtsein nicht da ist, bleibt die Krise permanent, kehrt zu ihrem Ausgangspunkt zurück, wiederholt die Situation, bis endlich nach unendlichen Leiden, nach schrecklichen Umwegen der Anschauungsunterricht der Geschichte den Bewußtseinsprozeß im Proletariat vollendet und ihm damit die Führung der Geschichte in die Hände gibt. Das Proletariat hat aber hier keine Wahl. Die Klassenkampfpazifisten und -humanitarier, die gewollt oder ungewollt an der Verlangsamung dieses Prozesses arbeiten, wären selbst entsetzt, wenn sie einsähen, welche Leiden sie dem Proletariat durch die Verlängerung des Anschauungsunterrichtes aufbürden. Denn das Proletariat kann sich seinem Beruf nicht entziehen. Es handelt sich nur darum, wieviel es noch zu leiden hat, bis es zur ideologischen Reife, zur richtigen Erkenntnis seiner Klassenlage, zum Klassenbewußtsein gelangt.

Freilich ist dieses Schwanken, diese Unklarheit selbst ein Krisensymptom der bürgerlichen Gesellschaft. Das Proletariat als Produkt des Kapitalismus muß notwendigerweise den Daseinsformen seines Hervorbringers unterworfen sein. Diese Daseinsform ist die Unmenschlichkeit, die Verdinglichung. Wohl ist das Proletariat durch sein bloßes Dasein die Kritik, die Verneinung dieser Lebensformen. Es ist aber, bevor die objektive Krise des Kapitalismus sich nicht vollendet, bevor das Proletariat selbst das vollkommene Durchschauen dieser Krise, das wahre Klassenbewußtsein erlangt hat, bloße Kritik der Verdinglichung und erhebt sich als solche nur negativ über das Verneinende. Ja, wenn die Kritik über die bloße Verneinung eines Teiles, wie oben geschildert wurde, nicht hinauskommen kann, dann geht sie überhaupt nicht über das Verneinte hinaus, wie das z. B. die Kleinbürgerlichkeit der meisten Gewerkschaftler zeigt. Diese bloße Kritik, diese Kritik vom Standpunkt des Kapitalismus aus, zeigt sich gerade in der Trennung der verschiedenen Kampfgebiete. Schon die bloße Tatsache der Trennung weist darauf hin, daß das Bewußtsein des Proletariats der Verdinglichung vorläufig noch erlegen ist. Wenn es ihm auch selbstverständlich leichter ist, das Unmenschliche seiner Klassenlage wirtschaftlich zu durchschauen als politisch, und politisch wiederum leichter als kulturell, so zeigen alle diese Trennungen eben die unüberwundene Macht kapitalistischer Lebensformen im Proletariat selbst auf.

Es wäre verhängnisvoll, in bezug auf die Weite des Weges, den das Proletariat ideologisch zurückzulegen hat, Illusionen zu hegen. Gleich verhängnisvoll wäre es aber, die Kräfte zu übersehen, die in der Richtung auf die ideologische Überwindung des Kapitalismus im Proletariat tätig sind. Das bloße Dasein des Arbeiterrates z. B. ist ein Zeichen, daß das Klassenbewußtsein des Proletariats hier die Bürgerlichkeit seiner Führerschicht siegreich zu überwinden im Begriffe ist.

Der Arbeiterrat ist die Form, mit der das Bewußtsein der proletarischen Klasse seit ihrem Entstehen unablässig gerungen hat. Sein Dasein, seine stetige Entwicklung zeigen, daß das Proletariat bereits an der Schwelle seines eigenen Bewußtseins und damit an der Schwelle des Sieges steht. Denn der Arbeiterrat ist die politisch-wirtschaftliche Überwindung der kapitalistischen Verdinglichung. So wie er im Zustand nach der Diktatur die bourgeoise Teilung von Gesetzgebung, Verwaltung und Rechtsprechung überwindet, so ist er schon heute berufen, Wirtschaft und Politik zur wahren Einheit des proletarischen Handelns zusammenzubringen und auf diese Weise den dialektischen Zwiespalt von unmittelbarem Interesse und Endziel zu versöhnen.

Es wäre verhängnisvoll, den Abstand, der den Bewußtseinszustand, selbst der revolutionären Arbeiter, vom wahren Klassenbewußtsein des Proletariats trennt, zu übersehen. Dieser Abstand tritt in dem Verhalten des Proletariats zu den rein ideologischen Fragen, zu den Fragen der Kultur am klarsten zutage. Hauptsächlich darin, daß diese Fragen vorläufig noch eine völlig isolierte Stelle im Bewußtsein des Proletariats einnehmen; sie erheben sich selten höher, als bis zur Kritik des Bestehenden, der Wirkungen des kapitalistischen System. Aber auch diese Sachlage erklärt sich aus der marxistischen Lehre von Klassenkampf und Klassenbewußtsein.

Das Proletariat vollendet sich erst, indem es sich aufhebt, indem es die klassenlose Gesellschaft zustande bringt. Der Kampf um diese Gesellschaft, wobei die Diktatur des Proletariats auch eine bloße Phase ist, ist nicht nur ein Kampf mit dem äußeren Feind, mit der Bourgeoisie, sondern in erster Reihe der Kampf des Proletariats mit sich selbst: mit den verheerenden und erniedrigenden Wirkungen des kapitalistischen Systems auf sein Klassenbewußtsein. Wenn das Proletariat diese Wirkungen in sich überwunden hat, hat es den wirklichen Sieg errungen. Die Trennung der einzelnen Gebiete, die vereint sein sollten, die verschiedenen Bewußtseinsstufen, zu denen das Proletariat in den verschiedenen Gebieten bis jetzt gelangt ist, sind ein genauer Gradmesser dessen, was erreicht und was noch zu erringen ist. Das Proletariat darf keine Selbstkritik scheuen, denn seinen Sieg kann nur die Wahrheit bringen und Selbstkritik muß deshalb sein Lebenselement sein.

10. Vorwort zu Rosa Luxemburg: Massenstreik[1]

Rosa Luxemburg ist nicht nur durch ihren Tod zum Blutzeugen der proletarischen Revolution geworden. Ihr ganzes Leben war nichts anderes als ein großer, vom Leid geprägter Kampf um die Revolutionierung des Proletariats. Ein Kampf darum, die richtige Erkenntnis vom Entwicklungsstand des Klassenkampfes, die die sozialdemokratischen Opportunisten vor der Arbeiterschaft bewußt oder unbewußt verschleierten, in das Bewußtsein des Proletariats zu heben, damit aus dem auf diese Weise entwickelten Klassenbewußtsein revolutionäre Aktionen hervorgehen könnten. So hat Rosa Luxemburg die schweren Kämpfe ihres Lebens in erster Linie gegen den heutigen rechten Flügel und das Zentrum der Arbeiterbewegung geführt. Es ist kein Wunder, daß die Söldner Eberts und Scheidemanns sie zum Schluß ermordeten: gegen sie kämpfte sie ihr ganzes Leben mit den edlen Waffen der Wahrheit und der Wissenschaft. Jene haben sich mit Verleumdungen, Verdrehungen, Intrigen und Lügen darum bemüht, ihren Einfluß auf die Arbeiterschaft zu beseitigen. Zum Schluß, als nichts mehr verfing, als Rosa Luxemburg an die Spitze der revolutionären Massen zur Auferstehung des proletarischen Klassenkampfes mit der Waffe schritt, haben sie sie totschlagen lassen.

Rosa Luxemburg war ein wirklicher Führer des Proletariats. Neben Lenin vielleicht der einzige würdige Nachfolger von Marx und Engels. Aber wie sich die proletarische Revolution in ihrem Wesen von der bürgerlichen Revolution unterscheidet – sie ist nicht so glänzend wie diese, aber tiefergehend, gründlicher umwälzend – so unterscheidet sich auch der Führer der proletarischen Revolution

1 Der frühe Lukács hat Rosa Luxemburg sehr hoch geschätzt. In *Geschichte und Klassenbewußtsein* hat er ihr zwei Essays gewidmet, aber ihre *Kritik der russischen Revolution* einer Metakritik unterzogen, weil er ihre Lenin-Kritik nicht gebilligt hat (vgl. GLW, Bd. 2, S. 448-470). Noch in seinem politischen Testament *Sozialismus und Demokratie* (Frankfurt/M. 1987, S. 75) wendet er sich gegen eine Herabsetzung ihrer Spontanitätstheorie und dagegen, dass in der »Stalinzeit [...] die Kontroverse Lenin-Luxemburg manipulativ-demagogisch entstellend« ausgenutzt wurde, um eine ausschließende Gegensätzlichkeit von bewusstem Handeln und Spontanität zu konstruieren [Anm. d. Hg.].

vom Führertypus der bürgerlichen Revolution. Nicht einer vom Schlage des großen Demagogen, des jeden mitreißenden Redners und Agitators, der Dantons und Lajos Kossuths, wird der wirkliche Führer dieser Revolution, sondern der vernünftigste Kultivierer der Wissenschaft des Klassenkampfes, *der revolutionären Dialektik, des Marxismus*; derjenige, der in der Lage ist, mit Hilfe des Marxismus alle Ereignisse des Alltagslebens richtig zu analysieren, zu bewerten und zu beurteilen und mit seiner Hilfe der Arbeiterschaft den richtigen Weg zur Tat zu weisen.

Aus der richtigen Beurteilung der Lage und der Richtigkeit der auf jede Weise festgelegten Richtung der Tat folgt jedoch noch nicht, daß die breiten Massen des Proletariats dies sofort verstehen und in diesem Sinne auch handeln. Die Opportunisten haben durch die kurzsichtige und irreführende Hervorhebung der täglichen und individuellen Interessen jahrzehntelang die Gedanken und Gefühle der Arbeiterklasse vergiftet. Sie haben die Arbeiter daran gewöhnt, daß sie die Ereignisse nicht aus dem Blickwinkel der *universalen Klasseninteressen* der Arbeiterklasse betrachten, sondern daß *jedermann in erster Linie seine individuellen oder höchstens die im engeren Sinn betrieblichen oder beruflichen Interessen* berücksichtigt. Damit ist es ihnen gelungen, das Selbstbewußtsein des Proletariats zu vernebeln, seine revolutionäre Bereitschaft irrezuführen: die Arbeiterschaft in die kleinbürgerliche, opportunistische Richtung zu treiben und in dieser Perspektive zu erziehen.

Gegen diesen kleinbürgerlichen Opportunismus hat Rosa Luxemburg den schweren Kampf ihres Lebens geführt, als Agitator und Organisator, als Journalist und Theoretiker, auf Volksversammlungen, in der Presse, auf Kongressen; mit verschiedenen Waffen, aber immer mit derselben Kraft kämpfte sie um die Bewahrung des originären Sinnes des Marxismus, um die *Revolutionierung des Proletariats.* Dieser Kampf machte die Größe von Rosa Luxemburg und ihren Mitkämpfern aus und ließ sie zu wahren Blutzeugen des Proletariats werden. Zur Größten der Großen wurde Rosa Luxemburg dadurch, daß sie nicht nur mit richtigem Instinkt die im Opportunismus verborgenen Gefahren spürte, sondern mit gründlichem marxistischen Wissen alle Ereignisse der Gegenwart analysierte; mit hellseherischer Begeisterung hat sie als erste den Sinn der Geschichte und all das, was für die Handlungen des Proletariats daraus folgt, gesehen. Wenn wir heute die Lebensarbeit Rosa Luxemburgs überblicken, müssen wir feststellen: in allen Fragen hat sie als erste – in Westeuropa – das Wesen der geschichtlichen Lage erkannt; sie hat als allererste *den Imperialismus* richtig erkannt, nämlich als letzte Phase des Kapitalismus, und hat seine notwendigen Folgen richtig vorausgesehen: *den Weltkrieg* und *die Weltrevolution*; sie hat als erste die einzig mögliche und wirksame Waffe gegen die Gefahr des Imperialismus erkannt: *die revolutionären Massenbewegungen.*

Der Beginn des entscheidenden Klassenkampfes zwischen Bourgeoisie und Proletariat, seine Art und Weise, seine Umstände, Möglichkeiten und Waffen: dies ist der Inhalt der Lebensarbeit Rosa Luxemburgs. Als die europäische Arbeiterbewegung – und vor allem die deutsche – schon so tief in den Opportunismus gesunken war, daß dies nicht nur in der verhüllten Sabotierung der Handlungen, sondern offen, auch theoretisch, sich offenbaren konnte, war Rosa Luxemburg die erste, die der Theorie des Sich-Abfindens die Theorie der proletarischen Revolution entgegengesetzt hat. Mit Bernstein, dem Begründer der Theorie des Reformismus, hat damals zwar auch Kautsky den theoretischen Kampf aufgenommen, aber sein Ansatz war von dem Rosa Luxemburgs durch Welten getrennt. Kautsky wies zwar auf zahlreiche praktische und theoretische Irrtümer Bernsteins hin, aber er hütete sich unbewußt davor, den Kern der Frage zu berühren. Im wesentlichen hat er die Theorie Bernsteins als »taktische Abweichung« qualifiziert, die man *innerhalb der Partei* erledigen könne und müsse. Rosa Luxemburg dagegen hat mit scharfer und rücksichtsloser Logik gezeigt, daß man hier wählen muß. Man muß wählen, ob man Sozialist bleibt oder nicht. Wer, wie Bernstein, lehrt, daß im Kapitalismus die Fähigkeit zur Anpassung an die Entwicklung der Gesellschaft ununterbrochen wächst; daß in diesem Zusammenhang die Möglichkeit wirtschaftlicher Krisen und, wenn sie trotzdem ausbrechen, ihre Kraft und Bedeutung ständig sinken; daß die Arbeiterschaft mit Hilfe bloßer gewerkschaftlicher »Kämpfe«, ohne Revolution, die Organisierung der Produktion zu übernehmen vermag; daß die Gesellschaft friedlich in den Sozialismus »hineinwächst« – *der hat aufgehört, Sozialist zu sein*, der hat den Boden der Theorie des revolutionären Marxismus verlassen.

Diesen Kampf hat Rosa Luxemburg noch – scheinbar – mit den Kautskys zusammen geführt; jene kritisierten höchstens seine, Bernsteins, Stimme in der Debatte, lehnten eine Identifikation mit seinen »Übertreibungen« ab, »im wesentlichen« aber – sagten sie – stimmten sie mit ihm überein. Die öffentliche Stellungnahme der Partei beinhaltet zwar tatsächlich die Verurteilung Bernsteins und des offenen Opportunismus. Aber was die Bernsteins hier verloren, gewannen sie in der Praxis. Vergebens beteuerte die deutsche Partei, daß sie auf dem Standpunkt des revolutionären Marxismus stehe; je näher die entscheidende Krise des Kapitalismus kam, desto mehr näherte sie sich in ihrer Praxis dem Standpunkt Bernsteins, desto opportunistischer wurde sie.

Rosa Luxemburg hat gegen diesen Opportunismus auf allen Gebieten den Kampf aufgenommen – nun schon allein, von wenigen verständigen, revolutionären Genossen unterstützt (Liebknecht, Mehring, Radek, Zetkin usw., von denen sie übrigens nicht nur einer im Stich ließ, z. B. Pannekoek, der ihren Standpunkt nicht in seiner ganzen Tiefe verstanden hat). Die Kautskys betrachteten anfangs die Bestrebungen Rosa Luxemburgs »neutral«, mit der Sachlichkeit der vornehmen »Wissenschaftlichkeit« – später wandten sie sich offen gegen sie.

Der Inhalt ihres Hauptwerkes (das 1913 unter dem Titel »Die Akkumulation des Kapitals« erschien) ist die Analyse des Imperialismus als neue, abschließende Phase der kapitalistischen Entwicklung, die Rückkehr zu Marx' richtiger Methode und der Versuch, mit dessen *geistiger* Hilfe das neue Problem einer neuen Zeit zu verstehen, das die Opportunisten, sich auf die Buchstaben von Marx stützend, nicht sehen konnten und wollten. Die Frage der Akkumulation des Kapitals ist nämlich die Lebensfrage der kapitalistischen Entwicklung. Akkumulieren bedeutet, mit Hilfe eines Teils des von der kapitalistischen Klasse jährlich produzierten Gewinns die kapitalistische Produktion zu vergrößern. Dieser Teil ist das, was übrigbleibt, wenn wir vom ganzen jährlichen Gewinn der kapitalistischen Klasse das abziehen, was sie für ihren eigenen Bedarf verbraucht. Mit dem Rest vergrößert und erweitert sie ihren Betrieb. Die Akkumulation ist also die Frage der wirtschaftlichen Verwertung des über dem Verbrauch der Kapitalisten liegenden Profits, die Frage, wer die hergestellten Waren der auf diese Weise sich vergrößernden Produktion kaufen wird? Für jeden nüchternen Arbeiter ist die Theorie Rosa Luxemburgs sofort klar: aus der Akkumulation des Kapitals folgt jene Tendenz des Kapitals, den Markt ununterbrochen und unbegrenzt zu erweitern. Da die Aufnahmefähigkeit des inneren Marktes begrenzt ist, ist das Kapital zu weltweiter Expansion gezwungen (Imperialismus). Da aber früher oder später der Zustand eintreten muß, in dem die gesamten Kolonien und Interessensphären im sicheren Eigentum der einzelnen imperialistisch-kapitalistischen Interessengruppen sind, muß es zwischen diesen Gruppen zum Todeskampf kommen: zum Weltkrieg. Die Endursache des Krieges liegt darin, daß jede einzelne imperialistische Gruppe auf Kosten der anderen den für sie verhängnisvollen Krisen ausweichen will, die aus dem Fehlen eines genügend großen Marktes für ihre wachsende kapitalistische Produktion resultieren. Da der Weltkrieg aber nur ein unzulänglicher Versuch ist, dieser verhängnisvollen Krise auszuweichen und die Krise selbst in keiner Weise überwindet, sondern höchstens die Keime neuer Weltkriege ausstreut, bedeutet der Weltkrieg notwendigerweise die endgültige Krise des Kapitalismus und führt zwangsläufig zur Weltrevolution.

Dieser mehr als sonnenklaren Feststellung hat die »Wissenschaft« der Opportunisten einen harten und erbitterten Kampf angesagt, der in der Geschichte des sozialistischen Gedankens ohne Beispiel ist. Die Elite der Opposition mit Otto Bauer und Hilferding an der Spitze hat mit »wissenschaftlichen« Argumenten, mit Spötterei und statistischem Material zu beweisen versucht, daß Rosa Luxemburg sich nicht nur irrte, sondern Probleme dort sehe, wo es überhaupt keine gebe. Die Frage der Akkumulation des Kapitals ist ihrer Meinung nach unproblematisch: das Kapital schafft seinen Markt selbst. Der Imperialismus sei ein »vorübergehendes Ausschlagen«, die Krisen trügen »Übergangs«-Charakter, der Kapitalismus könne – aus wirtschaftlicher Sicht – sogar unvergänglich sein. Sicher sei zumindest, daß er mit seiner unbegrenzten, alles revolutionierenden Entwicklung sich nicht selbst sein Grab grabe.

Für jede Klassenkampftheorie ist die Praxis der wahre Maßstab. Wie die Opportunisten Jahre hindurch die Existenz des Imperialismus und damit das Kommen des Weltkrieges nicht zur Kenntnis nehmen wollten, so waren sie auch nicht bereit, beim Ausbruch des Weltkrieges in diesem den Beginn der Weltkrise zu sehen und noch weniger, daraus Folgerungen für ihre Handlungen zu ziehen. Den Krieg verstanden sie wie den Imperialismus nur als Episode, nach deren Vergehen der »normale« Zustand wiedereintreten werde: die Zeit der gewerkschaftlichen Kämpfe, der parlamentarischen Wahlen, der internationalen Kongresse. Es ist natürlich, daß unter solchen Umständen die Internationale der Opportunisten zusammenbrach. Sie betrachteten auch dies als Episode. »Die Internationale ist das Mittel des Friedens, nicht das des Krieges«, verkündete der Hauptweise Kautsky.

Rosa Luxemburgs theoretischer und praktischer Kampf gegen den Opportunismus hat hier seine gewichtigsten und glänzendsten Siege errungen. Den größten Teil des Krieges verbrachte sie zwar im Gefängnis, trotzdem war sie es, die mit Mehring, Liebknecht und Jogiches zusammen den Untergrundkampf gegen den Krieg organisierte. Mit Mehring gründete sie die Zeitschrift »Internationale«; später, mit der vergrößerten Gruppe, gaben sie die berühmten Spartakusbriefe heraus und gründeten den Spartakusbund. Sie war es, die den in den ersten Tagen schwankenden Liebknecht auf den richtigen Weg brachte; ihrer theoretischen Klarsicht ist es zu verdanken, daß das Schwanken des größten Helden des Antikriegskampfes nur Tage dauerte. Sie schuf auch alle theoretischen Grundlagen des Kampfes. In ihrem wunderbaren Flugblatt »Die Krise der Sozialdemokratie« entwirft sie erneut das großangelegte Bild der Entwicklung des Imperialismus, der weltgeschichtlichen Bedeutung des Krieges und der Verpflichtung des Proletariats, der eigenen Berufung entsprechend zu handeln – eine Aufgabe, die die Sozialdemokratie nicht erfüllen konnte und wollte. Sie forderte schließlich, die für den Kampf des Proletariats gegen den Weltkapitalismus notwendige Waffe zu schaffen: *die neue, revolutionäre Internationale.*

Da Rosa Luxemburg neben der Theorie nie die Praxis vergessen hat, da die tiefste und wahrste Theorie für sie nur soweit einen Wert hatte, als sie dem Proletariat neue Wege zur Tat zeigte, so war die Kritik für sie auch nur ein Mittel zur Aufdeckung der positiven Möglichkeiten des Kampfes. Rosa Luxemburg hat das Nahen der Revolution mit derselben Scharfsichtigkeit beobachtet wie die Gefahr des aufmarschierenden Weltkrieges. Die russische Revolution der Jahre 1905-1907 schreckte die europäische Sozialdemokratie aus ihrer theoretischen Trägheit für eine Weile auf. Unter der Wirkung der russischen Revolution glaubten sogar das Zentrum und auch die Kautskys, daß die Zeit der Revolutionen gekommen sei, und machten das dort zuerst im großen Stil erscheinende Kampfmittel (*den Massenstreik*) zum Gegenstand der Analyse.

Aber wie jede Theorie des offenen oder verborgenen Opportunismus ging auch diese von falschen Voraussetzungen aus, so daß sie zu falschen Ergebnissen, zum Nichtstun führte. Rosa Luxemburg hat auch hier die Unrichtigkeit des Ausgangspunktes scharf erkannt. Die zwei Richtungen des Opportunismus stritten sich nämlich darüber, ob und wann es richtig sei, den Massenstreik als Kampfmittel einzusetzen. Rosa Luxemburg hat demgegenüber festgestellt, daß die Frage falsch gestellt ist. Denn es gehe nicht darum, ob und wann wir den Massenstreik wollen (oder letzten Endes die Revolution), sondern darum, welchen Standpunkt wir gegenüber dem existenten, als Folge der wirtschaftlichen Entwicklung *mit Notwendigkeit entstandenen* Massenstreik einnehmen: *wie führen wir den Massenstreik in Richtung auf die proletarische Revolution?*

Damit ändert sich der Standpunkt in der Frage der Organisation grundsätzlich. Nach alter sozialistischer Auffassung ist die Organisation die Voraussetzung der Revolution: man kann nur dann an die Revolution denken, wenn die Arbeiterschaft so organisiert ist, daß sie diese erfolgreich durchführen kann. Gegenüber dieser Auffassung ist Engels' Kritik an der anarchistischen Massenstreiktheorie völlig stichhaltig, nach welcher entweder die politischen Verhältnisse diese vollkommene Organisation sich nicht entwickeln lassen – dann ist ein Massenstreik *unmöglich* –, oder sie erlauben es, und dann ist die Macht des Proletariats so groß, daß der Massenstreik *überflüssig* wird. Rosa Luxemburg trennt sich vor allem von der starren, mechanischen Auffassung vom Massenstreik, als ob dieser eine einmalige, gut vorbereitete punktuelle Aktion zur bewußten Übernahme der politischen Macht oder zur Erreichung irgendeines anderen politischen Zieles sei. Mit reichlichem geschichtlichen Material zeigt sie, daß der Massenstreik ein *Prozeß* ist. Er ist kein Mittel der Revolution, sondern die Revolution selbst; nicht bloße Verwendung der wirtschaftlichen Macht der Arbeiterklasse zur Verwirklichung bestimmter politischer Ziele, sondern die untrennbare Einheit des wirtschaftlichen und politischen Kampfes. Bei solchen Gelegenheiten schlägt die Lohnbewegung begrifflich untrennbar in den politischen Kampf um. Der Anbruch revolutionärer Zeiten wird sogar gerade durch diese untrennbare Einheit charakterisiert. Dementsprechend ist die Organisation nicht Voraussetzung, sondern Folge des Massenstreiks, der Revolution. Die Worte des »Kommunistischen Manifestes«, daß das Proletariat sich in der Revolution *zur Klasse organisiert,* hat die russische Revolution klar bewiesen, vor allem deshalb, weil das Proletariat als Klasse bei weitem nicht mit jenen arbeiteraristokratischen Schichten identisch ist, deren Organisierung die Opposition als ihr einziges Ziel oder wenigstens als ihr Hauptziel betrachtet. In jedem Land – nicht nur im »zurückgebliebenen« Rußland – umfaßt das Proletariat breite Schichten; Rosa Luxemburg zählt für Deutschland die Bergleute, die Textilarbeiter, die Landarbeiter auf, deren Organisierung nur *in der Revolution,* auf revolutionärem Wege möglich ist. Und diese »zurückgebliebenen«, bis zum äußersten ausgesogenen Schichten werden, da gerade sie wirklich nur ihre Ketten verlieren können, in der Revolution genauso verläßliche Kämpfer der Revolution wie jene alten Kämpfer, auf die die Gewerkschaften so stolz sind.

Damit erscheint aber die Rolle der Partei in der Revolution in einem neuen Licht. Rosa Luxemburg verwirft jenen Standpunkt, der abgesehen von unterschiedlichen Argumenten und Zielen den Opportunisten und Putschisten gemein ist, daß es nämlich die Funktion der Partei sei, die Revolution zu »machen«. Aber dadurch, daß sie den revolutionären Massenstreik als elementaren, in der wirtschaftlichen Entwicklung begründeten Ausbruch beschreibt, leugnet sie keineswegs die Bedeutung der Partei. Im Gegenteil! Sie ist die erste – außer den Russen –, die die wahre Rolle der Partei in der Revolution erkennt und richtig einordnet: *Führung und Lenkung der spontan zustandegekommenen Massenbewegungen.*

Mit dieser richtigen Erkenntnis geht Rosa Luxemburg zur Urquelle der Wissenschaft des Klassenkampfes zurück, die der Tang der opportunistischen Scheinwissenschaft so lange verdeckt hat: zu Marx. Marx hat schon Anfang der fünfziger Jahre das Wesen der proletarischen Revolution scharf gegenüber der bürgerlichen Revolution abgegrenzt. Und Rosa Luxemburg, die selbständige, geniale und treue Schülerin, folgt ihm in der Feststellung, daß die Revolution des Proletariats mit der einmaligen, glücklichen und erfolgreichen Übernahme der Staatsmacht nicht enden könne, sondern ein langer, schmerzhafter, an Rückfällen reicher *Prozeß* sei. Gegen die Besorgnis der Opportunisten, daß die Revolution des Proletariats zu früh kommen könne und dann die wirtschaftlichen Verhältnisse wie auch das Proletariat nicht in »reifem« Zustand antreffe, hat sie schon in den neunziger Jahren eingewandt, daß die Revolution wirtschaftlich überhaupt nicht zu früh ausbrechen könne, da die bloße Tatsache der revolutionären Kraft des Proletariats schon *die Folge* der Reife der wirtschaftlichen Verhältnisse sei. Unter dem Aspekt der Erhaltung der Macht dagegen *muß* die Revolution zu früh kommen, *da das Proletariat die revolutionäre Reife nur mit der revolutionären Tat, nur in der Revolution selbst erlangen kann.*

Rosa Luxemburg, die Fanatikerin der Revolution, war eine rücksichtslos klarsehende, von allen Illusionen freie Revolutionärin. Als sich im November 1918 die Gefängnistore vor ihr öffneten, als unruhige Massen sich unter der Fahne von Spartakus zu organisieren begannen, hat Rosa Luxemburg für einen Augenblick die damalige Reife der deutschen Revolution überschätzt. Sie wußte genau, daß die breiten Massen des deutschen Proletariats noch nicht wirklich revolutioniert waren, daß die politische (die bürgerliche) Revolution erst begann, in die wirtschaftliche (die proletarische) Revolution umzuschlagen. Sie wußte genau, daß der von Noske provozierte. Januaraufstand mit einer Niederlage enden mußte, daß das erste Aufeinanderprallen nur den ersten Vorpostenkampf für die deutsche Revolution bedeutete. Aber als die klassenbewußten Proletarier in den Kampf marschierten, wußte Rosa Luxemburg, daß der Platz des wahren Führers unter den Massen ist. Im Bewußtsein der Aussichtslosigkeit des damaligen Kampfes, aber genauso sicher im Bewußtsein des kommenden endgültigen Sieges, als wahrer Held und Blutzeuge, fiel sie unter den Händen der Söldner Noskes.

11. Die Jugendgeschichte Hegels

Besprechung von Wilhelm Diltheys gesammelten Schriften. Bd. IV: Die Jugendgeschichte Hegels. Teubner 1921. (Die Rote Fahne, [Berlin], Nr. 203, 3. Mai 1922)

Es wäre sehr naheliegend, gegen Diltheys Darstellung der Jugendgeschichte von Hegel einzuwenden, daß er nicht nur außerstande ist, Hegel im wahren Geschichtszusammenhange der gesellschaftlichen Entwicklung zu erblicken, sondern sich nicht einmal zum Verständnis der dialektischen Methode erhebt, ihr gegenüber den falschen und platten Standpunkt Trendelenburgs einnimmt, der bereits von der bürgerlichen Hegelforschung längst überwunden ist. Eine Ablehnung des Werkes von diesem Gesichtspunkte aus wäre also sehr naheliegend – aber ebenso unberechtigt wie unfruchtbar. Denn erstens können die meisten historischen Materialisten, die in der Verflachung der dialektischen Methode weit hinter Feuerbach zurückgefallen sind, aus der bloßen Tatsache, daß die bürgerliche Philosophie hier noch tiefer steht, keinen Grund zu einem absprechenden Hochmut gewinnen. Zweitens und vor allem aber, weil aus dem Buche Diltheys – trotz der Schwäche seiner Methode – sehr viel gelernt werden kann.

Das Buch zeichnet die Entwicklung Hegels von seinen allerersten Anfängen bis zu den systematischen Versuchen, aus denen sonst die Auslegung Hegels auszugehen pflegt: bis zu den Jenaer Aufsätzen (Wissen und Glauben, usw.) und zur »Phänomenologie des Geistes«. Diese Darstellung ist vorerst darin lehrreich, daß sie noch einen Stoß jener – größtenteils von Hegel selbst ausgehenden – Legende versetzt, als wäre die Entwicklung der klassischen Philosophie in Deutschland eine gradlinige und rein systematische Entwicklung, die von Kant über Fichte und Schelling zu Hegel führt. Der gemeinsame philosophische. Ausgangspunkt bleibt allerdings Kant, Und es ist nicht zu bestreiten, daß auf die Jugendentwicklung Hegels Fichte und vor allem Schelling einen großen (wenn auch zumeist überschätzten) Einfluß ausgeübt haben.[1] Es ist

1 In seinem 1948 veröffentlichten Buch *Der junge Hegel* (GLW, Bd. 8) hat Lukács das geistige Beziehungsgeflecht zwischen Hegel, Fichte und Schelling dann später genauer zu analysieren versucht [Anm. d. Hg.].

aber ein großes Verdienst Diltheys, daß er die selbständigen Momente von Hegels Entwicklung – wenigstens rein philosophisch – klargelegt hat.

Unter diesen Momenten steht in erster Reihe der entscheidende Einfluß der *Philosophie der Aufklärung* und im Zusammenhange mit ihr der der französischen Revolution. Die Entwicklung Hegels unterscheidet sich von der seines Jugendfreundes Schelling vor allem in der innigeren Beziehung zur bürgerlich-revolutionären Philosophie der Aufklärung. Wie sehr er auch diese später überwunden hat – und zwar in der doppelten Bedeutung, daß er *methodisch* zur Dialektik fortschritt, *inhaltlich* jedoch mit dem reaktionären Preußentum seiner Zeit sich *abfand* –, *diese* Beziehung, dieses Verwachsensein mit den besten, fortgeschrittensten Traditionen des revolutionären Bürgertums hat ihn doch vor einem Rückfall in jene äußerst reaktionären Tendenzen gerettet, denen Schelling und seine Zeitgenossen (Fr. Schlegel u. a.) anheimgefallen sind.

Die Fragestellungen des jungen Hegel setzen bei dem Hauptproblem der Aufklärung, an dem sie theoretisch gescheitert ist, bei dem Problem der *Geschichte* ein. Für das revolutionäre Bürgertum ist die Geschichte zu einem unausweichlichen, zugleich unlösbaren Problem geworden. Solange es bloß Kritik an der feudal-absolutistischen Gesellschaft ausgeübt hat, konnte es den Institutionen (Recht, Staat, Religion usw.) dieser Gesellschaft gegenüber darauf hinweisen, daß diese eine bloß daseiende, bloß positive, aber nicht in der menschlichen Vernunft verankerte Existenz haben. Es stellte demzufolge dem »positiven« Recht das Naturrecht, dem Notstaat den Vernunftstaat, der positiven Religion die Vernunftreligion gegenüber – Formen, die sich inhaltlich aus den Klasseninteressen der aufstrebenden bürgerlichen Klasse erfüllen mußten. Es mußte also – kurz zusammengefaßt – der relative, bloß geschichtliche Charakter aller feudal-absolutistischen Institutionen im Gegensatz zu dem ewigen und vernunftgemäßen Inhalt der bürgerlichen nachgewiesen werden.

Die Siege der bürgerlichen Klasse, speziell die in der französischen Revolution, haben diese Lage weitgehend verändert. Sie haben dem Bürgertum nicht nur die positive Macht in die Hände gegeben, sondern zugleich *das Relative der eigenen Klassenlage* ins Bewußtsein gezwungen. Es hat sich gezeigt, – was den fortgeschrittenen Theologen der französischen Revolution, wenn auch nicht methodisch-begrifflich, klar geworden ist, – daß die wirtschaftliche Verwirklichung des Naturrechtes, des Vernunftstaates usw. *über die bürgerliche Gesellschaft hinausführt*; daß das Bürgertum zwischen zwei feindlichen Lagern: Feudalismus und Proletariat die Macht zu bewahren hat. Der antagonistische Charakter der bürgerlichen Gesellschaft ist zum Problem geworden – wenn auch vorerst in einer negativen, einer unbewußten und darum – nicht formulierbaren Weise.

Damit hat sich aber die Stellungnahme zum Problem der Geschichte auch theoretisch entscheidend verschoben. Denn einerseits mußte die bürgerliche Gesellschaft nunmehr ebenfalls als historische Erscheinung erfaßt und gewertet werden. Wobei das von diesem Standpunkte unlösbare Problem entstand: die bürgerliche Gesellschaft und ihre Institutionen zugleich als absolut, wie als notwendiges Produkt der Geschichte zu begreifen. Das Naturrecht mußte also im positiven Recht des bürgerlichen Staates usw. seine Erfüllung erhalten. Es hat seine Funktion geändert: es soll nunmehr das bürgerlich Bestehende verteidigen, statt ein feudal Bestehendes anzugreifen. Dazu kommt, daß diese Umbiegung der methodischen Fragestellung nur eine Folge der *inhaltlichen* Veränderung war. Die bürgerliche Klasse entwickelte sich immer mehr in der Richtung: sich mit den für sie brauchbaren oder nicht unterkriegbaren Elementen der feudal-absolutistischen Gesellschaft abzufinden. Ideologisch gesprochen bedeutet dies so viel, daß die Vernunftreligion nicht mehr vor die Aufgabe gestellt ist, *an die Stelle der historischen Religion, des Christentums, eine Vernunftreligion zu setzen*, sondern vielmehr: das Christentum von dem Standpunkt der Vernunftreligion aus zu *rechtfertigen.* Infolge der unentwickelten Form der bürgerlichen Gesellschaft in Deutschland war diese Wendung hier noch schärfer als in Frankreich oder England – sie spielte sich zugleich in rein ideologischer Form ab. Was zwar der politisch-sozialen Konkretheit Abbruch tat, die rein theoretische, philosophische Klarheit und Tiefe der Fragestellung jedoch sehr beförderte.

Von diesem Standpunkt aus müssen die Probleme der Jugendentwicklung Hegels gewürdigt werden. Daß das Problem der Religion, die Beziehung von Vernunftreligion und positiver Religion in dem Vordergrund steht, ist sehr verständlich. Wurde doch viel später, bei viel entwickelterer Klassendifferenzierung der erste große Geisteskampf um die »Reform des Bewußtseins«, die Voraussetzung des historischen Materialismus ebenfalls um dieses Problem herum geschlagen (Bruno Bauer, Feuerbach). Sehr interessant ist es aber zu verfolgen, wie Hegel, der von Kants »Religion innerhalb der Grenzen der bloßen Vernunft« ausgeht und in der positiven Religion ein Hinabsinken der Vernunftreligion Christi erblickt, immer vehementer auf das geschichtliche Problem gestoßen wird; wie die »Rechtfertigung des Bestehenden« immer mehr in den Mittelpunkt seiner Erörterungen gelangt; wie die Ableitung des »Wesens« der Religion aus apriorischen ethischen Sätzen (wie bei Kant) immer mehr verschwindet. Nur beiläufig sei bemerkt, daß die Theorie des jungen Hegel von der »Liebe« als zentrale Frage der Religionsphilosophie vielfach die Feuerbachschen Theorien vorwegnimmt. Wesentlich ist seine Entwicklung in politisch-rechtlichen Fragen, besonders die französische Revolution betreffend.

Bei alledem ist aber der Versuch, jede Erscheinung nicht bloß abstrakt-begrifflich, sondern aus der Gesamtheit des konkret-historischen Lebens, des »unendlichen« Lebens zu begreifen entscheidend wichtig. Nicht nur, weil wir hier sehen können, aus welchen Quellen sich die fast unübersehbare Fülle des späteren Lebenswerkes von Hegel aufbaut, sondern weil das Problem des historischen Ganzen, des inneren Zusammenhanges der unendlich vielen konkreten Bestimmungen, die Möglichkeit und die Methode seiner Erkenntnis, alle *logischen Fragestellungen* des jungen Hegel bestimmt. Und er gelangt, wie Dilthey zeigt, zu der Erkenntnis, daß die Methoden des bisherigen Denkens, die abstrakte Reflexion hierzu nicht ausreichen. *Eine neue Logik: die dialektische Methode* erscheint also als notwendige Folge der geschichtlich-gesellschaftlichen Fragestellung. Diese Darstellung ist das größte Verdienst dieses Buches. Obwohl Dilthey die dialektische Methode nicht nur ablehnt, sondern sie gar nicht versteht, hat er hier einen wertvollen Beitrag zu ihrer Entstehungsgeschichte geliefert.

12. Freuds Massenpsychologie

Besprechung von: Prof. Sigmund Freud: Massenpsychologie und Ich-Analyse, Internationaler Psychoanalytischer Verlag 1921.
(Die Rote Fahne, [Berlin], Nr. 235, 21. Mai 1922)

Es kann – schon aus Rücksicht auf den beschränkten Raum – unmöglich die Absicht dieser Zeilen sein, das psychologische System Freuds selbst andeutungsweise zu schildern und zu würdigen. Dies würde eine eigene Abhandlung erfordern, die freilich nicht unerwünscht wäre, da die Freudsche Psychologie einerseits einen gewissen Fortschritt der landläufigen Psychologie gegenüber bedeutet, andererseits jedoch – wie die meisten modernen Theorien – sehr geeignet ist, jeden, dessen Blick nicht auf die Gesamtheit der gesellschaftlichen Erscheinungen gerichtet ist, auf Irrwege zu fahren; ihm eines der heute so beliebten Allheilmittel zur Erklärung sämtlicher Erscheinungen zu bieten – ohne ihn zu zwingen, sich mit dem wirklichen Aufbau der Gesellschaft gedanklich auseinanderzusetzen.

Jede bisherige Psychologie, die Freudsche mitinbegriffen, leidet an der methodischen Schiefheit, daß sie von dem – durch die kapitalistische Produktionsordnung und Gesellschaft – künstlich isolierten, vereinsamten Menschen ausgeht. Sie behandelt seine – ebenfalls vom Kapitalismus produzierten – Eigenschaften als die »dem« Menschen »naturnotwendig« eigentümlichen, unveränderlichen Eigenschaften. Sie bleibt – so wie die bürgerliche Ökonomie, Jurisprudenz usw. – in den oberflächlichen Formen, die die kapitalistische Gesellschaft produziert, befangen; sie vermag sie nicht als bloße Formen der kapitalistischen Gesellschaft zu durchschauen und demzufolge sich auch nicht von ihnen zu emanzipieren. Deshalb ist sie ebenfalls außerstande, von diesem ihrem Augenpunkte aus jene Probleme, die sich auch ihr aufdrängen müssen, zu lösen oder auch nur zu verstehen. Die Psychologie stellt auf diese Weise das Wesen der Dinge auf den Kopf. Sie versucht die gesellschaftlichen Beziehungen des Menschen aus seinem individuellen Bewußtsein (oder Unterbewußtsein) zu erklären, statt die gesellschaftlichen Gründe seines Abgetrenntseins von der Gesamtheit und die damit zusammenhängenden Probleme seiner Beziehungen zu Mitmenschen zu ergründen. Sie muß sich notwendig in einem Kreis von selbstgeschaffenen Scheinproblemen aussichtslos herumdrehen.

Diese Sachlage scheint sich zu ändern, wenn das Problem der Massenpsychologie auftaucht. Jedoch bereits der erste Blick auf die Art, wie die Massenpsychologie an ihre Probleme herantritt, zeigt, daß hier dieselbe falsche Fragestellung in noch gesteigertem Maßstabe waltet. Denn so wie die Psychologie bei dem einzelnen Menschen seine Klassenlage (und mit ihr die historische Umwelt der Klasse selbst) unberücksichtigt läßt, so faßt sie auch die »Masse« als ein Zusammensein von Menschen auf, das zwar je nach Origanisiertheit oder Anzahl der Teilnehmenden verschieden sein kann, dessen Verschiedenheiten sich jedoch auf diese *formellen* Unterschiede beschränken. Den Einfluß ökonomischer, sozialer und geschichtlicher Umstände schließt die Massenpsychologie *methodisch* aus. Ja, sie ist sogar bestrebt nachzuweisen, daß es für die massenpsychologischen Erscheinungen gleichgültig ist, aus was für Menschen die Masse *sozial* zusammengesetzt ist. Daraus folgt vor allem, daß die Massenpsychologie die Massen aus dem Individuum zu erklären versucht. Sie zergliedert die seelischen Veränderungen, die im einzelnen in der Masse vor sich gehen. Sie unternimmt also keinen Versuch, das auf den Kopf gestellte Problem auf die Füße zu stellen. Im Gegenteil: sie steigert noch diese Verkehrtheit. Dies ist kein Zufall. Denn *in der Massenpsychologie tritt der Klassenkampfcharakter der bürgerlichen Psychologie klar zu Tage.* Sie hat die Tendenz: den intellektuellen und moralischen Wert der Masse herabzusetzen, ihre Unbeständigkeit, Unselbständigkeit usw. »wissenschaftlich« nachzuweisen. Wenn man dabei von der verwickelten und verfeinerten Terminologie absieht, so kann man sagen: die bürgerliche Massenpsychologie formuliert heute noch dieselbe reaktionäre Auffassung der Masse in wissenschaftlichen Ausdrücken, die etwa Shakespeare in seinen Massenszenen dichterisch gestaltet hat.

Als ehrlicher Forscher sieht Freud das Widerspruchsvolle und Unwissenschaftliche dieser Auffassung. Er fühlt, daß diese *systematische Herabsetzung* der Masse nicht nur das Wesen der Sache unberücksichtigt läßt, sondern auch nichts Neues hervorzubringen vermag, (S. 25) mit seiner positiven Lösung bleibt er aber in denselben Widersprüchen gefangen. Denn auch er will die Masse aus der Psychologie der Einzelseele erklären, und indem er dabei *der*

Unterschätzung der Masse zu entgehen versucht – verfällt er einer ebenso *maßlosen Überschätzung der Führer.* Freud will nämlich die Massenerscheinungen aus seiner allgemeinen Sexualtheorie erklären. Er erblickt in der Beziehung von Masse und Führer, worin er das Zentralproblem der Massenpsychologie zu finden vermeint, nur einen Spezialfall jener »Urtatsache«, die den Beziehungen der sich liebenden Menschen, den Beziehungen zwischen Kindern und Eltern, zwischen Freunden, Berufsgenossen usw. zugrunde liegt. (S. 45).

Wir können unmöglich diese Theorie hier selbst kritisieren. Es muß nur darauf hingewiesen werden, daß Freud – in gänzlich unkritischer Weise – das Gefühlsleben des Menschen des Spätkapitalismus als zeitlose »Urtatsache« auffaßt. Statt den Versuch zu unternehmen, dieses Gefühlsleben auf seine wirklichen Gründe zu untersuchen, will er aus ihm sämtliche Erscheinungen aus der Vergangenheit erklären Wie unwissenschaftlich diese Methode ist, zeigt sich in dieser Schrift am krassesten, wo Freud von (richtig oder unrichtig beschriebenen) infantil-sexuellen Erscheinungen von heute lebenden Menschen ausgehend, die Urgesellschaft erklären will. Er kommt dabei zur phantastischen Annahme einer »Urhorde« (100 ff.), die ungefähr der patriarchalischen Familie entspricht. Sie als Ausgangspunkt zu nehmen, schlägt den bekanntesten Tatsachen der modernen ethnologischen Forschung (Morgan, Engels, Gunow, Große usw.) geradezu ins Gesicht.

Um aber selbst den wissenschaftlich ungeschultesten Leser die absurden Folgen einer solchen Methode vors Auge zu führen, sei auf ein anderes Beispiel Freuds, auf die Psychologie des Heeres hingewiesen. Freud beschäftigt sich sehr eingehend mit dieser Frage (48 ff., 122 ff.).

Selbstverständlich besteht für ihn kein Unterschied zwischen Heer und Heer: die Bauernarmeen des alten Rom, die Ritterheere des Mittelalters, die vom Stock zusammengehaltenen, lumpenproletarischen Söldnerheere des 17.-18. Jahrhunderts, die Massenaufgebote der französischen Revolution sind seiner Ansicht nach »psychologisch« ganz gleich; so gleich, daß er selbst das Aufwerfen der Frage nach dem Unterschied der sozialen Zusammensetzung der Armeen für überflüssig hält. Dafür findet er im »Eros«, in der Liebe das Band, das die Heere zusammenhält. »Der Feldherr ist der Vater, der alle seine Soldaten gleich liebt, und darum sind die Kameraden untereinander ... Jeder Hauptmann ist gleichsam der Feldherr und der Vater seiner Abteilung, jeder Unteroffizier der seines Zuges«. Und der deutsche Militarismus ist an seinen »unpsychologischen« Methoden, an der »Vernachlässigung dieses libidinösen Faktors in der Armee« gescheitert. Selbst die Wirkung des Pazifismus auf die Armee am Ende des Krieges wird hierauf zurückgeführt (48-50).

Dieses Beispiel wurde nicht gebracht, um einen sonst verdienstvollen Forscher der verdienten Lächerlichkeit preiszugeben, sondern, um an einem krassen Beispiel – das desto krasser ist, je höher die bisherigen wissenschaftlichen Verdienste Freuds gewertet werden – das Verkehrte der Methoden, mit denen die bürgerliche Wissenschaft, in diesem Fall die Psychologie, arbeitet, klarzulegen. Daß sie die einfachsten und grundlegenden Tatsachen der Geschichte vernachlässigt, um durch phantastische Verallgemeinerung von Oberflächenerscheinungen oder sogar von rein erdachten und konstruierten »seelischen Tatsachen« zu »interessanten« und »tiefsinnigen« Theorien zu gelangen. Eine solche Wissenschaft ist deshalb auch rein wissenschaftlich entwicklungsunfähig, denn sie bleibt im Kreise der Scheinprobleme, die aus solchen falschen Fragestellungen entstehen, so lange hoffnungslos gefangen, bis sie nicht zu der Einsicht *des sozialen, des klassenmäßigen Charakters ihrer Irrtümer* gelangt. Dazu ist aber in keiner bürgerlichen Wissenschaft der geringste Ansatz bemerkbar; und zwar, desto weniger, je näher ihre Probleme die aktuellen Fragen berühren. Jeder »Tiefsinn« der Erklärungen im Gegensatz zur »dogmatischen Einförmigkeit« des historischen Materialismus dient nur den – selbstredend vielfach unbewußten – Verschleierungsversuchen dieser Sachlage. Gerade darum ist es aber dringend notwendig, in jedem solchen Fall nicht nur den Irrweg selbst, sondern auch seine sozialen Grundlagen scharf ins Licht zu stellen.

13. Max Adler: Das Soziologische in Kants Erkenntniskritik[1]

(Internationale Presse-Korrespondenz, 4. Jg. 1924, Nr. 148, S. 2002.)

Durch dieses Werk, das, wie Max Adler im Vorwort erzählt, seit 1906 im Entstehen begriffen ist, hofft der Verfasser, das tiefere Verständnis seiner bisherigen theoretischen Wirksamkeit wesentlich zu fördern; es werden, sagt er, »jetzt auch jene übrigen Arbeiten vollständiger zu verstehen sein und eher in ihrem Anspruch gewürdigt werden, etwas Neues und Bedeutungsvolles zum erkenntniskritischen Aufbau der Soziologie beigetragen zu haben«. (XII) Ich glaube, mit Recht. Denn die Tatsache, daß die Max Adlersche Interpretation von Marx durch Kant gar nichts mit Marx zu tun hat, daß sie ein Produkt der von F. A. Lange und Cohen ausgehenden, heute im Absterben begriffenen progressivbürgerlichen Kant-Bewegung ist, ist bis jetzt niemals so kraß zutage getreten, wie in diesem seinem letzten Werk.

Dieses – dem Verfasser zweifellos unerwünschte – Resultat entsteht nicht in allerletzter Linie daraus, daß er hier alle Konsequenzen seines Kantianismus zieht, das heißt nicht nur die Erkenntnistheorie und die Ethik, sondern sogar die Religionsphilosophie Kants bedingungslos akzeptiert und in das so entstandene System nun die Lehre von Marx einzufügen bemüht ist. Es muß Max Adler nun zugestanden werden, daß er sich damit für keinen Augenblick untreu wird. Denn die Religionsphilosophie Kants ist keineswegs ein Kompromiß, den Kant mit den gesellschaftlichen Mächten seiner Zeit geschlossen hätte, sondern vielmehr der notwendige und folgerichtige Ausbau seines Systems: wer die »Kritik der reinen Vernunft« als Grundlage des Denkens akzeptiert, kann konsequenterweise nur bei einer Kant angenäherten Ethik und Religionsphilosophie enden.

Dieser Zusammenhang ergibt sich aus der Methode selbst. (Auf die realen gesellschaftlichen Grundlagen der Methode kommen

1 Max Adler: »Das Soziologische in Kants Erkenntniskritik.« Wien, Volksbuchhandlung, 1924.

wir gleich zu sprechen.) Das Wesen dieser »kritischen« Methode besteht darin, daß sie, wie dies Marx über die Methode der klassischen Ökonomie formuliert, kein Interesse daran hat, »die verschiedenen Formen genetisch zu entwickeln, sondern sie durch Analyse auf ihre Einheit zurückzuführen, weil sie von ihnen als gegebnen Voraussetzungen ausgeht« (Theorien über den Mehrwert, iii, 572).[2] Als treuer Kantianer verfolgt Max Adler stets diese Methode. »Der Glaube«, sagt er (201-2), »wird ... erst einmal als psychische Tatsache anerkannt. Und ihr gegenüber entsteht dieselbe kritische Frage, die an jede besondere Art unseres Bewußtseins gestellt wurde: Wie ist dieser Glaube möglich? Welches ist sein Geltungsbereich und welches seine Grenze?« Und damit man ja nicht meint, Max Adler wolle die reale, geschichtlich-gesellschaftliche Entstehung des Glaubens untersuchen, erläutert er diesen »kritischen« Grundgedanken ganz klar: Objekt der Kritik wurde bei Kant »das allen solchen Lehren zugrunde liegende religiöse Bewußtsein selbst, welches nun gerade so auf seinen Normgehalt zu untersuchen war, wie das logische, ethische und ästhetische Bewußtsein« (184). Es gehört also zum Wesen der Kantschen Kritik, daß sie »das natürliche Weltbild unseres äußeren und inneren Daseins gar nicht antastet, sondern es *in* seiner Möglichkeit nur zu begreifen sucht« (154).

Was ist aber dieses »natürliche Weltbild«, von dem Max Adler als von einer grundlegenden, unaufhebbaren Gegebenheit ausgeht? Es ist das Weltbild, das sich dem individuell-bürgerlichen Einzelbewußtsein in der kapitalistischen Gesellschaft unmittelbar darbietet. Max Adler verachtet zwar entsetzlich das »öde Schlagwort« von der Bürgerlichkeit der Kantschen Philosophie (233, auch 459), wir müssen uns aber doch seiner Verachtung aussetzen und nach den sozialen Grundlagen seines »kritisch« analysierten »natürlichen Weltbildes« fragen. Und wir finden dann überall, daß Max Adler jene realen gesellschaftlichen Vermittlungsformen, die das reale Sein des Individuums in der kapitalistischen Gesellschaft machen, deren und deren Funktion es freilich nicht bewußt wird, vollständig außer acht läßt. Er sieht weder die Klassen, noch die ihnen zugrundeliegenden Produktionsverhältnisse. Das Bewußtsein, das er analysiert, ist eben darum typisch bürgerlich: es meint einerseits als isoliertes Atom zu existieren und andererseits »der« Gesellschaft,

2 MEW Bd. 26, S. 491 [Anm. d. Hg.]

»der« Natur, »dem« Gott usw. unmittelbar gegenüberzustehen. Die Probleme nun, die sich aus dieser Verkehrung der Sachlage gedanklich ergeben, versucht Max Adler nicht – wie Marx und Marxisten es tun – auf ihre realen gesellschaftlichen Gründe zurückzuführen, um sie dadurch zu lösen, sondern er bleibt im Gegenteil bewußt und »kritisch« bei dieser verkehrten Spiegelung der realen Sachlage stehen und will in der Analyse des Problemzusammenhanges, der sich von hier aus darbietet, den wahren, »kritischen« Schlüssel zur Lösung aller realen Probleme auffinden.

Es ist leicht verständlich, daß er auf diese Weise den Glauben als »Gegebenheit« finden muß, er findet sogar das Mysterium, das »ebenso Tatsache wie die scheinbare Durchsichtigkeit des Naturgeschehens« ist (321). Er findet »Gott als Ordnungsbegriff« (271), die Religionsphilosophie als »Ausdruck der Totalität« (205), die Gottesidee als »Entwicklungsbegriff der Menschheit« (406) usw. usw. Und er bleibt sich – und Kant – ganz treu, wenn er erklärt: »Ein Widerspruch zwischen Philosophie und Religion ist daher in einem und demselben Denken auch gar nicht vorstellbar« (285). Denn in dem Bewußtsein, das er analysiert, gehören Glauben und Wissen, Philosophie und Religion usw. – trotz ihrer Widersprüche, gerade in ihren Widersprüchen – gesellschaftlich notwendig zueinander. Marx gibt im Kapital vom »Fetischcharakter der Ware« eine glänzende Analyse der gesellschaftlichen Grundlage solcher Zusammenhänge.[3]

Es scheint, als ob diese Kritik nun statt Max Adler eigentlich Kant treffen würde, da anerkannt werden muß, daß Max Adler die Kantsche Lehre (freilich in einer Cohen-Natorpschen Fassung) im großen ganzen getreu reproduziert. Dies stimmt aber nicht ganz. Denn es ist ein sehr großer Unterschied, ob diese Zusammenhänge Kant, der Zeitgenosse der großen französischen Revolution, im kapitalistisch unentwickelten Deutschland nicht zu durchschauen vermochte oder ob sie sich für Max Adler, dem »Schüler« von Marx, dem Zeitgenossen der proletarischen Weltrevolution, ebenfalls nur in ihrer bürgerlich-unmittelbaren Form darbieten. Schon als der Kantianismus von Lange und Cohen erneuert wurde, war er eine veraltete Form der materialistischen Dialektik gegenüber. Immerhin war er damals die Form, in der die progressive bürger-

3 Karl Marx, *Das Kapital*, Bd. 1, MEW Bd. 23, S. 85-98 [Anm. d. Hg.].

liche Intelligenz dieser Zeit (Lange stets im ehrlichen Bündnis mit der Arbeiterklasse) sich das Problem des Sozialismus verständlich zu machen versuchte. Zwar mußte aus ihrer Auffassung sowohl die ökonomische Grundlegung wie der Klassenkampf und demzufolge die Revolution verschwinden; der reale Geschichtsverlauf mußte zu einem unendlichen Progreß verblassen, der sich einem – prinzipiell unerreichbaren – Ideal, dem Vernunftreich, dem Gottesreich immer mehr annäherte. Je loser das reale Bündnis mit der Arbeiterklasse wird, desto mehr wird der Sozialismus zum »Ideal«, desto mehr nimmt er im System die Stelle ein, die bei Kant die zum Formalismus abgeblaßte Religion einnimmt. (Cohen im Vergleich zu Lange.)

Max Adler vollendet nun diesen Prozeß. Wir wollen hier nicht darüber diskutieren, ob Kant tatsächlich mit seinen religiösen Kategorien die soziale Entwicklung gemeint hat. Wenn ja, so handelt es sich bei ihm um den utopisch-mythologischen Ausdruck eines Gefühls, dem in der für Kant gegebenen gesellschaftlich-geschichtlichen Wirklichkeit kein realer Gegenstand entsprechen konnte. Wenn aber Max Adler heute in diesen Gedankengängen eine Vollendung oder eine Ergänzung des Marxismus erblickt, so löscht er aus seinen Gedankenzusammenhängen all das aus, was in der Wirklichkeit real vorhanden ist: den Klassenkampf und die Revolution.

Auch dies ist kein Zufall. Die österreichische Sozialdemokratie hat es nicht verstanden, die bürgerliche Revolution von 1918 dialektisch in die Richtung auf die proletarische Revolution weiterzutreiben. Indem sie – in ihren Taten – diese bürgerliche Revolution zu fixieren versucht hat, ist sie objektiv konterrevolutionär, ein Hemmschuh der revolutionären Entwicklung des Proletariats geworden. Die Philosophie Max Adlers ist der konsequente gedankliche Ausdruck dieses realen Bankerotts der österreichischen Sozialdemokratie. Indem Max Adler die Kantsche Methode, die ersten – schüchternen – Gedanken der bürgerlichen Revolution in Deutschland zu »ewigen Wahrheiten«, zur »überzeitlichen Methode« erstarren läßt, verdunkelt er alle wahren Zusammenhänge der Gegenwart und versperrt zugleich (was freilich nur ein nebensächliches Übel ist) den Weg zum historischen Verständnis Kants, den verständlich zu machen er sich auch hier so heiß bemüht.

14. Carl Schmitt: Politische Romantik[1]

(In: Archiv für die Geschichte des Sozialismus und der Arbeiterbewegung, Jg. XIII 1928, S. 307-308)

Dieses Buch ist infolge seiner Ableitung der Romantik aus dem Okkasionalismus sehr bekannt, ja fast berühmt geworden. In den Kreisen ernster Forscher, die die gegenwärtige romantische Mode nicht mitzumachen gesonnen sind, fand S.s Erklärung und Kritik der Romantik starken Widerhall. Mit Recht. Wenn von verschiedenen Seiten ein Adam Müller als Grundleger der wissenschaftlichen Methode aufgeschwatzt werden soll, so ist es gewiß verdienstvoll, Müller (und die bedeutenderen F. Schlegel, Gentz etc.) mit nüchtern-historischen Augen zu betrachten, die Inkohärenz ihres Denkens, das – gelinde gesagt – Problematische ihrer Charaktere, die Bedeutungslosigkeit ihrer politischen Wirksamkeit aufzudecken. Und die Verdienste von S.s Buch sind hierdurch noch gar nicht erschöpft. Er findet für die Charakteristik der romantischen Bewegung eine ganze Reihe von treffenden Bemerkungen. Ich hebe vor allem die übersteigerte Funktion des Ästhetischen hervor. Er zeigt ganz richtig, wie dieses Überwuchern des ästhetischen Prinzips nicht bloß jedes eindeutige, kontrollierbare und darum wissenschaftlich in Betracht kommende Denken aufhebt, wie es jede politische Stellungnahme unmöglich macht, sondern weist auch treffend auf die verheerenden Wirkungen dieser Einstellung auf das Ästhetische selbst hin (S. 20 ff.). Solche richtigen Beobachtungen und Bemerkungen könnten wir noch mehrere anführen, wollen uns aber, da dieses Forschungsgebiet zu abseits vom Interessenkreis dieser Zeitschrift liegt, mit dem kurzen Hinweis begnügen. Uns interessiert in erster Reihe die Methode, die S. anwendet, die dann Bedeutung und Tragweite seiner Feststellungen umreißt und begrenzt. Da muß nun festgestellt werden, daß S. im allgemeinen nicht über die Methode der modernen »Geistesgeschichte«, wie sie etwa von Dilthey und später von Troeltsch ausgeübt wurde, hinauskommt. Er hebt allerdings mit Recht den bürgerlichen Cha-

1 II. Aufl. München u. Leipzig, Duncker & Humblot, 1925. – [Jahrzehnte später hat sich Lukács wieder mit Carl Schmitt auseinandergesetzt in *Die Zerstörung der Vernunft* (GLW, Bd. 9, S. 557-576). Anm. d. Hg.].

rakter der Romantik hervor (S. 16) und verschließt damit die Tür vor jenen bodenlosen – romantischen – Verallgemeinerungen, in denen alles als romantisch erscheint und deshalb nichts unzweideutig als romantisch bestimmt werden kann. Seine Analyse der sozialen Grundlagen der Romantik bleibt jedoch bei dieser Feststellung stecken. Er kritisiert zwar – größtenteils mit Recht – die Auffassungen von Seillière (S. 5 f.) und Taine (S. 17 f.), erkennt das Widerspruchsvolle in ihren Bestimmungen, kommt aber im Positiven doch nicht wesentlich weiter als die von ihm kritisierten Autoren. Denn er hat zwar ganz recht in der Feststellung, daß das Romantische nicht im Gegenstand, sondern in der Stellung des romantischen Subjekts zum Gegenstand zu suchen ist (S. 122); er konstatiert ganz richtig, daß es zum Wesen der Romantik gehört, die Ursache durch den Anlaß, die causa durch die occasio zu ersetzen (S. 120 ff.), daß dadurch eine völlig formale subjektivistische Auffassung entsteht, so daß »das romantische Welt- und Lebensgefühl sich mit den verschiedensten politischen Zuständen und entgegengesetzten philosophischen Theorien zu verbinden vermag« (160), weshalb es auch für die Romantik besonders charakteristisch ist, daß die Möglichkeit als eine höher als die Wirklichkeit stehende Kategorie gefaßt wird (S. 98 ff.). All dies scheint größtenteils richtig geschildert und das unromantische Wesen vieler Restaurationspolitiker, die die deutsche Romantik stark beeinflußt haben (Burke, Bonald), wird ebenfalls gut hervorgehoben. Eine Erklärung wird aber nirgends gegeben. Denn die rein philosophischen Andeutungen, das Betonen der Bedeutung Malebranches usw., können dies keinesfalls leisten. Gerade infolge der subjektivistisch starken Rezeptivität der Romantiker war die Zahl der sie in verschiedenen Perioden beeinflussenden Denker sehr groß (die Liste reicht von Platon über Böhme, Spinoza, Shaftesbury etc. bis Fichte und Schelling). In der Frage also, *warum* für die Geistesstruktur der Romantiker *gerade* der Okkasionalismus entscheidend wurde, müßte S. ganz andere Argumente heranführen. Hier aber versagt dieses sonst kluge und interessante Buch völlig. S. macht nicht einmal den Versuch, eine reale, geschichtliche Erklärung zu finden, er kommt nicht einmal zur richtigen Fragestellung. Diese Schranke liegt eben darin, daß er in seiner gesellschaftlich-geschichtlichen Analyse bei einer blassen und leeren Allgemeinheit wie »bürgerlich« stehen bleibt (auch Hegel ist ja z. B. bürgerlich), ohne die spezifische Geschichtslage, ohne die innere Schichtung des Bürgertums im damaligen Deutschland näher zu untersuchen, ohne die Frage aufzuwerfen, *welche Schicht* die deutschen Romantiker repräsentiert haben, *welchem gesellschaftlichen Sein* die Struktur ihres Denkens entspricht. Dadurch wird S. außerstande gesetzt, das von ihm selbst gestellte Problem wirklich zu lösen, und sein Buch bietet deshalb nicht mehr als eine Anregung für die kommenden Erforscher dieses Gebietes, als eine Reihe von richtigen und klugen Einzelbemerkungen und -analysen, deren wirklicher Wert sich erst dann erweisen kann, wenn einmal das Problem wirklich richtig gestellt und beantwortet werden wird.

Der Polemiker – Die mittlere Phase

1. Grand Hotel Abgrund[1]

In Zeiten endlich, wo der Klassenkampf sich der Entscheidung nähert, nimmt der Auflösungsprozeß innerhalb der herrschenden Klasse, innerhalb der ganzen alten Gesellschaft einen so heftigen, so grellen Charakter an, daß ein kleiner Teil der herrschenden Klasse sich von ihr lossagt und sich der revolutionären Klasse anschließt, der Klasse, welche die Zukunft in ihren Händen trägt. Wie daher früher ein Teil des Adels zur Bourgeoisie überging, so geht jetzt ein Teil der Bourgeoisie zum Proletariat über, und namentlich ein Teil der Bourgeois-Ideologen, welche zum theoretischen Verständnis der ganzen geschichtlichen Bewegung sich hinaufgearbeitet haben.

Marx-Engels: Das Kommunistische Manifest

Hell wogt der saal vom spiel der seidnen puppen.
Doch eine barg ihr fieber unterm mehle
Und sah umwirbelt von den tollen gruppen
Daß nicht mehr viel am aschermittwoch fehle.

Sie schleicht hinaus zum öden Park · zum flachen
Gestade · winkt noch kurz dem mummenschanze
Und beugt sich fröstelnd übers eis … ein krachen
Dann stumme kälte · fern der ruf zum tanze.

Keins von den artigen rittern oder damen
Ward sie gewahr bedeckt mit tang und kieseln …
Doch als im frühling sie zum garten kamen
Erhob sich oft vom teich ein dumpfes rieseln.

1 Das Typoskript dieses im Jahr der Machtergreifung Hitlers verfassten Textes wurde erst 1984 in dem von Frank Benseler herausgegebenen Sammelband *Revolutionäres Denken – Georg Lukács*, Darmstadt, Neuwied 1984, S. 179-196, publiziert. Die einprägsame Metapher hat der Autor vielfach verwendet und sie ist bis in die Gegenwart extensiv weiterverwendet worden, zuletzt etwa von Stuart Jeffries (*Grand Hotel Abgrund: Die Frankfurter Schule und ihre Zeit*, Stuttgart 2019); sie gehört neben dem die *Theorie des Romans* prägenden Begriff der »transzendentalen Obdachlosigkeit« zu den Topoi des Diskurses der kritischen Theorie [Anm.d. Hg.].

Die leichte schar aus scherzendem jahrhundert
Vernahm wohl daß es drunten seltsam raune.
Nur hat sie sich nicht sehr darob gewundert
Sie hielt es einfach für der wellen laune.

Stefan George: Die Maske

Das Nebeneinanderstellen dieser beiden Zitate wird die meisten Leser sicher überraschen. Und sie gehören tatsächlich nur insofern zusammen, als in ihnen die beiden Pole der ideologischen Zersetzungsbewegung innerhalb einer herrschenden Klasse, in der Periode einer revolutionären Krise anschaulich und prägnant zum Ausdruck kommen. Die Intelligenz, jene Schicht der Gesellschaft, die infolge der gesellschaftlichen Arbeitsteilung die Produktion und Propaganda der Ideologie als Lebensbeschäftigung, als geistige und materielle Basis der eigenen Existenz betreibt, reagiert außerordentlich rasch und empfindlich auf alle Wendungen, die sich in der materiellen Wirklichkeit der Gesellschaft vollziehen. Sie reagiert aber – gerade weil sie die Produktion der Ideologie als Hauptbeschäftigung ausübt – in der Klassengesellschaft stets mit einem falschen Bewußtsein, und zwar je höher entwickelt die gesellschaftliche Arbeitsteilung ist, je weiter die materielle Auflösung der herrschenden Klasse fortschreitet, mit desto falscherem Bewußtsein. Die gesellschaftliche Arbeitsteilung bringt es notwendig mit sich, daß die Ideologen stets an die unmittelbar vorangegangenen und zeitgenössischen Ideologien anknüpfen, daß sie ihre Kritik der Gegenwart stets in der Form einer Kritik der gegenwärtigen und vergangenen Ideologien vollziehen. Diese Form ist aber in den überwiegend meisten Fällen keine bloß formale Angelegenheit. Der bürgerliche Produzent der Ideologien lebt, infolge von materiellen Notwendigkeiten seiner gesellschaftlichen Lage, in der Illusion, daß die Veränderungen der Gesellschaft ihrem Wesen nach ideologische Veränderungen sind und letzten Endes von ideologischen Veränderungen verursacht werden. Aus dieser Illusion stammt auch sein Glaube an die tatsächliche gesellschaftliche Führerrolle seiner Schicht. Aus dem Widerspruch dieser Illusion mit der materiellen Grundlage ihres Entstehens und ihrer Existenz entstammt einer der wichtigsten Gründe des schwankenden Charakters dieser »führenden« Intelligenz. Indem sie auf das rasche Hin und Her der wirtschaftlichen Entwicklung, des Klassenkampfes zwischen den entscheidenden Klassen der Gesellschaft, zwischen Bourgeoisie und Proletariat außerordentlich rasch und heftig, aber mit mehr oder weniger falschem Bewußtsein reagiert, widerspiegelt sie einerseits das Schwanken des Kleinbürgertums zwischen Revolution und Konterrevolution, gibt diesem Schwanken eine ideologische Form, andrerseits jedoch drückt sie in ihrer ideologischen Produktion – wenigstens teilweise – ihre eigene spezifische Lage in dem Klassenkämpfen aus. Ihre rasche Reaktion auf neue Wendungen, neue Tendenzen, mit der sie dem Durchschnitt der eigenen Klasse stets vorangehen, erweckt in ihr die Illusion, diese Tendenzen selbst produziert zu haben. Es ist, als ob der Thermometer sich für die Ursache der Kälte und der Wärme, als ob der Barometer sich für die Ursache des guten oder des schlechten Wetters halten würde.

Diese allgemeine Lage der Ideologieproduzenten verschärft sich in den Niedergangsperioden ihrer Klasse ganz außerordentlich. Die Niedergangsperiode beruht ja ökonomisch darauf, daß die Produktionsverhältnisse und damit der ganze Überbau zu Fesseln der über sie hinausgewachsenen Produktivkräfte geworden sind, daß die Ökonomie der bisher herrschenden Klasse von der Ökonomie jener Klasse, die die Zukunft repräsentiert, geschlagen worden ist. In der Ideologie, insbesondere bei den Produzenten der Ideologie, spiegelt sich diese Lage darin, daß sie gezwungen sind, sich intensiv mit der Ideologie der revolutionären Klasse auseinanderzusetzen, ja Elemente dieser Ideologie in ihre eigene einzubauen, ihre eigene Ideologie so umzubauen, als ob diese die eigentliche Erfüllung der Fortschrittsbestrebungen der Gesellschaft wäre. Je weiter der Niedergangsprozeß einer Klasse fortgeschritten ist, desto weniger ist sie imstande, ihre eigentliche, ursprüngliche, eine revolutionäre Ideologie aufrechtzuerhalten und sie offen zu verteidigen. Die Klasse hat den Glauben an die Fortschrittlichkeit ihrer eigenen ökonomischen Fundamente verloren, und mit dem Verlust dieses Glaubens brechen auch die früheren ideologischen Grundkategorien zusammen. Selbstverständlich verteidigt die Klasse selbst bis zum letzten Blutstropfen ihre alte Ökonomie, ihre alte Ausbeutungsmethode. Aber die brutalste und zynischste Verteidigung der Ausbeutung kann sich nur in der demagogischen Form einer Verschleierung, einer Umdichtung dieser Ausbeutungsformen zu etwas völlig Entgegengesetztem vollziehen. Die Ideologieproduzenten, die diesen Prozeß spontan, oft subjektiv vollkommen ehrlich ideologisch widerspiegeln, leisten also – oft ungewollt – die größten Dienste für die Aufrechterhaltung der verfaulten Ausbeutung und Herrschaftsformen. Und indem sie Elemente der Kritik der Gesellschaft der Ideologie der revolutionären Klasse entleihen, werden sie einerseits zu Werkzeugen der Demagogie der herrschenden Klasse, andrerseits verfallen sie selbst auf ihrem eigenen Gebiet der allgemeinen Illusion des Kleinbürgertums, nicht zwischen den entscheidenden Klassen, sondern über allen Klassen der Gesellschaft zu stehen.

Dieser Niedergangsprozeß muß notwendigerweise eine pessimistische, eine Verzweiflungsideologie produzieren. Diese Verzweiflung ist bei den Ideologieproduzenten besonders stark und entwikkelt sich zuweilen sogar früher, als die materiellen Ursachen dieser Verzweiflung ökonomisch in voller Klarheit und Breite hervorgetreten wären. Sie treibt die ehrlichen Vertreter dieser Schicht zu dem Versuch einer geistigen Loslösung von der Ideologie ihrer eigenen Klasse. Jedoch das gesellschaftliche Sein der Intelligenz macht diesen Loslösungsprozeß sehr kompliziert, ungleichmäßig und widerspruchsvoll. Das Ausgehen von der Ideologie, das Steckenbleiben in ideologischen Problemen macht es gerade für die Ideologen außerordentlich schwer, den – an sich sehr einfachen – Kernpunkt des Klassenkampfes, der Scheidung der Klassen, von Revolution und Konterrevolution: die Frage der Ausbeutung klar zu erblicken. Und solange dieser archimedische Punkt nicht gefunden ist, muß ein ständiges Hin- und Herschwanken bei den Ideologen vor sich gehen. Wenn es auch für Ideologen, wie Bernard Shaw und Upton Sinclair, die sich ihr ganzes Leben lang zum Sozialismus bekannten und zeitweilig auch sich stark in die Nähe von sozialistischen Gedankengängen bewegten, möglich war, daß jener von Mussolinis und Hitlers, dieser von Roosevelts »Sozialismus« tief beeindruckt wurde, so ist es klar, daß das Schwanken, der Zick-Zackkurs zwischen Revolution und Konterrevolution bei den weniger bewußten Ideologen, bei Ideologen, die sich noch viel weniger auf die ökonomischen Probleme der Gegenwart eingelassen haben, die viel tiefer im rein Ideologischen steckengeblieben sind, noch viel größer und heftiger sein muß. Und je tiefer die Krise des kapitalistischen Systems wird, je krasser die Barbarei der faschistischen Formen der Aufrechterhaltung der monopolkapitalistischen Ausbeutung hervortritt, desto größer muß die Verzweiflung jener Ideologen werden, die sich nicht dazu hergeben wollen, Sykophanten eines faschistischen Systems zu werden, und die sich dennoch nicht entschließen können, den salto vitale zur revolutionären Klasse zu vollziehen.

Selbstverständlich sind salto vitale und völlige Verzweiflung extreme Pole, die eben darum in der Wirklichkeit verhältnismäßig selten vorkommen. Zwischen ihnen beiden geht die Bewegung der Intelligenz in den verschiedensten Formen der Zersetzung, der Selbstkritik, des krampfhaften Festhaltens an leergewordenen Ideologien der Vergangenheit ihrer Klasse (bürgerliche Demokratie), der Selbstbetäubung und des Selbstbetrugs mit mythischen Einbildungen etc. vor sich. Die Vertiefung der allgemeinen Krise des Kapitalismus, die wachsende Ausbreitung der revolutionären Ideologie, insbesondere durch das leuchtende Beispiel der entstehenden klassenlosen Gesellschaft in der Sowjetunion, wirkt innerhalb dieser ungleichmäßigen Entwicklung mit wachsender Stärke in der Richtung, die besten Elemente der Intelligenz dem revolutionären Klassenkampf des Proletariats näherzubringen, zu seinen Verbündeten zu machen. Es wäre aber ein Verkennen der objektiven gesellschaftlichen Lage der Ideologen, zu meinen, daß dieser Zersetzungsprozeß der bürgerlichen Ideologie die Intelligenz spontan, »von selbst«, automatisch in die Nähe des kämpfenden Proletariats bringen wird. Nein, diese Entwicklung ist sehr ungleichmäßig, auf dem Wege von der Loslösung von der Bourgeoisie bis zum Anlangen beim Proletariat gibt es viele Wendungen des Weges, viele Zwischenstationen. Und diese Zwischenstationen sind so eingerichtet, daß sie einen Teil der Intelligenz – im Zustand der chronischen Verzweiflung, am Rande des Abgrunds – festhalten, zum Stillstehen bringen, daß ein Teil der Intelligenz sich hier – im Zustand der chronischen Verzweiflung, am Rande des Abgrunds – häuslich niederläßt und nicht gewillt ist, weiterzugehen. Besser gesagt: sie hat die Geste des radikalen Weitergehens, ja die – oft ehrlich gemeinte – Einbildung des radikalen Weitergehens. Sie bewegt sich aber objektiv – im Zustand der chronischen Verzweiflung, am Rande des Abgrunds – ständig im Kreise.

Es handelt sich hier um Literatur von den Ideologen für die Ideologen. Also um Literatur, deren Massenwirkung von vorneherein ziemlich unwahrscheinlich ist, die sich unmittelbar an die Elite der Intelligenz wendet. Dieser spezifische Charakter einer solchen Literatur darf uns nicht dazu veranlassen, ihre Wirkung von vorneherein zu bagatellisieren. Denn erstens ist es unter Umständen durchaus möglich, daß solche Bücher doch eine Massenwirkung erzielen. (Man denke bloß an Thomas Mann's »Zauberberg«, dessen Auflage in Deutschland über 100 000 hinausging.) Zweitens kann die indirekte Wirkung solcher Bücher verhältnismäßig breit sein, indem die in ihnen ausgesprochenen Ideen durch Zeitungen, Zeitschriften etc. vulgarisiert für die große Masse des Kleinbürgertums verständlich gemacht und zurechtgelegt werden können. Diese Literatur für die bürgerliche intellektuelle Elite ist also ein Teil jener – man könnte sagen – selbsttätig funktionierenden ideologischen Schutzvorrichtungen, die die bürgerliche Gesellschaft ununterbrochen produziert.

Selbstverständlich wird der Löwenanteil der ideologischen Selbstverteidigung der Bourgeoisie von ihr bewußt produziert: Die Verleumdung des revolutionären Proletariats und seiner Theorie, des dialektischen Materialismus, die verschiedenen Formen der Apologetik der kapitalistischen Ökonomie und Ideologie, die Umfälschung der weltanschaulichen Konsequenzen der Naturwissenschaften ins Religiöse und Umfälschung der ganzen Geschichte in reaktionäre Geschichtslegenden etc. werden von direkt, gut oder schlecht bezahlten ideologischen Handlangern der Bourgeoisie geleistet. Es ist aber klar, daß diese Schutzvorrichtungen insbesondere in Krisenzeiten nicht ausreichen, um das Kleinbürgertum und die Intelligenz von einer Loslösung vom Kapitalismus abzuhalten. Dazu sind feinere, vermitteltere, kompliziertere Methoden notwendig, Methoden, die die kapitalistische Gesellschaft kraft ihrer gesellschaftlichen Arbeitsteilung spontan produziert, die die Bourgeoisie mehr oder weniger geschickt für ihre Zwecke ausnützt. Bei diesem Ausnützen ist eine unmittelbare und sichtbare Unterstützung seitens der Bourgeoisie nicht unbedingt notwendig, ja zuweilen sogar schädlich. Denn es handelt sich hier in erster Reihe nicht darum, Intellektuelle zu begeisterten Anhängern der bürgerlichen

Gesellschaftsordnung, zu fanatischen Verehrern ihrer gegenwärtigen Kultur zu machen. Im Gegenteil. Diese Literatur erfüllt für die Bourgeoisie ihren Zweck vollkommen, wenn durch sie eine Schicht der Intelligenz, die infolge der Einwirkungen der ökonomischen und der Kulturkrise zum Feind und Verächter der gegenwärtigen Gesellschaft geworden ist, davon abgehalten wird, aus dieser ihrer Feindschaft und Verachtung wirkliche praktische Konsequenzen zu ziehen. Diese Schicht der Intelligenz kann also ruhig einen Posten der radikalen Opposition Gesellschaft und Kultur gegenüber beziehen. Wenn diese Opposition sich nicht auf die Aufhebung der Ausbeutung richtet, ja wenn ihre ganze ideologische Linie dahin zielt, die Kritik und die Analyse der Kulturkrise so zu »vertiefen«, daß in dieser »Tiefe« eine so »oberflächliche« Erscheinung wie die ökonomische Ausbeutung vollständig verschwindet, so kann eine solche Opposition für die Bourgeoisie sehr willkommen sein. Und sie wird unter Umständen desto willkommener, weil wirkungsvoller, sein, je radikaler sie diese ihre Linie zu Ende führt.

Diese Lage ändert sich gar nicht dadurch, daß solche Oppositionen zuweilen sogar einen gewissen Grad der Verfolgung zu überstehen haben. Es ist uns aus der Geschichte der großen Klassenkämpfe hinlänglich bekannt, eine wie große Rolle in der Aufrechterhaltung des kapitalistischen Systems die Ablenkungsmanöver der Scheinoppositionen spielen. Man denke bloß an die Sozialdemokratie. Hitler oder Dollfuß mögen die sozialdemokratischen Organisationen auflösen, ihre Funktionäre in Konzentrationslager sperren – die Sozialdemokratie bleibt trotzdem die soziale Hauptstütze der Bourgeoisie in Deutschland oder Österreich, gerade dadurch, daß sie durch ihr scheinoppositionelles Verhalten die Arbeitermassen von dem wirklich revolutionären Klassenkampf gegen das faschistische System zurückhält; daraus resultiert die besondere Gefährlichkeit der »linken« Sozialdemokratie und ihrer »revolutionären« Phrasen. Die Literatur, die wir hier charakterisieren, soll damit nicht in eine mechanische Parallele zur Sozialdemokratie gebracht werden. Ihre besten Vertreter- und nur mit den besten lohnt es sich, sich ideologisch auseinanderzusetzen – sind ehrlich überzeugte Kritiker und Verächter der gegenwärtigen Kultur und nicht bestochene Halunken wie die sozialfaschistischen Führer.

Es darf aber nicht vergessen werden, daß in der imperialistischen Epoche die Grenzen zwischen ehrlicher Opposition auf bürgerlicher Grundlage auf ideologischem Gebiete und zwischen direkter oder indirekter Bestochenheit durch den Kapitalismus zuweilen recht fließend sind und viele, schwer definierbare Übergangsformen aufweisen. Die Entstehung einer breiten Schicht der parasitären Intelligenz, das Eindringen des Kapitalismus in alle Gebiete der Konsumtionsmittelindustrie und damit parallel in alle Gebiete der materiellen Kulturerzeugung hat die materielle Lage der bürgerlichen Oppositionsbewegungen radikal verändert. Während in früheren Perioden die oppositionellen Ideologen eine lange Zeit des sich Durchhungerns überstehen mußten, bevor sie zur Geltung kamen oder vor den herrschenden Richtungen kapitulierten oder mit ihnen Kompromisse abschlossen, werden in der imperialistischen Epoche viele oppositionelle Strömungen von vornherein kapitalistisch finanziert, erhalten einen materiellen Vorschuß auf ihr zukünftiges Zurgeltunggelangen, ja es kann zuweilen für einen kapitalistischen Unternehmer sogar rentabel sein, oppositionelle Richtungen in Literatur oder Kunst auch dann zu finanzieren, wenn ihre Wirkung nach aller Wahrscheinlichkeit niemals über einen engen Kreis der Intelligenz hinausgehen wird. Es ist keine Frage, daß damit für Oppositionsströmungen, insbesondere auf dem Gebiet der Literatur und Kunst, ein breiterer und scheinbar freierer Spielraum der Betätigung geschaffen wird als in früheren Perioden. Aber es unterliegt ebenfalls keinem Zweifel, daß gerade dadurch diese Freiheit noch viel mehr zu einer scheinbaren wird, als sie es früher war. Dies sei wiederum nicht in dem Sinne der direkten Bestechung gemeint; zumindest in sehr vielen Fällen nicht. Die raffiniertere, unbeabsichtigte Bestechung, die Verwandlung der ideologischen Oppositionen in einen Bestandteil des parasitären Gesamtsystems entsteht gerade durch diese Illusion eines breiten Spielraums der freien Betätigung, durch die Illusion, materiell wie moralisch ungefährdet eine leidenschaftliche und radikale Kritik am Bestehenden ausüben zu können. Die unbeabsichtigte und raffinierte Bestechung liegt gerade darin, daß die natürliche Neigung der Intelligenz, der Produzenten der Ideologie, ihre Kritik der Gegenwart »vornehm« im Bereich der reinen Ideologie zu belassen, dadurch eine unsichtbare, aber im Ernstfall sehr brutale und handgreifliche Unterstützung erfährt. Jene auf diesem Gebiet unsichtbare Grenze, die das Erlaubte von dem Unerlaubten, das für die Bourgeoisie Tragbare von dem für sie Unerträglichen, das

– objektiv – Scheinoppositionelle vom wirklich Revolutionären trennt, wird dadurch zur Grenze der materiellen Tolerierung seitens der Bourgeoisie, zu einer Frage der materiellen Existenz dieser Intellektuellenschicht. Und die Erfahrung in den ideologischen Unterdrückungsmaßnahmen von Oppositionsbewegungen zeigt, daß solche materiell unterbauten Vorrichtungen der Selbstzensur zuweilen feiner und zuverlässiger funktionieren als eine direkte und brutale Unterdrückung der Meinungsäußerungen. Insbesondere dann, wenn innerhalb dieser unsichtbaren Grenze der lauteste Radikalismus, die rücksichtsloseste Kritik des Bestehenden,[2] die leidenschaftlichste revolutionäre Überzeugung vollkommen ohne[3] Repressalien gestattet ist. Diese unsichtbare Grenze erweitert sich oder beengt sich je nach dem Stand der aktuellen Klassenkämpfe. Freilich geht auch diese Bewegung nicht in einer mechanisch-geradlinigen Richtung. Es gibt in der Entwicklung der Bourgeoisie Perioden der Gefährdung, in denen sie auf dem Standpunkt steht: »Wer nicht gegen mich ist, ist für mich« und es gibt Perioden, wie der gegenwärtige Faschismus in Deutschland, wo diese Parole entgegengesetzt lautet: »Wer nicht für mich ist, ist gegen mich«. Und selbstverständlich gibt es zwischen diesen beiden Extremen außerordentlich viele und vielfältige Übergänge. Und selbstverständlich ist es auch innerhalb von Repressalien möglich, solche ideologischen Übergangsstationen, Auffangsorganisationen aufzurichten, und auch innerhalb von Repressalien können sich heute Möglichkeiten finden, diese Übergangsstationen materiell wie geistig bequem einzurichten. Das Entscheidende und Gemeinsame an diesen Übergangsstadien ist eben die von uns hervorgehobene unsichtbare Grenze, die unter keinen Umständen überschritten werden darf, innerhalb deren Bereich jedoch der lauteste wie der kühnste Radikalismus gestattet bleibt.

Dies ist die gesellschaftliche Lage des Grand Hotel »Abgrund«. Die Probleme des verfaulenden Kapitalismus werden immer offensichtlicher unlösbar. Immer breitere Schichten gerade des besten Teils der Intelligenz können diesen Alpdruck der Unlösbarkeit jener Probleme, deren Lösung ihre spezifische Lebensgrundlage ist, deren Beantwortung die materielle wie geistige Basis ihrer Existenz bildet, nicht mehr vor sich selbst verheimlichen. Gerade der ernste

2 Im Ms.: Bestehens [Anm. d. Hg.].

3 Im. Ms.: ohne jede [Anm. d. Hg.].

und beste Teil von ihnen gelangt bis zu dem Abgrund der Einsicht in die Unlösbarkeit dieser Probleme. An den Abgrund, von wo aus sich die doppelte Perspektive zeigt: einerseits die unrettbare intellektuelle Sackgasse, die Selbstaufhebung der eigenen intellektuellen Existenz, der Sturz in den Abgrund der Verzweiflung, andrerseits der salto vitale ins Lager des revolutionären Proletariats, der salto vitale in eine lichtvolle Zukunft. Diese Wahl ist gerade für einen Literaturproduzenten unter allen Umständen außerordentlich schwer. Denn gerade sie müssen sich selbst in einem viel größeren Maße geistig umarbeiten, um zu diesem Sprung fähig zu sein, als jede andere Schicht der Gesellschaft. Sie müssen gerade jene Illusion von sich werfen, die das notwendige Produkt ihrer Klassenlage und die Basis ihrer ganzen Weltanschauung und geistigen Existenz gewesen ist: die Illusion von der Priorität der Ideologie dem Materiellen, dem Ökonomischen gegenüber; sie müssen die »vornehme« Höhe ihrer bisherigen Problemstellungen und Lösungen verlassen und einsehen lernen, daß die »brutalen«, »ordinären«, »massiven« ökonomischen Fragestellungen des Alltagslebens den einzigen festen Punkt bilden, von wo aus die für sie bisher unlösbaren Probleme eine Lösung finden können.

Das Grand Hotel »Abgrund« ist – unbeabsichtigt – darum errichtet worden, um diesen Sprung noch mehr zu erschweren. Wir haben bereits von dem, freilich relativen materiellen Komfort gesprochen, den die parasitäre Bourgeoisie der imperialistischen Epoche ihren ideologischen Oppositionen geben kann. Aber die Relativität dieses materiellen Komforts, seine Bescheidenheit und Unsicherheit im Vergleich zu dem, den die Bourgeoisie ihren direkten ideologischen Handlangern bietet, gehört zugleich zu den Elementen des geistigen Komforts. Sie verstärkt die Illusion der Unabhängigkeit von der Bourgeoisie, des Über-den-Klassenstehens überhaupt, die Illusion des eigenen Heroismus, der eigenen Opferbereitschaft, die Illusion, mit der Bourgeoisie, mit der bürgerlichen Kultur bereits gebrochen zu haben, und das in einem Zustand, in dem man noch mit beiden Füßen auf bürgerlichem Boden steht.

Der geistige Komfort des Hotels konzentriert sich nun um die Stabilisierung dieser Illusionen. Man lebt in diesem Hotel in der ausschweifendsten geistigen Freiheit: Alles ist erlaubt, nichts ist der Kritik entzogen. Für jede Art der radikalen Kritik – innerhalb der unsichtbaren Grenze – gibt es besonders eingerichtete Räume. Will man für eine ideologische Patentlösung aller Kulturprobleme eine Sekte gründen, so stehen entsprechende Versammlungsräume zur Verfügung. Ist man ein »Einsamer«, der von allen unverstanden allein seinen Weg sucht, so erhält man sein wohleingerichtetes Extrazimmer, in dem man, von jeder Kultur der Gegenwart umgeben, »in der Wüste« oder in der »Klosterzelle« leben kann. Das Grand Hotel »Abgrund« ist für jeden Geschmack, für jede Richtung vorsorglich eingerichtet. Jede Form der intellektuellen Berauschung, aber zugleich auch jede Form der Askese, der Selbstpeinigung ist gleicherweise gestattet; und nicht nur gestattet, sondern es gibt glänzend ausgerüstete Bars für jenes und vortrefflich hergestellte Turngeräte und Folterkammern für dieses Bedürfnis. Und nicht nur für Einsamkeit, sondern auch für Geselligkeit jeder Art wird gesorgt. Jeder kann, unsichtbar, Zeuge der Tätigkeit eines jeden anderen sein; jeder kann die Genugtuung haben, der einzige Vernünftige in einem Babelturm der allgemeinen Narrheit zu sein. Der Totentanz der Weltanschauungen, der sich alltäglich und allabendlich in diesem Hotel abspielt, wird für seine Einwohner zu einer angenehmen und aufregenden Jazz-Band, bei der sie Erholung nach ihrer anstrengenden Tageskur finden. Ist es ein Wunder, wenn viele Intellektuelle am Ende eines mühsamen und verzweiflungsvollen Weges, mit den vom bürgerlichen Standpunkt aus unlösbaren Problemen der bürgerlichen Gesellschaft fertig zu werden, am Rande dieses Abgrunds angelangt, sich lieber in diesem Hotel häuslich niederlassen, als ihre glänzende Bekleidung abzulegen und den salto vitale über den Abgrund hinaus zu wagen? Ist es ein Wunder, daß dieses glänzend eingerichtete Hotel für die höchsten Spitzen der Intelligenz überall in der Intelligenz und im Kleinbürgertum seine weniger glanzvollen, provinzielleren Nachahmungen findet? Von raffiniert orchestrierten Jazzbands des Totentanzes der Weltanschauungen gibt es in der bürgerlichen Gesellschaft der Gegenwart eine ganze Reihe von Übergängen bis zu den ordinären Kapellen und Grammophonen der wirklichen Bars, wo – den anwesenden Kleinbürgern zumeist ganz unbewußt – ebenfalls zum Totentanz der bürgerlichen Weltanschauungen aufgespielt und getrunken wird.

Das Grand Hotel »Abgrund« verlangt von seinen Gästen keine Legitimation, nur die des geistigen Niveaus. Jedoch in dieser vollständigen Freiheit wirkt sich gerade die unsichtbare Grenze am stärksten aus. Denn das geistige Niveau besteht ja für die bürgerliche Intelligenz gerade darin, die ideologischen Probleme rein ideologisch zu behandeln, im Zauberkreis der Ideologie gebannt zu bleiben. Solche Zwischenstationen für die Intelligenz auf dem Weg von der Vergangenheit zur Zukunft, von der unterdrückenden zur revolutionären Klasse gab es stets, seitdem das Proletariat als selbständige Macht im Klassenkampf aufgetreten ist, seitdem die Frage der Aufhebung der Ausbeutung zur Kampfparole des Ringens der »zwei Nationen« geworden ist. Marx hat diese Ideologie gleich in ihrem Entstehen, im radikalen Junghegelianismus klar erkannt und vernichtend kritisiert. Diese seine Kritik des Junghegelianismus bildet daher die Grundlage einer jeden Kritik dieser Zwischenstationen und ihrer gesellschaftlich politischen Bedeutung. Marx schreibt: »Da bei diesen Junghegelianern die Vorstellungen, Gedanken, Begriffe, überhaupt die Produkte des von ihnen verselbständigten Bewußtseins für die eigentlichen Fesseln der Menschen gelten ..., so versteht es sich, daß die Junghegelianer auch nur gegen diese Illusionen des Bewußtseins zu kämpfen haben. Da nach ihrer Phantasie die Verhältnisse der Menschen, ihr ganzes Tun und Treiben, ihre Fesseln und Schranken Produkte ihres Bewußtseins sind, so stellen die Junghegelianer konsequenterweise das moralische Postulat an sie, ihr gegenwärtiges Bewußtsein mit dem menschlichen, kritischen oder egoistischen Bewußtsein zu vertauschen und dadurch ihre Schranken zu beseitigen. *Diese Forderung, das Bewußtsein zu verändern, läuft auf die Forderung hinaus, das Bestehende anders zu interpretieren, d. h. es vermittels einer anderen Interpretation anzuerkennen.* (Von mir gesperrt G. L.) Die junghegelschen Ideologen sind trotz ihrer angeblich ›welterschütternden‹ Phrasen die größten Konservativen. Die jüngsten von ihnen haben den richtigen Ausdruck für ihre Tätigkeit gefunden, wenn sie behaupten, nur gegen *›Phrasen‹* zu kämpfen. Sie vergessen nur, daß sie diesen Phrasen selbst nichts als Phrasen entgegensetzen, und daß sie die wirklich bestehende Welt keineswegs bekämpfen, wenn sie nur die Phrasen dieser Welt bekämpfen ... Keinem von diesen Philosophen ist es eingefallen, nach dem Zusammenhange der deutschen Philosophie mit der deutschen Wirklichkeit, nach dem Zusammenhange ihrer Kritik mit ihrer eigenen materiellen Umgebung zu fassen.« (Die deutsche Ideologie, Werke V. 9/10)[4]

4 MEW Bd. 3, S. 19 f. [Anm. d. Hg.].

Diese eigenartige Anerkennung des Bestehenden vermittels einer Kritik des Bewußtseins, vermittels eines radikalen Anlaufs zur Umwälzung des Bewußtseins hat bereits im radikalen Junghegelianismus, bei Bruno Bauer und Stirner die Form angenommen, an radikalem Zuendedenken aller Probleme die Theorie des revolutionären Proletariats überbieten zu wollen. Diese Tendenz tritt mit der Verschärfung des Klassenkampfes in stets gesteigerter Weise, in immer neuen Formen auf. Die Zwiespältigkeit der gesellschaftlichen Lage des Kleinbürgertums bringt es notwendig mit sich, daß jene Ideologien, die es vom revolutionären Proletariat fernhalten, sich in entgegengesetzten Extremen bewegen müssen. Während der kleine Kreisler, der vor dem Verlust seines Ladens zittert, damit vom Sozialismus abgeschreckt wird, daß in ihm auch die Frauen sozialisiert werden, muß der wildgewordene Kleinbürger gedanklich »über den Sozialismus hinaus« geführt werden. Es muß ihm gezeigt werden, wie inkonsequent, wie dogmatisch, wie spießerhaft der Sozialismus der Arbeiterbewegung ist, wie sehr für »freie Geister« etwas viel Radikaleres gesucht und gefunden werden muß, wenn die Probleme »wirklich« und nicht kompromißhaft wie im Sozialismus gelöst werden sollen. Gerade dazu ist der Radikalismus in der ideologischen Kritik außerordentlich geeignet. Denn einerseits gibt es hier keine Kontrollgrenzen für utopistische Projektemachereien, andrerseits ist die so projektierte Umwälzung unvergleichlich »tiefer« als die der proletarischen Revolution, durch die nicht nur (oder nicht) die »oberflächlichen« ökonomischen Erscheinungen des Lebens revolutioniert werden, sondern der Mensch selbst, die Seele, der Geist, die Weltanschauung. Und da die »oberflächliche« ökonomische Umwälzung als gleichgültig behandelt wird, kann an diesem »radikalen Revolutionärtum« sich jeder beliebige Rentnerparasit beteiligen, ohne eine Angst davor haben zu müssen, daß die Revolution, »die richtige Revolution« den Genuß seiner Renten gefährde.

Dieses »radikale Zuendegehen« kommt weltanschaulich in der Verwandlung der objektiven Dialektik in subjektivistische Sophistik, in einem radikalen Relativismus zum Ausdruck. »Der Unterschied zwischen Subjektivismus (Skeptizismus, Sophistik usw.)« sagt Lenin »und Dialektik besteht u.a. darin, daß in der (objektiven) Dialektik auch der Unterschied zwischen Relativem und Absolutem selbst relativ ist. Für die objektive Dialektik ist auch im Relativen Absolutes enthalten. Für den Subjektivismus und die Sophistik ist das Relative nur relativ und schließt das Absolute aus.« (Zur Frage der Dialektik XIII., 376) Die radikale Ausmerzung eines jeden Absoluten aus dem Denken ist nicht nur eine großartige revolutionäre Geste, die in den Augen der Hotelbewohner und ihrer Bewunderer die »dogmatische« Theorie des Proletariats als etwas Spießbürgerliches weit hinter sich läßt. Sie schafft daneben auch jene Atmosphäre eines ewigen Schwebezustandes, einer Scheu vor jeder Entscheidung aus »intellektueller Rechtschaffenheit«, aus wissenschaftlicher Gewissenhaftigkeit, aus ethischer Tiefe, die das Leben im Hotel »Abgrund« so angenehm macht, da man glücklich die eigene Unfähigkeit, zwischen den kämpfenden Klassen zu wählen, zu einer Erhabenheit über die kleinen Kämpfe des Tages umgedichtet hat. Und daß man dadurch – je unbewußter desto besser – doch gewählt, und zwar die Partei der Unterdrücker und Ausbeuter gewählt hat, begründet eben den Wert, den dieses Hotel und seine Einwohner für die Bourgeoisie in bestimmten Perioden haben.

Aber mit alledem ist der Wert dieses Relativismus für die Aufrechterhaltung der bürgerlichen Ordnung und ihrer Ideologie noch nicht erschöpft. Der Schwebezustand der radikalen Skepsis läßt sich nur in ganz speziellen Perioden und dann auch nur ausnahmsweise konsequent aufrechterhalten. Das bei der Türe hinausgeworfene Absolute kommt durchs Fenster immer wieder zurück. Es ist aber ein anderes Absolutes. Man hat das Absolute der objektiven Wirklichkeit aus dem Denken entfernt und was sich hereinschleicht, ist das fingierte Absolute des religiösen Mythos. Wenn es wissenschaftlich unbeweisbar ist, ob die Erde sich um die Sonne oder die Sonne um die Erde dreht, so stehen vorerst die mosaische Schöpfungsgeschichte und die Kant-Laplace'sche Theorie auf dem gleichen Niveau von unbeweisbaren »Arbeitshypothesen«. Sehr bald kann es sich aber zeigen, daß von den beiden Hypothesen die mosaische eine Überlegenheit an menschlichen, moralischen, an metaphysischen Werten hat Und insbesondere ist es klar, daß die religiösen »Erfahrungen« der Seher und Heiligen ebensolche »Tatsachen« sind, wie die Erfahrungen der Physiker oder Chemiker bei ihren Experimenten. Da man den Wahrheitsgehalt, die Beziehung auf die objektive Wirklichkeit in beiden Fällen relativistisch-skeptisch »in Klammern setzt«, kann man diese religiösen Erfahrungen unbefangen untersuchen und ihren »allgemein-menschlichen« oder ethisch vorbildlichen Gehalt ohne weiteres in die relativistische Weltanschauung einbauen (William James, Scheler etc.). So entsteht allmählich »wissenschaftlich gewissenhaft« eine neue Religion für die Gebildeten, für jene, die für die plumpe und gewöhnliche religiöse Betäubung der Kirchen schon unzugänglich geworden sind. Ob dabei eine neue Religion sektiererisch geschaffen oder eine Form des religiösen Atheismus gepredigt wird, kommt aufs gleiche hinaus, da in beiden Fällen diese neue Religiosität dieselbe gesellschaftliche Funktion hat wie die alte, sich nur an von ihr nicht mehr erreichbare Schichten wendet. »Ein katholischer Pfaffe, der Mädchen vergewaltigt ..., ist für die ›Demokratie‹ weit weniger gefährlich als ein Pfaffe ohne Messgewand, ein Pfaffe ohne grobe Religion, ein ideeller und demokratischer Pfaffe, der die Erschaffung eines neuen Gottes predigt. Denn den ersten Pfaffen zu entlarven ist leicht, es ist nicht schwer ihn zu verurteilen und hinauszuwerfen – aber der zweite läßt sich nicht so einfach hinauswerfen – es ist tausendmal schwerer ihn zu entlarven, und kein ›zerbrechlicher und wankelmütiger‹ Kleinbürger wird sich bereit erklären, ihn zu verurteilen.« (Lenin an Gorki, 14. November 1913)

Dieses Hinübergleiten des skeptischen Relativismus in reaktionäre Mystik gewinnt mit dem Fortschreiten des Niedergangprozesses der Bourgeoisie immer mehr an Bedeutung. Dieser Niedergangprozeß widerspiegelt sich ideologisch in der steigenden Zersetzung des bürgerlichen Fortschrittgedankens. In der Aufstiegsperiode der Bourgeoisie wurde der Gedanke des Fortschritts bloß von den Ideologen der untergehenden, der beiseitegedrängten feudalen und halbfeudalen Klassen – mitunter sehr geistreich – kritisiert. Die von der Bourgeoisie sich ablösende, zwischen Bourgeoisie und Proletariat gestellte Intelligenz bekämpfte einerseits die bornierte Geradlinigkeit und den bornierten Optimismus dieses Fortschrittgedankens, andrerseits versuchte sie den Fortschrittgedanken an Radikalismus zu übertreffen. (Daß dieser Radikalismus nicht notwendig zum materialistischen Fortschrittgedanken führt, daß er gerade im Gegenteil ins Reaktionäre umschlagen kann, zeigt das Beispiel des von Marx kritisierten Bruno Bauer.)

In der allgemeinen Krise des Kapitalismus erhält auch dieses Problem neue Züge. Schon mit dem imperialistischen Parasitismus verliert die Fortschrittsideologie ihre Anziehungskraft auch innerhalb der Bourgeoisie. Der allgemeine Unglaube an den Fortschritt nimmt innerhalb der Intelligenz in reißendem Tempo zu und mit ihm parallel wächst die Neigung zu einem Kokettieren mit reaktionären Ideologien immer stärker an. Die allgemeine Krise des Kapitalismus reißt diesen Problemkomplex aus den engen Zirkeln der Intelligenz heraus und stellt ihn in die Mitte der Arena der Klassenkämpfe. Das durch die allgemeine Krise in seinen materiellen Grundlagen bedrohte und erschütterte Kleinbürgertum entwickelt sich im stürmischen Tempo zu einem spontan verworrenen Antikapitalismus. Es entsteht auf diesem Boden spontan eine in ihren Formen und Inhalten reaktionäre Ideologie, die aber das Spezifische an sich hat, daß sie jeden Moment ihre reaktionären Inhalte wegwerfen, ihre reaktionären Hüllen abwerfen und ins Revolutionäre umschlagen kann. Die Tendenz zu diesem Umschlagen wird beschleunigt, objektiv durch die sich vertiefende allgemeine Krise des kapitalistischen Systems, subjektiv durch den wachsenden Einfluß der kommunistischen Partei. Die Bourgeoisie muß alle Mittel aufbieten, um diese Bewegung im reaktionären Fahrwasser zu halten, um die Klärung der spontanen Verworrenheit zu verhindern. Wir können hier das ganze System dieser Ablenkungen und Irreführungen, vom Sozialfaschismus bis zum offenen Faschismus nicht einmal andeutend analysieren. Es ist aber klar, daß in dieser Situation das Ineinanderübergehen von Relativismus und Mystik innerhalb des Hotels »Abgrund« immer stärker zunehmen, daß der relativistische Skeptizismus der intellektuellen Elite immer rascher in eine radikal-revolutionär maskierte religiöse Mythologie umschlagen muß. Und gerade innerhalb einer solchen Krise, die die alten Autoritäten immer mehr und mehr unterwühlt, in der die Massen, auch die kleinbürgerlichen, nach Neuorientierung und Führung lechzen, um einen Ausweg aus ihrer unerträglich gewordenen Lage zu finden, müssen Wert und Bedeutung des Hotels »Abgrund« für die Bourgeoisie zunehmen. Denn solange der Kampf ganz offen schwankt, solange die Krise des Systems vor den Massen offen zutage tritt, ist es eine Lebensfrage für die Bourgeoisie, jede Schicht, die sie nicht zur offenen Verteidigung ihres Systems gewinnen kann, von dem offenen Kampf gegen das System abzuhalten. Erst der zur Herrschaft gelangte Faschismus bildet sich ein, solche Stütze nicht mehr zu brauchen. Er versucht mit allen Mitteln des demagogischen Berauschens der Menge, den Eintritt eines neuen Zeitalters, das mit dem alten »liberalem Bürgertum« nichts zu tun hat, zu suggerieren. Solange die Faschisten glauben, daß diese Suggestion hält, wird die zersetzte Intelligenz verjagt oder unterdrückt, das Hotel »Abgrund« niedergerissen. Aber die gesellschaftliche Notwendigkeit seines Bestehens läßt sich nicht aus der Welt schaffen. Schon sind in der Emigration, materiell freilich weniger prächtig eingerichtete, Filialen und Dependencen des alten Hotels entstanden. Und mit dem unvermeidlich Offenbarwerden der Schmälerung und Zersetzung seiner sozialen Basis wird auch der herrschende Faschismus gezwungen sein – mit anderer Fassade und anderer Inneneinrichtung –, ein neues Hotel »Abgrund« zu errichten oder wenigstens seine Errichtung nicht mehr zu verhindern.

Denn das Fortschreiten der ökonomischen und der Kulturkrise, die Verschärfung des Klassenkampfes, der wachsende Einfluß der kommunistischen Partei, die wachsende Anziehungskraft des sozialistischen Aufbaus und der Kulturrevolution in der Sowjetunion müssen auf die bürgerliche Ideologie weiter zersetzend wirken. Der eklektische Misch-Masch der reaktionären Ideologien der imperialistischen Zeit, den der herrschende Faschismus zu einer Theorie und Praxis der Barbarei »synthetisiert«, kann auch die nur halbwegs geweckte und ehrliche Intelligenz unmöglich auf die Dauer befriedigen. Sie muß eine Neuorientierung suchen, sie muß sich zwischen Bourgeoisie und Proletariat bewegen, und je stärker diese Bewegung wird, desto größer muß das Bedürfnis danach werden, diese Bewegung zum Stillstand zu bringen, sie von der Annäherung an das revolutionäre Proletariat abzuhalten. Und gerade in dieser Periode der faschistischen Konterrevolution gewinnt das Befangenbleiben des geistigen Blickfelds im rein Ideologischen, die konsequent-idealistische Weltanschauung eine gesteigerte Klassenbedeutung. Ist doch die soziale Demagogie des Faschismus, der »deutsche Sozialismus« nur auf der ideologischen Grundlage einer betonten Suprematie der Ideologie über die materielle Basis möglich. Eine wirkliche Entlarvung und Zertrümmerung der faschistischen Ideologie kann nur auf Grundlage des materialistisch ausgearbeiteten Kontrastes zwischen Worten und Taten erfolgen. Jede Ideologie aber, die das Erwachen der Massen zu diesem einzigen Standpunkt, der ihren wahren Interessen entspricht, verhindert, eilt – ob gewollt oder ungewollt – der sozialen Demagogie zu Hilfe, lenkt die Massen von einem wirklichen Durchschauen der sozialen Demagogie ab. Da der sophistische Relativismus der imperialistischen Periode auf dem Boden aller jener Weltanschauungstendenzen (Agnostizismus, Irrationalismus, »Lebensphilosophie«, Mythos, moderner Religionsersatz etc.) entstanden ist, die der Faschismus zu seiner Philosophie der Barbarei eklektisch vereinigt hat, da dieser sophistische Relativismus gerade diesen Tendenzen gegenüber, bei allen seinen hyperkritischen und hyperradikalen Gesten in vollständiger ideologischer Befangenheit verharrt ist, kann er gegen den Faschismus keinen wirklichen ideologischen Kampf führen. Auf diesem ideologischen Boden muß das Grand Hotel »Abgrund« immer wieder spontan entstehen, einerlei ob in der Emigration oder illegal in Hitlerdeutschland oder eventuell in neuen Formen vom Faschismus geduldet. Die Notwendigkeit eines radikalen Bruches mit dieser ideologischen Einrichtung des Innenlebens, die Notwendigkeit des Verbrennens dieser Einrichtung und des rettenden salto vitale wird immer größer. Sie erfaßt immer stärker die besten Elemente der deutschen Intelligenz. Aber das Verwurzeltsein eines beträchtlichen Teiles der intellektuellen Elite im Kapitalismus ist doch so stark, daß das Grand Hotel »Abgrund« auch vom Faschismus nicht wirklich vernichtet werden kann.

2. Gehört Nietzsche dem Faschismus?[1]

Gehört Nietzsche dem Faschismus? So pflegen es die Wortführer des »Dritten Reiches« zu verkünden. Oder ist ihre Berufung auf Nietzsche nur eine der vielen Äußerungen der faschistischen Demagogie? Dann haben wir – kämpfende Antifaschisten – die Pflicht, sein Andenken von dieser Besudelung zu reinigen, das Bild des wirklichen Nietzsche, der dem Faschismus feindlich sei, herauszuarbeiten. So fordern es viele bekannte Antifaschisten.

Es ist berechtigt, bei jeder nationalsozialistischen Behauptung den Verdacht der Lüge, der Geschichtsfälschung auszusprechen. Haben sie doch versucht, so offenkundig revolutionäre Dichter wie Hölderlin oder Georg Büchner zu Vorläufern des Faschismus umzulügen.

Daß sie Nietzsche für sich reklamieren, beweist also gar nichts. Um so weniger, als auch bei den begeisterten Lobpreisungen man Verlegenheiten, Vorbehalte bemerken kann. Nietzsche hat eine Offenheit im Ansprechen seiner Absichten, Ziele und Methoden, die den Herren des »Dritten Reichs« zuweilen unbequem ist. Besonders dann, wenn Absichten, Ziele und Methoden eine große Verwandtschaft zeigen.

Wir müssen uns deshalb bemühen – unbekümmert um das nationalsozialistische Gerede über Nietzsche – festzustellen, was er eigentlich war, welche Stelle ihm in der Geschichte der deutschen Kultur zukommt. Und dies ist um so wichtiger als die antifaschistische Literatur voll ist von falschen Bewertungen Nietzsches, von falschen Einschätzungen seiner historischen und aktuellen Rolle. So hat vor einigen Jahren Thomas Mann die Linie des Hauptwegs der deutschen Geistesentwicklung von Goethe über Schopenhauer und Richard Wagner zu Nietzsche gezogen. So fordern einige Schriftsteller sogar von den Marxisten, daß sie Marx und Lenin durch Nietzsche »ergänzen« sollen.

1 Das zwischen 1933 und 1941/1942 entstandene Typoskript dieses Textes trägt keine Überschrift, sie wurde bei der Erstveröffentlichung im *Lukács-Jahrbuch 2004*, Bielefeld 2004, S 11-21 von den Hg. Frank Benseler und Werner Jung ergänzt. Der Text ist im Kontext der Vorarbeiten zur *Zerstörung der Vernunft* entstanden und trägt alle Merkmale von Lukács' Kampf gegen die faschistische Ideologie in den Jahren seines Moskauer Exils [Anm. d. Hg.].

Was ist der wirkliche historische Tatbestand?

Die Geschichte Deutschlands im XIX. Jahrhundert hat zum Mittelpunkt die erwartete, die verspätete, die objektiv fällige, die niemals zur Wirklichkeit gewordene bürgerlich-demokratische Revolution. Ökonomisch und sozial tritt Deutschland in die neueste Geschichte als verkörperter Anachronismus ein: es ist um Jahrhunderte hinter Frankreich und England zurück. Und dieser Anachronismus des ökonomischen, sozialen und politischen Lebens in Deutschland erscheint in noch krasserer Beleuchtung, wenn wir es im Lichte seiner eigenen Geisteskultur betrachten. Diese ist in ihrer wahrhaft großen Periode – also etwa von Lessing bis Hegel – vollwertiger und führender Zeitgenosse der gewaltigen Umwälzung dieser Periode: der französischen Revolution, ihrer Vorbereitung und der Verankerung ihrer Ergebnisse im Leben der Völker.

Der große Gedanke, der die verschiedenartigen Persönlichkeiten und Tendenzen des klassischen deutschen Humanismus vereinigt, ist der der *Unaufhaltsamkeit des menschlichen Fortschritts.*

Auf Deutschland praktisch angewendet: das Vertilgen der Reste des Mittelalters, die Geburt der freien und einheitlichen deutschen Nation.

Aber die ökonomische Zurückgebliebenheit Deutschlands hat nicht nur diese nicht wiedererreichte Höhe des Humanismus hervorgebracht, sondern zugleich auch die politische Ohnmacht seines Bürgertums. Aufgewachsen in der kleinlichen Enge des Duodezabsolutismus der deutschen Kleinstaaten, war es unfähig, mit den großen Problemen seiner eigenen politischen Befreiung fertig zu werden. Denn die Schwierigkeit, die für das deutsche Bürgertum entstanden war, war nicht bloß diese seine subjektive, politische Unreife und Unerfahrenheit. Es mußte an die Lösung der Probleme der bürgerlich-demokratischen Revolution in einen Zeitpunkt herantreten, als in Frankreich und England bereits das Proletariat als aktiver, selbständiger politischer Faktor aufzutreten begann.

Die Junischlacht des Pariser Proletariats im Jahre 1848 ist das entscheidendste Ereignis der deutschen bürgerlichen Revolution. Sie bestimmt ihren Ablauf: den Verrat der entscheidenden Schichten des deutschen Bürgertums an seiner *eigenen* Revolution, seine Abkehr von der Demokratie, seinen Kompromiß mit den Hohenzollern, seine schmähliche Kapitulation vor Bismarck.

Die Selbstverständlichkeit und die Einheit der deutschen Nation sind nicht durch eigene revolutionäre Taten des Volkes entstanden wie in Frankreich, England oder in den Vereinigten Staaten. Der vollentwickelte Kapitalismus, das Streben nach Weltmacht, der Imperialismus sind in Deutschland mit einer rückständigen, reaktionären staatlichen Form emporgewachsen. Die aus jahrhundertelanger Zerrissenheit und nationaler Unterdrückung entstandene »deutsche Misere«: die politische und soziale Unreife und Knechtseligkeit des Bürgertums wurde nie wirklich liquidiert. Unter dem äußeren Anschein nach sehr selbstsicheren, weltmännischen, energischen, macht- und realpolitischen Formen lebt die »deutsche Misere« weiter.

Und weil die Republik ohne Republikaner der Weimarer Periode, die Befreiung vom Joch der Hohenzollern nur als aufgedunsenes Geschenk einer Niederlage und nicht als befreiende Tat des Volkes selbst entstanden war, konnte sie dem erneuerten Ansturm der Reaktion nicht widerstehen. Die »deutsche Misere« ist heute tiefer als selbst in den finstersten Tagen nach dem dreißigjährigen Krieg.

Der Kampf gegen den Faschismus geht um die Befreiung des deutschen Volkes, er will der »deutschen Misere« ein definitives Ende setzen.

Diese Zielsetzung bestimmt die Richtung der Kritik an der deutschen Geschichte, an der deutschen Kultur.

Die deutsche Klassik ist – bei allen Schranken, in die sie die damalige Enge und Unentwickeltheit ihres sozialen Bodens eingeengt hat, – eine der größten, progressivsten Perioden der Menschheitsgeschichte. Sie erhebt die Idee der französischen Revolution auf die höchste dichterische und denkerische Höhe; auf eine höhere zuweilen, als sie die französische Wirklichkeit selbst zu erheben vermochte. Sie ist die Grundlage der wirklichen Fortentwicklung der deutschen Kultur. Durch sie hängt diese Kultur mit den besten Fähigkeiten des deutschen Volkes, mit den edelsten Traditionen der Menschheit zusammen.

Dieser Zusammenhang ist durch den Verrat des deutschen Bürgertums an der Demokratie, am wirklichen Fortschritt, am echten Humanismus zerrissen worden. Und Nietzsche ist – um das Resümee unserer Betrachtungen kurz vorwegzunehmen – gerade jener Denker, der diesen Riß in der fortschrittlichen Entwicklung der deutschen Kultur zu einem für lange Zeit endgültigen gemacht hat.

Darum hat die faschistische Barbarei alle Ursache, Nietzsche als ihren Ahnherrn, als ihren Klassiker zu preisen. *Darum* haben die Antifaschisten, die die Barbarisierung des deutschen Lebens politisch bereits mit großer Energie und Entschlossenheit bekämpfen, ebenfalls alle Ursache, sich von der Erbschaft Nietzsches loszusagen, indem sie diesen ihren Kampf auch auf das Gebiet der Kultur ausdehnen.

So weit – in den allgemeinsten, abstraktesten Umrissen – scheint die Nietzschefrage einfach zu sein.

Warum aber hängen auch die kulturell hochstehenden, denkerisch ehrlichen Antifaschisten noch immer an Nietzsche? Warum sehen sie in ihm einen progressiven, ja mitunter sogar einen revolutionären Denker, dessen Andenken der Faschismus mit seinen Lobhudelein ebenso grundlos verunglimpfe, wie er es mit Goethe und Schiller, mit Hölderlin und Büchner tat?

Wir sind mit dieser Argumentation nicht einverstanden. Wir halten aber ihr Entstehen und ihr hartnäckiges Fortbestehen keineswegs für zufällig. Und in dieser Erkenntnis, in der der historischen und sozialen Wurzel eines Irrtums, eines objektiv notwendig entstandenen und sich fortpflanzenden Irrtums liegt die eigentliche Kompliziertheit des Falles Nietzsche.

Niemand bestreitet die reiche Begabung Nietzsches, auch nicht seine subjektive denkerische Rechtschaffenheit. Im Gegenteil. Die verhängnisvolle Rolle, die er in der Geschichte der deutschen Kultur spielt, setzt ein bedeutendes Talent voraus. Kleine, temperamentvolle, im Detail sogar geistreiche reaktionäre Denker hat es in Deutschland von Adam Müller und Görres über Lagarde und den Rembrandtdeutschen bis zu Spengler, Klages und Heidegger in großer Zahl gegeben. Sie haben mitunter laute, nie jedoch anhaltende Erfolge gehabt. Nur zwei Denkern war es gegeben, die herostratische Wirkung, die Zerstörung der progressiven Tradition bei dem Anschein einer revolutionären Umwälzung der Weltanschauung zu erzielen: nämlich Schopenhauer und Nietzsche.

Woraus entspringt dieser revolutionäre Anschein? Keineswegs als Ergebnis eines Betrugs, einer Heuchelei, einer bewußten Irreführung. Auf solchen Grundlagen entstehen nur kurzlebige Modesensationen, nicht aber die tiefe Beeinflussung von Generationen, dauernde Wirkungen auf ehrliche, begabte, fortschrittliche Intellektuelle. Und auch der bloße Geist reicht dazu nicht aus.

Schopenhauer wie Nietzsche waren originelle Denker. Sie haben in die Philosophie des XIX. Jahrhunderts neue Denkmotive hereingetragen. Und zwar solche, die geeignet gewesen sind, gerade auf die rebellischen, kulturkritischen Instinkte eines beträchtlichen Teils der deutschen Intelligenz – und keineswegs auf ihren intellektuell wie moralisch schlechtesten Teil – eine tiefe Wirkung auszuüben.

Kurz gesagt: sie sind die einzigen originellen Denker *unter den Apologeten des Kapitalismus.* Sie sind originell geworden, indem sie die Methodologie des Apologetismus umgekehrt, auf den Kopf gestellt haben.

Woraus entsteht diese Apologetik? Die tiefgehenden Widersprüche des kapitalistischen Systems haben alle großen Denker der bürgerlichen Entwicklung tief empfunden und mit unerschrockener Wahrhaftigkeit ausgesprochen. Von Fielding über Goethe bis Balzac, von Hobbes über die französischen Aufklärer bis Hegel geht eine solche Linie durch. Und alle Widersprüche, die dabei notwendig auftauchen, lösen sich in dem unerschütterlichen, weil objektiv, in der wirklichen Geschichte fundierten Glauben, daß der menschliche Progreß durch diese Widersprüche hindurch, sie in der Geschichte aufhebend, unaufhaltsam fortschreiten muß.

Für die herrschend gewordene Bourgeoisie, die nicht mehr um das Verdrängen des reaktionär gewordenen Feudalismus, sondern um das Niederhalten des Proletariats, des nunmehrigen Vertreters der Höherentwicklung der Gesellschaft kämpft, ist eine solche, rücksichtslose Wahrhaftigkeit untragbar geworden. Sie verlangt von ihren Denkern und Dichtern ein *Vertuschen* der Widersprüche der gesellschaftlichen Wirklichkeit. Und sie setzt – in der Hauptlinie der Entwicklung – ihren Willen durch. Es entsteht die Apologetik.

Freilich sind daraus Niedergangs- und Zersetzungstendenzen in Wissenschaft und Kunst entstanden. Man muß nur – um in Deutschland zu bleiben, – an den langweiligen, »abgeklärten«, vertuschend-versöhnlerischen Liberalismus der Gustav Freytag und Spielhagen, an die geistige und künstlerische Öde des Klassizismus in der bildenden Kunst der zweiten Hälfte des XIX. Jahrhunderts, an die Trockenheit, Flachheit und Plattheit der deutschen Nachfahren der liberal gewordenen Aufklärung in dieser Periode denken, um zu sehen, daß hier die Ideen und die Ideale des deutschen Humanismus zu einer servilen und apologetischen Schulmeisterei entartet sind.

Es war und ist unmöglich, daß eine solche Kunst, eine solche Wissenschaft oder Philosophie die besten, instinktiv unzufriedenen, die Widersprüche der niedergehenden kapitalistischen Kultur tief empfindenden Intellektuellen befriedigen könnte. Es ist auch keineswegs zufällig, daß der junge Nietzsche selbst mit geharnischten Streitschriften gegen die deutschen »Bildungsphilister«, gegen die philosophischen und künstlerischen Verklärer und Schönfärber dieser Flachheit aufgetreten ist.

Er verlangte schon damals und tat es im Laufe seines ganzen Wirkens in gesteigertem Maße: Redlichkeit. Das heißt, er fand es eines Philosophen unwürdig, die Niedrigkeit und Kulturlosigkeit, die Häßlichkeit, Grausamkeit und Barbarei des Lebens seiner Gegenwart zu beschönigen. Insofern folgt er formell den Traditionen der alten Philosophie, dem Leitspruch des jungen Hegel: »aussprechen, was ist«.

Manches aus diesem kulturkritischen Teil des Nietzscheschen Lebenswerkes ist wirklich wertvoll. Nietzsche – ein Mensch von großem Wissen auf dem Gebiet von Philosophie und Kunst, ein geistvoller und boshafter Psychologe, – erneuert in seiner Kulturkritik die besten Traditionen der romantischen Kritik des Kapitalismus. In der Erkenntnis und der Entlarvung noch so versteckter Niedergangstendenzen der bürgerlichen Kunst und Philosophie, in der Aufdeckung von Symptomen der Dekadenz hat er zuweilen Hervorragendes geleistet.

Und dabei geschieht diese Entlarvung bei Nietzsche nicht nur geistvoll, sondern mit dem Pathos einer ehrlichen Empörung.

Damit hat er die gegen den Niedergang ihrer Klasse, ihrer Kultur rebellierende Intelligenz gewonnen. Damit übt er auf sie auch heute eine tiefe Wirkung aus.

Ich führe zur Illustration dieser Lage nur ein Beispiel an. Franz Mehring, der feinste Kopf der deutschen Sozialdemokratie, schrieb Anfang der neunziger Jahre so über Maximilian Hardens Nietzscheanismus: »Für sie [d. h. für die rebellierenden jungen Intellektuellen G. L.] ist Nietzsche aber nur ein Durchgangspunkt zum Sozialismus. Von ihm zurück auf Eugen Richter und Paul Lindau können sie nicht; dazu ist eben Nietzsche ein zu bedeutender und zu genialer Mensch. Bei Nietzsche stehen bleiben können sie aber auf die Dauer auch nicht …«

Die Enttäuschung, die Mehring an Harden erlebt, ist typisch

und darum sehr lehrreich. Harden ging nicht zurück zu Eugen Richter, sondern »vorwärts« zu einem Kultus Bismarcks. Mehrings Irrtum war nicht bloß ein individuelles Fehlurteil über die Entwicklung Hardens. Es war darüber hinaus das Verkennen dessen, daß in der imperialistischen Periode ein neuer Typus der reaktionären Ideologie im Entstehen begriffen war, der seinen für Fortschritt und Kultur gefährlichen Charakter unter anziehende und verführende, interessante und rebellische Masken zu verstecken vermochte.

Wohin geht die Kulturkritik Nietzsches?

Wir haben schon gesagt: er nimmt die Traditionen der romantischen Kritik des Kapitalismus auf. Wie diese entlarvt er rücksichtslos die barbarischen Erscheinungsformen der kapitalistischen Gegenwart. Jedoch der romantische Antikapitalismus war eine Flucht: zurück in die vorkapitalistische Vergangenheit, in die des einfachen Warenverkehrs, in die der Zünfte, der noch nicht zerrissenen Verbindung von Kunst und Handwerk auf Grundlage einer unentwickelten Arbeitsteilung. Es mußte – wie das Beispiel Carlyles am deutlichsten zeigt – in der ordinären Reaktion alten Stils münden.

Nietzsches Kulturkritik verdankt viel diesen romantischen Traditionen. Er geht aber auch über sie hinaus. Er kritisiert den Kapitalismus seiner Zeit zwar ebenfalls romantisch; weil er zu kapitalistisch, zu arbeitsteilig ist. Er kritisiert ihn jedoch gleichzeitig auch deshalb, weil er zu wenig kapitalistisch, noch nicht imperialistisch ist.

Diese beiden Gedankenreihen schließen sich objektiv aus. Sie bilden jedoch gerade in ihrer schroffen, ungelösten und unlösbaren Widersprüchlichkeit die Grundlage seines »Systems«. Und vielfach wirkt eben dieser sich selbst fortwährend widersprechende Charakter seiner Philosophie anziehend. Nämlich auf jene, die mit den objektiven Widersprüchen der Gegenwart gedanklich nicht fertig werden können. Die ungelösten Widersprüche von Nietzsches Denken stehen dem Weltbild vieler Intellektueller der imperialistischen Periode sehr nahe. Sie drücken – geistreich und stilistisch faszinierend – das aus, worunter diese leiden. Sie umhüllen mit mythischen Scheinlösungen die Unlösbarkeit der Lebens- und Weltanschauung für jene ehrlich Denkenden, die zwar über die Barbarei des Imperialismus empört sind, jedoch seine grundlegenden objektiven Gesetzmäßigkeiten nicht oder nur unvollkommen durchschaut haben.

Tragische Dissonanzen von unlösbaren Problemen, verquickt mit der Projektion dieser Unlösbarkeit ins Mythische, ihrer Scheinlösung im Mythischen: hier ist die Struktur der Nietzscheschen Philosophie richtungweisend für die ganze imperialistische Epoche geworden. Ausdruck des Lebensgefühls von breiten Schichten ehrlich Empörter. Zugleich Mittel der Demagogie für jene, die diese – noch zielunsichere – Empörung mißbrauchen.

Diese formelle Seite der Philosophie Nietzsches widerspiegelt deutlich die sozial inhaltliche.

Wohin geht Nietzsches Kulturkritik? Sie ist eine Kritik der Dekadenz. Was ist aber in Nietzsches Augen der Kern der Dekadenz? Ohne Zweifel: die *Demokratie.* Nietzsche wiederholt immer wieder: Demokratie ist die Verfallsform des Staates.

Und als Denker, der gewohnt ist, seine Gedanken klar und offen auszusprechen, begründet Nietzsche dieses Verdikt über die Demokratie fast immer im Zusammenhang mit der sozialen Frage. Ihre bloße Existenz ist für ihn schon ein Symptom der Dekadenz.

Was wäre das Richtige nach Nietzsche? »Daß sich hier eine bescheidene und selbstgenügsame Art Mensch, ein Typus Chinese herausbilde: und dies hätte Vernunft gehabt, dies wäre geradezu eine Notwendigkeit gewesen.«

Gerade das sei durch die Demokratie verhindert. Die Demokratie habe den Sklavenaufstand des Herdentiers, des Arbeiters hervorgebracht. Ihre Verkehrtheit ist für Nietzsche indiskutabel. »Will man einen Zweck«, sagt er und meint hier den ganzen sozialen Inhalt seiner Philosophie, »muß man auch die Mittel wollen: will man Sklaven, so ist man ein Narr, wenn man sie zu Herren erzieht«.

So ein Narr sei die Demokratie. Und wenn Nietzsche häufig in bitteren, höhnischen Worten übet Bismarck und sein Regime spricht, so liegt dafür der letzte Grund darin, daß auch Bismarck sich für Nietzsches Geschmack viel zu tief mit Parlamentarismus und Demokratie eingelassen hat. »Im ganzen aber wünsche ich«, sagt er über die Bismarck-Ära, »daß der Zahlen-Blödsinn und der Aberglaube an Majoritäten sich noch nicht in Deutschland wie bei den lateinischen Rassen festsetzte.«

Und der Ausweg? Auch darüber spricht Nietzsche mit der größten Offenheit: »Soldaten und Führer haben immer noch ein viel höheres Verhaken zueinander als Arbeiter und Arbeitgeber. Einstweilen wenigstens steht alle militärisch begründete Kultur noch hoch über aller sogenannten industriellen Kultur, letztere in ihrer jetzigen Gestalt ist überhaupt die gemeinste Daseinsform, die es bisher gegeben hat.« Hier sieht man, *wohin* der Weg der Nietzscheschen Kritik des Kapitalismus führt. Er sagt abschließend: »Den Fabrikanten und Großunternehmern fehlten bisher wahrscheinlich allzu sehr alle jene Formen und Abzeichen der *höheren Rasse* ... hätten sie die Vornehmheit des Geburtsadels im Blick und in der Gebärde, so gäbe es vielleicht keinen Sozialismus der Massen.«

Es ist klar, daß Hitler diese Sozialphilosophie Nietzsches erfüllt. Seine einzige Zutat ist, daß er die offen gepredigte Versklavung der Massen in »deutschen Sozialismus«, die Vernichtung jeder Freiheit in »germanische Demokratie« demagogisch umgelogen hat. Er schauspielert, lügt und betrügt, wo Nietzsche mit zynischer Offenheit seine Absichten ausgesprochen hat. Aber wer kann hier die Gleichheit der sozialen Inhalte übersehen?

Freilich ist der Unterschied der Erscheinungsformen nicht ganz unwesentlich. Wenn auch kluge Antifaschisten einen Abgrund zwischen Nietzsche und dem »Dritten Reich« zu sehen meinen, so denken sie in erster Reihe an diese moralischen und intellektuellen Unterschiede des *Niveaus*. Diese sind fraglos[2] vorhanden. Es muß nur gefragt werden: stehen dahinter nicht objektive, historische und soziale Ursachen? Ursachen, die diesen intellektuellen und moralischen Niveauunterschied *innerhalb* einer und derselben Richtung notwendig hervorgebracht haben.

Und damit sind wir zur Frage der philosophischen Originalität Nietzsches zurückgekehrt. Erinnern wir uns an die früher gegebene Bestimmung der Apologetik des Kapitalismus. Ist Nietzsche ein Apologet des reaktionär gewordenen Kapitalismus? Im ordinären und direkten Sinne gewiß nicht. Er entlarvt ja mit großer Offenheit die widerwärtigen und mesquinen Züge der kapitalistischen Kultur. Seine Philosophie ist nichts weniger als eine Harmonie aus scheinbar aufgehobenen Widersprüchen.

Aber trotzdem gilt die Frage: *wohin* geht, *wohin* zielt die Kulturkritik Nietzsches?

Und hier ist seine philosophische Originalität *innerhalb* der Apologetik des Kapitalismus. Er rechtfertigt, er verewigt gedanklich das kapitalistische System von seinen *schlechten Seiten* her. Die

2 Im Ms: »fraglich« [Anm. d. Hg.].

vulgären Apologeten geben ein schönfärberisches Bild vom Kapitalismus, um seine Bejahung philosophisch oder ökonomisch zu begründen. Nietzsche will die selbe Bejahung auf Grundlage der kraß geschilderten Barbarei erzielen.

Der Pessimismus Schopenhauers war ein Aufruf an das Bürgertum zur *Passivität.* Der Weltlauf sei sinnlos, Fortschritt und Geschichte ein einziger Betrug, das Leiden unaufhebbar. Jedes Handeln verstricke den Menschen immer tiefer ins Gewirr des sinnlosen Leidens; je ferner der Mensch einem jeden Handeln, desto weiser, desto näher der wahren Erlösung.

Nietzsche hat die Philosophie Schopenhauers *historisiert* und *aktivisiert.* Man hat aber infolge der heftigen Polemiken des späten Nietzsche gegen Schopenhauer oft übersehen, daß seine eigentlichen philosophischen Grundlagen (insbesondere in der Erkenntnistheorie) stets unverändert schopenhauerische geblieben sind. Er hat auch nicht den Pessimismus Schopenhauers bekämpft, nur die aus ihm gezogenen moralischen und politischen Konsequenzen. Die Welt ist sinnlos: folglich ist sie zu verneinen, sagt Schopenhauer. Der Gedanke des Sinnes ist der Welt gegenüber lächerlich, eine subjektive Projektion – folglich ist das Leben zu bejahen, sagt Nietzsche. *Lebensbejahung aus pessimistischer Verzweiflung* das ist die Quintessenz der Philosophie Nietzsches.

Diese Aktivisierung der Schopenhauerschen Philosophie ist mit ihrer Historisierung verbunden. Schopenhauer betrachtet jedes Leiden, jede Barbarei als reine *Naturtatsache.* Nietzsche sieht eine historische Entwicklung, er betrachtet die menschlichen Leiden, die moralischen Gegensätze etc. als Produkte von historischen Kämpfen. Aber – abgesehen davon, daß für ihn das Biologische immer wichtiger ist als das Soziale und das Historische – ist dieses Geschichtsbild nichts weiter als das der ausweglosen Leiden, der ausweglosen Unterdrückung und Ausbeutung der überwiegenden Mehrheit der Menschheit, als das des historischen Perennierens der Barbarei. Nietzsches »Historismus« ist eine geschichtlich verkleidete Mythologie von der Notwendigkeit und Ewigkeit der Gräuel des sozialen Lebens, der Leiden der arbeitenden Massen, der Barbarei.

Wir wiederholen: Nietzsche ist kein ordinärer, kein direkter Apologet des Kapitalismus. Er verschönert ihn nicht. Er verachtet und verspottet seine Verschönerer. Aber seine *Schlußfolgerung* ist dieselbe.

Die ordinären Apologeten sagen: wie schön und harmonisch ist der Kapitalismus, seine Widersprüche sind scheinbare, vorübergehende – wir müssen ihn daher bejahen. Nietzsche sagt: der Kapitalismus ist gräulich, er schafft Leiden und Erniedrigung – folglich muß er bejaht werden. Die ganze geistvolle und boshafte Kritik Nietzsches an der kapitalistischen Kultur mündet in einer gedanklichen Verewigung des Kapitalismus. In einer Zeit,[3] für Menschen, für welche die Argumente der vulgären Apologetik bereits abgestumpft und wirkungslos geworden sind, tritt die Nietzschesche verfeinerte und indirekte Apologetik in die Bresche. *Daher* seine Anziehungskraft. Daher seine *Gefährlichkeit* für den menschlichen Fortschritt, für den Befreiungskampf der Menschheit.

Und daher auch der organische und notwendige Zusammenhang seiner Philosophie mit dem Faschismus. Der Unterschied des intellektuellen und moralischen Niveaus ist die gedankliche Widerspiegelung von fünf Jahrzehnten des Marsches in die Barbarei, den die immer reaktionärer werdenden Kapitäne des Kapitalismus inzwischen vollzogen haben. Er ist zugleich der Unterschied von vorwegnehmendem Bild und verwirklichender Handlung. Die barbarischen Schlußfolgerungen der Nietzscheschen Philosophie stehen in seinen Werken friedlich auf dem Papier neben geistsprühenden kritischen Aphorismen über die Dekadenz in Kunst und Literatur. Die barbarischen Schlußfolgerungen des Faschismus selbst haben die Mythen, Bilder und Aphorismen in eine grauenvolle fürchterliche Wirklichkeit verwandelt Das Weltzuchthaus für die arbeitenden Massen ist fürchterliche Wirklichkeit geworden. Nietzsche war ein geistvoller Prophet der Barbarisierung der Menschheit, die Faschisten sind brutale Henkersknechte einer vollendeten Barbarei.

So bleibt der moralische und intellektuelle Niveauunterschied bestehen – und verursacht den Faschisten einige kleine Unbequemlichkeiten. Er bleibt bestehen, ist aber – geschichtlich gesehen – nicht von ausschlaggebender Bedeutung. Nietzsche ist menschlich subjektiv ehrlich, denn er spricht alles offen aus, was er denkt. Er ist aber – die Gesamtheit seines Werkes betrachtet – kein Denker von hohem Range, denn er bemüht sich nicht einmal die schreienden Widersprüche seiner Denkresultate mit der Wirklichkeit zu konfrontieren. Aber auch seine Moralität hat keinen hohen Rang,

3 Gestrichen: »in welcher,« [Hg.]

denn er denkt nie daran, *in wessen Dienst sein ganzes Denken steht.* Gerade daß er subjektiv überzeugt, keinerlei persönliche Vorteile erwartend, also nicht als bezahlter Söldner, sondern als Freiwilliger sich in das Heer der Reaktion, der Barbarei, der Unterdrückung eingereiht hat, hebt – historisch angesehen – alle seine intellektuellen und moralischen Qualitäten auf. Je größer diese, desto größer seine Versündigung an den großen Zielen der Menschheitsentwicklung, desto größer die Gefahr, die er für den Humanismus, für den Befreiungskampf der Menschheit bildet, desto dringender ist die Notwendigkeit für die Gegner des Faschismus mit der Nietzscheschen Erbschaft radikal abzurechnen.

3. Es geht um den Realismus[1]

Zu ihrer Zeit hat die revolutionäre Bourgeoisie einen heftigen Kampf für die Sache ihrer Klasse geführt, mit allen Mitteln, auch mit dem der schönen Literatur. Was hat die Reste der Ritterschaft zum allgemeinen Gelächter gemacht? Cervantes' »Don Quichotte«. Der »Don Quichotte« war die stärkste Waffe in den Händen der Bourgeoisie in ihrem Kampfe gegen den Feudalismus, gegen die Aristokratie. Das revolutionäre Proletariat braucht wenigstens einen einzigen kleinen Cervantes (Heiterkeit), der ihm eine ebensolche Waffe geben könnte. (Heiterkeit, Beifall.)

G. Dimitroff, Rede an dem antifaschistischen Abend im Moskauer Haus der Schriftsteller

Die Expressionismusdebatte im »Wort« bietet für den verspäteten Teilnehmer eine gewisse Schwierigkeit; viele haben den Expressionismus leidenschaftlich verteidigt. In dem Augenblick aber, als man konkret sagen sollte, wer nun der vorbildliche expressionistische Schriftsteller sein sollte, ja, wer überhaupt verdient, Expressionist genannt zu werden, gehen die Meinungen so schroff auseinander, daß es keinen einzigen nicht umstrittenen Namen gibt. Man fragt sich sogar – gerade beim Lesen der leidenschaftlichen Verteidigungsreden – zuweilen, ob es denn überhaupt Expressionisten gab.

Da wir hier nicht über die Bewertung einzelner Schriftsteller, sondern um Prinzipien in der Entwicklung der Literatur streiten werden, ist die Entscheidung dieser Frage für uns nicht allzu wichtig. Für die Literaturgeschichte gibt es zweifellos einen Expressionismus als Richtung, mit seinen Dichtern und Kritikern. Ich werde mich in den folgenden Bemerkungen auf die prinzipiellen Probleme beschränken.

1 Der Text erschien zuerst in *Das Wort* 6 (1938), S. 112-138 und stellt Lukács' Schlusswort zur sog. Expressionismusdebatte dar, die vor allem in den Jahren 1937/1938 unter Beteiligung von Ernst Bloch, Hanns Eisler, Alfred Kurella, Klaus Mann, Heinrich Vogler u. a. stattfand. Erst 1966/1967 wurden Brechts Notizen zur Debatte bekannt, in denen er gegen Lukács polemisiert. Vgl. Hans-Jürgen Schmitt (Hg.), *Die Expressionismusdebatte. Materialien zu einer marxistischen Realismuskonzeption*, Frankfurt/M. 1973 [Anm. d. Hg.].

I

Zuerst eine kleine Vorfrage: handelt es sich hier um den Gegensatz von moderner Literatur und Klassik (oder gar Klassizismus), was einzelne Schriftsteller besonders dann hervorheben, wenn sie meine kritische Tätigkeit zum Gegenstand ihrer Angriffe machen? Ich glaube, diese Fragestellung ist von Grund aus unrichtig. Dahinter steckt eine Gleichstellung der Kunst der Gegenwart mit der Entwicklung bestimmter literarischer Richtungen, die von dem sich auflösenden Naturalismus und Impressionismus über den Expressionismus zum Surrealismus führt. Wenn solche Autoren über moderne Kunst sprechen, so erscheinen als Vertreter der modernen Kunst ausschließlich Vertreter der obengenannten Entwicklungslinie.

Wir wollen vorerst kein Werturteil fällen. Wir fragen nur: stimmt diese Theorie als Grundlage zur Geschichte der Literatur unserer Zeit?

Jedenfalls gibt es auch eine andere Auffassung. Die Entwicklung der Literatur ist – besonders im Kapitalismus, besonders zur Zeit seiner Krise – ungemein kompliziert. Grob und vereinfacht ausgesprochen kann man aber doch innerhalb der Literatur unserer Zeit drei große Kreise unterscheiden, die sich natürlich in der Entwicklung einzelner Schriftsteller oft überschneiden: Erstens die teils offen antirealistische, teils pseudorealistische Literatur der Verteidigung und Apologetik des bestehenden Systems, über die wir hier nicht sprechen werden.

Zweitens die Literatur der sogenannten Avantgarde (über wirkliche Avantgarde später) vom Naturalismus bis zum Surrealismus. Was ist ihre Grundtendenz? Hier können wir, vorwegnehmend, nur soviel sagen: die Haupttendenz ist eine immer stärkere Entfernung vom Realismus, eine immer energischere Liquidierung des Realismus.

Drittens die Literatur der bedeutenden Realisten dieser Periode. Diese Schriftsteller sind in den meisten Fällen literarisch auf sich gestellt; sie schwimmen gegen den Strom der Literaturentwicklung, und zwar gegen den Strom beider obengenannten Gruppen der Literatur. Zur vorläufigen Bezeichnung dieses zeitgenössischen Realismus genügt es, wenn ich die Namen Gorki, Thomas und Heinrich Mann, Romain Rolland nenne. In den Diskussionsartikeln, die leidenschaftlich die Rechte der modernen Kunst gegen die Anmaßung der angeblichen Klassizisten verteidigen, werden diese Gipfelgestalten unserer heutigen Literatur nicht einmal erwähnt. Sie existieren für die »avantgardistische« Geschichtsschreibung und Beurteilung der heutigen Literatur nicht. Im interessanten, gedanken- und materialreichen Buch Ernst Blochs, »Erbschaft dieser Zeit«, wird, wenn mich mein Gedächtnis nicht täuscht, der Name Thomas Mann bloß einmal genannt; der Verfasser spricht über seine (und Wassermanns) »soignierte Bürgerlichkeit«, womit für Ernst Bloch dieses Problem erledigt ist.

Durch solche Auffassungen wird die ganze Debatte auf den Kopf gestellt. Es ist höchste Zeit, sie wieder auf die Füße zu stellen und das Beste der heutigen Literatur gegen seine verständnislosen Verächter zu verteidigen. Der Streit geht also nicht um Klassik kontra Moderne, sondern um die Frage, welche Schriftsteller, welche literarischen Richtungen den Fortschritt in der heutigen Literatur vertreten. Es geht um den Realismus.

II

Es wird mir insbesondere von Ernst Bloch vorgeworfen, daß ich mich in meinem alten Aufsatz über den Expressionismus allzuviel mit den Theoretikern dieser Richtung beschäftige. Er wird mir vielleicht verzeihen, wenn ich diesen »Fehler« auch diesmal wiederhole und seine kritischen Bemerkungen über die moderne Literatur zum Gegenstand einer Untersuchung mache. Denn ich glaube nicht, daß die theoretischen Formulierungen von künstlerischen Tendenzen unwichtig sind – auch wenn sie theoretisch Unrichtiges aussagen. Gerade in solchen Fällen sprechen sie sonst sorgsam verdeckte »Geheimnisse« der Richtung aus. Und da Bloch ein Theoretiker ganz anderen Kalibers ist, als Picard und Pinthus zu ihrer Zeit gewesen sind, ist es verständlich, daß ich seine Theorien etwas eingehender behandle.

Bloch richtet seinen Angriff gegen meine Auffassung der »Totalität«. (Ich lasse die Frage beiseite, wieweit er meine Auffassung richtig auslegt. Es handelt sich nicht um die Frage, ob ich recht habe oder ob Bloch mich richtig versteht, sondern um die Sache.) Er sieht das feindliche Prinzip in dem »unzerfallenen objektiven

Realismus, der der Klassik eignet«. Ich setze, nach Bloch, »überall eine geschlossen zusammenhängende Wirklichkeit voraus ... Ob das Realität ist, steht zur Frage; wenn sie es ist, dann sind allerdings die expressionistischen Zerbrechungs- und Interpolationsversuche, ebenso die neueren Intermittierungs- und Montageversuche leeres Spiel.«

Bloch sieht nun in dieser zusammenhängenden Wirklichkeit nur ein Überbleibsel der Systeme des klassischen Idealismus in meinem Denken und stellt seine eigene Auffassung folgendermaßen dar: »Vielleicht ist eine echte Wirklichkeit auch Unterbrechung. Weil Lukács einen objektivistisch-geschlossenen Realitätsbegriff hat, darum wendet er sich bei Gelegenheit des Expressionismus gegen jeden künstlerischen Versuch, ein Weltbild zu zerfällen (auch wenn das Weltbild das des Kapitalismus ist). Darum sieht er in einer Kunst, die Zersetzungen des Oberflächenzusammenhanges auswertet und Neues in den Hohlräumen zu entdecken versucht, selbst nur subjektivistische Zersetzung; darum setzt er das Experiment des Zerfällens mit dem Zustand des Verfalls gleich.«

Hier liegt eine geschlossene, bis aufs Weltanschauliche zurückgehende theoretische Begründung der modernen Kunstentwicklung vor. Bloch hat vollständig recht: bei einer grundlegenden theoretischen Aussprache über diese Fragen »müßten alle Probleme der dialektisch-materialistischen Abbildlehre zur Sprache kommen«. Dazu ist hier der Ort nicht, obwohl ich persönlich eine solche Diskussion außerordentlich begrüßen würde. Für unser jetzt zu behandelndes Problem geht es um eine viel einfachere Frage. Nämlich um die, ob der »geschlossene Zusammenhang«, die »Totalität« des kapitalistischen Systems, der bürgerlichen Gesellschaft in ihrer Einheit von Wirtschaft und Ideologie objektiv, unabhängig vom Bewußtsein, in der Wirklichkeit ein Ganzes bildet.

Unter Marxisten – und Bloch hat sich in seinem letzten Buch energisch zum Marxismus bekannt – dürfte darüber kein Streit sein. Marx sagt: »Die Produktionsverhältnisse jeder Gesellschaft bilden ein Ganzes.«

Wir müssen hier das Wort »jeder« unterstreichen, denn Bloch bestreitet gerade in bezug auf den Kapitalismus unserer Zeit diese »Totalität«. Der Gegensatz zwischen uns scheint also zwar unmittelbar, formell, kein philosophischer zu sein, sondern ein Gegensatz in der wirtschaftlich-gesellschaftlichen Auffassung des Kapitalismus selbst; da jedoch die Philosophie eine gedankliche Spiegelung der Wirklichkeit ist, folgen daraus auch philosophisch wichtige Gegensätze.

Selbstverständlich ist der zitierte Satz von Marx historisch zu verstehen, das heißt: die Totalität der Ökonomie ist selbst etwas historisch Wandelbares. Aber diese Wandlungen bestehen wesentlich in der Ausbreitung und Verstärkung des objektiven Zusammenhanges zwischen allen einzelnen ökonomischen Erscheinungen, also darin, daß die »Totalität« immer übergreifender und inhalterfüllter wird. Besteht doch nach Marx die entscheidende historisch fortschrittliche Rolle des Kapitalismus gerade darin, den Weltmarkt auszubilden, wodurch die ganze Weltwirtschaft zu einem objektiv zusammenhängenden Ganzen wird. Die primitiven Wirtschaften erzeugen eine geschlossen aussehende Oberfläche; man denke etwa an ein urkommunistisches Dorf oder auch an eine frühmittelalterliche Stadt. Diese »Geschlossenheit« beruht aber gerade darauf, daß ein solches Wirtschaftsgebiet mit sehr wenigen Fäden an seine Umgebung, an die Gesamtentwicklung der menschlichen Gesellschaft geknüpft ist. Im Kapitalismus dagegen verselbständigen sich die Momente, die Teile der Wirtschaft in einer bis dahin noch nicht vorhandenen Weise (man denke nur an die Verselbständigung des Handels, des Geldes im Kapitalismus, die sich sogar bis zur Möglichkeit von Geldkrisen, die aus der Geldzirkulation entspringen, steigerte). Die Oberfläche des Kapitalismus sieht infolge der objektiven Struktur dieses Wirtschaftssystems »zerrissen« aus, sie besteht aus sich objektiv notwendig verselbständigenden Momenten. Das muß sich natürlich im Bewußtsein der Menschen, die in dieser Gesellschaft leben, also auch im Bewußtsein der Dichter und Denker, spiegeln.

Die Verselbständigung der Teilmomente ist mithin eine objektive Tatsache der kapitalistischen Wirtschaft. Sie bildet jedoch nur einen Teil, ein Moment des Gesamtvorganges. Und die Einheit, die Totalität, der objektive Zusammenhang aller Teile trotz der objektiv vorhandenen und notwendigen Verselbständigung äußert sich am prägnantesten gerade in der Krise. Marx analysiert den dialektischen Zusammenhang dieser notwendigen Verselbständigung der Momente: »Da sie nun doch zusammengehören, so kann die Verselbständigung der zusammengehörigen Momente nur gewaltsam erscheinen, als zerstörender Prozeß. Es ist gerade die *Krise,* worin ihre Einheit sich betätigt, die Einheit des Unterschiedenen. Die Selbständigkeit, die die zueinander gehörigen und sich ergänzenden Momente gegeneinander annehmen, wird gewaltsam vernichtet. Die Krise manifestiert also die Einheit der gegeneinander verselbständigten Momente.«

Das sind die grundlegenden objektiven Momente der »Totalität« des gesellschaftlichen Zusammenhanges im Kapitalismus. Und jeder Marxist weiß, daß die grundlegenden ökonomischen Kategorien des Kapitalismus sich in den Köpfen der Menschen unmittelbar stets verkehrt spiegeln. Das heißt in unserem Fall soviel, daß die in der Unmittelbarkeit des kapitalistischen Lebens befangenen Menschen zur Zeit des sogenannten normalen Funktionierens des Kapitalismus (Etappe der verselbständigten Momente) eine Einheit erleben und denken, zur Zeit der Krise (Herstellung der Einheit der verselbständigten Momente) jedoch die Zerrissenheit als Erlebnis ansehen. Infolge der allgemeinen Krise des kapitalistischen Systems verfestigt sich dieses letztere Erlebnis für längere Zeiten in sehr breiten Kreisen derer, die sich zu den Erscheinungen des Kapitalismus bloß unmittelbar erlebend verhalten.

III

Was hat das alles mit Literatur zu tun?

Nach einer expressionistischen oder surrealistischen Theorie, die die Beziehung der Literatur zur objektiven Wirklichkeit leugnet, gar nichts; für eine marxistische Theorie der Literatur sehr viel. Wenn die Literatur tatsächlich eine besondere Form der Spiegelung der objektiven Wirklichkeit ist, so kommt es für sie sehr darauf an, diese Wirklichkeit so zu erfassen, wie sie tatsächlich beschaffen ist, und sich nicht darauf zu beschränken, das wiederzugeben, was unmittelbar erscheint. Strebt der Schriftsteller nach einer Erfassung und Darstellung der Wirklichkeit, wie sie tatsächlich ist, das heißt, ist er wirklich ein Realist, so spielt das Problem der objektiven Totalität der Wirklichkeit eine entscheidende Rolle – ganz einerlei, wie sie vom Schriftsteller gedanklich formuliert wird. Lenin hat die praktische Bedeutung der Totalitätskategorie wiederholt energisch in den Vordergrund gestellt: »Um einen Gegenstand wirklich zu kennen, muß man alle seine Seiten, alle Zusammenhänge und

›Vermittlungen‹ erfassen und erforschen. Wir werden das niemals vollständig erreichen, aber die *Forderung der Allseitigkeit* wird uns vor Fehlern und Erstarrung bewahren.« (Von mir hervorgehoben. G. L.)

Die literarische Praxis jedes wirklichen Realisten zeigt die Wichtigkeit des objektiven gesellschaftlichen Gesamtzusammenhangs und die zu seiner Bewältigung notwendige »Forderung der Allseitigkeit«. Die Tiefe der Gestaltung, die Breite und die Dauer der Wirksamkeit eines realistischen Schriftstellers hängt weitgehend davon ab, wie weit er – gestalterisch – darüber im klaren ist, was eine von ihm dargestellte Erscheinung wirklich vorstellt. Diese Auffassung von der Beziehung des bedeutenden Schriftstellers zur Wirklichkeit schließt keineswegs – wie Bloch meint – die Erkenntnis aus, daß die Oberfläche der gesellschaftlichen Wirklichkeit »Zersetzungen« zeigt und sich entsprechend im Bewußtsein der Menschen spiegelt. Wie wenig ich dieses Moment der Wirklichkeitsauffassung außer acht gelassen habe, zeigt das Motto meines alten Aufsatzes über den Expressionismus. Das als Motto gesetzte Zitat aus Lenin beginnt wie folgt: »– Das Unwesentliche, Scheinbare, an der Oberfläche Befindliche verschwindet öfter, hält nicht so ›dicht‹, sitzt nicht so ›fest‹ wie das ›Wesen‹.«

Es kommt aber nicht nur auf die Anerkennung der Existenz dieses Moments des Gesamtzusammenhangs an, sondern auch – und heute vor allem – darauf, dieses Moment als Moment des Gesamtzusammenhanges zu erkennen und es nicht gedanklich und gefühlsmäßig zur alleinigen Wirklichkeit aufzubauschen. Es geht also um die Erkenntnis der richtigen dialektischen Einheit von Erscheinung und Wesen, das heißt um eine künstlerisch gestaltete, nacherlebbare Darstellung der »Oberfläche«, die gestaltend, ohne von außen hinzugetragenen Kommentar, den Zusammenhang von Wesen und Erscheinung in dem dargestellten Lebensausschnitt aufzeigt. Wir unterstreichen den gestalteten Charakter des Zusammenhangs zwischen Wesen und Erscheinung, denn wir halten die bei politisch linksstehenden Surrealisten sehr beliebte »Einmontierung« von Thesen in Wirklichkeitsfetzen, die mit ihnen innerlich nichts zu tun haben, im Gegensatz zu Bloch, nicht für eine künstlerische Lösung dieses Problems.

Man vergleiche einmal die »soignierte Bürgerlichkeit« Thomas Manns mit dem Surrealismus von Joyce. Im Bewußtsein der Helden beider sind jene Zerrissenheit, Diskontinuität, jene Unterbrechungen und »Hohlräume« gestaltet, die Bloch sehr richtig als bezeichnend für den Bewußtseinszustand vieler Menschen in der imperialistischen Periode empfindet. Blochs Fehler liegt nur darin, daß er diesen Bewußtseinszustand unmittelbar und vorbehaltlos mit der Wirklichkeit selbst, das in diesem Bewußtsein vorhandene Bild in seiner ganzen Verzerrtheit mit der Sache selbst identifiziert, statt durch Vergleich des Bildes mit der Wirklichkeit das Wesen, die Ursachen, die Vermittlungen des verzerrten Bildes konkret aufzudecken.

Auf diese Weise macht Bloch theoretisch dasselbe, was die Expressionisten und Surrealisten künstlerisch machen. Sehen wir nun die Darstellungsweise von Joyce an. Damit dessen Bild in den Augen des Lesers nicht durch mein ablehnendes Verhalten in eine falsche Beleuchtung gerate, führe ich an, was Bloch selbst über ihn sagt: »... ein Mund ohne Ich ist hier mitten im fließenden Trieb, ja, darunter, trinkt ihn, lallt ihn, packt ihn aus. Völlig folgt die Sprache diesem Zerfall nach, sie ist nicht fertig und schon gebildet, gar genormt, sondern offen und verwirrt. Was sonst in Zeiten der Ermüdung, in Pausen des Gesprächs oder bei träumerischen, auch fahrigen Menschen spricht, sich verspricht, wortspielt: hier ist es außer Rand und Band. Die Worte sind arbeitslos geworden, aus ihrem Sinnverhältnis entlassen, bald geht die Sprache wie ein zerschnittener Wurm, bald schießt sie zusammen wie bewegtes Trickbild, bald hängt sie wie Schnürboden in die Handlung hinein.«

Das ist die Beschreibung, nun die endgültige Bewertung: »Eine taube Nuß und der unerhörteste Ausverkauf zugleich; eine Beliebigkeit aus lauter zerknüllten Zetteln, Affengeschwätz, Aalknäueln, Fragmenten aus Nichts, und der Versuch zugleich, Scholastik im Chaos zu gründen; ... Hoch-, Breit-, Tief-, Querstapelei aus verlorener Heimat; ohne Wege, mit lauter Wegen, ohne Ziele, mit lauter Zielen. Montage vermag jetzt viel, leicht beieinander wohnten früher nur die Gedanken, jetzt auch die Sachen, wenigstens im Überschwemmungsgebiet, im phantastischen Urwald der Leere.«

Wir mußten dieses lange Zitat anführen, weil die surrealistische Montage in Blochs historischer Einschätzung des Expressionismus eine sehr wichtige, ja entscheidende Rolle spielt. An einer früheren Stelle seines Buches unterscheidet auch er, wie alle Verteidiger des Expressionismus, zwischen dessen oberflächlichen und echten Vertretern. Und die Bestrebungen des echten Expressionismus leben nach Bloch weiter. Er sagt: »Aber auch heute noch ist kein großes Talent ohne expressionistische Herkunft, mindestens ohne deren höchstgesprenkelte, höchstgewittrige Nachwirkung. Den letzten ›Expressionismus‹ stellten die sogenannten Surrealisten; eine kleine Gruppe nur, aber wieder ist Avantgarde bei ihnen und: Surrealismus ist erst recht – Montage ... sie ist die Beschreibung des Durcheinanders der Erlebniswirklichkeit mit eingestürzten Sphären und Zäsuren.« Hier erkennt der Leser deutlich, was der Verteidiger des Expressionismus Bloch als die Linie der Literaturentwicklung unserer Zeit ansieht, wie bewußt er alle bedeutenden Realisten der Periode aus der Literatur geradezu ausschließt. Thomas Mann verzeihe mir, daß ich ihn in diesem Zusammenhang als Gegenbeispiel heranziehe. Man stelle sich Tonio Kröger oder Christian Buddenbrook oder die Hauptgestalten des »Zauberberg« vor. Man stelle sich weiter vor, sie wären, wie Bloch fordert, rein aus ihrem Bewußtsein und nicht im Gegensatz zu einer von ihnen unabhängigen Wirklichkeit gestaltet. Es ist klar, daß sie in ihrem Bewußtsein, so wie es unmittelbar ist, so wie ihr Denken sich vollzieht, in einer Weise vor uns stehen würden, die an »Zerrissenheit der Oberfläche« derjenigen von Joyce nichts nachgeben würde; man würde in ihr ebenso viele »Hohlräume« finden wie bei Joyce. Man sage nicht, daß diese Werke vor jener Krise entstanden sind – die objektive Krise etwa in Christian Buddenbrook führt zu einer tieferen Zerrissenheit der Seele als bei den Helden von Joyce. Und der »Zauberberg« ist mit dem Expressionismus gleichzeitig. Wenn also Thomas Mann bei den unmittelbar genommenen, photographierten und dann zusammenmontierten Gedanken- und Erlebnisfetzen dieser Menschen stehengeblieben wäre, so hätte er leicht ein ebenso »künstlerisch fortschrittliches« Gemälde geschaffen, wie es der von Bloch bewunderte Joyce tut.

Warum bleibt Thomas Mann bei so modernen Themen künstlerisch doch »altmodisch«, »herkömmlich«, gibt sich nicht »avantgardistisch«? Eben weil er ein wirklicher Realist ist, was in diesem Fall zuallererst so viel bedeutet, daß er – als gestaltender Künstler – genau weiß, wer Christian Buddenbrook, wer Tonio Kröger, wer Hans Castorp, Settembrini oder Naphta ist. Er braucht es nicht im Sinne einer abstrakt-wissenschaftlichen sozialen Analyse zu wissen: hier mag er sich irren, so wie vor ihm auch Balzac, Dickens oder L. Tolstoi geirrt haben – er weiß es aber im Sinne des schaffenden Realisten; er weiß, wie Denken und Empfinden aus dem gesellschaftlichen Sein herauswachsen, wie Erlebnisse und Empfindungen Teile eines Gesamtkomplexes der Wirklichkeit sind. Dabei zeigt er als Realist, wohin dieser Teil im Gesamtkomplex des Lebens gehört, woher er aus dem gesellschaftlichen Leben kommt, wohin er geht usw.

Wenn also Thomas Mann etwa Tonio Kröger nicht nur als einen »verirrten Bürger« bezeichnet, sondern gestaltend zeigt, wie und warum er ein »verirrter Bürger« ist, trotz seines unmittelbaren Gegensatzes zum Bürgertum, trotz seiner Heimatlosigkeit im bürgerlichen Leben, trotz seiner Ausgeschlossenheit aus dem Leben der Bürger, ja gerade darum – so hat er sich nicht nur gestalterisch, sondern auch im Verständnis für die Entwicklung der Gesellschaft turmhoch über jene »Ultraradikalen« erhoben, die sich einbilden, daß ihre antibürgerlichen Stimmungen, ihre – oft bloß ästhetische – Ablehnung des kleinbürgerlichen Muffs, ihre Verachtung der Plüschmöbel oder der Pseudorenaissance in der Architektur sie bereits objektiv zu unversöhnlichen Feinden der bürgerlichen Gesellschaft gemacht haben.

IV

Die einander rasch ablösenden modernen literarischen Richtungen der imperialistischen Periode vom Naturalismus bis zum Surrealismus gleichen einander darin, daß sie die Wirklichkeit so nehmen, wie sie dem Schriftsteller und seinen Gestalten unmittelbar erscheint. Diese unmittelbare Erscheinungsform wechselt im Laufe der gesellschaftlichen Entwicklung. Und zwar sowohl objektiv wie subjektiv, je nachdem wie die von uns bereits geschilderten objektiven Erscheinungsformen der kapitalistischen Wirklichkeit wechseln, und je nachdem, wie Klassenumschichtung und Klassenkampf verschiedene Spiegelungen dieser Oberfläche hervorbringen. Dieser Wechsel bedingt vor allem das rasche Sich-Ablösen und das erbitterte Sich-Bekämpfen der verschiedenen Richtungen.

Aber sie bleiben alle, gedanklich wie gefühlsmäßig, bei dieser ihrer Unmittelbarkeit stehen, graben nicht nach dem Wesen, das heißt nach dem wirklichen Zusammenhang ihrer Erlebnisse mit dem wirklichen Leben der Gesellschaft, nach den verborgenen Ursachen, die diese Erlebnisse objektiv hervorbringen, nach jenen Vermittlungen, die diese Erlebnisse mit der objektiven Wirklichkeit der Gesellschaft verbinden. Sie schaffen im Gegenteil – mehr oder weniger bewußt – gerade aus dieser Unmittelbarkeit heraus spontan ihren künstlerischen Stil.

Der Gegensatz aller modernen Richtungen zu den in dieser Zeit spärlich vorhandenen Überlieferungen der alten Literatur und Literaturtheorie gipfelt zugleich in einem leidenschaftlichen Protest gegen die Anmaßung einer Kritik, die ihnen angeblich verbietet, so zu schreiben, »wie ihnen der Schnabel gewachsen ist«. Die Vertreter dieser verschiedenen Richtungen übersehen dabei, daß die wirkliche Freiheit, die Freiheit von den reaktionären Vorurteilen der imperialistischen Periode (und zwar nicht nur auf künstlerischem Gebiet) auf dem Boden der Spontaneität, des Befangenbleibens in der Unmittelbarkeit, niemals erreicht werden kann. Denn die spontane Entwicklung des imperialistischen Kapitalismus produziert und reproduziert ununterbrochen gerade diese reaktionären Vorurteile auf immer höherer Stufe (gar nicht zu sprechen davon, daß die imperialistische Bourgeoisie diesen Reproduktionsvorgang bewußt fördert). Und es gehört eine harte Arbeit, ein Verlassen und Überwinden der Unmittelbarkeit, ein Wägen und Messen aller subjektiven Erlebnisse an der gesellschaftlichen Wirklichkeit – sowohl des Inhalts wie der Form dieser Erlebnisse –, ein tieferes Erforschen der Wirklichkeit dazu, um die reaktionären Beeinflussungen der imperialistischen Umwelt in den eigenen Erlebnissen zu entdecken und kritisch über sie hinauszugehen.

Diese harte Arbeit haben die bedeutenden Realisten unserer Zeit künstlerisch, weltanschaulich und politisch ununterbrochen getan und tun sie heute noch. Man vergegenwärtige sich nur die Entwicklung Romain Rollands, Thomas und Heinrich Manns. So verschieden diese Entwicklungen in jeder Hinsicht voneinander sind – dieser Zug ist ihnen allen gemeinsam.

Wenn wir das Stehenbleiben auf dem Niveau der Unmittelbarkeit bei den verschiedenen modernen Richtungen feststellen, so wollen wir damit die künstlerische Arbeit, die die ernsten Schriftsteller vom Naturalismus bis zum Surrealismus geleistet haben, nicht leugnen. Sie haben ja aus ihren Erlebnissen einen Stil, eine folgerecht durchgeführte, oft artistisch reizvolle und interessante

Ausdrucksweise geschaffen. Aber diese ganze Arbeit erhebt sich, wenn man ihre Beziehung zur gesellschaftlichen Wirklichkeit ins Auge faßt, weder weltanschaulich noch künstlerisch über das Niveau der Unmittelbarkeit.

Und darum ist der künstlerische Ausdruck, der hier entsteht, abstrakt, eingleisig. (Es ist dabei vollständig gleichgültig, ob eine die betreffende Richtung begleitende ästhetische Theorie für oder gegen die »Abstraktion« in der Kunst ist. Seit dem Expressionismus wird übrigens die Abstraktion immer stärker auch theoretisch betont.) Es gibt vielleicht Leser, die jetzt meinen, daß in unseren Darlegungen ein Widerspruch vorliege: es scheint, als ob Unmittelbarkeit und Abstraktion einander vollständig ausschließen. Es ist aber eine der größten gedanklichen Errungenschaften der dialektischen Methode – schon bei Hegel –, daß sie die innere Zusammengehörigkeit von Unmittelbarkeit und Abstraktion aufgedeckt und nachgewiesen hat, daß auf dem Boden der Unmittelbarkeit nur ein abstraktes Denken zustandekommen kann.

Marx hat auch hier die Hegelsche Philosophie auf die Füße gestellt und in der Analyse der wirtschaftlichen Zusammenhänge wiederholt konkret nachgewiesen, wie diese Zusammengehörigkeit von Unmittelbarkeit und Abstraktion in der Spiegelung ökonomischer Tatsachen zum Ausdruck kommt. Wir müssen uns hier auf die ganz kurze, hinweisartige Beleuchtung eines solchen Beispiels beschränken. Marx zeigt, daß die Zusammenhänge des Geldumlaufs und seines Agenten, des Geldhandelskapitals, die äußerste Abstraktion des kapitalistischen Gesamtvorganges, das Auslöschen aller Vermittlungen darstellen. Nimmt man sie so, wie sie erscheinen, in scheinbarer Unabhängigkeit vom Gesamtvorgang, so erhalten sie die Gestalt einer rein gedankenlosen, vollständig fetischisierten Abstraktion: »Geld heckendes Geld«. Aber gerade darum fühlen sich die Vulgär-Ökonomen, die an der Unmittelbarkeit der Erscheinungsoberfläche des Kapitalismus stehenbleiben, gerade in der Welt dieser fetischisierten Abstraktion in ihrer Unmittelbarkeit bestätigt, sie fühlen sich hier so wohl wie der Fisch im Wasser und protestieren leidenschaftlich gegen die »Anmaßung« der marxistischen Kritik, die von den Ökonomen eine Berücksichtigung des gesellschaftlichen Gesamtvorgangs der Reproduktion fordert. Ihr »Tiefsinn besteht hier wie immer nur darin, die Staubwolken der Oberfläche zu sehn und dies Staubige anmaßlich als etwas Geheimnisvolles und Bedeutendes auszusprechen«, wie Marx über Adam Müller sagt. Aus solchen Erwägungen heraus habe ich in meinem alten Aufsatz den Expressionismus als ein »Wegabstrahieren von der Wirklichkeit«[2] gekennzeichnet.

Selbstverständlich: ohne Abstraktion keine Kunst – wie könnte sonst das Typische entstehen? Aber das Abstrahieren hat – wie jede Bewegung – eine Richtung, und auf diese kommt es hier an. Jeder bedeutende Realist bearbeitet – auch mit den Mitteln der Abstraktion – seinen Erlebnisstoff, um zu den Gesetzmäßigkeiten der objektiven Wirklichkeit, um zu den tiefer liegenden, verborgenen, vermittelten, unmittelbar nicht wahrnehmbaren Zusammenhängen der gesellschaftlichen Wirklichkeit zu gelangen. Da diese Zusammenhänge nicht unmittelbar an der Oberfläche liegen, da diese Gesetzmäßigkeiten sich verschlungen, ungleichmäßig, bloß tendenzartig durchsetzen, entsteht für den bedeutenden Realisten eine ungeheure, eine doppelte künstlerische wie weltanschauliche Arbeit: nämlich erstens das gedankliche Aufdecken und künstlerische Gestalten dieser Zusammenhänge; zweitens aber, und unzertrennbar davon, das künstlerische Zudecken der abstrahiert erarbeiteten Zusammenhänge – die Aufhebung der Abstraktion. Es entsteht durch diese doppelte Arbeit eine neue, gestaltet vermittelte Unmittelbarkeit, eine gestaltete Oberfläche des Lebens, die, obwohl sie in jedem Moment das Wesen klar durchscheinen läßt (was in der Unmittelbarkeit des Lebens selbst nicht der Fall ist), doch als Unmittelbarkeit, als Oberfläche des Lebens erscheint. Und zwar als die ganze Oberfläche des Lebens in allen ihren wesentlichen Bestimmungen – nicht nur ein subjektiv wahrgenommenes und abstrahierend übersteigertes und isoliertes Moment aus dem Komplex dieses Gesamtzusammenhangs.

Das ist die künstlerische Einheit von Wesen und Erscheinung. Je vielfältiger, reicher, verschlungener, »schlauer« (Lenin) sie ist, je stärker sie den lebendigen Widerspruch des Lebens, die lebendige Einheit des Widerspruchs von Reichtum und Einheit der gesellschaftlichen Bestimmungen faßt, desto größer und tiefer wird der Realismus.

Was bedeutet im Gegensatz dazu das »Wegabstrahieren von der Wirklichkeit«? Die undurchsichtige, zerrissen gespiegelte, chao-

2 Georg Lukács, »›Größe und Verfall‹ des Expressionismus«, in: GLW, Bd. 4, S. 140 f. [Anm. d. Hg.].

tisch erscheinende, unverstandene, nur unmittelbar erlebte Oberfläche wird bei mehr oder weniger bewußter Ausschaltung und Ignorierung der objektiven Vermittlungen ohne gedankliche Erhebung über dieses Niveau als solche fixiert. In der Wirklichkeit gibt es nirgends einen Stillstand. Die gedankliche und künstlerische Arbeit muß sich entweder zu der Wirklichkeit hin oder von ihr weg bewegen. Diese letzte Bewegung entstand bereits – scheinbar paradox – im Naturalismus; Milieutheorie, zur Mythologie fetischisierte Vererbung, eine Ausdrucksform, die die Äußerlichkeiten des unmittelbaren Lebens abstrakt fixierte, und anderes verhinderten bereits hier einen künstlerischen Durchbruch zur lebendigen Dialektik von Erscheinung und Wesen, oder genauer ausgedrückt: das Fehlen eines solchen Durchbruchs bei den naturalistischen Schriftstellern hat diese Ausdrucksweise hervorgebracht. Beides steht in lebendiger Wechselwirkung.

Darum mußten die photographisch und phonographisch so treu abgebildeten Lebensoberflächen des Naturalismus doch tot bleiben, ohne innere Bewegung, zustandhaft. Darum glichen die äußerlich so verschiedenen naturalistischen Dramen und Romane einander bis zur Verwechselbarkeit. (In diesem Zusammenhang müßte man eine der größten Kunsttragödien unserer Zeit behandeln: die Gründe, warum Gerhart Hauptmann nach seinen blendenden Anfängen doch kein großer Realist wurde. Dazu ist hier kein Raum. Wir beschränken uns hier auf den Hinweis, daß für den Dichter der »Weber« und des »Biberpelz« der Naturalismus eine Hemmung und keine Förderung war; daß die Überwindung des Naturalismus sich bei ihm ohne Hinausgehen über seine weltanschaulichen Grundlagen vollzog).

Die künstlerischen Schranken der naturalistischen Ausdrucksweise wurden rasch erkannt. Aber sie wurden nie von Grund aus kritisiert. Der einen abstrakten Unmittelbarkeit wurde immer wieder eine andersgeartete, scheinbar entgegengesetzte, aber ebenso abstrakte Unmittelbarkeit gegenübergestellt. Es ist für die Kunsttheorie und Kunstpraxis dieser ganzen Entwicklung bezeichnend, daß die Vergangenheit sich dem Wesen nach stets auf die unmittelbar vorangegangene Richtung beschränkt: der Impressionismus etwa auf den Naturalismus. Damit bleiben Theorie wie Praxis in diesem ganz äußerlichen, ganz abstrakten Gegensatz befangen. Diese Betrachtungsweise reicht noch in unsere Debatte hinein. Rudolf Leonhard leitet die historische Notwendigkeit des Expressionismus ebenfalls auf diese Weise ab: »Denn dieser Gegensatz zum unerträglich, unmöglich gewordenen Impressionismus ist der eine Grund des Expressionismus«, sagt er und führt diese Anschauung klar durch, ohne aber auf die anderen Gründe näher einzugehen. Scheinbar steht der Expressionismus in einem ganz schroffen, ganz ausschließenden Gegensatz zu den früher aufgetretenen literarischen Richtungen. Er betont ja als Mittelpunkt seiner Gestaltungsweise gerade das Herausheben des Wesens; das nennt Leonhard den »unnihilistischen« Zug im Expressionismus.

Aber dieses Wesen ist nicht das objektive Wesen der Wirklichkeit, des Gesamtprozesses. Dieses Wesen ist gerade das rein Subjektive. Ich will mich hier nicht auf die verpönten alten Theoretiker des Expressionismus berufen. Wenn Ernst Bloch den eigentlichen und uneigentlichen Expressionismus voneinander unterscheidet, betont er gerade das subjektive Moment: »Der Expressionismus im *Original* war vielmehr Bildsprengung, war aufgerissene Oberfläche auch vom Original her, nämlich vom Subjekt, das gewalttätig aufriß und verschränkte.«

Gerade diese Bestimmung des Wesens macht es notwendig, daß es bewußt, stilisierend, abstrahierend vom Zusammenhang, von den Vermittlungen abgetrennt, isoliert für sich genommen wurde. Der folgerechte Expressionismus leugnet jede Beziehung zur Wirklichkeit, sagt allen Inhalten der Wirklichkeit einen subjektivistischen Krieg an. Ich will mich hier in die Diskussion, ob und wie weit Gottfried Benn als typischer Expressionist aufgefaßt werden darf, nicht einmischen; ich finde aber, daß jenes Lebensgefühl, das Bloch in seinen Darlegungen über Expressionismus und Surrealismus so bilderreich und eindringlich beschreibt, in Benns Buch »Kunst und Macht« am schroffsten, am aufrichtigsten und plastischsten zum Ausdruck gekommen ist: »… Es gab in Europa zwischen 1910 und 1925 überhaupt kaum einen anderen als den antinaturalistischen Stil. Es gab ja auch keine Wirklichkeit, höchstens noch ihre Fratzen. Wirklichkeit, das war ein kapitalistischer Begriff … Der Geist hatte keine Wirklichkeit.«

Klar und entschieden finden wir diesen Tatbestand und seine Konsequenzen bei Heinrich Vogeler formuliert. Aus der richtigen Erkenntnis der expressionistischen Abstraktion kommt er zu der richtigen Folgerung: »Er (nämlich der Expressionismus. G.L.) war der Totentanz der bürgerlichen Kunst ... Das ›Wesen der Dinge‹ glaubte der Expressionismus zu geben, doch er gab die Verwesung.«

Als notwendige Folge einer wirklichkeitsfremden oder gar feindlichen Einstellung entsteht in steigendem Maße in der »avantgardistischen« Kunst eine immer größere Inhaltsarmut, die sich im Laufe der Entwicklung zu einer grundsätzlichen Inhaltslosigkeit, ja Inhaltsfeindlichkeit steigert. Wieder hat Gottfried Benn diesen Zusammenhang am klarsten ausgesprochen: »... auch der Begriff des Inhalts selbst ist fragwürdig geworden. Inhalte – was soll das noch, das ist ja alles ausgelaugt, ausgelaufen, Staffage – Bequemlichkeiten des Herzens, Versteifungen des Gefühls, kleine Herde lügenverfallener Substanzen – Lebenslügen, Gestaltloses ...«

Diese Beschreibung kommt – wie der Leser selbst beurteilen kann – der Blochschen Beschreibung der Welt des Expressionismus und des Surrealismus recht nahe. Freilich ziehen Benn und Bloch aus diesen Feststellungen ganz entgegengesetzte Konsequenzen. Bloch sieht an einzelnen Stellen seines Buches ziemlich klar die Problematik der heutigen Kunst, die sich aus der von ihm beschriebenen Einstellung zur Welt ergibt: »So kommen wichtige Dichter in den Stoffen nicht mehr unmittelbar unter, sondern sie zerbrechen. Die herrschende Welt verbreitet ihnen keinen darstellbaren Schein mehr, der auszufabeln wäre, sondern nur Leere, mischbaren Bruch darin.«

Bloch untersucht darauf den Weg in der revolutionären Periode der Bourgeoisie bis zu Goethe und fährt nun folgendermaßen fort: »... auf Goethe aber folgte, statt des weiteren Erziehungsromans, der französische der Desillusion; und heute gar in der perfekten Nicht-Welt, Gegen-Welt oder auch Trümmer-Welt des großbürgerlichen Hohlraums ist ›Versöhnung‹ konkreten Dichtern weder eine Gefahr noch möglich. Kein anderes Verhalten hier als ein dialektisches (?! G. L.); entweder als Material für dialektische Montage oder als ihr Experiment. Selbst die Welt des Odysseus wurde beim musischen Joyce zur Wandelgalerie des alles zersprengenden, allzersprungenen Heute im kleinsten Kreis- und Querlauf. Ein Querlauf, weil den Menschen etwas fehlt, nämlich die Hauptsache ...«

Wir wollen hier mit Bloch nicht um Kleinigkeiten streiten, also weder um den rein individuellen Gebrauch des Wortes Dialektik, noch um die falsche Konstruktion, die den Desillusionsroman unmittelbar an Goethe anschließen läßt. (Meine frühere »Theorie des

Romans« ist an diesem historischen Irrtum Blochs mitschuldig.) Es kommt hier auf Wichtigeres an. Nämlich darauf, daß Bloch – freilich mit verkehrten Vorzeichen der Bewertung – den Gedanken ausspricht, daß Fabel und Komposition der Literaturwerke von der Beziehung des Menschen zur objektiven Wirklichkeit abhängig ist. Soweit ist alles richtig. Indem aber Bloch das historische Recht des Expressionismus und Surrealismus nachweisen will, untersucht er nicht mehr die objektiven Beziehungen zwischen Gesellschaft und handelnden Menschen unserer Zeit, die, wie der »Jean Christophe« zeigt, sogar einen Erziehungsroman zulassen, sondern er konstruiert sich aus dem isoliert genommenen Bewußtseinszustand einer bestimmten Intellektuellenschicht den objektiven Zustand der heutigen Welt zurecht, die ihm dann ganz folgerichtig – und leider der Auffassung Benns verwandt – als »Nicht-Welt« erscheint. Für Dichter, die so zur Wirklichkeit stehen, ist selbstverständlich keine Handlung, kein Aufbau, kein Inhalt, keine Komposition im »herkömmlichen Sinne« möglich. Für Menschen, die die Welt so erleben, sind tatsächlich Expressionismus und Surrealismus die einzig möglichen Ausdrucksweisen ihres Weltgefühls. Diese philosophische Rechtfertigung des Expressionismus und Surrealismus krankt »nur« daran, daß Bloch, statt an die Wirklichkeit zu appellieren, einfach und unkritisch die expressionistische und surrealistische Attitüde zur Wirklichkeit in eine farbenreiche Begriffssprache umsetzt.

Trotz dieses scharfen Gegensatzes in allen Bewertungen halte ich die Feststellung bestimmter Tatsachen bei Bloch für richtig und wertvoll. Er ist nämlich im Aufzeigen der notwendigen Entwicklung, die über den Expressionismus zum Surrealismus führt, der folgerichtigste aller »Avantgardisten«. Er hat auch in dieser Hinsicht das Verdienst, die Montage als notwendige künstlerische Ausdrucksform dieser Entwicklungsstufe erkannt zu haben. (Sein Verdienst wird noch dadurch gesteigert, daß er die Montage nicht nur in der gegenwärtigen Kunst des »Avantgardismus«, sondern auch in der bürgerlichen Philosophie unserer Zeit mit großem Scharfsinn nachweist.)

Aber gerade dadurch tritt die antirealistische Eingleisigkeit dieser ganzen Entwicklung bei ihm klarer hervor als bei anderen Theoretikern dieser Richtung. Diese Eingleisigkeit ist – und darüber spricht Bloch nicht – bereits im Naturalismus vorhanden. Die künstlerische »Verfeinerung«, die der Impressionismus gegenüber dem Naturalismus bringt, »reinigt« die Kunst noch mehr von den komplizierten Vermittlungen, von den verschlungenen Wegen der objektiven Wirklichkeit, der objektiven Dialektik von Sein und Bewußtsein in den gestalteten Menschen und Fabeln. Der Symbolismus ist bereits klar und bewußt eingleisig, denn die Heterogeneität der sinnlichen Hülle des Symbols und des Symbolgehalts geht bereits auf dem schmalen, einspurigen Weg der subjektiven Assoziation ihrer symbolhaften Verbindung.

Die Montage bedeutet den Gipfelpunkt dieser Entwicklung, und darum begrüßen wir die Entschiedenheit, mit der Bloch sie künstlerisch und philosophisch in den Mittelpunkt des »avantgardistischen« Dichtens und Denkens stellt. Wo die Montage in ihrer Originalform, als Photomontage, frappant und mitunter agitatorisch stark wirken kann, stammt ihre Wirkung gerade daher, daß sie sachlich ganz verschiedenartige, vereinzelte und aus dem Zusammenhang gerissene Stücke der Wirklichkeit überraschend zusammenstellt. Die gute Photomontage hat die Wirkung eines guten Witzes. In dem Augenblick aber, in dem diese – beim einzelnen Witz berechtigte und wirksame – eingleisige Verbindung mit dem Anspruch auf Gestaltung der Wirklichkeit (auch wenn diese als das Unwirkliche gefaßt wird), des Zusammenhanges (auch wenn er als Zusammenhanglosigkeit formuliert wird), der Totalität (auch wenn sie als Chaos erlebt wurde) auftritt, muß der Enderfolg eine tiefe Monotonie sein. Die Einzelheiten mögen in den buntesten Farben erglänzen, das Ganze ergibt ein trostloses Grau in Grau, so wie die Pfütze schmutziges Wasser bleibt, auch wenn ihre Bestandteile die verschiedenartigsten Farben aufweisen.

Diese Monotonie ist die notwendige Folge des Aufgebens der objektiven Wirklichkeitswiderspiegelung, des künstlerischen Ringens um die Gestaltung der reich verschlungenen Vielheit und Einheit der Vermittlungen und ihrer Aufhebung in den Gestalten. Denn dieses Weltgefühl läßt keine Komposition, kein Krescendo und Dekrescendo, keinen Aufbau von innen, aus der wirklichen Natur des gestalteten Lebensstoffes zu.

Wenn nun diese künstlerischen Bestrebungen dekadent genannt werden, so entsteht oft ein Schrei der Entrüstung über die »schulmeisterliche Anmaßung von eklektischen Akademikern«. Es sei mir deshalb gestattet, mich auf einen Fachmann in Angelegenheit der Dekadenz zu berufen, den meine Opponenten auch in anderen Fragen als hohe Autorität schätzen, auf Friedrich Nietzsche. »Womit kennzeichnet sich jede literarische décadence?« fragt er. Und antwortet: »Damit, daß das Leben nicht mehr im Ganzen wohnt. Das Wort wird souverän und springt aus dem Satz hinaus, der Satz greift über und verdunkelt den Sinn der Seite, die Seite gewinnt Leben auf Unkosten des Ganzen – das Ganze ist kein Ganzes mehr. Aber das ist das Gleichnis für jeden Stil der décadence: jedesmal Anarchie der Atome, Disgregation des Willens ... Das Leben, die *gleiche* Lebendigkeit, die Vibration und Exuberanz des Lebens in die kleinsten Gebilde zurückgedrängt, der Rest *arm* an Leben. Überall Lähmung, Mühsal, Erstarrung *oder* Feindschaft und Chaos: beides immer mehr in die Augen springend, in je höheren Formen der Organisation man aufsteigt. Das Ganze lebt überhaupt nicht mehr; es ist zusammengesetzt, berechnet, künstlich, ein Artefact.« Diese Charakteristik Nietzsches ist eine ebenso gute Beschreibung der künstlerischen Bestrebungen solcher Richtungen wie der von Bloch oder Benn.

Natürlich sind diese Grundsätze niemals, selbst bei Joyce nicht, hundertprozentig durchgeführt. Denn ein hundertprozentiges Chaos existiert nur im Kopfe der Irren, ebenso wie schon Schopenhauer richtig gesagt hat, daß man einen hundertprozentigen Solipsismus nur im Irrenhaus finden kann. Da aber das Chaos die weltanschauliche Grundlage der avantgardistischen Kunst bildet, müssen alle zusammenhaltenden Prinzipien aus einem stofffremden Material stammen: daher die montierten Kommentare, daher der Simultanismus usw. Alles dies kann nur Surrogat sein, alles dies bedeutet nur die Steigerung der Eingleisigkeit dieser Kunst.

V

Daß alle diese Richtungen entstanden sind, ist aus der Ökonomie, aus der gesellschaftlichen Struktur, aus den Klassenkämpfen der imperialistischen Periode verständlich. Darum hat Rudolf Leonhard vollständig recht, wenn er im Expressionismus eine notwendige historische Erscheinung erblickt. Er hat aber nur zur Hälfte recht, wenn er in Anwendung des berühmten Hegelschen Satzes so fortfährt: »Der Expressionismus war; also war er einmal, war er damals vernünftig.« So einfach ist die »Vernunft der Geschichte« selbst bei Hegel nicht, obwohl dessen Idealismus in den Vernunftbegriff zuweilen eine Apologie des Seienden hineinträgt; und so einfach ist die »Vernünftigkeit« (die historische Notwendigkeit) für den Marxismus erst recht nicht. Die Anerkennung der historischen Notwendigkeit im Marxismus ist weder eine Rechtfertigung des Bestehenden (auch nicht zur Zeit seines Bestehens) noch der Ausdruck einer fatalistischen Notwendigkeit in der Geschichte. Wir können das am besten wieder an einem ökonomischen Beispiel veranschaulichen. Ohne Frage war die ursprüngliche Akkumulation, die Trennung der kleinen Produzenten von ihren Produktionsmitteln, die Schaffung des Proletariats mit allen unmenschlichen Gräueln eine historische Notwendigkeit. Trotzdem wird es keinem Marxisten einfallen, die englische Bourgeoisie dieser Zeit als – Hegelsche Trägerin der Vernunft zu verherrlichen. Und noch weniger wird es einem Marxisten einfallen, hierin die fatalistische Notwendigkeit einer Entwicklung über den Kapitalismus zum Sozialismus zu erblicken. Marx hat wiederholt dagegen protestiert, daß man sogar für das Rußland seiner Zeit den Weg über die ursprüngliche Akkumulation zum Kapitalismus fatalistisch als den einzig möglichen betrachtete; und heute, unter den Bedingungen des verwirklichten Sozialismus in der Sowjetunion, ist die Vorstellung, daß die primitiven Länder über ursprüngliche Akkumulation zum Kapitalismus und erst über diesen zum Sozialismus kommen können, geradezu ein Programm der Gegenrevolution. Wenn wir also mit Leonhard die historische Notwendigkeit der Entstehung des Expressionismus bejahen, so bedeutet das keineswegs die Anerkennung seiner künstlerischen Richtigkeit, die Anerkennung, daß er ein notwendiger Baustein für die Kunst der Zukunft sei.

Darum können wir uns nicht mit Leonhard einverstanden erklären, wenn er im Expressionismus »die Festsetzung des Menschen und die Härtung der Dinge zur Ermöglichung des neuen Realismus« erblickt. Hier hat Bloch gegenüber Leonhard vollständig recht, wenn er im Surrealismus, in der Herrschaft der Montage die notwendige und folgerechte Fortsetzung des Expressionismus sieht.

Aus der historischen Bewertung des Expressionismus, die in meinem alten Aufsatz bereits klar ausgesprochen wurde, formuliert nun Bloch folgende Anklage gegen mich: »Avantgarde innerhalb der spätkapitalistischen Gesellschaft gibt es dann nicht, antizipierende Bewegungen im Überbau sollten nicht wahr sein.«

Diese Anschuldigung stammt daher, daß Bloch den Weg der heutigen Kunst ausschließlich in jenem sieht, der zum Surrealismus und zur Montage führt. Wird die Avantgarderolle dieser Richtungen bestritten, so wird nach Bloch die Möglichkeit einer jeden ideologischen Vorwegnahme der gesellschaftlichen Entwicklung zwangsläufig in Frage gestellt.

Das stimmt aber nicht. Der Marxismus hat stets die vorwegnehmende Funktion der Ideologie anerkannt. Wenn wir auf dem Gebiet der Literatur bleiben wollen, so sei daran erinnert, was Paul Lafargue über die Bewertung Balzacs durch Marx sagt: »Balzac war nicht nur der Historiker der Gesellschaft seiner Zeit, sondern auch der Schöpfer prophetischer Gestalten, die unter Louis Philippe sich noch im embryonalen Zustande befanden und erst nach seinem Tode, unter Napoleon III., sich vollständig entwickelten.«

Gilt aber diese Marxsche Auffassung auch für unsere Gegenwart? Selbstverständlich gilt sie. Nur finden wir solche »prophetischen Gestalten« ausschließlich bei den bedeutenden Realisten. In den Romanen, Novellen und Dramen Maxim Gorkis gibt es solche Gestalten in Fülle. Wer die letzten Ereignisse in der Sowjetunion aufmerksam und mit ungetrübtem Blick verfolgte, wird sehen, daß Gorki in seinem Karamora, seinem Klim Samgin, Dostigajew u.a. eine Reihe von Typen, die uns ihr wirkliches Wesen erst jetzt vollständig enthüllt haben, »prophetisch« im Sinne von Marx vorweggenommen hat. Wir können ähnliche Beispiele auch in der deutschen Literatur finden. Man denke an die früheren Romane Heinrich Manns, etwa an den »Untertan«, an den »Professor Unrat« und an noch andere mehr – wer wollte leugnen, daß hier eine Reihe von widerwärtigen und kleinlich-bestialischen Zügen der deutschen Bourgeoisie und des demagogisch irregeführten Kleinbürgertums, die sich erst unter dem Faschismus vollständig entfaltet haben, »prophetisch« vorwegnehmend gestaltet wurden? Und man sehe sich von diesem Standpunkt die Gestalt seines Henri IV. an. Sie ist eine wirklich lebenswahre, historisch echte Figur; gleichzeitig ist sie aber eine Vorwegnahme jener humanistischen Züge, die bei den Kämpfern der antifaschistischen Front erst im Laufe der Entwicklung, erst im Vorgang der Besiegung des Faschismus entfaltet hervortreten konnten.

Nehmen wir ein Gegenbeispiel, ebenfalls aus unserer Zeit. Der ideologische Kampf gegen den Krieg war ein Hauptthema der besten Expressionisten. Was ist aber aus dieser Dichtung als Vorwegnahme des die ganze gesittete Welt bedrohenden neuen imperialistischen Krieges vorhanden? Ich glaube, niemand wird bestreiten, daß diese Dichtungen heute vollständig veraltet und auf die Gegenwart absolut unanwendbar sind. (Dagegen hat der Realist Arnold Zweig in seinem »Sergeant Grischa«, in seiner »Erziehung vor Verdun« den Zusammenhang von Krieg und Hinterland, die soziale und individuelle Fortsetzung und Steigerung der »normalen« kapitalistischen Bestialität im Kriege so gestaltet, daß er dadurch eine ganze Reihe der wesentlichen Momente des neuen Krieges vorwegnahm.)

In alledem liegt nichts Geheimnisvolles oder Paradoxes – es ist gerade das Wesen jedes echten und bedeutenden Realismus. Da ein solcher Realismus von Don Quichotte über den Oblomow bis zu den Realisten unserer Tage auf das Schaffen von Typen ausgeht, muß er in den Menschen, in den Beziehungen der Menschen zueinander, in den Situationen, in denen die Menschen handeln, solche dauernden Züge suchen, die als objektive Entwicklungstendenzen der Gesellschaft, ja der ganzen Menschheitsentwicklung, durch lange Perioden hindurch wirksam sind. Solche Schriftsteller bilden eine wirkliche ideologische Avantgarde, denn sie gestalten die lebendigen, aber unmittelbar noch verborgenen Tendenzen der objektiven Wirklichkeit so tief und so wahr, daß ihre Gestaltung von der späteren Wirklichkeitsentwicklung bestätigt wird, und zwar nicht bloß im Sinne der einfachen Übereinstimmung einer gelungenen Photographie mit dem Original, sondern gerade als Ausdruck einer vielfältigen und reichen Erfassung der Wirklichkeit, als Widerspiegelung ihrer unter der Oberfläche verborgenen Strömungen, die erst in einer späteren Entwicklungsstufe voll entfaltet und für alle wahrnehmbar in Erscheinung treten. Im großen Realismus wird also eine nicht unmittelbar evidente, aber objektiv desto wichtigere dauerhafte Tendenz der Wirklichkeit gestaltet, nämlich der Mensch in seinen vielfältigen Beziehungen zur Wirklichkeit, und zwar gerade das Dauernde in dieser reichen Vielfältigkeit. Und es wird darüber hinaus eine Entwicklungstendenz erkannt und gestaltet, die zur Zeit ihrer Gestaltung erst im Keim existierte und noch nicht alle ihre objektiven und subjektiven

Bestimmungen gesellschaftlich und menschlich entfalten konnte. Solche unterirdischen Strömungen zu erfassen und zu gestalten ist die große historische Sendung der wirklichen Avantgarde in der Literatur. Ob ein Schriftsteller wirklich zur Avantgarde gehört, kann nur die Entwicklung selbst bezeugen, indem sie erweist, daß er wichtige Eigenschaften, Entwicklungsrichtungen, soziale Funktionen von Menschentypen richtig erkannt und dauernd wirksam gestaltet hat. Es bedarf nach den bisherigen Ausführungen hoffentlich keiner erneuten Argumentation, daß eine solche wirkliche Avantgarde der Literatur nur die bedeutenden Realisten bilden können.

Es kommt also nicht auf das noch so aufrichtige subjektive Erlebnis an, sich als Avantgardist zu fühlen und bestrebt zu sein, an der Spitze der Kunstentwicklung zu marschieren, auch nicht auf die erstmalige Erfindung noch so blendender technischer Neuerungen – sondern es kommt auf den sozialen und menschlichen Inhalt des Avantgardismus an, auf die Breite, Tiefe und Wahrheit dessen, was »prophetisch« vorweggenommen wird.

Kurz: nicht das Leugnen der Möglichkeit einer vorwegnehmenden Bewegung im Überbau ist hier der Streitpunkt, sondern die Fragen sind: wer hat die Entwicklung vorweggenommen? Worin hat er sie vorweggenommen? Was hat er vorweggenommen?

Wir haben eben an einigen Beispielen, die leicht vermehrt werden könnten, gezeigt, was die bedeutenden Realisten unserer Zeit künstlerisch, Typen schaffend, vorweggenommen haben. Wenn wir nun die Gegenfrage stellen, was der Expressionismus vorweggenommen habe, so können wir – auch von Bloch – nur die Antwort erhalten: den Surrealismus – also eine andere literarische Richtung, deren grundsätzliche Unfähigkeit, gesellschaftliche Entwicklungen in der Menschengestaltung vorwegzunehmen, aus der Charakteristik, die ihre größten Verehrer gegeben haben, klar hervorging. Mit dem Schaffen »prophetischer Gestalten«, mit einer wirklichen Vorwegnahme späterer Entwicklungen hat der »Avantgardismus« nichts zu tun, hat er nie etwas zu tun gehabt.

Wenn also auf diese Weise das Kriterium des Avantgardismus in der Literatur geklärt ist, so sind auch die konkreten Fragen unschwer zu beantworten. Wer ist nun Avantgardist in unserer Literatur? »Prophetische« Gestalter vom Typus Gorkis oder der verstorbene Hermann Bahr, der vom Naturalismus bis zum Surrealismus vor jeder neuen Mode als Tambourmajor einherstolzierte, um jede Richtung, ein Jahr bevor sie aus der Mode kam, zu »überwinden«? Herr Bahr ist selbstverständlich eine Karikatur, und es liegt mir ganz fern, die überzeugten Verteidiger des Expressionismus mit ihm gleichzustellen. Er ist aber die Karikatur von etwas Wirklichem: nämlich vom formalistischen, inhaltlosen, vom großen Strom der gesellschaftlichen Gesamtentwicklung abgerissenen Avantgardismus. Es ist eine alte Wahrheit des Marxismus, daß man jede menschliche Tätigkeit danach zu beurteilen hat, was sie objektiv im Gesamtzusammenhang darstellt, und nicht danach, was das handelnde Subjekt selbst über seine eigene Tätigkeit meint. Es ist also einerseits nicht notwendig, in jeder Hinsicht bewußt »Avantgardist« sein zu wollen (man denke nur an den Royalisten Balzac), anderseits kann selbst der glühendste Wille, die glühendste Überzeugung, die Kunst zu revolutionieren, etwas »radikal Neues« geschaffen zu haben, wenn es beim bloßen Willen, bei der bloßen Überzeugung bleibt, keinen Schriftsteller zum Vorwegnehmer künftiger Entwicklungstendenzen machen.

VI

Man kann diese alte Wahrheit auch sehr volkstümlich ausdrücken: der Weg zur Hölle ist mit guten Vorsätzen gepflastert. Jeder von uns kommt zuweilen, wenn er seine eigene Entwicklung ernst nimmt und sie deshalb rücksichtslos und objektiv kritisiert, zur Erkenntnis dieser alten Wahrheit. Ich will in ihrer Anwendung bei mir selbst anfangen. Winter 1914 bis 1915: subjektiv ein leidenschaftlicher Protest gegen den Krieg, gegen seine Sinnlosigkeit und Unmenschlichkeit, gegen seine Vernichtung von Kultur und Gesittung. Eine verzweifelt pessimistische Gesamtstimmung. Beurteilung der kapitalistischen Gegenwart als Fichtes »Epoche der vollendeten Sündhaftigkeit«. Das subjektive Wollen ist also ein vorwärtsstrebender Protest. Das objektive Ergebnis: »Die Theorie des Romans« – ein in jeder Hinsicht reaktionäres Werk voll von idealistischer Mystik, falsch in allen seinen Einschätzungen der historischen Entwicklung. 1922: aufgeregte, von Revolutionsungeduld erfüllte Stimmung. Noch höre ich die Kugeln des roten Krieges gegen die Imperialisten um mich pfeifen, noch zittert die Erregung der Illegalität in Ungarn in mir; mit keiner Faser meines Wesens will ich zugeben, daß die erste große revolutionäre Welle vorüber ist, daß der entschlossene revolutionäre Wille der kommunistischen Avantgarde nicht imstande ist, den Kapitalismus zu stürzen. Also subjektive Grundlage: revolutionäre Ungeduld. Objektives Ergebnis: »Geschichte und Klassenbewußtsein« – reaktionär wegen seines Idealismus, wegen seiner mangelhaften Auffassung der Widerspiegelungstheorie, wegen seines Leugnens der Dialektik in der Natur. Selbstverständlich bin ich nicht der einzige in dieser Periode, dem das passiert ist. Es ist im Gegenteil ein massenhaftes Geschehen. Und jene Auffassung in meinem alten Expressionismusaufsatz, der so viele Diskussionsteilnehmer in Opposition gebracht hat, nämlich die enge Verknüpfung des Expressionismus mit der USP-Ideologie, beruht in ihrem Wesen gerade auf der obengenannten alten Wahrheit.

In unserer Debatte über Expressionismus werden Revolutionen (Expressionismus) und Noske einander – gut expressionistisch – gegenübergestellt. Hätte aber in der Wirklichkeit Noske ohne die USP, ohne ihr Schwanken und Zaudern, das die Machtergreifung der Räte verhinderte, die Organisation und Bewaffnung der Reaktion und anderes duldete, siegen können? Die USP war eben der organisierte Ausdruck dafür, daß selbst die gefühlsmäßig radikalen Massen der deutschen Arbeiter ideologisch noch nicht für die Revolution gerüstet waren. Die langsame Lösung des Spartakusbundes von der USP, seine ungenügende, grundsätzliche Kritik an ihr, drücken eine wichtige Seite jener Schwäche und Rückständigkeit des subjektiven Faktors der deutschen Revolution aus, die Lenin von Anfang an am Spartakusbund so scharf kritisiert hat.

Natürlich ist diese ganze Lage nicht einfach; auch in meinem alten Aufsatz habe ich scharf zwischen Führern und Massen in der USP unterschieden. Die Massen waren instinktiv revolutionär. Sie waren auch objektiv revolutionär, indem sie in den Kriegsbetrieben streikten, indem sie die Front zersetzten, indem ihr revolutionärer Enthusiasmus zum Januarstreik führte; aber bei alledem waren sie unklar und schwankend, sie ließen sich von der Demagogie ihrer Führer fangen. Die Führer waren zum Teil (Kautsky, Bernstein, Hilferding) bewußt gegenrevolutionär, wirkten objektiv, in Arbeitsteilung mit der alten SPD-Führung, zur (von ihr selbst zugegebenen) Rettung der bourgeoisen Herrschaft. Die subjektiv ehrlich revolutionär gesinnten Führer aber waren in der Krisenzeit unfähig, dieser Sabotage der Revolution einen wirksamen Widerstand entgegenzustellen; sie gerieten trotz ihrer subjektiven Ehrlichkeit, trotz ihres Widerstrebens ins Schlepptau der rechten Führer, bis endlich ihr Widerstand zu einem Bruch, zur Zerreißung der USP und damit zu ihrem Untergang reifte. Wirklich revolutionär waren in der USP die Bestrebungen, die nach Halle zur Auflösung der USP, zur Aufhebung der USP-Ideologie gedrängt haben.

Und die Expressionisten? Sie sind Ideologen. Sie stehen zwischen Führern und Massen. Subjektiv zumeist mit ehrlichen, wenn auch zumeist unreifen, unklaren und verworrenen Überzeugungen. Zugleich aber tief erfüllt nicht nur von jenen Schwankungen, denen auch die unreifen, revolutionären Massen unterworfen waren, sondern auch von allen möglichen reaktionären Vorurteilen der Epoche, die sie für die verschiedenartigsten antirevolutionären Parolen (abstrakter Pazifismus, Ideologie der Gewaltlosigkeit, abstrakte Kritik des Bürgertums, anarchistische Schrullen usw.) mehr als zugänglich gemacht haben. Und als Ideologen fixieren sie nun diesen bestimmten ideologischen Übergangszustand gedanklich wie künstlerisch; und zwar – vom revolutionären Standpunkt gesehen – einen in mancher Hinsicht viel rückständigeren ideologischen Übergangszustand, als es jener war, in dem sich die schwankenden USP-Massen befanden. Aber die revolutionäre Bedeutung eines solchen ideologischen Übergangszustandes besteht gerade darin, daß er sich im Fließen befindet, daß er vorwärtsdrängt, daß er sich nicht fixiert. Die expressionistische gedankliche wie künstlerische Fixierung dieser Übergangsideologie verhinderte für die Expressionisten selbst und für jene, die unter ihrem ideologischen Einfluß standen, das Weiterschreiten in revolutionärer Richtung. Diese schädliche Wirkung, die jede Systematisierung von schwankenden Übergangsideologien hat, erhält eine besonders reaktionäre Note im Expressionismus. Erstens durch die hochtrabende Prätention des Führertums, der Verkündigung in der Form von ewigen Wahrheiten, die ein Wesenszeichen des Expressionismus in den Revolutionsjahren war. Zweitens infolge der besonderen antirealistischen Tendenz im Expressionismus, durch die eine Kontrolle und Überwindung der falschen Tendenzen durch eine künstlerisch tief erfaßte Wirklichkeit verhindert wurde. Indem der Expressionismus, wie wir gesehen haben, am Standpunkt der Unmittelbarkeit festhält, diesem künstlerisch und weltanschaulich eine Scheintiefe, eine Scheinvollendung verleihen will, steigert er alle Gefahren, die mit der Fixierung einer solchen Übergangsideologie notwendig zusammenhängen.

Soweit also der Expressionismus wirklich einen ideologischen Einfluß gehabt hat, hat er den revolutionären Klärungsprozeß der von ihm Beeinflußten mehr gehindert als gefördert. Auch diese seine Wirkung läuft in gleicher Linie mit der USP-Ideologie; nicht zufällig zerbrechen beide an derselben Wirklichkeit. Es ist eine expressionistische Vereinfachung der Wirklichkeitszusammenhänge, wenn gesagt wird, daß Noskes Sieg den Expressionismus zerschlug. Der Expressionismus ging einerseits zugrunde mit dem Ende der ersten Welle der Revolution, an deren Ergebnislosigkeit die USP-Ideologie stark mitschuldig ist; anderseits geht er an der Klärung des revolutionären Bewußtseins der Massen zugrunde, die über die revolutionären Phrasen der unreifen Anfangszeit immer energischer hinauszugehen beginnen.

Man vergesse nicht, daß nicht nur die Niederlage der ersten revolutionären Welle in Deutschland den Expressionismus entthront hat, sondern auch die wirkliche Konsolidierung des Sieges der proletarischen Revolution in der Sowjetunion. Je fester die Herrschaft des Proletariats wurde, je umfassender und tiefer der Sozialismus die Wirtschaft der Sowjetunion durchdrang, je breiter und tiefer die Massen der Werktätigen von der Kulturrevolution erfaßt wurden, desto stärker und hoffnungsloser wurde die »avantgardistische« Kunst in der Sowjetunion vom immer bewußter werdenden Realismus zurückgedrängt. Die Niederlage des Expressionismus ist also letzten Endes das Ergebnis der Reife der revolutionären Massen. Gerade der Entwicklungsweg solcher Dichter wie Majakowski, oder bei uns Becher, zeigt, daß hier der wahre Grund zum Sterben für den Expressionismus zu suchen und zu finden ist.

VII

Ist unsere Diskussion eine rein literarische? Ich glaube, nein. Ich glaube, der Kampf zwischen literarischen Richtungen und ihrer theoretischen Begründung würde nicht so breite Wellen schlagen, kein so großes Interesse hervorrufen, wenn die letzten Folgen dieser Diskussion nicht für eine politische Frage, die uns alle angeht, die uns alle im gleichen Maß bewegt, als wichtig empfunden würde: für die Volksfront.

Bernhard Ziegler warf in einer sehr zugespitzten Form die Frage der Volkstümlichkeit in die Diskussion. Man spürt überall die Erregung, die diese Fragestellung verursacht, und dieses starke Interesse ist unbedingt etwas Positives. Bloch will nun am Expressionismus auch die Volkstümlichkeit retten. Er sagt: »Der Expressionismus hatte auch gar keinen volksfremden Hochmut, wieder im Gegenteil: der ›Blaue Reiter‹ bildete Murnauer Glasbilder ab, er öffnete zuerst den Blick auf diese rührende und unheimliche Bauernkunst, auf Kinder- und Gefangenenzeichnungen, auf die erschütternden Dokumente der Geisteskranken, auf die Kunst der Primitiven.«

Durch eine solche Auffassung von Volkstümlichkeit wird aber alles verwirrt. Volkstümlichkeit ist keine ideologisch wahllose, artistische, feinschmeckerische Aufnahme »primitiver« Erzeugnisse. Wirkliche Volkstümlichkeit hat mit alledem nichts zu tun. Sonst wäre ja jeder Protz, der Glasmalerei oder Negerplastik[3] sammelt, jeder Snob, der im Wahnsinn eine Befreiung der Menschen von den Fesseln des mechanischen Verstandes feiert, auch ein Vorkämpfer der Volkstümlichkeit.

Es ist freilich heute nicht leicht, zu einer richtigen Vorstellung vom Volkstümlichen zu gelangen. Denn die an sich ökonomisch fortschrittliche Zersetzung der alten Lebensformen des Volkslebens durch den Kapitalismus schafft im Volke selbst eine Unsicherheit der Weltanschauung, der Kulturbestrebungen, des Geschmacks, des moralischen Urteils – schafft Möglichkeiten der demagogischen Vergiftung. Und ein einfaches und wahlloses Heranziehen alter Erzeugnisse der Volksproduktion ist keineswegs unter allen Umständen, in allen Zusammenhängen fortschrittlich und ein Appell an die lebendigen, trotz aller Hemmungen vorwärtstreibenden Instinkte des Volkes. Aus denselben Gründen ist auch die weite Verbreitung eines Literaturerzeugnisses oder einer literarischen Richtung an sich noch kein Zeichen der Volkstümlichkeit. Sowohl rückständig Traditionelles (wie etwa die »Heimatkunst«) wie

3 Die Verwendung des Begriffs ist nach unserem heutigen Sprachempfinden problematisch, entspricht aber dem damals üblichen Sprachgebrauch. Z. B. publizierte der Avantgardist Carl Einstein im Ersten Weltkrieg seinen Essay *Negerplastik* (neu hg. v. Friederike Schmidt-Möbus, Stuttgart 2012), in dem er die Begriffe »Neger« und »Negerplastik« noch unbefangen verwendete [Anm. d. Hg.].

schlecht Modernes (Kriminalroman) haben eine Massenverbreitung erlangt, ohne in irgendeiner Hinsicht wirklich volkstümlich zu sein.

Bei allen diesen Vorbehalten ist es aber doch nicht ganz unwesentlich, was aus der wirklichen Literatur unserer Zeit und wie weit es in die Massen gedrungen ist. Welcher Schriftsteller aus der ganzen »Avantgarde« der letzten Jahrzehnte kann aber in dieser Hinsicht mit Gorki, mit Anatole France, Romain Rolland oder Thomas Mann verglichen werden? Die Millionenauflage eines künstlerisch so hochstehenden und kompromißlosen Buches wie die »Buddenbrooks« muß uns allen zu denken geben. Das Aufrollen des ganzen Problemkomplexes der Volkstümlichkeit ist hier ein »zu weites Feld«, wie der alte Briest bei Fontane zu sagen pflegt. Wir werden uns auf zwei Momente beschränken, ohne den Anspruch zu erheben, auch diese irgendwie erschöpfend zu behandeln.

Erstens die Beziehung zum Erbe. In jeder lebendigen Beziehung zum Volksleben bedeutet das Erbe den bewegten Prozeß des Fortschritts, ein wirkliches Mitnehmen, Aufheben, Aufbewahren, Höherentwickeln der lebendigen, schöpferischen Kräfte in den Überlieferungen der Leiden und Freuden des Volkes, den Überlieferungen der Revolutionen. Eine lebendige Beziehung zum Erbe zu besitzen, bedeutet, ein Sohn seines Volkes sein, getragen sein vom Strom der Entwicklung seines Volkes. So ist Maxim Gorki ein Sohn des russischen, Romain Rolland des französischen, Thomas Mann des deutschen Volkes. Inhalt und Ton ihrer Schriften – bei aller individuellen Originalität, bei allem Abstand von einem künstlichen, artistischen, sammlerischen, geschmäcklerischen Primitivismus – stammen aus dem Leben, aus der Geschichte ihres Volkes, sind ein organisches Produkt der Entwicklung ihres Volkes. Darum ist bei aller künstlerischen Höhe in ihren Schriften ein Ton angeschlagen, der in den breitesten Massen des Volkes nachklingen kann und auch nachklingt.

Im schroffen Gegensatz dazu steht der »Avantgardismus« in seiner Haltung zum Erbe; er verhält sich zur Geschichte seines Volkes wie zu einem großen Ramschverkauf. Blättert man in den Schriften von Bloch, so wird von Erbe und Erben nur in Ausdrücken gesprochen wie »Brauchbare Erbstücke«, »plündern« usw. Bloch ist ein viel zu bewußter Denker und Stilist, als daß diese Worte zufällige Entgleisungen seiner Feder sein könnten; sie drücken vielmehr ein allgemeines Verhalten zum Erbe aus. Das Erbe ist für ihn eine tote Masse, in der man beliebig herumwühlen, aus der man beliebige, augenblicklich brauchbare Stücke herausreißen und die man nach augenblicklichem Bedürfnis beliebig zusammenmontieren kann.

Diese Gesinnung hat Hanns Eisler in einem mit Bloch zusammen geschriebenen Artikel prägnant ausgedrückt. Er war – mit Recht – begeistert über die »Don Carlos«-Demonstration in Berlin. Statt aber darüber nachzudenken, was Schiller wirklich war, was seine wirkliche Größe, wo seine Schranken gewesen sind, was er für das deutsche Volk bedeutet hat und heute noch bedeutet, welchen Schutt der reaktionären Vorurteile, zusammengetragen durch die Ideologen der Reaktion, man wegschaffen muß, um die volkstümlich-fortschrittliche Wirkung Schillers zu einer Waffe der Volksfront, der Befreiung des deutschen Volkes zu machen, statt dessen stellt er in bezug auf das Erbe für die Schriftsteller der Emigration folgendes Aktionsprogramm auf: »Worin besteht aber unsere Aufgabe außerhalb Deutschlands? Es ist klar, daß wir *einzig* helfen müssen, klassisches *Material,* das für solchen Kampf geeignet ist, *auszusondern* und zu *präparieren.*« (Hervorhebungen von mir. G. L.)

Eisler schlägt also vor, die Klassiker zu einem antifaschistischen »Büchmann« zu zerpflücken und dann die »geeigneten Stücke« zusammenzustellen. Fremder, hochmütiger, ablehnender kann man sich zu der ruhmvollen literarischen Vergangenheit des deutschen Volkes nicht verhalten.

Das Leben des Volkes ist aber objektiv etwas Kontinuierliches. Eine Lehre wie die der »Avantgardisten«, die in den Revolutionen nur Risse, nur Katastrophen sieht, die alles Vergangene vernichten, jeden Zusammenhang mit der großen und ruhmreichen Vergangenheit zerreißen will, ist die Lehre Cuviers und nicht die von Marx und Lenin. Sie ist ein anarchistisches Gegenstück zur Evolutionslehre des Reformismus. Dieser sieht nur eine Kontinuität, jene sehen nur Risse, Abgründe und Katastrophen. Die Geschichte ist aber die lebendige dialektische Einheit von Kontinuität und Diskontinuität, von Evolution und Revolution.

Es kommt also hier, wie überall, auf den richtig erkannten Inhalt an. Lenin sagt über die marxistische Auffassung des Erbes: »Der Marxismus erlangte seine weltgeschichtliche Bedeutung als Ideologie des revolutionären Proletariats dadurch, daß er die wertvollsten Errungenschaften des bürgerlichen Zeitalters durchaus nicht ablehnte, sondern, im Gegenteil, sich alles Wertvolle der mehr als zweitausendjährigen Entwicklung des menschlichen Denkens und der menschlichen Kultur aneignete und verarbeitete.«

Es kommt also alles darauf an, klar zu erkennen, wo das wirklich Wertvolle zu suchen ist.

Ist die Frage des Erbes richtig, das heißt in engem Zusammenhang mit dem Volksleben und seinen fortschrittlichen Bestrebungen gestellt, so leitet sie organisch zu unserm zweiten Problemkomplex hinüber, zur Frage des Realismus. Die modernen Auffassungen der Volkskunst haben, stark beeinflußt von den »avantgardistischen« Kunsttheorien, den urwüchsigen Realismus in der künstlerischen Betätigung des Volkes in den Hintergrund des Interesses gedrängt. Auch in dieser Frage ist es uns hier nicht möglich, das Problem in seiner ganzen Breite aufzurollen; wir müssen uns darauf beschränken, auf einen wichtigen Punkt hinzuweisen.

Wir sprechen hier über Literatur zu Schriftstellern. Und wir müssen daran erinnern, daß infolge des tragischen Ablaufs der deutschen Geschichte die volkstümlich-realistische Richtung in unserer Literatur lange nicht so mächtig gewesen ist wie in England, Frankreich oder Rußland. Gerade das muß uns aber anspornen, unsere intensivste Aufmerksamkeit auf die vorhandene volkstümlich-realistische Literatur der deutschen Vergangenheit zu richten, ihre lebenfördernden produktiven Überlieferungen aufrechtzuerhalten. Und wenn wir uns in diese Richtung orientieren, so sehen wir, daß trotz aller »deutschen Misere« diese volkstümlich-realistische Literatur so gewaltige Meisterwerke hervorgebracht hat, wie etwa den »Simplizissimus« von Grimmelshausen. Es mag den Eislern überlassen werden, den Montagewert der zerschlagenen Stücke dieses Meisterwerkes abzuschätzen – für das lebendige deutsche Schrifttum wird es als ein lebendiges und aktuelles Ganzes in seiner Größe (und mit seinen Grenzen) weiterleben. Denn nur dann, wenn man die Meisterwerke des Realismus aus der Vergangenheit und Gegenwart als Ganzes betrachtet, aus ihnen lernt, für ihre Verbreitung sorgt, ihr richtiges Verständnis fördert, kommt der aktuelle, kulturelle und politische Wert der großen realistischen Gestaltung zum Ausdruck: ihre unerschöpfliche Vielseitigkeit im Gegensatz zur – im besten Falle witzigen – Eingleisigkeit des »Avantgardismus«. Zu Cervantes und Shakespeare, zu Balzac und Tolstoi, zu Grimmelshausen und Gottfried Keller, zu Gorki, zu Thomas und Heinrich Mann hat der Leser aus den breiten Massen des Volkes von den verschiedensten Seiten seiner eigenen Lebenserfahrung her Zugang. Die breite und dauernde Wirkung des großen Realismus beruht ja gerade darauf, daß die Möglichkeit dieses Zugangs – man könnte sagen – durch unendlich viele Türen gegeben ist. Der Reichtum der Gestaltung, die tiefe und richtige Auffassung dauernder, typischer Erscheinungsweisen des menschlichen Lebens bringt die große fortschrittliche Wirkung dieser Meisterwerke hervor; ihre Leser klären im Prozeß des Aneignens ihre eigenen Erlebnisse und Lebenserfahrungen, erweitern ihren menschlichen und sozialen Horizont und werden durch einen lebendigen Humanismus dazu vorbereitet, die politischen Losungen der Volksfront in sich aufzunehmen und deren politischen Humanismus zu begreifen; durch das vom realistischen Kunstwerk vermittelte Verständnis der fortschrittlichen und demokratischen Entwicklungsepochen der Menschheit wird für die revolutionäre Demokratie neuen Typs, den die Volksfront vertritt, in der Seele der breiten Massen ein fruchtbarer Boden bereitet. Je tiefer die antifaschistische Kampfliteratur in diesem Boden verwurzelt ist, desto tiefer begründete Typen der Vorbildlichkeit und des Hassenswerten wird sie schaffen – desto stärker wird ihre Resonanz im Volke sein.

Zu Joyce oder zu anderen Vertretern der »avantgardistischen« Literatur führt nur eine ganz enge Pforte; man muß einen bestimmten »Kniff heraushaben«, um überhaupt zu verstehen, was dort gespielt wird. Und während bei dem großen Realismus der leichtere Zugang auch eine reiche menschliche Ausbeute ergibt, können die breiten Massen des Volkes aus der »avantgardistischen« Literatur nichts lernen. Gerade weil in dieser Literatur die Wirklichkeit, das Leben fehlt, zwingt sie (politisch gesprochen: sektiererisch) ihren Lesern eine enge und subjektivistische Auffassung vom Leben auf, während der Realismus durch seine gestaltete Fülle Antwort auf die vom Leser selbst gestellten Fragen gibt – Antworten des Lebens auf Fragen, die das Leben selbst gestellt hat! Das schwer erkämpfbare Verständnis für die Kunst der »Avantgarde« gibt dagegen so subjektivistische, verzerrte und entstellte Stimmungsnachklänge der Wirklichkeit, die der Mann aus dem Volke niemals in die Sprache seiner eigenen Lebenserfahrungen zurückübersetzen kann.

Die lebendige Beziehung zum Volksleben, die fortschrittliche

Weiterentwicklung der eigenen Lebenserfahrungen der Massen – das ist ja gerade die große soziale Sendung der Literatur. Es ist kein Zufall, daß der junge Thomas Mann, als er die Problematik und Lebensabgerissenheit der westeuropäischen Literatur in seinen Werken herb kritisierte und durch eine tiefe gestalterische Kritik auf die richtige Stelle im Literaturzusammenhang gestellt hat, die russische Literatur des neunzehnten Jahrhunderts eine »heilige« nannte. Gemeint war hier gerade diese lebenerweckende, volkstümliche Fortschrittlichkeit.

Volksfront bedeutet: Kampf um wirkliche Volkstümlichkeit, vielseitige Verbundenheit mit dem ganzen, historisch gewordenen, historisch eigenartig gewordenen Leben des eigenen Volkes, bedeutet Richtlinien und Losungen zu finden, die aus diesem Volksleben die fortschrittlichen Tendenzen zu neuem, politisch wirksamem Leben erwecken. Dieses lebendige Verständnis für die historische Eigenart des Volkslebens schließt natürlich eine Kritik an der eigenen Geschichte nicht aus – im Gegenteil: eine solche Kritik ist die notwendige Folge einer wirklichen Kenntnis der eigenen Geschichte, eines wirklichen Verständnisses des eigenen Volkslebens! Denn die fortschrittlich-demokratischen Bestrebungen konnten sich bei keinem Volk vollendet und reibungslos durchsetzen, insbesondere nicht in der Geschichte des deutschen Volkes. Die Kritik muß aber von dem richtigen und tiefen Verständnis der wirklichen Geschichte ausgehen. Und da die stärksten Hemmungen des Fortschritts und der Demokratie (sowohl auf politischem wie auf kulturellem Gebiet) gerade die imperialistische Periode mit sich brachte, ist eine scharfe Kritik der politischen, kulturellen und künstlerischen Verfallserscheinungen dieser Periode ein notwendiger Bestandteil des Durchbruchs zur wirklichen Volkstümlichkeit. Zu den wesentlichen Verfallserscheinungen auf dem Gebiet der Kunst gehört der – bewußte oder unbewußte – Kampf gegen den Realismus und die dadurch entstandene Verarmung und Isolierung von Literatur und Kunst.

Wir haben in unseren Betrachtungen gesehen, daß dieser Verfallsprozeß keineswegs fatalistisch hinzunehmen ist, daß sich überall lebendige Kräfte geregt haben und auch heute regen, Kräfte, die diesen Verfall nicht nur politisch und theoretisch, sondern auch mit dem Mittel der künstlerischen Gestaltung bekämpfen. Unsere Aufgabe ist es, uns auf diese positiven Kräfte des wirklichen, tiefen und bedeutenden Realismus zu orientieren.

Die Emigration, die Kämpfe der Volksfront in Deutschland und in anderen Ländern haben diese fruchtbaren Bestrebungen notwendig verstärkt. Es könnte genügen, wenn wir uns hier auf Heinrich und Thomas Mann berufen, die, von verschiedenen Ausgangspunkten kommend, weltanschaulich und literarisch gerade in diesen Jahren noch höher gewachsen sind als früher. Es handelt sich aber hier um eine breite Strömung in der antifaschistischen Literatur. Es sind gerade die bedeutendsten und talentiertesten Schriftsteller, die diesen Weg beschritten haben oder zu beschreiten beginnen.

Doch soll mit dieser Feststellung nicht behauptet werden, daß der Kampf gegen die antirealistischen Überlieferungen der imperialistischen Periode bereits abgeschlossen ist. Unsere Diskussion beweist im Gegenteil, daß diese Überlieferungen noch starke Wurzeln bei wichtigen, politisch fortschrittlich gesinnten, treuen Anhängern der Volksfront haben. Eben deshalb war eine solche kameradschaftlich-rücksichtslose Diskussion von großer Bedeutung. Denn nicht nur die Massen, sondern auch die Ideologen (die Schriftsteller und Kritiker) lernen durch eigene Erfahrungen im Klassenkampf. Es wäre ein großer Fehler, jene lebendige und wachsende Tendenz zum Realismus nicht zu sehen, die, gerade infolge der Erfahrungen des Kampfes in der Volksfront, auch jene Schriftsteller ergreift, die vor der Emigration zu diesen Fragen noch ganz anders standen.

Den innigen, vielseitigen, vielseitig vermittelten Zusammenhang zwischen Volksfront, Volkstümlichkeit der Literatur und wirklichem Realismus nachzuweisen, war die Aufgabe dieser Betrachtungen.

4. Warum sind Demokratien den Autokratien überlegen?[1]

Mit dem räuberischen Überfall Japans auf die Vereinigten Staaten und England rundet sich das Bild vom gesellschaftlich-geschichtlichen Wesen dieses Krieges vollständig ab: Es handelt sich um den Weltkampf der – untereinander sehr verschiedenen – fortschrittlichen Demokratien mit der ›Achse‹, die alle rückschrittlich-autokratischen Kräfte in sich vereinigt.

Versucht man im dramatischen Auf und Ab der Kriegsereignisse einen Kompass zur endgültigen Orientierung, zur Möglichkeit, die Endchancen in dieser welthistorischen Entscheidung [festzustellen], zu finden, so ist es zweifellos das Nächstliegende und Richtigste, die ökonomischen Reserven und Ressourcen beider kriegführenden Parteien miteinander zu vergleichen. Die so entstehende Bilanz ergibt eine vernichtende Überlegenheit der Demokratien. Diese Zahlen sind so oft veröffentlicht und analysiert worden, dass wir auf sie hier nicht näher einzugehen gezwungen sind. Wir nehmen an, dass auch der Leser mit ihnen vertraut ist.

Uns interessiert jetzt ein anderes, nicht minder wichtiges Problem in der Vergleichung der beiden miteinander ringenden Mächtegruppierungen: die Frage der im Laufe des Krieges mobilisierbaren gesellschaftlichen und moralischen Reserven. Denn die Frage, mit welchem gesellschaftlichen Material und mit welchen sozialen Methoden ein Staat Krieg führt, ist für den Ausgang schlechthin entscheidend. Bei gleicher technischer Höhe der Ausrüstung wird ohne Frage dieses Moment das ausschlaggebende sein. Ja, es gibt

1 Der Text, der 1943 in einer russischen Broschüre überarbeitet unter dem Titel »Die moralischen Reserven der Demokratie« erschien, wurde von Konstantin Baehrens erstmals deutsch in: *Deutsche Zeitschrift für Philosophie* 63/2 (2015), S. 367-377. publiziert. Er entstand nach Beginn des deutschen Angriffskriegs auf die Sowjetunion am 22. Juni 1941 und nach Lukács' darauffolgender zweimonatiger Inhaftierung. Der Sechsundfünfzigjährige wurde im Herbst 1941 zum Schutz vor der sogenannten ›Schlacht um Moskau‹ von dort nach Taschkent (heute Usbekistan) evakuiert. Hier verfasste er seine Studie *Wie ist Deutschland zum Zentrum der reaktionären Ideologie geworden?*. In Taschkent standen ihm umfangreiche Bibliotheken und andere Arbeitsmittel nicht zur Verfügung [Anm. d. Hg.].

historische Augenblicke, wo die Fortschrittlichkeit der gesellschaftlichen Formation sogar die technische und militärische Überlegenheit des Gegners paralysiert oder selbst zum Scheitern bringt. Man denke an die Kriege der großen französischen Revolution gegen die reaktionäre Koalition von Österreich und Preußen; man denke an den heroischen Widerstand der chinesischen Revolution gegen den japanischen Imperialismus.

Die Frage nach der ins Militärische umgesetzten gesellschaftlichen Durchschlagskraft der Demokratien ist in diesem Krieg besonders aktuell geworden. Denn die Anfangserfolge des Hitlerischen ›Blitzkrieges‹ haben weite Kreise verwirrt oder wenigstens nachdenklich gemacht. Es bestand ein auffallender Kontrast zwischen der rapiden Entschluss- und Aktionsfähigkeit der autoritativen[2] Staaten und der zögernden Langsamkeit, mit welcher die demokratischen Mächte in den Krieg nicht nur eingetreten sind, sondern ihn geführt haben, selbst in Phasen, in welchen der Angriff des Feindes bereits ihre vitalsten Lebensinteressen, ja ihre nackte Existenz bedrohte. Dieser Kontrast rief in vielen Köpfen die Vorstellung hervor, als ob die faschistischen Staaten für den modernen Krieg geeignetere Organisationen wären als die demokratischen. Mancher aufrichtige Anhänger der Demokratie hat solche Feststellungen mit tiefem Bedauern gemacht und die Zukunft der kulturellen Entwicklung der Welt, die mit dem letzthinnigen Sieg der Demokratien aufs Innigste verknüpft ist, im Stillen resigniert bezweifelt. Die späteren Ereignisse des Krieges beginnen, diesen Anschein allmählich zu widerlegen. Die Misserfolge des Kriegsanfangs erscheinen teils als Konsequenzen der falschen Politik mancher demokratischen Staaten (Daladier) und haben auf diese Weise nichts mit dem militärischen Stärkeverhältnis von Demokratie und Autokratie zu tun, teils jedoch hängen sie in der Tat mit wesentlichen Momenten der demokratischen Politik zusammen und müssen deshalb kurz betrachtet werden.

Um diesen Unterschied klar zu sehen, braucht man nur einen Blick auf die in den letzten Jahren vor dem Krieg einsetzende, beginnende Wirtschaftskrise zu werfen. Deutschland und Japan waren die einzigen Staaten der Welt, in welchen die Produktionszahlen ununterbrochen aufwärts gingen (bei einem sinkenden Niveau

2 Im Ms.: autoritären [Anm. K. B].

der Konsumtion der Bevölkerung). Und jeder wusste, dass diese sonderbare ›Ausnahme‹ von den ökonomischen Bewegungsgesetzen der Gesellschaft darauf zurückzuführen war, dass in diesen Staaten die fieberhafte Vorbereitung zur geplanten Aggression die Produktion, insbesondere die der Schwerindustrie, von der normalen Auf- und Abwärtsbewegung zeitweilig ›unabhängig‹ gemacht hat.

Eine solche Art der Entstellung der ganzen Ökonomie, des ganzen Lebens eines Volks auf einen kommenden Angriffskrieg, eine derartige permanente Belastung der ganzen Bevölkerung mit Kriegsopfern noch vor dem Ausbruch des Krieges kann sich keine Demokratie der Welt leisten und will sie auch nicht ihrem Lande zumuten. Die Kraft einer Demokratie besteht darin, dass sie in schweren Zeiten, bei wirklicher Bedrohtheit des Vaterlandes außerordentliche Opfer vom Volke verlangen kann. Jedoch nur in dem Falle, wenn die breitesten Massen des Volks klar sehen, dass ihr Land wirklich in Gefahr schwebt, wirklich ihrer Opfer bedarf.

Dieser strukturelle Unterschied zwischen Demokratie und Autokratie ist so offenkundig, dass er auch einem intelligenten Staatsmann mit starken autokratischen, antidemokratischen Neigungen, wie es Bismarck gewesen ist, vollkommen klar war: Er führte wiederholt aus, dass die Vorbereitung und Führung eines Präventivkrieges auch in einem Land, wie das damalige Deutschland, das ein Parlament auf Grundlage des allgemeinen Wahlrechts hat, unmöglich sei. Diese Struktur der Demokratien bringt es mit sich, dass sie sich im allgemeinen viel schwerer zu einem Krieg entschließen als die autokratischen Staaten. Die Politik der Sowjetunion, die der USA und Englands in den letzten Jahren geben deutliche Beispiele für diesen Unterschied.

Die Betrachtung der gesellschaftlichen Ursachen der anfänglichen militärischen Misserfolge der Demokratien wirft bereits ein gewisses Licht auf die Kehrseite der Frage, auf die gesellschaftliche Überlegenheit der Demokratien, die sich im Laufe des Krieges – allerdings zuweilen in einem langsamen Tempo – auch in militärische Überlegenheit umsetzt.

In diesem Lichte erscheint die mit großer Reklame verkündete militärische Neuerung des Faschismus, der sogenannte Blitzkrieg, in einer neuen Beleuchtung, in welcher er viel von seiner gesellschaftlichen, politischen und strategischen Originalität einbüßt, bei welcher bloß die technisch-taktischen Mittel der Durchführung originell bleiben. Kurz gefasst: Der Blitzkrieg erscheint als ein militärisches Mittel, die gesellschaftliche und soziale letzthinnige Überlegenheit des Gegners auf dem Wege der Organisation der rein militärischen Durchschlagskraft zu paralysieren; d. h. den Gegner militärisch zu vernichten, bevor er dazu kommen kann, seine gesellschaftlich überlegenen Kräfte zu mobilisieren, zu organisieren und auf dem Schlachtfeld selbst einzusetzen.

In dieser Hinsicht war der berühmte Schlieffenplan Deutschlands in 1914 ebenfalls der eines Blitzkrieges: Er bezweckte die Einnahme von Paris, die militärische Vernichtung Frankreichs, noch bevor seine Alliierten ihre Kräfte hätten mobilisieren und einsetzen können. Ja, man könnte sogar den plötzlichen Überfall Friedrichs II. auf Sachsen in diesem Sinne ebenfalls als ›Blitzkrieg‹ definieren, wenn seine damaligen Gegner nicht ebenfalls autokratische Staaten gewesen wären, so dass es sich bei ihm nur um den Versuch des strategischen Ausgleichs überlegener Militärkräfte bei ähnlicher gesellschaftlicher Struktur handeln konnte.

Betrachtet man nun die Durchführung des Schlieffenplanes, so sieht man bereits die gesellschaftlichen Schwächen der nicht demokratischen Staaten sehr deutlich. Bekanntlich beruhte der Schlieffenplan einerseits darauf, dass die linke Flanke des deutschen Heeres nach Möglichkeit abgeschwächt werde (zeitweilige Preisgabe von Elsass-Lothringen), andrerseits darauf, dass die Operationen am östlichen Kriegsschauplatz einen rein defensiven Charakter mit der Einkalkulierung großer Rückzüge gehabt hätten. Der halbautokratische Staat der Hohenzollern konnte sich beide Opfer nicht gestatten. Der angreifende rechte Flügel der deutschen Armee wurde von Anfang an durch eine starke Verteidigung Elsass-Lothringens abgeschwächt, und als es so schien, dass man Ostpreußen räumen müsste, wurden vom entscheidenden Kriegsschauplatz noch zwei Armeekorps abgezogen und gegen die Russen gesandt.

Es kommt hier nicht auf die spezifisch militärische Analyse dieser ›Verwässerung‹ des Schlieffenplanes an. Wir haben diese Tatsachen vielmehr nur deshalb etwas ausführlicher angedeutet, weil in ihnen eine zentrale Schwäche der autokratischen Staaten zum Ausdruck kommt: die Notwendigkeit, immer und überall, eine Prestigepolitik zu führen und sehr oft objektive Notwendigkeiten den Erfordernissen des Prestiges aufzuopfern.

Es handelt sich dabei nicht um zufällige Fehler einzelner Monarchen oder Heerführer, sondern um das soziale Wesen der Autokratien, in denen die Autorität der Zentralmacht nicht auf freiwilliger Übereinkunft mit dem Willen der Mehrheit der Bevölkerung beruht, sondern auf einem blinden Gehorchen, auf einer gedankenlosen Unterwerfung, auf einem künstlich herangezüchteten blinden Glauben an die ›gottgesandte‹ Berufenheit des jeweiligen Diktators. Es ist darum sehr bezeichnend und kein Zufall, dass die Mehrheit der deutschen Bevölkerung überhaupt erst nach dem ersten Weltkrieg die Niederlage an der Marne erfahren hat, wogegen die Offenheit, mit welcher etwa Clemenceau und Lloyd George im vergangenen, oder Churchill im gegenwärtigen Weltkriege die Niederlagen offen vor dem Volk dargelegt haben, um aus diesen Darlegungen in den breitesten Massen den entschlossenen Willen zum Sieg zu stärken, jedermann deutlich im Gedächtnis stehen.

Dass das faschistische Deutschland hier keine Ausnahme bildet, war in der ersten Phase des Krieges durch die raschen taktischen Erfolge verdeckt; das strategische Scheitern des deutschen Angriffs auf England in 1940, auf den Suezkanal in 1941 wurde schon total verschwiegen. Und nach den Niederlagen vor Rostow, Moskau und Leningrad begann schon jene typische Propaganda der Lüge, des Verschweigens von wichtigen Tatsachen, des Umdrehens sachlicher Zusammenhänge etc., die für die sonst viel primitivere Kriegspropaganda des Wilhelminischen Deutschland so bezeichnend waren. Die sozialen Grenzen der Prestigepolitik treten eben erst in schwierigen Lagen zutage; solange militärische Erfolge vorhanden sind, mag das autokratische System als das stärkere erscheinen, seine tödliche Schwäche wird erst sichtbar in der Unfähigkeit, sich aus eigener Kraft in schwierigen Verhältnissen zu regenerieren.

Es ist vielleicht nützlich, auf primitivere Verhältnisse zurückzugehen, um das soziale Wesen dieses Kontrastes deutlich zu erblikken. Die militärischen Misserfolge der französischen Revolution, die infolge dieser Misserfolge entstandene allgemeine Volksempörung konzentrierte sich in die Parole ›Das Vaterland ist in Gefahr‹ und wurde einerseits militärisch zum Ausgangspunkt der Schaffung wirklicher Volksheere, der Carnotschen ›Organisation des Sieges‹, andrerseits zur Jakobinischen Zuendeführung der demokratischen Ziele der Revolution im Inneren (beide Bewegungen hängen aufs Engste miteinander zusammen). Der preußische Absolutismus gab dagegen nach der zerschmetternden Niederlage bei Jena und Auerstädt die Losung heraus: ›Ruhe ist die erste Bürgerpflicht‹.

Aber wenn diese Parole der Aufrechterhaltung des autokratischen Prestiges selbst im Zustand der schmählichsten Niederlage befolgt worden wäre, wenn das preußische Volk wirklich akzeptiert hätte, dass der ›beschränkte Untertanenverstand‹ nur blindlings zu gehorchen hat, so wäre Preußen unter Napoleons Schlägen endgültig untergegangen. Nur dadurch, dass die Stein, Scharnhorst, Gneisenau etc. nicht die Ruhe als die erste Bürgerpflicht betrachteten, nur dadurch, dass sie, wenn auch in bescheidenem Maße und mit verworrenen Zielsetzungen, eine Mobilisierung breitester Massen ermöglichten, war auch die militärische Erneuerung Preußens möglich geworden.

Dieser allgemeine Kontrast erklärt sich leicht und einfach aus dem sozialen Wesen[3] von Demokratie und Autokratie – so verschieden der soziale Inhalt beider im Laufe der Geschichte auch geworden sein mag. Das entscheidende Moment ist ohne Frage die innige Verwachsenheit der breitesten Massen mit dem demokratischen Regierungssystem, das allgemeine Gefühl, dass sie diese politische Ordnung als einen Bestandteil ihres eigenen Lebens empfinden, während in jeder Autokratie der Staat als eine fremde Macht den Massen gegenübersteht und in historisch sehr wechselnder Weise durch eine Propaganda der religiösen und mythischen Weihe umgeben wird.

Daraus folgt notwendigerweise, dass eine schlechte Kriegslage, eine Krisis der nationalen Existenz auf beide Systeme in Bezug auf Massenstimmungen ganz entgegengesetzt wirkt. Die Verbundenheit mit dem Regierungssystem erscheint in den Demokratien bei normalem Stand der Dinge als etwas Selbstverständliches, und es müssen starke Schicksalsschläge eintreten, damit die Hingebung, Liebe, Opferbereitschaft etc. mit Bewusstsein herausgelöst werde. Dagegen muss eine kritische oder krisenhafte Lage die irrationale, religiöse oder mythische Autorität eines jeden Absolutismus erschüttern; daher die Notwendigkeit der, gerade in gefährlichen Momenten verhängnisvoll hervortretenden, Prestigepolitik.

Diese Sachlage hat zur Folge, dass die Kritik an der Regierung in beiden Fällen diametral entgegengesetzten Wesens ist und entge-

3 Im Ms.: Leben [Anm. K. B.]

gengesetzte Konsequenzen zeitigt. Sie ist in den Demokratien eine Selbstkritik des Volks und eben deshalb eine der stärksten mobilisierenden Kräfte. Diese Wirkung der Selbstkritik zeigt sich am sinnfälligsten in den revolutionären Kriegen der Demokratien, so in der großen französischen Revolution, in der ungarischen Revolution 1848/49, in den Kämpfen der Nordstaaten der USA gegen den sklavenhalterischen Süden etc.

In autokratischen Staaten ist dagegen die Kritik des Volks an der Regierung immer eine Tendenz zur Zersetzung des Systems. Der bornierte, aber als Autokrat sehr bewusste russische Zar Nikolaus I. hat darum konsequenterweise auch das literarische Lob seiner Person durch Zensur verhindert. Er ging dabei von der folgerichtigen Voraussetzung aus, dass das Recht zum Lob ein Recht zum Tadel in sich schließe, die Kritik müsse daher bereits im Keime, im Stadium des Lobes erstickt werden. Dieser soziale Zustand der Autokratien, dieser ihr Zusammenhang mit den Massen erklärt den ›plötzlichen‹ Zusammenbruch mächtiger autokratischer Militärstaaten, wenn nämlich die lange Zeit unterdrückte, nur unterirdisch, kapillarisch zum Ausdruck kommende unzufriedene Kritik der Bevölkerung in einer Krisenzeit sich gegen ein despotisches System wendet.

Der bekannte Ausspruch des großen Militärtheoretikers Clausewitz, dass der Krieg die Fortsetzung der Politik mit anderen Mitteln sei, ist mehr als eine geniale Definition des Krieges selbst; er gibt auch soziale Aufklärungen über die soziale Struktur der Friedenszeit, indem diese retrospektiv, vom Standpunkt des Krieges betrachtet wird. Es ist im Rahmen unserer Betrachtungen unmöglich, hier die wichtigsten Probleme auch nur zu streifen. Es sei deshalb gestattet, eine ausgezeichnete und tiefgehende Beobachtung Balzacs gewissermaßen als Symbol dieses Unterschieds anzuführen.

Balzac, den seine persönlichen Sympathien an die Seite der Monarchie stellten, gibt einmal eine Analyse der französischen Polizei vom Ancien Régime bis zur Gegenwart, zur Restaurationsperiode. Er stellt für diese Zeit eine weitgehende Gleichheit des Polizeiapparats und seiner Arbeitsweise im raschen Wechsel der Regierungssysteme Frankreichs fest, die seiner Ansicht nach sich sogar im Gleichbleiben entscheidender leitender Persönlichkeiten äußert. Dies zeigt sich für ihn in der historischen Figur Fouchés, in den von ihm selbst geschaffenen Gestalten von Corentin und Peyrade. So weit steht diese Geschichtsauffassung Balzacs in Übereinstimmung etwa mit der von Tocqueville, der im bürgerlichen Frankreich eine geradlinige Nachfolge der Zentralisation durch das absolute Königtum erblickte.

Der große Romancier sieht aber in dieser Entwicklungslinie einen Bruch: die große Revolution. In dieser Zeit, führt er aus, gab es im Wesentlichen keine Berufspolizei, wenigstens keine berufsmäßige politische Polizei, denn das ganze revolutionäre Volk hat die Aufgaben der politischen Polizei erfüllt. Stellt man neben diesen Aphorismus einen anderen Ausspruch Balzacs, in welchem er das rebellierende Bauerntum einen Robespierre mit drei Millionen Armen nennt, denkt man dabei weiters an die Forschungen Aulards und seiner Schule über die ganz Frankreich umspannende Tätigkeit der Jakobinerklubs, so hat man ein konkretes Bild dessen vor sich, was im Kampf gegen den inneren Feind die angespannte, die Volksbegeisterung organisatorisch ausnützende wirkliche Demokratie bedeutet.

Gerade die ›levée en masse‹ der französischen Revolution zeigt am deutlichsten die Umsetzung dieser Energien ins Militärische. Sie ist der Schlüssel zur Unbesiegbarkeit der Armeen der französischen Revolution und Napoleons. Und diese Wahrheit bestätigt sich noch mehr in seinen Niederlagen. Je weniger Napoleon als Erbe der französischen Revolution figuriert, desto schwächer wird die Mobilisierbarkeit der französischen Massen für seine Kriegszwecke, und andrerseits erleidet er seine Niederlagen gerade dort, wo die Rückwirkung auf seine Kriege echte Volksbewegungen auslöst (Spanien, Preußen, Russland), Volksbewegungen, die eine ähnliche Massenmobilisierung, eine ähnliche Massenbegeisterung und demzufolge eine ähnliche Strategie wie die seine sozial möglich macht.

Es ist kein Zufall, dass, historisch angesehen, Demokratie und allgemeine Wehrpflicht die gleichen Wurzeln haben, dass die Siege des demokratischen Prinzips erst die Volkskriege ins Leben riefen, im Gegensatz zu den Kriegen der absoluten Monarchien, deren Prinzip Friedrich II. von Preußen darin zusammenfasste, dass das Volk eigentlich überhaupt nicht merken sollte, dass Krieg geführt werde, Krieg sei die Sache der Monarchen und ihrer Berufsarmee.

Sicher ist diese Periode das goldene Zeitalter des autokratischen Prinzips gewesen. Seit den Siegen der großen französischen Revolution ist jedes autokratische System gezwungen, in seiner Heeresordnung sich wenigstens in der Richtung zur allgemeinen

Wehrpflicht zu bewegen. Aber gerade die Geschichte der Stein-Gneisenau-Scharnhorstschen Reformen in Deutschland zeigt, dass der Übergang zur allgemeinen Wehrpflicht niemals eine bloß technisch-militärische Maßnahme sein kann, sondern bestimmte soziale und politische innere Voraussetzungen hat (Aufheben der Leibeigenschaft in Preußen etc.).

Es wäre sehr interessant, die Geschichte der hier entstehenden Wechselwirkungen zu studieren, insbesondere zu zeigen, wie das Auf und Ab in der militärischen Schlagkraft Preußens mit der sehr langsamen und ungleichmäßigen Liquidierung der Überreste des Feudalismus zusammenhängt, etwa im Kampf um die nationale Vereinigung Deutschlands, mit der Einführung des allgemeinen Wahlrechts zur Zeit der Bismarck-Moltkeschen Kriege etc.

In der Gegenwart variiert sich dieser Zusammenhang so, dass die wichtigsten faschistischen Staaten, vor allem Deutschland, die allgemeine Wehrpflicht aufs Äußerste durchführen; sie bedürfen aber dazu einer sehr breiten und raffinierten nationalen und sozialen Demagogie, um wenigstens für die erste Periode des erfolgreichen Blitzkrieges die allgemeine Wehrpflicht sozial ausnützen zu können. Dagegen gibt es wichtige Demokratien (England, USA), denen ihre geographische Lage es gestattet, in Friedenszeiten ohne allgemeine Wehrpflicht auszukommen. Darin liegt ein gewichtiger Grund zu ihren anfänglichen – unvermeidlichen – militärischen Misserfolgen. Der Zusammenhang zwischen Demokratien und allgemeiner Wehrpflicht als Mobilisierung der Volksenergien einer Nation, deren wichtigste Lebensinteressen bedroht sind, kommt gerade in der Einführung, beziehungsweise Wiedereinführung der allgemeinen Wehrpflicht für die Dauer des Krieges zum Ausdruck. Und im Gegensatz zur Ansicht bornierter Militärsachverständiger haben diese ›improvisierten‹ Armeen Englands und der Vereinigten Staaten sich schon im ersten Weltkrieg als zumindest ebenbürtige Gegner der deutschen Armee gezeigt.

Die Kraft der Demokratien, die sich gerade in der Zeit der Krisen am deutlichsten äußert, besteht nicht nur in der größeren Fähigkeit zur quantitativen Mobilisierung der Volkskräfte; dies kann, bei großem organisatorischem Geschick, zeitweilig auch von Autokratien geleistet werden. Es kommt aber gleichzeitig auch auf die qualitative Mobilisierung an. Man denke wieder an die klassische Periode der modernen europäischen Demokratien, an die große französische Revolution: Aus Leutnants, ja Sergeanten und Gemeinen der alten Armee, aus Zivilpersonen sind in kurzer Zeit geniale Heerführer in Fülle erstanden. Napoleon ist in dieser Hinsicht wirklich nur der Erbe und Nutznießer der Revolution; die von ihm selbst als Kaiser vollzogene qualitative Mobilisierung ist an Begabung unvergleichlich schwächer gewesen als jene Auswahl, die die Revolution selbst geschaffen hat. Der Krieg der amerikanischen Nordstaaten zeigt, wie jeder Krieg, der wirklich die demokratischen Kräfte mobilisiert, dasselbe Bild.

Hierin liegt ein wichtiger Grund der Überlegenheit der Demokratien. Deutsche Verteidiger des wilhelminischen Prinzips, snobistische Gegner der Demokratie haben gegen solche Auffassungen oft polemisiert, und der geistreichelnde Soziologe Michels versuchte sogar zu zeigen, dass das Wesen der großen Parteien der Demokratie notwendig zu einer Erstarrung, zu einer schlechten Auswahl der Begabungen führen muss. Das Trügerische an diesem Gedankengang liegt darin, dass Michels einerseits aus bestimmten Verfallstendenzen bestimmter demokratischer Entwicklungen, ohne ihre spezifischen sozialen Wurzeln aufzudecken, allgemeine Gesetze der Demokratien abzuleiten versucht und andrerseits seine Untersuchung von Verfall und Stagnation ausschließlich auf die Analyse demokratischer Parteien beschränkt, ohne Demokratie und Autokratie in ihren kompliziert modernen Wechselbeziehungen einander gegenüberzustellen.

Hier zeigt sich der deutsche Soziologe der Vorkriegszeit Max Weber als weitaus scharfblickender. Obwohl er auch vielfach mit der Kritik von Michels konform geht, erkennt er doch die zentrale Gefahr des sehr wenig demokratisierten Deutschlands darin, dass seine politische Struktur ungeeignet ist, wirklich einsichtsvolle führende Politiker, Diplomaten, Strategen (im Gegensatz zu technischen Militärsachverständigen) hervorzubringen, dass deshalb in den entscheidenden Fragen der Diplomatie und der Kriegsführung die ›Dilettanten‹, die das politische Leben der Demokratien in Führerstellen erhebt, den ›Fachleuten‹ Deutschlands turmhoch überlegen sind. Es ist interessant zu beobachten, dass dieser bedeutendste wissenschaftliche Kopf Vorkriegsdeutschlands, der ursprünglich scharf antidemokratische Gesinnungen hatte, gerade infolge der Einsicht in diese Zusammenhänge sich am Ende seines Lebens immer entschiedener der Demokratie zuwandte.

In den Augen reaktionärer Historiker oder Soziologen sind die Perioden der großen demokratischen Massenmobilisierungen stets Perioden der Anarchie (man denke an Taines Darstellung der französischen Revolution). Die Oberflächlichkeit und Kurzsichtigkeit solcher Analysen zeigt sich darin, dass niemals in einem Land die zentrale Macht so stark und nach innen wie nach außen schlagkräftig, schnell reagierend, alles erfassend gewesen ist, wie in solchen ›anarchischen‹ Zeiten.

Wer dagegen die Geschichte, insbesondere die Verwaltungsgeschichte der absoluten Monarchien einigermaßen kennt, weiß, je konzentrierter die Macht in den Händen des absoluten Monarchen lag, desto geringer war sie in ihrem tatsächlichen Einfluss auf die wirkliche Praxis der Verwaltung. Es ist tragikomisch zu sehen, mit welchen Bagatellen ein intelligenter Monarch wie Friedrich II. von Preußen sich abquälte, während die wichtigsten ökonomischen Fragen sich gewissermaßen spontan erledigten; es ist geradezu komisch zu sehen, wie wenig tatsächliche Macht in den Händen des russischen Zaren lag, wie etwa ein Nikolaus I. im Allgemeinen ziemlich deutlich die Verrottetheit und die Korruption seines eigenen Apparates sah, ohne gegen diese Tendenzen irgendetwas Reales unternehmen zu können. Man halte nun dagegen die reale Macht des ›Comité du salut public‹ in der französischen Revolution, um diesen Kontrast ganz deutlich zu sehen.

Jedoch wenn wir uns auch moderneren Zeiten zuwenden, so sehen wir, dass im ersten Weltkrieg Clemenceau oder Lloyd George eine tatsächliche Macht in ihren Händen vereinigten, die an Umfang und Intensität die eines Wilhelm II. unendlich überragte. Dieser hatte die theatralischen Gesten der konzentrierten Macht, und hinter seinem Rücken machten die meisten ›Fachleute‹, was sie wollten, während die Macht jener die äußerste Spitze und Konzentration einer demokratischen Massenmobilisierung war, deren Dynamik von unten nach oben und wieder von oben nach unten ausstrahlte, und in dieser Wechselwirkung stark fruchtbar geworden ist.

Natürlich ist der Faschismus keine Autokratie im alten Sinne. Er ist bestrebt, sämtliche von der demokratischen, ja auch von der sozialistischen Entwicklung herausgebildeten Methoden der Massenbeeinflussung und Massenmobilisierung einzuführen und sie in Bestandteile seines modern-autokratischen Systems zu verwandeln.

Diese demagogische und betrügerische Ausnützung von Prinzipien, die die Demokratien herausgebildet haben, hat dem Faschismus zu seinen anfänglichen politischen und militärischen Erfolgen verholfen.

Jedoch auf Betrug, auf geschickt propagandistisches Umlügen von Interessengegensätzen in Interessengemeinschaft lässt sich auf die Dauer kein wirklich schlagkräftiges System aufbauen. Der Faschismus hat schon wiederholt Krisen erlebt (z. B. SA-Krise 1934), in welchen die realen Interessengegensätze das System zersetzend zutage traten. Und je größere Anforderungen die entscheidenden Kämpfe im Krieg an die faschistischen Systeme stellen, je mehr sie gezwungen sind, das Volk nicht mehr mit den Illusionen rascher und leichter Siege zu täuschen, sondern wirklich die letzten Volksenergien für einen Verzweiflungskampf zu mobilisieren, desto schärfer enthüllt sich die Lügenhaftigkeit dieses Propagandaapparates, desto schärfer treten die Interessengegensätze zwischen den werktätigen Massen und ihren ›autoritären‹ Tyrannen zutage. Wir glauben, dass Georg Dimitrow durchaus Recht hatte, als er bereits im Jahre 1935 den Faschismus bei aller seiner äußeren Stärke eine zerbrechliche Macht nannte.

Der Sieg der sozialistischen Revolution in Russland von 1917 hat in ganz Europa eine Diskussion über den Gegensatz von Demokratie und Diktatur ins Leben gerufen. Die theoretischen Vorkämpfer des Sozialismus haben dabei immer diese abstrakte Gegenüberstellung abgelehnt und sich einerseits darauf berufen, dass die bürgerlichen Demokratien auch eine Form der Diktatur seien und dass andrerseits die den Sozialismus verwirklichende proletarische Diktatur zur Kehrseite, zur Basis die Entfaltung einer neuen, spezifischen, besonders breiten Form der Demokratie, der proletarischen Demokratie hat.

Es ist nicht die Aufgabe dieses Aufsatzes, die verschiedenen Entwicklungsstufen der Demokratien in Bezug auf ihr soziales Wesen zu untersuchen. Wir glauben nur, dass die von den Theoretikern des Sozialismus festgestellte, unlösbare, gesellschaftliche und geschichtliche konkrete Wechselbeziehung von Demokratie und Diktatur auch für unser Problem sehr fruchtbare Konsequenzen zeitigt. Man muss nämlich jeweils fragen: wie eine Macht entstanden ist und vor allem, wie sie im konkreten gesellschaftlichen Leben reproduziert wird? Erst wenn man von dieser Seite auf die soziale Dynamik der Staatsmacht eingeht und nicht bei den äußerlichen Kennzeichen der Absolutheit stehen bleibt, kann man zum Verständnis auch der letzthinnigen militärischen Überlegenheit der demokratischen Systeme gelangen.[4]

Wer zuletzt lacht, lacht am besten. Unsere Analysen haben gezeigt, dass die Anfangserfolge des faschistischen Blitzkrieges unvermeidlich waren, ebenso wie die relative Langsamkeit in der Mobilisierung der Volkskräfte seitens der Demokratien. (Dass hinter dieser Langsamkeit im einzelnen auch Fehler, Versäumnisse, Zufälle etc. stecken, ändert an der historischen Notwendigkeit nichts; die historische Notwendigkeit setzt sich stets durch Zufälle durch.)

Aber auch dieser Krieg, wie jeder frühere, nähert sich seinem Kulminationspunkt und an diesem beginnen sich die organischen Schwächen der autoritären Systeme gerade so stark durchzusetzen wie die innere Spannungskraft, die innere Mobilisations- und Regenerationsfähigkeit der Demokratien. Die Siege bei Rostow, vor Moskau und Leningrad[,] in Libyen sind deutliche Anzeichen dieser Kulmination des Krieges. Es unterliegt keinem Zweifel, dass auch die große amerikanische Demokratie diese innere Erneuerungskraft ihrer sozialen Struktur in militärische Erfolge umsetzen wird.

4 Hier folgt eine im Ms. von Lukács' Hand gestrichene Passage: »Eine derart ausgeführte, gesellschaftlich-geschichtliche konkrete Analyse würde auch zeigen, dass diese letzthinnige Durchschlagskraft in einer jeweiligen Demokratie [proportional] zu der ihrer Entwicklungshöhe innerhalb dieser Stufe steht. Wer z. B. die Ereignisse des ersten Weltkrieges verfolgt, kann leicht feststellen, dass die Reihe der Zusammenbrüche in einem direkten Verhältnis zum undemokratischen Wesen der im Kriege verkrachten Militärmonarchien steht.« [Anm. K. B.]

5. Aristokratische und demokratische Weltanschauung[1]

In der heute herrschenden Philosophie ist es eine allgemeine Sitte, von der sogenannten »Situation« auszugehen. Wir wollen dies in unseren Betrachtungen ebenfalls tun, obwohl wir unter »Situation« nicht die individuelle Lage des einsam handelnden Menschen verstehen, sondern die Situation, in welcher sich heute die Menschheit befindet. Diese Situation kann kurz so beschrieben werden: Die militärische Macht des Faschismus ist im Krieg vernichtet worden. Jedoch die Entwicklung der Nachkriegszeit zeigt, daß seine politische, organisatorische und – vor allem – ideologische Vernichtung viel langsamer und schwerer vor sich geht, als viele dachten. Politisch, weil manche Staatsmänner, die sich emphatisch demokratisch zu nennen pflegen, die Faschisten als Reserve betrachten, sie schonen, ja sie sogar unterstützen. Und auch weltanschaulich erweist sich der Faschismus viel widerstandsfähiger, als viele sich dies nach der vernichtenden Niederlage Hitlers vorgestellt haben.

Ich muß gestehen, daß ich nicht in die Reihe der von dieser Entwicklung Überraschten und Enttäuschten gehöre. Schon vor dem Krieg und während des Krieges war es die Grundlinie meiner Aufsätze, daß der Faschismus keineswegs eine historisch isolierte Krankheitserscheinung sei, keineswegs ein plötzlicher Einbruch des Barbarentums in die europäische Zivilisation. Der Faschismus, als Weltanschauung, ist vielmehr eine allerdings qualitative Kulmination von erkenntnistheoretisch irrationalistischen, sozial-moralisch aristokratischen Theorien, die in der offiziellen und nicht-offiziellen Wissenschaft, in der wissenschaftlichen und pseudo-wissenschaftlichen Publizistik seit vielen Jahrzehnten eine führende Rolle spielen. Weil hier ein organischer Zusammenhang vorhanden ist, können sich die geistigen Anhänger des Faschismus leicht zurückziehen; sie können Hitler und Rosenberg preisgeben und sich – für einen neuen Vorstoß unter günstigeren Bedingungen – in der Phi-

1 Lukács' Beitrag auf den Rencontres internationales de Genève (1946) »L'esprit européen devant le marxisme« wurde zuerst 1947 in Paris unter dem Titel »La vision aristocratique et démocratique du monde« publiziert und erschien 1967 erstmals in deutscher Sprache [Anm. d. Hg.].

losophie von Spengler oder Nietzsche verschanzen. Gelegentlich meiner Vorträge während des Krieges vor gefangenen führenden deutschen Offizieren konnte ich diesen Prozeß schon in seinen Anfängen aus persönlicher Nähe beobachten.

Also auch weltanschaulich ist die Vernichtung der faschistischen Ideologie keine einfache Frage. Dadurch, daß man die Schriften von Mussolini, Hitler und Rosenberg aus dem Verkehr gezogen hat, ist noch nichts geschehen. Die Vernichtung muß die der geistigen und moralischen Wurzeln des Faschismus sein. Dies ist aber unmöglich, wenn wir nicht klar sehen, wann und wie jene Krise entstanden ist, aus welcher als besondere, barbarisch unmenschliche Form ihrer Lösung der Faschismus entsprang. Diese Krise ist bis jetzt von verschiedenen Gesichtspunkten verschieden betrachtet worden. Jedoch die letzten Wurzeln, aus denen diese verschiedenen Aspekte stammen, sind identisch, und zwar vor allem dem Sein nach und eben deshalb auch gedanklich.

Wenn wir diese Krise gedanklich umschreiben wollen, so stoßen wir auf vier große Komplexe: auf die Krise der Demokratie, auf die der Idee des Fortschritts, auf die des Glaubens an die Vernunft, auf die des Humanismus. Alle vier Krisenkomplexe entstammen aus dem Sieg der großen Französischen Revolution. Alle vier erreichen ihren Höhepunkt in der imperialistischen Periode. Alle vier erhalten einen qualitativ akuten Akzent in der Zeit zwischen den beiden Weltkriegen, in der Geburtszeit des Faschismus.

Wir wollen nun diese vier Komplexe, der Darstellungsweise nach getrennt, jedoch dem Wesen nach verbunden, betrachten. Denn alle diese Komplexe bilden – seinsmäßig und darum auch gedanklich – eine Einheit. Nur die Klarheit der Darstellungsweise zwingt uns zur Trennung, aber auch dann gehen die verschiedenen Komplexe unwillkürlich ineinander über.

Bevor wir auf die Darstellung selbst übergehen, sei eine methodologische Vorbemerkung gestattet. Alle Argumente, die gegen Demokratie, Fortschritt, Vernunft und Humanismus auftauchen, sind nicht bloß ausgeklügelt, sondern entstammen aus dem gesellschaftlichen Sein unserer Epoche. Sie kommen, wie Marx sagt, nicht aus den Büchern ins Leben, sondern aus dem Leben in die Bücher. Das hat zur Folge, daß alle diese Gedankengänge reale Probleme, reale Leiden, reale Bedürfnisse gedanklich widerspiegeln (freilich in einer verzerrten Weise). Infolge dieser Verankerung im gesellschaftlichen Sein besitzen sie eine gewisse Berechtigung, sind nicht einfach durch Nachweis ihrer Widersprüchlichkeit, ja selbst Unsinnigkeit widerlegbar. Es muß vielmehr gezeigt werden, daß diese Widersprüchlichkeit, diese Unsinnigkeit aus realen Bedürfnissen stammt, daß sie Elemente einer berechtigten Fragestellung in sich birgt, nur eben in schiefer und verzerrter Form, daß deshalb die so entstehende subjektiv berechtigte, aber objektiv falsche Frage nur durch eine auf sie erteilte richtige Antwort widerlegt werden kann.

Warum verursachte nun gerade der Sieg der großen Französischen Revolution diese Krise? Darum, weil eben dieser Sieg unter seinen konkreten historischen Bedingungen und in nicht zufälliger Parallelität mit der industriellen Revolution in England, die ökonomische Grundlage der modernen bürgerlichen Gesellschaft, den Kapitalismus in seiner entfalteten Widersprüchlichkeit zum Ausdruck brachte. Weltanschaulich hat dies zur Folge, daß die so entstehende gesellschaftliche Lage gleichzeitig und in unzertrennbarer Weise eine Erfüllung und eine Widerlegung der Ideen der Aufklärung beinhaltet.

Wir wollen nun die vier Krisenkomplexe einzeln betrachten.

I

Die gesellschaftliche wie gedankliche Krise der Demokratie entstammt aus dem Widerspruch der politischen Freiheit und Gleichheit zur realen Freiheit und Gleichheit der Menschen. Das bekannte Witzwort von Anatole France, daß das Gesetz mit der gleichen Majestät Reichen wie Armen verbietet, unter der Brücke zu schlafen, umschreibt klar und plastisch diesen Komplex der Widersprüche. Einzelne scharfsinnige Gesellschaftskritiker, wie etwa Linguet[2] haben diese Widersprüche schon vor dem Sieg der Französischen Revolution gesehen. Jedoch die formale Freiheit und Gleichheit mußte sich im Leben durchsetzen, damit ihre Widersprüchlichkeit zum Kristallisationspunkt aller politisch-sozialen – und darum weltanschaulichen – Gruppierungen des 19. Jahrhunderts werde.

2 Henri Linguet (1736-1794), französischer Schriftsteller der Aufklärung. Hauptwerk: »Annales politiques, civiles et littéraires«, 19 Bände, 1777-1792 [Anm. P. L.].

Und zwar je nachdem, ob erstens der Versuch gemacht wurde, die reale Freiheit und Gleichheit der Menschen zu erreichen oder sich ihr wenigstens anzunähern (Jakobiner, radikale Demokraten, Sozialisten), ob zweitens erstrebt wurde, die politisch-sozialen Endergebnisse der Französischen Revolution gesetzlich zu fixieren und gedanklich zu idealisieren (Liberalismus), ob drittens die Tendenz entstand, die vorhandene reale Ungleichheit und Unfreiheit der Menschen als »Naturtatsache«, als »Naturgesetz« oder metaphysische Gegebenheit zum Ausgangspunkt der Weltanschauung zu machen (reaktionäre Tendenzen verschiedener Art bis zum Faschismus).

Diese Gruppierungen, in denen die Möglichkeit der Stellungnahme zu den Hauptfragen der Krise der modernen Demokratie typologisch erschöpft ist, bestimmen die verschiedenen, aber stets eng zusammenhängenden weltanschaulichen Kontroversen des 19.-20. Jahrhunderts.

Der verbindende Gedanke in den Bestrebungen der radikalen revolutionären Demokratie und des Sozialismus ist ein neuer Begriff der Demokratie. Er läßt sich in aller Kürze so formulieren: nur wenn alle realen Formen der Abhängigkeit des Menschen vom Menschen, der Ausbeutung und Unterdrückung des Menschen durch den Menschen, der gesellschaftlichen Ungleichheit und Unfreiheit verschwinden, kann von Demokratie gesprochen werden. Es muß also eine Freiheit und Gleichheit erreicht werden, ohne Rücksicht auf die ökonomische Lage, auf Nationalität, Rasse, Geschlecht etc. Erst dann wäre die dritte große Etappe der Gleichheit der Menschen erreicht. Diese Etappen könnte man kurz so charakterisieren: das Christentum statuierte eine Gleichheit der menschlichen Seelen vor Gott, die Französische Revolution die der abstrakten Menschen vor dem Gesetz, der Sozialismus wird eine Gleichheit der konkreten Menschen im wirklichen Leben schaffen. Alle diese Tendenzen, so verschieden sie sonst auch sein mögen, haben die Gleichheit stets als unerläßliche Voraussetzung einer wirklichen Persönlichkeitsentwicklung und niemals als Vernichtung der Persönlichkeit aufgefaßt. Philosophisch bringt nun die neue Deutung und Ausdehnung des Materialismus in der marxistischen Weltanschauung das Neue, daß Freiheit und Gleichheit nicht bloße Ideen, sondern reale Lebensformen der Menschen, reale Beziehungen zwischen ihnen, d. h. reale Beziehungen zur Gesellschaft und durch sie vermittelt zur Natur, sind, daß ihre Realisierung deshalb notwendig die Veränderung der gesellschaftlichen Bedingungen der menschlichen Beziehungen voraussetzt.

Bei den eigentlich gesellschaftlichen Siegern der Französischen Revolution entsteht als Folge des Sieges ein immer stärkeres Erstarren und Vertrocknen der ursprünglichen Idee dieser großen Umwälzung. Je mehr der Liberalismus, als geistig-politischer Ausdruck der gesellschaftlichen Tendenzen der radikalen Demokratie und dem Sozialismus gegenüber in eine ideologische Defensive gedrängt wird, desto abstrakter und formalistischer werden die Begriffe von Freiheit und Gleichheit. Sie sind allerdings bereits bei Kant und Fichte bloß formale Ideen. Bei ihnen ist jedoch die philosophische Setzung von Freiheit und Gleichheit als Ideen mit gewaltigen utopischen Hoffnungen verknüpft, deren Pathos, besonders den jungen Fichte, zuweilen über die Schranken des Formalismus hinausdrängt. Geht auch die Praxis der Französischen Revolution selbst selten über den formal-juristischen Begriff von Freiheit und Gleichheit hinaus – man denke an Robespierres Auftreten gegen die Assoziationen der Arbeiter –, ist es hier dennoch besonders klar, wie sehr der plebejische Utopismus der Sansculotten über die engen Schranken der formalen Freiheit und Gleichheit hinausstrebt und auf die Realisierung der realen Freiheit und Gleichheit tendiert.

Die theoretische Grundlage aller liberalen Auffassungen, mag dies nun bewußt werden oder unbewußt bleiben, ist die klassische englische Ökonomie. Die Auffassung, daß das ungehinderte Handeln des homo oeconomicus unter den Bedingungen der formaljuristischen Gleichheit und Freiheit durch den Automatismus der wirtschaftlichen Kräfte einen sozialen und kulturellen Idealzustand, das größte Glück, die breiteste Entfaltung für alle Menschen hervorbringt, bildet die Basis aller liberalen Hoffnungen. Diese Auffassung wird aber durch die ökonomische Entwicklung selbst bereits am Anfang des 19. Jahrhunderts widerlegt. Und dieser Widerspruch zwischen der ursprünglichen Auffassung der klassischen englischen Ökonomie und zwischen den Tatsachen des kapitalistischen Wirtschaftslebens spiegelt sich im geistigen Zusammenbruch der klassischen Ökonomie selbst (Diskussion Ricardo – Sismondi, Auflösung der Ricardo-Schule). Diese Krise bringt die proletarische Ökonomie zur Reife. Auf der anderen Seite produziert die kapitalistische Ökonomie schon vor der imperialistischen Periode eine ganze Reihe von Institutionen (Schutzzoll, Protektionismus, Monopolorganisationen), die nicht nur eine praktische Widerlegung der ökonomischen Lehren der Klassiker im engeren Sinne bringen, sondern zugleich den Niederbruch aller weltanschaulichen Grundlagen für eine Erneuerung oder selbst Konsolidierung der Menschheit als Folge des freien Spiels der ökonomischen Kräfte im Rahmen der formalen Freiheit und Gleichheit. In dieser Lage entsteht entweder eine empiristische Ideenlosigkeit in der Ökonomie oder eine immer apologetischere Verteidigungsposition. Eine in der Wirklichkeit höchst problematisch existierende und stets problematischer werdende Freiheit und Gleichheit wird verteidigt, ohne einen real begründeten Glauben, daß die Zukunftsentwicklung die unmöglich zu verleugnenden Mängel der Gegenwart je wird beheben können. So erstarrt die liberale Weltanschauung dadurch, daß ihre ökonomisch-gesellschaftliche Lage immer irrealer wird.

Diese Erstarrung wirkt auch auf eine wichtige Seite des Menschen der bürgerlichen Gesellschaft ein. Die Französische Revolution lebte in der Spannung zwischen Citoyen und Bourgeois in einem freien Volke. Die hochwertige tragisch-menschliche Problematik des Citoyentums, die aus dieser Spannung entsteht, findet ihren Ausdruck in der besten Poesie aller Länder des Jahrhundertanfangs (Schiller, Hölderlin, Stendhal, Shelley). Die oben skizzierte Entwicklung, vor allem ihre reale ökonomische Grundlage, verwandeln jedoch alsbald den Citoyen in eine abstrakte Karikatur, in welcher besonders die aus der großen Zeit der Aufklärung und der Französischen Revolution äußerlich übriggebliebenen, innerlich leer gewordenen Züge am stärksten ins Karikaturistische umschlagen (Flauberts Homais).

Die liberale formalistische Demokratie privatisiert den Menschen. Das Verschwinden des Citoyentums aus dem Leben bedeutet nicht bloß eine Entleerung und Entgeistung des öffentlichen Lebens, von welcher sogleich die Rede sein wird, sondern zugleich eine Verstümmelung des Menschen gerade als Individuum, als Persönlichkeit. Der moderne bürgerliche Individualismus, so wie er auf diesem gesellschaftlichen Boden – einerlei ob zustimmend, gleichgültig oder ablehnend – entstanden ist, will natürlich von dieser Verstümmelung nichts wissen. Von der ästhetischen Lebensbejahung des Jahrhundertendes bis zum düsteren Starren Heideggers ins nichtende Nichts, wird immer und überall ausschließlich die private und persönliche Seite des Menschen – die Bourgeois-Seite nach Auffassung der Französischen Revolution – als wesentlich anerkannt. Da jedoch der Mensch, ob er will oder nicht, ob er es anerkennt oder nicht, Teil und Teilhaber auch des öffentlichen Lebens ist, hat eine solche Negation die notwendige Konsequenz, daß aus der Persönlichkeit alle jene Möglichkeiten und Fähigkeiten, die sich erst in der öffentlichen Tätigkeit entfalten können, künstlich und gewaltsam exstirpiert werden. Man muß nur an die Antike denken, um zu sehen, wie sehr ein jeder moderne Individualismus eine gewaltsame Verstümmelung der menschlichen Persönlichkeit ist.

Dadurch entsteht jedoch auch eine falsche Strukturierung der privat-ökonomischen Seite des Menschen, des Bourgeois. Je mehr die kapitalistische Ökonomie sich fetischisiert, je mehr sie apologetische Formen annimmt, desto mehr wird die ausbeuterische, die parasitäre Seite des homo oeconomicus mit seiner Persönlichkeit identifiziert. Man geht vom – an sich berechtigten – Gedanken aus, daß zur Entfaltung der menschlichen Persönlichkeit stets ein konkreter Spielraum unter den Dingen und den menschlichen Beziehungen gehört. Dieser Gedanke wird aber dahin verzerrt, daß die Mittel der Ausbeutung des Menschen durch den Menschen zu einem unaufhebbaren Attribut seiner Persönlichkeit fetischisiert werden, weshalb auch dieses Lebensgefühl in ihrer Vergesellschaftung eine Vernichtung der Persönlichkeit überhaupt erblickt. Es wird dabei außer acht gelassen, daß gerade vom Standpunkt der wirklichen Persönlichkeitsentwicklung nur die real vom konkreten Menschen konkret in Tätigkeit gesetzten Wechselbeziehungen mit den Menschen und den Dingen diesen »Spielraum« bilden, daß es für die wirkliche Persönlichkeitsentwicklung, wenn nur diese tätigen Wechselbeziehungen vorhanden sind, völlig gleichgültig ist, welche juristischen Eigentumsbeziehungen zwischen Mensch und Dingen diesen »Spielraum« organisieren, daß im Gegenteil ein Besitz ohne solche tätige Wechselbeziehung mit ihm – und das letztere ist typisch für die kapitalistischen Eigentumsverhältnisse – die Persönlichkeitsentwicklung hemmt und verzerrt, nicht aber fördert. Dies haben bereits Stoiker und Epikureer klar erkannt. Auf der anderen Seite entsteht die ebenso fetischisierte Vorstellung, als ob für bestimmte Menschen, für die Nicht-Kapitalisten, Hunger, Entbehrung etc. als Stimulus zur Persönlichkeitsentwicklung unentbehrlich wäre. Damit schlägt der Fetischismus dieser Periode in einen oft heimlichen, immer aber objektiv verlogenen Aristokratismus um, in eine Lehre von zwei Menschenarten, die ganz entgegengesetzte gesellschaftliche Beziehungen zu ihrer Entfaltung brauchen.

So bringt diese Entwicklung gleichzeitig eine Verstümmelung und eine fetischisierte Anschwellung und Schrumpfung der Persönlichkeit hervor.

Wir können hier unmöglich die Krise der liberalen Weltauffassung ausführlich schildern. Wir heben nur zwei Momente hervor. Erstens das Problem der sogenannten »Vermassung«, wo bestimmte ökonomische Seiten der kapitalistischen Entwicklung sozialpsychologisch und sozialphilosophisch fetischisiert werden. In ihr kommt eine wichtige gedankliche Widerspiegelung dieser Krise zum Ausdruck: die allgemeine Trennung von Liberalismus und Demokratie, wobei die letztere außerhalb der sozialistischen Arbeiterbewegung immer schwächer und einflußloser wird. Also vollständige Trennung des liberalen Gedankens von den Massen, Furcht vor den Massen und zugleich Verachtung der Massen. Diese Entwicklung fängt bereits bei John Stuart Mill an und erreicht ihren Gipfelpunkt in der modernen Sozialpsychologie Le Bons, in der Soziologie von Pareto, Michels etc. Bei den innerlich ehrlichen Vertretern des liberalen Gedankens verknüpft sich dieses Stadium mit einer tiefen Resignation. Der bedeutendste Soziologe unserer Periode, Max Weber, kämpfte sein ganzes Leben lang um eine Demokratisierung des Wilhelminischen Deutschland. Er tat es aber mit der Anschauung, daß dadurch ein »technisch« etwas besser funktionierendes System entstehen würde, ohne jeden Glauben an einen wirklichen Umschwung des deutschen Volks, was bei seinen gedanklichen Voraussetzungen nur ein rechtschaffenes Eingeständnis der von ihm aus sichtbaren Sachlage war.

Mit dem Problem der »Vermassung« ist das der »Elite«, der »Führerauswahl« eng verknüpft. Die Fragestellung ist an sich wiederum berechtigt, sogar der Anspruch selbst, daß die Elite sich den Massen gegenüber, die sie angeblich vertritt, weitgehend selbständig macht, ist eine nicht unrichtige Feststellung von Tatsachen. Die Verzerrung fängt erst dort an, wo die Frage überhistorisch verallgemeinert wird, wo man außer acht läßt, daß es sich um den sozialen Tatbestand einer bestimmten Phase der kapitalistischen

Entwicklung handelt. Was richtig festgestellt wird, drückt eine der zentralen Schwächen der bürgerlichen formalen Demokratie aus: die Massen erscheinen – formal, im Akt der Abstimmungen – als absolute, inappellable Herrscher; de facto sind sie jedoch vollständig machtlos und sollen auch – nach dem Willen der wirklichen Drahtzieher – machtlos bleiben. Es genügt, um diesen Tatbestand völlig klarzumachen, auf wenige Fakten hinzuweisen, so auf die enorme Kostspieligkeit der Wahlapparate, der Massenzeitungen etc., deren wirtschaftlicher Charakter notwendig alle Macht in wenige Hände konzentriert. Die von dort dirigierte Presse, Literatur, Kinos etc. wirken in der Richtung der Apologetisierung der Gesinnungen der Massen; denn nur so erzogen, können sie bei den Wahlentscheidungen durch Propaganda leicht beeinflußbar werden. Kurz gefaßt: die sogenannte neue Elite wird in Wirklichkeit von wenigen anonymen, zumeist im Hintergrund bleibenden Figuren ausgewählt, teilweise wählt sie sich selbst aus, aber ihr Niveau, ihre Verantwortungslosigkeit, ihre Korruption wird auf das Konto der Demokratie, der Massen, die sie – formal – gewählt haben, geschrieben. Auf diesem zwiespältigen Boden kann nur eine Inkohärenz, ja Hypokrisie des Denkens entstehen, und der einzige Ausweg für die subjektive denkerische Ehrlichkeit bleibt eine tiefe Resignation.

Die neue offen antidemokratische Ideologie entsteht auf dem Boden dieser Krise. Der am Anfang des Jahrhunderts gegen die kapitalistische Kultur rebellierende romantische Antikapitalismus hat anfangs demokratische Züge, verliert sie jedoch bald, nachdem die Krise schärfer hervortritt (Carlyles Wendung nach 1848). Die romantische Opposition der zweiten Hälfte des Jahrhunderts steuert offen auf Ungleichheit und Unfreiheit der Menschen als Grundlage einer »gesunden« Gesellschaft. Diese Auffassung hat viele Berührungspunkte mit der Restaurations-Ideologie nach der Französischen Revolution, ist aber keineswegs einfach der Versuch der Wiederherstellung des damals vernichteten feudalabsolutistischen Systems, sondern eben ein neues Produkt der aktuellen modernen Krise der Demokratie. Man kann Nietzsche als die größte Erscheinung des Übergangs zu dieser Weltauffassung betrachten.

Es ist verständlich, daß die antidemokratische Ungleichheits-Ideologie in der Biologie ihre Grundwissenschaft sieht. Denn nur auf dem Wege des Nachweises einer biologisch unaufhebbaren

Ungleichheit der Menschen kann sie selbst den Schein einer gedanklichen Begründung erhalten. Freilich ist diese Biologie keine Wissenschaft, sondern ein Mythos. Dies ist schon bei Nietzsche klar ersichtlich; seine »Herrenrasse« ist in Wirklichkeit romantisch-moralisch begründet und die Biologie bildet nur eine mystische Garnierung dazu.

Daneben entsteht ein ganz grob mythifizierter Biologismus: der der Rassentheorie. Auch sie entsteht nicht, wie zumeist vorgegeben wird, aus Ergebnissen der Naturwissenschaften, sondern aus dem politisch-sozial entstandenen methodologischen Bedürfnis, die radikale Ungleichheit zwischen den Individuen innerhalb eines Volkstums oder zwischen Völkern nachzuweisen. Die alte Wahrheit, daß die Verschiedenheit, ja Einzigartigkeit von Persönlichkeiten, sowohl bei Menschen wie bei Völkern mit der Gleichheit der Rechte und erst recht mit der Gleichheit der ökonomisch-sozialen Entwicklungsbedingungen durchaus verträglich ist, wird nun schroff geleugnet. Bei Gobineau erscheint die erste Systematisierung der Rassentheorie der radikalen Ungleichheitslehre. (Es ist nicht zufällig, wie aus dem Briefwechsel mit Tocqueville hervorgeht, daß die amerikanischen Sklavenhalter seine ersten begeisterten Leser gewesen sind.) Denn erst eine so statuierte radikal-qualitative Andersheit zwischen den Menschen kann eine Moral, eine Soziologie, eine Geschichtsphilosophie begründen, aus denen das Nicht-Menschsein bestimmter Rassen folgt, eine weltanschauliche Begründung für die völlige Konfiszierung ihrer Menschenrechte.

Auch innerhalb dieses Lagers gab es heftige Richtungskämpfe, wobei der grob mythifizierte Biologismus immer mehr die Oberhand erhielt, und die Begründung durch eine – freilich ebenfalls mythifizierte – Moralpsychologie immer mehr in den Hintergrund drängte. Aber daß die Linie Chamberlain-Rosenberg am Ende die von Nietzsche überwand, darf die Tatsache nicht verdunkeln, daß in der Beantwortung der Krise der Demokratie die beiden Linien konvergieren.

So entstand zwischen den beiden Weltkriegen die paradoxe Lage, daß fast die ganze zivilisierte Welt demokratisch regiert wurde, jedoch die Demokratie trotzdem wehrlos, ohne Verteidiger stand. Die Weimarer Republik war eine Demokratie ohne Demokraten und brachte, weil ihr Herrschaftsapparat für eine kleine anonyme Minderheit wirkte, eine tiefe allgemeine Enttäuschung an der Demokratie in den deutschen Massen hervor. Ihre besten Verteidiger waren, wie Max Weber, ohne das Pathos einer tiefen Überzeugung. Und was das Wichtigste ist, die einzigen möglichen tatkräftigen Verteidiger der Demokratie, die revolutionären Arbeiter, wurden in eine feindliche Gegensätzlichkeit zur Demokratie gedrängt. Die allgemein verbreitete Perspektive dieser Zeit, daß die Welt zwischen Faschismus und Bolschewismus zu wählen habe, steigerte die Verwirrung unter den Feinden des Faschismus aufs äußerste, zerstörte eine jede mögliche antifaschistische Front. Erst ein solches ideologisches Chaos konnte der Faschismus dazu ausnützen, um vor verzweifelten Massen, vor einer verzweifelten Intelligenz als Ausweg aus der Krise der Demokratie zu erscheinen.

So konnte die Strategie Hitlers bis 1941 von Sieg zu Sieg schreiten. Erst mit dem Bündnis von 1941, mit dem Bündnis von Demokratie und Sozialismus, entstand eine Wendung, eine Möglichkeit der Rettung der Zivilisation.

II

Alle diese Probleme weisen auf den zweiten Krisenkomplex: auf die Krise des Fortschrittsgedankens. Philosophisch setzt der Begriff des Fortschritts Entdeckung von Tendenzen in der Gesellschaft voraus, die eine ständige (wenn auch nicht gleichmäßige) Steigerung der menschlichen Werte in der Wirklichkeit selbst garantieren. Eine solche philosophische Konzeption kann eine Annäherung an einen Idealzustand, an eine Idee beinhalten – darum auch einen unendlichen Progreß wie bei Kant –, kann das Erreichen eines Zustandes, der qualitativ von den früheren verschieden ist und die Entfaltung der »natürlichen« Kräfte der Menschheit garantiert, sein (Kapitalismus in der klassischen Ökonomie, Zielsetzungen der Aufklärung, der französischen Revolution etc.). Immer aber handelt es sich um eine Höherentwicklung in der Wirklichkeit selbst.

Dieser Glaube an die Realisierung eines Fortschritts in der Wirklichkeit geht aber in der oben umrissenen Krise verloren. Wird jetzt die bloße Unendlichkeit des Progresses pointiert, wie im liberalen Neukantianismus, so geht jede Beziehung zur gesellschaftlichen Realität verloren, alles wird abstrakt, kraftlos, unüberzeugend. Eine solche Entwicklung ist jedoch gesellschaftlich notwendig. Sie erscheint bei den Neukantianern in einer akademischen Form. Aber diese Struktur der Weltanschauung, die notwendige radikal unüberbrückbare Inkongruenz zwischen Ideal und Wirklichkeit bringt sehr bald in der wichtigsten intellektuellen Elite einen tiefen Kulturpessimismus hervor. Von Schelers »Ohnmacht der Vernunft« bis zu Valéry entsteht die Weltanschauung eines heroischen Alleinstehens, eines heroischen Sterbens auf verlorenem Posten; Ideale werden verkündet, von denen man selbst weiß, daß sie keine Beziehung zur gesellschaftlichen Wirklichkeit haben, oder selbst nur haben können. Die Kulturentwicklung der geistigen Elite sondert sich resigniert-aristokratisch von der feindlich-ideenlosen Wirklichkeit ab. Eine Verwirklichung der Ideale kann nur rein ins Innere verlegt werden. Der einzelne Mensch kann eine Entwicklung haben, kann in dieser Entwicklung einen Fortschritt aufweisen, die Gesellschaft nicht.

Damit hängt der in den letzten Jahrzehnten einflußreich gewordene Gegensatz von Kultur und Zivilisation zusammen. Wenn wir ihn ganz allgemein fassen, so besagt er, daß in der äußerlichen Welt der Zivilisation, insbesondere in der technischen Zivilisation, ein Fortschritt möglich sei, in der wirklich wesentlichen Welt der Kultur jedoch nicht. Auch hier handelt es sich um die schiefe Beantwortung einer berechtigten Frage. Die beste Intelligenz protestierte mit Recht dagegen, daß die Entwicklung der Kultur nach dem Schema einer rein technischen Entwicklung behandelt werde. Aber die Tatsache der Ungleichmäßigkeit der Kulturentwicklung ist für den Dialektiker gerade das Prinzip ihrer Entwicklung selbst. Und daß etwa ein Fortschreiten, ein Fortschritt in der Kunst festgestellt werden könne, ohne daß deshalb das Spätere als künstlerisch höherstehend als das Frühere bewertet werden müsse, hat bereits Schiller gewußt. Erst die Verlorenheit der besten Intelligenz in der heutigen Gesellschaft, ihre »organische« Unfähigkeit, Wege und Ziele zu sehen, bringt den modernen Gegensatz von Kultur und Zivilisation hervor. Und es wäre lehrreich zu untersuchen, wie diese Entfremdung aufs allertiefste mit der Entfremdung der besten Intelligenz vom Demokratismus zusammenhängt, wobei es selbstverständlich ist, daß ein Stehenbleiben bei liberalen Idealen ebenfalls einen Teil dieses Entfremdungsprozesses bildet.

So entsteht schon verhältnismäßig früh ein Leugnen des geschichtlichen Fortschritts überhaupt. (Am radikalsten bei Schopenhauer; aber auch Kierkegaard und der deutsche romantische Historismus, Ranke und seine Schule, gehören letzten Endes hierher.) Bei Nietzsche entsteht der Versuch, auf dieser Grundlage ein Weiterschreiten zu seiner reaktionären Utopie gedanklich zu begründen. Aber erstens ist seine wirkliche Geschichtsauffassung der von Schopenhauer sehr nahe verwandt: Die Geschichte zeigt eine ständige Korruption, ein unaufhaltbares Sinken, und die einzelnen Wendungen sind durch nichts begründete Wunder. Zweitens ist seine Lehre von der Wiederkehr des Gleichen eine neue Aufhebung einer jeden Geschichtlichkeit, eines jeden Fortschritts. Es ist kein Wunder, daß er dort, wo ein Fortschritt in seinem Sinne statuiert werden soll, ins rein Mythische verfällt.

Hier wird ein interessanter struktureller Gedankenzusammenhang sichtbar: Der gesellschaftliche Pessimismus geht auf eine historische Statik aus; der Antidemokratismus hängt aufs engste mit der Antifortschrittlichkeit zusammen: Soweit es etwas Wertvolles in der Geschichte gibt, ist es ein früherer Zustand. Der Prozeß selbst muß eine Verschlechterung sein, und das Maximum, das realisiert werden kann, ist eine Restitution des Ursprünglichen. Aber auch dies entsteht nicht organisch aus der Entwicklung selbst, sondern stellt einen qualitativen Sprung dar.

Dieser letztere Gedanke beherrscht insbesondere die Rassentheorie. Was im romantischen Antikapitalismus das Mittelalter war, ist hier der Urzustand der reinen Rasse. Die Geschichte ist nichts weiter als eine Vermischung der Rassen und darum ihre Korrumpierung. Daher der Pessimismus Gobineaus. Die faschistische Ideologie baut sich auf diesen Grundlagen auf, leugnet radikal jeden Fortschrittsgedanken und stellt durch das »Wunder« – Hitlers Bezeichnung für seine eigene Sendung – die Restitution des Urzustandes in Aussicht.

Damit bekommt der Elitegedanke, der weltanschauliche Aristokratismus einerseits eine auch für breitere Massen plausible, weil auf ganze Völker anwendbare Geltung, andererseits eine völlig starre und zugleich völlig willkürliche Begründung. Die radikalen Rassisten waren lange Zeit kleine Sekten, aber umgeben von einer weltanschaulichen Umwelt, die selbst aristokratisch war und den Elitegedanken zwar vorwiegend moralisch-sozial, psychisch oder spirituell begründete, letzten Endes aber immer auf die mythifizierte Rasse zurückgreifen mußte (Nietzsche und Spengler). So dehnte sich ihr Einfluß immer mehr aus. Freilich erst die gesellschaftliche und soziale Vorbereitungszeit des zweiten Weltkrieges brachte die faschistische Massenbewegung zum Siege.

Es ist hier eine Konvergenz zwischen Demokratismus und Antidemokratismus und zwischen den sogenannten letzten Positionen in philosophischen Fragen feststellbar, die keine bloße Konstruktion ist, keine – stets mehr oder weniger willkürliche – »Typologie«, wie in den Geisteswissenschaften. Es handelt sich vielmehr darum, festzustellen, wie die Denker zu bestimmten realen Lebenstendenzen ihrer gesellschaftlichen Umwelt stehen, wie sie diese verstehen, sie bejahen oder ablehnen, zur Kenntnis nehmen oder verleugnen etc. Die Verknüpfung von Fortschritt und Demokratie einerseits, von Leugnen des Fortschritts und aristokratischer Weltanschauung andererseits ist also eine Tatsache des Lebens selbst.

Nicht zufällig taucht hier der Begriff des Pessimismus auf. Auch hier kann ein wichtiger – ebenfalls in der realen gesellschaftlichen Entwicklung verankerter – Zusammenhang festgestellt werden. Es gehören nämlich einerseits Fortschritt, Optimismus und Demokratie, andererseits Fortschrittsfeindlichkeit, Pessimismus und Aristokratismus, wieder nicht zufällig, zusammen. Denn obwohl in den Argumentationen zwischen Optimismus und Pessimismus Naturtatsachen eine große Rolle zu spielen pflegen, entscheidet doch letzten Endes die gesellschaftliche Perspektive, und die Naturtatsachen liefern bloß die Belege. Keinen demokratischen Optimisten wird die notwendige Einsicht, daß die Erde und mit ihr die ganze menschliche Kultur einmal untergehen müsse, in seinem Optimismus irremachen, und andererseits haben Chamberlain und Nietzsche gezeigt, wie der Darwinismus für die Ziele einer Anti-Entwicklungs-Philosophie ausgenützt werden kann.

Die wachsende Macht des Pessimismus in unseren Tagen zeigt besonders klar diese gesellschaftlichen Wurzeln, tritt er doch fast durchweg als Kulturpessimismus, als Leugnen des Fortschritts in den wesentlichen Fragen der Menschheit auf. Mit der oben geschilderten Lage der Intelligenz unserer Zeit hängt aufs engste zusammen, daß der Pessimismus immer stärker den Akzent einer besonderen Vornehmheit erhält, im Gegensatz zum robusten, plebejischen Optimismus; er erscheint als die einzig mögliche echt geistige Haltung, als etwas moralisch Höherwertiges dem Optimismus gegenüber. Auch hier kann man eine gewisse relative Berechtigung erblicken: Im Milieu einer Apologetik des kapitalistischen

Lebens, die bemüht ist, alles Häßliche, Niedrige, Unmenschliche daran teils zu leugnen, teils zu idealisieren, im geistigen Milieu eines vulgären Fortschrittsbegriffs, der in der Weiterentwicklung dieser Ökonomie, ihrer technischen Zivilisation, ohne ihre menschen- und kulturzerstörende Wirkung zu berücksichtigen, eine geradlinig fortschreitende Aufwärtsbewegung sieht, kann der Skeptizismus, ja der Pessimismus tatsächlich intellektuell und moralisch höher stehen als seine Widersacher.

Der Umschlag erfolgt jedoch sehr bald – wenn nämlich dieser Pessimismus in einen selbstgefälligen Aristokratismus umschlägt, wenn er zu einem Bündnis mit den Mächten der Reaktion führt. Der Antihistorismus und der metaphysische Pessimismus Schopenhauers treten mit der Prätention auf, eine Erhebung über alle Kleinlichkeit des gesellschaftlichen und politischen Lebens zu beinhalten. In Wirklichkeit bedeuteten sie, gerade bei Schopenhauer selbst, eine Unterstützung des weißen Terrors in und nach 1848. Und die Steigerung solcher aristokratisch-pessimistischen Tendenzen nach Schopenhauer bringt diesen ihren dekadent-reaktionären Charakter nur noch stärker zum Ausdruck. Nicht umsonst spricht Thomas Mann in seiner Charakteristik unserer Zeit von der Anziehungskraft von Krankheit, Verwesung und Tod.

Alle diese Tendenzen erhalten ihre äußerste Steigerung im Faschismus, denn daß diesen Rassentheorien ein immanenter Pessimismus und ein absoluter Aristokratismus zu eigen ist, haben wir bereits gesehen. Der »heroische Pessimismus« der Faschisten ist die Philosophie der äußersten Menschenverachtung, der gewissenlosen Ausnützung der tiefen Verzweiflung breiter Massen und verirrter Intelligenz. Die Vernichtungslager von Auschwitz oder Majdanek hat natürlich die imperialistische Politik des Faschismus nur mittelbar hervorgebracht. Aber dieses politische System und diese seine Äußerungen wären unmöglich auszubilden gewesen ohne jenen Aristokratismus, der jeden Andersrassigen nicht als Menschen betrachtet, ohne eine generell verzweifelte allgemeine Weltanschauung, ohne eine gesellschaftliche und historische Perspektivenlosigkeit, die das Schicksal einer ganzen Nation wie ein am Rand des Abgrunds lebender Hasardeur behandelt.

III

Wir haben uns der eigentlichen philosophischen Problematik schon ziemlich angenähert. Unsere folgenden Betrachtungen führen uns zur Zentralfrage: zur Bejahung oder Verneinung der Vernunft. Es ist ein falscher Akademismus, in der Stellung der Philosophie zur Vernunft eine immanente Frage der Philosophie – der Erkenntnistheorie, Phänomenologie, Ontologie etc. – zu erblicken. Alle diese Disziplinen sind nur Momente der Gesamtphilosophie, deren Grundlage, wie schon die Griechen, auch Fichte, von den Materialisten gar nicht zu reden, gesehen haben, im Sein selbst zu suchen ist. Jede erkenntnistheoretische etc. Fragestellung und Antwort hängt davon ab, wie der Philosoph sich den Zusammenhang von Sein und Vernunft denkt, ob für ihn der Kern der Existenz, das Seiende des Seins als vernünftig oder unvernünftig erscheint.

Es ist hier unmöglich, die philosophische Problematik des Irrationalismus auch nur anzudeuten. Wir weisen bloß auf seinen Zusammenhang mit unserem Problem, mit dem Dilemma von Aristokratismus oder Demokratismus, hin. Die Koordination ist auch hier klar. Freilich nicht in dem vereinfachten Sinn, ob ein Denker unmittelbar politisch rechts oder links steht. In dieser Hinsicht gibt es oft Ausnahmen, z. B. Sorel. Aber weltanschaulich ist der Zusammenhang eindeutig: Die Stellungnahme gegen den Fortschritt steht fast immer im engen Zusammenhang mit dem Irrationalismus und mit dem eigenartigen Begriff der neuen Elite. Sorel war seiner Grundtendenz nach sicher sozialistisch gesinnt; ebenso sicher aber nicht demokratisch. Die verhängnisvolle Spaltung von Sozialismus und Demokratie zeigt sich auch in seiner Philosophie.

Der historischen Genesis nach ist die gegen die Vernunft gerichtete Ideologie im Kampf gegen die Französische Revolution entstanden und ist eben darum scharf gegen den Fortschrittsbegriff, gegen die notwendige Zerstörung des Alten durch das Neue gerichtet. Sie ist also von vornherein eine Verteidigung der alten aristokratischen Gesellschaft, und diese Verteidigung ist nicht nur politisch. Sie ist weltanschaulich gegen die Vernunftherrschaft der Aufklärung gerichtet und will Institutionen etc. nur darum schützen, weil sie eben existieren, Traditionen, weil sie lebendig scheinen, ganz unabhängig davon, ob sie vernünftig sind oder nicht. Es ist also eine Ablehnung der Vernunft als Kriterium. Die so statuierte Unabhängigkeit von der Vernunft verwandelt sich in eine positive Auffassung: Eben weil diese Institutionen, Traditionen etc. etwas Höheres als jede Vernünftigkeit vorstellen, offenbart sich in ihnen der übervernünftige irrationale Kern der Wirklichkeit überhaupt. Daß den heutigen Irrationalisten Burke oder de Maistre oder Haller reichlich rationalistisch vorkommen würde, zeigt nur die gewaltige Entwicklung dieser Weltkonzeption in Breite und Tiefe.

Der Zusammenhang des Irrationalismus mit der aristokratischen Weltanschauung bestimmt aber nicht nur ihre Genesis, sondern auch ihre philosophische Struktur selbst. Man denke an die Kontroverse zwischen Schelling und Hegel über die intellektuelle Anschauung. Hier wird der Gegensatz auf eine dauernde philosophische Höhe gehoben, und zugleich erhalten wir scharfe Formulierungen des aristokratischen, beziehungsweise demokratischen Charakters der beiden Standpunkte. Schelling meint, daß zur intellektuellen Anschauung, d. h. zum Organ, das den Zugang zum Wesen der Wirklichkeit sichert, eine angeborene, nie erlernbare Genialität[3] vonnöten ist. Dieser Gedanke entwickelt sich weiter über Schopenhauer, über Nietzsche und Bergson, über die George-Schule bis zum Irrationalismus der Gegenwart. Ob eine ästhetische, moralische, philosophische, psychologische etc. »Genialitaet« erforderlich ist, ist nicht entscheidend wichtig. Wichtig ist das aristokratische Prinzip, das seit Chamberlain auch als Rassenprinzip auftritt.

Gegen diese Auffassung vertritt Hegel die Anschauung, daß ein jeder Mensch, der Möglichkeit nach den Zugang zur philosophisch erfaßten Wirklichkeit besitzt. Das bedeutet keineswegs, daß Hegel die philosophische Erkenntnis für den »gesunden Menschenverstand« ohne weiteres für möglich hielt, daß er die fachgemäßen Vorarbeiten zur Philosophie als überflüssig betrachtete. Sein Standpunkt bedeutet nur so viel, daß dieser Weg prinzipiell einem jeden normalen Menschen offensteht. Dabei ist sein Beispiel charakteristisch: Wie jeder napoleonische Soldat Marschall werden könne, aber selbstverständlich nicht jeder es wurde, so stehen die Menschen zur philosophischen Erkenntnis. Die Hegelsche »Phänomenologie des Geistes« ist schon darum gegen Schelling

3 In der Ausgabe von Peter Ludz (1967) wie in der von Frank Benseler (1984) heißt es fälschlich und abweichend vom Ms. »Generalität« [Anm. d. Hg.].

gerichtet, weil dem irrationalistisch genialen »Sprung« der intellektuellen Anschauung die vernünftige Bloßlegung des Weges zur Welterfassung individuell wie gattungsmäßig, anthropologisch wie gesellschaftlich-geschichtlich gegenübergestellt wird.

Freilich darf die hier vollzogene Wendung nicht abgeschwächt werden: Die Hegelsche Vernunft ist nicht einfach mit der der Aufklärungszeit identisch. Dazwischen liegt die Französische Revolution und die durch ihren Sieg verursachte Menschheitskrise, deren Reflexe in der Krise des demokratischen Gedankens und des Fortschrittgedankens wir bereits gesehen haben. Bei Hegel reicht diese Wendung bis zu den letzten Fragen und bis zur Struktur der Weltanschauung selbst herunter. Auch hier ist nur eine ganz kurze Umschreibung des Phänomens möglich. Hegels Beziehung zur irrationalistischen Philosophie seiner Zeit haben wir bereits gesehen; auch wissen wir, wie sich diese zur Restauration und zur Romantik verhielt. Hegels scharf ablehnende Stellung zu diesen Tendenzen wird in der letzten Zeit oft geleugnet oder abgeschwächt, obwohl man nur die Stellen gegen Haller oder Savigny in der »Rechtsphilosophie« nachlesen muß, um seine Position klar zu sehen. Auf der anderen Seite war die Aufklärung ein einziger großer Kampf um das Reich der Vernunft. In der Französischen Revolution wurde nun, wie dies auch Hegel klar ausspricht, die Vernunft zur Herrscherin von Gesellschaft und Geschichte. Das Reich der Vernunft ist also verwirklicht – wie sieht aber diese Verwirklichung aus? Engels zeigt sehr richtig, daß das verwirklichte Reich der Vernunft sich eben als Reich der Bourgeoisie erweist. Die hier hervortretenden Widersprüche auf allen Lebensgebieten haben wir bereits, wenn auch nur andeutend, gestreift.

Angesichts der Widersprüchlichkeit des ganzen gesellschaftlich-geschichtlichen Seins stehen vor der Philosophie drei Möglichkeiten: erstens Verengung und Verarmung der Vernunft, damit das Reich der Bourgeoisie auch weiter als Reich der Vernunft erscheinen könne; zweitens Auffassung der Wirklichkeit als unvernünftig, wobei wir auch hier die vielfachen Variationen innerhalb beider Standpunkte vernachlässigen müssen.

Hegel tritt hier mit einem tertium datur auf: Während die eine Richtung vor dem Auftreten der Widersprüche in die Leugnung der Vernunft flüchtet und die andere die Widersprüche zu verflüchtigen versucht, stellt sie Hegel radikal in den Mittelpunkt der Philosophie, sowohl der Logik und der Ontologie wie jedes konkreten Teils, besonders der Gesellschafts- und Geschichtsphilosophie. Alle Momente in der Wirklichkeit, die – isoliert und verabsolutiert – als endgültige, unaufhebbare Gegebenheiten aufgefaßt, die Grundlage des Irrationalismus bilden, erscheinen bei Hegel als bloße Momente der neuen Vernunft, als Probleme, die dialektisch gelöst werden. Alle Widersprüche, die die vorhegelsche Philosophie als die zwischen Vernunft und Wirklichkeit aufgefaßt hat, erscheinen als dialektische Widersprüche des Verstandes, die dann zur neuen Vernünftigkeit weitertreiben.

Hegel wird damit zum Vollender zweier Entwicklungslinien: erstens der uralten Entdeckung der Widersprüchlichkeit seit den Eleaten und Heraklit, wobei er aber die Widersprüchlichkeit zur systematisch durchgeführten Grundlage der ganzen Philosophie macht; zweitens der modernen Philosophie der Vernunft seit Descartes, aber auf der Basis jener Weiterveränderung, die die Französische Revolution hervorgebracht hat. Eine ausführliche Darlegung ist hier selbstredend nicht möglich. Wir wollen nur zur Beleuchtung der Problemlage auf zwei charakteristische Momente hinweisen. Einerseits auf die Vernunft in der Geschichte. Der vielgenannte Antihistorismus der Aufklärung ist freilich eine reaktionäre Legende. Aber die Aufklärung faßte das Grundproblem doch so auf, daß die eine und unwandelbare Vernunft sich in geschichtlichen Wandlungen allmählich durchsetzt. Hegel dagegen zeigt die Wandlung, die Vollendung, das Zu-Sich-Kommen, das Sich-Selbst-Erreichen, das Selbstbewußtwerden der Vernunft in der Geschichte, durch die Geschichte. Andererseits erscheinen die Widersprüche des Lebens, gesteigert bis zur Tragödie, als Vehikel, als höchste Erscheinungsformen der Vernunft selbst. Dies ist besonders in der Beziehung von Individuum und Gattung sichtbar; aber auch Volk und Nation sind von diesem Standpunkt Individuen. Die Tragödie erscheint als die höchste Form der Realisierung der Vernunft. Dies ist der gemeinsame Grundgedanke von Goethes Faust und Hegels »Phänomenologie des Geistes«.

So entsteht bei Hegel die adäquate gedankliche Auflösung und Aufhebung der neuen, durch die Französische Revolution entstandenen Weltlage. Jedoch bei all ihrer Größe bedeutet diese Philosophie nur eine relative, nur eine methodologische Vollendung. Der historische Begriff der widerspruchsvollen Vernunft war gefunden, aber seine Vollendung, seine historische Konkretisierung für Hegel selbst dennoch unmöglich. Die Freiheit soll in ihrer neuen Fassung der Zentralbegriff der widerspruchsvollen inneren Entwicklung der Vernunft sein, aber die Hegelsche Philosophie der Freiheit geht infolge der Ungunst der Periode überhaupt und der Deutschlands speziell im Konkreten zuweilen sogar hinter die Französische Revolution zurück. So umgibt ein schillernder Nebel die Gestalt Hegels. Manche nennen ihn den Philosophen des reaktionären Preußentums. Herzen sieht in seiner Methode »die Algebra der Revolution«.

Da seine bürgerlichen Schüler und Nachfolger nicht auf der Herzenschen Linie gehen, geht das wertvoll Neue der Hegelschen Dialektik immer mehr verloren; die akademischen Erneuerungen bleiben gerade in der Hauptfrage erfolglos. Erst bei Marx kommt es zu einem Hineinarbeiten der konkreten Ergebnisse und Erfahrungen der Periode in die philosophische Methode. Bei Marx wird die Hegelsche Vernunft radikal irdisch, die Verwirklichung der Freiheit und Gleichheit zu einer Forderung der realen Freiheit und Gleichheit für real existierende Menschen in einer konkreten und realen Gesellschaft. Erst durch Marx und seine großen Nachfolger wird die reale, konkrete, sich widerspruchsvoll, in Gegensätzen entwikkelnde, konstituierende, zur Selbstbewußtheit, zur Selbsttätigkeit erwachende Gattung zum wirklichen Subjekt der Geschichte. Erst durch Marx wird die wirkliche Entwicklung des Menschen (nicht seines durch den Kapitalismus entstellten atomistischen Bewußtseins[4] in einer fetischisierten Welt) in seinen realen und konkreten, widerspruchsvollen, gegensätzlichen Beziehungen zu seinen Mitmenschen sichtbar. Die Beziehungen zwischen den Menschen erscheinen als Fundament der Struktur und Dynamik des Fortschritts, als lebendige Organe der Realisation der Vernunft in der Geschichte.

Diese große Philosophie ist in der bürgerlichen Welt bis jetzt fast völlig wirkungslos geblieben; eben deshalb mußte die Dialektik vergessen oder entstellt werden. Jedoch die Entwicklung selbst läßt sich durch dieses Ignorieren und Entstellen nicht aufhalten: Sie wirft ununterbrochen neue und immer höhere Probleme der Dialektik auf, die – infolge jener philosophischen Entwicklung,

4 Im Ms.: Atombewußtseins [Anm. P. L.].

die oben skizziert wurde – nunmehr als »unaufhebbare Gegebenheiten« des Irrationalismus erscheinen. So erhalten die verengten und verzerrten Fragestellungen notwendig schiefe und falsche Lösungen, können keinen Zugang zu den realen Problemen der Zeit finden.

IV

Damit sind wir bei der Krise des Humanismus angelangt. Über die Tatsache dieser Krise braucht man kein Wort zu verlieren. Es genügt daran zu denken, daß der Faschismus 12 Jahre in Deutschland geherrscht hat. Worin aber besteht diese Krise des Humanismus? Der Humanismus ist ursprünglich und dem Wesen nach eine Erkenntnis vom Menschen, seine Würde und seine Rechte zu verteidigen. Darum ist der Humanismus kämpferisch aggressiv von der Renaissance über die Aufklärung bis zu den großen Tagen der Französischen Revolution. Die von uns oben analysierte Krise wirkt sich nun für den Humanismus darin aus: je stärker die Verbundenheit mit den antidemokratischen, antifortschrittlichen und besonders rassentheoretischen Philosophien, desto stärker werden in allen Wissenschaften die antihumanistischen Richtungen. Der Humanismus verliert seine Basis in den konkreten Wissenschaften vom Menschen. Und die Verteidigung der Würde und der Rechte des Menschen gerät ihrerseits immer stärker in eine Defensive, die ideologisch in Abstraktionen steckenbleibt, die immer stärker zur Passivität, zur Entfremdung von der realen gesellschaftlichen Wirklichkeit zu einem blassen Utopismus führt. Die entscheidenden Gründe dieser Krise sind aus unseren bisherigen Ausführungen klar hervorgetreten: Meint das isolierte Individuum, dessen Lebenspostulate von dieser Isolation ausgehen, als Privatperson einer entfremdeten, toten und entmenschten Gesellschaft gegenüberzustehen, so kann auf diesem Boden der Humanismus nur pazifistische Rückzugsgefechte schlagen.

Diese Verarmung des Humanismus zeigt sich klar in seiner Beziehung zur eigenen Vergangenheit, zu deren größter praktischer Leistung, zur Französischen Revolution. Große humanistische Schriftsteller, wie Victor Hugo in »1793«, Dickens in »Zwei Städte«, geben hierfür typische Auseinandersetzungen. Der Humanismus vermag gegen die unmenschliche »Realpolitik« der herrschenden politischen und sozialen Mächte, sowohl innerhalb der einzelnen Länder, wie außenpolitisch nichts wirklich Durchschlagendes zu sagen. Die humanistischen Parolen laufen auf ein »widerstehe nicht dem Übel«, »halte dich individuell rein« etc. hinaus. Der rein humanistische Pazifismus des ersten Weltkrieges, seine abstrakte Proklamation des abstrakten Menschen überhaupt konnte dem Handeln der Menschen keine Richtung geben. Daher die so starke Enttäuschung unter den besten Intellektuellen dieser Zeit. Und die Ideologie des Antihumanismus nimmt ununterbrochen an Faszinationskraft, an extensiver und intensiver Wirkung zu.

Diese Schwäche des Humanismus liegt in der Lockerung ihrer Beziehung zur Demokratie überhaupt und zur kämpferischen Demokratie im besonderen. Victor Hugo und Dickens sind freilich echte Demokraten. Die Krise des Humanismus zeigt sich bei ihnen darin, daß sie vor dem echten Weg der Verwirklichung ihrer Ideale zurückschrecken, daß sie sich im Labyrinth der Widersprüche, das mit dem Sieg der Französischen Revolution entstand, nicht zurechtfinden, daß sie keinen gangbaren Weg in die Zukunft der Humanisierung des Menschengeschlechts erblicken können. Sie akzeptieren die jakobinischen Ideale, lehnen aber die Methoden ihrer Verwirklichung ab. Jedoch gerade die Ablehnung der Methode ist ein Zeichen der Abschwächung des demokratischen Gedankens, des aktiven Humanismus. Während die Gegner der Demokratie, ohne durch irgendwelche humanistischen Skrupel gehemmt zu sein, alle Mittel für ihre reaktionären Ziele einsetzen, ist die in Krise geratene Ideologie des demokratischen Humanismus konservativ im Beharren bei den in der Wirklichkeit verbrauchten vorrevolutionären Aufklärungsidealen und hyperkritisch, selbstzersetzend skeptisch in bezug auf die Mittel ihrer realen Verwirklichung. Das Leugnen des Bösen läuft hier auf eine äußere Kapitulation vor ihm hinaus, mit Vorbehalt der Bewahrung der individuellen moralischen Unbeflecktheit des Subjekts.

Erst das Aufgipfeln der antihumanistischen, antidemokratischen Tendenzen in der Aufmarschzeit des Faschismus und während seiner Herrschaft löst hier eine realistischere humanistische Gegenbewegung aus. Man kann Anatole France als ihren Vorläufer ansehen: Er bejaht die aktiv heroische Methode der Jakobiner, bei einer scharf skeptischen Kritik ihrer Ideale, über welche hinausgegangen werden muß. Diese Bewegung bedeutet, daß die hervorragendsten Humanisten unserer Zeit sich gerade in dieser Hinsicht verändert haben: Das Hinausgehen über die jakobinischen Ideale beinhaltet, daß sie eine konkrete und positive Stellung zum Sozialismus gewonnen haben, was keineswegs so viel bedeutet, daß sie unbedingt Sozialisten werden mußten, sondern bloß, daß sie den gesellschaftlichen Inhalt der Demokratie konkreter, real-humanistischer, über den alten Formalismus hinausgehend erfaßt haben; daß sie einzusehen beginnen, daß die Gewalt des antihumanen, die Gewalt des entfesselten Rassenwahnsinns nur mit Gewalt: mit der Macht des zum demokratischen Leben erwachten Volks überwältigt werden kann. Diese Entwicklung sehen wir bei Romain Rolland vom Ghandismus bis zur kämpferischen Humanität; diesen Weg sind Thomas und Heinrich Mann gegangen. Es ist eine wichtige Gegenbewegung zu der des vorigen Jahrhunderts; es ist der Beginn der Wiederherstellung des Bündnisses zwischen Sozialismus und Demokratie und damit eines konkret gewordenen Humanismus. Und der zweite Weltkrieg, der Kampf der Völker gegen die faschistische »Neue Ordnung«, löst – freilich in verschiedenen Ländern verschieden stark – solche Gegenbewegungen des Volkes aus, aus welchen die demokratischen Lebensformen des neuen Europa sich herauskristallisieren können.

V

Damit sind wir beim Problem des neuen Europa angelangt. Und wir hoffen, daß unser bisheriger Weg klar die Richtung zur Antwort zeigt, die hier zu geben ist. Das neue Europa kann nur dann wirklich entstehen und fest bleiben, wenn es gelingt, auch ideologisch die Wurzeln des Faschismus auszurotten, seine Wiederkehr endgültig unmöglich zu machen. Nicht hier ist der Ort, darüber zu sprechen, wie unzulänglich das bisher Geleistete sowohl innen- wie außenpolitisch ist. Wenn wir weltanschaulich die Lehren der faschistischen Herrschaft ziehen, so zeigt sich, daß der Widerstand gegen ihn dort am stärksten einsetzte, wo ein wirklicher, nicht liberal-formalistisch verwässerter Geist der Demokratie im Volk lebendig war (Sowjetunion, Jugoslawien, Frankreich). Diese Feststellung ist richtig, aber nicht ausreichend. Wir müssen auch sehen, daß der

Faschismus nie hätte siegen können ohne jene Krise der Demokratie und in ihr des ganzen Komplexes der demokratischen Gedanken, deren Umkreis wir hier skizziert haben. Diese Krise machte Massen und Intelligenz empfänglich für das ideologische Gift der Rassentheorie; sie machte die Widerstrebenden ideologisch wehrlos oder fast wehrlos. Es kommt darauf an, in der Zukunft in allen diesen Fragen eine größere Voraussicht und mehr Energie zu besitzen, als man sie im Kampf gegen das Aufkommen des Faschismus besaß; es kommt darauf an, die – von uns am Anfang angedeuteten – Rückzugslinien der Reaktion aufzudecken, um ihr einen geordneten Rückzug, ein Neuordnen und Neuaktualisieren ihrer Ideologien unmöglich zu machen.

Dazu ist die Ausbildung einer demokratischen Weltanschauung unumgänglich notwendig; besser gesagt: die Erkenntnis, daß die Weltanschauungen in bezug auf Aristokratismus und Demokratismus nie neutral sein können, daß jede philosophische Position auch eine Stellungnahme zur Demokratie beinhaltet. Und andererseits zeigt uns z. B. das Schicksal der Weimarer Republik, wie schwach und wehrlos auch ideologisch eine Republik ohne Republikaner, eine Demokratie ohne Demokraten sein muß.

Ich weiß, auch heute glauben noch viele an den Wert einer Restitution der Demokratie der Vorkriegszeit, an eine Wiedereinführung der alten formalen Demokratie. Wir hoffen, gezeigt zu haben, daß diese – notwendig – die alte Krise und mit ihr die Massen-Anziehungskraft der reaktionären Ideologie wieder reproduzieren muß; ja sogar, wie dies in der Geschichte stets der Fall zu sein pflegt, in gesteigertem Maße. Und die kurze Nachkriegszeit zeigt bereits massenhaft Beispiele dafür, wie diese soziale Lebensform duldsam gegen die Feinde der Demokratie ist, um sich mit möglichst starker Macht gegen jene zu wenden, die die Demokratie wirklich erneuern sollen. Persönlich werden diese sehr oft Sozialisten oder Kommunisten sein. Es wäre aber eine verhängnisvoll falsche Fragestellung, hier von der Wegscheide zwischen bürgerlicher Kultur und Sozialismus oder zwischen östlicher und westlicher Demokratie etc. zu sprechen. Gerade diese falschen Dilemmen der Vorkriegszeit sollen jetzt überwunden werden. Zur ideologischen Schwäche der fortschrittlichen Kräfte vor dem Krieg trug das falsche Dilemma: Faschismus oder Bolschewismus außerordentlich bei.

Während des Krieges, im Jahre 1941, entstand ein wichtiger Umschlag, der mit der hier notwendigen Frontveränderung aufs engste zusammenhängt. Soll der Friede ebenso gewonnen werden, wie der Krieg gewonnen wurde, so muß – unter veränderten Bedingungen mit veränderten Mitteln – die Politik von 1941 fortgesetzt werden. Gerade nach den verheerenden Wirkungen des falschen Vorkriegsdilemmas gilt es einzusehen, daß die Demokratie von der Weltgeschichte eine ungeahnte Chance der politischen, sozialen und ideologischen Renaissance erhalten hat. Die Frage ist bloß: Wie wird man diese Chance ausnützen?

Es kann nicht unsere Aufgabe sein, hier ein Programm aufzustellen, obwohl wir überzeugt sind, daß unsere negativen, kritischen Bemerkungen einige Umrisse eines solchen Programms zeigen. Sie weisen auf die Notwendigkeit eines energischen weltanschaulichen Umbaus hin: Kategorien wie Freiheit und Gleichheit, wie Fortschritt und Vernunft müssen einen neuen Glanz, eine neue Bedeutungsschwere erhalten, und sie können diese erhalten, wenn der soziale Gehalt der Demokratie, den heutigen veränderten Umständen entsprechend, wieder die Inhaltsfülle und die Leuchtkraft von 1793 oder 1917 erhält. Und andererseits müssen lange Zeit beliebte, in manchen Kreisen fast axiomatisch gewordene Kategorien, wie »Vermassung«, ihre Geltung verlieren.

Diese letztere Richtungsänderung ist als weltanschauliche Wendung von besonderer Bedeutung: Denn die Angst vor den Massen, die Verachtung der wirklichen, der organisierten und bewußten Massen war und ist eine der wichtigsten ideologischen Einfallspforten des Faschismus. Und zwar sowohl in den Massen selbst, wie in der Intelligenz. Dazu gehört, was wir zuletzt erwähnen, was aber bei weitem nicht das Unwichtigste ist, die Überwindung des isolierten Individualismus; positiv ausgedrückt: die Wiedererwekkung des Citoyen. Es freut mich, über diese Frage in der Schweiz sprechen zu können, denn gerade die Schweiz des 19. Jahrhunderts besaß den größten Citoyen-Dichter des Westens in der Person Gottfried Kellers, und ich halte es für eine Ehre, hier unter seiner Fahne zu kämpfen. Schon aus seinem Werk und erst recht aus der Wirklichkeit der letzten Jahrzehnte können wir lernen, daß erst Menschen, für welche das Citoyentum wieder zur Lebensform des Alltags geworden ist, ein wirkliches neues Europa werden aufbauen können. Aber niemand kann durch einfachen Entschluß zum Citoyen werden. Daß der Citoyen in Westeuropa verschwand oder zur abstrakten Karikatur wurde, daran ist ein öffentliches Leben schuld, in welchem es für die Massen keine Gelegenheit zum selbständigen Handeln gab, in welchem die Verknüpfung der eigenen lebenswichtigen Fragen mit den Problemen des öffentlichen Lebens nur auf Hintertreppen, auf Wegen der Korruption möglich war. Jene Privatisierung der Menschen, aus denen sich die Massen bilden, die in den alten formalen Demokratien entstand, bringt einen Menschentypus hervor, produziert eine Einstellung, eine Mentalität und Moralität, die dem Wesen einer wirklichen, lebendigen und lebensfördernden Demokratie widerspricht. Man muß aber auch hier ein falsches Dilemma, das aus dem erstarrt fetischistischen Denken entspringt, gedanklich überwinden. Die Menschen unserer Zeit pflegen zu fragen: Soll zuerst der neue Mensch, in diesem Fall: der wiedergeborene Citoyen, entstehen, um die neue Demokratie aufzubauen, oder sollen die Institutionen der neuen Demokratie die Menschen zum Citoyentum erziehen? In der Wirklichkeit existiert dieses Dilemma nicht: Indem die Menschen um die neue Demokratie kämpfen, sie aufbauen, erwacht in ihnen der Geist des Citoyentums, indem sie sich selbst weltanschaulich umbauen, drängen sie zum Kampf um neue Institutionen der Demokratie.

Vielleicht wird man hier einwenden: Diese neue Demokratie sei bloß der Versuch, die alten unmittelbaren Demokratien wieder herzustellen, wo doch schon Rousseau erkannt hat, daß die modernen Großstaaten zur unmittelbaren Demokratie ungeeignet sind. In diesem einen Punkt wird Rousseau vom Liberalismus über Gebühr gelobt. Natürlich ist eine unmittelbare Demokratie im Sinne des alten Athen in einem modernen Großstaat einfach technisch unmöglich. Aber die große Französische Revolution war, gerade in ihrer Heldenzeit, durch und durch erfüllt vom Geist, von realen Elementen der unmittelbaren Demokratie, und das ökonomische, soziale, kulturelle Leben der Pariser Kommune, der Sowjetunion enthält unendlich viele Momente der unmittelbaren Demokratie. Gerade die Tatsache, daß alle Fragen des realen Alltags, die Fragen des öffentlichen Lebens die breitesten Massen unmittelbar bewegen, zeigt, daß das Einbauen dieser Elemente in die proletarische Demokratie ein bewußtes ist. Die Widerstandsbewegung, besonders in Jugoslawien und Frankreich, war naturgemäß voll von solchen Momenten der unmittelbaren Demokratie. Wo nach dem

Sieg der Widerstandsbewegung dies alles abgebaut wurde, entstand die Gefahr, daß damit die Stärke der Abwehr gegen die Überreste des Faschismus, der Schwung zum Aufbau der neuen Demokratie ebenfalls abgebaut wurde.

Europa kämpft um seine neue Physiognomie. Der Kampf geht heute formal zwischen den verschiedenen Typen der Demokratie: um die Frage, ob Demokratie bloß eine staatlich-politisch-juristische Form oder eine reale Lebensform für das Volk werden soll. Dahinter verbirgt sich freilich die Machtfrage: ob die demokratische Form auch jetzt noch die anonyme Herrschaftsform für die »zweihundert Familien«, wie man in Frankreich zu sagen pflegt, bleiben soll, oder zur wirklichen Herrschaftsform des arbeitenden Volkes weiterentwickelt werden kann? Erst die Entscheidung für das letztere, sowohl im ideologischen wie im politischen Sinn, erst die sie erleuchtende und fördernde Entscheidung für eine demokratische Weltanschauung wird, nach unserer Überzeugung, ein neues Europa hervorbringen, das gegen die Rückkehr des Faschismus, gegen die dadurch heraufbeschworene Gefahr neuer Kriege und Verwüstungen eine Sicherheit besitzen kann.

Das Bündnis von 1941 war schon damals – freilich widerspruchsvoll und nur im Keime – mehr als ein bloß politisches Bündnis. Seine damalige Form reichte zum Gewinnen des Krieges aus. Der Kampf um einen wirklichen Frieden muß den wesentlichen Ideengehalt von 1941 erneuern: das Bündnis zwischen Sozialismus und Demokratie; die Einsicht, daß Sozialisten und wirkliche Demokraten, unbekümmert darum, wie stark auch ihre sozialen, ökonomischen, politischen, kulturellen und weltanschaulichen Ansichten auseinandergehen mögen, durch den Kampf gegen ihren gemeinsamen Feind, den gemeinsamen Feind von Zivilisation, Kultur und Entwicklung, gegen den Faschismus, enger verbunden sind, als jegliche Trennung ihrer Anschauungen sein mag. Dieses Bündnis ist der Ideengehalt von 1941. Und von der Demokratie hängt es ab, ob sie in diesem Bündnis von 1941 erfolgreich für ein neues Europa kämpfen wird, ob sie dadurch eine glanzvolle Wiedergeburt der Demokratie herbeiführen wird oder sich wieder zum ohnmächtigen Zuschauer eines neuen München herabwürdigt.

6. Die soziale Verantwortung des Philosophen[1]

Ich muß mich gleich eingangs entschuldigen, daß ich nur nach längeren Umwegen an die Beantwortung der Frage herantreten kann. Erstens scheint mir die Frage selbst in den bisherigen Darstellungen nicht hinreichend geklärt zu werden. Zweitens – und hauptsächlich – weil ich in der gegenwärtigen Situation ganz besondere Probleme erblicke, die über eine normale Spezifikation der allgemeinen Frage hinausweisen, deren Analyse erst ihre konkrete Beantwortung theoretisch ermöglicht.

Unsere Gedankengänge sollen also in die beiden folgenden, miteinander eng verbundenen Fragen kulminieren: gibt es eine *besondere* Verantwortung des Philosophen, die über die normale Verantwortung eines jeden Menschen für sein eigenes Leben, für das seiner Mitmenschen, für die Gesellschaft, in der er lebt, und deren Zukunft, hinausgeht? Weiter: hat diese Verantwortung in unserer Zeit eine besondere Gestalt erhalten? Beide Fragen implizieren für die Theorie der Ethik das Problem: ob die Verantwortung ein konstitutives Moment des Gesellschaftlich-Geschichtlichen mitenthält? Diese Frage muß einleitend ventiliert werden, schon darum, weil gerade die moderne Ethik, besonders die, welche sich unter dem Einfluß zuerst Schopenhauers, dann Kierkegaards entwickelt hat, darauf besteht, daß das ethische Verhalten des ins Leben »geworfenen« Individuums gerade darauf gerichtet ist, sich von allem, was gesellschaftlich-geschichtlich ist, abzuwenden, um das ontologische Sein – im schroffen Gegensatz zu allem Seienden – zu erreichen. Es ist selbstredend unmöglich, hier diesen ganzen Problemkomplex auch bloß kursorisch zu behandeln. Wir können uns nur mit jenen seiner Aspekte beschäftigen, deren objektive Intention auf unsere Frage gerichtet ist.

1 Lukács, den Bloch früh als das »absolutes Genie der Moral« etikettierte, hat sich lebenslang mit Fragen der Ethik beschäftigt und noch in seinen letzten Lebensjahren die Absicht gehabt, eine Ethik zu verfassen (vgl. György Mezei (Hg.), *Georg Lukács: Versuche zu einer Ethik*, Budapest 1994). Der vermutlich um 1950 entstandene, hier abgedruckte Text skizziert Grundlinien seiner eigensinnigen marxistischen Verantwortungsethik [Anm. d. Hg.].

I.

In der bisherigen Ethik können wir – *grosso modo* – zwei entscheidende Strömungen beobachten. Die erste hält den Akt selbst des ethischen Entschlusses, des Verhaltens für ausschließlich relevant. So verschiedene Verkörperungen diese Auffassung im Laufe der Entwicklung unserer Moralität erhalten haben mochte, finden wir eine solche Grundhaltung sowohl in der Stoa wie bei Epikur, sowohl bei Kant wie im Existentialismus usw. Unserer Fragestellung entsprechend richten wir unsere Aufmerksamkeit vor allem auf den hervorgehobenen gemeinsamen Zug und vernachlässigen bewußt die Unterschiede, deren Bedeutung damit selbstverständlich nicht unterschätzt werden soll; sie sind aber für die hier aufzuhellenden Zusammenhänge nicht ausschlaggebend. Das entscheidende Moment scheint uns darin zu liegen, daß der Akt der ethischen Entscheidung, des Einnehmens der ethisch relevanten Verhaltungsweise als unabhängig vom kausalen Ablauf der gesellschaftlich-geschichtlichen Wirklichkeit gesetzt wird, ja die völlige Unabhängigkeit der beiden »Welten«, des Seins und des Sollens, voneinander zum Fundament der Ethik gemacht wird. Am resolutesten, bis zur Paradoxie wurde von dem großen Philosophen Kant dieses Entzweischneiden der Wirklichkeit vollzogen. Der Riß geht mitten durch die handelnde Persönlichkeit und ihre Tat. Alle Voraussetzungen und Folgen, auch die rein seelischen, gehören der Welt der Phaenomenalität an und sind deshalb der unerbittlichen Verknüpfung der Kausalität bedingungslos unterworfen. Der *actus purus* der ethischen Entscheidung ist aber ein Noumenon, ein Moment der von der Phaenomenalität und deren Kausalität völlig unabhängigen intelligiblen Existenz des Menschen.

Es scheint, als ob damit jede Verbindung zwischen innerer (ethischer) und äußerer (naturhafter, gesellschaftlicher) Existenz des Menschen zerrissen wäre, wodurch unser Problem für eine solche Auffassung selbst als Frage jeden Sinn verlieren würde. Das ist bei Kant selbst keineswegs der Fall. Das Reduzieren des ethisch Relevanten auf die rein intelligible Persönlichkeit hat vielmehr, wie wir gleich sehen werden, den Zweck: das Ganze des menschlichen Lebens dem ethischen Sollen zu unterwerfen, ihm eine höhere moralische Rationalität zu verleihen, als dies – nach Kant – auf dem Boden der Phaenomenalität möglich wäre. Erst wenn, wie bei Kierkegaard, der Abgrund zwischen Innerem und Äußerem die metaphysische Weite einer Absolutheit erhält, erst wenn demzufolge das undurchdringliche Incognito zur Urform der menschlichen Existenz, zu ihrem ontologischen Wesen wird, kann das Isaakopfer Abrahams mit der Ununterscheidbarkeit von außen des Verbrechens von der gottgefälligen Heiligkeit höchstes Paradigma der Praxis werden, zum Ausdruck ihrer ontologischen Irrationalität und damit ihres – ebenfalls ontologischen – asozialen, ahistorischen Wesens. Nicht so bei Kant. Schon die Analyse des kategorischen Imperativs zeigt, daß die starre Trennung des Phaenomens vom Noumenon gerade darauf gerichtet ist, dem gesellschaftlichen Menschen der Wirklichkeit unerschütterliche Kriterien für die Praxis des Alltags zu geben. Für uns ist diese Intention das wichtige. Wenn dabei unaufhebbare Widersprüche zum Ausdruck gelangen, so ist die hierbei zu Tage tretende Problematik ein indirekter Beweis für unsere Thesen. Es handelt sich um den Inhalt des Imperativs, der eben aus seinem rein formalen Wesen entspringen soll. Jeder kennt das berühmte Beispiel vom – angeblich – logischen Widerspruch, der notwendig entsteht, wenn jemand ein Deposit unterschlagen will. Hegel hat in einer ebenfalls berühmt gewordenen Kritik darauf hingewiesen, daß Kant damit das von ihm selbst streng umgrenzte Gebiet der Ethik verlassen hat und die Frage, ob das Deposit sein soll und was es sein soll, mit Kategorien bestimmen will, die dazu nach seinen eigenen Prinzipien ungeeignet sind. (Ganz anders für die Ethik und Hegel selbst.)

Dieses Hinausweisen über den *actus purus* des noumenalen Ich ist aber bei Kant keine Zufälligkeit oder Inkonsequenz. Gerade die Postulate der praktischen Vernunft zeigen, daß ein solches Transzendieren für ihn unerläßlich ist, soll seine Ethik nicht in die Sackgasse des ontologisch vereinsamten Individuums münden. Wieder können wir uns auf allgemein bekannte Zusammenhänge berufen. Erstens auf das Postulat eines letzthinnigen Zusammenfallens der Durchführung der von jedem Schielen auf Glück gereinigten ethischen Normen mit der Glückseligkeit als Zustand; zweitens auf das eines unendlichen Progresses der Vervollkommnung: auf die Postulate des Daseins Gottes und der Unsterblichkeit der Seele. Es handelt sich daher um ein Transzendieren. Nicht nur über das Diesseits wird hinausgegangen, um eine Erfüllung des sich ethisch Vollendenden als Bestandteil des Systems setzen zu können, sondern es muß auch – im Gegensatz zu vielen Religionen, die das irdische Sein in einem jenseitigen sich erfüllen lassen – das ganze Gebiet des Seins hinter sich lassen, muß sich auf das Sollen des Postulats zurückziehen. Uns interessiert hier nicht die Problematik solcher Position. Was wir aufzuzeigen bestrebt waren, beschränkt sich auf die sehr abstrakt bleibende Feststellung, daß selbst die entschlossenst formale, am dezidiertesten auf den rein individuellen Akt der Entscheidung orientierte Ethik gezwungen ist, diesen ihren Ausgangspunkt zu transzendieren und die ausschlaggebenden Kategorien des gesellschaftlich-geschichtlichen Lebens der Menschen (Objekte ihres Handelns, das Glück, ihre Vervollkommnung) zu integralen Momenten ihres Systems zu erheben. Es ist klar, daß dadurch – einerlei ob diesseitig oder jenseitig – der Mensch selbst als soziales Wesen, seine Beziehung zu seinen Mitmenschen und dadurch vermittelt oder unmittelbar die Gesellschaftlichkeit selbst auch in einer formalsubjektiv angelegten Ethik im Mittelpunkt der Systematik stehen müssen.

Noch deutlicher, ja fast bis zur Trivialität deutlich zeigt sich dieser Zusammenhang in jener Gruppe der ethischen Theorien, die man kurz (und nicht sehr bündig) unter der Bezeichnung Utilitarismus zusammenzufassen pflegt. Auch sie nehmen in den Gesinnungen der Individuen ihren Ausgangspunkt. Nur ist hier von vornherein der Mitmensch als Partner unaufhebbar mitgesetzt. Soll die Dialektik von Selbstsucht und Selbstlosigkeit (einerlei wie diese Ausdrücke jeweils terminologisch erscheinen) das Zentralthema der Ethik bilden, so ist damit bereits der gesellschaftliche Charakter methodologisch gesichert. Freilich kann einerseits das egoistische Motiv absolut in den Vordergrund treten, besonders solange die automatische Regelung der individuellen, egoistischen Handlung durch die Gesamtoekonomie als unerschütterliches Dogma gilt, andererseits kann eben dadurch eine solche Struktur der Gesellschaft aus dem historischen Werden herausgehoben und zur »ewigen« Beschaffenheit der Beziehung von Mensch und Gesellschaft idealisiert werden. In solchen extremen Fällen schlägt diese ethische Betrachtung so um, daß allein die bloßen Folgen der menschlichen Handlungen als relevant erscheinen. Auf diese Möglichkeit kommen wir gleich zurück.

Im allgemeinen handelt es sich jedoch um die reale Wechselbeziehung zwischen Egoismus und Altruismus, besser gesagt um den

Versuch, die selbstlosen, ja heroisch aufopferungsvollen Gesinnungen und Taten der Menschen aus egoistischen Motiven abzuleiten. Derartige Gedankengänge mögen oft äußerst künstlich, spitzfindig ausgeklügelt erscheinen. Das darf aber den großen Gedanken, der in ihnen steckt, nicht verdunkeln. Daß nämlich eine Ethik, die von »natürlichen« egoistischen Menschen ausgeht, alles Große und Fortschrittliche an der Entwicklung der handelnden Menschheit aus dem Himmel der Transzendenz auf diese Erde der realen Gesellschaftlichkeit, der rein sozialen Pflichten und Verantwortung herunterführt. Hatte diese Auffassung, solange in ihrem Namen um das »Reich der Vernunft« überhaupt gekämpft wurde, zuweilen einen überhistorischen Akzent, verwandelte sie sich mit dem Sieg der Bourgeoisie in eine flache Apologetik, so trat ihr vorwärtstreibender Charakter mit der Theorie des »vernünftigen Egoismus« der russischen revolutionären Demokraten bereits klar hervor. Der führende Denker dieser Richtung, Tschernyschewsky, hat in seinem Roman »Was tun?« verschiedene Typen gezeichnet, die als Vertreter des »vernünftigen Egoismus« von einer Reformtätigkeit im eigenen und fremden Alltagsleben bis zum asketisch-aufopferungsvollen revolutionären Heroismus jene Folgen der individuellen und sozialen-historischen Verantwortung deutlich machen, die mit logischer Notwendigkeit aus den richtig verstandenen Prinzipien dieser Doktrin entspringen.

Obwohl die eigentliche Behandlung der Ethik des Marxismus erst später erfolgen kann, obwohl sie ihrem Wesen nach keineswegs von der Gesinnung, vom ethischen Akt ausgeht, müssen wir auf seine Beziehung zur Lehre vom »vernünftigen Egoismus« bereits hier kurz hinweisen. Schon der junge Engels hat in einem Brief an Marx die abstrakte Ablehnung eines jeden Egoismus seitens der idealistischen »wahren Sozialisten« kritisiert und hervorgehoben, daß sie selbst (eventuell) »auch aus Egoismus Kommunisten sind«. Wie sich diese Lehre, vor allem durch die Ausbildung der von Klassenkampf, Klasseninteresse etc., weiterbildet, gehört nicht hierher. Wichtig ist nur, daß dadurch der gesellschaftlich-geschichtliche Strom, in welchen jedes individuelle Leben eingebettet ist, sich wesentlich konkretisiert, daß das individuell-ethische Leben unaufhebbar eine gesellschaftlich-geschichtliche Verantwortung für Entschlüsse, Verhaltungsarten etc. tragen muß und – dies ist das entscheidendste – daß selbst die höchsten, sozial ausschlaggebendsten

Tugenden nicht asketisch-dualistisch dem »natürlichen« Menschen entgegengestellt sind, sondern unter für sie günstigen Umständen aus dessen »natürlichen« Eigenschaften organisch herausentwickelt werden können. Dies ist die sozial-ethische Grundlage dafür, daß nach Lenin auch im Sozialismus die Menschen durch die Erfüllung ihrer individuellen Interessen innerlich in der neuen Gesellschaft zu neuen Menschen werden sollen; alle oekonomischen etc. Maßnahmen des richtig geleiteten Wegs zum Sozialismus haben eine solche sozialpädagogische Intention: den berechtigten natürlichen Egoismus in eine sozialistische Gesellschaftlichkeit hinüberzuführen. Wie diese hier kursorisch gestreiften Tendenzen zu näheren Bestimmungen der gesellschaftlichen Verantwortung werden, darauf können wir erst später zurückkommen.

2.

Noch deutlicher tritt die Einheit der Ethik dort auf, wo sie vom entgegengesetzten einseitigen Extrem, von der alleinigen oder vorwiegenden Betonung der Folgen ausgeht. Streng genommen müßte eine solche Auffassung in ihrer folgerichtigen Durchführung jede Ethik leugnen und sie für Sein und Werden der Gesellschaft als irrelevant betrachten, da dann Rechts- und Staatslehre (oder eventuell Oekonomie) ihre Funktionen ausüben würden. Ganz konsequent ist diese Lehre deshalb nirgends durchgeführt worden. Sie taucht auf im Paradox Machiavellis, der Gesetzgeber müsse davon ausgehen, daß alle Menschen böse (amoralisch) seien; sie liegt der Konzeption Machiavellis, daß individuell böse Taten gesellschaftlich heilsame Folgen herbeiführen können, zugrunde. Aber selbst juristisch ließe sich eine rein auf Folgen gerichtete, die subjektive Gesinnung völlig außer acht lassende Lehre unmöglich durchführen. Auch jede rein juristische Zurechnung ist gezwungen, subjektive Momente wie Absicht, Gesinnung, wirkliche oder mögliche Übersicht der Umstände etc. in Betracht zu ziehen. Die Frage, wofür ein Mensch sogar juristisch an den Folgen seiner Tat als verantwortlich bezeichnet werden kann, ist aus der bloßen Kette von Verursachung und Folge nicht ablesbar.

Hegel hat also durchaus recht, wenn er sowohl das einseitige Bevorzugen der Gesinnung wie das der Folgen als abstrakt verwirft.

Die notwendige Einschaltung der Absicht in die ethische Bearbeitung der Folgen zeigt aber schon auf den ersten Anblick eine höchst komplizierte Dialektik. Es wäre naheliegend und leicht zu sagen, niemand sei für die unbeabsichtigten Folgen seiner Tat ethisch verantwortlich. Wäre jedoch eine solche Behauptung haltbar? Nehmen wir an, ein Mensch wollte Peter erschießen, seine Kugel verfehlt diesen und trifft Paul tödlich. Es ist keine Absicht vorhanden, die moralische Verantwortlichkeit kann aber mit Berufung auf den Zufall trotzdem nicht geleugnet werden. Denn jede Tat löst sich – mehr oder weniger – vom Täter ab, erlangt eine eigene, ihre immanente Entfaltung inmitten der Wechselbeziehung der Menschen. »Ein Vorsatz mitgeteilt ist nicht mehr dein«, sagt Schillers Wallenstein. Das Problem der Verantwortung liegt darin, daß diese eigene Dialektik der Tat die Urheberschaft im Subjekt, in dessen Gesinnung und Einsicht nicht aufhebt. Es wird nur fraglich: wie weit, in welcher Hinsicht, bis zu welchen Folgen und Abzweigungen und Nebenwirkungen eine Verantwortung besteht? Über den allgemeinen Zusammenhang zwischen Tat und Täter, auch bei den weitesten Vermittlungen, besteht kein Zweifel. Nur Maß und Proportion müßten von einer ethischen Kasuistik konkret ausgearbeitet werden.

Das ist hier natürlich nicht möglich. Immerhin scheint es unerläßlich, wenigstens einige methodologische Andeutungen über die Lösungsrichtungen zu machen. Hegel hat sehr Wesentliches in dieser Hinsicht geahnt, wenn er sagte: »ich muß die allgemeine Natur der einzelnen Tat kennen«. Dabei sind beide Bestimmungen, sowohl die allgemeine Natur, wie das Kennen gleich wichtig und gleich problematisch.

Denn eine einfache, geradlinige Verallgemeinerung der Tat führt ethisch nicht um einen Schritt weiter. Der Paragraph des Gesetzbuches, unter welchem eine einzelne Tat juristisch subsumiert werden soll, spricht diese abstrakte Allgemeinheit am klarsten aus und zeigt zugleich, daß er für die ethische Lösung nicht einmal Winke geben kann. (Umgekehrt allerdings kann man sagen: die großen Schwierigkeiten, die mitunter bei solchen juristischen Subsumtionen auftauchen, kommen eben daher, daß die öffentliche Meinung und auch das juristische Bewußtsein der ethischen Problematik einer solchen vereinfachenden Zuordnung inne wird.) Die ethisch fruchtbare, die Verantwortung erhellende Allgemeinheit kann nur gefunden werden, wenn wir die einzelne Tat als bewegtes Moment eines gesellschaftlich-geschichtlichen Handelns in seiner konkreten, ebenfalls bewegten Totalität und Kontinuität betrachten. Denn nur in solchem Aspekt ist die Verallgemeinerung nicht eine formale, inhaltsfremde Abstraktion, sondern eine, die vom Prozeß selbst vollzogen und von äußerem Bewußtsein (auch von dem des Täters) nur mehr oder weniger richtig reproduziert wird. D. h., die Allgemeinheit an einer ethischen Entscheidung hat ihre gesellschaftlich-geschichtliche Vergangenheit und eine im selben Prozeß entstehende Zukunft. Es kommt also darauf an, welche Stelle die Intention, die der einzelnen Tat objektiv-immanent zugrunde liegt und die keineswegs notwendig mit der bewußten Absicht des betreffenden Tuns identisch ist, »von selbst«, kraft der inneren Dialektik ihres Wesenskernes, im gesellschaftlich-geschichtlichen Prozeß einnimmt, in welchen Zusammenhang sie sich einfügt, welche Tendenzen sie fördert oder hemmt. Erst so kann eine konkrete, eine ethisch verbindliche Allgemeinheit mit wachsender Deutlichkeit hervortreten. Man nehme die Beziehung des Dichters Stefan George zu Hitler. Der aristokratische Ästhet hat verständlicherweise Hitlers banausisches Plebejertum schroff abgelehnt und ist lieber im selbstgewählten Exil gestorben als *poeta laureatus* des Hitlertums zu werden. Und dennoch: in seiner späten Poesie spricht sich eine Gesinnung, ein Verhalten aus, deren innerste Intention auf das gesellschaftlich-geschichtlich Wesentliche des kommenden Hitlerismus gerichtet ist, die sachlich zu dessen ideologischer Vorbereitung gehört. Daß George eventuell einen Mosleyschen »aristokratischen« Faschismus begrüßt hätte und nur das Ordinaere an den deutschen Erscheinungsformen abgelehnt hat, kann seine Verantwortung nicht mindern, denn das Allgemeine in unserem Sinne am Hitlerismus ist bei allen kleinbürgerlichen Erscheinungsformen doch ein irrationalistischer Aristokratismus, eine Verallgemeinerung der tiefsten Intention Georges.

Es ist natürlich nicht unbedingt notwendig, daß diese Allgemeinheit erst im Laufe der Geschichte eine so deutliche Gestalt erhalte. Sie kann sich bereits im bisherigen Verlauf der gesellschaftlichen Entwicklung herauskristallisiert haben. Man denke nochmals an Kants Depositbeispiel. Simmel hat es so kritisiert, daß, wenn das unterschlagende Individuum das Privateigentum überhaupt verneint, Kants Argumentation ihr Fundament verliere. Ich glaube: Simmel geht hier am wirklichen Tiefsinn Kants vorbei. Er ist zwar Hegel gegenüber im Unrecht, wenn er ausführt, daß dem objektiven Begriff des Deposits seine Unterschlagung logisch widerspreche, wohl aber enthält die – im obigen Sinne verstandene – Intention des Unterschlägers eine Bejahung des Privateigentums und mit dem des Deposits und bringt damit einen ethischen Widerspruch hervor.

Gerade solche Analysen der Folgen zeigen, daß Hegel mit gutem Recht beide einseitig-extremen Konzeptionen der Ethik verworfen hat. Denn die ethische Verantwortung erwächst aus einer eigenartigen Synthese, die sowohl Gesinnung wie Folge in aufgehobener, qualitativ modifizierter Weise in sich vereinigt. Die so gewonnene Einsicht vertieft sich noch, wenn wir auf das subjektive Moment der eben behandelten Hegelschen Bestimmung reflektieren: auf das Kennen (der Allgemeinheit). Was kennen wir dabei und wie? Es handelt sich auch hier nicht um abstrakt-juristische Zurechnungsbegriffe, wie etwa um die vorausblickende Sorgfalt des *diligens pater familias*. Das Kennen gehört einerseits dem gesellschaftlich-geschichtlichen Leben an, ist also ebenfalls Moment eines Prozesses, andererseits ist es nicht mit der Voraussicht der erwarteten Folgen im Augenblick der Tat identisch. Letzteres ist schon deshalb nicht möglich, weil ja das Objekt dieses Kennens das eben behandelte Allgemeine ist. Wenn wir jedoch die mit dieser objektiven Dialektik eng verbundene, aus ihr entspringende subjektive Dialektik betrachten wollen, müssen wir in Betracht ziehen, daß der Geschichtsablauf – und der auch erst seit dem Marxismus – nur in einer höchst allgemeinen Weise voraussetzbar ist. Hinter dem etwas mythologisch klingenden Ausdruck Hegels von der »List der Vernunft« steckt eine fraglos vorhandene Tatsache des gesellschaftlich-geschichtlichen Lebens: daß nämlich die Folgen der menschlichen Handlungen – seien sie individuelle oder kollektive – nicht den Absichten entsprechen, daß sie in einer qualitativen Art über diese hinausgehen.

Wenn das richtig ist – und es ist eine Grundtatsache des menschlichen Seins –, was für einen Sinn kann das Hegelsche »Kennen« noch haben? Wir glauben: gerade darin kommt die richtige ethische Bedeutung des Allgemeinen zum Ausdruck. Wären die Folgen – für einen darauf eingeschulten Verstand – genau voraussehbar, so würde das gesellschaftliche Handeln etwas rein Technisches werden. Die Verantwortung für das Ja oder Nein wäre eine rein rechnerische, keiner ethischen Analyse bedürftige, wie etwa der Ingenieur dafür verantwortlich ist, daß die Brücke nicht einstürzt. Es wird aber ein mehr oder weniger bestimmtes, jedenfalls konkretes Allgemeine bejaht oder verneint; so etwa von den Anhängern oder Gegnern der französischen Revolution, die nicht wußten und nicht wissen konnten, daß sie objektiv die Entstehung des französischen Kapitalismus beförderten oder hemmten. Und für ihre ethische Verantwortung kommt diese nachträgliche Einsicht auch nicht in Frage. Jede »List der Vernunft« bestimmt also einen – historisch jeweilig verschiedenen – stets jedoch weitgehend bestimmten Horizont, innerhalb dessen Bereiches von Verantwortung im ethischen Sinn gesprochen werden kann. Für diesen Lebenskreis besteht sie jedoch und das Individuum kann sich ihr nicht entziehen. Wohl können Umstände eintreten, die eine Reue, eine Umkehr hervorrufen, aber auch diese können die frühere Verantwortlichkeit nicht völlig aufheben. Die Girondisten haben die Jacobiner von einem bestimmten Zeitpunkt ab bekämpft, konnten aber ihre Mitverantwortung für das, was bis dahin geschah, durch eine solche Wendung unmöglich annullieren. Gerade die Erbitterung, mit der Apostaten ihre früheren Gesinnungsgenossen zu bekämpfen pflegen, zeigt, wie tief im Wesen des Menschen diese Struktur verankert ist.

Derselbe Tatbestand tritt vielleicht noch klarer hervor, wenn wir das gesellschaftlich-ethische Wesen des Handelns weiter zu klären versuchen. Bisher haben wir bloß von jener Verantwortung gesprochen, die sich an konkrete Taten der Menschen knüpft. Der gesellschaftliche Begriff des Handelns hat aber einen weiteren Umfang. Denn jede Tat eines Menschen spielt sich nicht nur in einer genau bestimmbaren sozialen Umwelt ab, sondern ist, soweit sie mit dem öffentlichen Leben zusammenhängt, zugleich und untrennbar ein förderndes oder hemmendes Moment eines gesellschaftlichen Prozesses. Daraus folgt, daß hier der Begriff der Neutralität, des Sich-Enthaltens vom Handeln seinen Sinn verliert, daß von diesem Aspekt gesehen auch das Nichthandeln ein Handeln ist, das – in Bezug auf Verantwortlichkeit – sich von der aktiven eigentlichen Tat nicht prinzipiell unterscheidet. Hegel hat diese Konstellation in der Phänomenologie plastisch formuliert: »Unschuldig ist daher nur das Nichttun wie das Sein eines Steines, nicht einmal eines Kindes.« Das will besagen, daß die Enthaltung vom Handeln stets ein Bejahen oder Verneinen jener Situation, Struktur, Institution etc. impliziert, was sonst in einer positiv oder negativ gerichteten aktiven Tat den Kern der Intention zu bilden pflegt.

Natürlich gibt es hier Abstufungen, die sich sogar einem Nullpunkt annähern können, wenn die betreffende Tat einen überwiegend rein privaten Charakter hat. (Es sei hier beiläufig bemerkt, daß eine ähnliche Dialektik auch im privaten Leben obwaltet, nur figurieren als Objekte der Intention einzelne Individuen.) Natürlich sind die Situationen, die das gesellschaftliche Leben hervorbringt, gerade in dieser Hinsicht außerordentlich verschieden. So schon in Bezug auf die bloße Möglichkeit des Nichthandelns; streikt z. B. die Belegschaft eines Betriebs, so gibt es objektiv nur ein Ja oder Nein, die »Enthaltung« ist hier mit dem Nein schlechthin identisch. Aber auch dort, wo die abstrakt eingesehene Lage sehr wohl eine Neutralität zuläßt, hat diese einerseits je nach dem Stand der historischen Entwicklung eine Konvergenz zur Bejahung oder zur Verneinung der betreffenden Allgemeinheit und diese Tendenz strengt sich an oder stumpft sich ab, je nach der historischen Lage. Der junge Hegel beruft sich darauf, daß in Athen zur Zeit von Unruhe Todesstrafe auf die »politische Apragmosyne« ausgesprochen wurde, und er führt – in die Richtung unserer abschließenden Betrachtungen weisend – weiter aus, daß »die philosophische Apragmosyne, für sich nicht Partei zu ergreifen … für sich selbst mit dem Tode spekulativer Vernunft behaftet« ist. Für den gegenwärtigen Stand unserer Untersuchung folgt daraus vor allem, daß alle diese Verhaltungsarten auch nach der Individualität, nach ihrer gesellschaftlichen Lage etc. außerordentlich abgestuft in Bezug auf Verantwortung sein müssen. Nicht nur die reale Einsicht der Individuen ist sehr variant, sondern ebenso – was hier vor allem wichtig ist – die objektive Möglichkeit des Kennens jener Allgemeinheit, die letzten Endes der in der Tat ausgedrückten Intention zugrunde liegt. Der Ausspruch Christi, »denn sie wissen nicht, was sie tun«, bezeichnet hier ebenso den einen Pol, wie die eben zitierte Aussage Hegels über politische und philosophische Apragmosyne den anderen.

Jedoch die historische Differenzierung geht noch weiter. Man denke an unsere heutige Erkenntnis über die ökonomische Ausweglosigkeit der antiken Sklavenwirtschaft. Es ist klar, daß wir demzufolge rückwärtsblickende Utopien in der Antike historisch anders zu beurteilen haben, als die in der Neuzeit bei den weiterführenden objektiven Perspektiven der kapitalistischen Wirtschaft; also Platon anders als etwa de Maistre. Obwohl nun diese Einsicht gesellschaftlich-objektiv, wie persönlich-subjektiv in beiden Fällen nicht vorhanden sein konnte, bleibt doch die Frage offen, ob sie in dem, was wir bis jetzt Intention der Tat genannt haben, nicht latent-immanent doch wirksam gewesen ist? Bei einer selbst bedingten Bejahung mußte die Verantwortung verschieden formuliert werden. Oder nehmen wir das Beispiel des Don Quixote. Die notwendige Komik seiner aus reinster Gesinnung entspringenden Taten weist auf ein derartiges objektives Nichtkennen der Allgemeinheit hin, das man bei der Analyse der Verantwortung unmöglich völlig vernachlässigen kann.

All dies soll bloß den Rahmen der hier entstehenden Problematik umreißen und keineswegs den Anspruch erheben, auch nur die wichtigsten typischen Möglichkeiten aufzuzählen, geschweige denn, sie konkret zu behandeln. Aber schon diese abstrakten Rahmen weisen auf wesentliche Züge der ethischen Behandlung der Verantwortlichkeit hin. Wir sehen, daß die Geschichte für die Ethik ein Janusantlitz von Kontinuität und qualitativem Strukturwandel schafft. Die alleinige Betrachtung des zweiten Moments konnte leicht zu einem historischen Relativismus führen. Erst in dialektischer Unabtrennbarkeit vom ersten – und damit von der Kontinuität des ethischen Erbes, von der der ethischen Werte – kann jene ethische Absolutheit hervortreten, deren Wesenszeichen einerseits eine dialektische Widersprüchlichkeit ist (also im Gegensatz zu Kant: der Konflikt der Pflichten, der Konflikt innerhalb der Verantwortung als eines der Zentralpunkte der Ethik), andererseits eine Absolutheit, die die gesellschaftlich-geschichtliche Relativität als aufgehobenes, aufzuhebendes Moment immer in sich enthält. Eine befriedigende Behandlung solcher Probleme, wie etwa des Konflikts Antigone-Kreon, scheint uns anders nicht möglich. Und auch auf allgemeinerer Ebene als Zusammenhang und Konflikt in der historischen Wandlung von Citoyen und Bourgeois begegnet uns der selbe Zusammenhang, dessen Entwirrung nur durch das Aufhellen der dialektischen Aufeinanderbezogenheit, des Ineinanderübergehens von Kontinuität und struktureller, qualitativer Veränderung zu bewerkstelligen ist.

3.

Wir glauben: mit dem Auftreten des Marxismus rücken alle hier behandelten Fragen der Verantwortung in ein neues Licht. Es scheint also angebracht, wenigstens die allerallgemeinsten Prinzipien der neuen Betrachtungsweise kurz zu erörtern. Beginnen wir mit einer negativen Abgrenzung: die bisher behandelte, notwendig gewordene Auflösung der beiden einseitigen Polarisationen der Ethik ist keine unterscheidende Eigentümlichkeit des Marxismus. Man findet sie – freilich inhaltlich wie methodologisch jeweils verschiedensweise – bei Aristoteles, in der Scholastik, bei Hegel; der Marxismus gibt bloß dieser Tendenz einen neuen Akzent. Wir haben in unseren bisherigen Ausführungen dargelegt, daß, wo immer die Ethik ihren methodologischen und weltanschaulichen Ausgangspunkt nimmt, ihre Synthesen in der gesellschaftlich-geschichtlichen Entwicklung der Menschheit münden müssen. Zwischen ethischem Akt, ethischer Gesinnung und Verantwortlichkeit und zwischen sozialem Schicksal besteht also ein, wenn auch noch so komplizierter und vermittelter, aber doch ein unzerreißbarer Zusammenhang. Das Gemeinsame in jeder vormarxistischen Ethik ist aber, daß bei dieser Wechselwirkung die im Individuum zur Geltung gelangenden ethischen Tendenzen einen Primat vor den gesellschaftlichen besitzen. Mögen die einzelnen Systeme in jeder anderen Hinsicht einander noch so schroff entgegengesetzt sein – wir berufen uns hier bloß auf Platon und Epikur –, in dieser einen Frage besteht doch eine Übereinstimmung. Und selbst so gewaltige Ereignisse, wie die große französische Revolution, vermochten diese Überzeugung nicht völlig zu erschüttern. Höchstens daß in pessimistischen Darlegungen, wie etwa in den *Aesthetischen Briefen* Schillers, ein leise angedeuteter Rückzug bemerkbar wird. Herrschend bleibt aber die Ethik des Individuums – freilich in mehr oder weniger ausgebauter Wechselwirkung mit seinem sozialen Geschick.

Darin drückt sich ein großer Gedanke aus: der Mensch als verantwortlicher Schöpfer seines eigenen Schicksals, das Schicksal der Menschheit als dadurch bestimmt, welcher Menschentypus in ihr zum herrschenden wird. Viele bedeutende Richtungen der Ethik konzentrieren deshalb wesentliche Kräfte darauf, die Grundzüge jener Typen herauszuarbeiten, die geeignet sind, die Menschheit auf den richtigen Weg zu führen. Es genügt wohl, wenn wir hier den antiken Weisen, seine variierte Wiederkehr im Zuge der Aufklärung, die Lehre von der Nachfolge Christi bloß erwähnen. (Vorwegnehmend sei gesagt, hier taucht bereits zumindest eine Seite unseres spezifischen Problems auf. Denn es ist keine Frage, daß der Philosoph in solchen Fällen für die soziale Bewahrung des von ihm als vorbildlich aufgezeigten Typus eine besondere Verantwortung auf sich nimmt. Nur um die Umrisse des hier auftauchenden Problemreichtums anzudeuten, sei hier auf Tolstois Drama *Und das Licht leuchtet in der Finsternis* hingewiesen.)

Kehren wir zum eigentlichen Thema zurück: gerade in der Frage des Primats besitzt der Marxismus eine radikal neue Position: es ist, kurz gefaßt, die gesellschaftliche Entwicklung, praeziser: die Entfaltung der Produktivkräfte, die die für diese notwendigen Menschen schafft. Da seit der Entstehung des Marxismus immer wieder der Vorwurf gegen ihn laut wurde: er habe überhaupt keine Ethik und ersetze diese durch Oekonomie oder Soziologie, seien hier einige erklärende Bemerkungen eingeschaltet. Vor allem: man darf das gesellschaftliche Prinzip des Marxismus mit keiner Theorie des sozialen Milieus etc. verwechseln. Diese widerspiegeln die Verdinglichung der menschlichen Beziehungen im Kapitalismus und lassen diese gedanklich weit über das Modell hinaus erstarren; kontrastieren daher das Individuum (den Menschen) mit einer sachlichen Umgebung, die eigenen, menschenfremden, ja unmenschlichen Gesetzmäßigkeiten unterworfen ist. Die Gesetze der Oekonomie und daraus die der Gesellschaft sind freilich auch für den Marxismus objektive Gesetze, d. h. solche, die unabhängig vom erkennenden Bewußtsein funktionieren. Jedoch Gegenstand und Substrat der Oekonomie ist nichts menschenfremd Sachliches, sondern einzig und allein das System (und die Wandlung) der Beziehungen zwischen den Menschen, deren Gesetze sie zwar – individuell betrachtet – nicht geschaffen haben, die aber ausschließlich durch ihre Handlungen, durch ihre Wechselwirkungen auf einander, durch ihr gemeinsames und individuelles Einwirken auf die Natur in Bewegung gesetzt werden können. Im Marxismus erscheint also zum ersten Male konsequent durchgeführt der Gedanke, daß Oekonomie, Gesellschaft, Geschichte nichts anderes sind, als die Entwicklung von Systemen menschlicher Beziehungen, daß die in diesen entstehenden eigenartigen objektiven Gesetze – allerdings kompliziert und weit vermittelt – Synthesen menschlicher Handlungen sind. Was bei Hegel noch in mythologischen Formen erscheint, erhält hier eine wissenschaftliche Objektivität.

Dieses höchst einseitige kursorische Resumé soll nur dazu dienen, um einen Ausblick auf die Probleme der Ethik, vor allem natürlich auf die der Verantwortung zu geben. Wenn wir vorhin die Betrachtung, daß der Mensch der Schaffer seines eigenen Schicksals sei, einen großen Gedanken genannt haben, so ist in dieser Hinsicht der Marxismus die Konkretisierung und Krönung des bisherigen Werdegangs der Ethik. Denn die These, daß der Mensch sich selbst schafft, wird durch den dialektischen Materialismus weit über die idealistischen Ahnungen Hegels hinausgeführt: die Arbeit, in der der Mensch zum Menschen wird, sich selbst zum Menschen macht, kann nur da dann eine universelle Bedeutung erlangen, wenn sie wörtlich als physische Arbeit (die zugleich eine geistige, ja der Demiurg der Geistigkeit ist) genommen wird, wenn damit aus der Ontologie des Menschen jede menschenjenseitige Transzendenz verschwindet.

Die weltanschauliche Vollendung einer solchen Diesseitigkeit bildet hier nicht den Gegenstand unserer Untersuchung. Nur die eine Bemerkung sei gestattet, daß damit auch aus dem ethischen Begriff der Verantwortung jeder Hinweis auf jenseitige Bezüge – gleichviel ob sie den Charakter eines transzendenten Seins haben wie in vielen Religionen oder das eines seinsjenseitigen Postulats wie bei Kant – ebenfalls radikal eliminiert wird. Diese Verneinung schlägt aber hier in eine konkrete Bejahung um: das Ablehnen eines jeden Jenseits wirft weder Erkenntnis noch Gewissen auf eine isolierte Individualität zurück, wie im alten Materialismus, sondern statuiert im Gegenteil eine innige, freilich widerspruchsvolle, vielfach vermittelte Verbundenheit zwischen dem Menschen als Persönlichkeit und als Gattungswesen; wozu zu bemerken ist, daß die Gattung für den Marxismus nicht bloß ein biologisch-anthropologischer Begriff ist, sondern darüber hinaus ein gesellschaftlich-geschichtlicher. Es muß also nicht – wie in jeder idealistischen Ethik – eine komplizierte Brücke über einen selbstgeschaffenen Dualismus geschlagen werden, die dialektische Einheit der Spannungen ist vielmehr eine naturmäßig-gesellschaftlich gegebene. »Das Individuum ist« – sagt Marx – »das gesellschaftliche Wesen ... Das individuelle und das Gattungsleben des Menschen sind nicht verschieden.« Nur ihre jeweilige Verwirklichungsform, die Dialektik der Einheit der Widersprüche, wandelt sich ständig im Laufe der gesellschaftlich-geschichtlichen Entwicklung. Das Fundament dieser in der steten Wandlung sich erhaltenden, reproduzierenden Einheit ist die Arbeit. Marx sagt: »Der Gegenstand der Arbeit ist ... die *Vergegenständlichung des Gattungslebens des Menschen*«.

Diese Diesseitigkeit in allem, was den Menschen betrifft, die streng objektive Notwendigkeit, in allem, was aus den Bewegungsgesetzen der menschlichen Beziehungen folgt, wurden sehr häufig als Fatalismus und darum als Ausschaltung der Ethik aus dem System des Marxismus mißdeutet. Beides hängt zusammen und ist zusammen unschwer widerlegbar. Auch wer Marx nur oberflächlich kennt, muß wissen, daß in seiner Oekonomie die Gesetze sich immer wieder in Tendenzen verwandeln, daß sie in entscheidenden Fällen nur einen objektiven Spielraum umgrenzen, innerhalb dessen Bereich die menschliche Tat die Entscheidung trifft. Man denke an die Bestimmung des Arbeitstages. Marx zeigt die kapitalistischen Tendenzen, die auf ein Maximum dringen, und die proletarischen, die ein Minimum erstreben, eine Antinomie, von deren Gliedern »beide gleichmäßig durch das Gesetz des Warenaustausches besiegelt werden«. Es ist also der Kampf zwischen Gesamtkapitalisten und Gesamtarbeiter, der über den Arbeitstag entscheidet.

Man sage nicht, daß es sich hier bloß um »soziologische« Kategorien handelt; denn eine solche Behauptung geht gerade an dem hier Wesentlichen vorbei: nach der Auffassung von Marx ist ja das Soziale nichts weiter als eine bestimmte Determination des Menschen selbst, seiner Beziehung zu anderen Menschen. Gesamtkapitalist und Gesamtarbeiter sind also hier nur Synthesen sozialer Prozesse, in Wirklichkeit handelt es sich um das Tun und Lassen von Menschen, die im Großen wie im Kleinen ihre eigene Geschichte machen, freilich »nicht aus freien Stücken, nicht unter selbstgewählten, sondern unter unmittelbar vorgefundenen, gegebenen und überlieferten Umständen«. Mögen die Gesetze der Ökonomie, die Vermittlungen zwischen Individuum und Gattungswesen noch so vielfältige und vermittelte sein, die oben bezeichnete Struktur eines konkreten Spielraums, innerhalb dessen konkretem Bereich konkrete Entscheidungen vom Menschen getroffen werden, einer konkreten Antinomie, die ihn zur verantwortlichen Wahl veranlaßt, bleibt für die Totalität des menschlichen Lebens bestehen.

Wir können hier natürlicherweise den ganzen Reichtum der so

entstehenden Bestimmungen nicht einmal andeuten. Es sei nur darauf hingewiesen, daß Marx für das Individuum sogar die Klassenzugehörigkeit so auffaßt, daß der Grundgedanke Lenins in der Auffassung der Partei und anderer gesellschaftlichen Organisationen im Entscheidenden diese Richtung einschlägt. Wenn wir hier unseren kurzen Überblick mit dem Hinweis auf die Beziehung des Marxismus zur Utopie abschließen, so tun wir es vor allem, um seine für die Ethik ausschlaggebende Wesensart noch klarer als bisher ins Licht zu rücken. Die Ablehnung des Utopismus hat hier zwei wichtige Momente. Erstens bestreitet der Marxismus die Möglichkeit einer utopischen Vorherbestimmung jener konkreten Gesellschaftsformen, die die Widersprüche einer gesellschaftlichen Formation aufzulösen berufen sind. Gerade weil hier zum ersten Male die wissenschaftliche Erkennbarkeit der Gesetze und Entwicklungstendenzen des gesellschaftlichen Lebens im Zentrum steht, wird deren Annäherungscharakter, deren Reduktion auf die Prinzipien der Evolutionslinie streng betont. Lenin lehnte das Erkenntnisideal Bucharins, einer Soziologie, die »astronomisch exakte« Vorhersagen auszusprechen imstande sei, als methodologisch unmöglich ab. Zweitens ist diese erkenntnistheoretische Absage an den Utopismus mit Gedankengängen verbunden, die, durch die allgemeine Geschichtsauffassung vermittelt, in die Probleme der Ethik münden. Die Utopie als Form setzt einen fertigen Zustand, dessen Inhalte und Formen ein harmonisches Zusammenleben der Menschen garantieren sollen, der – in welcher Weise immer – den Menschen, den Einzelnen wie der Gesamtheit, gewissermaßen als Geschenk in den Schoß fällt. Demgegenüber betont der Marxismus auch für die Zukunft, daß die Menschen ihre Geschichte selbst machen, daß sie selbst und das Bezugssystem zu ihren Mitmenschen das Ergebnis ihrer eigenen Tätigkeit sind, daß alle Inhalte und Formen der Zukunft aus dem konkreten *fieri* der Menschheit erwuchsen und erwachsen werden, einerlei ob dies mit einem richtigen oder falschen Bewußtsein darüber geschieht. Das richtige Bewußtsein des von Marx begründeten Sozialismus ist also vor allem das des richtigen Weges: des Zieles in seinen allgemeinen Prinzipien, der jeweiligen Mittel in ihrer besonderen, oft wechselnden Eigenart, der nächsten Schritte in ihrer Eigenartigkeit. Daß daraus spezifische Abstufungen der Verantwortlichkeit folgen, ist – so glauben wir – schon aus dieser gedrängten Skizze sichtbar. Die Erkenntnistheorie des

Marxismus, daß die Praxis das Kriterium für die Theorie ergibt, hat tiefgehende Folgen auch auf die Ethik (hebt etwa den Dualismus von »reiner« und »praktischer« Vernunft auf.)

Es ist nicht hier der Ort, den Einfluß des Marxismus auf das philosophische Denken zu behandeln. Dieser ist viel stärker, als man es gewöhnlich und vor allem offiziell annimmt, denn wenn die Polemik einer Philosophie eine bestimmte Struktur von Fragestellungen, ein Räumen von Positionen, eine bis ins Nichts hinführende Entleerung der Menschenauffassung, aufdrängt, so ist ebenso ein Einfluß vorhanden, wie im Falle von abschwächenden Filiationen. Zudem entstehen bestimmte Entsprechungen auch daraus, daß der Marxismus, ebenso wie viele andere Richtungen, auf die in der Mitte des 19. Jahrhunderts einsetzende Menschheitskrise reagiert. In solchen Fällen können methodologische Parallelitäten, auch bei völliger Entgegengesetztheit der Richtungen, in Frage und Antwort entstehen. Je akuter diese Krise wird, je deutlicher sich die Scheidewege abheben, desto stärker können solche Tendenzen zum Ausdruck gelangen.

4.

Wir überspringen die Entwicklungsgeschichte des Marxismus mit ihren mannigfaltigen Wendepunkten, um aus der Lage der Gegenwart, aus den Entscheidungen, die sie uns aufbürdet, aus der Verantwortung, die diese bedingen, das uns gestellte Problem konkretisieren zu können.

Auch der Marxismus ist, vom Standpunkt unserer Frage betrachtet, nicht derselbe wie vor einem Jahrhundert. Gerade von dieser Weite aus ist es nicht gleichgültig, ob es sich dabei um eine kleine, oft illegale Gruppe, um eine Massenpartei im Kapitalismus, um die herrschende Partei des Kampfs um den Sozialismus in einem stets von Interventionsarmeen gefährdeten Lande etc. handelt. Die Gegenwart ist freilich das Ergebnis dieser ganzen Geschichte. Sie enthält aber – so glauben wir – auch etwas qualitativ Neues. Darum gilt es vor allem zu fragen: enthält die gegenwärtige Lage der Menschheit tatsächlich Momente, die man als wirklich neu in der Geschichte zu betrachten berechtigt ist? Denn sonst müßte das Problem ein primär auf die Gesamtheit der Geschichte bezogenes sein, bei welchem nur bestimmte inhaltliche Anwendungen die Forderung des Tages bezeichnen würden. Während es sich unseres Erachtens um mehr handelt: um das Problem des Heute, natürlich fundiert auf den Erfolgen der Geschichte, angereichert von ihnen.

Worin besteht das Neue für ein verantwortliches Handeln in unseren Tagen? Beginnen wir mit der Entwicklung der Technik: Diese hat in den beiden Weltkriegen eine steigende Totalisierung der Kriegsführung durchgesetzt. Es erübrigt sich, über die weitere Vollendung seit 1945 zu sprechen. Es ist bekannt, daß mit dem Eintreten in das Atomzeitalter Massenstimmungen des fatalen Untergangs der menschlichen Kultur aufgetaucht sind. Sachlich nicht ohne Grund. Politisch freilich vielfach im Dienst einer imperialistischen Weltherrschaft, weltanschaulich ebenfalls vielfach vermischt mit den fatalistischen Akzenten, daß die Technifizierung über die Kontrolle der Menschheit bereits hinweggeschritten ist, daß die ebenfalls fatale »Vermassung« den Grundzug des sozialen Lebens unserer Zeit bildet. Verstärkt wurde diese Tendenz durch ein anderes Wesenszeichen des total gewordenen Krieges. Während noch der erste Weltkrieg die öffentliche Meinung überrumpelnd ausbrach, bedarf jetzt der Krieg einer vorherigen, umfassenden ideologischen Bearbeitung aller Volksmassen. Es ist nun ein wichtiges Kennzeichen unserer Zeit, daß die weltanschauliche Propaganda der unvermeidlichen fatalen Vernichtung in eine nie vorher erlebte Revolte gegen diese Fatalität umgeschlagen ist. Hunderte Millionen glauben nunmehr fest daran, daß der Ausbruch des Krieges vermeidbar ist, daß der glückliche Ausgang von der Aktivität der Massen – und damit der Individuen, die diese bilden – abhängt. Und das sind keine blinden Hoffnungen, keine unfundierte Illusion. Sie sind vielmehr Produkte gewichtiger welthistorischer Tatsachen. Es genügt die hervorstechendsten einfach aufzuzählen: das Aufhören des permanent gefährdeten Sozialismus in einem Lande, an dessen Stelle ein Bündnis sozialistischer Staaten mit einer Bevölkerung von 800 Millionen tritt; der Befreiungskampf der Kolonialvölker, der die einstige Menschen- und Materialreserve des aggressiven Imperialismus in eine mächtige Zone der Neutralität verwandelt. Der steigend entschlossene und steigend bewußter werdende Wille der Massen, den Frieden zu erhalten, konnte nur auf diesem Boden erwachsen, sein Erstarken wirkt jedoch auf dessen Soliderwerden wieder zurück.

Damit ist – so glauben wir – der historische Rahmen aufgezeichnet, der reale Spielraum umrissen, um das Problem der spezifisch heutigen sozialen Verantwortlichkeit klar auszusprechen. Der Zentralinhalt ist uns bereits klar geworden: es ist die Verantwortung für Krieg oder Frieden. Was früher die Verantwortung relativ kleiner Kreise war, ist nun zur Menschheitsfrage geworden. Besonders in der Neuzeit wurden die Massen immer mehr zu bloßen Objekten des Krieges. Von der Gegenbewegung her verkündete der Pazifismus eine reine Gesinnungsethik: die individuelle Ablehnung jeder Teilnahme daran hat zwar den Akzent einer Vorbildlichkeit, eines nachahmenswerten und Nachahmung intentionierenden Verhaltens. Da jedoch die weltanschauliche Struktur aus rein individuellen – und passiven – Aktionen entspringt und ausschließlich daraus eine Kettenreaktion auszulösen bestrebt ist, da die abstrakt-allgemeine Ablehnung des Krieges jede gesellschaftliche Konkretheit auslöscht, entsteht notwendig aus der Gesinnungsethik ein Utopismus. Die revolutionär-sozialistische Verhaltungsart (Verwandlung des imperialistischen Krieges in einen Bürgerkrieg) stellt freilich das gesellschaftlich-geschichtliche Problem völlig konkret, beinhaltet die Verneinung des Krieges als eines bestimmten und konkreten und bürdet dem handelnden Individuum eine große Verantwortung auf, indem es nicht bei der bloßen Verneinung und ihren Folgen für sein eigenes Geschick stehen bleiben darf, sondern auch für die Mittel der Vermittlung, für das Ergebnis der begangenen Taten eine Verantwortung trägt. Schon diese allgemeinsten Umrisse zeigen die komplizierte Dialektik im sozial konkreten Handeln. Die primär entscheidende Verantwortung ist die für den Entschluß selbst: in der hier gefällten Entscheidung wird nämlich eine bestimmte gesellschaftlich-geschichtliche Erscheinung, der imperialistische Krieg, verneint. Die Verantwortung des Entschlusses beinhaltet also bereits die Verantwortung für die Richtigkeit der ihm zugrunde liegenden Urteile. Weiter ist das hier ausgesprochene Nein nicht mehr eine abstrakte Negativität, wie im Pazifismus; es enthält davon unabtrennbar ein gesellschaftliches Gegenmittel, die Pflicht, eine gesellschaftliche Gegenmacht wider den Krieg zu entfachen. Die Verantwortung erweitert und konkretisiert sich also auch hier auf die sozialen Inhalte der in Gang zu setzenden Widerstandsbewegung. Endlich, da das Hervorrufen eines konkreten gesellschaftlichen Handelns möglichst vieler Menschen das gesetzte

Ziel ist, sind die angewandten Mittel, das Schicksal der beteiligten Menschen ebenfalls Objekt der Verantwortung.

Der Ontologe – Das Spätwerk

1. Zur Ontologie des gesellschaftlichen Seins Einleitung[1]

Die gegenwärtige Problemlage

Niemand hat sich so umfassend wie Marx mit der Ontologie des gesellschaftlichen Seins beschäftigt. Die Richtigkeit dieser apodiktisch scheinenden Behauptung können erst die eingehenden Analysen dieser Schrift über die Methode der Klassiker des Marxismus, über ihre konkrete Stellungnahme zu den Hauptkategorien des gesellschaftlichen Seins erbringen. Hier kann nur ein kurzgefaßter Katalog der entscheidenden Fragen und ihres gegenwärtigen Standes zur Orientierung vorausgeschickt werden.

Wenn die wichtigsten Philosophen der Vergangenheit und der Gegenwart auf Probleme zu sprechen kommen, die sachlich zur Ontologie des gesellschaftlichen Seins gehören, so ergibt sich zumeist die folgende Alternative: entweder unterscheidet sich das gesellschaftliche Sein überhaupt nicht vom Sein überhaupt oder es handelt sich um etwas radikal anderes, das gar nicht mehr Seinscharakter hat, wie etwa im 19. Jahrhundert Wert, Gelten etc., wie der schroffe Kontrast der Welt des materiellen Seins als Reich der Notwendigkeit zu einem rein geistigen Reich der Freiheit. Diese Alternative kann jedoch in derartig radikaler Ausschließlichkeit nie konsequent durchgeführt werden; es müssen überall Kompromißlösungen gesucht und gefunden werden. Schon darum, weil der Gegensatz vom Reich der Notwendigkeit und der Freiheit sich –

1 Am 19.9.1964 äußert Lukács erstmals, dass er an einer *Ontologie des gesellschaftlichen Seins* arbeite. Ursprünglich wollte er eine Ethik mit dem Arbeitstitel *Die Stelle der Ethik im System der menschlichen Aktivitäten* schreiben, die erstmals einen ernsthaften Versuch einer marxistischen Ethik unternehmen sollte, als deren Einleitungskapitel die *Ontologie* gedacht war, sich dann aber zu einem eigenen Werk verselbständigt. Die Arbeit an der *Ontologie* schreitet nur langsam voran, zumal Lukács' Schülerkreis (die Budapester Schule) kritische Vorbehalte anmeldet. 1970 beendet der 85-Jährige die Arbeit an der *Ontologie*. In seinen letzten Monaten verfasst der an Lungenkrebs Erkrankte noch eine Antwort auf die Kritik seiner Schüler unter dem Titel *Prolegomena zur Ontologie des gesellschaftlichen Seins*. Die hier abgedruckte Einleitung ist nicht exakt datierbar, sie ist vermutlich um 1964 geschrieben worden [Anm. d. Hg.].

evidenter Weise – unmöglich mit dem Unterschied zwischen Sein überhaupt und dem gesellschaftlichen Sein decken kann. Das gesellschaftliche Sein hat viele Teilgebiete, die in einer für jeden evidenten Weise den Notwendigkeiten, den Gesetzlichkeiten ebenso unterworfen zu sein scheinen, wie die Natur selbst. Es steht den Denkern frei, solche Gesetzmäßigkeiten der gesellschaftlichen Welt von der Warte einer Moral oder einer Metaphysik aus negativ zu beurteilen, wie dies z. B. in den historisch-politischen Feststellungen Machiavellis oder mit der Ökonomie Ricardos oft geschah. Damit ist aber die Tatsache, daß das gesellschaftliche Leben zumindest teilweise einen Seinscharakter hat, dessen Erkennbarkeit manche Analogien zur gedanklichen Fassung der Natur zeigt, nicht aus dem Aufgabenkreis der Philosophie entfernt. Die radikalen Zweiteilungen der Welt nach dem Modell der »Kritik der reinen Vernunft« und der »Kritik der praktischen Vernunft« erweisen sich immer undurchführbarer, da sie letzten Endes nur reine Naturkenntnis und reine Moral miteinander kontrastieren können.

So entstehen immer wieder methodologische Kompromisse, die das fundamentale ontologische Problem von der seinsmäßigen Besonderheit des gesellschaftlichen Seins beiseite schieben und an die gedanklichen Schwierigkeiten der Einzelgebiete rein erkenntnistheoretisch oder rein methodologisch, wissenschaftstheoretisch herantreten. So identifiziert Rickert Naturwissenschaft mit generalisierender Betrachtungsweise und kann dadurch für die Soziologie einen Platz im Rahmen seines Methodendualismus sichern.[2] Für einen Neukantianer vom Typus Rickerts war ein solcher Kompromiß nur konsequent. Indem seine Erkenntnistheorie das – unerkennbare – Sein der Dinge an sich völlig aus der wissenschaftlichen Philosophie entfernte, konnte bei der Betrachtung der Erscheinungswelt, deren Sein im ontologischen Sinn dahingestellt bleiben mußte, jede methodologische Anordnung, jede Manipulation der Gegenstände, – soweit sie nicht einen formallogischen Widerspruch enthält –, durchgeführt werden. Hier berührt sich der Neukantianismus der Jahrhundertwende sehr eng mit dem damaligen Positivismus von Mach, Avenarius etc. Die subtilen methodologischen Differenzen, über die damals viel diskutiert wurde, sind für unsere

2 H. Rickert: Die Grenzen der naturwissenschaftlichen Begriffsbildung, Tübingen 1929, S. 257.

Fragestellungen ohne Interesse, denn sie erscheinen wesenlos der zentralen Übereinstimmung gegenüber, daß es (nämlich) für die wissenschaftliche Philosophie ontologische Fragen gar nicht gibt. Darum ist es für eine Ontologie des gesellschaftlichen Seins ganz gleichgültig, ob man, wie zumeist im Westen, die Gesellschaftswissenschaften als Naturwissenschaften behandelt oder ob man für sie, wie in Deutschland, die methodologische Rubrik der Geisteswissenschaften erfindet.

Das Problem selbst erhält also erst bei Marx sein richtiges Profil. Er sieht vor allem klar, daß es eine ganze Reihe von kategoriellen Bestimmungen gibt, ohne welche der ontologische Charakter keines Seins konkret erfaßt werden kann. Die Ontologie des gesellschaftlichen Seins setzt deshalb eine allgemeine Ontologie voraus. Diese darf jedoch nicht wieder ins Erkenntnistheoretische verdreht werden. Es handelt sich nicht um eine ontologische Analogie zum Verhältnis der allgemeinen Erkenntnistheorie zu den spezifischen Methoden der einzelnen Wissenschaften. Vielmehr ist das, was in einer allgemeinen Ontologie erkannt wird, nichts anderes als die allgemeinen seinsmäßigen Grundlagen eines jeden Seins. Entstehen in der Wirklichkeit kompliziertere, zusammengesetztere Formen des Seins (Leben, Gesellschaft), so müssen die Kategorien der allgemeinen Ontologie in ihnen als aufgehobene Momente erhalten bleiben; das Aufheben hat bei Hegel, richtigerweise, auch die Bedeutung des Aufbewahrens. Die allgemeine Ontologie oder konkreter gesagt die Ontologie der anorganischen Natur als Grundlage eines jeden Seienden ist also darum allgemein, weil es kein Seiendes geben kann, das irgendwie seinsmäßig nicht in der anorganischen Natur fundiert wäre. Im Leben tauchen neue Kategorien auf, sie können aber eine seinsmäßige Wirksamkeit nur auf der Basis der allgemeinen Kategorien, in Wechselwirkung mit ihnen entfalten. Und ebenso verhalten sich die abermals neuen Kategorien des gesellschaftlichen Seins zu denen der anorganischen und der organischen Natur. Die Marxsche Frage nach Wesen und Beschaffenheit des gesellschaftlichen Seins kann also nur auf Grundlage einer solchen gestuften Fundamentierung vernünftig gestellt werden. Die Frage nach der Besonderheit des gesellschaftlichen Seins enthält die Bestätigung der allgemeinen Einheit eines jeden Seins und zugleich das Zutagetreten seiner eigenen spezifischen Bestimmtheiten.

Dies ist jedoch nur die erste unerläßliche Voraussetzung für ein richtiges Insaugefassen unseres Problems. Der nächste Schritt, den Marx zur Annäherung an die entscheidende Frage tat, war das Indenmittelpunktstellen der dialektischen Widerspiegelung der objektiven Wirklichkeit. Wird dies versäumt, so entsteht zwangsläufig ein ständiges Durcheinander von objektiver Wirklichkeit und ihrer – ontologisch betrachtet – unmittelbar stets subjektiven Widerspiegelung. (Daß diese, wenn sie annäherungsweise treu ist, eine erkenntnismäßige Objektivität erhalten wird, berührt diese ontologische Frage nicht, ebensowenig wie die Tatsache, über welche im zweiten Teil ausführlich gesprochen werden wird, daß die Widerspiegelung unter bestimmten konkreten Umständen, deren Art, Grenze etc. vom jeweiligen gesellschaftlichen Sein abhängt, zur Verursachung neuer ontologischer Tatbestände in der Gesellschaft aktiv beitragen kann.) Wir werden in einem späteren Kapitel des ersten Teils ausführlich auf die Verworrenheiten eingehen, die das Ignorieren dieser Struktur bei einem so ernst zu nehmenden und gerade in ontologischer Hinsicht höchst verdienstvollen Denker, wie Nicolai Hartmann hervorbringen mußte.

Die zweite wesentliche Voraussetzung zur Erkenntnis der ontologischen Eigenart des gesellschaftlichen Seins ist das Verstehen der Rolle der Praxis in objektiver und subjektiver Hinsicht. Gerade in dieser Frage hat Marx am entscheidendsten mit seinen philosophischen Vorgängern gebrochen. Die letzte Feuerbach-These: »Die Philosophen haben die Welt nur verschieden *interpretiert*, es kommt darauf an, sie zu *verändern*«,[3] spricht dies in einer programmatischen Weise aus. Das ganze Lebenswerk von Marx ist jedoch ein konkretes Auseinanderlegen und ein universelles Begründen des hier angedeuteten ontologischen Tatbestandes. Objektiv ist nämlich das gesellschaftliche Sein die einzige Sphäre der Wirklichkeit, in welcher der Praxis die Rolle einer conditio sine qua non in der Erhaltung und Fortbewegung der Gegenständlichkeiten, in ihrer Reproduktion und Höherentwicklung zukommt. Und wegen dieser einzigartigen Funktion in Struktur und Dynamik des gesellschaftlichen Seins, ist die Praxis auch subjektiv, erkenntnistheoretisch das entscheidende Kriterium einer jeden richtigen Erkenntnis. (Daß diese universelle Konzeption der Praxis in der modernen Philosophie, in Pragmatismus und Behaviorismus verengt, rein unmittelbar ge-

3 MEGA V, Berlin 1932, S. 535.

macht und dadurch entstellt wurde, werden wir später behandeln.) Hier kam es auf das kurze Feststellen des Gegensatzes zwischen der Marxschen Ontologie und jenen früheren an, die in irgendeiner Weise die reine Kontemplation zum Vehikel der Erkenntnis der Wahrheit und zugleich zum letzthinnigen Maßstab des richtigen Verhaltens des Menschen in der gesellschaftlichen Wirklichkeit erhoben haben. Dieser Gegensatz des theoretischen Ausgangspunkts beruht auf einer neuen Erkenntnis der gesellschaftlichen Wirklichkeit, auf der Ablehnung der metaphysischen Antinomie von Freiheit und Notwendigkeit im menschlichen Handeln. Der einheitlichen theoretischen Herrschaft dieser entspricht ontologisch eine radikale Homogenisierung des gesamten Seins; eine solche entsteht zumeist auf dem Boden eines mechanischen Materialismus, freilich nicht notwendigerweise hier allein. (Es genügt an die Prädestinationslehre zu erinnern.) Bei einem ebenso einseitigen Hervorheben des ersten Prinzips muß einerseits ein schroffer unüberbrückbarer Dualismus in ontologischer Hinsicht entstehen, der die Einheitlichkeit des gesellschaftlichen Seins metaphysisch auseinanderreißt, etwa in die phänomenale und noumenale Welt bei Kant und zugleich in der gesellschaftlichen Praxis die moralisch begründete von jeder anderen mechanisch trennt. Marx bezeichnet in dieser Frage den bisher erreichten Höhepunkt jener Bestrebungen, die sich mit keiner der erwähnten metaphysischen Einseitigkeiten zufrieden geben – man denke an Aristoteles oder Hegel – und auf eine dialektisch einheitliche Auffassung des gesellschaftlichen Seins gerichtet waren.

Solche und ähnliche Tendenzen waren, bei allen ihren großen und bleibenden Errungenschaften letztlich zum Scheitern verurteilt, weil sie einerseits in der Totalität und in der Methode der Welterfassung die logisch-erkenntnistheoretische Betrachtungsweise nicht oder in ungenügender Weise von der ontologischen abgegrenzt und die Priorität dieser von jener nicht oder nicht hinreichend klar erkannt oder anerkannt haben, andererseits weil sie ihre ontologischen Auffassungen auf zeitbedingte, aber wissenschaftlich falsche oder religiöse Weltbilder basiert haben. Beide Ursachen des Scheiterns genialer Denker werden wir in den folgenden Betrachtungen ausführlich analysieren müssen. Wir können nur einige Andeutungen über diesen Problemkomplex, der gleichzeitig gesellschaftlich-geschichtlichen und systematischen Charakters ist, und deshalb, wie sogleich zu zeigen sein wird, auch in die Problematik der gegenwärtigen Ontologie, sie wesentlich bestimmend, hineinragt, vorausschicken.

Es gibt bis jetzt keine Geschichte der Ontologie. Dieses Fehlen ist jedoch kein zufälliger Mangel der Geschichte der Philosophie, sondern hängt eng mit der Ungeklärtheit und Verworrenheit der vormarxistischen Ontologie zusammen. Die gesellschaftlichen Grundlagen des jeweiligen Denkens einer Periode, die Probleme der bevorzugten Gegenständlichkeitsformen, der herrschenden Methoden etc. inbegriffen, wurden nur ausnahmsweise kritisch untersucht, zumeist in Zeiten großer Krisen, in denen – als Hauptaufgabe – die erfolgreiche Widerlegung des Gegners, zumeist der Macht des vergangenen, an der neuen Wirklichkeit versagenden Denkens erschien, nicht aber das Aufdecken der sozialen Gründe seines Geradesoseins. (Descartes und Bacon in ihrer Beziehung zur Scholastik.) Die Ausbreitung der Philosophie und der wissenschaftlichen Forschungen hat ungeheure und ungeahnte Wissensmassen an den Tag gefördert, meistens ohne die hier auftauchenden, von uns angedeuteten Fragen auch nur zu berühren. Wir wissen z. B. über die heliozentrische Hypothese von Aristarchos, von ihrer völligen Einflußlosigkeit auf Wissenschaft und Philosophie, die sozialen Gründe dafür blieben jedoch unerörtert. Hier kann es unmöglich auf den Versuch ankommen, das bisher Versäumte in wenigen Andeutungen nachzuholen, als vielmehr darauf, einige prinzipielle Fragen dieses Problemkreises kurz, uns auf das rein Prinzipielle beschränkend, ganz allgemein aufzuzeigen.

Vor allem bilden Alltagsleben, Wissenschaft und Religion (samt Theologie) einer Zeit einen, freilich oft widerspruchsvollen zusammenhängenden Komplex, dessen Einheit vielfach unbewußt bleibt. Die Untersuchung des Alltagsdenkens gehört bis jetzt zu den am wenigsten erforschten Gebieten. Über Geschichte der Wissenschaften, der Philosophie, der Religion und der Theologie gibt es sehr viele Arbeiten, die jedoch in den seltensten Fällen auf ihre derartigen Wechselbeziehungen eingehen. Dabei ist es klar, daß gerade die Ontologie vom Boden des Alltagsdenkens aufsteigt und niemals wirksam werden kann, falls sie nicht – wenn auch noch so sehr vereinfacht, ja vulgarisiert-entstellt – hier zu landen imstande ist. Wie die Wissenschaft aus dem Denken und der Praxis des Alltags, in erster Reihe aus der der Arbeit aufsteigt und immer wieder zu ihr, sie befruchtend, wiederkehrt, werden wir im Kapitel über die Arbeit zu zeigen versuchen. Der Ursprung unserer ontologischen Vorstellungen aus dem Alltag bedeutet nicht, daß diese kritiklos hingenommen werden können und müssen. Im Gegenteil. Sie sind voll nicht nur von naiven Vorurteilen, sondern sehr oft von ausgesprochen falschen Anschauungen, die mitunter aus den Wissenschaften, vor allem aber aus den Religionen in sie eingedrungen sind etc. etc. Die hier notwendige Kritik beinhaltet aber kein Recht dazu, das Alltagsfundament zu übersehen. Der erdgebundene, von der täglichen Praxis gespeiste, prosaische Verstand des Alltags kann zuweilen auch ein gesundes Gegengewicht gegen wirklichkeitsentfremdete Anschauungsweisen »höherer« Sphären bilden. Aber vom Gesichtspunkt einer Ontologie des gesellschaftlichen Seins ist vielleicht jene Wechselwirkung das Wichtigste, die ununterbrochen zwischen ontologischen Theorien und Alltagspraxis stattfindet. Der gesellschaftliche Auftrag, der von hier – zumeist unausgesprochen, selten formulierbar, jedoch in seinem Ja oder Nein zumeist sehr eindeutig – in die »höheren« Sphären aufsteigt, modifiziert sehr oft die philosophisch oder religiös verkündeten Anschauungen über Ontologie, und zwar nicht nur die über das gesellschaftliche Sein, sondern auch über das allgemeine Weltbild. Nicolai Hartmann, der – vielleicht als erster – den Weg vom Alltag über Wissenschaft zur Ontologie entdeckt und vor allem erkannt hat, daß die erkenntnistheoretischen Fragestellungen eine ganz andere, abgeleitete Dimension haben, quer zu ihnen stehen, übersieht die hier entspringende äußerst komplizierte Dialektik, faßt den Weg zur Ontologie, unkritisch, als allgemein zu geradlinig auf.[4] Auf diese Frage werden wir noch wiederholt zurückkommen.

Das Problem, das hier in naiv-ursprünglicher, oft völlig unbewußter Form auftaucht, ist das der Art, wie die Lebensbedürfnisse der menschlichen Praxis, im weitesten Sinne genommen mit den theoretischen Anschauungen der Menschen, vor allem mit den ontologischen in Wechselwirkung stehen. Natürlich wird diese Praxis – objektiv, letzten Endes – vom Sein bestimmt, vom gesellschaftlichen Sein und von der von ihm vermittelten Natur. Diese Praxis aber postuliert, von sich aus notwendig, ein Weltbild, mit dem sie

4 N. Hartmann: Zur Grundlegung der Ontologie, Meisenheim am Glan, 1948, S. 49 ff.

sich im Einklang befinden kann, von welchem aus die Gesamtheit der Lebenstätigkeiten einen sinnvollen Zusammenhang ergibt. Es ist klar, daß die Wissenschaft und die mit ihr verbundene Philosophie in erster Reihe dazu berufen sind, eine adäquate, eine objektiv richtige Antwort zu geben: als Teile – und zwar als aktive und ohne Aktivität nicht funktionsfähige Teile – der gesellschaftlichen Gesamtwirklichkeit können sie unmöglich diese, aus dem Alltagsleben aufsteigende Forderungen ignorieren; auch eine negative, eine ablehnende Antwort auf sie stellt, vom Standpunkt des Problems, das uns hier beschäftigt, eine solche Reaktion auf den sozialen Auftrag dar. Schon die antagonistische Klassenstruktur der Gesellschaften, die den Urkommunismus ablösen, macht eine solche Alternative von Ja oder Nein unausweichbar, da die miteinander im Kampf stehenden Klassen entgegengesetzte Richtungen für den sozialen Auftrag und seinen Unterbau durch ein Weltbild fordern müssen.

All dies mußte vorausgeschickt werden, um die gesellschaftliche Basis für den ungeheuren Einfluß der Religionen auf die ontologischen Entwürfe zu den jeweiligen Weltbildern überhaupt verstehen zu können. Neuere Philosophien und Philosophiegeschichten pflegen freilich neben Erkenntnistheorie, Logik etc. auch eine besondere Rubrik für Religionsphilosophie zu enthalten, und es gibt auch eine monographische Literatur über bestimmte historische Beziehungen zwischen Religion und Philosophie. Damit ist aber unser Thema noch gar nicht berührt, auch wenn anerkannt wird, daß die Philosophie in den realen Wechselbeziehungen, die die gesellschaftliche Entwicklung hervorbringt, oft ihre theoretische Gedankenapparatur der Religion zur Verfügung stellt, in anderen Fällen für den angemessenen theoretischen Ausdruck des vom sozialen Auftrag postulierten Inhalts sorgt. Das sind jedoch sekundäre, akzessorische Momente in der Beeinflussung der menschlichen Weltbilder im Lauf der Geschichte. Vielmehr handelt es sich um Probleme des Alltagslebens, die in der jeweils gegebenen historischen Lage, in den jeweils vorhandenen klassenmäßigen Situationen und in entsprechenden Einstellungen der Menschheit zu der für sie unmittelbar gegebenen gesellschaftlichen Wirklichkeit – die von dieser vermittelten Natur mitinbegriffen – auftauchen und die diese Menschen aus eigener Kraft und vor allem im Rahmen ihres jeweiligen diesseitigen Lebens nicht zufriedenstellend zu beantworten imstande sind. Aus den so entstandenen religiösen

Bedürfnissen entspringt die Kraft der lebendigen Religionen, eine Ontologie zu entwerfen, die einen adäquaten Rahmen für die Erfüllung solcher Wünsche herbeischafft: ein Weltbild, in welchem jene im Alltagsleben unbefriedigten, die Alltagsexistenz der Menschen transzendierenden Wünsche die Perspektive der Erfüllung in einem mit ontologischer Prätention hingestellten Jenseits erhalten. Die religiöse Ontologie entsteht also auf entgegengesetztem Weg zur wissenschaftlich-philosophischen: diese untersucht die objektive Wirklichkeit, um den realen Spielraum für die reale Praxis (von der Arbeit bis zur Ethik) aufzudecken; jene geht von den Bedürfnissen einer Verhaltensweise zum Leben, von Versuchen einer Sinngebung fürs eigene Leben der einzelnen Menschen des Alltags aus und konstruiert ein Weltbild, das, wenn wirklich, eine Garantie für die Erfüllung jener Wünsche sein könnte, die im religiösen Bedürfnis laut werden.

Philosophie und Religion gehen also im Aufbau der Ontologie – prinzipiell – entgegengesetzte Wege. Dennoch appellieren sie an die theoretischen und praktischen Bedürfnisse, an Vernunft, Verstand und Gefühlsleben derselben Menschen. Es muß also zwischen ihnen, je nach der gesellschaftlichen Struktur und Dynamik im historischen hic et nunc das Verhältnis eines Bündnisses oder einer Konkurrenz (bis zur offenen Feindschaft) entstehen. Wie sich diese Wechselbeziehungen gestalten, hängt in erster Reihe von den gesellschaftlich-geschichtlichen Problemen der Zeit ab. Dabei ist es selbstverständlich, daß die – letzten Endes – von der Entwicklung der Arbeit bedingte Erkenntnishöhe der Wissenschaft und die Wirklichkeitseinsicht der Philosophie, innerhalb eines gegebenen Spielraums, relativ selbständige motorische Rollen spielen. Es darf aber nicht vergessen werden, daß z. B. in Kulturen wie der indischen eine relativ hohe Entfaltung etwa der Mathematik möglich war, ohne auf die Weltanschauungsgrenzen, die die Theologie allein zog, irgendeinen Einfluß ausüben zu können.[5]

Die griechische Antike, in der es keine Priestermacht und keine dogmatisch-verpflichtende Theologie gab, konnte deshalb zum klassischen Land der Entstehung der Ontologie werden. Die rapid entstehende neue Philosophie der Vorsokratiker deckte nacheinander und nebeneinander ihre wichtigsten Kategorien auf. Daß

5 W. Ruben: Einführung in die Indienkunde, Berlin 1954, S. 263 und 276.

es sich dabei nur um erste, zuweilen halb-mythisch ausgedrückte Annäherungen an die richtigen Tatbestände handeln konnte, nimmt diesem ersten Anlauf nichts von seiner Großartigkeit. Er kann schon deshalb so monumental geradlinig auf die wesentlichsten Objekte gerichtet sein, weil jede Auseinandersetzung mit einer Theologie fehlt. (Auch die immer wieder auftauchenden, zumeist freilich politisch bestimmten Asebeia-Anklagen konnten diesen Prozeß nicht aufhalten.) Als Gegner der rein philosophisch fundierten Ontologie erscheinen nur die sich ständig verändernden, ständig uminterpretierten Mythen. Da nun an diesem Wandel die Dichtung führend teilnimmt, entsteht der nie wiederkehrende Fall, daß die Dichter als Hauptfeinde eines vernunftgemäßen Weltbildes immer wieder in diesen Philosophien bekämpft werden.

Bis Sokrates bleibt dieser großzügige Objektivismus, dieser kosmische Monismus in der griechischen Kultur vorherrschend. Erst die Krise der Polis und mit ihr das Zentralwerden der moralischen Probleme stellt ausgesprochenermaßen das Menschliche, das Problem der richtigen Praxis in den Mittelpunkt der Philosophie. Platon ist der erste Philosoph der, um die Frage »was tun?« in der sich auflösenden Polis zu beantworten, als Basis seiner Lösungsversuche eine Ontologie entwirft, deren Wirklichkeitsauffassung, deren Weltbild eine Garantie dafür bieten soll, wie die zur Rettung der Polis unerläßlich scheinenden moralischen Postulate als möglich und notwendig fixiert werden können. Dadurch tritt der ontologische Dualismus, der die meisten Religionen, vor allem das Christentum charakterisiert, ins europäische Leben ein: auf der einen Seite die Welt der Menschen, aus der die religiösen Bedürfnisse, die Sehnsucht nach ihrer Erfüllbarkeit emporsteigen, auf der anderen Seite eine transzendente Welt, deren ontologische Beschaffenheit Perspektiven und Garantien ihrer Erfüllbarkeit zu geben berufen ist. Es kann hier nicht unsere Aufgabe sein, die Entwicklung der griechischen Philosophie auch nur skizzenhaft zu entwerfen. Wichtig ist, daß – bei allen prinzipiell sehr weit reichenden Unterschieden und Gegensätzen – diese dualistische Struktur, diese Funktion der Ontologie in ihr bis ans Ende erhalten bleibt. So bei den Stoikern, so – weit entschiedener in eine philosophisch formulierte Religiosität hinüberwachsend – bei den Neuplatonikern, bei Plotin und noch mehr bei Proklos.

Aristoteles ist natürlich in den meisten philosophischen Grundfragen ein Gegenschlag gegen Platon. Jedoch trotz des weitgehend diesseitigen Charakters seiner Ethik und Ästhetik, seiner Staats- und Gesellschaftslehre und weiter Strecken seiner Naturphilosophie bewegt sich seine Konzeption vom Kosmos, mit dem unbewegten Beweger als Schlüsselfrage, doch auch in der Linie einer Zweiwelten-Ontologie. (Werner Jäger schildert sehr lebhaft das qualvolle Ringen des großen Denkers mit dieser für ihn, gesellschaftlich-geschichtlichen, unlösbaren Frage.[6]) Diese Tendenz zur Selbstauflösung der Diesseitigkeit verstärkt sich noch bei Aristoteles infolge des überwiegend teleologischen Charakters seiner Ontologie. Das Modell der teleologischen Wesensart der Arbeit, die auf das ganze anfängliche Denken bestimmend einwirkt – Aristoteles ist der erste Denker, der diese Zusammenhänge bei der Arbeit philosophisch annähernd richtig erfaßt –, die Beobachtung und Auflegung der »Zweckmäßigkeit« auf dem Gebiet des Lebens führt »von selbst« dazu, auch die unorganische Natur teleologisch zu betrachten, d. h. hinter den gesetzmäßigen Notwendigkeiten der Einzelerscheinungen eine ursprüngliche teleologische Substanz und Kraft zu suchen; daher auch das Problem vom unbewegten Beweger. Indem zugleich im menschlichen Leben, im Dasein und in der Entwicklung der Gesellschaft auf solcher Basis spontan eine Überspannung der direkt teleologischen Gesichtspunkte entsteht, wird die teleologische Interpretation der ontologischen Zusammenhänge zum gedanklichen Instrument sowohl für die letzthinnige Einheit der Welt, wonach alles dem teleologischen Entschluß Gottes unterworfen sein muß, wie für die Besonderheit der irdischen Existenz der Menschen, die einen abgesonderten, spezialen, untergeordneten aber doch zentral bedeutungsvollen Bezirk innerhalb dieses Reiches, ihm untergeordnet, bildet.

Nur die Philosophie Epikurs unterbricht diese Entwicklungsrichtung. In ihr zerstört ein rücksichtslos-kritischer Materialismus jede Zweiwelten-Ontologie. Auch Epikur stellt den Sinn des Menschenlebens, die Probleme der Moral in den Mittelpunkt seiner Philosophie. Diese unterscheidet sich jedoch von jeder bisherigen dadurch, daß der Naturkosmos diesen menschlichen Bestrebungen in vollendet gleichgültiger, nicht teleologischer Eigengesetzlichkeit gegenübersteht, daß der Mensch seine Lebensfragen ausschließlich

6 W. Jäger: Aristoteles, Berlin 1955, S. 366 ff.

im Diesseits seiner physischen Existenz lösen kann und soll. Der Tod, das Wie des Sterbens wird erst so zu einer rein moralischen, zu einer ausschließlich menschlichen Frage. Keine Beschaffenheit des Kosmos kann dazu eine Anleitung geben, noch viel weniger einen durch Versprechen von Lohn oder Strafe helfenden Impuls. »Es ist nicht möglich«, sagt Epikur, »sich von der Furcht hinsichtlich der wichtigsten Lebensfragen zu befreien, wenn man nicht Bescheid weiß über die Natur des Weltalls, sondern sich nur in Mutmaßungen mythischen Charakters bewegt. Mithin ist es nicht möglich, ohne Naturerkenntnis zu unverfälschten Lustempfindungen zu gelangen.«[7] Und genau in demselben Sinn über Leben und Tod: »Das angeblich schaurigste aller Übel also, der Tod, hat für uns keine Bedeutung; denn solange wir noch da sind, ist der Tod nicht da; stellt sich aber der Tod ein, so sind wir nicht mehr da.«[8] Um solcher Weltkonzeption willen preist Lukrez Epikur als den Befreier der Menschen vor der Furcht, die eine notwendige Folgeerscheinung des Götterglaubens ist. Selbstverständlich konnte die epikureische Philosophie keine allgemeine und dauernde Wirkung auslösen. Schon das Ideal der Weisen, worauf auch diese Ethik ausgerichtet ist, beschränkt ihre Wirkung auf eine geistig-moralische Elite, aber die in vielen Einzelheiten verwandte stoische Moral ist doch von einer Ontologie unterstützt, die dem »Erlösungsbedürfnis« der Spätantike weit mehr entgegenkommt, als die radikal diesseitige Epikurs. So ist das Weltbild dieser Periode, auch zur Zeit, in der die Mystik des Neuplatonismus dominiert, immer wieder bereit, auch Elemente der Philosophien von Aristoteles und der Stoa in sich aufzunehmen, freilich zumeist nach einer gründlichen Uminterpretation, während der Epikureismus völlig isoliert bleibt und immer wieder als vulgärer Hedonismus verleumdet wird. Dies ist in Herrschaftszeiten des leidenschaftlichen religiösen Bedürfnisses stets das Schicksal einer radikal diesseitigen Ontologie.

Die Entstehung des Christentums spielt sich in diesem Milieu der sich auflösenden antiken Kultur ab, in der auch für die Philosophie die magisch-mystische Befriedigung der Erlösungsbedürfnisse das primäre Motiv bildet, in der massenhaft Sekten zur unmittelbaren Erfüllung solcher Wünsche der persönlichen See-

7 Diogenes Laertius: Leben und Meinungen berühmter Philosophen, Berlin 1955, II., S. 289.

8 Ebd., S. 281.

lenrettung entstehen. Es ist hier nicht der Ort, weder die Frage zu untersuchen, warum das Christentum aus diesem Wettkampf religiöser Sekten sich sieghaft zur Weltreligion entwickeln konnte, noch die seiner inneren Wandlungen, die diesen Weg von Schritt zu Schritt begleiten, sowie deren Ursachen zu erhellen. Nur auf ein ontologisch entscheidendes Moment muß selbst in dieser höchst abgekürzten Darstellung hingewiesen werden: auf die Erwartung der Wiederkehr des auferstandenen Christus und auf die damit eng zusammenhängende Konzeption des als nah gedachten, persönlich zu erlebenden Weltendes. Denn damit entsteht aus dem religiösen Bedürfnis der Zeit eine ausgeprägte religiöse Ontologie, die das damals verbreitete, wenn auch wissenschaftlich noch so problematische Weltbild mit kühner Radikalität verwirft und die Objektivation der religiösen Sehnsucht, entstanden aus der Hoffnungslosigkeit eines diesseitigen Sinnes für das persönliche Leben, nicht nur bei den unterworfenen Juden, sondern im ganzen Reich, vor allem bei den Armen, als alleinige Wirklichkeit hinstellt. Damit wird allen bestehenden Auffassungen über die Welt, über die Stellung des Menschen in ihr der Fehdehandschuh hingeworfen. Jesus selbst hat noch bloß die jüdischen Schriftgelehrten bekämpft; Paulus, der das Christentum über die engen Schranken einer jüdischen Sekte hinausführt, betrachtet dennoch die von ihm verkündete Offenbarung als eine »Torheit für die Heiden«, die aber gerade als Torheit in der Offenbarung des Erlösers, seines Wiedererscheinens, seiner Kreuzigung, seiner Auferstehung die Garantie der allein echten Wirklichkeit besitzt, die, gerade als solche Torheit das Fundament einer echten religiösen Ontologie zu bilden berufen ist. Ihren krönenden Gipfelpunkt stellt das baldige Wiedererscheinen Christi: das jüngste Gericht, das Ende der bisherigen Wirklichkeit dar.

Die Parusie ist nicht erfolgt. Es ist aber sehr interessant für die innere Struktur der religiösen Ontologie, daß dieser Zusammenbruch der höchsten und zentralsten Offenbarung den christlichen Glauben nicht zu vernichten vermochte. (Auch in der späteren Theologie gehört Franz Overbeck zu den wenigen, die darin ein Ende des Christentums erblickten.) Es entstand – trotz der noch immer aufflammenden Verfolgungen – eine wachsende Anpassung an das Reich, auch an seine gedankliche Kultur. Tertullian ist einer der wenigen, bei denen die kühne Herausforderung von Paulus noch ab und zu laut wird; die wichtigsten Versuche der Herstellung der

Anfänge scheitern immer wieder als Ketzerei (auch bei Tertullian selbst), mit Origenes, Clemens von Alexandrien etc. wird immer mehr Neuplatonismus, Stoizismus in das christliche Weltbild eingebaut, bis schließlich unter Konstantin das Christentum zum organischen Bestandteil, zur ideologischen Hauptstütze des römischen Reichs wird.

Freilich darf nie außer acht bleiben, daß bei allen fundamentalen Veränderungen des ursprünglichen Weltbilds der Christenheit die Zweiweltenstruktur immer erhalten bleibt: eine teleologisch fundierte Konzeption von der Welt der Menschen, in der sich ihr Schicksal erfüllt, wo ihr Verhalten über Erlösung oder Verdammnis sich entscheidet und von der umfassenden, noch höher teleologischen, kosmisch-jenseitigen Welt Gottes, deren Sein die letzthinnige ontologische Garantie für die Unbezweifelbarkeit der Macht Gottes in der irdischen Wirklichkeit bildet; der Kosmos ist also ontologisches Fundament und sichtbares Objekt der Macht Gottes. Wie immer auch Theologie und die ihr damals hörige Philosophie die Hauptzüge und die Details eines solchen Weltbilds ausgelegt haben – und von Augustinus bis Thomas von Aquino gab es massenhaft abweichende Theorien –, diese ontologische Basis konnten sich Religion und Kirche viele Jahrhunderte hindurch unversehrt bewahren; wie viele dogmatisch-ontologische Schwierigkeiten auch die als reale Perspektive versunkene Parusie und die damit eng zusammenhängende Anpassung der christlichen Moral an die jeweils vorhandenen gesellschaftlichen und politischen Tatsächlichkeiten im Gegensatz zum ethischen Radikalismus von Jesus selbst verursacht haben. Da für das Leben der Menschen die Forderungen des Tages, d. h. der Gesellschaft, in der sie zu wirken haben, vor allem ausschlaggebend sind, wenn man von den Forderungen absieht, die eine als unausweichlich gegebene Perspektive der Zukunft ihnen stellt (das war anfangs die Parusie), mußten die Seinsprobleme des späten römischen Reichs, die der feudalen Gesellschaft auf ihren verschiedenen Stufen, den konkreten Gehalt jenes Endzweckes abgeben, woran der Aufbau der objektiven Ontologie der höheren Sphären orientiert sein mußte. Alles, was in der ursprünglichen Offenbarung diesen Forderungen und dem ihnen angemessenen ontologischen »Überbau« widersprach, mußte, wenn mit religiösem Anspruch ausgesprochen, zur Ketzerei führen und sie wurde als solche ausgerottet, wenn es nicht gelang, sie mit entsprechenden

»Milderungen« den herrschenden Bedürfnissen anzupassen, wie es mit der Reformbewegung Franz von Assisis geschah.

Diese Entwicklung hat zur notwendigen Folge, daß die das normal-alltägliche und das wissenschaftliche Weltbild radikal verwerfende ursprüngliche Ontologie immer stärker an aktueller Relevanz verlor, wenn sie auch nie ausgesprochen negiert, sondern als dekorativer Hintergrund ständig heilig gehalten wurde. Darum entstehen immer wieder innerhalb der Kirche Ersatzparusien, so im Dritten Reich Joachim de Fiores, so – überwiegend irdisch-politisch – bei Dante, etc. Aber bei allen diesen Wandlungen blieben die wichtigsten Prinzipien der religiösen Ontologie unerschüttert: der teleologische Charakter des Kosmos und der geschichtlichen Entwicklung, der anthropozentrische (und darum notwendig geozentrische) Aufbau des Kosmos, der, von Gottes – teleologisch ausgeübten – Allmacht regiert, aus dem irdischen Menschenleben ein transzendent behütetes, dem Menschen eigenes Zentrum des Weltalls macht. Wie immer sich diese Ontologie, infolge der Wandlung der gesellschaftlichen Umwelt, die die religiösen Bedürfnisse konkretisiert, verändern mag, solange es der Kirche möglich bleibt, diese wechselseitige Anpassung aneinander von Ontologie und gesellschaftlich evidenter, religiös garantierter Moral durchzusetzen, war an ihrer geistigen Macht nicht zu rütteln. Die in der Blütezeit und der beginnenden Krise entstehenden wissenschaftlichen Entdeckungen und die sie begleitenden philosophischen Einsichten konnten, mit größeren und geringeren Schwierigkeiten, in das herrschende ontologische System eingebaut werden; im äußersten Fall schuf die Lehre von der doppelten Wahrheit eine Art von intellektuellem Asyl für die Wissenschaft.

Erst mit den Entdeckungen von Kopernikus, Kepler und Galilei entstand für die Ontologie eine grundlegend neue Situation. Der wissenschaftliche Zusammenbruch des geozentrischen Weltsystems konnte zwar vorläufig, mit allen Konsequenzen, als Ketzerei verdammt werden, ihre wissenschaftliche Geltung, ihre Wirkung auf die gesellschaftliche Praxis war mit solchen Mitteln nicht mehr aufzuhalten. Es ist sicher nicht zufällig, daß diese ontologisch derart zentrale Beschaffenheit einer wissenschaftlichen Entdeckung mit der gesellschaftlichen Unmöglichkeit, ihre Konsequenzen mit welchen Mitteln immer zu unterdrücken, zeitlich-historisch zusammenfällt. Jedenfalls bedeutet der hier – im Falle Galileis –

ausgebrochene Konflikt eine Wandlung im Schicksal der religiösen Ontologie. Während auf früheren Stufen die doppelte Wahrheit zum Schutz der Entfaltung der Wissenschaft im Schatten der unerschütterbar scheinenden religiösen Ontologie erfunden wurde, rekurriert jetzt die Kirche, die offizielle religiöse Ideologie, auf die doppelte Wahrheit, um das, was sie aus ihrer Ontologie nicht aufzugeben vermag, wenigstens vorübergehend zu retten. Diese Wendung wird allgemein mit dem Namen des Kardinals Bellarmin verknüpft. (Freilich vertraten auch andere einen ähnlichen Standpunkt.) Die Frage wurde in der Wissenschaftsgeschichte immer wieder erörtert. Brecht läßt in seinem Galilei-Drama den Kardinal Bellarmin die neue Fassung der doppelten Wahrheit klar und zynisch so aussprechen: »Gehen wir mit der Zeit, Barberini. Wenn Sternkarten, die sich auf eine neue Hypothese stützen, unsern Seeleuten die Navigation erleichtern, mögen sie die Karten benutzen. Uns mißfallen nur Lehren, welche die Schrift falsch machen.«[9] Vom Standpunkt der Ehrlichkeit im Erkennenwollen der Wirklichkeit hat die doppelte Wahrheit immer etwas von einer zynischen Stellungnahme an sich. Dieser Charakter steigert sich noch, wenn es sich nicht darum handelt, einer sonst unterdrückten oder zum Ausgerottetsein verurteilten Erkenntnis ein wenig Spielraum zu schaffen, sondern darum, die offiziell unberührte Geltung einer Ontologie mit ihrer Hilfe organisatorisch aufrechtzuerhalten. Dieser Zynismus drückt aber die instinktiv richtige Erkenntnis der neuen Lage seitens der Kirche angemessen aus: für die neu aufkommende herrschende Klasse, für die Bourgeoisie, war die unbeschränkte Entwicklung der Wissenschaften, vor allem der Naturwissenschaften, eine Lebensfrage. Sie hätte also sich mit einem Beschluß der Kirche, daß die neu erworbenen Kenntnisse nicht zu einer besseren Beherrschung der Naturkräfte ausgenützt werden dürfen, nie abgefunden. Die Stellungnahme zur wirklichen Objektivität, zu der Frage, ob die Wahrheiten der Naturwissenschaften die objektive Wirklichkeit tatsächlich abbilden oder nur ihre praktische Manipulation ermöglichen, beherrscht deshalb die bürgerliche Philosophie seit Bellarmins Tagen bis heute und bestimmt ihre Position in sämtlichen ontologischen Problemen. Selbstverständlich konnte der Bellarminsche Kompromiß die weltanschauliche Wirkung des

9 B. Brecht: Stücke VIII, Berlin 1957, S. 94.

Bruches mit der kosmischen, ontologischen Sonderstellung der Erde nie völlig aufhalten. Daß zur Zeit einer noch in voller Gewalt dastehenden Kirche sich manche Wissenschaftler und Philosophen zu einer Äsopischen Sprache über solche Komplexe veranlaßt sahen, ändert an der welthistorischen Linie nichts. Diese besteht aus dem unaufhaltsamen Vordringen der neuen naturwissenschaftlich fundierten Ontologie. Wie sie auf gläubige Christen einwirkt, wird am deutlichsten in der Philosophie Pascals sichtbar. Ihr Grundgefühl der kosmischen Verlassenheit des Menschen, die Notwendigkeit, alle Kategorien des innerlich christlichen Menschenlebens nicht mehr aus einem Weltbild der kosmischen Geborgenheit gewinnen zu können, sondern bloß aus einer neuen Logik des menschlichen Aufsichselbstgestelltseins, einer Logik des Herzens, wie Pascal sagt, zeigt, wie tief die neue Ontologie das Denken durchdrungen hat. In der bürgerlichen Philosophie geht in steigendem Maße eine Polarisation vor sich. Einerseits entstehen von Hobbes bis Helvetius, von Spinoza bis Diderot Richtungen, die das gesamte Erbe der Renaissance anzutreten und weiterzubilden, die die neue Ontologie – immer verstärkt durch weitere Errungenschaften der Wissenschaft – konsequent zu Ende zu führen bestrebt sind. Andererseits treten, auch unter dem Eindruck der großen Weltereignisse, bedeutende und einflußreiche Denker auf, die den Bellarminschen kirchenpolitischen Zynismus erkenntnistheoretische Begründungen geben wollen. Es genügt – bei aller Verschiedenheit selbst in prinzipiellen Fragen – auf Berkeley und Kant hinzuweisen. Das Gemeinsame im Wesen der Bestrebungen beider ist, erkenntnistheoretisch nachzuweisen, daß unseren Erkenntnissen über die materielle Welt keine ontologische Bedeutung zugesprochen werden kann. Ob nun diese erkenntnistheoretischen Tendenzen darauf hinauslaufen, der Religion, so wie sie eben ist, ihre alten Rechte auf Bestimmen der Ontologie wiederzugeben (Berkeley unter dem Einfluß des Klassenkompromisses in der »glorreichen Revolution«), oder, bereits von der Aufklärung und der französischen Revolution beeinflußt, bloß einer »Religion innerhalb der Grenzen der reinen Vernunft« zuzustreben, kommt für unsere Probleme letzten Endes aufs gleiche hinaus. In beiden Fällen wird das – einzelwissenschaftliche – Funktionieren der Naturerkenntnis in ihrer praktisch-immanenten Objektivität erkenntnistheoretisch unberührt gelassen, bei einer – ebenfalls erkenntnistheoretischen – Ablehnung einer jeden »Ontologisierung« ihrer Ergebnisse, einer jeden Anerkennung der Existenz von Gegenständen an sich, unabhängig vom erkennenden Bewußtsein; wobei es wieder vom Standpunkt unseres Problems gleichgültig ist, ob von einem real menschlichen oder von einem »Bewußtsein überhaupt« die Rede ist.

Die Philosophie des 19. Jahrhunderts ist von diesen Auffassungen beherrscht. Der kurze Anlauf zur Erneuerung des philosophischen Materialismus in der bürgerlichen Welt, vor allem unter dem Einfluß der bahnbrechenden Entdeckungen Darwins, die in bezug auf die Entstehung der Menschen ebenso einer neuen Ontologie zuschreiten, wie seinerzeit der Heliozentrismus, bleibt eine Episode, vor allem deshalb, weil die bürgerliche Philosophie nicht mehr die Universalität und den Schwung eines Hobbes oder Diderot aufbringen kann. (Den Marxismus werden wir in einem eigenen Kapitel behandeln.) Die herrschenden Richtungen der bürgerlichen Philosophie bleiben dem Bellarminschen Kompromiß treu, ja vertiefen ihn in der Richtung einer reinen, entschieden antiontologisch eingestellten Erkenntnistheorie; man denke daran, wie das Kantsche Ding an sich immer energischer von den Neukantianern aus der Erkenntnistheorie ausgeschieden wurde, denn nicht einmal eine prinzipiell unerkennbare ontologische Wirklichkeit durfte anerkannt werden.

Ebenso verblaßte aber in der zu rettenden religiösen Wirklichkeit der ontologische Gehalt. Schleiermacher war es, bei dem diese Tendenz ihre erste entscheidende und ein Jahrhundert lang einflußreichste Gestalt erhielt. Es kommt hier nicht darauf an, daß er später recht viel theologisches Wasser in den feurig-thermidorianischen Wein der »Reden über die Religion« goß; denn man darf nicht vergessen, daß ihr Verfasser auch der der »Vertrauten Briefe über Friedrich Schlegels Lucinde« war. In diesem ersten theologischen Manifest der neuen Richtung verwandelt sich die Religion in ein rein subjektives Gefühl, in das der schlechthinnigen Abhängigkeit des Menschen von – anonym gewordenen, subjektiv beliebig auffaßbaren und gestaltbaren – kosmischen Mächten. Schleiermacher leugnet leidenschaftlich, daß die Lehren einer wirklichen Religion irgendeiner Physik oder Psychologie widersprechen könnten. Das Wunder ist nichts anderes, als die Objektivation der Verwunderung einem Phänomen des Lebens gegenüber; je religiöser man sei, desto mehr Wunder sehe man überall. Auch die Offenbarung erhält eine rein subjektive Gestalt, die jede ursprüngliche und neue

Anschauung des Universums in sich begreifen kann. Damit wird, gerade vom Standpunkt dieser neuen, gereinigten Religiosität die Vielheit der Religionen als etwas Notwendiges und Unvermeidliches aufgefaßt, ja, nichts könne einen Menschen daran hindern, eine Religion seiner eigenen Natur und seinem Sinn gemäß auszubilden.[10] Diese radikale Vernichtung einer jeden dogmatisch verpflichtenden Ontologie auf dem Gebiet der Religion ist – objektiv historisch gesehen – nicht nur das prinzipielle Aufheben eines jeden möglichen Widerspruchs zwischen Religion und Wissenschaft oder Philosophie, sondern zugleich eine Aufhebung der Religion als objektiv verbindlichem Gebilde.

Das hat schon in den Anfängen seiner Jenaer Periode Hegel, der übrigens »Reden über die Religion« ironisch ablehnte, wahrscheinlich noch vor ihrer Kenntnisnahme klar erkannt. Er sah schon in der Annäherung der Religionen aneinander, die in unseren Tagen als ökumenische Bewegungen zu einer Zentralfrage der religiösen Welt geworden ist, eine solche Tendenz. »*Eine Partei ist* dann, wenn sie in sich zerfällt. So der Protestantismus, dessen Differenzen jetzt in Unionsversuchen zusammenfallen sollen; – ein Beweis, daß er nicht mehr ist. Denn im Zerfallen konstituiert sich die innere Differenz als Realität. Bei der Entstehung des Protestantismus hatten alle Schismen des Katholizismus aufgehört.«[11] Wie diese Entwicklung im 19. Jahrhundert vor sich ging, haben wir hier nicht zu untersuchen. Sicher ist, daß der Einfluß des späteren, viel gemäßigteren, viel theologischeren Schleiermachers bis zu Harnack und Troeltsch reicht. Dagegen wird sein ursprünglicher Radikalismus zur Zeit der Jahrhundertwende im Zusammenhang mit einem allgemeinen Neuaufkommen romantischer Gedanken von der Philosophie begeistert aufgenommen. Wenn z. B. Simmel schreibt: »Die Beziehung des pietätvollen Kindes zu seinen Eltern; des enthusiastischen Patrioten zu seinem Vaterland oder des ebenso gestimmten Kosmopoliten zur Menschheit; die Beziehung des Arbeiters zu seiner sich emporringenden Klasse oder des adelsstolzen Feudalen zu seinem Stand; die Beziehung des Unterworfenen zu seinem Beherrscher, unter dessen Suggestion er steht, oder des rechten Soldaten zu seiner Armee – alle diese Verhältnisse mit so

10 Schleiermacher: Über die Religion, ausgew. W. IV, Leipzig 1911, S. 280-281, 355, 360.

11 K. Rosenkranz: G. W. F. Hegel's Leben, Berlin 1844, S. 537-538.

unendlich mannigfaltigem Inhalt können doch, auf die Form ihrer psychischen Seite hin angesehen, einen gemeinsamen Ton haben, den man als religiös bezeichnen muß«,[12] so ist darin die geradlinige Fortsetzung der »Reden« unmittelbar evident. Die für die Zukunft wichtigste Nachwirkung der von den ontologischen Traditionen losgerissenen Religionsauffassung, die Kierkegaardsche kann hier nur erwähnt werden; ihre unmittelbare internationale Wirkung ist bei den Zeitgenossen eher gering, ihre nähere Einschätzung ist also erst für unser Jahrhundert ein wichtiges Problem geworden.

Für die »profane« Philosophie haben wir bereits die entscheidende Tendenz hervorgehoben: die ausschließliche Herrschaft der Erkenntnistheorie, die immer entschiedenere und raffiniertere Entfernung aller ontologischen Probleme aus dem Bereich der Philosophie. Die bereits erwähnte Einstellung der Neukantianer zu der Frage des Dinges an sich trifft sich an der Jahrhundertwende mit dem starken Aufkommen eines neu gearteten Positivismus. Es handelt sich dabei um eine internationale Bewegung. So sehr die Wirkung des Neukantianismus auch in den Philosophien außerhalb Deutschlands sichtbar ist, wird ihre Ubiquität vom Positivismus weit übertroffen. Für unser Problem ist dabei vor allem wichtig, daß die verschiedenen Richtungen dieser Tendenz (Empiriokritizismus, Pragmatismus etc.) den im Neukantianismus noch immer vorherrschenden objektiven Wahrheitswert der Erkenntnis, der sich freilich auch bei ihm nicht auf die an sich seiende Wirklichkeit bezieht, immer resoluter beiseite schieben und die Wahrheit durch praktisch-unmittelbare Zielsetzungen zu ersetzen versuchen. Den Ersatz der Wirklichkeitserkenntnis durch eine Manipulation der in der unmittelbaren Praxis unerläßlichen Objekte geht hier über den Neukantianismus hinaus, obwohl freilich das Denken einzelner Neukantianer – es genügt hier bloß Vaihinger zu erwähnen – spontan in dieser Richtung läuft. Ebenso evident sind die erkenntnistheoretischen Konvergenzen zwischen Bergson, der eine neue Metaphysik erstrebt, und dem Pragmatismus, zwischen der Erkenntnistheorie Nietzsches und dem zeitgenössischen Positivismus. Man kann also getrost, ohne Rücksicht auf die verschiedenen Nuancen, die oft heftige Kontroversen hervorrufen, von einer generellen Tendenz der Zeit sprechen, die letzten Endes die endgül-

12 G. Simmel: Die Religion, Frankfurt/M. 1906, S. 28-29.

tige Elimination aller objektiven Wahrheitskriterien erstrebt und sie durch Verfahren zu ersetzen versucht, die eine ungehinderte, richtig funktionierende Manipulation mit den praktisch wichtigen Tatsachen ermöglichen. Natürlich gibt es fortwährend auch Gegentendenzen, wir haben ja soeben auf Nietzsche und Bergson Bezug genommen, die mit dem Anspruch auftraten, eine Metaphysik zu begründen. Gerade in diesen Fällen wird es deutlich, wie intime Zusammenhänge die scheinbaren Extreme der gegenwärtigen Philosophie verbinden. Nietzsche und Bergson wollten und meinten eine neue Metaphysik begründen zu können, inmitten des modernen Relativismus die »letzten Tatsachen« der Wirklichkeit aufzuzeigen und damit – der Terminus ist ihnen fremd, aber das subjektiv Gemeinte doch dasselbe – zu einer neuen Ontologie zu gelangen. Diese bleibt aber, objektiv, in den Rahmen des erkenntnistheoretischen Positivismus eingeschlossen, und ist, objektiv, nichts weiter als ein pathetisches Aussprechen des extremen, aber inneren Gegenpols zum Positivismus: die Problematik jener durch die positivistische Manipulation abstrakt und heimatlos gemachten Subjektivität, die in der Wirklichkeit keinen Ort zum Selbstausdruck zu finden imstande ist, obwohl sie – gerade in ihrer Gegensätzlichkeit – untrennbar mit der manipulierten Welt verknüpft ist.

Damit ist zugleich der Zusammenhang des Positivismus mit der zeitgenössischen religiösen Welt aufgedeckt: im Positivismus findet die moderne Religiosität die Philosophie, die ihre Konzeption von Gott und Welt mit dem modernsten, wissenschaftlichsten Denken verbinden kann. Diese Zusammengehörigkeit bricht nicht nur dort durch, wo Duhem den Standpunkt Bellarmins wissenschaftlich korrekter findet als den Galileis, nicht nur im radikalen Konventionalismus Poincarés, nicht nur darin, daß aus dem Pragmatismus von James eine Theorie der modernen – antiontologischen, zu nichts verpflichtenden – Religion herauswächst, sondern auch darin, daß ein Teil der russischen Marxisten sich dem Positivismus von Avenarius und Mach zuwendet, ein so geistvoller Denker wie Lunatscharski alsbald zum »Gottsucher« wird.

Mit der Weltkrise, die der Ausbruch des Krieges von 1914 einleitet, erscheinen alle diese Probleme auf einer höheren Ebene; sie sind nicht mehr Ausdrucksformen von oft latent bleibenden ideologischen Gegensätzen, sondern offene Ausdrucksformen eines allgemein und dauernd krisenhaft gewordenen Weltzustandes.

2. Die ontologischen Grundlagen des menschlichen Denkens und Handelns[1]

I.

Die Schwierigkeit, wenigstens die allgemeinsten Prinzipien dieses Fragenkomplexes in einem Vortrag auch nur einigermaßen zu beleuchten, ist eine doppelte. Einerseits müßte man die heutige Problemlage kritisch überblicken, andererseits den prinzipiellen Aufbau einer neuen Ontologie, wenigstens in ihrer Grundstruktur ins Licht rücken. Um wenigstens die zweite, die sachlich ausschlaggebende Frage, einigermaßen bewältigen zu können, müssen wir auf eine, wenn auch noch so abgekürzte Darlegung der ersten verzichten. Jeder weiß, daß in den letzten Jahrzehnten, in radikaler Weiterbildung alter erkenntnistheoretischer Tendenzen, der Neopositivismus, mit seiner prinzipiellen Ablehnung einer jeden ontologischen Fragestellung als unwissenschaftlich, absolut herrschend war. Und zwar nicht nur im eigentlichen philosophischen Leben, sondern auch in der Welt der Praxis. Wenn einmal die theoretischen Leitmotive der politischen, militärischen und wirtschaftlichen Führung der Gegenwart ernsthaft analysiert werden, wird sich zeigen, daß sie – bewußt oder unbewußt – von neopositivistischen Denkmethoden bestimmt sind. Das hat ihre fast unbeschränkte Allmacht begründet; das wird, wenn einmal die Konfrontation mit der Wirklichkeit bis zur offenen Krise geführt hat, vom politisch-ökonomischen Leben bis zum Philosophieren im weitesten Sinne des Wortes große Umwälzungen herbeiführen. Da wir erst am Anfang dieses Prozesses stehen, möge diese Andeutung genügen.

Unser Vortrag wird sich auch nicht mit den ontologischen Bestrebungen der letzten Jahrzehnte beschäftigen. Wir beschränken uns auf die bloße Erklärung, daß wir sie für äußerst problematisch halten und verweisen nur auf die letzte Entwicklung eines so be-

1 Der Text war als Vortrag beim 14. Internationalen Kongreß für Philosophie vom 2.-9. September 1968 in Wien vorgesehen, an dem Lukács dann aber doch nicht teilnehmen konnte. Er ist ein Versuch, Grundgedanken der monumentalen Ontologie komprimiert darzustellen [Anm. d. Hg.].

kannten Initiators dieser Richtung wie Sartre, um die Problematik und ihre Richtung wenigstens anzudeuten.

Sie zeigt sich im Verhältnis zum Marxismus. Wir wissen sehr wohl, daß dieser philosophiehistorisch selten als Ontologie aufgefaßt wurde. Dieser Vortrag stellt sich dagegen die Aufgabe, aufzuzeigen, daß das philosophisch Entscheidende an der Tat von Marx war: den logisch-ontologischen Idealismus Hegels überwindend theoretisch wie praktisch die Umrisse einer materialistisch-historischen Ontologie aufzuzeichnen. Die vorbereitende Rolle Hegels beruht darauf, daß dieser in seiner Weise die Ontologie als eine Geschichte auffaßte, die – im Gegensatz zur religiösen Ontologie – von »unten«, vom Allereinfachsten, eine notwendige Entwicklungsgeschichte bis nach »oben«, bis zu den kompliziertesten Objektivationen der menschlichen Kultur, entwarf. Es ist natürlich, daß dabei der Akzent auf das gesellschaftliche Sein und dessen Produkte fiel, wie es gleichfalls charakteristisch für Hegel ist, daß der Mensch bei ihm als Schöpfer seiner selbst erscheint.

Die Marxsche Ontologie entfernt aus der Hegelschen alle logisch-deduktiven und entwicklungsgeschichtlich-teleologischen Elemente. Mit diesem materialistischen »auf die Füße stellen« muß auch die Synthese des Einfachen aus der Reihe der bewegenden Momente des Prozesses verschwinden. Bei Marx ist weder, wie bei den alten Materialisten, das Atom, noch wie bei Hegel, das abstrakte Sein schlechthin der Ausgangspunkt. Es gibt hier ontologisch keinen solchen. Alles Existierende muß immer gegenständlich sein, immer bewegender und bewegter Teil eines konkreten Komplexes. Das hat nun zwei grundlegende Folgen. Erstens ist das gesamte Sein ein Geschichtsprozeß, zweitens sind die Kategorien nicht Aussagen über etwas Seiendes oder Werdendes, auch nicht (ideale) Formungsprinzipien der Materie, sondern bewegende und bewegte Formen der Materie selbst: »Daseinsformen, Existenzbestimmungen«. Indem die radikale – auch radikal vom alten Materialismus abweichende – Position von Marx vielfach im alten Geiste interpretiert wurde, entstand die falsche Vorstellung, Marx unterschätzte die Bedeutung des Bewußtseins dem materiellen Sein gegenüber. Daß diese Anschauung falsch ist, wird später konkret beleuchtet. Hier kommt es nur darauf an, festzustellen, daß Marx das Bewußtsein als ein spätes Produkt der materiellen ontologischen Entwicklung auffaßte. Wenn das im Sinne des religiösen Schöpfergottes oder eines platonischen Idealismus interpretiert wird, kann fraglos ein solcher Anschein entstehen. Für eine materialistische Entwicklungsphilosophie dagegen muß das späte Produkt niemals ein an ontologischer Bedeutung minderwertiges sein. Daß das Bewußtsein die Wirklichkeit widerspiegelt und auf dieser Grundlage ihre modifizierende Bearbeitung möglich macht, bedeutet seinsmäßig eine reale Macht, nicht, wie von irrealen Überspannungsaspekten aus beurteilt, eine Schwäche.

II.

Hier können wir uns nur mit der Ontologie des gesellschaftlichen Seins beschäftigen. Wir können jedoch seine Eigenart unmöglich erfassen, wenn wir nicht zur Kenntnis nehmen, daß ein gesellschaftliches Sein nur auf der Basis eines organischen und ein solches nur auf der des anorganischen Seins entstehen und sich weiterentwickeln kann. Die vorbereitenden Formen des Übergangs aus einer Seinsart in die andere beginnt die Wissenschaft bereits aufzudecken. Dabei sind die prinzipiell wichtigsten Kategorien der komplizierteren Seinsformen im Gegensatz zu den einfacheren bereits ins Licht getreten: Reproduktion des Lebens im Gegensatz zum bloßen Anderswerden, aktive, die Umgebung bewußt verändernde Anpassung an sie, im Gegensatz zur bloß passiven. Es ist auch klar geworden, daß die einfachere Form des Seins, mag sie noch so viele Übergangskategorien hervorbringen, vom wirklichen Entstehen der komplizierteren Seinsform doch durch einen Sprung getrennt ist; diese ist etwas qualitativ Neues, dessen Genesis aus der einfacheren Form nie einfach »abgeleitet« werden kann.

Auf je einen solchen Sprung folgt der Ausbau der neuen Seinsform. Sosehr dabei stets etwas qualitativ Neues entsteht, scheint dieses Neue in vielen Fällen doch nichts weiter zu sein, als eine Abwandlung der Reaktionsweisen des fundierenden Seins in neue Wirkungskategorien, in jene, die das Neue am neuentstandenen Sein eigentlich ausmachen. Man denke daran, wie das Licht, das auf die Pflanzen noch in rein physisch-chemischer Weise wirkt (damit freilich schon hier spezifische Lebenseffekte auslösend), im Sehen höherer Tiere spezifisch biologische Reaktionsformen auf die Umgebung entwickelt. So nimmt der Reproduktionsprozeß in der organischen Natur immer seinem eigentlichen Wesen entsprechendere Formen auf, wird immer entschiedener ein Sein sui generis, obwohl das Begründetsein auf die ursprünglichen Seinsfundamente niemals aufgehoben werden kann. Ohne diesen Problemkomplex auch nur andeuten zu können, sei hier bemerkt, daß die Höherentwicklung des organischen Reproduktionsprozesses, das im eigentlichen Sinne immer reiner und ausgesprochener Biologischwerden, mit Hilfe der Sinneswahrnehmungen auch eine Art von Bewußtsein ausbildet, ein wichtiges Epiphänomenon als ein höheres Organ seines erfolgreichen Funktionierens.

Eine bestimmte Entwicklungshöhe der organischen Reproduktionsprozesse ist unerläßlich, damit die Arbeit als dynamisch-strukttive Grundlage einer neuen Seinsart entstehen könne. Auch hier müssen wir an den zahlreich vorhandenen Ansätzen zur Arbeit, die bloß Ansätze bleiben, vorbeigehen, auch an jenen Sackgassen, wo nicht nur eine Art von Arbeit, sondern auch ihre notwendige Entwicklungsfolge, die Arbeitsteilung, entstand (Bienen etc.), weil letztere, indem sie sich als eine biologische Differenzierung der Gattungsexemplare fixiert, kein Prinzip der Weiterentwicklung zu einem neuartigen Sein werden konnte, sondern eine entwicklungslose Stabilität blieb, eben eine Sackgasse in der Entwicklung.

Das Wesen der Arbeit besteht gerade darin, daß sie über dieses Gebanntsein der Lebewesen in die biologische Auseinandersetzung mit ihrer Umwelt hinausgeht. Nicht die Vollendung der Produkte bildet das wesentlich trennende Moment, sondern die Rolle des Bewußtseins, das gerade hier aufhört, ein bloßes Epiphänomenon der biologischen Reproduktion zu sein: das Produkt ist, sagt Marx, ein Resultat, das beim Beginn des Prozesses »schon in der Vorstellung des Arbeiters«, also schon ideell vorhanden war.

Es scheint vielleicht auffallend, daß gerade bei der materialistischen Abgrenzung des Seins der organischen Natur vom gesellschaftlichen Sein dem Bewußtsein eine derart ausschlaggebende Rolle zugeschrieben wird. Man darf aber dabei nicht vergessen, daß die hier auftauchenden Problemkomplexe (ihr höchster Typus ist der von Freiheit und Notwendigkeit) nur bei einer aktiven Rolle des Bewußtseins – gerade ontologisch – einen wahrhaften Sinn erhalten können. Wo das Bewußtsein keine wirksame Seinsmacht geworden ist, kann dieser Gegensatz überhaupt nicht auftreten. Dagegen muß überall, wo dem Bewußtsein objektiv eine derartige Rolle zukommt, die Lösung von diesen Gegensätzen beladen sein.

Man kann mit gutem Recht den arbeitenden Menschen, das durch die Arbeit zum Menschen gewordene Tier, als ein antwortendes Wesen bezeichnen. Denn es unterliegt keinem Zweifel, daß jede Arbeitstätigkeit als antwortgebende Lösung des sie auslösenden Bedürfnisses entsteht. Man würde jedoch am Wesen der Sache vorbeigehen, würde man hier ein unmittelbares Verhältnis voraussetzen. Der Mensch wird im Gegenteil gerade dadurch zu einem antwortenden Wesen, daß er mit der gesellschaftlichen Entwicklung parallel, in zunehmender Weise, seine Bedürfnisse, die Möglichkeiten ihrer Befriedigung, zu Fragen verallgemeinert und in seiner Antwort auf das sie auslösende Bedürfnis seine Tätigkeit durch derartige oft weitverzweigte Vermittlungen begründet und bereichert. So ist nicht nur die Antwort, sondern auch die Frage unmittelbar ein Produkt des die Tätigkeit leitenden Bewußtseins. Damit hört jedoch das Antworten nicht auf, das seinsmäßig Primäre in diesem bewegten Komplex zu sein. Das materielle Bedürfnis, als Motor des individuellen wie sozialen Reproduktionsprozesses, setzt erst den Arbeitskomplex wirklich in Bewegung und alle Vermittlungen sind seinsmäßig nur dazu da, um es zu befriedigen. Freilich mit Hilfe von Vermittlungsketten, die sowohl die die Gesellschaft umgebende Natur wie die in ihr tätigen Menschen, ihre Beziehungen etc. ununterbrochen umwandeln, indem sie in der Natur Kräfte, Relationen, Eigenschaften etc. praktisch wirksam werden lassen, die sonst unmöglich solche Wirkungen hätten auslösen können, indem der Mensch im Freisetzen und Beherrschen dieser Kräfte selbst eine Höherentwicklung seiner Fähigkeiten zustande bringt.

Mit der Arbeit ist also die Möglichkeit ihrer Höherentwicklung, die der sie ausübenden Menschen, ontologisch mitgegeben. Schon dadurch, aber vor allem infolge der Verwandlung der bloß reagierenden passiven Anpassung des Reproduktionsprozesses an die Umwelt, durch deren bewußte und aktive Umgestaltung, wird die Arbeit nicht bloß zum Faktum, in welchem die neue Eigenart des gesellschaftlichen Seins zum Ausdruck gelangt, sondern – gerade ontologisch – zum Modellfall der ganzen neuen Seinsform.

Je genauer wir ihr Funktionieren betrachten, desto deutlicher wird dieser Charakter. Die Arbeit besteht aus teleologischen Setzungen, die jeweils Kausalreihen in Gang setzen. Diese schlicht-konstatierende Feststellung eliminiert jahrtausendalte ontologische Vorurteile. Im Gegensatz zur Kausalität, die das spontane Gesetz darstellt, in dem alle Bewegungen sämtlicher Seinsformen ihren allgemeinen Ausdruck erhalten, ist Teleologie eine – stets von einem Bewußtsein vollzogene – Setzungsweise, die, sie in bestimmte Richtungen leitend, doch nur Kausalreihen in Bewegung setzen kann. Wenn also in früheren Philosophien die teleologische Setzung nicht als eine derartige Besonderheit des gesellschaftlichen Seins erkannt wurde, mußte einerseits ein tranzendentes Subjekt, andererseits eine besondere Beschaffenheit der teleologisch wirkenden Zusammenhänge ausgeklügelt werden, um Natur und Gesellschaft Entwicklungstendenzen teleologischer Art zusprechen zu können. Die Gedoppeltheit in diesem Tatbestand, daß in einer Gesellschaft, die wirklich gesellschaftlich geworden ist, zwar die Mehrzahl jener Aktivitäten, deren Totalität die Gesamtheit bewegt, teleologischen Ursprungs ist, ihre reale Existenz, gleichviel ob einzeln geblieben oder zusammengefaßt, aber doch aus Kausalzusammenhängen besteht, die nie und nirgends, in keiner Beziehung teleologischen Charakters sein können, ist hier der entscheidende Gesichtspunkt.

Jede gesellschaftliche Praxis, wenn wir die Arbeit als ihr Modell betrachten, vereinigt in sich diese Gegensätzlichkeit. Einerseits ist sie eine Alternativentscheidung, denn stets muß jeder Einzelmensch jedesmal, wenn er etwas tut, sich dazu oder zur Enthaltung davon entscheiden. Jede gesellschaftliche Tat entspringt also aus einer Alternativentscheidung über zukünftige teleologische Setzungen. Die gesellschaftliche Notwendigkeit kann sich nur in dem – oft anonymen – Druck auf die Individuen, ihre Alternativentscheidungen in einer bestimmten Richtung zu vollziehen, durchsetzen. Marx bezeichnet diese Lage richtig so, daß die Menschen »bei Strafe des Untergangs« von den Umständen in einer bestimmten Weise zu handeln gedrängt werden. Die Menschen müssen aber ihre Handlungen, letzten Endes, doch selbst vollziehen, auch wenn sie dabei oft gegen ihre Überzeugungen handeln.

Aus dieser unaufhebbaren Lage des in der Gesellschaft lebenden Menschen lassen sich – natürlich die komplizierteren in komplizierteren Situationen berücksichtigend – alle realen Probleme des Komplexes, den wir Freiheit zu nennen pflegen, ableiten. Ohne das Gebiet der Arbeit im eigentlichen Sinne zu überschreiten, können wir auf die Kategorien von Wert und Sollen hinweisen. Die Natur kennt weder das eine noch das andere. Die Wandlungen von Sosein ins Anderssein in der anorganischen Natur haben selbstredend nichts mit Werten zu tun. In der organischen Natur, wo der Reproduktionsprozeß seinsmäßig eine Anpassung an die Umgebung bedeutet, kann bereits von deren Gelingen oder Mißlingen gesprochen werden, aber auch dieser Gegensatz überschreitet – gerade seinsmäßig – nie die Grenzen des bloßen Andersseins. Ganz anders bereits in der Arbeit. Die Erkenntnis unterscheidet im Allgemeinen sehr deutlich das objektiv seiende Ansichsein der Gegenstände von ihrem bloß gedachten Fürunssein, das sie im Erkenntnisprozeß erhalten. Nun wird aber in der Arbeit das Fürunssein des Arbeitsprodukts zu seiner gegenständlichen real seienden Eigenschaft, gerade zu jener, durch welche es, wenn richtig gesetzt und verwirklicht, seine gesellschaftlichen Funktionen erfüllen kann. Dadurch wird es wertvoll (im Falle des Mißlingens: wertlos, wertwidrig). Das wirkliche Gegenständlichwerden des Fürunsseins ist es, wodurch allein Werte real entstehen können. Daß diese auf höheren Stufen der Gesellschaftlichkeit geistigere Formen aufnehmen, hebt die fundamentale Bedeutung dieser ontologischen Genesis nicht auf.

Ähnlich steht es um das Sollen. Das Sollen beinhaltet eine durch gesellschaftliche Zielsetzungen (und nicht nur bloß naturhafte oder spontan menschliche Neigungen) bestimmte Verhaltensweise des Menschen. Nun gehört aber zum Wesen der Arbeit, daß in ihr jede Bewegung, die sie vollziehenden Menschen, von im voraus bestimmten Zielen dirigiert werden müssen. Jede Bewegung ist also einem Sollen unterstellt. Auch hier ändert sich nichts seinsmäßig Ausschlaggebendes, wenn diese dynamische Struktur auf rein geistige Wirkungsgebiete übertragen wird. Es zeigen sich im Gegenteil die seinsmäßigen Verbindungsglieder, die vom Anfänglichen zu den späteren geistigeren Verhaltensweisen führen, in voller Klarheit, im Gegensatz zu den erkenntnistheoretisch-logischen Methoden, bei denen der Weg, der von den höheren Formen zu den anfänglichen führt, unsichtbar wird, ja wo diese vom Gesichtspunkt jener geradezu als Gegensätze erscheinen.

Wenn wir nun vom setzenden Subjekt einen Blick auf den Gesamtprozeß der Arbeit werfen, so zeigt sich sogleich, daß dieses zwar die teleologische Setzung bewußt vollzieht, jedoch niemals so, daß es imstande sein könnte, alle Bedingungen seiner eigenen

Tätigkeit geschweige denn alle ihre Folgen zu überblicken. Selbstverständlich hält das die Menschen vom Handeln nicht ab. Gibt es doch unzählige Lagen, in denen bei Strafe des Untergangs unbedingt gehandelt werden muß, trotz der Einsicht, daß man nur einen winzigen Teil der Umstände zu übersehen imstande ist. Aber auch in der Arbeit selbst weiß der Mensch oft, daß er nur einen kleinen Kreis ihrer Umstände beherrschen kann, daß er sie aber – da das Bedürfnis drängt und die Arbeit auch so dessen Befriedigung in Aussicht stellt – doch irgendwie zu vollziehen imstande ist. Diese unaufhebbare Lage hat zwei wichtige Konsequenzen. Erstens die innere Dialektik der ständigen Vervollkommnung der Arbeit, indem während ihres Vollzugs, infolge der Beobachtung ihrer Ergebnisse etc. der Umkreis der erkennbar gewordenen Bestimmungen ständig zunimmt und demzufolge die Arbeit selbst immer vielfältiger, immer größere Gebiete umfassend, extensiv wie intensiv immer höher geartet wird. Da aber dieser Prozeß der Vervollkommnung die Grundtatsache, die Unerkennbarkeit sämtlicher Umstände, nicht aufheben kann, erweckt – parallel mit ihrem Wachstum – diese Seinsweise der Arbeit auch das Erlebnis einer transzendenten Wirklichkeit, deren unbekannte Mächte der Mensch irgendwie zu seinen Gunsten zu wenden versucht. Es ist hier nicht der Ort, sich mit den verschiedenen Formen der magischen Praxis, des religiösen Glaubens etc., die aus dieser Lage herauswachsen, zu beschäftigen. Aber ganz unerwähnt durften sie auch nicht bleiben, obwohl sie selbstredend nur eine Quelle dieser ideologischen Formen bilden. Besonders weil die Arbeit nicht nur der objektiv-ontologische Modellfall einer jeden menschlichen Tätigkeit ist, sondern in den hier erwähnten Fällen auch das direkte Vorbild für die göttliche Schöpfung der Wirklichkeit, für jedes durch einen allwissenden Schöpfer teleologisch produzierte Gebilde.

Arbeit ist ein bewußtes Setzen, setzt also ein wenn auch nie vollkommen konkretes Wissen von bestimmtem Ziel und Mittel voraus. Da, wie gezeigt wurde, die Entwicklung, die Vervollkommnung, zu ihren ontologischen Wesenszeichen gehört, bildet sie sich, indem sie gesellschaftliche Gebilde höherer Ordnung ins Leben ruft. Die vielleicht wichtigste dieser Differenzierungen ist die zunehmende Verselbständigung der Vorarbeiten, die, immer relative, Loslösung der Erkenntnis von Ziel und Mittel in der konkreten Arbeit selbst. Mathematik, Geometrie, Physik, Chemie etc. waren ursprünglich Teile, Momente dieses Vorbereitungsprozesses der Arbeit. Allmählich erwuchsen sie zu selbständigen Erkenntnisgebieten, ohne diese ursprüngliche Funktion je vollständig verlieren zu können. Je universeller und selbständiger diese Wissenschaften werden, desto universeller und vollkommener wird auch die Arbeit; je mehr sie sich ausbreiten, intensivieren etc., desto größer wird der Einfluß der so entstandenen Erkenntnisse auf Zielsetzung und Mittel der Durchführung der Arbeit.

Eine derartige Differenzierung ist bereits eine relativ hoch ausgebildete Form der Arbeitsteilung. Diese selbst ist aber die elementarste Folge der Entwicklung der Arbeit selbst. Noch bevor sie zur vollen intensiven Entfaltung gelangt war, etwa in der Sammlerperiode, taucht diese Folgeerscheinung etwa bei der Jagd bereits auf. Das für uns ontologisch Bemerkenswerte ist dabei das Auftreten einer neuen Form der teleologischen Setzung: es soll nämlich dabei nicht ein Stück Natur den menschlichen Zielsetzungen entsprechend bearbeitet werden, sondern ein Mensch (oder mehrere) sollen dazu veranlaßt werden, teleologische Setzungen in einer vorbestimmten Weise zu vollziehen. Da eine bestimmte Arbeit, mag die sie charakterisierende Arbeitsteilung noch so differenziert sein, nur ein einheitliches Hauptziel haben kann, müssen Mittel gefunden werden, diese Einheitlichkeit der Zielsetzung in der Vorbereitung und Durchführung der Arbeit zu garantieren. Darum müssen diese neuen teleologischen Setzungen simultan mit der Arbeitsteilung in Wirksamkeit treten und sie bleiben auch weiter ein unentbehrliches Mittel in jeder arbeitsteiligen Arbeit. Mit höherer gesellschaftlicher Differenzierung, mit der Entstehung von Gesellschaftsklassen mit antagonistischen Interessen, wird diese Art der teleologischen Setzungen die geistige-struktive Grundlage dessen, was der Marxismus Ideologie nennt. In den Konflikten nämlich, die die Widersprüche der entwickelteren Produktionen aufwerfen, ergibt die Ideologie die Formen, in denen die Menschen sich dieser Konflikte bewußt werden und sie ausfechten.

Solche Konflikte durchdringen das gesamte gesellschaftliche Leben immer stärker. Von privaten und unmittelbar privat gelösten Gegensätzen in der Einzelarbeit und im Alltagsleben reichen sie bis zu jenen gewichtigen Problemkomplexen hinauf, die die Menschheit bis jetzt in ihren großen gesellschaftlichen Umwälzungen auszufechten bestrebt war. Der fundamentalste Strukturtypus zeigt aber überall wesentlich gemeinsame Züge: so wie für die Arbeit selbst das reale Wissen über die in Betracht kommenden Naturprozesse unvermeidlich war, um eben den Stoffwechsel der Gesellschaft mit der Natur erfolgreich abzuwickeln, so ist hier ein gewisses Wissen über die Beschaffenheit der Menschen, ihrer persönlichen und gesellschaftlichen Beziehungen zueinander unerläßlich, um sie zu veranlassen, die erwünschten teleologischen Setzungen zu vollziehen. Wie aus solchen lebensnotwendig entstandenen Erkenntnissen, die anfangs die Formen von Sitte, Tradition, Gewohnheit, auch von Mythen aufnehmen, später rationalisierte Verfahrensweisen, ja Wissenschaften erwachsen sind, ist, nach Fontanes Worten, ein weites Feld. Es kann deshalb in einem Vortrag unmöglich behandelt werden. Wir können nur darauf hinweisen, daß die den Stoffwechsel mit der Natur beeinflussenden Erkenntnisse von den teleologischen Setzungen, die zu fundieren sie entstanden sind, leichter ablösbar sein müssen, als jene, die auf das Beeinflussen von Menschen und Menschengruppen gerichtet sind. Hier ist die Beziehung zwischen Zweck und erkenntnismäßiger Begründung viel intimer. Diese Feststellung soll aber keineswegs zu einer erkenntnistheoretischen Überspannung von Einheitlichkeit oder absoluter Differenz führen. Es sind ontologische Gemeinsamkeiten und Unterschiede gleichzeitig vorhanden, die nur in einer konkreten gesellschaftlich-geschichtlichen Dialektik ihre Lösung finden können.

Hier konnte bloß auf das gesellschaftlich-ontologische Fundament hingewiesen werden. Jedes gesellschaftliche Geschehen entspringt aus teleologischen Einzelsetzungen, ist aber selbst rein kausalen Charakters. Die teleologische Genesis hat naturgemäß wichtige Konsequenzen für alle gesellschaftlichen Prozesse. Einerseits können Gegenstände mit all ihren Folgen entstehen, die die Natur selbst nie hätte produzieren können; man denke, um auch diesen Tatbestand auf primitiver Stufe aufzuzeigen, etwa an das Rad. Andererseits entwickelt sich jede Gesellschaft dahin, daß die Notwendigkeit aufhört, mechanisch-spontan zu wirken, ihre typische Erscheinungsweise wird immer stärker, die Menschen zu bestimmten teleologischen Entscheidungen je nach dem zu veranlassen, zu drängen, zu pressen etc. oder von ihnen abzuhalten.

Der Gesamtprozeß der Gesellschaft ist ein kausaler, der seine eigenen Gesetzlichkeiten hat, nie aber ein objektives Gerichtetsein auf Ziele. Auch wo es Menschen oder Menschengruppen gelingt, ihre Zielsetzungen zu verwirklichen, bringen die Ergebnisse der Regel nach etwas vom Gewollten durchaus Verschiedenes hervor. (Man denke daran, daß die Entwicklung der Produktivkräfte in der Antike die Grundlagen der Gesellschaft zersetzte, daß sie in einem bestimmten Stadium des Kapitalismus periodisch wiederkehrende Wirtschaftskrisen hervorrief usw. usw.) Diese innere Diskrepanz zwischen den teleologischen Setzungen und ihren kausalen Folgen steigert sich mit dem Wachstum der Gesellschaften, mit der Intensivierung des gesellschaftlich-menschlichen Anteils an ihnen. Natürlich muß auch dies in seiner konkreten Widersprüchlichkeit verstanden werden. Bestimmte große ökonomische Ereignisse (man denke etwa an die Krise von 1929) können mit dem Schein einer unwiderstehlichen Naturkatastrophe auftreten. Die Geschichte zeigt aber, daß gerade in den größten Umwälzungen, man denke an die großen Revolutionen, die Rolle dessen, was Lenin den subjektiven Faktor zu nennen pflegte, gerade sehr bedeutend war. Die Verschiedenheit der Zielsetzungen und ihrer Folgen äußert sich allerdings als faktisches Übergewicht der materiellen Elemente und Tendenzen im Reproduktionsprozeß der Gesellschaft. Das bedeutet jedoch nie, daß dieser sich stets zwangsläufig, keine Widerstände duldend, durchsetzen könnte. Der subjektive Faktor, entsprungen aus der menschlichen Reaktion auf solche Bewegungstendenzen, bleibt auf vielen Gebieten ständig ein zuweilen modifizierender, zuweilen sogar ausschlaggebender Faktor.

III.

Wir haben zu zeigen versucht, wie die entscheidenden Kategorien und ihre Zusammenhänge im gesellschaftlichen Sein bereits in der Arbeit gegeben sind. Der Umfang dieses Vortrags gestattet nicht, den stufenweisen Aufstieg von der Arbeit bis zur Totalität der Gesellschaft, auch nur andeutend zu verfolgen. (Wir können z. B. auf so wichtige Übergänge wie vom Gebrauchswert zum Tauschwert, wie von diesem zum Geld etc. gar nicht eingehen.) Meine Hörer müssen mir also gestatten – um die Bedeutung der bisher skizzierten Ontologien schon für die Gesamtgesellschaft, ihre Entwicklung, deren Perspektiven wenigstens andeutend aufzuzeigen –, sachlich höchst bedeutende Vermittlungsgebiete einfach zu überspringen, um wenigstens den allerallgemeinsten Zusammenhang dieses genetischen Anfangs von Gesellschaft und Geschichte mit ihrer Entwicklung selbst etwas deutlicher ins Licht treten zu lassen.

Vor allem kommt es darauf an, zu sehen, worin jene ökonomische Notwendigkeit besteht, die Freunde und Feinde von Marx am Gesamtbild seines Werks mit so wenig Verständnis zu lobpreisen oder verächtlich zu machen pflegen. Gleich eingangs soll die Selbstverständlichkeit, daß es sich nicht um einen naturhaft notwendigen Prozeß handelt, betont werden, obwohl Marx selbst, mit dem Idealismus polemisierend, zuweilen solche Ausdrücke gebraucht. Auf den fundamentalen ontologischen Grund – Kausalität, in Gang gebracht durch teleologische Alternativentscheidungen – haben wir ja bereits nachdrücklich hingewiesen. Das hat zur Folge, daß unsere positiven Erkenntnisse darüber im konkret Wesentlichen einen post-festum-Charakter haben müssen. Es werden natürlich generelle Tendenzen sichtbar, diese setzen sich aber konkret derart ungleichmäßig durch, daß wir zumeist nur ein nachträgliches Wissen über ihre konkrete Beschaffenheit erlangen können: die Verwirklichungsweisen der differenzierteren, komplexeren gesellschaftlichen Gebilde zeigen in den meisten Fällen erst deutlich, wohin die Entwicklungsrichtung einer Übergangsperiode wirklich ging. Genau lassen sich solche Tendenzen also erst nachträglich erfassen; die inzwischen gebildeten und für die Entfaltung der Tendenzen selbst keineswegs ganz gleichgültigen gesellschaftlichen Einsichten, Bestrebungen, Voraussichten etc. erhalten ebenfalls erst nachträglich ihre Bestätigung, bzw. Widerlegung.

In der bisherigen ökonomischen Entwicklung können wir drei solche Entwicklungsrichtungen wahrnehmen, die sich, freilich oft sehr ungleichmäßig, aber doch unabhängig vom Wollen und Wissen, die den teleologischen Setzungen zugrunde lagen, offenkundig durchgesetzt haben.

Erstens vermindert sich die zur Reproduktion der Menschen gesellschaftliche notwendige Arbeitszeit tendenziell stetig. Diese Tatsache wird heute als Generaltendenz niemand mehr bestreiten.

Zweitens ist dieser Reproduktionsprozeß selbst immer stärker gesellschaftlich geworden. Wenn Marx von einem ständigen »Zurückweichen der Naturschranke« spricht, so meint er einerseits, daß das Basiertsein des menschlichen (und daher des gesellschaftlichen) Lebens auf Naturprozesse nie ganz aufhören kann, andererseits, daß der quantitative wie qualitative Anteil des bloß Naturhaften, sowohl in der Produktion wie in den Produkten stets abnimmt, daß alle entscheidenden Momente der menschlichen Reproduktion – man denke an derart naturhafte wie Ernährung oder Geschlechtlichkeit – immer mehr gesellschaftliche Momente in sich aufnehmen, von ihnen ständig und wesentlich transformiert werden.

Drittens schafft die ökonomische Entwicklung ebenfalls immer entschiedenere quantitative wie qualitative Verbindungen zwischen den einzelnen, ursprünglich ganz kleinen, selbständigen Gesellschaften, aus denen das Menschengeschlecht anfangs objektiv real bestand. Die sich heute immer stärker realisierende ökonomische Vorherrschaft des Weltmarkts zeigt bereits eine – wenigstens allgemein ökonomisch – vereinheitlichte Menschheit. Das Vereinigtsein besteht allerdings nur als ein Sein und Wirksamwerden von realen ökonomischen Einheitsprinzipien. Es verwirklicht sich konkret in einer Welt, in der diese Integration für das Leben der Menschen und Völker die schwierigsten, zugespitztesten Konflikte aufwirft (Negerfrage[2] in den USA).

Es handelt sich in allen diesen Fällen um entscheidend wichtige Tendenzen der äußeren wie inneren Umgestaltung des gesellschaftlichen Seins, durch welche dieses seine eigentliche Gestalt erhält, daß nämlich der Mensch aus einem Naturwesen zur menschlichen Persönlichkeit, aus einer relativ hochentwickelten Tiergattung zum Menschengeschlecht, zur Menschheit geworden ist. All dies ist das Produkt der im Komplex der Gesellschaft entstehenden Kausalreihen. Der Prozeß selbst hat kein Ziel. Seine Höherentwicklung beinhaltet deshalb das Wirksamwerden immer höher gearteter, immer fundamentalerer Widersprüchlichkeiten. Der Fortschritt ist zwar eine Zusammenfassung menschlicher Tätigkeiten, aber nie ihre Vollendung im Sinne irgendwelcher Teleologie: darum werden von dieser Entwicklung primitive, noch so schöne, aber ökonomisch bornierte Vollendungen immer wieder zerstört; darum erscheint der objektiv ökonomische Fortschritt stets in der Form neuer gesellschaftlicher Konflikte. So entstehen aus der ursprünglichen Gemeinschaft der Menschen die unlösbar scheinenden Antinomien

2 Zur Verwendung des Wortes »Neger« vgl. Anmerkung 3 auf S. 376 [Anm. d. Hg.].

der Klassengegensätze; darum sind auch die ärgsten Formen der Unmenschlichkeit Ergebnisse eines solchen Fortschritts. So ist in den Anfängen die Sklaverei ein Fortschritt dem Kannibalismus gegenüber; so ist heute die Allgemeinheit der Entfremdung der Menschen ein Symptom dafür, daß die ökonomische Entwicklung das Verhältnis des Menschen zur Arbeit zu revolutionieren im Begriffe ist.

Einzelheit ist bereits eine Naturkategorie des Seins und Gattung ist es gleichfalls. Diese beiden Pole des organischen Seins können ihre Selbsterhöhung zur menschlichen Persönlichkeit und zur Menschengattung im gesellschaftlichen Sein nur simultan, nur im Prozeß des immer Gesellschaftlicherwerdens der Gesellschaft erhalten. Der Materialismus vor Marx kam hier nicht einmal bis zur Fragestellung. Für Feuerbach gibt es, nach dem kritischen Vorwurf von Marx, nur das isolierte menschliche Individuum auf der einen und eine stumme, die vielen Einzelnen nur naturhaft verbindende Gattung auf der anderen Seite. Die Aufgabe einer historisch gewordenen materialistischen Ontologie ist es dagegen, die Genesis, das Wachstum, die Widersprüche innerhalb der einheitlichen Entwicklung aufzudecken; zu zeigen, daß der Mensch, als Produzent und zugleich als Produkt der Gesellschaft, im Menschsein etwas Höheres verwirklicht, als bloß einzelnes Exemplar einer abstrakten Gattung zu sein, daß Gattung auf diesem Seinsniveau, auf dem des entwickelten gesellschaftlichen Seins, keine bloße Verallgemeinerung mehr ist, deren Exemplare ihr »stumm« zugeordnet bleiben, daß sie sich vielmehr zu einer immer deutlicher artikulierenden Stimme erheben, zur seiend-gesellschaftlichen Synthese der Individualitäten gewordenen Einzelnen mit der in ihnen selbstbewußt gewordenen Menschengattung.

IV.

Als Theoretiker dieses Seins und Werdens zieht Marx alle Folgerungen aus der historischen Entwicklung. Er stellt fest, daß die Menschen mittels der Arbeit sich selbst zu Menschen machten, daß aber die bisherige Geschichte doch nur eine Vorgeschichte der Menschheit ist. Die echte Geschichte kann erst mit dem Kommunismus als mit dem höheren Stadium des Sozialismus beginnen. Der Kommunismus ist also bei Marx keine utopisch-gedankliche Vorwegnahme eines zu erreichenden Zustands der erdachten Vollendung, sondern im Gegenteil der reale Beginn der Entfaltung jener echt menschlichen Kräfte, die die bisherige Entwicklung als wichtige Errungenschaften der Menschwerdung hervorgebracht, reproduziert, widerspruchsvoll höherentwickelt hat. All dies ist die Tat der Menschen selbst, das Ergebnis ihrer eigenen Tätigkeit.

»Die Menschen machen ihre Geschichte selbst«, sagt Marx, »aber nicht unter selbstgewählten Umständen.« Das bedeutet dasselbe, was wir früher so formuliert haben, daß der Mensch ein antwortendes Wesen ist. Es spricht sich hier die dem gesellschaftlichen Sein widerspruchsvoll-untrennbar innewohnende Einheit von Freiheit und Notwendigkeit aus, die bereits in der Arbeit als untrennbar widersprüchliche Einheit der teleologischen Alternativentscheidungen mit den unaufhebbar kausal-zwangsläufigen Voraussetzungen und Folgen wirksam war. Eine Einheit, die sich auf allen gesellschaftlich-persönlichen Ebenen der menschlichen Aktivität in immer neuen, immer verwickelteren und vermittelteren Formen stets neu reproduziert.

Darum spricht Marx von der Periode des Anfangs der echten Menschheitsgeschichte als von einem »Reich der Freiheit«, das aber »nur auf jenem Reich der Notwendigkeit« (der ökonomisch-sozialen Reproduktion der Menschheit, der objektiven Entwicklungstendenzen, auf die wir früher hingewiesen haben) »als seiner Basis aufblühen kann«.

Gerade diese Gebundenheit des Reichs der Freiheit an seine gesellschaftlich-materielle Basis, an das ökonomische Reich der Notwendigkeit zeigt die Freiheit des Menschengeschlechts als Ergebnis seiner eigenen Tätigkeit auf. Freiheit, auch ihre Möglichkeit, ist weder etwas Naturgegebenes, noch ein Geschenk von »oben«, auch kein Bestandteil – rätselhaften Ursprungs – des menschlichen Wesens. Es ist das Produkt der menschlichen Tätigkeit selbst, die zwar konkret stets anderes erzielt, als sie gewollt hat, jedoch in ihren realen Folgen – objektiv – den Spielraum der Freiheitsmöglichkeit doch ständig ausdehnt. Und zwar unmittelbar im ökonomischen Entwicklungsprozeß, indem sie einerseits Zahl, Tragweite etc. der menschlichen Alternativentscheidungen ausdehnt, andererseits die Fähigkeiten der Menschen durch Steigerung der ihnen von ihrer Tätigkeit her gestellten Aufgaben ebenfalls erhöht. Das liegt natürlich noch alles im »Reich der Notwendigkeit«.

Die Entwicklung des Arbeitsprozesses, des Tätigkeitsfeldes, hat aber auch andere, indirektere Folgen: vor allem die Entstehung und Entfaltung der menschlichen Persönlichkeit. Diese hat die Fähigkeitssteigerungen zur unvermeidlichen Basis, ist aber keineswegs deren einfache, geradlinige Fortführung. Ja, in der bisherigen Entwicklung besteht zwischen ihnen oft sogar vorherrschend ein Verhältnis der Gegensätzlichkeit. Dieses ist auf den verschiedenen Etappen der Entwicklung verschieden, verschärft sich jedoch mit ihrer Höhe. Heute scheint die sich immer stärker differenzierende Fähigkeitsentwicklung geradezu als Hindernis des Persönlichkeitswerdens zu wirken, als Vehikel zur Entfremdung der menschlichen Persönlichkeit.

Schon mit der primitivsten Arbeit hört die Gattungsmäßigkeit der Menschen auf, stumm zu sein. Sie erreicht aber zunächst und unmittelbar bloß ein Ansichsein: das tätige Bewußtsein über den jeweils vorhandenen, ökonomisch fundierten gesellschaftlichen Zusammenhang. So groß die Fortschritte der Gesellschaftlichkeit auch geworden sind, so weit sich ihr Horizont auch ausgedehnt hat, das generelle Bewußtsein des Menschengeschlechts hat diese Partikularität des jeweils gegebenen Standes für Mensch und Gattung noch nicht überschritten.

Dennoch verschwand auch die höhere Gattungsmäßigkeit niemals völlig von der Tagesordnung der Geschichte. Marx bestimmt das Reich der Freiheit als eine »menschliche Kraftentwicklung, die sich als Selbstzweck gilt«, die also für Einzelmensch wie Gesellschaft gehaltvoll genug ist, um als Selbstzweck zu gelten. Es ist vorerst klar, daß eine solche Gattungsmäßigkeit eine bis jetzt noch bei weitem nicht erreichte Höhe des Reichs der Notwendigkeit voraussetzt. Erst wenn die Arbeit wirklich völlig von der Menschheit beherrscht wird, erst wenn ihr deshalb bereits die Möglichkeit innewohnt, »nicht nur Mittel zum Leben« zu sein, sondern »erstes Lebensbedürfnis«, erst wenn die Menschheit jeden Zwangscharakter der eigenen Selbstreproduktion überholt hat, ist der gesellschaftliche Weg für menschliche Tätigkeit als Selbstzweck freigelegt.

Freilegen heißt: die notwendigen materiellen Bedingungen herbeizuschaffen; einen Möglichkeitsspielraum für die freie Selbstbetätigung. Beide sind Produkte der menschlichen Tätigkeit. Die erste aber die einer notwendigen Entwicklung, die zweite des richtigen, menschenwürdigen Gebrauchs des notwendig Hervorgebrachten.

Die Freiheit selbst kann nicht bloß ein notwendiges Produkt einer zwangsläufigen Entwicklung sein, auch wenn alle Voraussetzungen ihrer Entfaltung erst in dieser die Möglichkeiten ihres Seiendwerdens erhalten.

Darum handelt es sich hier nicht um eine Utopie. Denn erstens sind sämtliche realen Möglichkeiten ihrer Verwirklichung von einem notwendigen Prozeß hervorgebracht. Nicht umsonst wurde ein so großes Gewicht auf das Freiheitsmoment in den Alternativentscheidungen bereits der anfänglichsten Arbeit gelegt. Der Mensch muß seine Freiheit durch eigene Tat erwerben. Er kann es aber nur tun, weil jede seiner Tätigkeiten bereits ein Moment der Freiheit als notwendigen Bestandteil mitenthielt.

Es handelt sich jedoch um weitaus mehr. Wenn dieses Moment nicht im Laufe der ganzen Menschheitsgeschichte ununterbrochen auftritt, wenn es nicht eine fortlaufende Kontinuität in ihr bewahren würde, könnte es natürlich auch bei der großen Wendung nicht die Rolle des subjektiven Faktors spielen. Die widerspruchsvolle Ungleichmäßigkeit der Entwicklung selbst hat aber stets solche Folgen gehabt. Schon der rein kausale Charakter der Folgen der teleologischen Setzungen läßt jeden Fortschritt als Einheit in der Gegensätzlichkeit von Fortschritt und Rückschritt in die Welt treten. Mit den Ideologien wird dies nicht nur zur Bewußtheit (oft zu einer falschen Bewußtheit) erhoben und den jeweils gegensätzlichen gesellschaftlichen Interessen entsprechend ausgefochten, sondern immer wieder auch auf die Gesellschaften als lebendige Totalitäten, auf die Menschen als ihren wahren Weg suchende Persönlichkeiten bezogen. In bedeutenden Einzeläußerungen kommt also das – bisher immer fragmentarische – Bild einer Welt der menschlichen Tätigkeiten, die wert ist, als Selbstzweck zu gelten, immer wieder zum Ausdruck. Ja, es ist bemerkenswert, daß, während die meisten in ihrer Zeit epochemachenden praktischen Neuordnungen spurlos aus dem Gedächtnis der Menschheit verschwinden, diese praktisch notwendig vergeblichen, oft zum tragischen Untergang verurteilten Ansätze vielfach unausrottbar in der Erinnerung der Menschheit lebendig erhalten bleiben.

Das Bewußtsein des besten Teils der Menschen, die im Prozeß des echten Menschwerdens einen Schritt weiter zu gehen imstande sind, als die meisten ihrer Zeitgenossen, gibt bei aller praktischen Problematik ihren Äußerungen eine solche Dauer. Es kommt in ihnen eine Verbundenheit von Persönlichkeit und Gesellschaft zum Ausdruck, die gerade auf diese vollentwickelte Gattungsmäßigkeit des Menschen intentioniert. Durch ihre Bereitschaft, in den Krisen der normal erreichten Möglichkeiten der Gattung ein inneres Weitergehen in Angriff zu nehmen, helfen sie, bei dem materiellen Erfülltsein der Möglichkeiten einer Gattungsmäßigkeit für sich, diese real herbeizuführen.

Die meisten Ideologien standen und stehen im Dienst der Erhaltung und Entwicklung der Gattungsmäßigkeit an sich. Sie sind deshalb stets aufs Konkret-Aktuelle ausgerichtet, mit gewollt verschiedenen Arten des aktuellen Ausfechtens ausgerüstet. Nur die große Philosophie und die große Kunst (sowie die beispielgebenden Verhaltensweisen einzelner handelnder Menschen) wirken in dieser Richtung, werden ohne Zwang im Gedächtnis der Menschheit aufbewahrt, akkumulieren sich als Bedingungen einer Bereitschaft: die Menschen für ein Reich der Freiheit innerlich vorzubereiten. Es handelt sich dabei vor allem um ein gesellschaftlich-menschliches Ablehnen jener Tendenzen, die dieses Menschwerden des Menschen gefährden. Der junge Marx hat z. B. in der Herrschaft der Kategorie des »Habens« eine solche zentrale Gefahr erkannt. Nicht zufällig gipfelt der menschliche Befreiungskampf bei ihm in der Perspektive, daß die menschlichen Sinne zu Theoretikern werden sollen. Es ist also sicher kein Zufall, daß neben den großen Philosophen Shakespeare und die griechischen Tragiker eine so große Rolle in der geistigen Formation und in der Lebensführung von Marx spielten. (Auch die Einschätzung der Appassionata bei Lenin ist keine zufällige Episode.) In ihnen kommt zum Ausdruck, daß die Klassiker des Marxismus, im Gegensatz zu ihren auf exaktes Manipulieren eingestellten Epigonen, die besondere Art der Verwirklichbarkeit des Reichs der Freiheit nie aus den Augen verloren haben. Freilich wußten sie ebenso klar die unentbehrlich fundierende Rolle des Reichs der Notwendigkeit einzuschätzen.

Heute, bei einem Erneuerungsversuch der Marxschen Ontologie, muß beides festgehalten werden: die Priorität des Materiellen im Wesen, in der Beschaffenheit des gesellschaftlichen Seins, aber zugleich damit die Einsicht, daß eine materialistische Auffassung der Wirklichkeit nichts mit der heute üblichen Kapitulation vor objektiven wie subjektiven Partikularitäten gemein hat.

3. Marx und Goethe[1]

Sehr verehrte Damen und Herren!

Wenn ich hier spreche, so ist das erste, was sich mir aufdrängt: die für mich, meine Arbeit und mein Verhältnis zur Welt zentral wichtige Beziehung zu Goethe, seinem Werk, zu seiner Lebensführung und Weltanschauung. Die Auszeichnung mit dem Goethepreis hat deshalb für mich ein vielfaches Gewicht. Ich will versuchen, den Dank für diese hohe Ehre einigermaßen angemessen auszudrücken. Bitte verstehen Sie, daß ich autobiographisch, mit Erinnerungen an meine längst vergangene Jugend beginne. Mein erster ernstzunehmender Essay aus dem Jahre 1907 behandelte zwar unmittelbar Novalis;[2] da jedoch dessen Lebensphilosophie den zentralen Gehalt dieses Aufsatzes ausmacht, ist darin – man kann sogar sagen: hauptsächlich – bereits von Goethe als einem Maß des Menschseins in diesen Zeiten die Rede. Und ich kann ruhig sagen, daß meine Auseinandersetzung mit Goethes Lebensführung und Weltgestaltung auch später in meinem Denken und in meiner Arbeit diese Bedeutung nie verloren hat. Es genügt, auf mein nächstes Buch, »Die Theorie des Romans«[3] hinzuweisen, um diesen Zusammenhang zu belegen.

Ich fühle mich also zur Annahme der hohen Auszeichnung insofern literarisch-moralisch berechtigt, als die intensive Beschäftigung mit Goethes Lebenswerk bis heute meine Auseinandersetzung mit der gesellschaftlichen Wirklichkeit in Gegenwart, Vergangenheit und Zukunft bestimmt.

Freilich sind in dieser langen Zeitspanne eines an geistigen

1 Lukács' Rede zur Verleihung des Goethe-Preises der Stadt Frankfurt am 28. August 1970 wurde von Alfred Schmidt verlesen, weil Lukács aus gesundheitlichen Gründen nicht an dem Festakt teilnehmen konnte. Die Laudatio hielt Iring Fetscher, die Ehrung war umstritten; Günter Zehms Leitartikel in der *Welt* vom 29. August 1970 lautete: »Goethe – als Knüppel mißbraucht« [Anm. d. Hg.].

2 Zuerst ungarisch in *Nyugat*, Bd. 1, 1908, S, 313 ff. Aufgenommen in *Die Seele und die Formen*, Berlin 1911, S. 91 ff.

3 Zuerst Berlin 1920, vgl. vor allem die Erörterung von Goethes *Wilhelm Meisters Lehrjahre* als Versuch einer Synthese, GLW, Bd. 1/1, S. 594-602 [Anm. d. Hg.].

Krisen reichen gesellschaftlichen Übergangs auch bei mir grundlegende Wandlungen in der Stellungnahme zu Zeit und Welt eingetreten. Vor allem bin ich vor mehr als einem halben Jahrhundert Marxist geworden. Das provoziert die Frage, wie sich ein Marxist zu Goethes Lebenswerk verhält.

Ich will mich hier nicht auf philologische Fragen einlassen. Wer sich dafür interessiert, mag in den Memoiren des Marx-Schwiegersohnes Lafargue[4] und des vielfach problematischen Marx-Schülers Wilhelm Liebknecht[5] nachschlagen. Er wird dort finden, daß die permanente Beschäftigung mit Goethe für Marx ein wichtiges Moment seines geistigen Lebens war.

Werden, was philologisch zumeist geschieht, in der Unmittelbarkeit wirksame Motive in den Vordergrund gestellt, so ist es leicht, Goethe als einseitigen Verherrlicher sogenannter ›organischer‹ Entwicklungen, Marx als dem Revolutionär ›um jeden Preis‹ allen Übergang ausschließend gegenüberzustellen. Es erweist sich allerdings, daß eine solche Interpretation mehr für die – lange Zeit einflußreiche – Interpretation Goethes durch Börne, als auf Goethes welthistorische Gesamtphysiognomie zutrifft. (Daran ändert sich auch dadurch nichts, daß ein so bedeutender Mann wie der ungarische Nationaldichter Petöfi dieser einseitig verfälschenden Interpretation anhing.)

Bei so großen Kontrasten kann der wesentliche Gehalt leicht bis zum Verschwinden verblassen, ohne daß er wirklich verborgen wäre. In der zum Selbstbewußtsein erwachenden geistigen Vorhut des deutschen Volkes ist – bereits vor Goethe – die Tendenz vorhanden, aus den geistigen Kämpfen der Aufklärung und der großen Revolution das hervorzuheben, was später – nicht immer angemessen bewußt – als neue Etappe der menschlichen Gattungsmäßigkeit hervortrat.

Es bleibt das unsterbliche Verdienst der französischen Entwicklung, daß sie, gerade indem sie eine wirkliche Revolution ideologisch vorbereitete und später durchzuführen half, immer wieder mit scharfer Selbstkritik auch die neue Problematik der damals noch im Entstehen begriffenen, immer reiner hervortretenden Gattungsmäßigkeit entlarvte. Es genügt, an die Rameau-

4 »Karl Marx – Persönliche Erinnerungen von Paul Lafargue«, in: Paul Lafargue, *Das Recht auf Faulheit*, Frankfurt/M. 1966, S. 55 ff.

5 Wilhelm Liebknecht, *Karl Marx zum Gedächtnis*, Nürnberg 1896.

Dialoge Diderots[6] zu erinnern, die Goethe nicht zufällig schon aus dem Manuskript übersetzt hat und die ebensowenig zufällig das einzige belletristische Werk sind, mit dem Hegel sich in der »Phänomenologie«[7] gründlich auseinanderzusetzen gezwungen sah. Es soll aber in diesem Zusammenhang auch nicht vergessen werden, daß Lessing seinen ›Nathan‹ – ohne Diderots Werk zu kennen – darauf ausgerichtet hat, für die tiefe negative Dialektik dieser Entwicklungsetappe eine positive Lösung anzubieten, freilich nicht auf dem Boden unmittelbarer Aktualität, wohl aber auf dem der Weltgeschichte der Menschengattung.

Das tief in der ›deutschen Misere‹ versunkene deutsche Volk war zwar außerstande, als politische, aktuell mobilisierende geistige Kraft der Aufklärung praktisch zu folgen und sich später an die große Revolution anzuschließen. Dafür war jedoch geistiger Mittelpunkt seiner intellektuellen Vorhut: das welthistorisch Neue an Aufklärung und Revolution, dessen entscheidende Möglichkeiten, dichterisch wie denkerisch ins Weltbild einer bewußt historisch gewordenen Gattungsmäßigkeit einzubauen. Das bedeutet einerseits eine Konkretisierung dieser Tendenzen, sie in einem individuellen, nicht mehr transzendenten Weltbild zu verankern, andererseits, der großen historischen Erschütterung dieser Ereignisse folgend, eine Historisierung dessen, was früher bloß als abstraktes Postulat der Vernunft mit dem Alltag des feudalen oder halbfeudalen Lebenskreises kontrastiert werden konnte.

Diese notwendig knappen Bemerkungen können eine umfassende Darstellung so wichtiger Problemkomplexe kaum skizzieren. Die deutsche Geschichtsphilosophie von Herder bis Hegel, die Naturphilosophie Goethes und seiner großen Zeitgenossen arbeitet in dieser Richtung. Es wäre vulgarisierend-vereinfacht, zu übersehen, welch große Verdienste Goethe – gewissermaßen als bedeutendem Vorläufer Darwins – deshalb zukommen, weil er die mit Transzendenz unlösbar verknüpfte abstrakte Statik der Natur überwand und sich zum Problem einer historischen Entwicklung – als Genesis des Menschen – erhob.

6 Denis Diderot, *Le neveu de Rameau*, Paris 1821; Goethes deutsche Übersetzung von *Rameaus Neffe. Ein Dialog* erschien in Leipzig bei Göschen bereits 1805 [Anm. d. Hg.].

7 Vgl. G.W.F. Hegel, *Phänomenologie des Geistes*, Frankfurt/M. 1970 (Theorie-Werkausgabe, Bd. 3), S. 365, S. 387, S. 403.

Die hier vollzogene methologische Wende läßt sich aber glücklicherweise auch in einzelnen Formulierungen Goethes verdeutlichen. Sie beziehen sich auf die revolutionierende Lehre Spinozas vom ›amor dei intellectualis‹. Die alten Lehren über eine metaphysische Beziehung der Ethik zu Lohn und Strafe wurden hier scharf bekämpft – letzen Endes im Interesse einer irdischen, gattungsmäßig gewordenen menschlichen Praxis, die, nunmehr Lohn und Strafe als nicht real beiseiteschiebend, in ihrem menschlichen (gattungsmäßigen) Gehalt das alleinige reale Kriterium ihres Selbstwerts erkannte. Spinozas Einfluß auf Goethe ist bekannt.[8] Denken Sie beispielsweise an den Satz, den Goethe seiner – durchschnittlich bürgerlich gesehen nicht besonders tugendhaften – Philine in den Mund legte: »und wenn ich dich liebhabe, was gehts dich an?«[9]

Es geht hier um mehr, als zunächst sichtbar wird. In der problematisch gewordenen Poliskultur wurde der Weise und seine Ataraxie als vorbildlich der schlechtgewordenen Wirklichkeit gegenübergestellt. Schon die Anfänge des Christentums zeigen die Tendenz, diesen Zug in demokratisierendem Sinne zu verallgemeinern und alle Menschen auf diese Haltung zu verpflichten. In den Staatskirchen mußte daraus eine wahre Karikatur der Ethik werden. Die Ataraxie des Weisen nicht bloß zur gesellschaftlichen Allgemeinheit zu verändern, sondern ihren ursprünglich kontemplativen Charakter zur Grundlage der menschlichen Praxis in ihrer Gattungsmäßigkeit werden zu lassen – das konnte erst in der großen moralisch-geistigen Umwälzung zum allgemeinen Entwicklungsbedürfnis werden, die durch die zunehmende Vergesellschaftung der Gesellschaft und durch die Entstehung der Individualität charakterisiert wird, eine Wende, die nach Marx daraus folgt, daß in den Beziehungen des einzelnen zur Gesellschaft die naturgeschichtlichen Überreste abgestreift werden. Konkreter: das unmittelbar gegebene Dilemma des Handelns in der bürgerlichen Gesellschaft ist das Dilemma einer Wahl zwischen unmittelbarem und darum abstraktem Egoismus und einem postulierten und darum gleichfalls abstrakten Altruismus. Erst der Mensch, der in seinen Handlungen – auch gegen seine eigene Partikularität – sich als Gattungswesen zu verwirklichen bestrebt ist, kann im innersten Innern seines Selbst bewegt

8 Vgl. hierzu Georg Lukács, »Wilhelm Meisters Lehrjahre«, in: *Werke*, Bd. 7, Neuwied 1964, S. 73 f.

9 *Wilhelm Meisters Lehrjahre*, Viertes Buch, 9. Kapitel.

sein, ohne sich abstrakt-konventionellen Normen zu unterwerfen. Nur der Mensch kann sich so seiner eigenen Gattungsmäßigkeit annähern. Das hat, allerdings in einer noch abstrakt-allgemeinen Weise, Spinoza angestrebt. Konkret-praktisch, innerlich-ethisch, letzten Endes gesellschaftlich-gattungsmäßig hat das in Goethes Philine Form und Gestalt angenommen.

Man darf die Tragweite dieser Einstellung für Goethes Persönlichkeit und deren Äußerungen nicht unterschätzen. Als er den ersten Teil des »Faust« vollendet, sagt er zu Riemann: »Es gibt keine Individuen. Alle Individuen sind auch genera: nämlich dieses Individuum oder jenes, welches du willst, ist Repräsentant einer ganzen Gattung.« Und Jahrzehnte später betrachtet er in einem seiner letzten Gespräche[10] dieses Problem der Gattungsmäßigkeit hinsichtlich seines eigenen Schaffens. »Im Grunde sind wir alle kollektive Wesen, wir mögen uns stellen, wie wir wollen. Denn wie weniges haben und sind wir, das wir im reinsten Sinne unser Eigentum nennen! Wir müssen alle empfangen und lernen, sowohl von denen, die vor uns waren, als von denen die mit uns sind. Selbst das größte Genie würde nicht weit kommen, wenn es alles seinem eigenen Innern verdanken wollte. Das begreifen aber viele sehr gute Menschen nicht und tappen mit ihren Träumen von Originalität ein halbes Leben im Dunkel.« Ohne über Eigenes auch nur die leiseste falsche Bescheidenheit aufkommen zu lassen, fährt er fort: »Was hatte ich, wenn wir ehrlich sein wollen, das eigentlich mein war, als die Fähigkeit und Neigung, zu sehen und zu hören, zu unterscheiden und zu wählen, das Gesehene und Gehörte mit einigem Geist zu beleben und mit einiger Geschicklichkeit wiederzugeben. Ich verdanke meine Werke keineswegs meiner eigenen Weisheit allein, sondern Tausenden von Dingen und, Personen außer mir ...« Seine Stellungnahme faßt er dann zusammen: »Es ist im Grunde auch alles Torheit, ob einer etwas aus sich habe, ob er es von andern habe; ob einer durch sich wirke, oder ob er durch andere wirke ...« So blickt der alte Goethe auf die Prinzipien seiner eigenen Lebensführung zurück. Und gerade diese scheinbare Zwiespältigkeit, die sich einerseits als tief begründete Skepsis aller sogenannten Originalität gegenüber äußert, die angeblich die Persönlichkeit des Menschen ausmacht, andererseits in der Einsicht, daß wir eine feste

10 Zu Eckermann/Soret am 17. 2. 1832.

Richtschnur für die Entscheidungen unserer praktisch fruchtbar werdenden – und in diesem Sinne für wahrhaft menschliches Leben unentbehrlichen – Innerlichkeit nur in der Gattungsmäßigkeit besitzen, diese Zwiespältigkeit bestimmt die Menschenentwürfe aller bedeutenden Werke Goethes; ihr Aufbauprinzip der Gestaltung von Welt gründet sich auf diesen Fragestellungen im Leben. Das gilt auch für den »Faust«. Ich greife ein allgemein bekanntes Motiv heraus. Der Pakt mit Mephistopheles wird noch vom jungen, seine individuell-menschliche Erfüllung suchenden Faust abgeschlossen:

> Kannst du mich schmeichelnd je belügen,
> Daß ich mir selbst gefallen mag,
> Kannst du mich mit Genuß betrügen,
> Das sei für mich der letzte Tag!

Der Sinn des folgenden »Verweile doch« ist an diesen Lebenskreis gebunden. Faust spricht hier noch als weitgehend partikularer Mensch, der eine rein persönliche (deshalb von der Partikularität de facto nicht lösbare) Erfüllung sucht, und darum mit Recht jede Selbstzufriedenheit als Abfall von sich verwerfen muß.

»Verweile doch!« steht freilich auch im letzten Monolog. Aber das inzwischen Durchlebte hat in Faust selbst das bloß Partikulare stufenweise zum Verschwinden gebracht. Daß die Handlungen, in denen er nunmehr sich zu verwirklichen trachtet, immer gesellschaftlicher werden, bedarf keines Kommentars. Es ist also nicht zufällig, wenn die persönliche Erfüllung des »Verweile doch« nun erst unter Bedingungen real werden kann:

> Nur der verdient sich Freiheit wie das Leben,
> Der täglich sie erobern muß.
> Und so verbringt, umrungen von Gefahr,
> Hier Kindheit, Mann und Greis sein tüchtig Jahr.
> Solch ein Gewimmel möcht ich sehn,
> Auf freiem Grund mit freiem Volke stehn.

Und aus dieser umwälzenden Veränderung der Lebensumstände, die hier als radikaler Wandel aller Lebenshaltungen erscheint, folgt nun die entscheidende Veränderung des Sinnes von »Verweile doch«:

Zum Augenblicke dürft ich sagen:
Verweile doch, du bist so schön!

Das kleine nunmehr eingefügte Wörtchen »dürft« drückt diesen qualitativen Tatbestand aus: nicht mehr das bloß partikulare Ich wünscht oder erlebt für sich selbst eine Erfüllung, sondern der Mensch hat so gelebt, hat beim Entstehen derartiger Lebensformen so mitgeholfen, daß er bereits gattungsmäßig berechtigt ist, nicht mehr nur sich selbst, sondern eben diesen Lebensformen (und erst in ihnen sich selbst) Dauer zu wünschen. Davon war im einstigen Pakt mit Mephistopheles nicht die Rede. Das rein persönlich-partikulierbare Lebensglück hat mit der Bejahung der verwirklichten Gattungsmäßigkeit der Menschen nichts gemein.

Manche, die mir bis jetzt gefolgt sind, werden vielleicht sagen: das alles mag schön und gut sein, eventuell sogar für Goethes Charakteristik zutreffen – was aber hat es mit Marx zu tun?

Nun, ich habe nie behauptet, daß Goethe ein – auch nur unbewußter – Vorläufer des Marxismus war. Es ist evident, daß auch der von mir skizzierte Goethe zu den größtenteils ökonomischen und politischen Problemen, über die die Menschen im allgemeinen zu Marx kommen, keine innere Beziehung haben konnte.

Marx ist aber auch ein Theoretiker und Kämpfer jenes ›Reichs der Freiheit‹, im Vergleich zu dem er unsere ganze bisherige Entwicklung nur als Vorgeschichte der Menschheit betrachtet. Diese begann mit der Arbeit, mit jenen bewußten teleologischen Setzungen, die den Reproduktionsprozeß der Menschheit von dem eines jeden andern Lebewesens qualitativ abgrenzen. Marx zieht die für uns hier wichtigste Grenzscheide sehr klar, indem er der stummen Gattungsmäßigkeit der sonstigen Lebewesen die menschliche, als nicht mehr stumme, gegenüberstellt.

Die aktive Anpassung an die Umgebung im Reproduktionsprozeß der Menschheit begründet also, im Gegensatz zur passiven der anderen Lebewesen, unsere nicht mehr stumme Gattungsmäßigkeit bereits in der Vorgeschichte der Menschheit, in der Periode der sich ablösenden Entfremdungen des Menschen von sich selbst. Wie immer in der Marx'schen Geschichtstheorie bildet die materielle, also ökonomische Selbstreproduktion die praktisch grundlegende Seinsbestimmung. Der Übergang von der Vorgeschichte zur wirklichen Geschichte kann sich also nur vollziehen, wenn dieser ökonomische Reproduktionsprozeß zur bloßen Basis einer höheren Gattungsmäßigkeit wird, die sich über diesem ›Reich der Notwendigkeit‹ als ›Reich der Freiheit‹ erhebt, wobei jene alte Basis auch weiter ihre Notwendigkeit (lediglich als Basis) bewahrt. Freiheit wird dabei von Marx als ›menschliche Kraftentwicklung‹ bestimmt, ›die sich als Selbstzweck gilt‹. Und das bedeutet für Marx, daß die menschliche Person imstande ist, sich zu ihrer wahren Gattungsmäßigkeit zu entfalten.

Ohne diese für die ganze Marx'sche Geschichtskonzeption entscheidende Bestimmung hier näher analysieren zu können, muß angemerkt werden, daß Marx auch bei dieser extremen Perspektive methodologisch radikal jeden Utopismus streng ablehnt.

Das bezieht sich natürlich in erster Linie auf die ökonomische Grundlage, die zu einer bestimmten quantitativen wie qualitativen Stufe gelangt sein muß, um nicht mehr als Hauptgebiet der menschlichen Aktivitäten, sondern als bloße materielle Basis der eigentlich menschlichen, der freien Kraftentfaltung dienen zu können.

Marx' Ablehnung des Utopismus erstreckt sich auch auf die subjektiv-menschlichen Voraussetzungen des ›Reichs der Freiheit‹.

Wäre die Menschengattung im Laufe der Vorgeschichte in ihren die eigene Praxis unmittelbar vorbereitenden Gedanken und Gefühlen restlos befangen geblieben, dann wäre eine solche Wendung nicht einmal vorstellbar.

Bekanntlich hat die Entwicklung der Ökonomie als unmittelbarer Reproduktionsform des Lebens den bisherigen Weg real bestimmt. Wir wissen aber auch, daß die hier entstehenden Umwälzungen die Aktivität der Menschen selbst als subjektiven Faktor immer voraussetzen. Und die historische Erfahrung zeigt, daß dieser subjektive Faktor in manchen großen Umwälzungen über das jeweils praktisch Realisierbare hinausgestrebt ist: daß mancher Fortschritt gerade diesem – isoliert betrachtet: gescheiterten – Hinausstreben zu verdanken ist.

Damit ist jedoch das von Marx als ideologisches bezeichnete Gebiet noch lange nicht erschöpft. Ideologie ist nicht, wie das heute in der bürgerlichen Wissenschaft allgemein behauptet wird, einfach eine mehr oder weniger falsche Auffassung der Wirklichkeit. Nach Marx ist sie vielmehr der Inbegriff jener geistigen Mittel, mit deren Hilfe sich die Menschen der gesellschaftlichen Konflikte ihres Lebens bewußt werden und diese auszufechten instandgesetzt sind. Natürlich können diese Bewußtseinsformen der Wirklichkeit entsprechen oder von ihr abweichen. Aber auch im letzteren Falle können sie einerseits hochgradig abstrakt bleiben, andererseits können sie tiefe, echte Probleme der Menschheitsgattung betreffende Feststellungen enthalten. Sie können ebenso versuchen, auf aktuelle Tagesfragen unmittelbar zu antworten, oder gegenwärtig nicht realisierbare, aber bedeutende Fragen der Gattungsentwicklung aufwerfen.

Gerade das aber interessiert uns hier. Auch ohne Marx ist unschwer festzustellen, daß gerade solche Fragestellungen und Stellungnahmen jahrhundertelang im Bewußtsein der Menschheit lebendig geblieben sind, während die meisten praktisch wirksamen Antworten längst der Vergessenheit anheimgefallen sind. Dabei sind die meisten ideologischen Antworten auf praktisch reale Fragen zugleich Ausdrucksformen größerer sozialer Gebilde (Staat, Partei); während hinter den rein ideologischen Relevationen, die hier gemeint sind, normalerweise nur ihre Verfasser stehen. Es sind zumeist Ausdrucksweisen der großen Kunst und der bedeutenden Philosophie.

In meiner Ästhetik habe ich die große Kunst das Gedächtnis der Menschheit über ihren eigenen Weg genannt.[11] Ohne die Frage theoretisch bis zu diesem Punkt zu verallgemeinern, hat Marx, der übrigens die spezifische Entstehungsart solcher Ideologie durch die Annahme einer ungleichmäßigen Entwicklung vor allem auf diesem Gebiet historisch zu erfassen versuchte, Einzelphänomene auch in diesem Sinne klarzulegen unternommen.

So beruht die bis in die Gegenwart reichende Wirkung Homers für Marx darauf, daß dieser einen adäquaten Ausdruck für das Wesen der ›normalen Kindheit‹ der Menschheit gefunden hat. Ich glaube – mit Marx –, daß diese Kindheit auch ein aktuelles Interesse hat, weil die Verwirklichung der Gattungsmäßigkeit der Menschheit ein Problemkomplex ist, dessen Lösung zwar vieles scheinbar Gescheiterte als Element der eigenen Entwicklung in sich birgt: daß aber das ›Reich der Freiheit‹ ebenso ein Produkt der Geschichte der Selbsttätigkeit der Menschen ist, wie wir das

11 *Vom partikularen Individuum zum Selbstbewußtsein der Menschengattung. Ästhetik I. Die Eigenart des Ästhetischen*, 1. Halbband, GLW, Bd. 11, S. 572 ff., bes. S. 614 f.

für das ›Reich der Notwendigkeit‹ ununterbrochen erleben. Wenn diese Entwicklung sich nicht zum subjektiven Faktor des ›Reichs der Freiheit‹ vertiefen und ausdehnen könnte, bliebe dieses eine abstrakte Utopie.

Darum glaube ich nicht nur auf dem richtigen Weg zum Verständnis Goethes zu sein, sondern dies auch auf einem von Marx aufgezeichneten Weg gesucht zu haben, indem ich in Goethe einen jener Ideologen erblicke, die eine bestimmte Etappe der menschlichen Gattungsentwicklung in ihren wesentlichen und normalen Bestimmungen erkannt und bewußt gemacht haben. Die Marx'sche Interpretation Homers wurde so für mich ein Wegweiser für die Goethes.

4. »Das Rätesystem ist unvermeidlich«

Georg Lukács im Gespräch mit Dieter Brumm und Fritjof Meyer[1]

BRUMM/MEYER: Herr Professor Lukács, Sie haben einmal gesagt, daß Sie Lenin eigentlich dadurch kennengelernt haben, daß er Sie kritisiert hat, dadurch kennengelernt haben, daß er Ihre Vorstellung davon, daß der Parlamentarismus welthistorisch veraltet sei, korrigiert hat und darauf hingewiesen hat, daß dies keine ideologische, sondern eine taktische Frage sei, daß man also nicht davon sprechen könne, der Parlamentarismus sei welthistorisch veraltet.

Wie würden Sie den Parlamentarismus heute und insbesondere in den sozialistischen Ländern einschätzen? Würden Sie davon sprechen, daß auch hier noch von einem Parlamentarismus geredet werden kann?

LUKÁCS: Das ist eine merkwürdige Zwitterform, die wir gemacht haben eben in der Stalinschen Zeit, als Stalin die allerdings schon ziemlich verkommenen Überreste der zentralen Arbeiterräte im Parlament verwandelt hat. Meiner Ansicht nach hatte er, obwohl das Rätesystem damals lange nicht mehr das war, was es in [19]17 bis 20 gewesen ist, unrecht gehabt und einen Schritt rückwärts gemacht; denn der Parlamentarismus ist ein System, das gewissermaßen zur Manipulation von oben eingerichtet ist.

Ich meine, ursprünglich wurde, sagen wir, das englische Parlament von den Grundbesitzern manipuliert. Und lange Zeit war in England eben der der Abgeordnete, den der Grundbesitzer dieses

1 Das Gespräch mit Dieter Brumm und Fritjof Meyer wird nach der Version in Bd. 18 der Werkausgabe wiedergegeben. Grundlage ist nach Auskunft der Hg. (Frank Benseler und Werner Jung) die gegenüber der im *Spiegel* publizierten Druckfassung »viel umfangreichere Typoskriptfassung, die freilich etliche Hörsowie Tippfehler bei der Verschriftlichung der Tonbänder enthält, was stillschweigend korrigiert worden« sei (GLW, Bd. 18, S. 486). Für den vorliegenden Band haben wir im Interesse des Lesers einige weitere sprachliche Korrekturen vorgenommen, ohne den sehr spezifischen Sprachstil Lukács' zumal in mündlicher deutschsprachiger Kommunikation zu verändern. Größere Eingriffe sind im Text bzw. in den Anmerkungen entsprechend gekennzeichnet worden [Anm. d. Hg.].

Bezirks geschickt hat. Jetzt ist die Sache zu einer allgemeinen kapitalistischen Manipulation geworden, und im Grunde genommen ist also in den entscheidenden Ländern wie Amerika weitgehend der ganze Parlamentarismus eine Geldfrage geworden.

Ich meine damit, nach dem Grundgesetz kann natürlich jeder jederzeit eine Partei gründen und bei den Wahlen auftreten. De facto verlangt bei den amerikanischen Wahlen effektiv aufzutreten solche Geldsummen, daß dadurch plebejische Parteigründungen vollkommen ausgeschlossen sind.

Dagegen ist das Wesentliche des Rätesystems, daß es von unten aufgebaut ist. Und selbstverständlich: wenn man an die Verhältnisse von 1917 denkt, jeder vernünftige Arbeiter konnte in seinem Betrieb eine Gruppe gründen und durch diese Gruppe Vertreter in den Arbeiterrat der betreffenden Fabrik bringen. Und von dort ging es dann Schritt für Schritt aufwärts. Das hat sich bürokratisiert, ist viel schlechter geworden. Meiner Ansicht nach ist es [aber] vom demokratischen Standpunkt aus das fortgeschrittenere System. Und wir haben im Interesse einer vollkommen einheitlichen Verwaltung und Aktionsfähigkeit hier vom Standpunkt des echten Sozialismus, wo eben die Demokratie eine Demokratie des Alltags ist, einen Schritt rückwärts gemacht.

Brumm / Meyer: Meinen Sie, daß diese Entwicklung, die Sie zurückführen auf Stalin und seine Weite der Veränderung der Ideologie – auch dazu haben Sie ja eine Menge geschrieben –, verändert werden kann, indem man einfach den Zustand, wie er besteht, reformiert? Oder meinen Sie, es bedürfe einer neuen, gleichsam zweiten sozialistischen Revolution, um ein Rätesystem allererst herzustellen?

Lukács: Ich glaube, daß das Dilemma, das Sie stellen, nicht richtig ist. Einerseits halte ich es für unmöglich, eine so wichtige Frage auf administrative Weise zu lösen. Würden wir heute durch eine Verordnung die Arbeiterräte einführen, so würden diese Arbeiterräte ebenso bürokratisch delegiert wie heute die Abgeordneten. Es kommt darauf an, im Laufe der überall notwendig gewordenen ökonomischen Reformen eine Demokratie von unten einzuführen, nämlich damit[zu] beginnen, daß man de facto den an einer Frage interessierten Massen ein Recht und eine Macht des Dreinredens gibt, um aufgrund der Erfahrungen von unten Schritt für Schritt nach oben zu gehen.

Mit einer Verordnung kann man die Arbeiterräte nicht einführen. Ich weiß auch nicht, ob man die neuen Organe, an die ich denke, unbedingt Arbeiterräte nennen wird. Ich meine, auf solche Sachen kommt es nicht an. Es kommt darauf an, wie weit ein unteres Forum ein Recht des Dreinredens hat.

Um die Sache z. B. an einem Fall zu illustrieren, wo die Sache meiner Ansicht nach sehr aktuell und sehr wichtig ist: In 1921 fand in der Sowjetunion die große Diskussion über die Gewerkschaftsfrage statt. Trotzkij stand damals auf dem Standpunkt, man müsse die Gewerkschaften verstaatlichen, damit sie zur Unterstützung der Produktion vollständig dienen können.[2] Lenin hat opponiert und dagegen den Standpunkt vertreten,[3] daß die Gewerkschaften die Aufgabe haben, gegenüber dem bürokratisierten Staat die Interessen der Arbeiter zu vertreten. Wenn wir jetzt die Frage de facto, ohne Geschichtsklitterung, aufwerfen und fragen, was hat Stalin fortgesetzt, Trotzkij oder Lenin, glaube ich, wird niemand daran zweifeln, daß er die Trotzkijschen Ideen durchgeführt hat, wie in vielen anderen Fragen auch.

Und unsere Aufgabe ist jetzt, zu dieser Leninschen Konzeption [zurück] zu finden; ich nehme jetzt das Beispiel der Gewerkschaften: Wenn wir de facto dazu kommen, daß in jedem Betrieb, in jeder Zeche die Gewerkschaft das Recht und die Pflicht hat, in jeder Frage, wo den Arbeitern materiell oder moralisch das kleinste Unrecht geschieht, effektiv aufzutreten, so werden sich damit die Gewerkschaftsorgane zu wirklichen Organen ausbilden.

Und ebenso kann die Kontrolle der Käufer den Geschäften gegenüber erfolgen usw., wenn wir einerseits ihnen wirkliche Rechte geben, andererseits diese Tätigkeit wirklich unterstützen, [um so] zu einer Bewegung [zu] werden, die nicht diese hinreißende Wucht der Arbeiterräte in 1917 haben wird, wohl aber eine reale Umgestaltung des ganzen Lebens mit sich bringen kann.

Sagen wir jetzt, um ein ganz einfaches Beispiel zu geben: Heute, wenn z. B. in unserem Haus der Lift nicht funktioniert und oft nicht funktioniert, wird zwar von Zeit zu Zeit eine Versamm-

2 Im Typoskript: sollen [Anm. d. Hg.].

3 Im Typoskript: aufgestellt [Anm. d. Hg.].

lung der Einwohner einberufen, das ist aber rein formell. Wenn es unterstützt würde, daß die Bewohner sich jetzt zusammensetzen, irgendetwas in dem Sinne unternehmen, daß der Lift besser arbeiten soll, wäre schon einer dieser kleinen Schritte, die ich meine, vollzogen.

Wir können nicht eine revolutionäre Situation hervorzaubern. Wir müssen das festhalten, was an der Rätebewegung welthistorisch wichtig war, daß nämlich die Demokratie nicht eine Demokratie der Spaltung der Menschen in Citoyen und Bourgeois ist, [und deshalb] wie die französische Revolution und deren Nachfolge,[4] die unbedingt mit der Herrschaft des Bourgeois über den Citoyen enden muß. Die sozialistische Gesellschaft hat objektiv ökonomisch den Dualismus von Bourgeois und Citoyen hinter sich gelassen, weil eben die Furcht des Kapitalismus schon am Anfang, daß die Citoyen-Bewegung die kapitalistische Produktion verhindern kann, bei uns wegfällt. Dieser Dualismus, daß eine Rousseauisierung der Gesellschaft für die Produktion gefährlich werden könnte, fällt hier weg. Im Gegenteil, die Produktion könnte dadurch nur gewinnen, so daß wir hier eine andere innere Struktur der Demokratie haben.

Und wir müssen allmählich einsehen – in bestimmten Kreisen wächst diese Einsicht, wenn auch sehr langsam –, daß zu den ökonomischen Reformen, die bei uns in den sozialistischen Staaten unbedingt notwendig sind, eine solche demokratische Stütze von unten unvermeidlich und unersetzbar ist, so daß hier die beiden Interessen objektiv konvergieren, obwohl sie in der konkreten Wirklichkeit mit den momentanen Interessen der Bürokratie zusammenstoßen. Dazu ist, glaube ich, keine Revolution notwendig. Das kann im Laufe einer wahrscheinlich Jahrzehnte in Anspruch nehmenden Bewegung geschehen. Und ich muß sagen, wenn ich nicht so gefragt werde, was wird morgen geschehen, sondern in welcher Richtung werden wir gehen, dann muß ich sagen, daß ich für eine Jahrzehnte-Perspektive sehr optimistisch bin.

Brumm / Meyer: Sie meinen aber doch wohl, daß diese Entwicklung ihren Grund finden kann in einer Veränderung des Bewußtseins der Massen. Die Veränderung des Bewußtseins der Massen

4 Im Typoskript: gestrichen: und die Nachfolge, die [Anm. d. Hg.].

wäre ja die Voraussetzung, also eine Art Bewußtseins- oder Kulturrevolution oder wie immer man das nennen will, dafür, daß eine Solidarität sich herstellt, die Formen der Selbstverwaltung oder der Arbeiterräte aktiv von unten ermöglicht.

Lukács: Ich bin hier der Ansicht, daß es heute überall in jedem Gebiet breite Schichten gibt, [Menschen], die bestimmte Reformen eigentlich wollen. Aber sie sind keine [solchen] Revolutionshelden, daß sie dafür etwas riskieren. In dem Moment, wo eine Bewegung wirklich einsetzen würde, findet sich das. Ich bin hier vielleicht übertrieben optimistisch. Die Leute [hier] sprechen immer von den sogenannten Kaderfragen, daß Kader fehlen usw. Meine sehr langjährige Erfahrung ist, daß die gesellschaftliche Entwicklung immer Leute produziert, die für die neue Einstellung geeignet sind und Lust dazu haben. Nur hat ihre große Majorität nicht die persönliche Initiative. Ich meine, um mit einer einfachen Frage anzufangen:[5] 1919[6] bin ich an die Front geschickt worden zeitweilig, um Kommissar einer Division zu sein. Es handelte sich dann vorerst um die Reform, überall in den kleinen Einheiten bis zu den Bataillonen geeignete Kommissare zu finden. In drei Tagen war das gefunden.

Brumm / Meyer: Das waren Leute, die von militärischen Dingen gar nichts verstanden, aber gute Kommissare waren.

Lukács: Man darf, um [etwas] zu diesem Fall zu sagen, sich den Kriegskommissar in einer Diktatur nicht als borniert vorstellen – als intelligenter Mensch muß er natürlich eine bestimmte Sabotage usw. kritisieren können. Aber die wesentliche Frage, wenn ich meine Erfahrungen zusammenfassen soll, ist, daß die Soldaten a) anständig zu essen bekommen, b) ihre Post regelmäßig erhalten. Sorgt ein Kommissar eines Bataillons dafür, so hat er das Vertrauen der Leute auch in anderen Fragen. Nun gehört dazu wirklich keine große Hexerei, diese beiden Sachen zu machen. Und ein ganz einfacher Arbeiter, wenn man ihn davon überzeugt, daß das die wesentlichen Fragen sind, wird man[7] in neun von zehn Fällen treffen[de Lösungen finden] können.

5 Im Typoskript: von einer sehr einfachen Frage angefangen [Anm. d. Hg.].

6 Im Typoskript: In der Literatur von 1919 [Anm. d. Hg.].

7 Im Typoskript: es [Anm. d. Hg.].

Wir machen da zu große formelle Komödien und stellen formelle Anforderungen in Fragen, wo es sich nicht um die Erfüllung der Formalitäten, sondern um die Erfüllung bestimmter konkreter Aufgaben handelt. Ich bin z. B. fest überzeugt, daß es bei uns keinen einzigen Betrieb gibt, wo es nicht fünf oder sechs Ingenieure gäbe, die [in] einem guten Sinn reformistisch gesinnt sind, aber solange Stimmungen wie die unter dem Stalinismus herrschenden vorhanden sind, ihre Existenz nicht aufs Spiel setzen. Es ist ein sehr großer Unterschied, ob jemand [an den] realen Verhältnissen[8] der Zukunft interessiert ist oder ob er die Entschlossenheit hat, seine Existenz dafür aufs Spiel zu setzen. Wir müssen dieses Aufs-Spiel-Setzen eliminieren und wir werden sofort Massen zur Reform haben.

Brumm / Meyer: Das heißt, die Kader sind da. Es muß ihnen nur Mut und es dürfen ihnen auch keine Schwierigkeiten gemacht werden. Und da glaube ich, wenn ich da mal einhaken darf, ein zu optimistisches Element zu sehen. Nämlich, Sie sprachen von der Konvergenz der Interessen der Bürokratie und der Interessen des Volkes von unten.

Ich meine, es gibt doch einen Widerspruch zwischen der Bürokratie von unten ...

Lukács: Ich habe nicht von der Konvergenz der Bürokratie gesprochen; denn selbstverständlich dürfen wir hier keine Karikatur machen. Wir haben natürlich Bürokraten der schlechtesten Sorte. Aber sehr viele Stalinisten sind in bestimmtem Sinne gute Sozialisten, die überzeugt sind, auf diese Weise ist diese Sache zu machen. Also es handelt sich hier jetzt nur darum, eine immer größere Masse zu gewinnen, die einsieht, daß die unbedingt notwendigen ökonomischen Reformen nur auf diese Weise durchführbar sind. Ich halte das, wenn ich die Sache in einer genügend langen Perspektive nehme, gar nicht für unmöglich. Ich würde es für unmöglich halten, daß morgen in Ungarn ein voll funktionierendes Rätesystem entsteht. Das wäre eine lächerliche Utopie. Aber dass in 10, 20, 30 Jahren eine solche Umwandlung stattfinden kann – ich sage da: warum nicht?

8 Im Typoskript: für die realen Verhältnisse [Anm. d. Hg.].

Brumm/Meyer: Eines spricht dagegen. Und das ist der, wie ich meine, bestehende Widerspruch zwischen der Freisetzung spontaner Elemente von unten und dem, was ich nennen möchte: die führende Rolle der Partei.

Lukács: Ich glaube das nicht; denn jetzt spreche ich wieder als Parteimitglied mit bestimmten Parteierfahrungen. In 1919 haben wir auf der Kulturlinie mehr erreicht als die meisten anderen Volkskommissariate. Unsere Linie war eine vollkommen demokratische in dem Sinne, daß die an Anzahl wenigen Kommunisten, die für eine Kulturreform waren, ein Bündnis mit jenen existierenden bürgerlichen Kulturbewegungen geschlossen haben. Ich meine, um es nur illustrativ zu sagen: Wir haben an die Spitze einer jeden Kunstorganisation ein sogenanntes Direktorium aus den Interessierten zusammengestellt. Nur war unser musikalisches Direktorium Bartók, Kodály und Dohnányi. Kein einziger Kommunist war darunter. Bartók hat die Reform des ungarischen Musiklebens besser gemacht, als irgendein Kommunist hier es hätte machen können.[9]

Brumm/Meyer: Wer nicht gegen uns ist, ist für uns.

Lukács: Ich muß offen gestehen, vielleicht nehmen Sie mir das übel, daß ich eine sehr gute Meinung von Kádár habe.[10] Ich meine, dass Kádár kein Bürokrat ist. Ein Mensch, der Arbeiter war und nie vergessen hat, daß er Arbeiter ist, hat immer ein Gefühl dafür gehabt, was sich unten abspielt. Und er hat hier etwas sehr Richtiges gesagt, daß nämlich heute – ich spreche jetzt nicht von vor 30 Jahren, ich spreche von heute – fast alle Leute, die für ihre Person, jetzt nicht in einer vollkommen egoistischen, sondern in irgendeiner gesellschaftlichen Weise sorgen, instinktiv unsere Verbündeten sind.

Diese bedeutenden Musiker haben 1919 vollständig begriffen, daß jene Hindernisse, die sie in der Entwicklung der modernen Mu-

9 Noch der späte Lukács verteidigt im Musikkapitel der *Eigenart des Ästhetischen* Bartók gegen Adornos Vorwurf des »Abfalls [...] von der künstlerischen Avantgarde« (GLW, Bd. 12, S. 393) [Anm. d. Hg.].

10 Zu Kádárs Verhalten Lukács gegenüber vgl. »Pateidokumente bezüglich des Falls ›Lukács‹«, die von den Irritationen der Parteielite im Vorfeld der Publikation der Spätästhetik 1963 beredt Zeugnis ablegen (*Lukács-Jahrbuch 2004*, S. 35-64. Aus dem Ungarischen übersetzt von Antonia Opitz) [Anm. d. Hg.].

sik im Wege gehabt haben, mit der [proletarischen] Diktatur weggefallen. Bartók ist nie Kommunist geworden. Aber Bartók hat genau gesehen, daß eine Umgestaltung des Musikunterrichts, eine Umgestaltung des Opernwesens, des Konzertwesens usw. mit uns leichter zu machen ist als mit dem Grafen Tisza. Und das genügt mir, wenn ich mich als Volkskommissar vorstelle, vollkommen. Wir haben eine absolut harmonische Zusammenarbeit mit Bartók gehabt.

Oder nehmen Sie eine andere Sache. Ich habe als Volkskommissar mit Kunsthistorikern gearbeitet. Darunter waren Leute, wie z. B. Friedrich [Frederick] Antal, dessen Namen Sie vielleicht gehört haben, der später Kommunist geworden ist. Aber darunter waren z. B. der heute – damals war er noch ganz jung – sehr bekannte Kunsthistoriker Charles de Tolnay, der über Breughel und über Michelangelo geschrieben hat. Ich weiß nicht, ob sein Name ein Begriff für Sie ist. Er lebt momentan in Florenz, er war früher in den Vereinigten Staaten.

Diese Leute haben z. B. eingesehen, daß das, was wir vorhatten, die Konfiskation der großen Kunstwerke in den Privatsammlungen und die Vereinigung dieser Kunstwerke in einer großen Galerie, eine Sache ist, die ihren Interessen entspricht. Es ist sogar sehr interessant, daß diese Kunsthistoriker, mit denen ich schon vor der Diktatur in Verbindung stand, schon vor der Diktatur aufgrund ihrer kunsthistorischen Kenntnisse genau die Liste ausgearbeitet haben, was für Kunstwerke sich wo befinden, so daß wir im Laufe einer Woche alle bedeutenden Kunstwerke verstaatlichen konnten. Jetzt: wozu muß jemand Kommunist sein, um einzusehen, daß ein Breughel-Bild seine bessere Stelle im Museum hat als in einer Privatsammlung?

Es ist z. B. sehr interessant, als ich im Herbst 1919 nach Wien kam, daß ich durch meine kunsthistorischen Freunde mit dem großen Kunsthistoriker Dvořák bekannt geworden bin, der bei Gott doch kein Kommunist war. Niemand wird das behaupten wollen. Dvořák hat mir wärmstens zu dieser Verstaatlichung der Kunstwerke gratuliert und hat gesagt, er möchte wünschen, daß das in Österreich auch geschieht.

Ich meine, Sie verstehen, das sind extreme Beispiele. Aber ich glaube, daß es Ihnen klar wird, was ich hier meine, daß eine gute sozialistische Ordnung viel mehr Sympathisanten hat, als sie selbst weiß – auch außerhalb des Landes.

Brumm / Meyer: Darf ich jetzt nochmal zurück zu den Reformen. Sie haben davon gesprochen, daß es eine große Menge von reformbereiten Menschen gibt. Wie schätzen Sie die Reformlinie vieler kommunistischer Parteien in den westlichen Ländern ein, die – wenn ich das recht sehe – seit geraumer Zeit eigentlich den Parlamentarismus nicht mehr nicht nur bekämpfen, sondern geradezu unterstützen und den parlamentarischen Weg für zulässig ansehen, so wie etwa seit dem 20. Parteitag der KPdSU.

Lukács: Ich muß hier darauf zurückkommen, wovon Sie ausgegangen sind, nämlich was Lenin damals geschrieben hat. In der [19]17er-Begeisterung habe ich einmal geschrieben, Parlamentarismus ist etwas vollkommen Veraltetes, wir sollen an den Parlamentswahlen uns gar nicht beteiligen usw.[11]

Und Lenin hat sehr richtig die Kritik ausgeübt, daß es zwei Dinge sind, ob eine Institution welthistorisch überholt ist oder tageshistorisch überholt ist. Er hat in dieser Beziehung vollkommen recht, daß z. B. in einem Land wie Deutschland die Macht des Parlaments der Bürokratie gegenüber gestärkt werden muß, im Interesse der Freiheit, auch der Freiheit des Individuums. Einer der Hauptmängel, die Sie in Deutschland haben, ist, daß das Parlament längst[12] nicht unabhängig genug ist. Man hätte sehr viele Dinge bei einem wirklich unabhängig gewählten und unabhängig funktionierenden Parlamentarismus, wie z. B. diese Verschlechterung des Notstandsgesetzes, nie durchführen können. Das ist ein Druck einer reaktionären Bürokratie auf das Parlament gewesen. Und wenn Leute meinen, daß eine Verstärkung des Parlamentarismus im Sinne einer Reform – ich möchte da hinzufügen: der bürgerlichen Demokratie – notwendig ist, würde ich sagen, daß man dem gegenüber[13] gar nicht ablehnend zu stehen hat.

Brumm / Meyer: Gleichwohl hatten Sie aber vorhin das Parlament als ein Manipulationsinstrument des kapitalistischen Systems angesehen.

11 Vgl. in diesem Band S. 266-277.

12 Im Typoskript: lange [Anm. d. Hg.].

13 Im Typoskript: dagegen [Anm. d. Hg.].

Lukács: Es ist heute so: vollständig überwindbar ist das im Kapitalismus nicht. Es gehört nämlich zum Wesen des Kapitalismus, daß die Kapitalisten, die großen Trusts, über ungeheuere Geldmittel verfügen und mit diesen Geldmitteln die öffentliche Meinung außerordentlich stark beeinflussen. Ich nehme jetzt also z. B. die Frage: es wird immer, wenn von uns die Rede ist, von der schrankenlosen Freiheit der Meinungsäußerung [im Westen] gesprochen. Und man stellt gewissermaßen als Ideal vor, es soll nicht wie [die] »Prawda«, sondern wie [die] »New York Times« oder [die] »Frankfurter [Allgemeine] Zeitung« sein.

Nun muß ich sagen, daß ich als alter Journalist und Schriftsteller die größte Skepsis in Bezug auf die Redefreiheit in der »Frankfurter [Allgemeinen] Zeitung« habe. Natürlich können die Leute von der »Frankfurter Allgemeinen Zeitung« niemanden verhaften. Aber zu verhindern, daß bestimmte schriftstellerische Richtungen oder Meinungen an die Öffentlichkeit kommen, kann die »FAZ« mit anderen Mitteln ebenso gut wie jedes sozialistische Organ. Was man in Deutschland z. B. Redefreiheit nennt, ist nichts weiter als die Routine der Schriftsteller, die genau wissen, in welcher Zeitung sie mit welchem Ton schreiben können. Sie müssen schon entschuldigen, da nehme ich den SPIEGEL auch nicht aus.

Brumm / Meyer: Das sollen Sie auch nicht tun. Würden Sie denn sagen, daß die Reglementierung sowjetischer Schriftsteller wie Solschenizyn[14] usw. qualitativ etwas anderes ist deshalb, weil es für die Gesellschaft notwendig ist, bestimmte Stimmen zu beschränken, während umgekehrt etwa die Manipulation der »Frankfurter Allgemeinen Zeitung«, von der Sie sprechen, nur darin besteht, kapitalistische Interessen zu vertreten oder die Interessen der Anzeigenkunden.

Lukács: Ich meine, daß hier ein sehr übergangsreicher Zustand ist. Ich muß sagen, soweit mir Geschichte bekannt ist, hat es noch niemals eine in Klassen- oder Interessengegensätze gespaltene Gesellschaft gegeben, in der eine vollkommene Redefreiheit existiert

14 Lukács hatte Solschenizyns *Ein Tag im Leben des Iwan Denissowitsch* bereits 1964 als kritische Aufarbeitung des Stalinismus begrüßt (vgl. GLW, Bd. 5, S. 545 ff.) und publizierte dann den Essayband *Solschenizyn*, Neuwied und Berlin 1970 [Anm. d. Hg.].

hat. Vom Ostrakismus in der athenischen Demokratie bis zu den Zeitungsmanipulationen heute haben sich die Formen dieser Sachen sehr geändert, aber daß für eine bestimmte Gesellschaft der Versuch eines Verbots der Verbreitung bestimmter Meinungen bestanden hat, ist nicht zu bestreiten. Ich würde sagen, daß das von Homer bis zur Dreyfus-Affäre,[15] daß, wie gesagt: von Perikles bis zur Dreyfus-Affäre, wir das überall in der Geschichte in den verschiedensten Formen sehen können.

Wenn ich hier für diese ganz anders geartete Erneuerung des Rätesystems eintrete, ist es daher, daß dieses Rätesystem eine in bestimmter Weise demokratische Selbstregulierung hervorrufen kann, die in keinem manipulierten System – sei nun die Manipulation fein oder brutal – möglich ist, so daß ich hier wie immer glaube, es ist eine neue Form der Demokratie in Vorbereitung. Wir dürfen jetzt hier wieder nicht fetischistisch sein. Wir kennen den militärischen Demokratismus, dessen Spuren man noch bei[16] Homer sehen kann. Wir kennen die athenische und römische Polisdemokratie. Marx hat sogar einmal das mittelalterliche System eine Demokratie der Unfreiheit genannt. Und später ist dann eine neue Form der Demokratie bei der[17] Entstehung des Kapitalismus entstanden bis zur französischen Revolution. Wir haben dann die Anfänge der Rätedemokratie in 1917, so daß es lächerlich ist, unter Demokratie etwas Einheitliches zu verstehen.

Demokratie ist ein Versuch, in dem jeweiligen Zustand die jeweilig maßgebenden Schichten – das ist im Sozialismus die Arbeiterklasse – in Vertretung ihrer wirklichen Interessen in Bewegung zu setzen. Und daß die Revolution von 1917 ein Anlauf in dieser Richtung gewesen ist, das wird ja heute jeder zugeben. Bestimmte ökonomische und politische Gründe haben hier einen Rückfall bis zu einem gewissen Grade notwendig gemacht. Ich meine damit solche Momente: daß der Sozialismus gerade in einem zurückgebliebenen Land gesiegt hat erstens, und zweitens, daß die in [19]18 ausbrechende Revolution stehengeblieben ist und sich nicht auf Deutschland und Italien, wo die objektiven Verhältnisse sehr früh für eine Revolution sprachen, ausgedehnt hat.

15 Im Typoskript folgt: – ich meine, es ist der Fall bei Homer, wo Sie das ebenfalls sehen können [Anm. d. Hg.].

16 Im Typoskript: in [Anm. d. Hg.].

17 Im Typoskript: in [Anm. d. Hg.].

Es gibt also historische Gründe eines Stillstands, eines Stockens. Dieses Stocken dauert jetzt einige Jahrzehnte. Vergessen Sie aber nicht, daß mit geschichtlichem Maßstab gesprochen, wenn davon die Rede ist, daß man von einer Formation in die andere übergegangen ist, 50 Jahre nicht viel sind. Bedenken Sie, daß der Übergang von der Auflösung der Sklaverei bis zur Fixierung des Feudalismus 800 bis 1000 Jahre in Anspruch genommen hat.

BRUMM / MEYER: Es kommt hinzu, daß die sozialistischen oder marxistischen Theoretiker seit langer Zeit versäumt haben, eine zureichende ökonomische Analyse des bestehenden Kapitalismus zu leisten. Das hat ja vielleicht auch die Konsequenz, daß sich keine zureichende Kritik an den Entwicklungsmöglichkeiten oder Manipulationsweisen des Kapitalismus zeigt und daß die eigene Perspektive verschwimmt.

LUKÁCS: Schauen Sie, ich würde da mit Ihnen einig sein, daß wir, obwohl im Kapitalismus außerordentlich wichtige und große Strukturänderungen vor sich gegangen sind, diese Sachen nicht mit dieser ängstlichen Genauigkeit – denken Sie daran, wie genau Marx die ökonomische Entwicklung in Indien oder in Rußland verfolgt hat, von Deutschland und England gar nicht zu reden – verfolgt haben. Ich persönlich weiß so viel von Ökonomie, wie jeder anständige Marxist wissen kann, aber betrachte mich gar nicht als einen Fachökonomen. Trotzdem würde ich z. B. in diesem Fall eine Sache erwähnen, über die sehr wenig gesprochen wird. Man spricht über Konsumtionsgesellschaft usw., das sind Phrasen. Ökonomisch ist die Sache so, daß der Kapitalismus zu Zeiten vor Marx ein Kapitalismus der sogenannten Schwerindustrie in weitestem Sinne gewesen ist und die Produktion der Konsumtionsmittel weitgehend in der Hand von Handwerkern waren.

Das hatte zwei Folgen. Eine Folge, daß für den Kapitalismus die Konsumtion der Arbeiter etwas vollständig Gleichgültiges war, da die Konsumtionswaren der Arbeiter bei kleinen Handwerkern eingekauft wurden und nicht kapitalistisch, so daß für den Kapitalismus, ob der Arbeiter x oder 2x wöchentlich verdient, ökonomisch vollständig gleichgültig war.

BRUMM / MEYER: Da war nichts zu akkumulieren.

Lukács: Ja, man hat akkumuliert, indem man die Kleinhandwerker expropriiert hat, die Handwerker in die Fabriken hineingejagt hat und die Sache ist zu Ende. Nun hat sich aber inzwischen durch diese Sache der Prozeß abgespielt, daß allmählich die Konsumtionsmittelindustrie vollständig kapitalistisch geworden ist und sogar, was man überall sehen kann, die sogenannten Dienste, [die] vor 100 oder 150 Jahren mit Kapitalismus nichts zu tun gehabt haben.

Wenn Sie daran denken – Sie sind dazu zu jung, ich weiß das ganz genau –, daß, sagen wir, der Sommeraufenthalt in meiner Jugend darin bestanden hat, daß man irgendwo bei einem Villenbesitzer einen Teil der Villa gemietet hat and mit Köchinnen aus diesem Dorf oder mit eigenen mitgebrachten Köchinnen den Sommeraufenthalt verbracht hat. Hotels in Kurorten gehörten damals zu den großen Seltenheiten. Also ich sage nicht, daß Karlsbad und Marienbad usw. keine Hotels gehabt hätten. Aber die Tatsache, daß in dem lächerlichsten, entlegensten, klimatisch irgendwie in Betracht kommenden Dorf sich Hotels hielten, hat es natürlich nicht gegeben.

Brumm / Meyer: Es war noch keine Industrie.

Lukács: Selbstverständlich. Es ist also der Kapitalismus Besitzer sämtlicher Produktions-, sämtlicher Konsummittelindustrie[n] und sämtlicher Dienstleistungen geworden. Das hat einerseits zur Folge, daß das Terrain der Rekrutierung[18] neuer Arbeiter viel kleiner geworden ist. Es gibt keine Handwerker mehr, oder nur in minimaler Anzahl, die zugrunde gehen könnten, um Arbeiter im Betrieb zu werden. Also ist die extensive Erweiterung des Kapitalismus erschwert, woraus eine intensive Erweiterung durch Verbesserung der Produktionsmittel entsteht. Und zweitens beginnt für den Kapitalismus der Arbeiter als Konsument ernsthaft in Betracht zu kommen, was zur Folge hat, daß der Gesamtkapitalismus das Interesse hat, daß der Arbeitslohn steigt und die Arbeitsstunde[nzahl] sich erniedrigt; denn dadurch wird der Arbeiter zu einem besseren Konsumenten, eine Frage, die in der Zeit, als Marx gelebt hat, noch als Frage überhaupt nicht existiert hat.

18 Im Typoskript: des Erwerbs [Anm. d. Hg.].

Wenn Sie diese beiden Momente nehmen, so haben Sie schon eine kapitalistische Ökonomie, aber eine anders strukturierte Ökonomie. Und wir müssen nun alle Kategorien, die Marx für den Kapitalismus der achtziger Jahre aufgestellt hat, einer ökonomischen Neuuntersuchung unterwerfen. Das ist nicht geschehen. Darum stehen wir Kommunisten wie der Ochse vorm[19] Berg dem neuen Kapitalismus gegenüber und unterstellen ihm ununterbrochen alte Kategorien, womit wir überhaupt nichts erklären können.

Was ich also Renaissance des Marxismus nenne, hätte als eine der ersten Aufgaben, genau zu untersuchen, worin die ökonomischen Eigentümlichkeiten des heutigen Kapitalismus bestehen und jetzt die Stellungnahme zum Kapitalismus von dieser Analyse und nicht von den Analysen [von] vor 80 Jahren abhängig machen.

Brumm / Meyer: Nun gibt es im Westen Versuche, gerade die neuen Erscheinungsformen des Konsumkapitalismus und des Dienstleistungskapitalismus zu analysieren. Diese Versuche werden von jenen Studenten unternommen, die heute sich als eine neue revolutionäre Avantgarde bezeichnen.

Lukács: Wenn Sie von der Studentenbewegung sprechen, so muß ich sagen, die Grundlage der Studentenbewegung ist zweifellos etwas Gesundes.[20] Wenn ich die Studentenbewegung kritisieren würde, würde ich nur ihren Happening-Charakter kritisieren, nämlich die Illusion, mit einem Streik oder mit mehreren solchen Skandalmachereien Entwicklungslinien zu ändern, die vorerst begriffen werden müssen, um überhaupt eine Veränderung eintreten zu lassen, und wo genau untersucht werden müßte, wo die eigentlichen Reformen beginnen.

Bei den Studenten, wenn ich sie als Studenten nehme, ist die Frage verhältnismäßig einfach. Hier haben wir es auch mit einer ungeheuren Fälschung zu tun, den die Praxis und die Theorie des Manipulations-Kapitalismus hervorbring[en]. Nämlich als Modell aller richtigen Formen der Praxis und auch der Wissenschaft wird

19 Im Typoskript: am [Anm. d. Hg.].

20 In einem Brief an Werner Hofmann vom 23. März 1969 weist Lukács die Kennzeichnung der Studentenbewegung als »linken Faschismus« kategorisch als »Demagogie« zurück (György Mezei (Hg.), *Ist der Sozialismus zu retten*, Budapest 1991, S. 72) [Anm. d. Hg.].

das außerordentlich differenzierte amerikanische Teamwork aufgestellt und dadurch die Wissenschaft in eine ungeheure Reihe von ganz speziellen Gebieten aufgeteilt. Ich glaube nie, daß die Revolte der Studenten weitgehend die Revolte ist – erlauben Sie, daß ich es mit eigenen Worten ausdrücke.

Wir wollen keine Fachidioten werden. Jetzt ist die Revolte gegen den Fachidiotismus kein geistig gewordener Maschinensturm, sondern… – ich bitte Sie jetzt, für einen Augenblick vom amerikanischen Teamwork abzusehen, um die eigentliche wissenschaftliche Entwicklung in ihrer wirklichen Struktur zu begreifen.

Dann würde ich Ihnen die Frage stellen: Wenn man vor 200 Jahren ein Problem hier aufgeworfen und gefragt hat, ist das ein physikalisches oder ein chemisches Problem, hätte jeder vernünftige Mensch sofort antworten können. Die Grenze zwischen Physik und Chemie war noch vor 100 Jahren außerordentlich scharf und deutlich gezogen. Wenn Sie heute die Frage aufwerfen, ob irgendein Problem ein physikalisches oder chemisches ist, wird ihnen weder Heisenberg noch sonst jemand antworten können; denn heute sind Physik und Chemie so gegenseitig ineinander integriert, wie das noch nie vorher war.

Nehmen Sie die Gesellschaftswissenschaft. Können Sie mir sagen, wo Ökonomie aufhört und wo Soziologie anfängt? Das ist sehr interessant. Der Freudist Erich Fromm hat unlängst einen sehr interessanten Artikel geschrieben, worin er sagt, um den Freudismus wirklich zu verstehen, muß man eine Analyse der sozialen Bedingungen, unter denen die von Freud analysierten Symptome gesellschaftlich entstehen, hinzufügen, so daß die Grenze zwischen Psychologie und Soziologie objektiv auch im Schwinden ist. Jetzt haben wir die interessante ideologische Tatsache, daß objektiv in den Wissenschaften ein ununterbrochener Prozeß der Integration vor sich geht und in der Anwendung der Wissenschaft eine ins Äußerste gehende Arbeitsteilung und Differenzierung. Wenn das kein objektives Problem ist, so weiß ich nicht, wo ein objekives Problem wäre. Und ich sehe nicht, daß diese Frage und ähnliche Fragen in der genügenden und ausreichenden Schärfe in den Diskussionen heute auftauchen würden.

Daß z. B. die kapitalistische Arbeitsteilung und die kapitalistische Manipulation nicht in der Richtung der Wissenschaft geht, wie sie vor 100 Jahren gegangen ist, sondern entgegen der wirklichen

Entwicklung der Wissenschaften. Ich spreche absichtlich nicht von aktuellen Fragen, aber ich meine, daß ideologische Feststellungen dieser Art gar nicht ohne Bedeutung für[21] den Ablauf der Dinge sind und daß wir hier im Gegensatz zu dem Modeschlagwort der Entideologisierung dazu kommen müssen, die Rolle der Ideologie in der gesellschaftlichen Entwicklung richtig zu begreifen. Hier müssen Sie mir wieder gestatten, einen Moment auf Marx[22] und die Ideologie einzugehen.

Brumm / Meyer: Auf Marxens Ideologie-Begriff.

Lukács: Ja. Nämlich heute ist es Sitte, unter Ideologie ein falsches Bewußtsein zu verstehen, dem das richtige Bewußtsein des manipulierten Neo-Positivmus als objektive Wissenschaft gegenübersteht. Und die ist angeblich entideologisiert. Nun hat Marx in der Einleitung zur »Kritik der politischen Ökonomie« eine genaue Beschreibung der Ideologie gegeben. Er sagt nämlich: die ökonomische Entwicklung, vor allem der Widerspruch von Produktivkräften und Produktionsverhältnissen, wirft ununterbrochen Probleme auf. Das Mittel, diese Probleme bewußt zu machen und auszufechten, ist die Ideologie. In diesem Sinne hat also die Ideologie ihre Existenzberechtigung. Einerseits ist sie immer ein Moment der gesellschaftlichen Praxis, andererseits kann sehr wohl einer Ideologie gegenüber die Frage von Richtigkeit und Falschheit aufgeworfen werden, nur daß Richtigkeit oder Falschheit im wissenschaftlichen Sinne kein entscheidendes Kriterium für die politische und ideologische Effektivität der Ideologie ist.

Schauen Sie, nehmen Sie das 18. Jahrhundert. Ohne Frage gab es an der Rousseauischen Ideologie sehr viel, was wissenschaftlich anfechtbar ist. Es ist aber ebenfalls keine Frage, daß, wenn die französische Revolution von den zumeist gut materialistischen Girondisten geführt worden wäre, es nie zu jener Agrarumwälzung gekommen wäre, die Robespierre und Saint Just mit der falschen Rousseauischen Ideologie des Bodin durchgesetzt haben. Bodins Ideal mag eine Einbildung gewesen sein. Die Aufteilung des Großgrundbesitzes ist aber keine Einbildung.

21 Im Typoskript: auf [Anm. d. Hg.].
22 Im Typoskript: die Marx-Ideologie [Anm. d. Hg.].

Brumm / Meyer: Ist es wirklich nur eine Frage der jakobinischen Ideologie gewesen, daß die Befreiung der Bauern sich vollzog?

Lukács: Selbstverständlich nicht. Objektiv hat sich eine dem Kapitalismus folgende Bewegung im Agrarleben Frankreichs abgespielt. Und daß der Feudalismus unhaltbar geworden ist, das ist eine ökonomische Tatsache gewesen. Vergessen Sie nur nicht, daß unter etwas anderen ökonomischen Verhältnissen im 17. Jahrhundert die Kapitalisierung der Landwirtschaft in England sich in ganz anderen Formen abgespielt hat, indem als Grundlage für die Entwicklung der damaligen Großindustrie der Großgrundbesitz geblieben ist. In Frankreich dagegen ist im wesentlichen der Großgrundbesitz parzelliert worden. Ohne darüber zu urteilen, sind das zwei verschiedene ökonomische Prozesse und notwendigerweise brauchte man zuerst eine andere Ideologie.

Die Erhaltung der Existenz wirft immer mehr Probleme für die Menschen auf, zuerst in der Sammelperiode, später in der Viehzucht, Landwirtschaft usw. Das menschliche Denken ist immer das, daß irgendein ökonomisches Bedürfnis in der Luft liegt. Das menschliche Bewußtsein ist nun dazu da, daraus eine Frage zu formen, und diese Frage ist [noch] unbeantwortet. Dadurch aber, daß letzten Endes die menschliche Praxis unmittelbar von diesen Antworten abhängt, daraus folgt nicht, daß anthropologisch Frage und Antwort das Primäre ist, sondern das Primäre ist der Reproduktionsprozeß des Menschen, der sich, seitdem die Arbeit da ist, als eine aktive Anpassung an die Umgebung vollzieht.

Und die aktive Anpassung kann nur durch eine solche Umgestaltung der Produktionsfragen usw. gestaltet werden, so daß wir es hier mit dem Problem zu tun haben, daß hier ein objektiver Prozeß sich abspielt, der in jedem Augenblick von menschlichen Fragen und menschlichen Antworten weitergeführt wird. Die relative Selbständigkeit dieser Fragen und Antworten ändert sich nicht dadurch, daß die letzthin ausschlaggebenden Probleme Produkte einer objektiven Sache sind. Ich kann diese Sachen nur höchst einfach ausdrücken.

Wir haben ungeheuere Fortschritte von den ersten Segelbooten bis zu den heutigen großen Schiffen gemacht. Wir hätten sie aber nie gemacht, wenn die Natur nicht das Meer produziert hätte. Daß irgendein Menschenwesen aus sich heraus Schiffe [sich] ausdenkt, wenn kein Meer da ist, das für ein Schiff eine Notwendigkeit ist, ist natürlich ein Unsinn. Wenn wir nicht hungrig wären, würden wir nicht essen. Wenn wir nicht essen würden, würden wir nicht kochen. Und alle diese schönen Einrichtungen, die der heutige Kapitalismus macht, würden einfach nicht existieren, wenn die brutale Notwendigkeit, daß der Mensch essen muß, nicht vorhanden wäre. Von dort aus kommen die Fragen, und diese Fragen werden jetzt bis zu den neuesten Restaurants in den verschiedensten Weisen beantwortet.

Brumm / Meyer: Nun hat es eine große, geradezu stürmische Entwicklung der Technik gegeben. Sie haben das auch schon angesprochen in Bezug auf die Dienstleistungsbetriebe. Diese Entwicklung der Technik ist in einigen Versuchen philosophisch analysiert worden, z. B. auf seine Weise von Heidegger. Sehen Sie eine Kritik dieser Entwicklung der Technik auch von marxistischer Seite? Ich fürchte, daß die marxistischen Theoretiker das Phänomen der Technik zu unkritisch angesehen haben und es alleine in der Perspektive der fortschreitenden Bedürfnisbefriedigung usf. sehen.

Lukács: Schauen Sie, man muß hier meiner Ansicht nach diese Frage von zwei Seiten betrachten. Die eine Seite ist, das habe ich vor mehr als 20[23] Jahren gemacht: Bucharin stellte die Theorie auf, daß die Technik die eigentliche Produktivkraft wäre. Und ich habe dagegen protestiert. Bucharin sagte z. B., daß die Unentwickeltheit der antiken Produktionsweise die Ursache der Sklaverei gewesen wäre. Ich sage, die Sklaverei war die Ursache der Unentwickeltheit der Produktion. Es ist hier bei demselben kausalen Zusammenhang ein Gegensatz da.

Ich finde, daß wir hier auf die Realität des Problems eingehen müssen, nämlich auf die, daß die Gesamtkonsumtion der Gesellschaft als Problem gestellt ist dadurch, daß die Arbeiter als Konsumenten des Kapitalismus in Frage kommen. Diese Frage kann aber der Kapitalismus nur in einer rein marktwirtschaftlichen Weise lösen. Sie werden gestatten, wenn ich jetzt nicht als Marxist spreche,

23 Lukács spielt auf seine Kritik an Bucharin an, die er bereits 1925, also 45 Jahre vor dem *Spiegel*-Gespräch im *Archiv für die Geschichte des Sozialismus und der Arbeiterbewegung* publiziert hatte (vgl. GLW, Bd. 2, S. 598-611) [Anm. d. Hg.].

sondern den amerikanischen Ökonomen Galbraith anführe,[24] der einmal schreibt, daß ungeheuer viele technische *Reformen* in der Autoindustrie vorhanden waren, aber die überwiegende Mehrzahl ist eine Frage des Umbaues der Karosserien usw., um zu erreichen, daß die Leute möglichst rasch infolge der Prestige-Konsumtion ihre Autos verkaufen und neue Autos kaufen.

Brumm / Meyer: Geplanter Verschleiß.

Lukács: Und ein verschwindend kleiner Teil ist ein real-ökonomischer Fortschritt. Wenn ich jetzt diesen Galbraithschen Gedanken ein bißchen ausbreite, so würde ich sagen, es ist eine interessante Sache, daß es noch nie eine Periode der Menschheit gegeben hat, wo so vollkommene Rasierseifen und Miniröcke existiert hätten wie heute. Wenn ich aber den Fortschritt am Wohnungsbau messe und die Slum-Frage vor 50 Jahren mit der heutigen vergleiche, ist der Fortschritt weitaus kleiner als bei der Rasierseife.

Brumm / Meyer: Womöglich ein Rückschritt.

Lukács: Womöglich, ja. Ich will darüber gar nicht streiten. Aber jedenfalls weigere ich mich, die Entwicklung der Produktivkräfte einfach nach der Rasierseife zu beurteilen, und finde, daß z. B. eine Wohnung eine sehr wichtige Sache ist. Wir haben einen absoluten Widerspruch im Verkehr, wo die Großstädte infolge des Autoverkehrs fast unbrauchbar und unbenutzbar geworden sind. Wir haben eine Verpestung der Luft und des Wassers überall vor uns. Also haben wir diesen wundervollen Kapitalismus, von dem man gesagt hat, daß er gar nicht mehr ein Kapitalismus ist, wo bestimmte Soziologen gesagt haben, wir sind am Ende der Geschichte angelangt, daß das ein anders problematischer Kapitalismus als der des 19. Jahrhunderts war, aber ein problematischer Kapitalismus. Und diese Problematik muß eines schönen Tages in den Vordergrund treten. Und wir sind heute in dem Augenblick, wo das in den Vordergrund tritt.

Erlauben Sie mir, daß ich jetzt von meinem Standpunkt die Frage von Vietnam etwas heranziehe. Denn Vietnam ist eines der Krisenmomente des heutigen amerikanischen Kapitalismus. Nun

24 Im Typoskript: nenne [Anm. d. Hg.].

darf ich vielleicht mit einem Budapester Witz beginnen, denn in Budapest hat man zuweilen ganz gute Witze: Jemand fragt die kybernetische Abteilung des amerikanischen Kriegsministeriums, wann die Vietcong nach ihren Berechnungen besiegt werden. Die Antwort ist: die sind schon seit zwei Jahren vernichtet. Das ist meiner Ansicht nach wie viele Budapester Witze ein ganz guter Witz.

Hier geht es um die Frage, [ob es richtig ist], daß im Grunde genommen das menschliche Denken eine unvollkommene kybernetische Maschine ist und daß man im Grunde genommen in der Kybernetik das Ideal des menschlichen Denkens sieht. Diese Weltanschauung kommt hier in der Vietnamfrage zu ihrer Krise, nämlich daß die genaue kybernetische Berechnung einen Unsinn und eine Sackgasse hervorrufen kann.

Ich will damit nichts gegen Kybernetik sagen. Es gibt bestimmte Fälle, ich weiß das von Physikern, daß ein Experiment mathematische Berechnungsfragen aufwirft, die auszurechnen ein ganzes Institut zwei Monate brauchen würde und die, auf kybernetischen Karten dargestellt, in fünf oder zehn Minuten zu lösen sind. Das ist eine großartige Sache. Aber es ist die Frage: Lassen sich alle Fragen auf solche kybernetische Momente reduzieren, insbesondere z. B. ein solcher Bürgerkrieg, wie er sich in Vietnam abspielt. Verzeihen Sie mir, ich habe das schon öfter gesagt, aber ich muß das leider wiederholen, daß wir in der Vietnamfrage in einer eigentümlichen Lage sind. Sie erinnert mich daran, daß der französische Absolutismus des 18. Jahrhunderts sich auf die Religion, auf den Willen Gottes in weitgehender Weise ideologisch gestützt hat.

Und damit kommen wir jetzt zu einem großen ideologischen Gegensatz. Nämlich Marx, der wirkliche Marx, hat in der deutschen Ideologie geschrieben, wir kennen eine einzige Grundwissenschaft, die Wissenschaft der Geschichte. Nun bin ich der Ansicht, daß das, was in der modernen Wissenschaft entsteht, im Grunde genommen ein Nachweis dessen ist, daß Marx in den vierziger Jahren ganz recht gehabt hat, indem nämlich die Physik von der statistischen Methode beherrscht wird, wie wir das seit den Zeiten von Planck, Born usw. genau kennen.

Was ist statistische Methode: eine Erkenntnis dessen, daß, wenn ich einen Prozess untersuche, es nicht eine Grundursache gibt, die eine Grundkonsequenz hervorbringt, wie man das also im Sinne der allgemeinen Kausalität vorgestellt hat, sondern daß jedes Phänomen – ich denke dabei an die Boltzmannschen ersten Erfahrungen in Bezug auf die Wärmelehre – eine Bewegung von Molekülen ist. Und Boltzmann ist darauf gekommen, daß, obwohl die Moleküle im Grunde genommen die gleichen sind – wir können sie alle mit Recht Moleküle nennen –, bei einer Erhitzung die Reaktion der Moleküle nicht eine vollkommen gleiche ist. Die Moleküle sind ebenso Einzelheiten, wie seinerzeit Leibniz im Park den Hofdamen erklärt hat, daß es zwar Blätter an den Bäumen gibt, aber sie werden nicht zwei gleiche Blätter finden.

Wenn ein Komplex in Bewegung gesetzt wird, dessen Bestandteile in einem wesentlichen Sinne die gleichen sind, aber trotzdem voneinander abweichen, wird eine statistische Gesetzmäßigkeit entstehen, die eine Tendenz von mehr oder weniger größeren Wahrscheinlichkeit zeigen wird. Es ist klar, daß praktisch gesprochen eine Wahrscheinlichkeit von 98,5 Prozent mit der alten Notwendigkeit identisch ist. Das ist aber nur eine praktische Frage.

Wichtig ist, daß wir sehen, daß die Naturprozesse, die wir früher in dieser kausalen Einfachheit gesehen haben, die ihren größten ideologischen Ausdruck in der Philosophie von Spinoza im 17. Jahrhundert bekam, was noch bis in unsere Zeit hineinreicht, [so] daß wir in solchen ehernen großen Gesetzen alle unsere Daseinstage vollenden mußten, [daß] diese Naturgesetze anders aufzufassen sind; diese alte Ideologie der Naturprozesse lieferte uns ein unrichtiges Bild von der Wirklichkeit. Das, was statistisch erfaßt wird, ist immer ein – ich möchte dieses Wort unterstreichen – irreversibler Prozeß, der mit einer mehr oder weniger großen Wahrscheinlichkeit funktioniert.

Wenn wir einsehen, daß vom Atom angefangen bis zur heutigen amerikanischen Wirtschaft, die Welt aus irreversiblen Prozessen besteht, so müssen wir sagen, daß der junge Marx vollständig recht gehabt hat, wenn er in der Geschichte die Grundwissenschaft gesehen hat. Denn was ist im Grunde Geschichte? Geschichte ist die Darstellung und das Verständnis von irreversiblen Prozessen. Würde die Geschichte immer zu ihrem Ausgangspunkt zurückkehren, würde sie aufhören, Geschichte zu sein. Geschichte ist ein System irreversibler Prozesse – das müssen wir heute allmählich begreifen –, ob es die innere Bewegung des Atoms ist oder – um etwas anderes zu sagen, was sich schon früher entwickelt hat – die geologische Veränderung der Erde.

Diese irreversiblen Prozesse in der anorganischen Natur haben durch glückliche Zufälle auf der Erde das organische Leben hervorgebracht. Nun ist es gar keine Frage – das wissen wir durch heutige biologische Untersuchungen unter Zuhilfenahme von Darwin und seinen großen Vorgängern –, daß von den ersten kleinen Lebenszeichen, die sich auf der Erde gezeigt haben, bis zum Orang Utan und bis zum Mammut, eine irreversible Entwicklung sich abgespielt hat. Und aus dieser irreversiblen Entwicklung sind dann der Mensch und die Gesellschaft entstanden, so daß wir heute diese Bemerkung des jungen Marx vollständig bestätigt sehen, daß wir die ganze Weltentwicklung als einen nicht homogenen, aber großen irreversiblen Prozess zu begreifen haben.

BRUMM / MEYER: Läßt sich aus der Irreversibilität schließen, daß es immer eine Aufwärtsentwicklung sein muß and ein Rückfall ausgeschlossen ist?

LUKÁCS: Schauen Sie, erstens die Frage: Aufwärtsbewegung und Rückfall; sie existiert nur von einem bestimmten Standpunkt. Solange ein Standpunkt nicht vorhanden ist, ist die Frage, ob ein Meteor, der auf einen Planeten aufstößt, heil bleibt oder in Stücke zerbricht, eine Frage, die vollständig gleichgültig ist. Ob eine Art der Lebewesen sich erhalten kann, ist vom Standpunkt dieser Art ein Fortschritt oder Nichtfortschritt. Ich meine, die Entwicklung hat aber damit nichts zu tun. Wir wissen ganz gut, daß eine Unmenge von Tierarten ausgestorben ist, weil sie sich nicht anpassen konnten, wobei Anpassen nicht einfach eine höhere Entwicklung bedeutet.

Um auf den Menschen zurückzukommen: es ist sehr interessant, ich zitiere hier Gordon Childe, also einen kompetenten Menschen der Urgeschichte der Menschheit. Gordon Childe zeigt z. B., daß in der ursprünglichen Sammelperiode, wo noch Sammeln, Jagen die Beschäftigung der Menschen war, unter bestimmten für diese Leute sehr günstigen Umständen in Südfrankreich und Spanien eine ganz hohe Jagdkultur sich gezeigt hat, die sich in der Malerei, die wir dort gefunden haben, widerspiegelt. Gordon Childe sagt sogar, daß es Funde gibt, die darauf hinweisen, daß in bestimmtem Sinne damals schon Arten von Malschulen existiert haben, so daß das nicht eine zufällige Genialität von Wilden ist, sondern eine Art Kultur.

Nun hat sich das geologische Bild der Welt verändert. Diese Jagdgebiete haben aufgehört, diese Ergiebigkeit zu haben und die Menschheit hat auf einem niedrigeren Niveau angefangen zu arbeiten, nämlich die Anfänge der Landwirtschaft und der Viehzucht begannen. Das war kulturell viel tiefgreifender[25] als die Zeit dieses Aufschwungs der Sammelperiode. Aber während die Sammelperiode ökonomisch gesprochen ein Glücksfall innerhalb einer Sackgasse gewesen ist, ist die Primitivität von Landwirtschaft und Viehzucht die Möglichkeit zu einem größeren Fortschritt im ökonomischen Sinne.

Ich will also, damit Sie verstehen, sagen, daß es sich hier um eine irreversible, letzten Endes kausale Entwicklung handelt, die als Gesamtbewegung gegenüber der Frage von Fortschritt oder Rückschritt in dieser Weise nicht aufgeworfen werden kann. Aber es zeigt sich – und ich spreche hier absichtlich von der organischen Natur und nicht von den Menschen –, daß, wenn einmal bestimmte, sich reproduzierende Systeme entstehen, die sich an ihre Umgebung anpassen wollen, so entsteht infolge der Anpassungsmöglichkeit und -notwendigkeit – wobei unzählige Rassen und Arten aussterben und zugrunde gehen – eine gewissermaßen tendenzielle Vervollkommnung der wesentlichen Anpassung an die Wirklichkeit.

Denken Sie daran, in den Pflanzen ist das organische Leben noch so beschaffen, daß physikalisch-chemische Prozesse direkt auf die Pflanzen einwirken und daraus das Pflanzenleben entsteht. Wenn jetzt Lebewesen entstehen, die sich selbständig bewegen, ist für ihr Leben diese bloße Aufnahme von physikalisch-chemischen Einwirkungen nicht ausreichend. Und von Anfang an entsteht das, was wir Sinnesempfindungen nennen, nämlich daß die Schallwellen der Luft sich im betreffenden Tier in einen Ton verwandeln. Vergessen wir nicht, daß physikalisch gesprochen ein Ton nicht existiert. Es gibt Schallwellen von verschiedener Höhe. Aber der Ton ist entstellt in der Sinnesempfindung des Tieres. Ebenso wenn ich vom Licht in einem physikalischen Sinne spreche, gibt es dort keine Farben, sondern nur Schwingungszahlen. Und die Farben entstehen in den Augen der Tiere als ein Mittel der besseren Anpassung an die Umgebung.

25 Im Typoskript: tiefer [Anm. d. Hg.].

Daß eine solche Tendenz in der organischen Natur vorhanden ist, glaube ich, wird niemand leugnen. Daß in dieser Beziehung ein Adler für die Anpassung besser eingerichtet ist als ein primitives Tier, ist gar keine Frage. In dieser Beziehung ist eine Anpassung da. Nun entsteht mit der Arbeit ein neuer Sprung: nämlich die biologische Anpassung, die eine passive Anpassung an die Umgebung ist, wird in der Arbeit durch eine aktive, die Umgebung verändernde Anpassung abgelöst.

Jetzt gibt es meiner Ansicht nach drei Momente, die der Marxismus entdeckt hat, in denen man ohne jede Ideologie von einer Entwicklung sprechen kann. Das eine ist, daß die von den Menschen zu leistende physikalische Arbeit, um sich zu erhalten und zu reproduzieren, im Abnehmen begriffen ist. Daß ein Mensch heute das 50-fache oder 100-fache dessen produziert, was zur Reproduktion seines physischen Lebens notwendig wäre ...

Brumm / Meyer: Bei einem geringeren Arbeitsaufwand.

Lukács: Ja, mit einem Wort, daß hier eine objektive Entwicklung ist: wenn[26] Sie die Arbeit eines Steinschleifers in der ursprünglichen Periode mit der Arbeit eines amerikanischen Arbeiters in einem Großbetrieb vergleichen, so werden Sie finden, daß der Anteil der Arbeit, die zur Selbstreproduktion des Menschen unbedingt notwendig ist, in einem ständigen Abnehmen begriffen ist. Das wäre das Eine. Das Zweite ist das, was Marx ein Zurückweichen der Naturschranke nennt. Das heißt, der Mensch ist ursprünglich ein biologisches Wesen. Durch die Arbeit wird er ein menschliches Wesen und das Biologische verschwindet nicht, aber wird transformiert.

Marx sagt einmal, das Essen als einfaches Zerreißen des rohen Fleisches und das Essen mit Messer und Gabel von gekochtem Fleisch ist eine verschiedene Sache. Marx sagt nie, daß die Naturschranken verschwinden. Er sagt nur, daß sie zurückweichen. Ich möchte – wie immer – die Frage stellen: Wenn Sie nach Italien fahren, werden Sie finden, dass die Makkaroni in Florenz anders gekocht werden als in Bologna. Wenn ich jetzt die Frage stelle, ist die biologische Magenbeschaffenheit der Menschen von Bologna von denen in Florenz so verschieden, daß verschieden gekocht wird, wird jeder natürlich mit einem Lachen antworten.

26 Im Typoskript: daß, wenn [Anm. d. Hg.].

Brumm / Meyer: Außer den Bolognesern, die werden sagen, nein, die Florentiner haben einen anderen Magen.

Lukács: Nun ist die Geschichte die, daß hier das Essen zu einer gesellschaftlichen Kategorie geworden ist. Und ebenso – ich spreche jetzt absichtlich von den biologisch am unmittelbarsten determinierten Dingen – aus der Biologie des Geschlechtslebens werden Sie nie die Beziehung von Robert Braun zu Elisabeth Bell ableiten können. Hier hat sich... – nicht daß der Sexualtrieb aufgehört hätte – die beiden waren ineinander genügend verliebt auch im sexuellen Sinne, aber die Liebe, die Entstehung der Erotik, hat in den physikalischen Prozeß des Geschlechtslebens neue Momente hineingebracht.

Ich will also sagen, daß dieses Zurückweichen der Naturschranke selbstverständlich eine Art Fortschritt, ein irreversibler Prozeß ist. Die Leute können heute so viel wie möglich wild tun. Zu der Essensweise und zur Sexualität der Sammlerzeit[27] wird keiner der wildest rebellierenden amerikanischen Studenten zurückkehren. Wenn er die reine Sexualität verkündet, verkündet er eine reine Sexualität von 1970 und nicht die vor 10 000 Jahren vor Christi Geburt.

Brumm / Meyer: Also beispielsweise bei diesem Sexualproblem ist das, was Engels die individuelle Geschlechtsliebe genannt hat als die große zivilisatorische Errungenschaft, nicht mehr fortzunehmen, ist nicht mehr rückgängig zu machen.

Lukács: Ja, und jetzt als drittes Moment würde ich sagen, geht ein Integrierungsprozeß vor sich. Die Menschheit bestand ursprünglich aus ganz kleinen Stammeseinheiten, wobei bei einer Entfernung von 50 oder 100 km oft schon eine Stammeseinheit von der anderen überhaupt nichts gewußt hat. Denken Sie daran, daß die Entwicklung von Rom und China sich vollständig unabhängig voneinander abgespielt hat. Der Kapitalismus hat, indem er den Weltmarkt geschaffen hat, eigentlich zum erstenmal die ökonomische Grundlage dessen geschaffen, was wir Menschheit nennen können, nämlich eine einheitliche Menschheit. Sie tritt heute in rein negativer Weise auf.

27 Im Typoskript: Sammelzeit [Anm. d. Hg.].

Brumm / Meyer: Eine Weltkultur gibt es auch schon.

Lukács: Das will ich nicht bestreiten. Aber daß ein Integrationsprozess in diesem Sinne sich objektiv abgespielt hat, ist gar keine Frage. Wenn ich nur diese drei Momente, die Marx hier hervorhebt, nehme, so sehe ich schon, daß der sogenannte Zivilisationsprozess ein irreversibler Prozess ist, der in dieser Beziehung große Fortschritte zeigt. Wir dürfen nur Fortschritt nicht in einem unmittelbar vulgarisierten Sinne auffassen; denn in diesem Sinne – könnte man sagen – ist die Atombombe auch ein Fortschritt den gewöhnlichen Kanonen gegenüber, so wie Kanonen ein Fortschritt den Pfeilen gegenüber waren, trotzdem die Atombombe die Gefahr fürchterlicher Dinge in sich trägt und [offensichtlich ist], daß die Kriege mit dem Fortschritt der Technik immer blutiger und vernichtender geworden[28] sind als die primitiven Kriege. Wir dürfen also Fortschritt jetzt nicht in einem vulgarisierten Sinne nehmen, sondern versuchen zu betrachten, wo jene objektiven Bedingungen der Gesellschaft sind – ich habe diese drei aufgezählt –, in denen ein objektiver Fortschritt konstatierbar ist, ohne unmittelbar auf eine subjektive Bewertung zurückzugehen.

Brumm / Meyer: Dennoch sind gesellschaftliche Entwicklungen denkbar und ich meine sogar sichtbar, die selbst diesen objektiven Fortschritt aufzuheben vermögen.

Lukács: Selbstverständlich. Schauen Sie, jetzt komme ich zu einem weiteren Gegensatz, den die Menschen vielfach nicht begreifen wollen. Wenn Sie in alten philosophischen Büchern blättern, werden Sie immer finden, daß es zwei große Formen der Verbindung der Dinge gibt, die kausale und die teleologische. Nun behaupte ich mit dem Marxismus, dass es eine Teleologie weder in der anorganischen, noch in der organischen Natur gibt, daß Teleologie – wie Marx das im »Kapital« genau zeigt – mit der Arbeit entsteht, indem in der Arbeit der Plan dessen, was ich zu machen habe, früher da ist als die Durchführung. Die Durchführung ist indessen, was ausgedacht wird.

Vergessen Sie nicht, hier müssen wir auf das Primitivste zurück-

28 Im Typoskript: gewesen [Anm. d. Hg.].

gehen. Als der Mensch noch gar nicht Steine geschliffen hat, sondern nur Steine gesucht hat, um bestimmte Arbeiten zu machen, hätte er unmöglich den geeigneten Stein finden können, wenn er nicht durch seine Erfahrungen im voraus eine bestimmte Vorstellung gehabt hätte, wie groß, wie schwer und was für eine Form diese Sache haben muß, so daß mit der Arbeit dieses Moment entstanden ist. Und ich würde sagen, daß unsere ganze Wissenschaft sich aus diesem Steinesuchen heraus entwickelt hat, indem man diesen Gedanken, mit dem man an die Produktion herangeht, immer zu vervollkommnen getrachtet hat.

Zur Arbeit gehört, das Wesentliche hier ist:[29] Ein Löwe zerreißt eine Antilope heute in derselben Weise als vor 10 000 Jahren. Ein Schmied arbeitet heute nicht in der Weise wie ein Schmied vor 10 000 Jahren gearbeitet hat. Der Reproduktionsprozeß des Löwen ist in dieser Beziehung ein stabiler, jetzt abgesehen davon, daß Rassen aussterben und neue entstehen können. Aber innerhalb einer Rasse entstehen keine wesentlichen technischen Erneuerungen, während es zum Wesen der Arbeit gehört, daß sie ständig vervollkommnet wird.

Und hier ist jetzt dieses Problem, um auf das philosophische Problem zurückzugehen,[30] daß mit der Arbeit, d.h. mit der teleologischen Setzung, ein vollkommen neues Moment in die Entwicklung eingetreten ist, aber teleologische Setzung als Dirigierung des Arbeitsprozesses.

Der Arbeitsprozeß selbst ist ein Komplex von kausalen Beziehungen, denn ich kann mit Schleifen und Bearbeiten des Steines nichts herausbringen, was objektiv nicht im Stein steckt. Der teleologische Prozeß setzt also Kausalreihen frei, und mit der Durchführung des teleologischen Prozesses entsteht niemals genau das, was geplant wird. Es entsteht einerseits das, was geplant wird, aber der Mensch kann unmöglich so handeln, daß er sämtliche Verhältnisse und sämtliche Bedingungen im voraus kennen würde. Er hat die Axt z.B. gemacht, um vom Baum Zweige abzuschneiden. Ich sage das jetzt rein hypothetisch. Es ist sehr die Frage, ob er bei der Produktion der ersten Axt genau gewußt hat, daß man mit der Axt auch einem Menschen den Schädel einschlagen kann.

29 Im Typoskript: hier ist das Wesentliche [Anm. d. Hg.].

30 Im Typoskript: wo ich auf das philosophische Problem zurückgehe [Anm. d. Hg.].

Brumm / Meyer: Sie haben davon gesprochen, daß es eine ständige Entwicklung, eine Vervollkommnung des Arbeitsprozesses gegeben hat und dass dieses ein irreversibler Prozeß ist. Es ist also irreversibel, daß einstmals ein Arbeiter sein Werkzeug benutzte, um einen Schuh herzustellen oder um einen Pferdewagen zu machen; ein einzelner oder mehrere Arbeiter, die von Anfang an das ganze Stück verfertigt haben, bis es dastand.

Und es ist heute so, daß ein Arbeiter an einem Fließband nur ganz bestimmte Ausschnitte der Arbeit im Ganzen leistet. Das, was dabei herauskommt, ein Auto vielleicht oder ein Flugzeug kann etwas ungeheuer Kompliziertes und Großartiges sein. Er kennt es aber überhaupt nicht. Inwiefern kann man dann noch von einer Vervollkommnung des Arbeitsprozesses sprechen? Dieser Arbeiter ist doch fast schon ein unbewußtes Instrument.

Lukács: Ich spreche vom Arbeitsprozeß und nicht vom Arbeiter. Der Arbeitsprozeß entsteht in dem Augenblick, wo die Direktion der Fabrik den Plan einer Maschine annimmt. In diesem Moment entsteht diese teleologische Setzung, die die Arbeit zustande bringt. Ob jetzt nun der einzelne Arbeiter ein Bewußtsein über seine Arbeit hat oder nicht, ist etwas vollkommen Gleichgültiges. Sie dürfen nicht vergessen, daß schon viel früher bei jeder Arbeitsteilung [das Phänomen] entsteht, daß der Einzelarbeiter weniger Bewußtheit über seine Rolle im Prozeß hat als der, der die Arbeit plant. Als Kolumbus nach Amerika gefahren ist, bezweifle ich sehr, daß jeder Ruderer in seinem Schiff eine Vorstellung darüber gehabt hat, daß man jetzt einen neuen Weg nach Indien sucht. Trotzdem war die Tatsache, daß man solche Boote machen konnte, die mit Segel und Ruder den Ozean überqueren konnten, objektiv ein Fortschritt gewesen.

Und da komme ich jetzt eben darauf zurück, daß die Konsequenzen einer teleologischen Setzung immer kausal sind, die nur sehr teilweise mit dem Zweck der ursprünglichen Setzung zusammenhängen, so daß das, was Goethe sagt, daß aus Wohltat Plage wird, ein ständiges Zeichen dieses Prozesses ist, daß bestimmte Absichten vorhanden waren. Marx zitiert mit Ironie im »Kapital« antike Stimmen, die davon träumen, daß, wenn Maschinen erfunden werden, die Sklaverei – d. h. die Abhängigkeit der Arbeit von einem anderen – aufhören wird. Er hat hier ironisch darüber gesprochen, was für Illusionen die Alten gehabt haben; denn bei der Maschine hat die Abhängigkeit erst recht begonnen.

Brumm / Meyer: Womit wir bei der Kybernetik sind.

Lukács: Wenn ich hier Marx zitieren darf: Die Menschen machen zwar ihre Geschichte selbst, aber machen sie nicht unter selbst gewählten Umständen. Diese nicht selbst gewählten Umstände sind zum Teil das Produkt ihrer eigenen Arbeit. Schauen Sie, um eine kompliziertere Sache zu nehmen: Die Amerikaner waren fest überzeugt, als sie die Atombombe entdeckt haben, daß sie damit für immer eine militärische Überlegenheit für Amerika sichern würden. Daß daraus ein Atom-Patt geworden ist, lag doch sicher nicht in der teleologischen Setzung jener Amerikaner, die die Atombombe gemacht haben. Es ist aus der Atombombe gerade das Gegenteil dessen herausgekommen, was sie gewollt haben, obwohl es gar keine Frage ist, daß die Atombombe eine äußerst komplizierte, wissenschaftlich durchgearbeitete, teleologische Setzung ist.

Ich will also diese Doppeltheit der gesellschaftlichen Entwicklung klarlegen, daß einerseits alles auf teleologischen Setzungen beruht. Die Frage, ob ich jetzt diese Zigarre niederlegen und eine andere anzünden werde oder sie fortsetze, ist auch eine teleologische Setzung, erkenntnistheoretisch von der Entdeckung der Atombombe gar nicht unterschieden. Andererseits ist die generelle Entwicklung als irreversibler Prozeß eine Reihe von solchen statistisch erfaßbaren, auf Wahrscheinlichkeit untersuchbaren Kausalzusammenhängen. Wer nicht diese Doppeltheit der menschlichen Entwicklung sieht, kann Notwendigkeit und Freiheit nur in den alten, vollkommen falschen und abstrakten Formen verstehen.[31] Man hat als Freiheitsbild immer den schönen Esel von Buridan, der zwischen zwei gleichen Möglichkeiten nicht zu wählen im Stande ist.

Wir vergessen immer wieder, daß jede unserer Bewegungen, jede unserer Taten für uns eine Situation schafft, wo wir unter bestimmten konkreten Bedingungen einen konkreten Spielraum für freie Entscheidungen haben. Aber dieser konkrete Spielraum ist immer konkret gegeben. Ich meine, um es ganz grob zu sagen: Für Sie ist konkret gegeben, daß ich in der Wohnung Quai Belgrad 2

31 Im Typoskript: stellen [Anm. d. Hg.].

wohne. Und wenn Sie das Interview wollen, haben Sie keine Wahl, darüber, ob Sie zum Quai Belgrad 2[32] gehen oder nicht. Sie müssen dorthin gehen, denn diese Zielsetzung enthält dieses Moment in sich. Andererseits können Sie sich entscheiden: Sie werden das Interview überhaupt nicht machen. Also ist ein bestimmter Spielraum [vorhanden], der einmal sehr groß ist und einmal sehr klein. In menschlichen Beziehungen vergrößert und verkleinert er sich gewissermaßen von Minute zu Minute, wenn Sie an die Beziehung zweier Menschen denken.

Aber das, was wir Freiheit nennen, und das, was hier Marx damit ausdrückt, daß die Menschen ihre Geschichte selbst machen, ist, daß in der menschlichen Geschichte ununterbrochen solche teleologischen Entscheidungen, Alternativ-Entscheidungen entstehen. Jetzt wieder: denken Sie an nichts Erhabenes. Denken Sie an den einfachen Steinschleifer in der Urzeit. Er mußte entscheiden, ob er seine Hand beim Schleifen so halten wird oder so. Das ist in gewissem Sinne der erste Schritt der Freiheit den Dingen gegenüber, wo der biologische Spielraum seiner Aktivitäten [noch] viel strenger vorgeschrieben ist.

Brumm / Meyer: Darf ich nochmal zurück zur fortentwickelten Technik? Es gibt ja von seiten mancher Philosophen die skeptische Beobachtung dieses Phänomens. Die begründen das so wie z. B. Horkheimer und Adorno in ihrer »Dialektik der Aufklärung«, daß eine bestimmte Weise des vernünftigen Verhaltens von Menschen dazu führen kann, daß sie sich Bedingungen schaffen – mit Hilfe, wie er sie nennt, der instrumentellen Vernunft –, die nachher objektiv unerträglich werden für sie.

Es ist also eine Kritik, eigentlich kein Mißbrauch der Vernunft, sondern es ist gerade eine Weise des Vernunftgebrauchs, die aufklärerisch gemeint ist, in dem Sinne Fortschritt der Wissenschaf-

32 Georg Lukács lebte von 1945 bis zu seinem Tod 1971 in der fünften Etage des Hauses Belgrád rakpart 2. Nach seinem Tod wurde dort das Lukács-Archiv eingerichtet, das im Mai 2017 geschlossen wurde. Im UA Auswärtige Kultur- und Bildungspolitik des Auswärtigen Ausschusses des Bundestags wurde »Über die Möglichkeit des Erwerbs der Georg Lukács Wohnung in Ungarn« nachgedacht (vgl. die Sachstanderhebung des Wissenschaftlichen Dienstes ⟨https://www.bundestag.de/resource/blob/508966/9ca9d188a773e26c3c4c0151377a37a2/WD-10-018-17-pdf-data.pdf⟩). [Anm. d. Hg.]

ten, [daß der vernünftige Mensch] bessere Fahrzeuge schafft usw., aber gegen den Menschen, sofern man seine Lebensbedingungen betrachtet, die von Krach frei sein sollten, ist es eigentlich kein Fortschritt, sondern eine Verhinderung der humanen Lebensbedingungen. Teilen Sie diese Skepsis?

LUKÁCS: Das bestreite ich gar nicht. Es kommt eben darauf an, was ich früher gesagt habe, daß die teleologischen Setzungen der Menschen sich in Kausalwirkungen innerhalb von Komplexen verwandeln, welche Kausalwirkungen dann relativ unabhängig davon sind, was die Menschen gewollt haben. Trotzdem ist dieser irreversible Prozeß da, und in diesem irreversiblen Prozeß ist der Mensch als Mensch entstanden. Es ist z. B. gar keine Frage – Sie müssen schon immer entschuldigen, daß ich auf solche brutalen Dinge zurückgehe –, daß dem ursprünglichen Kannibalismus gegenüber die Sklaverei ein Fortschritt war. Dazu müssen wir heute sagen, daß der Sklave nicht begeistert über diesen Fortschritt war, besonders nachdem die Sklaverei[, die] – jetzt wieder sehr interessant – anfangs als Haussklaverei etwas relativ Menschliches gewesen ist, mit der Entwicklung der Produktivkräfte, mit der Entstehung von großen Sklavenplantagen eigentlich ihre vollständig unmenschliche Form bekommen hat. Diese unmenschliche Form hat aber im Laufe einer sehr langen Zeit die Sklaverei gesprengt und unmöglich gemacht.

Und wieder, ohne da besondere Illusionen zu haben, ist die relative Freiheit des Hörigen ein großer Fortschritt an Humanität. Wenn[33] Sie die Entwicklung der Feudalwirtschaft nehmen: je entwickelter die feudale Wirtschaft geworden ist nach einer Aufwärtsbewegung, desto schlechter ist der Zustand der Hörigen gewesen, so daß das, was Adorno ausspricht, historisch gar nicht etwas Neues und Spezifisches ist, sondern es folgt eben daraus, daß die historische Entwicklung – und das möchte ich immer wieder betonen – nicht teleologischen Charakters ist.

Die christliche Auffassung von der Schaffung der Welt und Jüngstem Gericht, das ist eine teleologische Konzeption. Der Heilige Augustin hat eine teleologische Konzeption, der Marxismus[34]

33 Im Typoskript: Jetzt wenn [Anm. d. Hg.].

34 Lukács meint damit nicht die Marxsche Auffassung, sondern eher das Marxismus-Verständnis der II. Internationale und des stalinistischen Dogmatismus [Anm. d. Hg.].

und wie schon bei allen Illusionen die Aufklärer hatten es. Sie müssen meine Grobheit entschuldigen, daß ich Horkheimer und Adorno gegenüber hier eine tiefe Skepsis habe, insofern[35] nämlich schon in der deutschen Philosophie ein [ähnlicher] Fall war – in einer Zeit, als die deutsche Philosophie in einer grandiosen Weise auf die französische Revolution ideologisch reagiert hat und daraus die Philosophie von Kant bis Hegel entstanden ist, ist eine ganz neue Form in Schopenhauer entstanden, indem er auf eine philosophisch sehr entwickelte, sehr scharfsinnige, sehr geistreiche Weise alles Negative des Vorhandenen zusammengetragen und damit die Geschichte als Geschichte geleugnet hat. Er hat damit ein sehr tief empfundenes Bedürfnis entwickelt. Ich nenne dieses Bedürfnis im Falle Schopenhauer indirekte Apologetik, indem für jeden Gesellschaftszustand es wichtig ist, daß bestimmte Schichten – also in diesem Fall, bei modernen Gesellschaften, spielt die Intelligenz eine relativ große Rolle – nicht gegen die Gesellschaft rebellieren. Das ist direkt damit erreicht, daß man die [bestehende] Gesellschaft als etwas Ideales, Großartiges, Nachahmenswertes ansieht. Es können aber Situationen entstehen – und der deutsche Zustand vor und nach [18]48 war auch so –, daß man der Intelligenz unmöglich einreden konnte, der Zustand wäre ideal und darum zu bejahen. Man konnte ihnen aber – und Schopenhauer hat diese Frage für seine Zeit blendend gelöst – erklären, die Welt ist sehr schlecht, aber wir können an ihr nichts ändern. Und die Leute sind Anhänger des Systems aufgrund einer scharfen Kritik des verachtenswerten Systems geworden.

Brumm / Meyer: Da muß man aber, glaube ich, Horkheimer und Adorno insofern verteidigen...

Lukács: Nein, schauen Sie, ich möchte hier nur sagen, daß eine bestimmte historische Analogie da ist. Horkheimer und Adorno anerkennen die Dialektik, anerkennen die historische Entwicklung. Es fällt mir nicht ein, sie mit Schopenhauer philosophisch zu vergleichen. Ich sage nur, daß eine weite Analogie hier vorhanden ist, nämlich alle intellektuellen Bedürfnisse der Intelligenz in Bezug auf die Kritik des heutigen Gesellschaftszustandes zu befriedigen

35 Im Typoskript: daß [Anm. d. Hg.].

und zugleich darauf hinzuweisen, daß es einen gesellschaftlichen Ausweg aus dieser Entwicklung nicht gibt. Hier sind Horkheimer und Adorno nicht vollkommen auf einem gleichen Standpunkt. Adorno steht einer [solchen] Entwicklung näher als Horkheimer. Ich meine, ich will da nicht auf Nuancen eingehen, aber ich glaube, Sie teilen da meine Ansicht.

Es ist nur etwas Tendenzielles, ich habe das in meinem Buch »Zerstörung der Vernunft« Grand Hotel Abgrund[36] genannt, wo die Menschen in einem großartig eingerichteten Hotel wohnen und die Tatsache [hervorgehoben], daß am Rand des Abgrunds ein Reiz intensiver[37] ist, da man in den Abgrund unmöglich hinunterstürzen kann. Es ist eine Pikanterie, die zum Essen und zum Tanz serviert wird. Nun behaupte ich nicht, daß Adorno das gewollt hat. Aber die Wirkung von Adorno und seine tiefe Enttäuschung bei der Wirkung auf die Studentenbewegung stammt eben daher, daß viele Studenten die Schlechtigkeit der heutigen Gesellschaft und die Fehler der zu reparierenden Gesellschaft aus den Vorträgen und Schriften von Adorno gelernt haben. Und wenn sie jetzt [mit der Fragestellung] aufgetreten sind: das ist schlecht, was kann ich dagegen tun? Da hat Adorno vornehm die Achsel gezuckt und hat gesagt, der Marquis de Sade ist die notwendige Konsequenz der französischen Revolution.

Brumm / Meyer: Andererseits ist es doch aber wieder ein Verdienst, daß auf diese Weise die kritischen Fragen, das kritische Betrachten der bestehenden Verhältnisse offengehalten wird …

Lukács: Ich bestreite das nicht.

Brumm / Meyer: … also daß nicht umgekehrt verfahren wird und man sich der Illusion hingibt, in jeder einzelnen Situation könnte die Revolution schon kommen, so wie es manche Studenten in einer großen Überschätzung …

Lukács: Ich möchte nur dazwischen sagen: Sie können nur sagen manche Studenten. Sie können nicht sagen Marx und Lenin. Der

36 Vgl. zu diesem Topos in diesem Band S. 319-336.
37 Im Typoskript: näher [Anm. d. Hg.].

Marxismus hat nie gesagt, daß man in jedem Moment eine Revolution machen kann.

BRUMM / MEYER: Das hat nicht einmal Mao gesagt.

LUKÁCS: Wir müssen hier sehr unterscheiden zwischen dem, was also begeisterte Studenten in einem Moment der Begeisterung sagen, und dem, was der eigentliche Standpunkt des Marxismus ist. Wenn ich von Adorno spreche, so glaube ich, daß ich in diesem Falle Adorno eher ehre als das Gegenteil [zu tun], wenn ich ihn nicht mit den spontanen Studenten-Happenings vergleiche, sondern mit bedeutenden Denkern. Bei diesem Vergleich komme ich zu dem Grand Hotel Abgrund.

BRUMM / MEYER: Glauben Sie denn, daß die Spontaneität der Studenten in jedem Fall nur etwas Schlechtes war?

LUKÁCS: Nie, nie.

BRUMM / MEYER: Man muß doch auf der anderen Seite sehen, jedes Stück Bewegung ist immer gut, ist ein Fortschritt. Nur, wann ist Ihrer Ansicht nach im Westen objektiv eine revolutionäre Situation gegeben?

LUKÁCS: Da werde ich Ihnen sagen, ich weiß es nicht. Momentan stehen wir am Anfang einer revolutionären Erschütterung. Vergessen Sie nicht, daß bestimmte Momente des Sozialen schon in der großen französischen Revolution, in schwächerer Weise auch schon in der englischen Revolution, aufgetreten sind. Sie mußten niedergetreten werden. Es gab diese Gracchus-Babeufsche Verschwörung, die vernichtet worden ist. Aber von Gracchus-Babeuf bis zu Marx geht eine ununterbrochene Entwicklung der wachsenden Krisenbewußtheit, die einerseits eine ideologische Entwicklung ist, andererseits mit den praktischen Erfahrungen der Interessierten selbst zusammenhängt; denn vergessen Sie ja nicht, daß die erste Reaktion der Arbeiter auf das Maschinenzeitalter die Maschinenstürmerei gewesen ist.

Nun habe ich in Diskussionen mit vulgär Fortschrittlichen seinerzeit in der Sowjetunion immer gesagt, der Standpunkt vulgär fortschrittlich besagt auch, daß auch die ursprüngliche Akkumulation ökonomisch ein Fortschritt war. Ich habe immer geantwortet, ich leugne das nicht. Aber der größte Fortschritt war die Maschinenstürmerei. Sie verstehen, was ich damit sagen will: daß es ohne Maschinenstürmerei keinen Marxismus geben würde.

Brumm / Meyer: Es war ein Fortschritt im Bewußtsein.

Lukács: Ja, daß es überhaupt in Bewegung geraten ist. Schauen Sie, das geht in bestimmten moralischen Dingen sehr weit zurück. Defoe hat das in »Moll Flanders« geschildert, wie eine Frau in den Schrecken der ursprünglichen Akkumulation sich menschlich integer verhalten kann und am Ende zu einem glücklichen Dasein kommen kann. Das ist ein Roman eines Einzelnen.

Wenn die ursprüngliche Akkumulation wirklich so gewesen wäre, daß man jeden einzelnen Arbeiter als Arbeiter vollständig zertreten hätte, wenn das möglich gewesen wäre, so wäre auch die Maschinenstürmerei nicht entstanden und aus der Maschinenstürmerei die Arbeiterbewegung nicht entstanden. Diese Dinge sind immer außerordentlich komplizierte Prozesse, die manchmal bei einem einzelnen Menschen anfangen und von seiner Vorbildlichkeit aus sich langsam weiter entwickeln. Hier komme ich immer wieder darauf zurück, daß die Menschen ihre Geschichte selbst machen. Die nicht selbstgewählten Umstände zwingen ihnen Entscheidungen, Fragen und Antworten auf. Und die Entwicklung einer solchen Frage und Antwort ergibt dann das, was in der gesellschaftlichen Entwicklung besonders betont Lenin den subjektiven Faktor genannt hat. Den subjektiven Faktor bestimmt Lenin auch nicht in einem luftleeren Raum, sondern seine Bestimmung lautet so: wenn die herrschenden Klassen nicht mehr in der alten Weise regieren *können* und die unterdrückten Klassen nicht mehr in der alten Weise leben *wollen,* entsteht die revolutionäre Situation.

Brumm / Meyer: Wenn ich dies einflechten darf, dies beides kann man, allerdings in großer Begrenzung, für die Studentenbewegung sagen. Trotzdem ist es natürlich möglich, daß dieser subjektive Faktor, der in der Studentenbewegung gegeben ist, sich nicht in Übereinstimmung befindet mit den objektiven Verhältnissen.

Lukács: Hier ist die Geschichte so: Was die Studenten wollen, ist zweifellos ein Symptom einer beginnenden Krise des Systems. Das ist gar keine Frage. Wie lange diese Krise dauern wird, da muß ich Ihnen sagen: Marx hat nicht den Zusammenbruch des Kapitals voraussagen können. Wie soll ein armer Mensch wie ich voraussagen, wie rasch oder wie lange diese Krise sich entwickeln wird.

Brumm / Meyer: Darf ich nochmal etwas fragen zu dem Verhältnis zwischen dem subjektiven Faktor und den objektiven Verhältnissen. Wir sollten gleich darauf kommen, wie es heute mit der Studentenbewegung steht, weil das an sich das Thema ist, was uns und unsere Leser natürlich ganz besonders interessiert.

Aber ich möchte zunächst einmal nochmal von Lenin sprechen. 1917, der subjektive Faktor war gegeben. Die Beherrschten wollten nicht mehr so weiterleben und die Herrschenden konnten nicht mehr so weiter regieren. Aber waren denn die objektiven Faktoren gegeben? Ist es so gewesen, daß der Reproduktionsprozeß soweit entwickelt war, daß die Stunde der sozialistischen, der proletarischen Revolution gegeben war? Objektiv nein. Trotzdem haben Sie damals gesagt, die große Leistung Lenins sei gewesen, daß er die Aktualität der sozialistischen Revolution …[38]

Lukács: Ich werde Ihnen sagen, Lenin spricht oft darüber, wie schlau die Wirklichkeit ist.

Brumm / Meyer: Als guter Hegelianer.

Lukács: Es gab die merkwürdige Situation in der Sowjetunion, daß es in 1917 zwei große unwiderstehliche Massenbewegungen gab. Die eine war, daß das russische Volk den Frieden haben wollte. Das zweite war, daß die Bauern das Land haben wollten. Jetzt, an sich objektiv soziologisch betrachtet, sind beides Forderungen einer bürgerlichen Revolution. Aber, Lenin hat ja die Frage aufgeworfen. Lenin hat – wenn ich mich recht erinnere – im Herbst 1917 an die Sowjets das Problem gestellt: Macht den Frieden, macht die Agrarreform. Wir Bolschewiki werden euch eine loyale Opposition

38 Vgl. Georg Lukács, *Lenin. Studie über den Zusammenhang seiner Gedanken* (1924), GLW, Bd. 2, S. 522-526 [Anm. d.Hg.].

sein, die nichts gegen euch unternimmt. Jetzt aber haben Menschewiki und Sozialrevolutionäre abgelehnt, diese Massenforderungen zu erfüllen. Und Lenin mußte, um diese Massenforderungen zur Erfüllung zu bringen, eine sozialistische Revolution machen.

BRUMM / MEYER: Eine politisch sozialistische Revolution, für die aber die soziale Basis doch fehlte. Erklären sich nicht von daher all die Widersprüche, die nach Lenin gekommen sind?

LUKÁCS: Schauen Sie, ich bin da der Ansicht, daß das tatsächlich richtig ist. Sie dürfen nicht vergessen, daß sich Lenin darüber vollständig im klaren war, in den Anfangszeilen [von] »[Der ›linke] Radikalismus‹, die Kinderkrankheit des Kommunismus« schreibt er: Wir sind heute so vorbildlich für den Sozialismus. In dem Augenblick, wo ein entwickeltes kapitalistisches Land den Sozialismus auch führen wird, wird unsere führende Rolle aufhören.[39]

BRUMM / MEYER: Dieses entwickelte Land, also konkret Deutschland, hat diese historische Aufgabe damals nicht erfüllt.

LUKÁCS: Aus Gründen der Schwäche des subjektiven Faktors. Jetzt möchte ich hier nur sagen, damit ist eine eigenartige Zwischenform entstanden, deren sozialistische, über das Bürgerliche hinausgehende Bedeutung man trotz aller Kritik, die man oft ausübt, nicht unterschätzen darf. Die eine Frage war, den Molotow-Pakt mit eingerechnet, die Hitler-Zeit. Wenn es von den Westmächten abgehangen hätte, wäre Hitler heute der Herrscher Europas und der Welt. Nur der Widerstand des Sozialismus hat im Grunde genommen Hitler gestürzt. Ich glaube, das werden Sie nicht leugnen.

BRUMM / MEYER: Also der Antifaschismus ist das erste sozialistische Element.

LUKÁCS: Ja. Das zweite Moment ist, daß es den Sowjets gelungen ist, Amerika gegenüber den Atom-Pakt durchzusetzen, so daß eine Kriegserfindung, die ursprünglich im Interesse einer amerikani-

39 Vgl. W. I. Lenin, »Der ›linke Radikalismus‹, die Kinderkrankheit des Kommunismus«, in: ders., *Werke*, Bd. 31, Berlin 1966, S. 5 f. [Anm. d. Hg.].

schen Diktatur entstanden ist, infolge der sozialistischen Entwicklung, so wie sie war, zu einer – vorläufig, es sind ja inzwischen 25 Jahre schon vergangen – Verhinderung des imperialistischen Weltkrieges gewirkt hat, wobei ich nicht leugne, daß alle Kriegsursachen, solange der Kapitalismus besteht, bestehen bleiben.

Vergessen Sie aber nicht, daß Vietnam die sehr interessante Seite zeigt: ohne Waffentransport von Rußland an Vietnam wäre der Vietcong längst geschlagen. Ich glaube, daß darüber kein Mensch eine Illusion hat. Und auf der anderen Seite, ohne Atom-Patt würden die Vereinigten Staaten nie den Waffentransport an Nordvietnam gestatten.

Sie verstehen, wie ich diese Frage meine, daß hier eigentlich die zwei großen Wendepunkte unserer Periode – 1) ob Hitler der Herrscher der Welt sein wird, 2) ob der American way of life Herrscher der Welt sein wird – durch den Sozialismus tel quel, Sozialismus Stalinscher Weise, verhindert worden sind.

Brumm / Meyer: Das Zweite ist ein technologisches Moment. Beide Momente hätte auch ein nicht-sozialistischer Staat als Gegengewicht gegen die andere Großmacht verwirklichen können.

Lukács: Wenn ich einen bürgerlichen Staat gesehen hätte, der in der leisesten Weise gegen Hitlers Weltherrschaft opponiert hätte, würde ich Ihnen recht geben. Vergessen Sie aber nicht, was für eine Politik Daladier, Chamberlain und auch große Teile der amerikanischen Öffentlichkeit Hitler gegenüber geführt haben. Ich meine, ich bestreite gar nicht, daß in bestimmtem Sinne für die Entwicklung der Arbeiterbewegung die Stalinsche Parole vom Sozialfaschismus einer der Gründe war, wie Hitler die Machtergreifung erreicht hat.

Sie sehen, daß ich die Fragen objektiv zu betrachten versuche. Andererseits, als Hitler einmal da war, war die einzige Gegenmacht Hitler gegenüber die Sowjetunion, jetzt der Molotow-Pakt mit eingerechnet, denn der Molotow-Pakt war ein sehr geschickter Schachzug, um den Westkrieg und damit die Lebensnotwendigkeit für die Westmächte zu schaffen, sich gegen Hitler zu wenden. Denn wenn Hitler nicht Frankreich angegriffen hätte, hätte England nie einen Schritt gegen Hitler unternommen.

Brumm / Meyer: Darf ich jetzt nochmal zurückkommen auf die Situation in Deutschland, von der Sie gesagt haben, daß [...][40] das Fehlen jeder objektiven Möglichkeit für eine Umwälzung der bestehenden Verhältnisse uns keine Möglichkeit offen läßt, zu sagen: hier oder da gibt es Ansatzpunkte, hier oder da zeigt sich bereits ein Beginn für die Umwälzung der Verhältnisse. Würden Sie sagen, daß gerade, weil es so ist, die Studenten oder die wenigen sozialistischen Kräfte, die interessiert wären daran, den Kapitalismus zu stürzen, gerade deswegen angewiesen sind auf Utopie, auf Ziele, die sie nicht aus der konkreten kapitalistischen Situation entnehmen können. Oder halten Sie das für einen Fehler?

Lukács: Schauen Sie, ich würde sagen, in einem bestimmten Sinne halte ich es für einen Fehler. Es gibt eine geniale Schrift von Engels, nämlich die »Kritik des Erfurter Programms«, wo Engels der damals aus der Illegalität herauskommenden und groß werdenden Sozialdemokratischen Partei die Aufgabe stellt, mit den Überresten des alten Deutschlands aufzuräumen. Er hat gesagt, es ist eine Illusion, zu glauben, daß diese Schweinerei frisch, fromm, fröhlich und frei in den Sozialismus hinüberwachsen wird. Er meinte, diese Entwicklung Deutschlands, konkret gesprochen – natürlich, die Vorbereitungen sind viel älter –, beginnt mit der Niederlage der 48er-Revolution. Thomas Mann hat das sehr schön »machtgeschützte Innerlichkeit« genannt, womit er zeigte, wie tief diese Sache in die deutsche Intelligenz eingedrungen ist, daß nämlich im Gegensatz zu Frankreich und England – wo die Revolutionen, besonders in Frankreich, eine wirkliche Demokratisierung hervorgebracht haben, auch im Gegensatz zu Norditalien, wo die Wirkung der Garibaldischen Bewegung zu spüren ist – in Deutschland es niemals eine bürgerliche Demokratie gegeben hat.

Ich meine, das soll offen und brutal ausgesprochen werden, um die Versuche von bestimmten Ideologen zu meiden, die bürgerliche Demokratie könne in dieser Weise übersprungen werden; sie vergessen damit diese fürchterlich reaktionäre Seite, die die deutsche Entwicklung gehabt hat und hat. Schauen Sie, nehmen Sie nur

40 Im Typoskritpt folgt: man nicht sehen kann, wie sich aus dem partiellen Protest, sogar aus dem Vorhandensein eines subjektiv revolutionären Faktors, vielleicht dennoch [Anm. d. Hg.].

[den] konkret[en Fall]: In Frankreich wurde der jüdische Generalstabshauptmann Dreyfus verurteilt, Und aus der ungerechten Verurteilung ist eine Staatskrise entstanden, die das ganze Frankreich für Jahre aufgewühlt hat und die eine Epoche in Frankreich bedeutet. Mitten in einer Revolution sind in Berlin Liebknecht und Luxemburg ermordet worden. Es hat sich niemals der leiseste Wille gezeigt, auch nur zu wissen, wer Liebknecht und Luxemburg ermordet hat, sondern man wollte, daß die Mörder von Luxemburg ihre angesehene Stellung im deutschen öffentlichen Leben[41] behalten.

Das ist nicht ein sozialistischer Unterschied, sondern ein Unterschied in der Entwicklung der bürgerlichen Demokratie, der nachgeholt werden muß. Um die Sache grotesk auszudrücken: stellen Sie sich ein Kind vor, das die Geistesgeschichte außerordentlich gut erlernt und schon den 2. Teil »Faust« auswendig weiß, aber noch nicht gelernt hat, daß zwei mal zwei vier ist. Wird nicht eine Situation entstehen, wo zum weiteren Verständnis Goethes das Erlernen von zwei mal zwei vier notwendig wird?

Brumm / Meyer: Wenn ich Sie richtig verstehe, wollen Sie also sagen, daß die Studenten sich mißverstehen, wenn sie sich in dieser Situation für Sozialrevolutionäre oder Sozialisten in Deutschland halten, sondern sie müßten sich eigentlich als Menschen verstehen, die diese bürgerliche Demokratie, an der es gefehlt hat, zuallererst herbeiführen.

Lukács: Schauen Sie, in den Schulbüchern, Seite 2, steht »bürgerliche Revolution«, Seite 7 steht »proletarische Revolution« und die sind voneinander getrennt. Lenin hat immer gesagt, es gibt keine chinesische Mauer zwischen bürgerlicher und proletarischer Revolution. Es ist kein Zufall, jetzt mit aller ökonomischen Problematik, daß aus der Nichterfüllung bürgerlich-revolutionärer Forderungen eine sozialistische Revolution entstanden ist. Ich würde hier nur sagen, ohne eine Lösung dieser Frage – und das ist jetzt nicht meine Privatmeinung, ich gehe auf die »Kritik des Erfurter Programms« in dieser Frage zurück – gibt es keine Befreiung des deutschen Volkes.

41 Im Typoskript: in der deutschen öffentlichen Situation behalten [Anm. d. Hg.].

Ob diese Bewegung eine Bewegung ist, die im Rahmen der bürgerlichen Gesellschaft bleibt oder sie mehr oder weniger sprengt – ein Zivilmensch wie ich, der in Budapest sitzt und die deutsche Entwicklung aus Zeitungen verfolgt, wird darauf selbstverständlich keine Antwort geben. Aus dem marxistischen Studium der Geschichte sehe ich, daß dieses Problem vorhanden ist, mit dieser möglicherweise doppelseitigen Lösung, bei der wahrscheinlich heute kein Mensch im voraus sagen kann, welche diese Lösung sein wird. Ich meine nur, daß Menschen, die meinen, man könnte den Sozialismus in Deutschland einführen, ohne diese Tradition der deutschen Entwicklung *zu* sprengen, daß diese Leute einen illusionären Standpunkt haben.

Brumm / Meyer: Sie betrachten also die gegenwärtige Etappe der bürgerlichen Demokratie in der Bundesrepublik als ein progressives Element, als eine notwendige Voraussetzung einer späteren sozialistischen Entwicklung …

Lukács: … wenn sie eine wirklich demokratische Entwicklung wäre. Ich meine, ich muß da sagen, das ist selbstverständlich, wenn ich zwischen Franz Josef Strauß und Willy Brandt zu wählen habe, würde ich selbstverständlich Brandt vorziehen. Aber vergessen Sie nicht, in der Koalitionszeit wurde [für] die Verschärfung des Notstandsgesetzes auch von den Sozialdemokraten votiert, so daß – mit Ausnahme des Herrn Wehner, den ich noch aus einer Periode als Genosse Funk in Moskau die Ehre gehabt habe, persönlich kennenzulernen, und ohne die Führer der Sozialdemokratie zu kennen, – ich ein sehr großes Mißtrauen darin habe, daß sie aus Furcht, ihre bürgerliche Respektabilität zu verlieren, im Stande sind, im bürgerlichen Deutschland konsequent demokratisch zu handeln.

Brumm / Meyer: Sie haben vorhin die Dreyfus-Affäre in der Dritten Republik erwähnt. Dann müssen Sie, glaube ich, als ein positives Element der bürgerlichen Demokratie in Westdeutschland doch auch den SPIEGEL erwähnen, vielleicht in anderen Dimensionen, aber er muß genannt sein.

Lukács: Ich bestreite das nicht, nur würde ich sagen, daß die prinzipielle Stellungnahme von Jaurès oder Zola oder Anatole France in der Dreyfus-Affäre weiter gegangen ist als der SPIEGEL heute geht. Wenn Sie die Sache objektiv betrachten – selbstverständlich habe ich eine gewisse Sympathie für den SPIEGEL. Ich muß nur sagen, es ist unmöglich, ich habe das immer wieder betont, von einem Budapester Arbeitszimmer aus Ratschläge an deutsche Politiker zu geben. Wie Sie sehen, lehne ich jede konkrete politische Stellungnahme ab. Aber als marxistischer Untersucher dieser Fragen und besonders der deutschen Entwicklung habe ich das sehr eingehend studiert und kann sehen, daß hier eine ungelöste Frage für Deutschland vorhanden ist. Ich kann ruhig sagen, an dieser ungelösten Frage kann man nicht vorbeigehen.

Brumm / Meyer: Ich glaube, wir haben Ihre Geduld schon sehr lange strapaziert. Wir wollten noch fragen, ob es ein wesentliches Thema gibt, das wir vergessen haben zu besprechen?

Lukács: Ich glaube, daß wir die Länge eines Interviews schon überschritten haben. Es gibt noch hunderte Fragen zum Marxismus, die man heute auswerfen muß. Ich möchte nur gewissermaßen abschließend sagen, daß ich es für die ganze Welt als etwas Positives betrachte, wenn wir jetzt die letzten 25 Jahre nehmen – denn es ist ja 25 Jahre her, daß Hitler seine definitive Niederlage erlitten hat, daß wir damals so standen, daß in einem Teil der Welt die Stalinsche Lösung als eine endgültige und fixierte schien, auf der anderen Seite die Lösung des American way of life als eine endgültig fixierte Sache der Menschheit…

Wir sind heute so weit gekommen, daß in beiden Systemen eine objektive Krise herrscht – in der westlichen Welt es viel mehr Krisen gibt als in der sozialistischen Welt. Denn vergessen Sie nicht, wir haben die Vietnam-Krise. Sie haben diese ökonomischen Momente, von denen ich früher gesprochen habe. Sie haben die Unmöglichkeit des Einbauens der Neger[42] in die heutige amerikanische Wirtschaft, die eine große Frage ist. Ich meine nicht, daß da unbedingt die heutigen radikalen Neger recht behalten werden. Aber daß die Frage heute eine ungelöste Frage ist, wird niemand leugnen.

42 Zur Verwendung des Wortes »Neger« vgl. Anmerkung 3 auf S. 376 [Anm. d. Hg.]

Brumm/Meyer: Sie wird weiter diese Gesellschaft sprengen, wie sie das zum Teil schon getan hat.

Lukács: Also hier sind ganz ernsthafte große Probleme. Wenn Sie das heutige England betrachten, so werden Sie finden, daß das heutige England noch immer unfähig ist, jene Überrestformen des englischen Kapitalismus, die mit der Weltherrschaft verbunden waren, zu liquidieren und zu einem Kapitalismus – ich spreche jetzt vom Kapitalismus, nicht vom Sozialismus – zu kommen, der der isolierten Lage von England entspricht. Sie haben eine Reihe von Problemen – wir haben sie teilweise berührt – in Deutschland; wir hatten ähnliche Fragen in Frankreich und Italien, so daß dieses wundervolle Paradies von einer vom American way of life protegierten europäischen Entwicklung sich heute in voller Auflösung befindet.

Die Tatsache der ökonomischen Krise, die in den sozialistischen Ländern vorhanden ist, wo ökonomische Reformen notwendig sind und meiner tiefen Überzeugung nach ohne eine Wiederherstellung der sozialistischen Demokratie nicht lösbar sind,[43] bedeutet, daß wir einen solchen nicht rein evolutionären Zustand in den sozialistischen Ländern haben. Das macht meiner Ansicht nach den Marxismus aktuell.

In 1945 glaubte man im Westen, daß der Marxismus als Ideologie des 19. Jahrhunderts vollkommen zu Ende und ein historisches Dokument geworden ist. In den sozialistischen Ländern glaubte man, daß die Stalinschen Reformen eine endgültige Form für den Marxismus gefunden haben. Beides wird heute durch die Tatsachen widerlegt. Wir stehen am Anfang einer Bewegung, wo es wichtig und notwendig ist, zu erkennen, was die eigentliche marxistische Methode ist und wie diese Methode auf die heutigen Fakten angewendet werden kann. Das ist, was ich als Ideologe bestrebt bin, in irgendeiner Weise zu fördern. Ich möchte immer betonen, ich bin

43 Lukács hat, die Niederschlagung des Prager Frühlings verarbeitend, seine letzte größere politisch-philosophische Studie unter dem Titel *Sozialismus und Demokratie* verfasst, die erst postum (1985 im Akademie Verlag in Budapest, 1987 in Frankfurt bei Sendler – dort unter dem Titel *Sozialismus und Demokratisierung*) erscheinen konnte. Der Briefwechsel mit Werner Hofmann, der im Oktober 1969 endet und 1991 in Budapest unter dem bezeichnenden Titel *Ist der Sozialismus zu retten?* erschienen ist, bezeugt das Ringen der Briefpartner um eine Überwindung des antidemokratischen Stalinismus und die adäquate Positionierung gegenüber der damaligen bundesdeutschen Demokratie [Anm. d. Hg.].

nicht seit gestern, ich bin seit 1950 nicht [mehr] aktiver Politiker. Ich bin Ideologe, der der Ansicht ist, daß zur Lösung jener ökonomischen Fragen, die die letzten 50 Jahre der Ökonomie hervorgebracht haben, nur die marxistische Ideologie geeignet ist, einen Ausweg zu zeigen. Ich versuche jetzt, als Ideologe herauszuarbeiten, was das Wesentliche am Marxismus ist, um mit dieser Erkenntnis jenen Leuten zu helfen, [zu verstehen], wie auf verschiedenen Gebieten in verschiedenen Formen reale politische Umwälzungen erfolgen.

Wir müssen uns aber im klaren sein, das scheint der Entwicklung der Arbeiterbewegung zu widersprechen. Die Arbeiterbewegung gewann ihren großen Einfluß mit der Person von Marx, der gleichzeitig großer Ideologe und großer Politiker war. Ihm folgten Leute wie Engels und Lenin, in denen beides vereint war. Aber das bedeutet nicht, daß es in der Geschichte eine notwendige Vereinigung von Ideologen und Politikern gibt.

Und ich würde schon sagen, daß z. B. Stalin, der ein guter Organisator und ein geschickter Taktiker war, von Ideologie nichts verstanden hat und die Ideologie einfach vergewaltigt hat. Nun zu sagen, daß diese verschiedenen Ersten Sekretäre, die wir hier erlebt haben – also sagen wir z. B. unseren Rákosi in Ungarn –, irgendwelche Kompetenz für ideologische Fragen gehabt hätten, ist einfach lächerlich.

Wir stehen also ideologisch in bestimmtem Sinne vis à vis de rien. Und die Renaissance des Marxismus soll nun eine ideologische Basis für Politiker geben, wobei ich keineswegs behaupte, dass, wenn die marxistische Ideologie heute einen Vertreter hätte, der von der Marxschen Bedeutung und nicht von meiner Bedeutung ist, daß der im Stande wäre, alles Politische sofort zu regeln. Die richtige Ideologie für eine Bewegung ist die Voraussetzung einer richtigen Politik. Aber ich würde sagen – wieder jetzt Marx zitierend, der zur Zeit der Pariser Kommune an Kugelmann geschrieben hat –, daß es immer Zufall ist, wer im gegebenen Moment an der Spitze der Arbeiterbewegung steht.[44]

Brumm / Meyer: Herr Professor Lukács, wir danken Ihnen für dieses Gespräch.

44 Vgl. den Brief von Marx an Ludwig Kugelmann vom 17. April 1871, in MEW Bd. 33, S. 209 [Anm. d. Hg.].

5. Brief über die Budapester Schule[1]

Lieber Herr Crook!

Budapest, 15.2.1971

Ich danke Ihnen herzlichst für Ihren Brief vom 21.1.1971. Die darin gestellte Aufgabe, die »Bücher der Zukunft« anzudeuten, interessiert mich außerordentlich. Es ist ein Fragenkomplex, der in fruchtbarer Weise die tiefsten Tendenzen eines jeden bewußten Theoretikers – sowohl die subjektivsten wie die objektivsten – zu mobilisieren geeignet ist.

Ich fange daher gleich mit der Zentralfrage an. Unmittelbar nach Kriegsende schien es, als ob die zweigeteilte Welt von je einer Gedankenrichtung in unbestreitbarer Weise beherrscht werden würde. In der sozialistischen Welt gab es für die verzerrende Stalinsche Interpretation des Marxismus keine sichtbare Gegenströmung. Und der kapitalistische Westen schien von der neopositivistischen gedanklichen Manipulierung des »American way of life« zumindest ebenso konkurrenzlos beherrscht zu sein.

Die gesellschaftlichen Ereignisse des letzten Vierteljahrhunderts haben beide ideologischen Monopole stark erschüttert, in den Reihen ihrer Anhängerschaft ideologische Unsicherheiten, ja Krisen

1 Die Budapester Schule war ein durchaus komplexes Gebilde, das sich anfangs dem von Lukács initiierten Projekt einer Renaissance des Marxismus verpflichtet fühlte. In der Geschichte der Entstehung der Ontologie spielen deren Mitglieder eine besondere Rolle als Verfasser der »Aufzeichnungen für den Genossen Lukács zur Ontologie«, die ein kritischer, *Geschichte und Klassenbewußtsein* wie dem Zeitgeist der neuen Linken verpflichteter Grundton charakterisiert. Nach Lukács' Tod zur Emigration gezwungen, distanzieren sich Mitglieder der Schule von Marx wie von Lukács. Vgl. Judit Hell, Ferenc L. Lendvai, László Perecz, »György Lukács und die Budapester Schule«, in: *Lukács Jahrbuch 2002*, Bielefeld 2001, S. 165-191; Rüdiger Dannemann »Vom Abschied einer radikalen Philosophin von der radikalen Philosophie. Theres Jöhl über Agnes Heller«, in: *Lukács-Jahrbuch 2002*, S. 163-167; Sami Naïr: »Budapester Schule«, in: *Kritisches Wörterbuch des Marxismus*, Bd. 8, Hamburg 1989, Sp. 1504-1510; J. F. Dorahy, *The Budapest School: Beyond Marxism*, Leiden und Boston 2019; John Rundell (Hg.), *Critical Theories and the Budapest School: Politics, Culture, Modernity*, New York 2019 [Anm. d. Hg.].

hervorgerufen. Die immer stärkere Entfaltung dieser Bewegungen hat allmählich, freilich in sehr ungleichmäßiger Weise, aber doch die deutliche Richtung gezeigt, daß die vor einem Vierteljahrhundert als längst überholt verachtete ursprüngliche Lehre und Methode von Marx immer stärker als herrschende Betrachtungsweise des theoretisch-praktischen Verständnisses der Geschichte der menschlichen Gesellschaftlichkeit angesehen und anerkannt werden mußte.

Es wäre eine heuchlerische Bescheidenheit meinerseits, daran vorbeizugehen, daß in dieser Wandlung der öffentlichen Meinung meine theoretischen Arbeiten eine bestimmte Rolle spielten und spielen. Indem ich diese Tendenzen mit innerer Genugtuung feststelle, fühle ich gleichzeitig die Verpflichtung auszusprechen, daß es sich dabei dem Wesen nach keineswegs um die Erfolge einer individuellen Leistung handelt. Im Gegenteil. Wenn meine Schriften im Zusammenhang ihrer Genesis und ihrer unmittelbaren Wirkung betrachtet werden, so wird immer klarer, daß meine theoretische Tätigkeit nie die eines »einsamen« Denkers war, daß es sich vielmehr stets – und in einer steigenden Weise – um die Konstituierung einer Richtung, einer »Schule« gehandelt hat.

Marx selbst war, sosehr Hegel, die klassische englische Ökonomie, die ersten größten Utopisten seine Fragestellungen stark zu unterbauen geholfen haben, ein wissenschaftliches Genie, das radikal Neues in seinen theoretischen Arbeiten entdeckt und mit Erfolg zur langen wirksamen methodologischen Grundlage der wissenschaftlichen Arbeit gemacht hat. Um die Fruchtbarkeit solcher Methoden durch ihre konkrete Anwendung auf alle wichtigen Fragen des gesellschaftlichen Lebens zu erproben und durchzusetzen, ist im Laufe meiner – theoretischen wie pädagogischen – Tätigkeit die sogenannte »Budapester Schule« entstanden. Diese versuchte in verschiedenen Einzeluntersuchungen über gesellschaftlich wichtige Entwicklungsetappen, Strukturen und Strukturwandlungen etc. im historisch-ontologischen Prozeß, auf dessen richtige Erfassung die Marxsche Methode ausging, konkret und aktuell klarzulegen. Daß aus dieser Literatur bis jetzt fast nur meine – zumeist in deutscher Sprache geschriebenen – Studien international bekannt geworden sind, ändert im objektiven Tatbestand, daß es sich hier um eine wissenschaftlich wichtige und in der Zukunft sicherlich einflußreiche Richtung handelt, nichts Wesentliches. Wenn ich also an Ihre höchst interessante Anfrage eine sachlich angemessene Antwort erteilen will, so ist es meine elementare Pflicht, auf die bedeutendsten Arbeiten dieser Budapester Schule des Marxismus wenigstens in den aller allgemeinsten Formen hinzuweisen

Diese »Budapester Schule« hat eine sich in verschiedenen Richtungen verzweigende, aber zusammenhängende und kohärente Gedankenwelt. Ihre produktivste Persönlichkeit ist Agnes Heller, aus deren Produktion drei Bücher die Tendenzen des Marxismus der Budapester Schule am vorbildlichsten repräsentieren. *Die Ethik von Aristoteles* und *Der Renaissance-Mensch* sind historische Monographien. Die erste charakterisiert das Ganze der platonischen und aristotelischen Philosophie in vielseitiger Weise, die zweite vollbringt die Leistung eines marxistischen Cassirers: sie gibt ein prägnantes und dynamisches Bild über eine Weltepoche des Denkens, die bisher vom Marxismus nur in flüchtigen Bemerkungen betrachtet war. Diese zwei Bücher bedeuten aber mehr als bloße historische Analysen: sie stellen Epochen dar – das Ende der Antike und die Renaissance Stadtgemeinschaft –, wo die Entfremdung am wenigsten entfaltet, die Distanz zwischen den Wesenskräften der Gattung Mensch und ihrem individuellen Reichtum die kleinste war. Gerade diese Problematik führte nun Agnes Heller zu ihrem bisher reifsten Werk, zur Monographie *Das Alltagsleben*, worin die Darstellung der dynamischen Totalität des Systems der alltäglichen Tätigkeitstypen und Denkeinstellungen das Hauptthema bildet. Alle drei Bücher sind in ungarischer Sprache im Verlag der Ungarischen Akademie der Wissenschaften erschienen. Das letztgenannte Buch ist zugleich eines der wichtigsten Werke der sich im letzten Jahrzehnt erneuernden marxistischen Ontologie.

Die Forschungen von György Márkus verknüpfen sich eng mit diesem Problemkreis, doch führen sie in eine ganz andere Richtung. Seine Arbeit: *Marx und der Begriff des menschlichen Wesens* interpretiert zum erstenmal im Marxismus diesen Schlüsselbegriff der Marxschen Ontologie und der von ihr untrennbaren Anthropologie, ungarisch im selben Verlag erschienen. Die Leistung von Márkus ist eine einzigartige philologische Tat, doch vielmehr als Philologie, denn seine Ergebnisse stützen sich auf tiefstes Verständnis der Marxschen Methode. Sein kritischer Essay über Wittgenstein, seine die teleologische Struktur der Wahrnehmung im Marxismus zuerst beleuchtende Studie sind im tiefsten Sinne originell:

sie bringen neue Lösungen auf Grund des Begreifens der Marxschen Konzeption und der tiefgehenden Kenntnis der Spezialwissenschaften hervor.

Die wissenschaftliche Tätigkeit von Mihály Vajda durchläuft einen entgegengesetzten Weg: sie führt, ausgehend von der Erkenntnistheorie, zur gesellschaftlichen Ontologie und zur politischen Gesellschaftswissenschaft. Seine Husserl-Monographien (ungarisch: Verlag der Akademie der Wissenschaften und Verlag »Gondolat«) sind nicht nur die ersten wirklichen Auseinandersetzungen innerhalb des Marxismus mit dem Problemkreis der Phänomenologie, sie beleuchten vielmehr verschiedene erkenntnistheoretische Probleme vom Standpunkt der menschlichen Praxis, das heißt von der richtigen Ontologie, aus. Wie weit thematisch sein Essay über den Faschismus von diesem Werk auch sei, bisher nur in der Zeitschrift des Philosophischen Instituts der Ungarischen Akademie der Wissenschaften erschienen, er wächst doch über solche Fragestellungen weit hinaus. Seine hier aufgestellte Hypothese betrachte ich als den ersten überzeugenden marxistischen Versuch in diesem Bereich.

Die Ausarbeitung der ästhetischen Fragestellungen spielt gleichfalls eine wichtige Rolle in der »Budapester Schule«. Das bisher noch nicht gedruckte Werk von Ferenc Fehér über Dostojewski gibt, sich auf vergessene Erörterungen von Marx und auf die tiefe Kenntnis des literarischen Materials stützend, ein neuartiges und überzeugendes Bild über die dynamische Struktur der russischen Kultur in der zweiten Hälfte des 19. Jahrhunderts. Fehér entwirft hier zugleich eine neue marxistische Theorie des Romans. Sein Buch ist nicht nur eine literaturhistorische Fachstudie, es beinhaltet auch eine leidenschaftliche Polemik mit dem modernen Individualismus.

Ich bin fest überzeugt: in solchen Werken bereitet sich heute schon die philosophische Literatur der Zukunft vor.

Chronik[1]

1885 13. April. György Bernát Löwinger in Budapest geboren. Vater: József Löwinger aus Szeged; Mutter: Adel geb. Wertheimer aus Wien. József Löwinger, geb. 1853, wird mit 24 Jahren Direktor der Englisch-Österreichischen Bank, ändert 1890 seinen Namen in Lukács, wird 1891 geadelt. György wächst mit dem älteren Bruder János und der jüngeren Schwester Mici in äußerst wohlsituierten Verhältnissen auf und kommt über den ausgedehnten geselligen Verkehr des Elternhauses schon früh mit Vertretern der Kultur und Intelligenz in Berührung.

1902 Schon als Schüler eines evangelisch-lutherischen Gymnasiums veröffentlicht Lukács Theaterkritiken (Vorbild: Alfred Kerr). Eigene dramatische Versuche vernichtet er und gewinnt einen Maßstab: Was ich selbst hätte machen können, ist schlecht. Im Sommer: als Belohnung für das bestandene Abitur Reise nach Skandinavien mit einem Besuch bei Henrik Ibsen. Beginn des Studiums der Jurisprudenz und Nationalökonomie an der Budapester Universität; seine Interessen führen ihn dann zur Literatur und Kunstgeschichte, später zur philosophischen Fakultät (Interessenschwerpunkte Dilthey und Simmel).

1904 Mitbegründer der Thália-Gesellschaft (Thália Társaság), einer Bühne in Budapest (Vorbilder sind die Berliner Freie Bühne und das Pariser Théâtre Libre). Aufgeführt werden Werke der damaligen dramatischen Avantgarde (Hauptmann, Ibsen, Strindberg, Tschechow, Gorkii).

Lukács tritt der 1901 gegründeten, von Oszkár Jászi geleiteten Soziologischen Gesellschaft bei.

1906 Regelmäßiger Mitarbeiter der von der »Soziologischen Gesellschaft« hg. Zeitschrift *Huszadik Század* (Zwanzigstes Jahrhundert), eines seit 1900 bestehenden Organs radikaler bürgerlicher Intellektueller.

Oktober: Promotion zum Doktor der Staatswissenschaften in

1 Vgl. Johanna Rosenberg, »Das Leben Georg Lukács'. Eine Chronik«, in: Werner Mittenzwei (Hg.), *Dialog und Kontoverse mit Georg Lukács*, Berlin 1975, S. 396-428; »Leben und Werk. Eine Chronik«, in: Frank Benseler (Hg.), *Revolutionäres Denken – Georg Lukács*, Darmstadt und Neuwied 1984, S. 26-49. Für wertvolle Hinweise sind wir Miklós Mesterházi verpflichtet.

Kolozsvár. Danach vorübergehende Tätigkeit im königlich-ungarischen Handelsministerium.

1907 Bekanntschaft mit Georg Simmel.

1908 Ständiger Mitarbeiter der Zeitschrift *Nyugat* (Der Westen), einer radikalen bürgerlichen Zeitschrift, die die literarische Erneuerung in Ungarn stark beeinflusst. Hier publiziert Lukács seine ersten großen Arbeiten der Essayperiode, die 1911 unter dem Titel *Die Seele und die Formen* als Buch erscheinen.

Verleihung des Lukács Krisztina-Preises[2] der Kisfaludy-Gesellschaft für die erste Version der 1911 in zwei Bänden ungarisch veröffentlichten *Entwicklungsgeschichte des modernen Dramas* (dt. Erstausgabe 1981). Die Preis-Verleihung hat zur Folge, dass sein Vater ihn weiter mäzenatisch unterstützt (auch über die Zeit der ungarischen Revolution hinaus).

Erste intensive Beschäftigung mit Marx (Lektüre von *Der 18. Brumaire des Louis Bonaparte*, *Kapital* Bd. I).

Bekanntschaft, später Freundschaft mit Béla Balázs (Herbert Bauer), Mitarbeiter am *Nyugat*. Balázs übersetzt Arbeiten von Lukács aus dem Deutschen ins Ungarische, war 1915 Gründer des Sonntagskreises, 1917 der Freien Akademie der Geisteswissenschaften.

1908/09 Studium an der Universität Berlin, unter anderem bei Simmel.

1909 Veröffentlichung eines Essays über den revolutionären ungarischen Lyriker Endre Ady (»Új magyar líra«). November: Promotion zum Doktor der Philosophie an der Universität Budapest mit den beiden ersten Kapiteln der *Entwicklungsgeschichte des modernen Dramas*.

1910 Übersiedlung nach Berlin; Reisen nach Italien und Frankreich. Studium der klassischen deutschen Philosophie (Kant, Fichte; Schelling, Hegel).

A lélek és a formák (die ungarische Ausgabe von *Die Seele und die Formen*) erscheint.

Zur Theorie der Literaturgeschichte erscheint in der Festschrift für Alexander Bernát (deutsch erst 1973 veröffentlicht).[3]

Oktober: Florenz.

2 Der Lukács Krisztina-Preis wurde von der Frau eines Ministers gestiftet, der zufälligerweise ebenfalls den Familiennamen Lukács trug.

3 In diesem Band S. 63-101.

Im Winter: erste Begegnung mit Ernst Bloch.
Im November erscheint Mihály Babits Kritik über *A lélek és a formák* in *Nyugat*, die Lukács zu einer Antwort unter dem Titel »Über jene gewisse Verschwommenheit« (dt. 2017)[4] veranlasst.
Mit dem Kunsthistoriker Lajos Fülep gibt Lukács eine eigene Zeitschrift *Szellem* (Geist) heraus, die aber 1911 nach zwei Nummern eingeht.

1911 Übersiedlung nach Florenz. In Berlin erscheint der Essayband *Die Seele und die Formen*, den Lukács Irma Seidler widmet; nach deren Selbstmord und nach dem Tuberkulosetod seines Jugendfreundes Leo Popper gerät Lukács in eine existentielle Krise (vgl. *Tagebuch 1910-1911*, Berlin 1991); in Budapest erscheint die *Entwicklungsgeschichte des modernen Dramas*.
Aufenthalte in Berlin und Budapest.
Briefwechsel mit Paul Ernst (1866-1933), dem neoklassischen, in der Jugend sozialistisch inspirierten Dichter und Essayisten, den Lukács schon im Juni 1910 aufsuchte.

1912 Im Frühjahr: Übersiedlung nach Heidelberg.
Entwurf einer mystischen Ethik in »Von der Armut am Geiste. Ein Gespräch und ein Brief« in *Neue Blätter*.

1912/14 Ausarbeitung der sog. *Heidelberger Philosophie der Kunst* (1974 veröffentlicht)

1913/18 Mitglied des Sonntagskreises, an dem neben Balázs u.a. Anna Lesznai, Karl Mannheim, Arnold Hauser, József Révai, Frigyes Antal (später Frederick Antal), Charles de Tolnay, später auch László Radványi teilnehmen und der zunehmend von Lukács dominiert wird. Der Kreis will den Standpunkt der Geisteswissenschaften fördern und tritt damit in Gegensatz zu den Bestrebungen der Soziologischen Gesellschaft, der Lukács ebenfalls angehörte. Aus dem Sonntagskreis geht 1917 die Budapester Freie Schule für Geisteswissenschaften hervor.

1913 Veröffentlichung des Sammelbandes *Ästhetische Kultur* in Budapest (dt. 2017).[5]
In Heidelberg ist Lukács mit Bloch Mitglied des Max-Weber-Kreises, lernt Emil Lask, Stefan George und Friedrich Gundolf kennen, studiert bei Heinrich Rickert und Wilhelm Windelband.

4 In diesem Band S. 132-139.

5 Teilveröffentlichung in diesem Band S. 116-131.

1914 Im Frühjahr heiratet Lukács die Russin Jelena Andrejewna Grabenko, Tochter eines Semstwo-Sekretärs in Cherson und emigrierte Sozialrevolutionärin.
Arbeit an einem Buch über Dostojewski, in dem er seine geschichtsphilosophischen und ethischen Vorstellungen herausarbeiten möchte. Ein Kapitel daraus erscheint 1916 unter dem Titel »Die Theorie des Romans« in der von Max Dessoir herausgegebenen *Zeitschrift für Ästhetik und allgemeine Kunstwissenschaft*.

1914/15 Intensives Studium von Hegel und Marx (*Einleitung zur Kritik der politischen Ökonomie*). Beschäftigung mit dem Anarcho-Syndikalismus (z. B. Ervin Szabó) und den Arbeiten von Rosa Luxemburg.
Freundschaft mit Bloch, der Lukács zeigt, dass Philosophie nicht historisch-epigonal bleiben muss. Bloch gibt Lukács den Impuls, sich in die Tradition großer Philosophie zu stellen.

1915 Lukács wird zum Militärdienst eingezogen, kehrt deshalb nach Budapest zurück, wird aber mithilfe eines ärztlichen Zeugnisses von Karl Jaspers für den Kriegsdienst untauglich geschrieben und kurze Zeit bei der Briefzensur eingesetzt. Lukács' artikuliert seine Ablehnung des Krieges und der Kriegsbegeisterung in »Die deutsche Intelligenz und der Krieg« (erstmals 1973 veröffentlicht).[6]

1915/1917 Auseinandersetzung mit dem Problem des (russischen) Terrorismus (Solovjeff-Rezensionen im *Archiv für Sozialwissenschaft und Sozialpolitik*[7]).

1916 Heidelberg.
Vollständige Umarbeitung der *Heidelberger Philosophie der Kunst*. Fünf Kapitel dieser sogenannten *Heidelberger Ästhetik* (postum 1974 veröffentlicht) reicht Lukács als Habilitationsschrift ein. Das dritte Kapitel »Die Subjekt-Objekt-Beziehung in der Ästhetik« erscheint 1917 in der Zeitschrift *Logos*.

1916/17 Im September 1917 entscheidet sich Lukács für die Heimkehr nach Budapest, am 7. November übernimmt die Heidelberger Deutsche Bank einen Koffer voller Briefe und Manuskripte als Depositum.
Vorträge über Ethik an der Freien Schule für Geisteswissenschaft, die Karl Mannheim, Arnold Hauser, Ervin Szabó, Béla

6 In diesem Band S. 193-199.

7 In diesem Band S. 158-164.

Fógarasi gegründet haben und an der u.a. auch Zoltán Kodály und Béla Bartók mitwirken.

1918 Lukács bewirbt sich um ein Lehramt als Philosoph an der Großherzoglich Badischen Ruprecht-Karl-Universität Heidelberg. Als Vorlesungen bietet er an: 1. Sören Kierkegaards Hegel-Kritik, 2. Der Unterschied zwischen »Gelten« und »Sollen«, 3. Phänomenologie und Transzendentalphilosophie. Seine Habilitation scheitert trotz eines positiven Gutachtens von Heinrich Rickert, der ihn aber nur halbherzig unterstützt, und Unterstützung durch Max und Alfred Weber. Der Dekan teilt Lukács am 7.12.1918 mit, dass die Fakultät unter den gegenwärtigen Zeitumständen einen Ausländer, zumal einen ungarischen Staatsangehörigen, zur Habilitation nicht zulassen darf.

Lukács verfasst Nachrufe auf Georg Simmel[8] und Emil Lask.[9]

Sammelband *Béla Balázs und die ihn nicht mögen* wird publiziert (dt. erstmals 2018).

Dezember: »Der Bolschewismus als moralisches Problem«[10] wird veröffentlicht. Lukács formuliert darin grundsätzliche Bedenken gegenüber dem bolschewistischen Umgang mit Moral und Gewalt.

Ende Dezember oder Januar 1919 tritt Lukács der Kommunistischen Partei Ungarns bei, nachdem er durch Ernő Seidler, den Bruder von Irma Seidler, den Kontakt zur KP aufgenommen hat, und wird Redaktionsmitglied der *Internationale*, der wissenschaftlichen Zeitschrift der KPU.

Verstärkter Einfluss der Ideen von Rosa Luxemburg[11] und von Henriette Roland-Holst. Lektüre von Lenins *Staat und Revolution* mit lebenslanger Wirkung.

1919 Die Aufsätze »Rechtsordnung und Gewalt« und »Die Frage der geistigen Führung und die ›geistigen Arbeiter‹«, eine Vorarbeit zu »Die Organisationsfrage der Intellektuellen« (1920) und »Was ist orthodoxer Marxismus« (1923) erscheinen.

Im Februar wird Lukács ins Zentralkomitee der KPU gewählt, wo er an der Vorbereitung des bewaffneten Aufstands von 1919 mitwirkt. Am 21. März ist Lukács dabei, im sog. alten Parlament

8 In diesem Band S. 165-170.
9 In diesem Band S. 171-192.
10 In diesem Band S. 203-208.
11 Vgl. dazu in diesem Band S. 293-301.

seinen Vortrag über »Alte und neue Kultur«[12] zu halten, er wird durch die Nachricht über die Ausrufung der Räterepublik während des Vortrags unterbrochen.

März bis Juni: Zunächst stellvertretender, später allein verantwortlicher Volkskommissar für Unterrichtswesen der Ungarischen Räterepublik. Dann politischer Kommissar der 5. Division. Am 26. April wird im Regierungsrat (Kormányzótanács) beschlossen, dass auch ein Teil der Mitglieder des Regierungsrates an die Front gehen soll. Lukács, der freiwillig diese Aufgabe auf sich nimmt, pendelt zwischen der Front und dem Volkskommissariat hin und her.

Mitarbeiter an der *Vörös Újság* (Rote Zeitung). Der Sammelband *Taktik und Ethik*[13] erscheint Ende Mai.

Am 13. Juli erscheint Lukács' Rede anlässlich der Eröffnung des Forschungsinstituts des Historischen Materialismus »Der Funktionswechsel des historischen Materialismus«,[14] eine Abhandlung, die später Eingang in *Geschichte und Klassenbewußtsein* findet. Ende Juli geht er wieder an die Front, und kehrt erst nach der Abdankung des Regierungsrates am 1. August zurück.

Vorträge an der Karl-Marx-Arbeiteruniversität.

Am 1. September überquert Lukács die österreichische Grenze, unter falschem Namen, mit Hilfe eines bestochenen Offiziers der Heeresgruppe Mackensen. Nach dem Sturz der Räteregierung illegale Arbeit für die Kommunistische Partei in Budapest; nach der Verhaftung Korvins, der 1920 ermordet wird, emigriert Lukács nach Wien. Verhaftung nach Auslieferungsersuchen der neuen ungarischen Regierung, nach der Veröffentlichung eines Aufrufs »Rettet Georg Lukács« Ende 1919, den u.a. Franz Ferdinand Baumgarten, Richard Beer-Hofmann, Richard Dehmel, Paul Ernst, Bruno Frank, Maximilian Harden, Alfred Kerr, Heinrich und Thomas Mann unterzeichnet hatten, wird er entlassen. Auch Bloch veröffentlicht einen Aufruf zur Rettung von Lukács in *Die weißen Blätter*.

1919/29 Aufenthalt in Wien, unterbrochen durch illegale Tätigkeit in Budapest als führender Funktionär der KPU bis 1921 und 1928-1930 als Mitglied des Zentralkomitees. Parteinahme für die

12 In diesem Band S. 249-265.

13 Auszug in diesem Band S. 209-218.

14 In diesem Band S. 222-235.

sog. Landler-Fraktion. Nach Balázs' Tagebuch ist Lukács zeitweilig mit einem Revolver in der Jacke in Wien unterwegs, weil er fürchtet, entführt zu werden.

Wiederbegegnung mit Gertrud Bortstieber, die er seit 1906 kennt, auch Mitglied der KPU ist und Lukács' zweite Ehefrau wird. Gertrud bringt zwei Söhne in die Ehe mit, ihr gemeinsames Kind Anna wird 1919 geboren.

1920/21 Artikel in der in Wien herausgegebenen Zeitschrift *Proletár*. Gründer und verantwortlicher Redakteur von *Kommunismus. Zeitschrift der Kommunistischen Internationale für die Länder Südosteuropas.*

1920 Lukács' Aufsatz »Zur Frage des Parlamentarismus« (in *Kommunismus* vom 29. 2. 1920)[15] veranlasst Lenin zu einer folgenreichen Kritik (Vorwurf des Linksradikalismus).

Juli/August: Delegierter beim III. Weltkongress der Kommunistischen Internationale in Moskau. *Die Theorie des Romans* erscheint als Buch in Berlin.

Dezember: Referat über Weltreaktion und Weltrevolution auf der 2. Südostkonferenz der Kommunistischen Internationale in Wien.

1921 Juni/Juli: Delegierter der KPU auf dem III. Weltkongress der Kommunistischen Internationale in Moskau (als Angehöriger der gegen Béla Kun kämpfenden Landler-Fraktion). Zusammentreffen mit Lenin.

1921/22 Lukács gehört dem Redaktionskomitee der von der Landler-Frakion der KPU herausgegebenen Zeitschrift *Vörös Újság* an.

1922/23 Beiträge in der Berliner, seltener der Wiener *Roten Fahne* (über Tagore, Balzac, Hegel, Russische Kritiker, Schnitzler, Shaw, Freud,[16] Lessing, Hauptmann, Strindberg, Dostojewski, Feuerbach, Marx, Lassalle und Literaturgeschichte, auch Veröffentlichung von »Legalität und Illegalität«, später in *Geschichte und Klassenbewußtsein* aufgenommen.

1922 Mai: Sommerakademie im Thüringer Wald, an der viele spätere Mitarbeiter und Begleiter des im folgenden Jahr gegründeten Instituts für Sozialforschung teilnehmen; beteiligt neben Lukács sind u. a. Karl Korsch, Felix Weil, Richard Sorge, Karl

15 In diesem Band S. 266-277.

16 In diesem Band S. 306-309.

August Wittfogel, Béla Fogarasi, Friedrich Pollock, Julian Gumperz und Kazuo Fukumoto, der für eine frühe Lukács-Rezeption in Japan sorgt.

1923 Veröffentlichung von *Geschichte und Klassenbewußtsein* (als Band 9 der Kleinen revolutionären Bibliothek im Malik-Verlag Berlin).

Das Buch führt zu heftigen Auseinandersetzungen in der Kommunistischen Internationale. An der »orthodoxen« innermarxistischen Diskussion beteiligen sich u.a. August Thalheimer, Béla Fogarasi, József Révai, Abram Deborin, Ladislaus Rudas; es gibt auch eine »bürgerliche Rezeption« (Hermann Duncker, Karl Mannheim, Siegfried Marck, Werner Sombart, Hans Rothfels, Karl Löwith) und die Aufnahme bei später sog. westlichen Marxisten (Korsch, Bloch, Wittfogel, Benjamin, Herbert Marcuse).

1924 Juni/Juli: Auf dem V. Weltkongress der Kommunistischen Internationale heftige Kritik von Nikolai Iwanowitsch Bucharin und vor allem Grigori Jewsejewitsch Sinowjew gegen Lukács, Korsch u.a. mit dem Vorwurf der »Linksabweichung«. Deborin und Rudas attackieren Lukács in der Zeitschrift *Arbeiter-Literatur* (Heft 9 und 10).

Lenin. Studie über den Zusammenhang seiner Gedanken erscheint im Malik-Verlag, Wien.

1925 erscheinen Lukács' Bucharin-Rezension und seine Besprechung »Die neue Ausgabe von Lassalles Briefen« (im *Archiv für die Geschichte des Sozialismus und der Arbeiterbewegung* XI).

Lukács verteidigt *Geschichte und Klassenbewußtsein* in der erst postum erschienenen Studie »Chvostismus und Dialektik« (verfasst 1925 oder 1926).

Juni 1925: Adorno besucht Lukács in Wien.

1926 Veröffentlichung von »Moses Heß und die Probleme der idealistischen Dialektik«.

1926/29 Verschiedene Veröffentlichungen, z.T. unter Pseudonymen, in *Új Március* (Neuer März, Wien) und in *100 %*, Budapest, deren Wiener Redakteur Lukács ist. Rezensionen auch im *Archiv für die Geschichte des Sozialismus und der Arbeiterbewegung*, z.B. zu Lenin, Ziesel, Spann, Carl Schmitt,[17] Baxa, Michels, Rühle.

1928 Entwurf der »Blum-Thesen« (Blum war der Parteideckname

17 In diesem Band S. 314-316.

von Lukács). Diese Thesen über die politische und wirtschaftliche Lage in Ungarn und über die Aufgaben der kommunistischen Partei Ungarns sollten im Auftrag der Partei der Vorbereitung des politischen Referats des II. Kongresses der KPU dienen. (Erste vollständige deutsche Veröffentlichung postum 1979).

1929 Heftige Kritik der KPU und innerhalb der Kommunistischen Internationale an den Thesen, in denen Lukács einen direkten Übergang vom Horthy-Regime in die revolutionäre Diktatur des Proletariats für ausgeschlossen erklärt und ein eigenes Konzept der Demokratischen Diktatur entwickelt.
Dreimonatiger illegaler Aufenthalt in Ungarn. Thomas Mann erbittet vom österreichischen Bundeskanzler Asylrecht für Lukács.
Lukács zieht sich aus der aktiven Parteiarbeit zurück.
Walter Benjamin nennt *Geschichte und Klassenbewußtsein* in einer Kurzrezension (in *Die literarische Welt*) das »geschlossenste philosophische Werk der marxistischen Literatur«.

1930 Ausweisung aus Österreich, Emigration nach Moskau. Mitarbeiter am Marx-Engels-Lenin-Institut unter der Leitung von Dawid Borissowitsch Rjasanow, primär beschäftigt mit der *Marx-Engels-Gesamtausgabe* (*MEGA*). Lukács lernt die *Ökonomisch-philosophischen Manuskripte* von Marx kennen, die ihm den Unterschied zwischen Verdinglichung und Entfremdung aufgehen lassen.
Freundschaft und »Bündnis« mit Michail Lifschitz, der den Sammelband *Marx und Engels über die Kunst* vorbereitet.
Arbeit an »Die Sickingendebatte zwischen Marx-Engels und Lassalle« (veröffentlicht in *Internationale Literatur*, Moskau 1933).
Aufsätze über sowjetische Gegenwartsliteratur, vornehmlich für die *Moskauer Rundschau* (z. B. »Die Fabrik im Walde«, »Über den Dostojewski-Nachlaß«, »Neue russische Belletristik«).
Beginn der Arbeit an *Der junge Hegel.*

1931 Übersiedlung nach Berlin.

1931/33 Aufenthalt in Berlin. Zeitweilig 2. Vorsitzender der (oppositionellen) Berliner Ortsgruppe des Schutzverbandes Deutscher Schriftsteller und Vortragstätigkeit im Rahmen des Verbandes. Mitglied des Bundes proletarisch revolutionärer Schriftsteller (BPRS) und Mitarbeit an deren Organ *Die Linkskurve.* (Dort publiziert er z. B. »Willi Bredels Romane«, »Gegen die Spontaneitätstheorie in der Literatur«, »Tendenz oder Parteilichkeit?«, »Der faschisierte Goethe«, »Reportage oder Gestaltung«, »Gerhart Hauptmann«, »Aus der Not eine Tugend«. Ausarbeitung des Entwurfs zu einem Programm des BPRS gemeinsam mit Johannes R. Becher und Aladár Komját).

Erste Formulierungen seines ästhetischen Standpunktes im Rahmen der Auseinandersetzungen über die »schöpferischen Methoden der proletarisch-revolutionären Literatur«.

Da die Aufenthaltsgenehmigung an den Verzicht auf politische Aktivitäten gebunden ist, tritt Lukács in politischen Veranstaltungen unter dem Pseudonym Keller auf. Hauptreferat auf der Reichsarbeitskonferenz des BPRS 1932. Lukács arbeitet mit am *Arbeitersender*, an *Zwei Welten*, an der *Illustrierten Neuen Welt*, an der *Literatur der Weltrevolution*, Moskau, an der *Welt am Abend* und am *Roten Aufbau*.

Vorträge im Rheinland (Düsseldorf, Köln, Frankfurt) über faschistische Literaturtheorie und Ideologie.

Die Produktion von Lukács ist in dieser Zeit bestimmt durch den Kampf der Komintern gegen den Faschismus und die Sozialdemokratie aus dem Blickwinkel der Sozialfaschismusthese. (Vgl. »Über das Schlagwort Liberalismus und Marxismus« in *Der Rote Aufbau* 1931); Kritik der Literaturtheorie Lassalles in *Der Rote Aufbau* 1932.

Persönliche Bekanntschaft mit Bert Brecht.

1932 BPRS und die Internationale Vereinigung Revolutionärer Schriftsteller (IVRS) planen Diskussionen zum Methodenstreit zwischen Lukács und Ernst Ottwalt. Beginn der Mitarbeit an der Zeitschrift *Internationale Literatur*.

1933 Autobiographische Skizze »Mein Weg zu Marx« (in *Internationale Literatur*).

Lukács beendet die erste Fassung von *Der junge Hegel*.

Im März wird er von der NS-Regierung ausgewiesen und flieht über die Tschechoslowakei in die Sowjetunion.

1935/44 In der sowjetischen Emigration arbeitet Lukács sein Konzept des großen Realismus aus. Teilabdrucke erscheinen in der *Internationalen Literatur* und *Új Hang* (Neue Stimme), deren Redaktionskollegien Lukács zeitweilig angehört. Hier werden die großen literaturhistorischen Arbeiten, die Lukács dann in rascher Folge nach 1945 publiziert, gedruckt.

Lukács ist 1933-38 und 1942-44 Mitarbeiter am philosophischen Institut der Akademie der Wissenschaften der UdSSR in Moskau; ab 1934 Mitglied der Akademie der Wissenschaften der UdSSR. Mitarbeiter am Institut für Sprache und Literatur (LIJA) an der Moskauer kommunistischen Akademie.

1933/45 ständige Mitarbeit an der *Internationalen Literatur*.

1935/39 Mitarbeit an der Zeitschrift *Literaturnyj kritik*, wo viele seiner Arbeiten zuerst veröffentlicht werden. Diese Zeitschrift ist Organ der sogenannten Novoje tjetschenjie (Neue Strömung), in der Lukács und Lifschitz tonangebend sind und die darauf abzielt, die Vulgärsoziologie durch marxistische Methoden bei der Aneignung des bürgerlichen Literaturerbes zu ersetzen.

1933 »Größe und Verfall des Expressionismus« wird veröffentlicht, zuerst 1932 russisch, dt. in *Internationale Literatur* 1934. Lukács versucht hier, den Expressionismus als Verfallserscheinung des Kapitalismus zu erklären und dem Faschismus zuzuordnen, was scharfe Kritiken u. a. durch Bloch hervorruft.
Im August: Abschluss eines Manuskripts *Wie ist die faschistische Philosophie in Deutschland entstanden* (Erstveröffentlichung durch László Sziklai, Budapest 1982). In diesem Buch werden erste Grundlagen für *Die Zerstörung der Vernunft* gelegt, allerdings noch unter deutlicheren taktisch-politischen Absichten und unter dem Einfluss der Sozialfaschismustheorie.
Lukács verfasst »Grand Hotel Abgrund«.[18]

1934 »Nietzsche als Vorläufer der faschistischen Ästhetik« erscheint in *Literaturnaja Gazeta*;[19] »Karl Marx und F. T. Vischer« in *Literaturnoe Nasledstvo*. Weiter publiziert Lukács »Der Realismus in der deutschen Gegenwartsliteratur«, »Heinrich Heine« (russisch) und beginnt die Arbeit an *Der Briefwechsel zwischen Schiller und Goethe*.

1935 Propagandistische Arbeit innerhalb der Gruppe deutscher antifaschistischer Schriftsteller.
»Der Roman«, Artikel in *Literaturnaja Enciklopedija* Bd. IX, Moskau (dt. zuerst in *Moskauer Schriften* 1981). »Referat über den Roman« in *Literaturnyj kritik*; »Hölderlins Hyperion«, »Zola und der Realismus« in *Internationale Literatur*; »Friedrich Engels als Literaturtheoretiker und Literaturkritiker«, »Zwei Probleme

18 In diesem Band S. 319-336.

19 Zu Lukács' Nietzsche-Kritik vgl. in diesem Band S. 337-348.

der objektiven künstlerischen Form«, »Thomas Mann über das literarische Erbe« in *Literaturnyj kritik*.

1936 Arbeiten über »Balzac«, »Die intellektuelle Physiognomie des künstlerischen Gestaltens« in *Das Wort*, »Erzählen oder beschreiben« in *Literaturnyj kritik*, dt. in *Internationale Literatur*. Mit diesem Beitrag greift Lukács in die sowjetische Formalismus-Naturalismus-Debatte ein, indem er der s.E. oberflächlichen naturalistischen Schreibweise die Methode realistischer innerer Gestaltung entgegensetzt.

Lukács beteiligt sich in einer vom 4. bis 9. September 1936 stattfindenden »geschlossenen Parteiversammlung« der deutschen Parteigruppe des Sowjetischen Schriftstellerverbands an einer »politischen Säuberung«.

1936/37 *Der historische Roman* entsteht.

1936/37 und **1939/41** Mitarbeit an der *Literarischen Rundschau*, die von der Redaktion der *Literaturnyj kritik* herausgegeben wird. Hier erscheinen insgesamt 15 Aufsätze von Lukács (u. a. zu Feuchtwanger, Thomas und Heinrich Mann).

1937 *Der Marxismus und die literarischen Theorien des 19. Jahrhunderts* erscheint im Staatsverlag, Moskau, mit den Aufsätzen »Ludwig Feuerbachs Erbe«, »Karl Marx und Friedrich Th. Vischer«, »Die Sickingendebatte zwischen Marx-Engels und Lassalle«, »Franz Mehring«.

»Der faschisierte und der wirkliche Georg Büchner« in *Das Wort*, »Schillers Theorie der modernen Literatur« in *Internationale Literatur* erscheinen.

Lukács hält Vorträge im deutschen Club der Werktätigen »Ernst Thälmann« in Moskau.

1937/38 Mitarbeiter der *Deutschen Zentral-Zeitung*, dem Organ der deutschen Werktätigen in der USSR. *Der historische Roman* erscheint in Fortsetzungen in *Literaturnyj kritik*.

Beendigung der Arbeit an *Der junge Hegel*.

»Heinrich Heine als nationaler Dichter« in *Internationale Literatur* 1937 veröffentlicht; »Marx und das Problem des ideologischen Verfalls« in *Internationale Literatur* 1937/7 erscheint.

1938 Ab März ist Lukács Mitglied des Büros der deutschen Sektion des sowjetischen Schriftstellerverbandes (neben Adam Scharrer, Fritz Erpenbeck, Andor Gábor, unter Leitung von Johannes R. Becher).

»Das Ideal des harmonischen Menschen in der bürgerlichen Ästhetik« in *Das Wort* publiziert.

1938/40 Vortragstätigkeit für deutsche Emigranten zu Themen der deutschen klassischen Philosophie, des Marxismus und des bürgerlichen Literaturerbes.

1938/41 ist Lukács Chefredakteur der ungarischen Emigrantenzeitschrift *Új Hang* (Neue Stimme), die einige Arbeiten von Lukács nachdruckt.

1938 »Der Kampf zwischen Liberalismus und Demokratie im Spiegel des historischen Romans der deutschen Antifaschisten« in *Internationale Literatur* veröffentlicht.

Juni: Expressionismus-Debatte: Beteiligt waren u.a. Herwarth Walden, Béla Balázs, Gustav von Wangenheim, Heinrich Vogeler, Rudolf Leonhard, Bloch, Hanns Eisler. Lukács schaltet sich ein mit »Es geht um den Realismus«[20] in *Das Wort*. Er geht von der Volksfront-Idee aus, die allein geeignet sei, ein realistisches Kampfbündnis gegen den Faschismus zustande zu bringen.

1939 »Briefwechsel mit Anna Seghers« (1938/39), »Schriftsteller und Kritiker« erscheint in *Internationale Literatur*.

Die in den Jahren 1934 bis 1939 entstandene Essays werden unter dem Titel *Zur Geschichte des Realismus* im Staatsverlag Moskau veröffentlicht.

1939/40 Dezember: »Prinzipielle Fragen in einer prinzipienlosen Polemik«, das Manuskript wird erst im November 1981 in den *Moskauer Schriften* (s.o.) veröffentlicht und bemüht sich erneut um die Zurückweisung vulgärsoziologischer Missverständnisse in der sowjetischen ästhetischen Theorie. Lukács greift damit in eine Debatte ein, die sich vom November 1939 bis März 1940 innerhalb der sowjetischen Literaturwissenschaft um seine Arbeiten entwickelt hat. Praktisch ging es um das Verhältnis von Lukács und Lifschitz (und der Zeitschrift *Literaturnyj kritik*) zum sozialistischen Realismus. Die Debatte endet mit einem Beschluss des ZKs der KPdSU, danach wird die Zeitschrift mit ihrer Nr. 3/1940 eingestellt.

1940 »Volkstribun oder Bürokrat?«, »Wilhelm Raabe« erscheinen in *Internationale Literatur*; ungedruckt blieb »Marxismus oder Proudhonismus in der Literatur« (deutsch in *Moskauer Schriften*).

20 In diesem Band S. 349-382.

1941 Lukács wird am 29. Juni 1941 in Moskau vom NKWD unter der absurden Beschuldigung, ein Agent des ungarischen Nachrichtendienstes zu sein, verhaftet. In seiner Autobiografie beschreibt er Verhöre, in denen ihm Trotzkismus vorgeworfen wird – er sei nach zwei Monaten (am 23. August) aufgrund einer Intervention von Georgi Dimitroff, dem damaligen Generalsekretär der Komintern, frei gelassen worden. In *Gelebtes Denken* kommentiert er dies lakonisch so: »Glück in Katastrophenzeit«.
Lukács wird im Oktober gemeinsam mit den Mitgliedern des sowjetischen Schriftstellerverbandes nach Taschkent evakuiert. In Taschkent finden sich von den Angehörigen der Deutschen Sektion des Verbandes u. a. Becher, Gábor, Wangenheim, Erich Weinert, Friedrich Wolf mit ihren Familien ein.
»Faust-Studien« in *Internationale Literatur* veröffentlicht. Wie Lukács 1947 im »Vorwort« zu *Goethe und seine Zeit* resigniert berichtet, ging ihm während des Krieges (evtl. im Zusammenhang mit seiner Verhaftung) »das ganze Material« der geplanten und bereits vorbereiteten Goethemonographie verloren.
Wie ist Deutschland zum Zentrum der reaktionären Ideologie geworden? Das Manuskript wurde erstmals 1982 von Sziklai in Budapest herausgegeben. Zweite große Vorarbeit zur *Zerstörung der Vernunft*, die die durch die Sozialfaschismusthese verengte Sichtweise der ersten Faschismus-Studie von 1933 korrigiert.

1942 »Die verbannte Poesie«, »Das innere Licht ist die trübste Beleuchtungsart« in *Internationale Literatur* publiziert.

1945 »Über Preußentum«, »Der deutsche Faschismus und Hegel«, »Der deutsche Faschismus und Nietzsche«, alle Texte in *Internationale Literatur* veröffentlicht.

1944 »Schicksalswende« in *Internationale Literatur* publiziert; in diesem Aufsatz geht Lukács auf die Singularität des deutschen Nationalsozialismus und ihrer industriellen Vernichtungslager am Beispiel des Konzentrations- und Vernichtungslagers Lublin-Majdanek ein.
Dezember: Lukács kehrt nach Budapest zurück.

1945 Ordentlicher Professor für Ästhetik und Kulturphilosophie an der Universität Budapest.

1945-46 Mitarbeit an *Szabad Nép* (Freies Volk), ständiger Mitarbeiter an der Zeitschrift *Aufbau*.

1945/46 Mitarbeit an *Új Szó* (Neues Wort), wo Lukács insbesondere zur russischen und sowjetischen Literatur schreibt.

1945 »Parteidichtung«, *Balzac, Stendhal, Zola (*dt. *Balzac und der französische Realismus,* 1952*)* erscheinen.

»Die deutsche Literatur im Zeitalter des Imperialismus«, »Fortschritt und Reaktion in der deutschen Literatur« werden in *Internationale Literatur* veröffentlicht. Bei diesen (auch separat in hoher Auflage erscheinenden) beiden Aufsätzen handelt es sich um einen Abriss der deutschen Literaturgeschichte aus sozialistischer Perspektive.

1946 Rede auf dem 3. Kongress der KPU.

Diskussion mit Karl Jaspers auf den »Rencontres internationales de Genève« zum Thema des Europäischen Geistes. Vortrag über »L'esprit européen devant le marxisme«, veröffentlicht unter dem Titel »La vision aristocratique et démocratique du monde« (dt. erstmals 1967).[21] Lukács wiederholt hier seinen Appell für ein Bündnis zwischen Sozialismus und Demokratie, das sich gegen den Faschismus bewährt hat und gegen die friedensbedrohende Reaktion aufrechterhalten werden soll.

In rascher Folge erscheinen nun die älteren literaturwissenschaftlichen Arbeiten von Lukács auch im Westen; *Goethe und seine Zeit*, deutsch: Bern 1947.

1946-56 Mitarbeit an *Társadalmi Szemle* (Gesellschaftliche Rundschau) zu kulturpolitischen Fragen.

1946/49 Mitarbeit am Budapester *Fórum*.

1947 Veröffentlichung von *Irodalom és demokrácia* in Budapest. Lukács beschäftigt sich in dieser Arbeit mit dem Stand der Kultur in der ungarischen Volksdemokratie und vertritt die These, dass der Weg bis zur Verwirklichung einer sozialistisch-kommunistischen Kultur noch weit ist.

1947/55 Mitarbeit am *Csillag* (Stern).

1948/49 Mitarbeit an *Fiatal Magyarország* (Junges Ungarn).

1948 *Der junge Hegel* erscheint in Zürich/Wien.

Im August nimmt Lukács am Weltfriedenskongress in Warschau teil und spricht über »Die Verantwortung des Intellektuellen«. Er ruft zum gemeinsamen Kampf gegen Ideologie und Politik der imperialistischen Reaktion auf, die zum Kriege führen muss.

21 In diesem Band S. 396-422.

1949/56 Mitglied des ungarischen Parlaments, Mitglied des Präsidiums der Ungarischen Akademie der Wissenschaften, Mitglied des Landesrats der patriotischen Volksfront, Ehrenmitglied der polnischen Akademie der Wissenschaften, Warschau.

1949-55 Mitarbeit an der Zeitschrift *Sinn und Form*, Berlin, meist mit Nachdrucken.

1949 Mitglied des Weltfriedensrates.

Im Januar Teilnahme an der Pariser Hegel-Konferenz: »Über neue Probleme der Hegel-Forschung«.

Erneute Angriffe auf Lukács von L. Rudas, Leiter der Parteihochschule, J. Révai, Mitglied des Politbüros der PUW, Minister für Kultur und Chefredakteur von *Szabad Nép* (Freies Volk) sowie Márton Horváth, dem Stellvertreter Révais. Vorwurf der »Rechtsabweichung«.

In Moskau wird erwogen, dass man auch in Ungarn eine große ideologische Kampagne gegen den Revisionismus (mit Schauprozessen und Verurteilungen) inszenieren sollte, mit Lukács im Mittelpunkt, doch die ungarische Parteiführung lehnt die Idee ab.

Lukács übt Selbstkritik.

August: Festrede »Unser Goethe« (ursprünglicher Titel »Das moderne Goethe-Bild«) im Kulturbund zur demokratischen Erneuerung Deutschlands in Berlin. Wolfgang Harich kritisiert die Rede in der *Täglichen Rundschau*, was scharfe Kritiken von Eisler und Bloch provoziert.

1950/53, 1955, 1962 Mitarbeit an *Akadémiai Értesitö* (Akademischer Anzeiger).

1951 Angriffe auf Lukács von József Darvas, dem Minister für Volksbildung und Vorsitzenden des ungarischen Schriftstellerverbandes auf dem 1. Kongress der ungarischen Schriftsteller. Lukács muss sich aus dem politischen Leben erneut zurückziehen.

1951/55 Mitarbeit an *Irodalmi Újság* (Literarische Zeitung), sowie an den *Mitteilungen der ungarischen Akademie der Wissenschaften*.

1952 Einführung in die Ästhetik Tschernyschewskys erscheint in Budapest.

1953/56 Mitarbeit an der *Deutschen Zeitschrift für Philosophie* (zusammen mit Ernst Bloch). Hier lässt Lukács – teils als Vorabdruck – wichtige Aufsätze erscheinen, die später in *Die Zerstörung der Vernunft* und *Beiträge zur Geschichte der Ästhetik* erscheinen.

In den 50er Jahren Zusammenarbeit und freundschaftliche Beziehung zu Wolfgang Harich, der auch die Lukács-Editionen des Aufbau-Verlags betreut. Der Briefwechsel zwischen Lukács und Harich wird in *Georg Lukács. Dokumente einer Freundschaft* (Hg. Andreas Heyer) 2017 publiziert.

1954/56 Mitarbeit an der Zeitschrift *Neue deutsche Literatur.*

1954 *Der junge Hegel, Die Zerstörung der Vernunft, Beiträge zur Geschichte der Ästhetik* erscheinen in einer einheitlich konzipierten, in der Aufmachung an die *MEW* erinnernden Ausgabe im Aufbau-Verlag, Berlin.

1955 Zum 70. Geburtstag am 13.4. verehrender Artikel von József Szigeti in *Szabad Nép*. Lukács wird Mitglied der Akademie der Wissenschaften, korrespondierendes Mitglied der Deutschen Akademie der Wissenschaften, Berlin, und der Deutschen Akademie der Künste, Berlin. Verleihung des Großen Kossuth-Preises. Festschrift: *Georg Lukács zum 70. Geburtstag* im Aufbau-Verlag, Berlin.

Reise nach Finnland.

Maurice Merleau-Ponty entdeckt in *Les Aventures de la dialectique* den jungen Lukács und *Geschichte und Klassenbewußtsein* (die »Bibel der westlichen Kommunisten«[22]) wieder als Antipoden des dogmatischen Marxismus-Leninismus sowjetischer Prägung und Inspirator des westlichen Marxismus.

Agnes Heller wird von Lukács promoviert und danach seine Assistentin.

1956 Arbeiten zur *Besonderheit als Kategorie der Ästhetik.* »Das Problem der Perspektive«, Vortrag auf dem IV. Deutschen Schriftstellerkongress. »Die Möglichkeit des kritischen Realismus in unseren Tagen«, Vortrag in der Deutschen Akademie der Künste.

März: Lukács warnt vor einem Verbot der KPD in der Bundesrepublik.

Juni: »Rede in der philosophischen Debatte des Petöfi-Kreises«, der unter Vorsitz von Lukács tagt. Lukács setzt sich zum ersten Mal öffentlich mit dem Stalinismus auseinander und reflektiert Konsequenzen für die Lage Ungarns nach dem XX. Parteitag der KPdSU. In der Politischen Akademie der Partei der Werktätigen Ungarns spricht Lukács am 28.6. zum Thema »Der Kampf des

22 Maurice Merleau-Ponty, *Die Abenteuer der Dialektik*, Frankfurt 1968, S. 11.

Fortschritts und der Reaktion in der heutigen Kultur«. Erneute Diskussion über die Blum-Thesen im Institut für Parteigeschichte. Die Thesen werden im Wesentlichen anerkannt. Lukács widerruft Teile seiner ehemaligen Selbstkritik.

Oktober/November: Mitglied des Zentralkomitees der KPU; Minister für Volksbildung in der Regierung Nagy. Er verlässt die Regierung, als Nagy den Austritt Ungarns aus dem Warschauer Pakt erklärt. Nach dem Scheitern des ungarischen Aufstandes wird Lukács nach Rumänien deportiert.

Peter Szondi veröffentlicht seine stark von Lukács beeinflusste *Theorie des modernen Dramas.*

1957 Lukács arbeitet nach seiner Rückkehr am 10.4. zurückgezogen an seinem großen Spätwerk, der *Ästhetik*, und später an einer Ethik mit dem Arbeitstitel *Die Stelle der Ethik im System der menschlichen Aktivitäten*. Aus der fragmentarisch bleibenden Arbeit an der Ethik entwickelt er die *Ontologie des gesellschaftlichen Seins*, die ursprünglich der erste Teil der Ethik werden sollte.

1958 Nachdem in der DDR die Publikation von Lukács-Werken eingestellt worden ist, beginnt eine öffentliche kritische Auseinandersetzung mit seinen einflussreichen Theorien.

Im Oktober/November werden am Institut für Philosophie der Ungarischen Akademie der Wissenschaften die philosophischen und daraus resultierenden praktisch-politischen Tendenzen von Lukács kritisch diskutiert. Es beteiligen sich: Fogarasi, László Erdei, György Márkus, Mária Makai, György Tamás, József Selmeczi, Wilhelm Sós.

Vorwürfe der Rechtsabweichung (durch József Szigeti) und Unterschätzung der führenden Rolle der Partei (E. Balog) bilden das Zentrum der ideologischen Kritik.

In der italienischen Zeitschrift *Nuovi Argomenti* lässt Lukács seine »Nachschrift 1957 zu ›Mein Weg zu Marx‹« erscheinen, in der er die Abrechnung mit der Stalinschen Epoche verschärft.

Wider den mißverstandenen Realismus erscheint in Hamburg. Lukács kann nicht mehr in der DDR und Ungarn publizieren.

Adorno publiziert »Erpreßte Versöhnung«, seine Philippika gegen den späten Lukács, im November 1958 in *Der Monat*.

Von nun an erscheinen in schneller Abfolge französische Übersetzungen der Hauptwerke von Lukács.

1960 *Georg Lukács und der Revisionismus* erscheint im Aufbau-Verlag, Berlin. Die Aufsatzsammlung enthält gegen Lukács gerichtete Beiträge von József Révai, András Gedö, Hans Koch, József Szigeti, Elemér Balogh, J. Elsberg, Fogarasi und Hans Kaufmann. In Les Éditions Minuit erscheint ohne Zustimmung des Autors die französische Ausgabe von *Geschichte und Klassenbewußtsein*, Lukács distanziert sich in *Arguments*.

Es bildet sich im Umkreis von Lukács die Budapester Schule (wichtigste Vertreter: Ferenc Fehér, Agnes Heller, György Márkus, Maria Márkus, Mihály Vajda).

1961 *Schriften zur Literatursoziologie*, Hg. Peter Ludz, erscheinen im Luchterhand-Verlag und lassen einen ersten Überblick über die literaturtheoretischen Schriften von Lukács zu.

1962 Lukács rechnet in »Brief an Alberto Carocci« (in *Nuovi Argomenti*) erneut mit dem Stalinismus ab.

Als erster Band einer mit Lukács vereinbarten Gesamtausgabe erscheint *Die Zerstörung der Vernunft* im Luchterhand Verlag, Neuwied/Berlin. Hg. Frank Benseler.

1963 Am 28. April stirbt Gertrud Bortstieber Lukács. Lukács glaubt, ohne seine »Kampfgenossin« nicht(s) mehr arbeiten zu können, schreibt aber dann doch seinen Essay »Minna von Barnhelm«.

1964 Januar: Interview mit der Prager Zeitschrift *Literární Noviny* im Zusammenhang mit der Prager Literatur-Diskussion. Lukács beharrt auf seiner Ansicht, dass große Literatur nur realistisch sein kann.

»Probleme der kulturellen Koexistenz« erscheint in *Forum*, Wien. Hier erklärt Lukács seine These, dass friedliche politische Koexistenz mit verschärftem ideologischem Klassenkampf zusammen bestehen kann.

Am 19.9.1964 äußert Lukács erstmals brieflich, dass er an einer *Ontologie des gesellschaftlichen Seins* arbeite.

1965 *Festschrift zum 80. Geburtstag von Georg Lukács* erscheint, Hg. F. Benseler, unter Beteiligung internationaler Wissenschaftler im Luchterhand Verlag.

1966 *Gespräche mit Georg Lukács* (mit Hans Heinz Holz, Leo Kofler, Wolfgang Abendroth), Hg. Theo Pinkus.

Im Frühjahr besucht Rudi Dutschke Lukács in Budapest.

1967-70 Taschenbuchausgabe *Ausgewählte Schriften* wird in 4 Bänden bei Rowohlt veröffentlicht (Reprint 2018).

Raubdrucke der früheren Arbeiten erscheinen in der Bundesrepublik im Zuge der Studentenrevolte. Wiederaufnahme in die Ungarische Sozialistische Arbeiterpartei.

1968 Neuausgabe von *Geschichte und Klassenbewußtsein* erscheint im Rahmen der Werkausgabe (mit einem umfangreichen neuen Vorwort des Autors).

»Der große Oktober 1917 und die heutige Literatur« in *Kürbiskern* publiziert.

In der 1968 gegründeten amerikanischen Zeitschrift *Telos* erscheinen regelmäßig Beiträge von und über Lukács.

1969 Ehrendoktor der Universität Zagreb.

Lukács veröffentlicht den als Vortrag beim 14. Internationalen Kongress für Philosophie vom 2.-9. September 1968 in Wien geplanten, aber nicht gehaltenen Vortrag »Die ontologischen Grundlagen des menschlichen Denkens und Handelns«,[23] in dem die Hauptgedanken der *Ontologie* zusammengefasst sind.

November: Diskussion über *Geschichte und Klassenbewußtsein heute,* an der Furio Cerutti, Detlev Claussen, Hans-Jürgen Krahl, Oskar Negt und Alfred Schmidt teilnehmen (zuerst veröffentlicht in Schwarze Reihe Bd. 12, Verlag de Munter, Amsterdam 1971).

1970 Die Moskauer Literaturzeitschrift *Okjabr* kritisiert Lukács' Literaturtheorie.

Verleihung der Ehrendoktorwürde der Universität Gent.

Januar: *Spiegel*-Interview »Das Rätesystem ist unvermeidlich«.[24]

August: Verleihung des Goethe-Preises der Stadt Frankfurt. Seine Rede »Marx und Goethe«[25] wird von Alfred Schmidt in der Paulskirche vorgetragen.

November: Diagnose der Krebserkrankung.

Festschrift zum 15. April 1970 – Goethepreis '70 erscheint bei Luchterhand.

1971 Januar: Lukács diktiert die stichwortartige Autobiographie *Gelebtes Denken.*

März/Mai: Komplettierung dieses Textes durch auf Tonband festgehaltene Gespräche zwischen István Eörsi und Erzsébet Vezér mit dem sterbenden Lukács (Georg Lukács, *Gelebtes Denken*, Frankfurt/a.M. 1981).

23 In diesem Band S. 468-485.

24 In diesem Band S. 496-539.

25 In diesem Band S. 486-495.

Lukács engagiert sich für die Freilassung von Angela Davis.
4. Juni: Tod.
11. Juni: Beisetzung auf dem Budapester Kerepesi-Friedhof. Beteiligung des Zentralkomitees der Ungarischen Arbeiterpartei. Reden von István Friss und Tibor Déry.
Juli: Im Nachlass finden sich unveröffentlichte Werke vor allem aus der Heidelberger Zeit und aus den letzten Lebensjahren.
September: Beschluss über die Errichtung des Lukács-Archivs.

1972 In der Deutschen Bank in Heidelberg wird der dort von Lukács 1917 deponierte Koffer mit 1600 Briefen, Notizheften, einem Tagebuch und Manuskripten (vor allem zur Ästhetik und Romantheorie) entdeckt.

1973 Lucien Goldmanns *Lukács et Heidegger* publiziert.

1975-79 Vollständige Ausgabe der *Politischen Aufsätze* von Georg Lukács in fünf Bänden bei Luchterhand veröffentlicht, Hg. Jörg Kammler und Frank Benseler.

1975 *Dialog und Kontroverse mit Georg Lukács – der Methodenstreit deutscher sozialistischer Schriftsteller*, Hg. W. Mittenzwei, erscheint bei Reclam in Leipzig.

1975 *Individuum und Praxis. Positionen der Budapester Schule* erscheint bei Suhrkamp.

1977/1978 emigrieren Márkus, Heller und Fehér nach Australien.

1978 Eine der wichtigsten Texte der Budapester Schule erscheint bei Suhrkamp: Agnes Heller, *Das Alltagsleben. Versuch einer Erklärung der individuellen Reproduktion*, Frankfurt/a.M.

1981 *Die Eigenart des Ästhetischen*, Textrevision J. Jahn, erscheint in zwei Bänden im Aufbau-Verlag, Berlin/Leipzig.
Filozófiai Figyelö Évkönyve (Lukács György müveinek hatastörténetéhez (4 Bände, Lukács-Archiv Budapest); umfassendes Sammelwerk zur Rezeption von *Geschichte und Klassenbewußtsein* erscheint.

1982 Georg Lukács, *Briefwechsel 1902-1917*, Hg. Éva Karádi und Éva Fekete, Stuttgart, wird veröffentlicht.

1984 *Zur Ontologie des gesellschaftlichen Seins*, 1. Halbband erscheint.[26]
Ernst Bloch und Georg Lukács. Dokumente zum 100. Geburtstag publiziert (Hg. M. Mesterházi und G. Mezei), Budapest.

26 Die »Einleitung« zur *Ontologie* findet sich in diesem Band S. 447-467.

1985 Im März Internationales Kolloquium »Verdinglichung und Utopie: Ernst Bloch und Georg Lukács zum 100. Geburtstag« organisiert vom Goethe-Institut, Paris, und der École des hautes études en sciences sociales (EHESS), Paris.
Symposion: »Geschichtlichkeit und Aktualität: Beiträge zum Werk und Wirken von Georg Lukács« in Berlin (Zentralinstitut für Philosophie und Literaturgeschichte der Akademie der Wissenschaften der DDR in Zusammenarbeit mit den philosophischen Instituten der Budapester und Moskauer Akademien der Wissenschaften).
»Georg Lukács 1885-1971: Hallesche Tagung 1985« anlässlich der 100. Wiederkehr des Geburtstages von Georg Lukács
April: Bloch-Lukács-Symposium in Dubrovnik.
Mai »Lehrstück Luchterhand«. Protestbrief gegen die Einstellung der Lukács-Werkausgabe bei Luchterhand (Initiatoren: Rüdiger Dannemann, Axel Honneth, György Márkus).
Oktober »Lukács és a mai kultúra« (»Lukács und die heutige Kultur«), Internationale Konferenz an der Universität Budapest.
Georg Lukács, *Dostojewski. Notizen und Entwürfe* (Hg. J. C. Nyíri).
Georg Lukács, *Demokratisierung heute und morgen* (Hg. L. Szikai).

1986 Der zweite Halbband der *Ontologie* erscheint.

1988 *Der junge Lukács im Spiegel der Kritik*, Hg. Júlia Bendl und Árpád Timár (Budapest).

1989 Georg Lukács, *Zur Kritik der faschistischen Ideologie*, erscheint im Aufbau-Verlag Berlin.

1990 Alfred Klein, *Georg Lukács in Berlin. Literaturtheorie und Literaturpolitik der Jahre 1930/32*, erscheint ebenfalls im Aufbau-Verlag Berlin.

1991 *Ist der Sozialismus zu retten? Briefwechsel zwischen Georg Lukács und Werner Hofmann* erscheint, Hg. G. Mezei. Archivhefte 10, Budapest.

1994 Georg Lukács, *Versuche zu einer Ethik*, Hg. György I. Mezei, Budapest 1994.

1996 Georg Lukács, *Chvostismus und Dialektik*, Hg. László Illés, Budapest 1996.
Gründung der Internationalen Georg-Lukács-Gesellschaft e.V. (Start des *Lukács-Jahrbuchs*, bisher 17 Bände, Hg. Frank Benseler, Werner Jung und ab 2012 Rüdiger Dannemann).

1997 Georg Lukács, *Heidelberger Notizen (1910-1913). Eine Textauswahl*, Hg. Béla Bacsó.

2002 »Sozialismus und Demokratie. Georg Lukács' Überlegungen zu einem ungelösten Problem«, Tagung der Rosa-Luxemburg-Stiftung Sachsen in Leipzig.

2006 Im April Internationale Konferenz anlässlich der russischen Ausgabe von *Die Seele und die Formen* in der Akademie der Wissenschaften (Institut für Philosophie) in Moskau.

2007 »Georg Lukács: Kritiker der unreinen Vernunft«. Öffentliche Fachtagung an der Ruhruniversität Bochum (Veranstalter: Gesellschaftswissenschaftliches Institut Bochum/Internationale Georg-Lukács-Gesellschaft).

2009 Die Lukács-Werkausgabe wird im Aisthesis Verlag Bielefeld mit den letzten Bänden 1,3 und 18 fortgeführt. Gleichzeitig beginnt eine Werkauswahl in sechs Bänden.

2010 Festschrift zu Georg Lukács' 125. Geburtstag (*Lukács-Jahrbuch 2012/2013*).

2012 Gründung des Instituto Lukács, São Paulo. Das Institut gibt das *Anuário Lukács* heraus.

2016 Tagung »Der junge Lukács« in Rom (Universität La Sapienza/Istituto Italiano di Studi Germanici).

Oktober 2016 »Die Verdinglichung und die Ontologie der Entfremdung. Georg Lukács, die kritische Theorie und die Idee des Sozialismus«. Öffentliche Fachtagung, Institut für Sozialforschung, Frankfurt/M./Internationale Georg Lukács-Gesellschaft, Essen.

100 Jahre »Transzendentale Obdachlosigkeit«. Zur Aktualität von Georg Lukács' *Theorie des Romans* (1916). Veranstalter: Literaturforum im Brecht-Haus Berlin/Fernuniversität Hagen/Ruhr-Universität Bochum.

Gründung der LANA (Internationale Stiftung Lukács-Archiv) in Budapest.

2017 März »Die Russische Revolution als philosophisches Schlüsselereignis. Georg Lukács und Ernst Blochs politisch-philosophische Antworten auf Lenin(ismus) und die Oktoberrevolution«. Konferenz am 11. März 2017 (Helle Panke Berlin).

April »The Legacy of Georg Lukács: An International Conference«. Eötvös Loránd University and Central European University Budapest (Mitwirkung des Lukács-Archivs Budapest, der

Internationalen Georg-Lukács-Gesellschaft und *Logos. A Journal of Modern Society and Culture*).
24. Mai: Schließung des Lukács-Archivs in Budapest. Die Schließung erfolgt trotz des internationalen Protests.
Demontage der Lukács-Statue im Szent-István-Park in Budapest.

2018 Zwei umfangreiche Werkausgaben in China angekündigt (Hg. Yan Hongyuan, Hunan Normal University, Liang Zhang, Universität Nanjing).
Georg Lukács, *Prolegômenos e Para a ontologia do ser social/Para a ontologia do ser social/Aparato Crítico 2018*, zweisprachige Ausgabe in 3 Bänden herausgegeben (dt./port. Übersetzung von Sérgio Lessa, Überarbeitung Mariana Andrade, Maceió: Coletivo Veredas).

2019 Juli: Agnes Heller, früheres »Oberhaupt« der Budapester Schule, die sich allerdings in den 70er Jahren vom Marxismus distanziert, ertrinkt im Plattensee.
September Workshop: »Die Rezeption Kritischer Theorie im ›Westen‹ und in der VR China am Beispiel Georg Lukács« (Veranstalter: Institut für Sozialforschung, Frankfurt/M. und Internationale Georg-Lukács-Gesellschaft, Essen).
Dezember: »International Symposium on Georg Lukács and Marxist Thought« (School of Marxism of CNU in Bejing).

2020 Georg Lukács' Philosophy of Praxis (*Thesis Eleven* 157, April, Hg. Daniel Andrés López).

2021 4. Juni: 50. Todestag von Georg Lukács.

Textnachweise

Der Ästhetizist – Frühwerk

1. Über Wesen und Form des Essays: Ein Brief an Leo Popper (1910), in: Georg Lukács, *Werke Band 1 (1902-1918), Teilband 1 (1902-1913)*, hg. von Zsuzsa Bognár, Werner Jung und Antonia Opitz, Bielefeld: Aisthesis Verlag 2017, S. 195-212.

2. Zur Theorie der Literaturgeschichte (1910), in: Georg Lukács, *Werke Band 1 (1902-1918), Teilband 1 (1902-1913)*, Bielefeld: Aisthesis Verlag 2017, S. 136-168.

3. Gedanken zu einer Ästhetik des ›Kino‹ (1911), in: Georg Lukács, *Werke Band 1 (1902-1918), Teilband 1 (1902-1913)*, Bielefeld: Aisthesis Verlag 2017, S. 190-194.

4. Jüdischer Mystizismus (1911), in: Georg Lukács, *Werke Band 1 (1902-1918), Teilband 1 (1902-1913)*, Bielefeld: Aisthesis Verlag 2017, S. 383-384.

5. W. Dilthey (1911), in: Georg Lukács, *Werke Band 1 (1902-1918), Teilband 1 (1902-1913)*, Bielefeld: Aisthesis Verlag 2017, S. 379-380.

6. Kunsterziehung in der Schule (1911), in: Georg Lukács, *Werke Band 1 (1902-1918), Teilband 1 (1902-1913)*, Bielefeld: Aisthesis Verlag 2017, S. 385-387.

7. Ästhetische Kultur (1913), in: Georg Lukács, *Werke Band 1 (1902-1918), Teilband 1 (1902-1913)*, Bielefeld: Aisthesis Verlag 2017, S. 415-428.

8. Über jene gewisse Verschwommenheit (1913), in: Georg Lukács, *Werke Band 1 (1902-1918), Teilband 1 (1902-1913)*, Bielefeld: Aisthesis Verlag 2017, S. 409-415.

9. Zum Wesen und zur Methode der Kultursoziologie (1914), in: Georg Lukács, *Werke Band 1 (1902-1918), Teilband 2 (1914-1918)*, hg. von Zsuzsa Bognár, Werner Jung und Antonia Opitz, Bielefeld: Aisthesis Verlag 2018, S. 498-504.

10. Benedetto Croce: Zur Theorie und Geschichte der Historiographie

(1915), in: Georg Lukács, *Werke Band 1 (1902-1918), Teilband 2 (1914-1918)*, Bielefeld: Aisthesis Verlag 2018, S. 509-517.

11. Wladimir Solovjeff: Ausgewählte Werke 1 (1915) und 2 (1917), in: Georg Lukács, *Werke Band 1 (1902-1918), Teilband 2 (1914-1918)*, Bielefeld: Aisthesis Verlag 2018, S. 507-508 und 624-627.

12. Georg Simmel (1918), in: Georg Lukács, *Werke Band 1 (1902-1918), Teilband 2 (1914-1918)*, Bielefeld: Aisthesis Verlag 2018, S. 633-637.

13. Emil Lask. Ein Nachruf (1918), in: Georg Lukács, *Werke Band 1 (1902-1918), Teilband 2 (1914-1918)*, Bielefeld: Aisthesis Verlag 2018, S. 644-662

14. Die deutsche Intelligenz und der Krieg (1918), in: Georg Lukács, *Werke Band 1 (1902-1918), Teilband 2 (1914-1918)*, Bielefeld: Aisthesis Verlag 2018, S. 764-769

Der Praxisphilosoph – Das marxistische Frühwerk

1. Der Bolschewismus als moralisches Problem (1918), in: Georg Lukács, *Taktik und Ethik. Politische Aufsätze I*, hg. von Jörg Kammler und Frank Benseler, Darmstadt/Neuwied: Luchterhand 1975, S. 27-33.

2. Taktik und Ethik (1919), in: Georg Lukács, *Taktik und Ethik*, in: Georg Lukács, *Schriften zur Ideologie und Politik*, ausgewählt und eingeleitet von Peter Ludz, Neuwied/Berlin: Luchterhand 1967, S. 1-11.

3. Die tatsächliche Inbesitznahme der Kultur (1919), in: Georg Lukács, *Taktik und Ethik. Politische Aufsätze I*, hg. von Jörg Kammler und Frank Benseler, Darmstadt/Neuwied: Luchterhand 1975, S. 96-98

4. Der Funktionswechsel des historischen Materialismus (1919), in: Georg Lukács, *Taktik und Ethik. Politische Aufsätze I*, Darmstadt/Neuwied: Luchterhand 1975, S. 108-123.

5. Die moralische Sendung der kommunistischen Partei (1919), in: Georg Lukács, *Schriften zur Ideologie und Politik*, ausgewählt und eingeleitet von Peter Ludz, Neuwied/Berlin: Luchterhand 1967, S. 136-143.

6. Zur Organisationsfrage der Intellektuellen (1920), in: Georg Lukács,

Taktik und Ethik. Politische Aufsätze I, hg. von Jörg Kammler und Frank Benseler, Darmstadt/Neuwied: Luchterhand 1975, S. 167-171.

7. Alte und neue Kultur (1920), in: Georg Lukács, Goethepreis '70. Georg Lukács zum 13. April 1970. Ad lectores 10, Neuwied/Berlin 1970, S. 44-61.

8. Zur Frage des Parlamentarismus (1920), in: Georg Lukács, *Schriften zur Ideologie und Politik*, ausgewählt und eingeleitet von Peter Ludz, Neuwied/Berlin: Luchterhand 1967, S. 123-135.

9. Klassenbewußtsein (1920), in: Georg Lukács, *Taktik und Ethik. Politische Aufsätze I*, hg. von Jörg Kammler und Frank Benseler, Darmstadt/Neuwied: Luchterhand 1975, S. 202-218

10. Vorwort zu Rosa Luxemburg: Massenstreik (1920), in: Georg Lukács, *Organisation und Illusion. Politische Aufsätze III*, hg. von Jörg Kammler und Frank Benseler, Darmstadt/Neuwied: Luchterhand 1977, S. 87-97.

11. Die Jugendgeschichte Hegels (1920), in: Georg Lukács, *Organisation und Illusion. Politische Aufsätze III*, hg. von Jörg Kammler und Frank Benseler, Darmstadt/Neuwied: Luchterhand 1977, S. 118-122.

12. Freuds Massenpsychologie (1922), in: Georg Lukács, *Organisation und Illusion. Politische Aufsätze III*, hg. von Jörg Kammler und Frank Benseler, Darmstadt/Neuwied: Luchterhand 1977, S. 135-139.

13. Max Adler: Das Soziologische in Kants Erkenntnistheorie (1924) in: Georg Lukács, *Organisation und Illusion. Politische Aufsätze III*, hg. von Jörg Kammler und Frank Benseler, Darmstadt/Neuwied: Luchterhand 1977, S. 204-208.

14. Carl Schmitt: Politische Romantik (1928), in: Georg Lukács, *Demokratische Diktatur. Politische Aufsätze V*, hg. von Frank Benseler, Darmstadt/Neuwied: Luchterhand 1979, 128-129.

Der Polemiker – Die mittlere Phase

1. Grand Hotel Abgrund (1933), in: Frank Benseler (Hg.), *Revolutionäres Denken – Georg Lukács. Eine Einführung in Leben und Werk*, Darmstadt/Neuwied: Luchterhand 1984, S. 179-196.

2. Gehört Nietzsche dem Faschismus? (zwischen 1933 und 1941/1942), in: *Lukács-Jahrbuch 2004*, hg. von Frank Benseler und Werner Jung, S. 11-21.

3. Es geht um den Realismus (1938), in: Georg Lukács, *Probleme des Realismus I, Essays über Realismus, Werke Band 4*, Darmstadt/Neuwied: Luchterhand 1971, S. 313-343.

4. Warum sind Demokratien den Autokratien überlegen? (1941/1942), hg. und eingeleitet von Konstantin Baehrens, in: *Deutsche Zeitschrift für Philosophie* 63 (2) (2015), S. 367-377.

5. Aristokratische und demokratische Weltanschauung (1946), in: Georg Lukács, *Schriften zur Ideologie und Politik*, ausgewählt und eingeleitet von Peter Ludz, Neuwied/Berlin: Luchterhand 1967, S. 404- 433.

6. Die soziale Verantwortung des Philosophen (um 1950), in: Rüdiger Dannemann, Werner Jung (Hg.), *Objektive Möglichkeit. Beiträge zu Georg Lukács' »Zur Ontologie des gesellschaftlichen Seins«*, Opladen: Westdeutscher Verlag 1995, S. 11-29.

Der Ontologe – Das Spätwerk

1. Zur Ontologie des gesellschaftlichen Seins. Einleitung (um 1964), in: Georg Lukács, *Zur Ontologie des gesellschaftlichen Seins. Erster Halbband, Werke Band 13*, hg. von Frank Benseler, Darmstadt/Neuwied: Luchterhand 1984, S. 325-342.

2. Die ontologischen Grundlagen des menschlichen Denkens und Handelns (1968), in Frank Benseler (Hg.), *Revolutionäres Denken – Georg Lukács*, Darmstadt/Neuwied: Luchterhand 1984, S. 266-283.

3. Marx und Goethe (Rede zur Verleihung des Goethepreises der Stadt Frankfurt am 28. 8. 1970), in: Frank Benseler (Hg.), *Revolutionäres Denken – Georg Lukács*, Darmstadt/Neuwied: Luchterhand 1984, S. 154-162.

4. »Das Rätesystem ist unvermeidlich« (1970), in: Georg Lukács, *Autobiographische Texte und Gespräche, Werke Band 18*, hg. von Frank Benseler und Werner Jung unter Mitarbeit von Dieter Redlich, Bielefeld: Aisthesis Verlag 2005, S. 395-429.

5. Brief über die Budapester Schule (15. 2. 1971), in: Georg Lukács, *Autobio-*

graphische Texte und Gespräche, Werke Band 18, Bielefeld: Aisthesis Verlag 2005, S. 467-469.

Der Abdruck der Texte erfolgt mit freundlicher Genehmigung von Aisthesis Verlag Bielefeld und The Lukács Estate (Mosóczi Zoltán) Budapest.

Sozialphilosophie im Suhrkamp Verlag
Eine Auswahl

Rainer Forst
- Kontexte der Gerechtigkeit. Politische Philosophie von Liberalisums und Kommunitarismus. stw 1252. 480 Seiten
- Toleranz im Konflikt. Geschichte, Gehalt und Gegenwart eines umstrittenen Begriffs. stw 1682. 816 Seiten

Stefan Gosepath. Gleiche Gerechtigkeit. Grundlagen eines liberalen Egalitarismus. stw 1665. 508 Seiten

Axel Honneth
- Das Andere der Gerechtigkeit. Aufsätze zur praktischen Philosophie. stw 1491 340 Seiten
- Das Ich im Wir. Studien zur Anerkennungstheorie. stw 1959. 308 Seiten
- Die Idee des Sozialismus. Versuch einer Aktualisierung. Gebunden. 168 Seiten
- Kampf um Anerkennung. Zur moralischen Grammatik sozialer Konflikte. stw 1129. 301 Seiten
- Kritik der Macht. Reflexionsstufen einer kritischen Gesellschaftstheorie. stw 738. 408 Seiten
- Pathologien der Vernunft. Geschichte und Gegenwart der Kritischen Theorie. stw 1835. 239 Seiten
- Das Recht der Freiheit. Grundriß einer demokratischen Sittlichkeit. stw 2048. 628 Seiten
- Unsichtbarkeit. Stationen einer Theorie der Intersubjektivität. stw 1616. 162 Seiten
- Verdinglichung. Eine anerkennungstheoretische Studie. Mit Kommentaren von Judith Butler, Raymond Geuss und Jonathan Lear und einer Erwiderung von Axel Honneth. stw 2127. 183 Seiten
- Vivisektionen eines Zeitalters – Porträts zur Ideengeschichte des 20. Jahrhunderts. es 2678. 308 Seiten

NF 123/1/6.16

- Von Person zu Person. Zur Moralität persönlicher Beziehungen. Herausgegeben zus. mit Beate Rössler. stw 1756. 361 Seiten
- Der Wert des Marktes. Ein ökonomisch-philosophischer Diskurs vom 18. Jahrhundert bis zur Gegenwart. Herausgegeben zus. mit Lisa Herzog. stw 2065. 670 Seiten
- Die zerrissene Welt des Sozialen. Sozialphilosophische Aufsätze. Erweiterte Ausgabe. stw 849. 279 Seiten

Axel Honneth/Nancy Fraser. Umverteilung oder Anerkennung? Eine politisch-philosophische Kontroverse. stw 1460. 320 Seiten

Rahel Jaeggi
- Entfremdung. stw 2185. 337 Seiten
- Kritik von Lebensformen. stw 1987. 451 Seiten
- Nach Marx. Philosophie, Kritik, Praxis. Herausgegeben zus. mit Daniel Loick. stw 2066. 518 Seiten
- Sozialphilosophie und Kritik. Herausgegeben zus. mit Rainer Forst, Martin Hartmann und Martin Saar. stw 1960. 743 Seiten
- Was ist Kritik? Herausgegeben zus. mit Tilo Wesche. stw 1885. 375 Seiten

Hans Joas
- Die Entstehung der Werte. stw 1416. 321 Seiten
- Die Kreativität des Handelns. stw 1248. 415 Seiten

Angelika Krebs. Arbeit und Liebe. Die philosophischen Grundlagen sozialer Gerechtigkeit. stw 1564. 336 Seiten

George Herbert Mead. Geist, Identität und Gesellschaft. Aus der Sicht des Sozialbehaviorismus. Einleitung von Charles W. Morris. Übersetzt von Ulf Pacher. stw 28. 456 Seiten

NF 123/2/6.16

Bernhard Peters. Der Sinn von Öffentlichkeit. Herausgegeben von Hartmut Weßler. Mit einem Nachwort von Jürgen Habermas. stw 1836. 410 Seiten

Beate Rössler. Der Wert des Privaten. stw 1530. 384 Seiten

NF 123/3/6.16